中国社会科学院老年学者文库

中国社会科学院**老年学者文库**

中国史学之精华与传统

施 丁/著

社会科学文献出版社
SOCIAL SCIENCES ACADEMIC PRESS (CHINA)

目次
CONTENTS

我治史学（代序） …………………………………… 1

一 历史与学风

谈秦汉豪族二题 …………………………………… 3
秦汉郡守兼掌军事略说 …………………………… 28
陈下之战、垓下之战是两事 ……………………… 41
"垓下"问题 ……………………………………… 49
汉代轮台屯田的上限问题 ………………………… 52
丹阳齐梁石刻方位问题 …………………………… 63
顾炎武谈学者与学风 ……………………………… 72
钱大昕的学者风度 ………………………………… 84

二 史家与史学

司马迁写当代史 …………………………………… 97
班固与《汉书》的史学思想 ……………………… 115
谈谈范晔的史论 …………………………………… 128
刘知几史学要论 …………………………………… 137
论司马光主编《资治通鉴》 ……………………… 154
钱大昕"实事求是"史学 ………………………… 175
赵翼的史学 ………………………………………… 207

三　历史思想与理论

- 贾谊"民本"思想 …… 221
- 贾谊新的民族观 …… 233
- 论司马迁的"通古今之变" …… 246
- 论司马迁的"成一家之言" …… 267
- 司马迁经济思想四题 …… 285

四　史学思想与理论

- 中国史学的传统与维新 …… 301
- 刘知几"实录"论 …… 320
- 司马光史论的特点 …… 334
- 再谈章学诚的"史德"论 …… 348
- 章学诚的"史意"论 …… 357

五　历史文学

- 司马迁笔下的项羽和刘邦 …… 379
- 司马迁写历史人物 …… 396
- 《史记》传记文学的特点 …… 412
- 《资治通鉴》写战争 …… 421
- 章学诚的历史文学理论 …… 431

六　司马迁生卒年

- 司马迁生于汉景帝中五年 …… 445
- 司马迁卒年考 …… 449

- 著述目次 …… 466
- 后　记 …… 470

我治史学（代序）

施 丁

我治史学数十年，现在向读者作一汇报，请批评指正。犹"老王卖瓜"，请教瓜味如何。

我于 1933 年 3 月出生在江苏省丹阳县经山地区一个耕读之家。曾祖为我取名锡昌，塾师书我名锡才，我因父姓施、母姓丁而自名施丁。家世寒门，祖辈几代皆耕读为业，男在乡村教书，全家务农，有水田 12 亩，尚可安稳度日。只是 20 世纪 30 年代初，我出生前后，因连遭家屋失火及家父入狱一年（因参加救亡活动）之灾，继之家父英年早逝（1938 年），故家业从此不振，孤儿寡母艰苦度日。祖母、母亲念念不忘吾家世业，辛劳耕作，送我入塾读书，常常耳提面命。我于四岁入家塾读书，同学数人，读《三字经》与四书五经不等。老师和同学怜小，对我优待，然我学习较放松，粗涉一点古书。我的两个教书的叔祖金才先生和润之先生善于书法，后者的大书闻名乡里。塾师裴文卿先生喜好国画，常画山水，命我为其磨墨弄色。于是我耳濡目染，有了书画兴趣。故中学未卒业，就学于正则艺专（吕凤子先生创办）。然因经济拮据，只好辍学而到养正中学工作。学习书画之路受阻，另走了治史道路。

入复旦大学历史系学习，因有点古文底子，读古书尚不难，较倾向于学中国古代史，同时喜好读古典诗文。大学毕业后，分配至辽宁大学为助教，先从王适存先生治秦汉史，再从陈光崇先生治史学史，后来能独立教学。1962 年秋至 1964 年夏，师从白寿彝先生学习中国史学史，在北京师范大学西斋西楼蜗居两年，基本上是研读《史记》和《汉书》两部史学名著。"文革"时期，曾为工农兵学员讲授中国通史课，不时翻阅《资治通鉴》。自 1974 年至 1981 年在《历史研究》编辑部任编辑，专任有关秦汉史和史学史方面的编辑工作。1981年末转到中国社会科学院历史研究所工作，任副研究员、研究员，主持史学史研究室工作，以治中国史学史为主要任务。

由于众所周知的原因，我们年轻教师在20世纪五六十年代是难以正常进行学习和科研的。我个人更有点特殊。因在异乡生活，诸多不便，祖母饥疾而死，思想消极，1959年病倒，1960年下放到辽北畜牧场养猪，1961年到学生食堂参加劳动和管理，名为思想改造，生活较苦，但多劳动，毫不失眠。1964年秋至1966年夏，两次参加农村社教运动，先在开原县金沟子公社，后在铁岭县双井子公社，工作不大忙，生活有点苦，古书读不得，但读了社会的大书，对于搞史学是有些益处的。

在20世纪60年代，抽点宝贵时间读书，想搞科研实难，但我也曾发表过几篇文章。1962年发表的《史评的先河——读〈文心雕龙·史传篇〉》，说实在话，浅，"先河"云云有欠允当。1963年春发表的《司马迁笔下的项羽和刘邦》，是针对当时文史界一些学者对于司马迁写项羽和刘邦认识欠妥、评论有误而发的。我以实事求是的态度，对司马迁所写项羽、刘邦的实际内容进行分析，而得出司马迁褒刘贬项的结论。同时，我很注意司马迁的历史文笔。

我自1979年发表《司马迁写当代史》起，在新的历史条件下，认真读书，勉励写作，至今发表了120多篇论文。这里选取30余篇敬呈于众，恳请批评指正。这些拙文，大致分为六个方面。兹略述其中一些要点。

一、历史与学风

选了些有关秦汉豪族、陈下之战、齐梁帝陵方位等历史问题，以及顾炎武、钱大昕等谈学者与学风的问题。

秦汉豪族问题，起初是我在读《史记》《汉书》酷吏传时引起注意的。汉武帝重用张汤等酷吏，主要是借刀诛豪族。这说明了那时社会的一大矛盾。为什么？因为豪族拥有大片土地、宗族大众，并勾结权贵、招募宾客、结交游侠、利用徒附、联姻婚族，加之选举入仕、筑堡弄兵、纵横争权，形成影响很大的社会势力，故能影响社会安乱，危及皇权稳固。不仅汉武帝时代有之，整个中国封建时代有之，甚至至今阴魂不散。我除了《论秦汉豪族二题》外，还发表了与其有关的《〈史记〉与秦汉豪富》《秦汉豪族的呼声》《桑弘羊的骄狂与悲剧》等文。

秦汉时期的郡守，既掌政，兼掌军。有说郡守掌政、郡尉治兵，两者如此分工。此说欠妥。据《汉书·百官公卿表》的记载，郡守、郡尉的职掌本来很清楚，郡守主持政治、军事全面工作，郡尉只是郡守掌军的助手而已。拙文《秦汉郡守兼掌军事略说》以秦汉史实论证之。

司马迁在《史记·项羽本纪》中绘声绘色地写了垓下之战，使得历来文史学者与一般读者都百读不厌，赞叹不已。有的中国战争史相关著作不惜笔墨对这场战争详论精析。而两千年来竟无一人提及陈下之战。其实，历史上的陈下之战值得重视。司马迁提到了，只是未曾如写垓下之战那么浓墨重彩、着意生动而已。拙文《陈下之战与垓下之战》提出，楚汉战争中有次陈下之战，那是影响大局的大战。此说可以振聋发聩，确也有人给予肯定，但有的专家学者颇不以为然。不得已，我又发表了《再谈陈下之战》《陈下之战、垓下之战是两事》等文，着重指出《史记》《汉书》所写《灌婴传》，既有垓下之战，又有陈下之战。于是得到认可。

汉代于轮台屯田的时间上限问题，我国学者有分歧意见。主要是两说，一认为始于汉武帝伐大宛之后，一认为始于汉昭帝始元年间。拙文《汉代轮台屯田的上限问题》提出商榷，觉得意见分歧的缘由主要是对《史记·大宛传》和《汉书·西域传》有关记载的理解不一而引起的，故该文对《史记》《汉书》的有关记载试作浅析，再指出司马迁卒年为问题的关键。而我认为，司马迁卒于太始初年，则汉代轮台屯田的上限必是天汉年间，是可断言的。

吾乡丹阳经山地区有齐梁帝陵多处。20世纪30年代朱希祖等学者曾到此调查了解，撰成《六朝陵墓调查报告》，取得了很大成绩，但也存在一些问题。我生于经山地区，几十年来多次参观陵墓石刻，又翻阅了一些宋明以来的地理、方志著作，觉得齐兴安陵不在三城港而在仙塘湾，齐修安陵不在仙塘湾而在金陈湾，梁庄陵不在萧塘港北而在三城巷，萧塘港北石刻乃港区或皇业寺前的标志物。朱氏的疏失，主要是对宋明以来的地理和方志著作有所疏忽，对丹阳的地理方位也欠熟悉。近世往往有人云亦云者。

近几十年来学风大有问题，令人忧虑。拙文《顾炎武谈学者与学风》《钱大昕的学者风度》，没有借古讽今之意，而有告示学人古来治学有优良传统，可资学习。在《顾炎武谈学者与学风》中，所提"辨风向，窥士心"，强调"为人为学"等，是说学风问题有关人品操守，从其为文可见其刮什么风、持何种心、做哪样的人，非常重要，不可漠然处之。《钱大昕的学者风度》指出，钱大昕不仅治学功底扎实、学术成绩突出，而且为人为学具有诚厚谦逊的优良的学者风度。他对同辈学者亲切交往，坦诚相待；对前辈学者由衷尊崇，又贡献己见；对古代学者实事求是，不刻意苛求；对晚辈学人真诚引导，热情提携。他的学风与历史文人中"骄""吝"两种不良风习迥然不同，值得继承和发扬。

二、史家与史学

史学史包括史家、史著、史学及其思想与理论、文笔等方面。本集把有关史学思想与理论、历史文学的论文另作两个小题置于下面再谈，这里只是介绍一部分史家与史学之特点的有关论文。

司马迁写当代史是很突出的。其《史记》写古代三千年的历史，共52万字，而其中写近世百年间的历史竟占了约十分之七的篇幅。事核文直，精彩生动，而且独立批判，体现了"实录"精神。拙文《司马迁写当代史》专论之。

班固的《汉书》专写西汉一代的历史，可谓继承司马迁注重近世史的传统，且事核文直，提高了写史的准确性。但也有缺点，尤其是缺乏批判精神，有谀今之嫌。拙文《论班固与〈汉书〉的史学思想》浅言之。

拙文《谈谈范晔的史论》，专就范晔《后汉书》的史论谈点看法。历来学者对范晔的文论褒贬不一。该文强调应注重其历史见解与观点。范氏自谓其论"以正一代得失"。其论有的确然纵论一代变故，并有精彩处。论政也有少量的高论，其精彩者大多是对东汉政治风气和社会风气的论评。所论东汉的社会风气，主要表现在表扬节义之时，区别诚与伪，揭露饰伪之丑行。范晔还能抓住历史矛盾进行分析和鉴别。

刘知几所著《史通》，既是一部史学批评专著，也是一部含有史学理论的著作。如今学术界对其史料、编撰、体例以及史评等问题论析较多。拙文《刘知几史学要论》不再对这些问题多费笔墨，而是就实录、直书、曲笔、相时、史文、史义、通识以及史才等问题谈些浅见。其"实录"论，下面再谈。主要说基于实录论，强调直书，反对曲笔，主张适俗相时，反对盲目仿古；倡导文质相称，反对华而不实；呼吁彰善贬恶，要求起到劝诫作用；提倡通识，要求思想端正，深思明辨；还强调"好是正直"，反对阿时徇私。刘知几史学，实是中国史学史上的一座丰碑。

司马光主编的《资治通鉴》是突出而优秀的。古时官修史书，往往以达官贵人任主编。此类主编，或官僚混之而挂个虚名，或懵懵懂懂而自作聪明，或无知无识而瞎指挥。如司马光者实是凤毛麟角。这也是个学风问题。然至今犹有遗老遗少，甚至风刮得很紧。拙文《司马光主编〈资治通鉴〉》，发表于司马光（1019~1086）逝世800周年之际，有纪念司马光优良学风之意，也有告示今人学习优良传统之心。

钱大昕的史学，在乾嘉史学中是突出而优异的。他饱学有识，标榜

"实事求是"。他的史学，不只是历史考证的巨擘，还有史学思想为指导。包含史以传信、考辨求实、记述从实、议论切实、师古之是诸多方面，总之是求"实"求"是"，追求信史。他的考与论，几乎不引经义礼法，一味强调实事求是。这是中国古代史学的一大特点及优良传统。赵翼的史学，用的是考证方法，只有温和的经世思想。

三、历史思想与理论

我以特大的实事求是的望远镜，仰视中国古代史学的浩大星空，大饱眼福。在银河的左边，有"民本""承敝通变""人为非天""因俗"等巨星耀眼闪烁；在银河的右边，"实录""经世""才德""史意"等明星万丈光辉。星斗万象，望之入神。感光心得，沾沾自喜。

贾谊是中国古代著名的才子，历来学者推许其为思想家、政论家。但我要补充一下，他还是大史家。理由很简单，他在中国历史上第一个写了一篇历史论文——《过秦论》。在几千年的中国古史上有几人能写出这样的鸿文？其先三千年没有，前无古人。其后两千年少见，实在难找。再者，《过秦论》的主题是秦政得失与民心向背，民向则秦兴，民背则秦亡。文字简洁精要，主题思想突出，历来学子百读不厌，回味无穷。还有几篇历史论文能受到如此待遇？拙文《贾谊"民本"思想》，强调"民本"问题是贾谊思想的核心。他言民为一切之本，"民无不为本"。为政以此为要为大，应当厚民、安民，切戒薄民、害民。他总结了历史经验教训，提出警世的忠告。我认为贾谊的"民本"思想，是中国古代思想宝库中最杰出的精华，故特推其为历史思想与理论之首要者。

贾谊的民族观更是新异的。中国古代的民族思想，或是华夷一体论，或是华夷区别论，汉初则产生了"和亲"论。而贾谊针对汉朝与匈奴的和战情况，并考究了汉匈双方的经济文化状况，也深知匈奴贵族的生活追求，提出了"三表五饵"论，这实际上是以先进的经济文化积极主动地影响文化较低的民族，使两族趋同之崭新的观点，在当时实是闻所未闻的怪论，至今犹有人莫明其妙。故历来学者或忽视之，或轻视之，或鄙视之，今日治民族史者也多避而不谈。殊不知，贾生身后不久，汉武帝独心领神会，而试用其策；马克思的《不列颠在印度统治的未来结果》提到的民族思想似乎也在论证贾谊"三表五饵"论有其正确性。我斗胆发表了《贾谊新的民族观》一文。

中国古代的一些历史与史学思想和理论，我认为司马迁在《史记》中都或隐或显地触及和提出了。拙文《论司马迁"通古今之变"》，认为司马迁考察了一些历史变化，尤其是战国秦汉社会之大变故。继承了贾谊的"民本"思想，认定秦汉大变乃民心向背所决定，并认为应当"承敝通变"（或曰"承敝易变"），意思是，社会矛盾应当以变革来解决，解决了矛盾，社会就又前进了。这是"易"学通变思想的一大发展，是中国古代历史观中的精华。拙文《说"通"》也着重谈到这点。

拙文《论司马迁的"成一家之言"》，论及司马迁史学思想的诸多方面，其中首先就谈司马迁的"究天人之际"。他谈天人关系，有神秘的"天"的影子，但强调"人为"，《史记》言史主要是谈人为与时势的关系，强调谋事在人而受时势的限制，人乘时顺势则大有可为，违时失势则必然失败。其评历史人物，往往把人为放在特定的时势下进行具体分析，而不空言天命。项羽于败亡时声称"天亡我，非战之罪"，司马迁则批评他"自矜功伐"而蛮干，责怪于天"岂不谬哉"。这种人为非天观，也是中国古代史观中的精华。因有人为观，司马迁特别强调"为人"，即如何做人。拙文《司马迁为人之学》是专谈这个问题的。

在《论司马迁"成一家之言"》文中谈政治思想时，特别强调司马迁的"因俗"观。善于因俗顺时是基本思想。拿现在的话来说，是从实际出发，按实际情况办事；顺应时势；也有实事求是之意。拙文《司马迁经济思想四题》着重于此观点。《史记·货殖列传》提到，"善者因之，其次利道之，其次教诲之，最下者与之争"。此为司马迁的经济政策思想。近世治中国经济史的学者都注意于此，大都强调司马迁主张"自由放任主义"的经济政策，把"因俗"观发挥到极点。这有片面性。"善因"并未"放任"不管，其实司马迁强调善因，反对"与民争利"，又主张因势利导，并加以教诲管理，是主张既放开又管理的经济政策思想。

四、史学思想与理论

中国古代史学异常发达，史学传统非常优良，有关史学本体的思想丰富而多有价值。"实录"论、"经世"论、"才德"论、"史意"论等光彩夺目。拙文《中国史学的传统与维新》，较为全面地提出了这些史学思想与理论，予以论述。

"实录"论，在中国史学史上较早地提了出来，有一定的理论体系，并有写实传真的指导价值。此论的出现，标志着中国史学已真正地矗立起来，文史已分了家，史已不从于经。我对此论情有独钟，还写了《扬雄论司马迁的意义》《王充〈论衡〉的史学批评》《班彪的〈前史略论〉》《班固的"实录"论》等文，都主要是谈"实录"论的，意在强调它的理论价值和历史意义，也在于提醒学人之所忽，或不明其要。我国学人近世以来讲究史学理论，多注意学习外国的东西，而忽略了探讨和学习中国史学传统中优良的遗产。忽略"实录"论即是显例。拙文《刘知几的"实录"论》也谈"实录"。有人已注意于此，只是不明其渊源，对其含义也若明若暗。该文指出，刘知几"实录"论主要来自班固之论，也受到刘勰思想的影响。刘氏对"实录"论有重大发展，主要表现在史料采择、史书撰述、史文用笔、史义申明、史学批评以及史家修养诸方面，还要求记事撰史相时因俗，辨史论史应有通识。这为中国传统史学思想和理论树立了新的里程碑。

"经世致用"论是值得推重的。它是关系史学宗旨的根本问题。《史记·太史公自序》声言孔子作《春秋》是为了救世道人心，故学《春秋》精神。刘知几论"史之为用，其利甚溥，乃生人之急务，国家之要道"。章学诚则强调"史学所以经世"。《中国史学的传统与维新》是重视经世论的。拙文《中国史学经世思想的传统》则是专论史学经世问题的。拙文《司马光史论的特点》谈到《资治通鉴》"臣光曰"多为经世之论，其史论与政论是相通的。

《中国史学的传统与维新》谈到"史才""史德"论。这是关于史家自身修养的问题。班彪称允司马迁有"良史之才"。刘知几言史才具有才、学、识三长。而他所言"犹须好是正直，善恶必书"，则含有史德的意味。明确地提出"史德"论，并加以论说者，则是章学诚。

拙文《章学诚的"史德"论》及《再论》强调其论的特点是：辨著书者之心术，是论史家之思想修养问题，他既言史家应当"尽其天而不益以人"，又言"不背于名教"，不免矛盾。章氏史学颇有理论意味，只是由于思想受时代和身处的局限，有高论而不粹。

《中国史学的传统与维新》一文还谈及"一家言"。司马迁提出"成一家之言"，意在经世，欲对历史与现实提出不同于君主世俗的个人看法，标榜独断。这是史家自觉地开创史学新局面的表现，是表明主动承担历史使命和史学任务，是史家的主体意识性问题。拙文《论司马迁"成一家之言"》已论及之。章学诚批评当时"务考索"成风，有要求史家"决断去取，务自成家"，著作"有当于《春秋》经世"，也是欲"成一家之言"的。

章学诚提倡"史意"。近世学者对此似乎不大在意。拙文《章学诚的"史意"论》提出，章氏著《文史通义》，旨在阐明史意，不在于言史法，强调著述成家，不屑纂辑比次，"学以致其道"是其核心思想，"史学所以经世"是其着重之点。对于考据，章氏批判的是趋附成风，而不反对考信其事,并说明考事辨实乃治学之具。章氏强调,只是考据是远不够的,应当"有所为",为经世而用。其言述事达理,则是章氏史学的基本观点。所谓"文生于质""文以副质"乃章氏论史文的基本观点。其论撰述"成一家之言",事、文、义三者一体,乃章氏论著述的基本观点。换言之,著述若不能成一家之言,只是泛泛而论,人云亦云,泡沫飞扬,大砖当玉,有何价值,有何意义。章氏的"史意"论,有中国史学实事求是思想的理论特色,是对传统史学的继承和发扬。

五、历史文学

中国古代史学发达,人们历史知识丰富,想是与史书写得好而能引人入胜有关。近世之人多想学习历史,然不爱读近世史,近年的史书几乎无人问津,恐怕与其文笔差而不耐人看大有关系。我较早注意于此,曾发表《司马迁笔下的项羽和刘邦》《司马迁写历史人物》《通鉴写战争》《章学诚的历史文学理论》等文,还为白寿彝先生主编的《史学概论》写了《历史文学》一章(经主编修改),近年还发表了《〈史记〉传记文学的特点》一文。

司马迁写历史人物,历来学者公认写得栩栩如生,称赞不已。他是如何写好人物的呢?拙文《司马迁写历史人物》认为,司马迁首先能抓住各个历史人物不同的特点,如写刘邦的权智、张良的运筹、韩信的用兵、萧何的谨慎,都笔触入微。其写赵高的权谋、李斯的私念、秦二世的昏聩,也都按特点而用笔。运用历史人物自身的语言,也是用笔的良方,如写人物的自言与对话,与其人品、人心相符,恰到好处。其所写魏其侯窦婴、武安侯田蚡、灌夫将军、王氏太后、皇帝刘彻等人的语言、对话,可谓惟妙惟肖。把人物置于一定的历史环境之中,紧密结合,尤为必要。写商鞅及其变法就很成功。其评人物,从实际出发,有的放矢,或明论,或寓论,或要点,或特点,不拘泥,不呆板。

拙文《〈史记〉传写人物的特点》,以传写汉初三杰为例,指出《史记》传人,有传如其人、传神写照、不虚不隐、善序事理、寓意其中五个特点。换言之,就是:真实、确切、生动、明理四大特点,也就是中国传记文学传统的基本理论问题。

在《刘知几史学要论》一文中,除了谈实录、直书、曲笔等问题外,有一节专谈其历史文学。刘氏认为,史与文本不分家,但随着历史文化的发展,史、文分家了,于是对史笔的要求是"事皆不谬,文必近真",即要求事核文直,文质相称。他认为叙事之体有三个要点:一,"简要",简明扼要;二,"用晦",含蓄,隽永;三,"戒饰",反对"虚加练饰,轻事雕彩"。文起八代之衰的韩愈很可能受到他的影响。

《资治通鉴》写战争是非常出色的。拙文《〈资治通鉴〉写战争》专谈这个问题。它对历史上较大规模的战争，着意于写交战者的战略方针，写将帅的用兵之妙，更能铺写战争场面与一些细节，还写出战争胜负的原因。它写有数十百次的战争，较突出的有二三十次，犹如一颗颗明珠光彩夺目。故我曾撰有《资治通鉴译注》一书，专辑了《资治通鉴》二十三篇战纪，加以注译，并加说明，以供读者欣赏。

章学诚的《文史通义》，在史学理论中有历史文学理论。他谈"清真"，要求"清"而"不杂"，"真"而"言之有物"。拙文《章学诚的历史文学理论》指出，"清真"论是对司马迁、班固以来的言简意赅、尚质戒饰说的历史文学理论传统的继承和发展。他的"文生于质"说也很重要。据此而反对"无实而文"，反对"意为出入"，也反对"时文结习""临文摹古"。章氏还有"文德"论，强调"临文主敬"，即写文宜慎；"论古必恕"，即"能为古人设身而处地"，关键在于养气。其说与韩愈所言"闳中肆外"是一致的。

六、司马迁生卒年

司马迁是我国古代伟大的历史学家、文学家。世界上许多学者称他是"中国史学之父"，他是当之无愧的。《汉书》等古代典籍对司马迁的生卒年没有明确的记载，这实是憾事。但古书也有蛛丝马迹可寻。如东汉初年卫宏的《汉书旧仪注》说司马迁受刑"有怨言，下狱死"；唐人张守节《史记正义》提到"迁年四十二"。故近世王国维、朱东润、李长之、郭沫若等学者都据之提出了一些看法。本人曾发表七八篇有关的文章，并写了《司马迁行年考》一书，明确地肯定司马迁生于汉景帝中五年（前145），提出了司马迁卒于汉武帝始元元年末（前95）的新说。

关于司马迁的生年，近世学者主要有两说，即汉景帝中五年（前145）说，汉武帝建元六年（前135）说。拙文《司马迁生于汉景帝中五年》以前一说为是，主要是对此说补充了重要的论证，证明张守节"迁年四十二"可靠而不可动摇；而司马贞《史记索隐》"年二十八"本身有问题，考古资料也帮不了忙，拙文《〈索隐〉注"太史公"有问题》详谈了这一点。

司马迁的卒年，众说纷纭，有四五种之多。拙文《司马迁卒年考》首先与诸说一一商榷而否定之，另提出司马迁卒于太始元年末的新说。为了证实此说，曾对《史记》终讫之时、《报任安书》发出时间作了考证，也对《史记》所写汉武帝晚年之事，以及《史记》篇卷次序、"今"字的时间概念等进行了考证,从而提出个人新见。考证司马迁卒年,不只是个简单的死于何年的问题,而涉及司马迁为何而死,如何而死,其死之轻重,其书之终讫,等等。故不是个无意义的考证,而是颇有价值的历史研究。有的师友曾好心地告诫我不要以青春活力死搞考证,我感其好意,谢其好心,但还是前后约二十年断断续续地用了不少时间和精力而为之。相信心力是不会白费的。

治学是辛劳的,写文是费神的,且苦多甘少。说实在的,写了洋洋百万言,选出几十万字,耗费了个人心力,也费了国民之财力,究竟对祖国学术文化事业有多大补益,实在难言。只好让众人去评定,更尚须历史进行检验。我愿拙文有些考论和观点,能得到有识者的青睐,还希望数十年后尚有学人感兴趣,尚能被有识者看一眼,若能被人参考和引用,那简直是我之美梦成真。

书于北京方庄多角室

2013 年 5 月

一

历史与学风

谈秦汉豪族二题

一　秦汉豪族的天地

秦汉豪族的成长，有广阔的高天沃土，主要是私有的思想和制度，宽松的法令，富有的财力，开禁的山川，空旷的边区，等等，以利其施展身手，大展雄图。

当时绝大多数人们，不仅承认私有制，而且羡慕私有者，图谋获得土地和财富。朝野上下大多礼遇拥有大量土地财富的豪富。"有财者显于世"。社会上流行"何以孝弟为？财多而光荣。何以礼义为？史书而仕宦"的俗语[1]。

那个时代有的思想家、政治家、历史家惊呼豪富兼并土地严重，造成平民困苦，社会不大安定，提出种种改制办法，但都无法阻止土地私有制和土地兼并。就以大声疾呼贫富分化悬殊很不合理的仲长统来说，一方面，他严正地指出"豪人之室，连栋数百，膏田满野，奴婢千群，徒附万计"，贫者"冤枉穷困，不能自理"，说只有井田制才能解决现实的矛盾；另一方面，他的思想又是，"欲卜居清旷，以乐其志，论之曰：'使居有良田广宅，背山临流……'"[2]。他的志趣还在良田广宅。看来，他是察觉到了矛盾，也有理想，但最现实的，还是要私有田宅。稍后，荀悦慨叹"富人名田逾限""人买卖由己"，已是不可否认而难以改变的实际问题[3]。

---

[1]　《汉书·贡禹传》。
[2]　《后汉书·仲长统传》。
[3]　参见荀悦《申鉴》卷二《时事篇》。

秦商鞅变法最重要的一点是废除井田，明确了土地私有制。从此伊始，几百年间，土地买卖已较普遍，土地私有日益发展。《居延汉简》有"田五顷，（直）五万""田五十亩，直五千"的记录，还有这样一简：

> □置长乐里受奴田卅五亩，贾（价）钱九百，钱毕已。丈田即不足，计亩数环（还）钱。商人（当是旁人）淳于次孺、王兄、郑少卿。古酒商（疑为各）二升，皆饮之①。

此简是某奴卖田卅五亩的券约。说明西汉末年边区土地私有已较普遍存在，土地买卖已有慎重的券约，有中证人，田钱两清。

东汉时期私人买卖土地的券约多有发现和著录。现在试举四例略作分析。例一是《武孟子男靡婴买地玉券》：

> 建初六年（81）十六日乙酉，武孟子男靡婴买马熙宜、朱大弟少卿家田。南广九十四步，西长六十八步，北广六十五步，东长七十九步，为田廿三亩奇百六十四步，直钱十万二千。东陈田比界，北、西、南朱少卿比界，时知券约赵满、何非，沽酒各二斗②。

这张买地券约，明确地记载了田地买卖的时间与双方的姓名，田地的范围、亩数、价钱、比界，以及中证人。每亩价值大约四千四百钱。例二是，近人多提到的《孙成买地铅券》：

> 建宁四年（171）九月戊午朔，廿八日乙酉，左骏厩官大奴孙成，从洛阳男子张伯始卖（买）所名广德亭部罗伯田一町、贾（价）钱万五千，钱即日毕。田，东比张长卿，南比许仲异，西尽大道，北比张伯始。根生土著毛物，皆属孙成。……田东西南北以大石为界。时旁人樊永、张义、孙龙、异姓樊元祖皆知券约，沽酒各半③。

这张买地券约，明确地记述了田地买卖的时间、买卖双方的姓名、田地的

---

① 《居延汉简释文》卷二。参考陈直《两汉经济史料论丛》，陕西人民出版社，1958，第279~280页。
② 罗振玉《蒿里遗珍》，《罗雪堂先生全集》第七编，大通书局，1976。
③ 罗振玉《蒿里遗珍》，《罗雪堂先生全集》第七编，大通书局，1976。

地点与范围、田地的价钱及钱田成交、此田毗邻的姓名、券约的效用、中证人等。由此可以看出，此田原为张伯始私有，孙成私自买下，此田毗邻的田地也为张长卿、许仲异、张伯始等私有。为了明确此田范围，在四周立石为界，确定无疑。例三是，《曹仲成买地铅券》：

> 光和元年（178）十二月丙午朔，十五日，平阴都乡市南里曹仲成，从同县男子陈胡奴买长穀亭部马领佰北冢田六亩，亩千五百，并直九千，钱即日毕。田东比胡奴，北比胡奴，西比胡奴，南尽松道。四比之内，根生伏财物一钱以上，皆属仲成。……时旁人贾、刘皆知券约。他如天帝律令①。

此券约写明冢田买卖的时间、双方、亩数、价值，比界亦明。可疑的是，陈胡奴为何从一整块田中挖出一小块卖掉？中证人为何有姓无名？可能有强迫买卖的问题。例四是，东汉文簿残碑：

> 田八亩，质四千。
> 田四十九亩，舍六区，直（值）四十四万三千。
> （田）三十亩，质六万。
> 五人，直二十万；牛一头，直万五千。
> 五亩买□十五万。
> 王岑田□□，直□□万五千。
> 田顷五十亩，直三十万。
> 何广周田八十亩，质……
> 元始田八□□，质八万。
> 故王汶田，顷九十亩，贾（价）三十一万。
> 田二顷六十……
> 田顷三十亩，□□□万。
> 中亭后楼，贾四万。
> 苏伯翔谒舍，价十七万。
> 张王田三十□亩，质三万。

---

① 引自吴天颖《汉代买地券考》,《考古学报》1982 年第 1 期。

1966年4月，四川省郫县犀浦公社农民发现此碑①。碑文所记的一些田、舍、人、牛的价值和质值，反映了某亭某地的情况。这里要指出的是，田有主人，有价值和质值，显然属于民田。每人（当是户主）的田亩数不一，或多达二百六十亩、一百九十亩、一百五十亩、一百三十亩，或仅有五亩、八亩、三十亩，说明各户的贫富悬殊较大；田亩的价值或质值不一，说明田有良劣肥瘠之分；田亩少的书"质"，田亩多的书"直"或"贾"，还有"买"，其中必有租佃、买卖、抵押等问题。

这四例说明，由于土地可以买卖，土地私有已较普遍，贫富分化已较显然。这就为豪族兼并土地提供了极为有利的氛围和条件。

秦始皇对待豪富的态度，是值得重视和玩味的。关于他迁徙豪富的事，待下文详谈。这里要谈的是：乌氏倮，以"畜牧"起家，又贩卖缯物于戎王，获利很高，非常富有。秦始皇"令倮比封君，以时与列臣朝清。"巴人寡妇清，"其先得丹穴，而擅其利数世"，家财难以计量，恃财自立。秦始皇待以客礼，"为筑女怀清台"。司马迁写了这个情况之后，说："夫倮鄙人牧长，清穷乡寡妇，礼抗万乘，名显天下，岂非以富耶？"② 对呀！倮与清，就是因为豪富，才得到秦始皇的优待。秦始皇对豪富的优待态度，是不言而喻的圣旨，无文的法令，标示的榜样。只要是经营致富者，是受皇朝表扬的。

楚汉战争刚刚结束，刘邦初登帝位，便下诏书，有这样的内容：

> 诸侯子在关中者，复之十二岁，其归者半之。民前或聚保山泽，不书名数（户籍），今天下已定，令各归其县，复故爵田宅。……其七大夫以上皆令食邑，非七大夫以下，皆复其身及户，勿事。……诸侯子及从军归者，甚多高爵，吾数诏吏先与田宅，及所当求于吏者，亟（急也）与③。

这个诏书的意思是，诸侯子给予特殊优待。有的百姓在以往战乱时聚保于山泽之间，没有登记于户籍，现在天下已经安定，可以各归本地，恢复原有的爵位和田宅。其中七大夫（爵第七级）以上的高爵，都使其食邑。诸侯之子及从军还乡者（即有军功者），不少人是很高的爵位，已多次诏令地

---

① 谢雁翔：《四川郫县犀浦出土的东汉残碑》，《文物》1974年第4期。
② 《史记·货殖列传》。
③ 《汉书·高帝纪》。

方官吏先给予田宅，满足他们正当的要求，赶快办理，不要拖拉。所言恢复"民"的"田宅"，就是承认民众原有的私有田地和宅园；不能因战乱田主离乡避难暂不使用，而没收或侵占。给予从军归者（即有军功者）的田宅，一般是归其私有。高爵者"食邑"，是特殊待遇，但邑的土地并非其私有。

汉高祖这个诏书还指出：那些有高爵者，是封君，我对他们尊重礼待，地方官吏对他们不可怠慢，一定要好好照顾，以"称吾意"。还要检查这项工作，有不按诏办理者，要从重惩治①。

汉高祖五年对于百姓"复故爵田宅"，对"七大夫以上皆令食邑"②，对诸侯子"先与田宅"等办法，既是为了安定天下的策略性的临时措施，也可以说是一项基本的国策。只是稍后略有调整，如"徙豪杰诸侯强宗于京师"。

汉高祖还有一些重大的措施，直接关系到豪族的商贾。《史记·货殖列传》云：

> 汉初，海内为一，开关梁，弛山泽之禁，是以富商大贾周流天下，交易之物莫不通，得其所欲，而徙豪杰诸侯强宗于京师。

这里提到的"开关梁""弛山泽之禁""徙豪杰诸侯强宗于京师"三点，都与豪族成长有关。其中，第三点留待下文谈；这里谈谈第一、第二点。

关于"开关梁"。

开放关津桥梁，有利于各地互通有无，有利于商贾事业，是以"富商大贾周流天下，交易之物莫不通，得其所欲"。但是，汉初还有轻商之法。"天下已平，高祖乃令贾人不得衣丝乘车，重租税以困辱之。孝惠、高后时，为天下初定，复弛商贾之律，然市井之子孙亦不得仕宦为吏。"③ 律令不让商贾穿丝织品、乘马车，加重租税，不让商贾子弟做官等，说明对商贾另眼相看，轻视、鄙视。可是，不管怎么样，商贾做买卖，到处贸易是可以的，只要有这一条，机灵能干的商贾就可大显身手。

《史记》《汉书》的《货殖传》写了一些商贾豪族的活动，经营盐铁

---

① 参见《汉书·高帝纪》。
② 颜注引臣瓒曰："秦制，列侯乃得食邑，今七大夫以上皆食邑，所以宠之也。"所言极是。
③ 《史记·平准书》。

业，从事畜牧业、农业，还有高利贷者，都发了大财。如蜀卓氏、程郑、宛孔氏、曹邴氏、齐刀间、师史、宣曲任氏、桥姚、无盐氏，以及关中田啬、田兰，韦家栗氏、安陵、杜杜氏，等等，都是拥有千万钱以上的巨富。当时，农民五口之家，种百亩之田，即使年成好，岁入也只有几千，中等之家赀十万，百万以上的富人已可谓"素封"，千万以上自然是巨富。

在农业社会，土地是稳定的财产和资本，所以巨富"以末致财，用本守之"①，即从事商业手工业发了财，便收买土地保了险。他们兼并土地，成了富商地主。晁错在《论贵粟疏》中所言"商人兼并农人"，小农因种种原因被迫不得不"卖田宅"，处境更为困苦②。所谓兼并，就是指的兼并土地。后来陈汤也谈道，"关东富人益众，多规良田，役使贫民"③。师古曰："规，画也，自占为疆界也。"富人多规良田，就是扩大私有的良田。富人拥有了大量土地，成了田连阡陌的富者，其为富商地主，或成为豪族。

实际上，豪族也有兼为商贾的。如西汉末年豪族樊重不仅有良田数百顷，还致力"货殖"④。

应该指出，富人兼并土地是保险合算的。拥有大量土地的豪族或富商地主，无论是经营农、林、牧、副、渔哪一业，或亲自经管，使用徒附劳动，或出租收取什五的劳动成果，收益是可观的。司马迁曾算过这种账：

> 封者食租税，岁率户二百，千户之君则二十万，朝觐聘享出其中。庶民农工商贾，率亦岁万息二千，百万之家则二十万，而更徭租赋出其中。衣食之欲，恣所美好矣。故曰陆地牧马二百蹄，牛蹄角千，千足羊，泽中千足彘，水居千石鱼陂，山居千章之材，安邑千树枣；燕、秦千树栗；蜀、汉、江陵千树桔；淮北、常山已南，河、济之间千树萩（楸）；陈、夏千亩漆；齐、鲁千亩桑麻；渭川千亩竹；及名国万家之城，带郭千亩亩钟之田，若千亩卮茜，千畦姜韭；此其人皆与千户侯等。然是富给之资也，不窥市井，不行异邑，坐而待收，身有处士之义而取给焉⑤。

---

① 《史记·平准书》。
② 参见《汉书·晁错传》。
③ 《汉书·陈汤传》。
④ 《后汉书·樊宏传》。
⑤ 《史记·货殖列传》。

大意是说，千户的封君每年大约收入20万，开销在其内。民众经营农、林、牧、副、渔等业，有一定的规模，有一定的产量，牧业有马50匹，或牛167头，羊250头，猪250只；渔业养鱼千石（汉制一石是120斤）；林业与副业，植大树千棵，各地按不同土质和不同气候，或种千棵枣树，或种千棵栗树，或种千棵桔树，或植千棵楸，或种千亩漆树，或种千亩桑麻，或种千亩竹，或植千亩卮茜，或种几十亩姜；农业种亩产一钟的良田千亩。这种经营土地办法的成果，每年收入也可达到20万，与千户侯的收入相等，赋税徭役出其中，也不要串市场、走外地去经商，"坐而待收"，稳稳当当做富翁。司马迁是从顺利方面甚至有点理想化而言的，不包含天灾人祸的因素，但大致是可信的。

　　豪族"富者田连阡陌"，有的不是十顷廿顷，而是百顷千顷。果如司马迁所言，这些地主肯定是大富豪。即使不按司马迁这样计算，将田地租给贫民耕种经营，按"见税什五"计，那么，只要所种所产是上述各个数字的一倍，地主"坐而待收"的价值，还是与千户侯相等。那些富商们"以末致财，用本守之"，收买土地，可不是把黄金埋在地里，而是投资于土地，经营农林牧副渔业，或者出租收益，是不吃亏的。司马迁所谓"本富为上，末富次之，奸富最下"，① 除了有主次厚薄的眼光外，似乎还有安险优劣的尺度。他可不是重商而轻农者。

　　关于"弛山泽之禁"。

　　山川陂泽的封禁，是很早以前的事。秦在商鞅变法之后，肯定是不封禁的。如，秦始皇礼待的巴寡妇清，"其先得丹穴，而擅其利数世，家亦不訾"。丹穴，是朱砂矿，在山中，其先已开采了几代，货财已无法估量，至少已经营一二百年了吧！这就说明该矿山早就开禁而为私人所利用了。《史记·货殖列传》记述："猗顿用盬盐起。而邯郸郭纵以铁冶成业，与王者埒富。"这说明秦朝之前，已有私人煮海为盐、开矿冶铁，山林已经开禁。因此，我觉得汉初"弛山泽之禁"的"弛"，可理解为大开放的意思；否则，司马迁所津津乐道的林业、渔业，也无条件着手经营。

　　山川陂泽大开禁，在当时铁器已较普遍使用，牛马等畜力也使用了，在这样的生产力条件下，就大有利可图。开发者大有收益，只要向官府申请租用或承包一区山川陂泽，或者用钱买下一区，以收益的小数交租贡物，官府增加了收入，官吏可中饱私囊，利用者大发其财，上下都乐意，合理

---

① 《史记·货殖列传》。

合法。时而久之,损公肥私,化公为私,是自然的了。

《史记·平准书》云:汉初,"山川园池市井租税之入,自天子以至于封君汤沐邑,皆各为私奉养焉,不领于天下之经费"。有的山川陂泽,在诸侯王国、侯国、封君与公主食邑等范围内,其开发收益,成了这些特权人物的专利。获利入了他们的腰包,"各为私奉养"。因此,吴王刘濞就在其封国内招徕劳动力采铜铸钱,煮海为盐,具有雄厚的经济实力①。淮南王刘安、梁王刘武等也会干这种事的。郡县内的山川园池市井租税之入,是属天子的私奉养,由少府专管。有时皇帝还把山泽作为赏赐品。如:汉文帝赏赐宠臣邓通,除了赏钱"巨万以十数"外,还赐"蜀严道铜山,得自铸钱"②。邓通便采铜铸钱。吴、邓的钱铸了很多,"故吴、邓氏钱布天下"③。有权势有财力的人向山林陂泽进军,以增加土地和财富,是可想而知的。

这里顺便说一下,"弛山泽之禁",得益最大最多的,除天子外,当数有权掌管封国封地食邑之内山川陂泽的那些诸侯王、列侯、封君、公主等人。这些人只要经管有方,收益必定可观。少府,是天子"私奉养"的大管家。《汉书·百官公卿表》说:少府有一整套机构和办事官吏,"掌山海池泽之税,以给供养"。颜注引应劭曰:"名曰禁钱,以给私养,自别为藏。"师古曰:"其司农供军国之用,少府以养天子也。"《续汉书·百官志》云:少府"掌服御诸物,衣服宝货珍膳之属"。刘昭注引《汉官》曰:"王者以租税为公用,山川陂泽之税以供王私用。"又引《汉官仪》曰:"田租、刍稿以给经用,凶年,山泽鱼盐市税少府用以给私用也。"这些都说明,少府是皇帝私人的大管家,负责收取山林池泽之税,供给皇帝私用。天子既有少府掌管山林池泽之税,置官初"如汉朝"的诸侯王④,也设"私府"官掌管此事⑤;列侯、封君、食邑者只要有此收益,也会有管家专办此事。

收取山川园池市井租税的是天子、王、侯、封君等人;而交租税的,则是租用者、承办人,甚至是买为私产者。只是这方面的史料难找,无法具体说明而已。但可试想,即使在汉武帝、王莽时期官府专营盐铁,不许私人伸手插足,为什么还有很多人违法私营盐钱呢?那就是因为他们还据有一部分山川陂泽,具有煮海为盐、采铜铸钱的资源和条件之故。

---

① 参考《史记·吴王濞列传》。
② 《史记·佞幸列传》。
③ 《史记·平准书》。
④ 参考《汉书·百官公卿表》序。
⑤ 参考《汉书·路温舒传》"迁广阳私府长"颜注。

秦汉时期，边区有大量未开垦的土地。当时徙民实边，鼓励百姓开垦，任其占用土地。还实行屯田，发展军屯、民屯。

当时内地也有荒地。战国后期，秦仍然地多人少。秦曾设法招徕三晋人民去开垦荒地，给予"利其田宅，复之三世"的优惠待遇①。汉景帝元年正月《听民徙宽大地诏》提到，对于有些地方的缺地乏食的贫民，可以议其迁徙问题，改变"或地饶广，荐草莽，水泉利，而不得徙"②的情况。秦汉多有徙民的情况。汉代有的地区，人均亩数是较多的。如：东海郡，在"界东西五百五十一里，南北四百八十八里"的范围内，"户廿六万六千二百九十"，"口百卅九万七千三百四十三"，"提封（总共）五十一万二千九十二顷八十五亩二□"③，人均土地大约40亩。此郡是平原丘陵地区，宜于田农，除一部分山川陂泽及邑居宅园外，可能尚有荒地。

上述"弛山泽之禁"的政策，以及内地的荒土、边区的空旷，实为产生新豪富提供了极为有利的条件和机遇。

秦汉时期的达官显贵，大多扩充私有土地和钱财。那些封为王、侯而有封国，封君、公主而有食邑，身居高官而有丰厚俸禄的人，或是身兼高官与封君者，如丞相封侯、侯者任公卿；地方官吏权管一方或某一领域；宗室、外戚、宦官等与天子有特殊关系者，这些大大小小的有权有势分子，绝大多数不会满足于既得利益，绞尽脑汁乘机捞取好处，兼并土地。他们的利爪恶口，犹如猛鹰抓小鸡而食之。权势就是私占田地的法宝和利器。

晋人江统说："秦汉以来，风俗轻薄，公侯之尊，莫不殖园圃之田，而收市井之利，渐冉相仿，莫以为耻。"④ 达官显贵每年收入在120万以上，比之百亩之田每年收几千钱的小民多出几十倍，甚至更多，更不用说比那些仅有十亩八亩的少地农民了。所以他们凭权势和财力收买侵占土地是极为方便的。如：汉武帝时，淮南王安的王后荼及其儿女，"擅国政，侵夺民田宅，妄致系人"⑤。又如：汉高祖十一年秋，天子亲自将兵出外讨伐黥布，留守京师的相国萧何却在收买田地。当皇帝胜利回京，民众遮道上书，控诉"相国贱强买民田宅数千万"，皇帝"笑"而不怒，把告发书交给了萧

---

① 《商君君·徕民》。
② 《汉书·景帝纪》。
③ 连云港市博物馆：《尹湾汉墓简牍释文选》，《文物》1996年第8期。
④ 《晋书·江统传》。
⑤ 《史记·淮南衡山列传》。

何，由他去处理。而萧何并没有退田以平民愤，只是请求把上林苑的一些空荒地让民去垦种就算了事。为相为侯的萧何买田，而且是"贱强买"，即以低价强迫购买，买民田宅竟达"数千万"，可谓大案，然不了了之。萧何可谓在汉代权贵兼并土地方面起了带头作用的典型。因为他是以刘邦为首的丰沛集团的核心成员，与刘邦有特殊的亲密关系，为反秦、灭楚、光汉立了大功，所以刘邦以他为首任相国，封侯位列第一，封户达八千之多①。这个萧何，食户多，俸禄厚，还兼并土地，而汉高祖却笑而不怒，这意味着什么？说明兼并土地不成问题。

萧何这么干，自然其他封君高官"渐冉相仿莫以为耻"了。当时，能文善辩曾风流一时的陆贾，病休家居，也不甘落后而收买土地。他本是"楚人"，年老却不还乡，"以为好畤地善，可以家焉"。就在好畤买了好田地，安置新家，五个儿子都安排在这个地方②。好畤在关中，田地肥沃，陆贾能在这里买田地以安家，显然是因他曾任太中大夫，得到了不少赏赐，有势有财，才能如愿以偿。他买良田多少，史无记载，恐怕不在少数。

有些得到皇帝宠幸之臣，往往有额外的收入。上文所说文帝赐宠臣邓通蜀铜矿山是一例。这里再举一例：哀帝宠臣董贤，受赐田"千余顷"③。据王嘉上书所言，哀帝"诏书罢苑，而以赐贤二千余顷，均田之制从此堕坏。"④ 那个时代，皇帝对臣赏金赐田是司空见惯的事。但像哀帝这样大手大脚地以田赏宠臣，使得王嘉也感到太出格了。这里所谓的"均田之制"，据颜注引孟康之说，是按品级赏赐有度的规定。董贤得到这种特殊的优待，自然立即成了大富豪。

到了东汉，出现了弘农杨氏、汝南袁氏等所谓"东京名族"。其俸禄高、土地广、宾客众、门生故吏多，既是世家，也是豪族。这个时代，很多"世族"也是豪族，一直影响后世很深很长。

不仅达官显贵、佞幸宠臣，就是地方小吏，也会凭其仅有的一点权势而捞一把的。汉朝刚刚建立，地方官府成立伊始，他们就施展手脚了。汉高祖五年五月诏书中有这样的话："法以有功劳行田宅，今小吏未尝从军者多满，而有功顾不得，背公立私，守尉长吏教训甚不善。"⑤ 所谓"多满"，

---

① 《史记》之《萧相国世家》《高祖功臣侯者年表》。
② 参见《史记·陆贾列传》。
③ 《汉书·师丹传》。
④ 《汉书·王嘉传》。
⑤ 《汉书·高帝纪》。

就是多自满足。所谓"顾不得",意谓应得的反而得不到。诏书的大意是,有功劳的人应给予田宅,反而未给;而小吏没有从军立功,却多得田宅,这是"背公立私"、以权谋私行为,郡县长吏没有尽到管教之责。所谓"守尉长吏教训甚不善",恐怕应该理解为,一方面是命令郡县长官好好管教下属;另一方面也是先给他们递个信号,暗示这些地方长官不能"多满"而"背公立私"。实际上那些俸禄很低而利欲熏心的小吏是不管这一套的。景帝《令二千石修职诏》,提到"吏以货赂为市,渔夺百姓,侵牟万民",还说长吏"奸法与盗盗"(即因法作奸,与盗勾结为盗)①。此诏必据实情。至于那些地方大官,在"多满""背公立私""因法作奸"这个问题上,只会有过之而无不及;"教训"云云,是针对他人而言,本身又是另一套。司马迁所言"为权利以成富"②,就是指官吏以权谋私而富。贡禹所谓"居官而置富者为雄桀"③,并非妄言。如:王温舒"为右辅,行中尉事",主要任务是惩治抗上欺下横行于世的豪强,但在皇朝为伐大宛"诏征豪吏"时,他却包庇其属吏华成,被别人告发"受员骑钱"及"他奸利事",以至族诛④。"他奸利事"的具体内容,史无明文,大致不外乎是侵占田宅、以权谋私等。

有些宗室、外戚、宦官,倚仗皇亲国戚或内侍的身份,狐假虎威,往往为所欲为,肆意掠取而暴发为豪族。

秦统一之后,废分封,载籍不见当时有王。汉兴以来,分封宗室,大者为王,小者为侯。东汉亦然。王国地大人众,王者在国内几乎是为所欲为,尤其是西汉初期,如淮南王长、吴王濞、梁王武、淮南王安等,财大气粗,甚为嚣张。他们在王国内占有私田必是很可观的。列侯在其国内也会占有私田。西汉末年,丞相孔光、大司空何武等所制的"限田"法规定"诸侯王、列侯皆得名田国中"⑤,就透露了诸侯王、列侯等在其封国内占有私田的消息。东汉济南王康,是光武帝与郭皇后所生。他凭亲王之权势,"多殖货财",私田多达"八百顷"⑥。

外戚也多爱财占田。上文已提到,汉武帝时外戚、丞相田蚡竟然欺侮

---

① 《汉书·景帝纪》。
② 《史记·货殖列传》。
③ 《汉书·贡禹传》。
④ 《史记·酷吏列传》。
⑤ 《汉书·食货志》。
⑥ 《后汉书·济南王康传》。

失势的外戚功臣窦婴，开口就索取他长安城南良田"数顷田"。未达到目的，便恼羞成怒，大耍手腕，置窦婴于死地。①

东汉外戚窦宪，本是世家子弟，因妹为皇后，兄弟皆大官，又得"亲幸"，"宠贵日盛"，竟然"以贱直（值）请夺沁水公主（明帝之女）园田"，公主无奈而"不敢计"。后来章帝得知，怒责道："今贵主尚见枉夺，何况小人哉！"② 所言"何况小人"，可以想见小民被欺夺田地之事必定不少。

种拂为颍川郡守时，外戚黄纲"恃程夫人权力，求占山泽以自营植"。种拂是名公种嵩之子，不买黄纲的账，"遂不与之"。③ 黄纲碰了钉子才未如愿，如果遇上趋炎附势者自然不成问题。

汉朝皇帝对于外戚，往往恩宠有加，除了封侯授官外，还赏金赐田。如：汉武帝有个同母异父的姐姐，原是王太后入宫之前与前夫金王孙所生，入宫之后一直隐瞒了此事。武帝登位之后，知道了情况，便亲自去找到领进宫来，赐号修成君，除了赐予汤沐邑、奴婢三百人、甲第外，还赐"钱千万""田百顷"④。使她一下子暴发而为拥有千万钱、百顷田的豪族。

成帝时，帝舅红阳侯王立"使客因南阳太守李尚占垦草田数百顷"，其中有侵占平民已开垦的田地，还玩了花样，高价卖给官府，获取"一万万以上"。⑤

宦官这个封建皇朝的毒瘤，到了东汉时期大为发作。恶性表现之一，就是掠夺兼并土地，暴发而为豪族。仅举两例：桓帝时，中常侍苏康、管霸"用事于内，遂固天下良田美业，山林湖泽"。"固"，与锢同。《汉书·食货志》有"上争王者之利，下锢齐民之业"语，师古曰："锢，亦谓专取之也。"可见，锢，有掠夺之意。苏康、管霸等"手握王爵，口含天宪"的宦官，曾干过掠夺平民的良田美业以及官府的山林湖泽的勾当。当时州郡长官"累气"，不敢顶撞，只有身为大司农的刘佑勇担职责，下达文书，"依科品没收入"。这事却引起桓帝"大怒"，刘佑遭受惩治。⑥

桓帝另一个中常侍侯览，仗势贪污受贿，并与小黄门段珪"并立田

---

① 参见《史记·魏其武安侯列传》。
② 《后汉书·窦融附宪传》。
③ 《后汉书·种嵩附拂传》。
④ 《汉书·外戚传》。
⑤ 《汉书·孙宝传》。
⑥ 参见《后汉书·刘佑传》。

业","仆从宾客侵犯百姓,劫掠行旅"。建宁二年,侯览因母丧返山阳防东老家。督邮张俭检举揭发侯览"贪侈奢纵,前后请夺人宅三百八十一所,田百一十八顷"。结果,张俭被反咬一口,诬为"钩党",与李膺、杜密等"皆夷灭之",侯览竟然又升了官,"领长乐太仆"。① 侯览前后请夺田118顷,实际拥有土地自然多于此数,可见有的宦官也是广占田地的豪族。

所以,可以说,秦汉时期权贵达官仗势兼并土地已司空见惯,不是什么新鲜事。尽管学者深嫉"有威势者"仗势欺民,"或割人田宅,劫孤弱之业",②对失去土地的平民寄予同情;或有"限田""井田"之议,或有昙花一现的"王田"制,想限制豪族占有和兼并大量土地;但豪族发展自有其宽天厚地,可以施展其能,放开手脚大干。

有趣的是,土地私有之欲,不只是臣民众人有之,就是握有皇权、号称富有天下的皇帝也有之。试举两例:一是,西汉的成帝"置私田于民间"。谷永上疏直谏,说:要求土田是平民的事,帝王"畜私田财物",为庶民所为,实在不妥。③ 成帝既已为之,当然把谷永的话当耳边风。又一是,东汉的灵帝积私钱,"买田宅"。灵帝名宏,本是章帝的玄孙、河间王开的曾孙,袭父解渎亭侯的爵位。那时的亭侯,在列侯中小得可怜,但比小民还是好得多。桓帝死,因他无子继嗣,窦太后和窦武决策立宏为帝(即灵帝)。这位12岁登位的天子私心很重,贪欲很足,放手大捞,除了造黄金堂用以积藏"金钱缯帛",并"还河间买田宅,起第观"。④ 他买田多少,不知其数;但可以想见,凭天子之尊,所谓"买田宅",恐怕是既贱买又强夺,为数也不少吧!

顺风并借势,捷足能登天。豪族遇上秦汉时期大好时机和条件,才得以长足发展。经过秦汉以至三国两晋南北朝,黄河流域、大江上下、西北地区,许许多多郡县的"大族""著姓""名门""强宗"等不同称谓的豪族,根深枝壮叶茂,并非偶然。

二 秦汉豪族的势力

秦汉豪族凭其土地财富和宗族聚居的实力,展开活动,勾结权贵、招

---

① 《后汉书·侯览传》。
② 《抱朴子·自序篇》。
③ 参见《汉书·五行志》。
④ 《后汉书·宦者传》。

养宾客、结交游侠、利用徒附、联亲婚族，加之选举入仕、筑堡弄兵，形成一股影响很大的社会势力。他们处世之道，天下安，顺势进取，长足发展；天下乱，则守营自保，甚至争权天下。

豪族，或有一定的权势，或有权势为靠山，或有交通权贵者，史不乏例。以秦时乌氏倮、巴寡妇清来说，两人为什么在众多的豪富中独能得秦始皇的礼遇？史籍上只说他俩富有，没提到别的；那没有写到的内容，恐怕少不了的是向天子阿谀奉承，献以所好。他俩财大，可在秦始皇面前还不能气粗。秦始皇统一了天下，不仅骄满，而且奢侈。倮、清两位财主，必定投其所好，才能受到礼待；否则，即使如有恩于彼的大富翁吕不韦，也是要倒霉的。汉代君主对豪富的脾气，也是大同小异。以汉武帝来说吧，他搞垄断财政经济那一套，使得商贾"中家以上大率破产"；可是随风走、跟他转的大商人子弟桑弘羊辈却被重用，官至御史大夫[①]。桑弘羊、孔仅、东郭咸阳等就是富豪中能靠拢和取得权势的典型。

汉初有个朱家，司马迁和班固都认为他是大侠，记载于《史记》《汉书》的《游侠传》。其实，朱家是豪族，任侠，故以侠闻于关东。可笼统地称为豪侠。他"所藏活豪士以百数，其余庸人不可胜言"，"振人不赡，先从贫贱始"，"专趋人之急，甚己之私"，这是任侠的特点。可是他一次能买进"家僮数十人"，其中包括一个隐姓埋名的季布，而"置之田"，嘱咐其子"田事听此奴"。显然他有很多田地和家僮。不仅如此，朱家还能与汉初功臣之一、官为太仆、封为汝阴侯、食邑六千九百户的夏侯婴交通，受招待几天，说得上话，求得了情，使得被高祖悬赏千金捉拿的逃犯季布免了罪，还任为郎中，官至河东郡守[②]。朱家，鲁人，在楚汉相争时，没有参与汉方活动；夏侯婴，楚人，原是沛县马厩管理员，是刘邦的老相识和部下。他俩原来既不相识，又没有共过事，一个荣登世家，一个依然豪族，而朱家竟能办成那么棘手的事情，可见其既豪又侠，上串下连的本领。

灌夫这位新豪族，其父因"得幸"于颍阴侯灌婴，由舍人而官至二千石。他借此上爬，既做大官，又发财买田。"家累数千万。食客日数十百人。陂池田园，宗室宾客为权利，横于颍川。"他之所以能横行于乡里，除了财富宗室宾客势力外，主要还是他有与颍阴侯的老关系背景，又身住京师长安，走动于权贵窦婴、田蚡等人之间，互相攀援。只因他骄妄，得罪

[①] 参考《史记·平准书》《汉书·食货志》。
[②] 参见《史记》《汉书》的《季布传》《夏侯婴传》《游侠传》。

了新权贵田蚡，才被害致死。①

这种情况，两汉之世多有。东汉张衡曾为河间王国相，"时国王骄奢，不遵典宪；又多豪右，共为不轨。"②这是说，诸侯王与豪右互相勾结，而为犯法不轨之事。

晁错《论贵粟疏》所讲到的"因其富厚，交通王侯"，实际上多有其事，不是无的放矢。

豪族招纳和豢养宾客更是常事。他们拥有宾客才有活力。战国时期齐孟尝君田文、魏信陵君魏无忌、赵平原君赵胜、楚春申君黄歇等四豪，还有秦文信侯吕不韦等，都是封君，也是豪族，或是豪富。他们各有宾客几千人。宾客的成员复杂，层次不一，有高参，能出谋划策；有辩士，能交际游说；有一技之长者，如鸡鸣狗盗之徒；有忠实可信者，如守门保卫之人；也有士子学人，能写文编书；至于等而下之，则供驱使奴役而已。豪族拥有这些宾客，形成可观的势力，退则可守家业，进则可纵横驰骋。

原是楚贵族的项梁，虽然避仇于吴中，但"吴中贤士大夫皆出项梁下。每吴中有大徭役及丧，项梁常为主办，阴以兵法部勒宾客及子弟，以是知其能。"③这说明项梁流亡于吴地能出人头地，是因他有"宾客及子弟"势力。当时齐田氏也是有宾客的。汉兴齐亡，田横被迫赴洛阳，还有"二客"陪同；田横自杀，二客亦自刭④。

窦婴、田蚡、灌婴等豪族多养宾客。窦婴之父"喜宾客"。窦婴出任平吴楚七国之乱的大将军之时，推荐了客于其家的袁盎、栾布等人，平乱之后因功封侯，"诸游士宾客争归"之，当他政治上不得意时，"诸宾客辩士说之"。田蚡初事武帝，朝廷有些措施"多有田蚡宾客计策"。田蚡初出道时，卑下宾客，推荐门下的名士做官，一时声名鹊起。门客籍福还为他想出"让贤"而得贤名的花招。所以当他建元六年为相时，不仅"天下士"来附从，而且郡国诸侯也趋附而来。灌夫不仅有"宗族、宾客"，还交通"豪桀大猾"⑤。于此可见，当时豪族养客及宾客趋附之风。

李广将军也是养客的。他是秦将李信之后，原居关中槐里，徙至陇西成纪，"家世世受射"。汉文帝十四年，他以"良家子"从军抵御匈奴，后

---

① 参见《史记·魏其武安侯列传》。
② 《后汉书·张衡传》。
③ 《史记·项羽本纪》。
④ 参见《史记·田儋列传》。
⑤ 均见《史记·魏其武安侯列传》。

来长期为边郡守尉或为将军。应算是世家或豪族。他爱护"士卒"。所谓士，有的是军官，有的是幕府宾客。他死时，士大夫都同情哭泣。直到其孙李陵为将时还有门下士。李陵败降于匈奴，故"陇西之士居门下者皆用为耻焉"。①

大将军卫青、霍去病晚年不招士，但起初门下也是有宾客的。苏建劝卫青招士，以扩大社会影响。卫青答道："自魏其、武安之厚宾客，天子常切齿。彼亲附士大夫，招贤绌不肖者，人主之柄也。人臣奉法遵职而已，何与招士！"霍去病也与卫青持同样态度。② 这是可信的。但若说卫、霍门下无宾客，并不尽然。就在元狩四年漠北战役之后，霍去病与卫青同为大司马，武帝"定令"，使霍与卫秩禄相等，显然后起之秀霍去病更为亲贵。于是，"举大将军故人门下多去骠骑"。③ 宾客的去从，在卫、霍之间显示出秤杆两方高低轻重。所谓"故人门下"，自然是宾客或老部下。卫、霍是很乖的。他俩对于武帝忌恨窦婴、田蚡等养客招士，鉴貌辨色，便顺从武帝之意，注意收敛。

武帝"切齿"也罢，卫、霍不招士也罢，而豪族养客之风依然盛行于两汉之世。豪族养客，有的成百上千，还有带家的宾客。两汉之际动乱时期，豪族拥有宾客和宗人是屹立于世的本钱。刘縯"交结天下雄俊"，"召诸豪杰计议"，部署宾客、宗人起事。④ 邓晨闻之，"将宾客会棘阳"。⑤ 刘植与其弟喜、从兄歆"率宗族、宾客，聚众数千据昌城"⑥。耿纯"与从昆弟䜣、宿，植共率家族、宾客二千余人"迎奉刘秀。⑦ 阴识闻刘縯起兵，"率子弟、宗族、宾客千余人"往从之。⑧ 冯鲂"聚宾客，招豪桀，作营堑，以待所归"，建武三年投从刘秀。⑨ 隗嚣的叔父崔"素豪侠，能得众"，起兵于陇西⑩。还有公孙述、窦融、马援等，都有宾客，据地称强。马援于王莽末年亡命北地时，从事田牧，"役属宾客数百家"。⑪ 其几百个宾客是带家养

---

① 《史记·李将军列传》《汉书·李广传》。
② 参见《史记·卫将军骠骑列传》。
③ 参见《史记·卫将军骠骑列传》。
④ 《后汉书·宗室齐武王縯传》。
⑤ 《后汉书·邓晨传》。
⑥ 《后汉书·刘植传》。
⑦ 《后汉书·耿纯传》。
⑧ 《后汉书·阴识传》。
⑨ 《后汉书·冯鲂传》。
⑩ 《后汉书·隗嚣传》。
⑪ 《后汉书·马援传》。

口的,这种带家被役属的宾客,有的地位较低,或逐渐低贱,而成为豪族的荫庇户,或曰徒附,或曰奴客,再以后就称佃客。可以说,宾客是豪族的依附品,是被玩弄的势力。

养客风气之张,不但是因豪族需要借用宾客力量以为声势和工具,还由于社会上一些游士、学子、轻侠等需要依靠和仰仗财势和权势,这是当时社会的实际问题。汲黯、郑当时以及下邽翟公,都是招士好客的。汲黯的先代七世,"世为卿大夫"。郑当时之父曾为项羽的部将,这两人多次任郡国守尉,官至九卿,有任侠之风,和灌夫等人交好,可谓世家兼豪族而任侠之流。当他们得势时,宾客颇盛,而"中废"失势时,"宾客益落"。这事引起司马迁无限感叹,他说:"夫以汲、郑之贤,有势则宾客十倍,无势则否,况众人乎!下邽翟公有言,始翟公为廷尉,宾客阗门;及废,门外可设雀罗。翟公复为廷尉,① 宾客欲往,翟公乃大署其门曰:'一死一生,乃知交情。一贫一富,乃知交态。一贵一贱,交情乃见。'汲、郑亦云,悲夫!"② 这里且不分析司马迁的情绪,就其察觉到的历史与社会的现象与实质来说,可谓入木三分。豪族有财有势,自然有人趋附,甚至趋之若鹜。

豪族不仅养客,还交通游侠和豪猾。司马迁在《史记·游侠列传》中,不仅将侠与儒作了区分,还把"乡曲之侠""布衣之侠""闾里之侠""匹夫之侠",同"朋党宗强""豪暴"加以区别,指出朱家、郭解与"豪暴之徒"不是同类。这种区分,确有道理。同类之侠,有豪侠、义侠之分。同类之豪,有豪暴、善豪之别。同类之中是有层次的,有优劣的。但司马迁不了解侠与豪既区别又联系,不免失之毫厘。游侠同豪族强宗比较,是其没有扎根土地及宗族聚居的特点(也不能完全否定其有一些土地和宗亲),而是活跃于社会,"哥们儿"结伙的游荡分子,不大愿受封建法规的约束,或为人打抱不平,或为豪族办一些事,或与豪暴同流合污,或盗墓抢掠作奸,他们本身是可以分出类别而有不同层次的。司马迁写游侠也有所区分。他推崇郭解;而认为"关中长安樊仲子"等,"虽为侠而逡逡有退让君子之风";至若北道姚氏等,"此盗跖居民间者耳",这种人不值得称道,"此乃乡(向)者朱家之羞也"③。班固所写西汉后期的游侠楼护、陈遵、原涉等都为郡县长吏、官至二千石④,与朱家和郭解大不相同,可谓豪侠,而非布

---

① 查《史记》《汉书》等史籍,不见翟公复为廷尉的记载,可能"廷尉"文字有误。
② 《史记·汲郑列传》。
③ 均见《史记·游侠列传》。
④ 参见《汉书·游侠传》。

衣之侠。这种游侠，已变种了。

应该指出，不论哪个层次的游侠，都与豪族有千丝万缕的联系，大多为豪族卖命效力。就以司马迁所肯定的朱家、郭解来说吧，算是层次较高的游侠了。朱家，上文已提到他既任侠，又是有田有奴的豪族，还上通王侯。郭解是游侠中的典型代表。他"借交报仇，藏命、作奸、剽攻"，"振人之命"，为他人解决纠纷，样样都干。汉武帝徙豪富于茂陵，河内郡轵县掾把郭解也列入迁徙者名单。当时明定迁徙家赀三百万以上者。郭解"家贫，不中赀"，即家财不足三百万。也可以说，他本人算不上豪富。可是，郭解迁徙之日，"诸公送者出千余万"。这就透露出可作分析的问题了。当时中家十金，即有十万钱就算中等之家，有三百万就是豪富。而郭解被迁时受礼金一下子竟达千余万，实在是可惊的数字。贫者相送，凑成十万八万，就很不容易；送礼金千余万，肯定不是贫民，非豪富而谁？可以断言：非豪族即富商！稍早于郭解的剧孟也以任侠著名于世。其母死，自远方送丧盖千乘。① 千乘送丧者为谁？非豪族即富商！平民即使有辆牛车，而驾牛车送丧也是寒碜的。

秦汉时期多有"三游"（游侠、游士、游行），其中游侠、游士多有"士为知己者死"的特点。早在战国时期，为智伯报仇的豫让、为严仲子所用的聂政、为燕太子丹卖命的荆轲，这些所谓"士为知己者死"的刺客，都有任侠之风，而为贵族或豪族效命。他们对贵族的依附性较大。西汉有的游侠，尚有投靠于世家贵族的，吴王濞、淮南王安、梁王武、燕王旦等门下就有这种人；还有所谓"豪桀""亡命"之徒，其中也不乏豪猾分子。

景帝时，大侠剧孟著名于世。安陵有个富人不敢与他相通，而新贵袁盎却乐意善待之。贵族梁王武因故怨恨袁盎，多次使客刺杀，最终达到目的。② 袁盎善待的剧孟是游侠，梁王武所遣的刺客也是游侠之流，游侠们是各为其主所用的。

汉初，济南郡豪族瞷氏，"宗人三百余家，豪猾"，郡守没法对付之③。这里的"豪猾"，是指瞷氏及其宗人。宣帝时，涿郡"大姓"西高氏、东高氏横行，"宾客放为盗贼，发，辄入高氏，吏不敢追"。④ 这里所说的"宾客"，显然是豪族豢养的猾贼之徒。西汉后期，红阳侯王立"父子臧（藏）

---

① 均见《史记·游侠列传》。
② 参见《史记·袁盎列传》。
③ 参见《史记·酷吏列传》。
④ 《汉书·酷吏传》。

匿奸猾亡命，宾客为群盗"。① 豪侠楼护是王氏五侯的座上客，"咸得其欢心"。他为王莽捉住逃犯吕宽，王莽"大喜"而重用之，"封息乡侯，列于九卿"。豪侠陈遵官至九卿，走动官府，王莽"素奇遵材。在位多称誉者"，由是重用之。实际上，陈遵其人，"昼夜呼号，车骑满门，酒肉相属"，自谓"放意自恣，浮沉俗间"，显然是个浪荡分子。原涉是"内隐好杀"的轻侠之徒，"放纵"，王莽"召见"和重用之。② 以卖豉起家的富商王孙卿"以财养士，与雄桀交"，王莽用他为京司市师。③ 这些依附权贵与豪族的豪猾、轻侠分子，与朱家、郭解相比则等而下之。可是，他们多在京师长安或关中地区厮混，颇为得意，因为有豪富为靠山。当时有人提到："长安宿豪大猾东市贾万、城西萬章、翦张禁、酒赵放、杜陵杨章等皆通邪结党，挟养奸轨，上干王法，下乱吏治，并兼役使，侵渔小民，为百姓豺狼。"④ 这就把横行不法的豪富与奸猾放在一起计较，认为他们狼狈为奸。

　　两汉之际的豪族也多交通游侠奸猾。刘秀为白衣时，曾"藏亡匿死，吏不敢至门"，即窝藏亡命之徒，对抗官吏。这是根据其姊湖阳公主所说，⑤ 千真万确。刘秀之兄刘縯，更是个"不事家人居业，倾身破产，交结天下雄俊"⑥ 的豪族分子。

　　东汉豪族结交游侠奸猾与西汉一样，为数也不少。仅举两例。如：豪族第五种为官能干，被宦官单超陷害，"竟坐徙朔方"。朔方太守董援是单超的外孙，"畜怒以待之"。第五种所"善遇"的老部下孙斌"将侠客晨夜追种，及之太原，遮险格杀送吏"，把第五种救出了虎口而逃匿。⑦

　　又如，武威郡"大姓"田绀，为郡将兵长吏，"其子弟宾客为人暴害"。郡太守任延诛其父子五六人。田绀的少子田尚"乃聚会轻薄数百人，自号将军，夜来攻郡"，⑧ 所谓"轻薄"，就是轻侠亡命之徒。

　　到了东汉末年，豪族大姓预感到天下将乱，更是结交豪桀，网罗宾客，预备家兵。豪族郑泰，是东汉名儒郑兴的后裔。他"知天下将乱，阴交结豪

---

① 《汉书·元后传》。
② 以上均见《汉书·游侠传》。
③ 《汉书·货殖传》。
④ 《汉书·王尊传》。
⑤ 参考《后汉书·董宣传》。
⑥ 《后汉书·齐武王刘縯传》。
⑦ 《后汉书·第五伦附种传》。
⑧ 《后汉书·任延传》。

杰，家富于财，有田四百顷，而食常不足"。① 有田四百顷的豪族，竟然"食常不足"，可以想见他交结豪杰招养宾客之多，花销之大。

豪猾游侠之徒浪荡于社会，混世熟，知事多，油滑狡诈，是不好对付的。他们善于坑蒙拐骗，打架斗殴，往往有恩报恩，有怨报怨，有仇报仇。豪族往往结交之，又慎待之，也有的敬而远之。豪族马援于西汉末年亡命北地郡，从事畜牧业，"宾客归附者，遂役属数百家"。转游到了"陇汉间"，从事田牧，以财分给"昆弟、故旧"②。他对宾客故旧既利用又优待，所以没有发生什么麻烦。而西汉中期公孙贺却触犯了大侠朱安世而被他扳倒。公孙贺的祖父昆邪曾为郡守，封侯。他本人官为太仆，又拜相封侯。其夫人是武帝的卫后之姊。他"依故旧，乘高势而为邪，兴美田以利子弟宾客"。其子敬声为太仆，贪污巨款，被揭发了，逮捕入狱。这时诏捕大侠朱安世不能得。公孙贺请求"逐捕安世以赎敬声罪"。武帝许可了。果然捕到了朱安世。朱安世知道很多权贵、豪族的秽行丑事，嘲笑公孙贺必定弄巧成拙。他在狱中上书，告发公孙敬声许多严重罪行。结果是，公孙氏"父子死狱中，家族"③。还揭开了巫蛊之祸的序幕。

东汉时期，豪族儒宗众多的"门生""故吏"，也是其基本的势力。高官旧时所辟举的属吏或推荐为官者，称为故吏。故吏对举主或府主有一种封建的臣属关系和思想。儒宗所亲授的学生为弟子，转相传授者为门生，也有投靠豪族，在其门下办事而称门生者。豪族儒宗在社会、文化、政治上都有一定的影响，故不仅道道地地的故吏、门生借此关系入仕升官，就是没有直接关系者，也趋附巴结，争取挤进圈子，踏上仕途。风气既开，广被横流。不仅累世公卿的"东京名族"弘农杨氏、汝南袁氏等，门生、故吏遍天下，就是"浊流"宦官也"任人"，有门生。如未曾传授过儒业的宦官王甫就有趋附的门生为奸④。故吏、门生对举主宗师，不仅在其门下低首效劳，甚至在其死后，还为之服丧，奉侍其后人。可以说，故吏、门生是豪族重要的社会势力。这种情况的发展，促使门阀大族加速形成。

豪族多有私家武装，"缮五兵，习战射"⑤。平时备穷寇，乱时防盗贼，战时搞夺权。豪族联姻，门当户对，互相攀援利用。下文将谈及之。

---

① 《三国志·郑浑传》注引张璠《汉纪》。
② 《后汉书·马援传》。
③ 《汉书·公孙贺传》。
④ 参见《后汉书·杨彪附震传》《后汉书·宦官传》。
⑤ 《四民月令》。

豪族在选举入仕方面往往优先。一方面是因有经济条件读书学文，明了世务，另一方面又有权势背景，上下左右的联系，便于明公暗私，因缘攀附。入仕者有的平步青云，进入世家行列，然其豪族根基不变。

秦汉朝廷与地方有一支庞大的官吏队伍。这些官吏是由选举、推荐和辟召等办法产生的。秦朝如何选举，史籍缺书，不大清楚。有说，秦的仕进办法，在统一之前，"惟辟田与胜敌而已"，① 这大概是根据秦奖励耕战政策推断出来的。秦孝公下令求贤。② 秦始皇时，叔孙通"以文学征"，③ 都属于征用性质。但秦已有推举制度。韩信"贫无行，不得推择为吏"，④ 说明家贫无行者，不能推举入仕。秦法还规定："任人而所任不善者各以其罪罪之。"⑤ 这里的"任"，是保举的意思。一些记载说明，秦朝实行了推举人才制度，只是难知其详情。秦统一之后，为时短促，估计没有大的变化。

汉承秦制，但逐步建立和发展了一套选官制度，包括察举、皇帝征召、公府与州郡辟除、大臣推荐、考试、任子、纳赀等方式。察举是一种由下而上推选入仕的制度，有很多具体的科目，主要有孝廉、茂才（秀才）、贤良方正、文学等，还有明经、明法、尤异、治剧、兵法、阴阳灾异等临行规定的特殊科目。孝廉多取州郡属吏或通晓经书的儒生，入选后多为地方官吏。茂才比之孝廉高一个层次，所以有先举孝廉、后举茂才的情况。孝廉、茂才为岁举或常科。贤良方正的察举，往往要求能直言极谏，或"有道之士"，这是特举或特科，是汉代选拔官吏的重要科目和途径。有一些宿儒名臣往往出于此科，如晁错、董仲舒、公孙弘、严助等。征辟是一种自上而下选拔官吏的制度，主要有皇帝征聘、公府与州郡辟除两种方式。受皇帝征聘入仕，是很尊荣的。三公府和州郡的辟除，多是用为掾属。至于东汉，辟除与被辟除发展成为一种私恩的结合，成了主官和私属的关系，所以史籍上多有恩主与"故吏"的记载。

这里要指出的是，所有察举和征辟，以及任子、纳赀和卖官等选官方式，真正受惠者多是世家与豪族的子弟（有市籍的富商入仕较难）。这里仅举三例：

---

① 《通典·选举典》。
② 参见《史记·秦本纪》《史记·商君列传》。
③ 《汉书·儒林传》。
④ 《史记·淮阴侯列传》。
⑤ 《史记·范雎蔡泽列传》。

（一）先说举孝廉、茂才。两汉由此途入仕的人很多。这里说说两汉之际豪族班氏这方面的情况。据班固自言其家史：班回"以茂才为长子令"；回子况"举孝廉为郎"；况次子斿，"举贤良方正"；况少子稚，稚子彪"举茂才，为徐令。"① 班氏自回至彪，一门四代有两人举茂才，两人举孝廉。

（二）再说举贤良、文学。起初贤良对策的董仲舒、公孙弘等，出身不是豪族，公孙弘"家贫，牧豕海上"，家境是清贫的。但稍后贤良、文学的出身就有变化了。最能说明问题的是，昭帝始元六年盐铁会议，山东来的贤良、文学与御史大夫桑弘羊的辩论，显然是站在豪富的立场上，为豪富发言而争利。桑弘羊代表朝廷一方，强调盐铁官营、酒榷、均输平准等是为了抑制豪富，有利于国家。② 实际上，官营盐铁、算缗、告缗以及没收田僮等官府行为，大大损害了豪族和富商的利益，以致"中家以上大率破"。③ 贤良、文学坚决反对官营盐铁、均输平均等做法，指责这是与民争利；还指责官吏以权谋私："今县官多张苑囿、公田、池泽，公家有鄣假之名，而利归权豪。"又云："公卿积亿万，大夫积千金，士积百万，利己并财以聚。""因权势以求利者，入不胜数也。"还说："当此之时，百姓不保其首领，豪富莫必其族姓。"④ 后面这一句，明显地反映出贤良、文学是"豪富"的代言人。由此可以想见，来自山东的贤良、文学，大致多出身于豪族，或豪族兼富商，否则，不会因皇朝官营盐铁等损害豪富利益的事而那么大动肝火。

（三）还说辟除。公府和州郡辟除，一般来说，多对辟除对象有所了解，或是老相识及其子弟，或是圈里人事先推荐。所以也多是豪族中人。如光武帝征聘严光：严光其人，"少有高名，与光武同游学。及光武即位，乃变名姓。帝思其贤，乃令以物色访之。后齐国上言：'有一男子，披羊裘钓泽中。'帝疑其光，乃备安车玄纁，遣使聘之。三反而后至。舍于北军，给床褥，太官朝夕进膳。……除为谏大夫，不屈，乃耕于富春山，……复特征，不至。年八十，终于家。"⑤ 这位逸民严光，少游学长安，晚耕于富春山，平时休闲钓鱼，非豪族而何？史家只写其清逸，显其高洁之风，但还是露出了他的一点家底。当时士人多以拒征自誉清高，严光可谓其代表。

---

① 均见《汉书·叙传》。
② 以上参见《盐铁论》之《禁耕》《复古》《轻重》等篇。
③ 《史记·平准书》。
④ 均见《盐铁论》之《园池》《地广》《贫富》《国疾》篇。
⑤ 《后汉书·严光传》。

说得俗一点，他也没有拒征到底，曾"三反而后至"，只是至而"除为谏大夫"，才"不屈"而去耕于富春山，也许他因与光武帝是老同学，可能心想特征必位至公卿，岂料只是给个谏大夫，嫌官小而去的呢！

至于明经，要求通晓经学，当是有条件读经的人才能通经；明法，要求通晓法律，必然多出于司法之吏；尤异、治剧，当然是有突出成绩或能治理棘手问题的郡县官吏；任子，只有二千石以上的高官才有资格保任其子弟为官；① 纳赀与买官，自然是有财富的人家才能办到。这多是豪族与世家才有份，平民是难以问津的。

秦汉豪族与世家多有连体的现象，值得一提。有的历史人物，从其权重官高的角度看，是世家；从其土地与宗族的角度看，是豪族。这是二而一体的现象，算在哪一边都可以。如果横向看，其政治身份一时突出，可谓世家；如果纵向看，其田多族大持久突出，可谓豪族。这里试举秦代的冯氏、王氏，汉代的霍氏、王氏、马氏、窦氏、梁氏等为例来谈谈。

秦时，冯毋择、冯去疾、冯劫等为将相。其先人是冯亭。冯亭曾为韩上党守，继为赵将，封为华阳君，显然是个贵族。在战国争雄中，时事多变，而其家未衰。到了秦汉时代，冯氏依然富贵荣华，西汉还有冯唐、冯奉世等为高官，为显族。②

上文提到的王翦、王贲、王离三世为将，盛极一时。直到王离于巨鹿之战遭到惨败，其豪贵才告结束。

西汉中叶，新豪贵霍氏，成员有霍去病、霍光等。霍光因在武、昭、宣三世有特殊功劳，由小吏而官至大司马大将军，前后秉政二十年，至于晚年，其子禹及兄孙云皆中郎将，云弟山为奉车都尉侍中，领胡越兵，两个女婿为东西宫卫尉，兄弟诸婿外孙皆奉朝请，为诸曹大夫、骑都尉、给事中，"党亲连体，根据于朝廷"，势倾朝野。他临终时，还要求封霍山为列侯，朝廷还任其子禹为右将军。葬霍光之后，封霍山为乐平侯，以奉车都尉领尚书事。又封霍云为冠阳侯。只因霍禹等贵盛而发昏，骄奢不法；宣帝也因忌怨要拔刺，于是将霍氏族诛。③

豪族王氏，其先是齐田氏，秦楚之际济北王安之后。到了西汉中叶，自王政君为元帝皇后始，其众多兄弟侄儿等都任高官，封列侯，盘踞朝廷。

---

① 参考《汉书·哀帝纪》注引"应劭曰"。
② 参考《史记·冯唐传》《汉书·冯奉世传》。
③ 参见《汉书·霍光传》。

王莽入仕后，更是青云直上，由黄门郎而官至大司马，再为安汉公，再居摄，最后建新称帝。①

窦氏，自文帝窦后之弟广国封侯以后，宣帝时有以吏二千石从常山徙至平陵。到了窦融，于王莽时入仕，"家长安中，出入贵戚，连结闾里豪杰，以任侠为名"。西汉末年大乱，他占据河西，行河西五郡大将军。继又成了东汉功臣，封为安丰侯。其弟友亦官，封侯。从弟士亦官。到了明帝时，窦氏亲族"一公，两侯，三公主，四二千石，相与并峙。自祖及孙（按：指窦融及其孙勋），官府邸第相望京邑，奴婢以千数，于亲戚、功臣中莫与为比"。到了窦融曾孙宪，妹为章帝皇后，本人官至大将军，位次三公以上，封侯。其弟笃、景、瑰皆为高官封侯，威横一时。因罪兄弟被迫自杀。融玄孙章，女为顺帝贵人。本人官至卫尉。"久历大位，甚见尊贵，赏赐租禄，赀累巨亿。其子彪为射声校尉"。②窦融又一玄孙武，女为桓帝皇后，封侯，官至大将军，因谋诛宦官，事败自杀。其幼孙辅至东汉末年被辟入仕。③窦氏家族兴兴衰衰，几乎贯于两汉之世。

马氏，其先人及马援三兄，上文已言之。马援曾为郡督邮，因怜囚而纵之，亡命于西北，又任新成大尹（汉中太守）。后归光武帝，任陇西太守，继为伏波将军，因功封侯。援女为明帝皇后。援长子廖，少以父任为郎，官至卫尉，封侯；次子防，官至车骑将军兼城门校尉，封侯；少子光，官至卫尉，封侯，"兄弟贵盛，奴婢各千人以上，资产巨亿，皆买京师膏腴美田"，"宾客奔凑"。因廖子豫怨谤事，防、光等一时受挫。马援兄子严、敦俱知名京师。严官至郡太守、将作大匠。敦官至虎贲中郎将。马严七子，唯续、融知名。续于顺帝时官至度辽将军。融官至郡太守，世称通儒，注书甚众，生徒千余人。马援族孙棱，建初中仕郡功曹，举孝廉，于章、和、安之世屡任郡太守。马融的族孙日䃅，献帝时官至太傅。④马氏家族起起落落，经历秦汉几百年。

梁氏，其先晋大夫梁益耳。大约西汉前期，梁子都自河东迁至北地，子都子桥，"以赀千万徙茂陵。至哀、平之末，归安定乌氏"。桥子溥。溥子延，"以明军谋特除西域司马"。延生统。梁统于更始时为酒泉太守。赤眉入关中时，统为武威太守，东汉初年，归顺光武帝，因功封侯，"同产兄

---

① 参见《汉书》之《元后传》《王莽传》。
② 均见《后汉书·窦融传》。
③ 参见《后汉书·窦武传》。
④ 均见《后汉书》之《马援传》《马融传》。

巡、从弟腾并为关内侯"，腾为酒泉典农都尉。建武十二年，统为太中大夫，"除四子为郎"。统又官至九江太守。统子松，"尚光武女舞阳长公主，再迁虎贲中郎将"，官至太仆。松子扈，官至长乐少府。松弟疏，有三男三女，二女为章帝贵人，小贵人生和帝。二贵人被窦氏害死。和帝时，梁松及从兄禯揭发窦氏罪恶，扳倒之，故梁氏得以抬头，疏三子棠、雍、翟皆封侯，"邑各五千户"，赏赐甚丰，"诸梁内外以亲疏并补郎、谒者。"雍之子梁商，少以外戚拜郎中，嗣侯，阳嘉元年（132），两女被立为皇后、贵人，本人不久便为大将军，辟用名儒周举等人，又遣子梁冀与宦官曹节等结交，以固权势。梁冀其人，性放荡，历官高位，"居职暴恣，多非法"。官至大将军，与梁太后决策，先后立冲、质、桓三帝。其弟不疑、蒙，其子胤，皆封侯，"各万户"。和平元年，"重增封冀万户，并前所袭共三万户"。梁冀妻孙寿，被封为襄城君，"食租岁入五千万"。夫妇勒索、敲诈、受贿、诬陷等恶劣手段无所不用，以掠取财物。"多拓林苑"，"又起兔苑"，取良人为奴婢，"专擅威柄，凶恣日积"，以鸩毒死清官吴树，笞杀反对派袁著、刘常、郝洁、胡武及其家族六十余人。永兴二年，不疑子马、胤子桃，也封了侯。"冀一门前后七封侯，三皇后，六贵人，二大将军，夫人、女食邑称君者七人，尚公主者三人，其余卿、将、尹、校五十七人。（冀）在位二十余年，穷极满盛，威行内外，百僚侧目，莫敢违命，天子恭己而不得有所亲豫"。桓帝与中常侍单超等谋诛梁氏及孙氏，冀夫妇自杀。"其它所连及公卿列校刺史二千石死者数十人，故吏宾客免黜者三百余人，朝廷为空"，"百姓莫不称庆"。"收冀财货，县官斥卖，合三十余万万，以充王府，用减天下租税之半。散其苑囿，以业贫民。"①

以豪族为中心，上下左右结成网络，其势力可观可畏。

---

① 均见《后汉书·梁统传》。

秦汉郡守兼掌军事略说

秦汉时期，郡守掌政，并兼掌军，郡尉只是郡守掌军方面的助手。对这个问题，《汉书·百官公卿表》的记载本来是很清楚的，但后世治史者多有不察，有些著作给人的印象，好像郡守治民、郡尉治兵，两者分了工。因此，本文就秦汉郡守兼掌军事的问题试作考辨。

一　问题产生在《续汉志》

关于秦汉郡守、尉的职掌，《汉书·百官公卿表》说得比较明确：

> 郡守，秦官，掌治其郡，秩二千石。有丞，边郡又有长史，掌兵马，秩皆六百石。景帝中二年更名太守。郡尉，秦官，掌佐守典武职甲卒，秩比二千石。有丞，秩皆六百石。景帝中二年更名都尉。

据此分析，可知秦汉郡守"掌治其郡"，是掌管全面事务，既掌政，也掌军，其下属尚有"掌兵马"的丞或长史；郡尉的职掌是"佐守典武职甲卒"，即协助郡守掌军。

但是，后来的一些史家对此认识都有些模糊。马端临在记述秦汉郡守、尉时，有所谓"守治民""尉典兵"之说（见《文献通考》卷六十三《职官考》"郡太守"条）。当代一些史家也有与其说雷同者。如范文澜主编的《中国通史》上写秦朝制度时说，"地方官制有郡守（掌一郡政事）、郡尉（辅佐郡守并主军事）"；又说，"秦制度基本上变成了汉制度"。（见范文澜主编《中国通史》第二册，人民出版社，1978，第5页、第39页。）这里所引之文中"郡守""郡尉"后面括号内的文字，乃原著所有；

也就是说，编者认定秦汉时期的郡守"掌一郡政事"，郡尉"辅佐郡守并主军事"。又如郭沫若主编的《中国史稿》写到秦朝制度时说："每郡置郡守掌管全郡事务，是一郡的最高行政长官。郡守之外，置郡尉以辅佐郡守，并掌管全郡军事……"又说，"汉的地方行政机构也和秦朝一样"。（见郭沫若主编《中国史稿》第二册，人民出版社，1979，第118页、第177页。）[①] 照他们的说法，似乎郡守治民，郡尉治军，二者是文武分工。其实，这是个误解。

发生这种误解，可能与《续汉书·郡国志》所写内容有关。《续汉书·百官志》有一段"本注"曰：

> 凡郡国皆掌治民，进贤劝功，决讼检奸。常以春行所主县，劝民农桑，振救乏绝。秋冬遣无害吏案讯诸囚，平其罪法，论课殿最。岁尽遣吏上计。并举孝廉，郡口二十万举一人。尉一人，典兵禁，备盗贼，景帝更名都尉。

这个记述，未能说清郡守、尉的职掌问题。此中所提"郡国皆掌治民，进贤劝功，决讼检奸"，"尉一人，典兵禁，备盗贼"等，很容易使人得出"守治民""尉典兵"的结论来。

因此，我觉得有必要引证一些历史材料，用历史事实说明秦汉时期的郡守不仅治民，而且掌军。

二 秦郡守掌管军事

秦郡守的职掌问题，因秦朝存在时间短促，又因秦籍遭受火焚，所以直接而明确的记述材料，几乎没有；但是在一些间接的材料中，仍然有蛛丝马迹可寻。

在春秋以来郡县制逐渐产生发展的过程中，郡守就是兼掌军事的。战国时期，魏、赵、韩、楚、燕、秦等国，为了军事防守和兼并战争的需要，都在一些要地设郡。魏先后设西河、上郡及河东等郡以防秦；赵设云中、雁门、代郡以防林胡、楼烦；韩设三川郡以防秦；韩与赵都设有上党郡，互为对峙；燕设上谷、渔阳、右北平、辽西、辽东以防东胡；楚设汉中郡

[①] 从马端临和范、郭等人之说者，颇有人在。这里不再烦举。

以拒秦，设巫郡、黔中、会稽以防南方各族；秦设陇西、北地以防戎，并在蚕食六国过程中，不断设置新郡，以巩固军事成果。正因如此，郡守既是文官，又是武将，负有征发兵卒和指挥作战的军事任务。从魏为了"拒秦、韩"，以"善用兵"的吴起为西河守①来看，战国时期的郡守无疑是掌军事的。

当时秦的郡守也是兼掌军事的。《史记·秦本纪》记载："昭襄王十三年，任鄙为汉中守。"（《六国年表》《白起列传》所记与此同。）仅据此，难知任鄙为汉中守是否掌军事；然从"力士任鄙、乌获、孟说皆至大官"（《史记·秦本纪》），"秦人谚曰：'力则任鄙，智则樗里'"（《樗里子甘茂列传》）等记载来看，可以推知任鄙是因具有武力而为汉中守的。又，《史记·秦本纪》记载："（昭襄王）三十年，蜀守若伐楚，取巫郡及江南，为黔中郡。"②可知秦之蜀郡守是兼掌军事的。秦统一六国过程中，"王翦将上地"，即统率上党郡的兵卒，"杨端和将河内"（《秦始皇本纪》），即统率河间郡的兵卒，"令蒙武发东郡之卒"（《韩非子·存韩篇》记李斯上韩王书中语），都可以说明秦郡守兼掌军事的问题。

近年出土的云梦秦简提供了秦郡守兼掌军事的佐证。云梦秦简中有《南郡守腾文书》。秦南郡守腾发布该文书是在秦始皇二十年四月初二（《南郡守腾文书》："廿年四月丙戌朔丁亥"）。此时正是秦统一六国行动大规模地展开，军事上积极推进，已经处于消灭韩，打败魏、赵、燕，并准备消灭楚、齐之际。南郡处于秦东进的南翼，灭楚的前沿，在军事上占有重要地位。此时的南郡守是否掌军？这是可以研究的一个问题。据《史记·秦始皇本纪》"十六年九月，发卒受地韩南阳，假守腾。……十七年，内史腾攻韩，得韩王安，尽纳其地，以其地为郡"的记载，秦在取韩过程中，也就是在南郡守发布该文书的前几年，秦有个既曾为"假守"，又曾为"内史"③ 的重要军事人物腾。这个腾，恰好是与南郡守同名。而当秦正是需要加强南方战线之时，南郡守的人选，很可能就是那个曾灭韩的首要军事人

---

① 《史记·孙子吴起列传》记："吴起者，卫人也，好用兵。……（魏）文侯以吴起善用兵，廉平，尽能得士心，乃以为西河守，以拒秦、韩。"

② 《史记·秦本纪·正义》："《华阳国志》张若为蜀中郡守。"梁玉绳《史记志疑》卷四："《白起（传）》及《春申君传》，言起取之，非蜀守张若，岂伐巫之役，起与若共之与？"梁氏之说，可以参考。

③ 《史记会注考证》引方苞曰："发卒受韩南阳地，而使内史腾为假守也。"这是视内史腾与假守腾为一人，是；但是，腾为南阳假守时是否已为内史，尚难确定。

物腾。腾这个人，在秦始皇十六年"发卒受地南阳"时，既为南阳假守，又于次年为"掌治京师"(《汉书·百官公卿表》)的"内史"，并且建立了灭韩的大功；那么，在此秦向山东挺进已突破了中线，正向南北两翼发展，又值秦始皇十九年"南郡备敬（警）"(云梦秦简《大事记》)之际，① 出任南郡守这一点，无论从腾的资历、才干和当时形势需要来看，都是合乎情理的。从云梦秦简《大事记》所记"廿年，韩王居□山"，"廿一年，韩王死，昌平君居其处"，及《史记·秦始皇本纪》所记"昌平君徙于郢"来看，秦在内史腾"得韩王安"之后，将韩王安囚禁于南郡境内（郢，原是楚都城，正在秦南郡境内），这就证明"得韩王安"的内史腾，与监禁韩王的南郡守腾，更有可能是一人。因此，可以断言，秦南郡守一定兼掌军事。

秦统一六国之后，郡守仍然兼掌军事。《史记》许多篇章记述，秦三川守李由曾掌军事，抵抗吴广等起义军，然告失败；因此，赵高追查其责任，秦二世遣使案办；后来项羽、刘邦等起义军击破李由军，并斩李由。② 这说明，秦三川守李由是掌军事的。

除三川守李由之外，还有一些秦郡守在秦末风云中掌军作战之事，载于史籍，如：会稽郡守通闻陈涉起义，"欲发兵"(《史记·项羽本纪》)；"泗川守壮败于薛，走至戚，沛公左司马得泗川守壮，杀之"(《史记·高祖本纪》)；"与南阳守齮战阳城郭东，陷阵，取宛，虏齮，尽定南阳郡"(《史记·曹相国世家》)；"从击秦军，出亳南。河间守军于杠里，破之"(《史记·樊郦滕灌列传》)。《史记》《汉书》中其他一些篇章也记及此类事。由是可知，秦的会稽郡守通、泗川郡守壮、南阳郡守齮、河间郡守等，都和三川郡守李由一样，掌郡内兵权，而统兵作战。

当时，秦郡有无典武的郡尉呢？有的。据史记载："攻破东郡尉及王离军于成武南"(《史记·秦楚之际月表》)，"二世时，南海尉任嚣"(《史

---

① 《史记·秦始皇本纪》记载，秦始皇于统一六国之后曾说："荆王献青阳以西，已而畔约，击我南郡，故发兵诛，得其王，遂定其荆地。"据此可以推知，秦"南郡备敬（警）"与楚"击我南郡"有密切关系。

② 《史记》记载秦三川郡守李由掌军事的片断，如《陈涉世家》："吴广围荥阳。李由为三川守，守荥阳，吴叔弗能下。"《李斯列传》："李斯子由为三川守，群盗吴广等西略地，过去弗能禁。""赵高因曰：'……丞相长男李由为三川守，楚盗陈胜等皆丞相傍县之子，以故楚盗公行，过三川，城守不肯击。高闻其文书相往来，未得其审，故未敢以闻。……'二世以为然。欲案丞相，恐其不审，乃使人案验三川守与盗通状。"《项羽本纪》：(刘邦、项羽)"大破秦军，斩李由。"《高祖本纪》《秦楚之际月表》《曹相国世家》《绛侯周勃世家》《樊郦滕灌列传》《傅靳蒯成列传》等所记与《项羽本纪》略同。

记·南越尉佗列传》），可以得知，秦的东郡和南海郡有典兵的尉。若据《史记》《汉书》中的《樊哙传》"从攻东郡守、尉于成武"的记载，还可推知，秦东郡的尉是随同守一起作战的。①

而且，秦末起义军有这种情况：项梁于江东起兵时，"为会稽守"（《史记·项羽本纪》）；刘邦起义后，"为砀郡长，封为武安侯，将砀郡兵"（《史记·高祖本纪》）。② 由此可知，当时起义军袭用了秦郡守掌军的制度。

这样就可明白，秦的郡守，无论是从秦统一六国，还是从秦之末世，抑或是从秦统一之前的历史来看，都是兼掌军事的。

三　西汉郡守"兼领武事"

西汉代秦而起，其郡守也是兼掌军事的。

汉人称郡守为"郡将"，可能就是郡守兼掌军事的缘故。《汉书·酷吏传》写严延年新为涿郡太守，有"绣见延年新将"语。颜师古就"新将"一词注云："新为郡将也。谓郡守为郡将者，以其兼领武事也。"（《汉书·酷吏传》注）后来，山斋易氏、王鸣盛、汪之昌等皆袭是说，并有所论述。③

汉人称郡守为"将"，较为普遍。西汉有称东海太守尹翁归、京兆尹孙宝、涿郡太守严延年等为"将"者，④是否这三人曾做过将呢？不是的。此三人，除尹翁归在为东海太守之前曾"为弘农都尉"（《汉书·尹翁归传》）之外，其他二人都未曾做过将、领过兵。是否这三人兼任都尉呢？也可能不是。因为史无明文记及此事；且据《汉书》之《地理志》和《百官公卿表》等记载，他们所守之郡是有都尉的。《汉宫解诂》云："都尉将兵，副佐太守。……言与太守俱受银印剖符之任，为一郡副将。然仅主其武职，不预民事。"（据孙星衍校集《汉宫解诂》）据此可知，都尉为副将，太守则

---

① 王鸣盛说："《樊哙传》云'守尉'，是都尉代守守。"（《十七史商榷》卷十四，《守郡改名》）王先谦认为《樊哙传》"从攻东郡守尉"是衍文（见《汉书补注·樊哙传》）。照他们的说法，东郡有尉而无守。此说可能不确。《史记·周勃世家》和《汉书·周勃传》都记"每河东守、尉行县至绛"，难道汉初的河东郡的守也是尉所代，或"守"是"衍文"？

② 《汉书·高帝纪》师古注："苏林曰：'长为郡守也。'韦昭曰：'秦名曰守，是时改为长。'"可知砀郡长即是砀郡守。

③ 参见《文献通考》卷一五〇《兵考》条引山斋易氏语；王鸣盛《十七史商榷》卷十四《太守别称》条；汪之昌《青学斋集》卷十六《汉郡守称将论》。

④ 参见《汉书》之《尹翁归传》《孙宝传》和《酷吏传》。

是主将无疑。东汉也有称郡守为郡将者。① 因此，可以肯定，《汉书》所记，颜氏之汉郡守"兼领武事"之说，是可靠的。

西汉郡守亲自主持郡内都试和练兵之事。如：韩延寿为郡守，"及都试讲武，设斧钺，旌旗，习射御之事"（《汉书·韩延寿传》）。翟义为东郡太守，于都试之日，"因勒其车骑材官士，募军中勇敢，部署将帅"（《汉书·翟方进传》）。关于都试之事，《汉官仪》也有所记述："岁终郡试之时，讲武勒兵，因以校猎简其材力也。"（见《后汉书·耿弇传》注引）又云："八月，太守、都尉、令、长、相、丞、尉会都试，课殿最。水家为楼船，亦习战射行船。边郡太守各将万骑，行鄣塞烽火追虏。"（见《续汉书·百官志五》注引）由是可知，郡守亲自主持郡内选练士卒的重要活动。王鸣盛就从郡守讲武练兵的一些事实，说明郡守是兼掌军事的（参见《十七史商榷》卷十五《郡国兵权》条）。

郡的兵权，由郡守掌握。据史记载，汉中央调发郡兵，有虎符的规定。《汉书·文帝纪》记载：文帝二年九月，"初与郡守为铜虎符、竹使符"。②颜师古注云："应劭曰：'铜虎符第一至第五，国家当发兵遣使者，至郡合符，符合乃听受之。……'"可见在郡之虎符是由郡守掌管的。《汉书·冯奉世传》记载：冯野王为琅邪太守，"大将军凤风御史中丞劾奏野王赐告养病而私自便，持虎符出界归家"。冯野王为郡守持虎符归家，无疑他是掌管虎符的。汉中央到郡调兵，需要"至郡合符"，也就是要通过掌管虎符的郡守，才能办到。《汉书·严助传》记述：建元三年，闽越举兵围东瓯，东瓯告急于汉。武帝同太尉田蚡商谈对策，田蚡不愿发兵相救。武帝听了严助之言，说："太尉不足与计。吾新即位，不欲出虎符发兵郡国。""乃遣助以节发兵会稽。会稽守欲距法，不为发。"颜师古注云："以法距之，为无符验也。"（见《汉书·严助传》注）这说明，无论是"符"也好，"节"也好，汉中央调郡之兵，都是要通过郡守的，可见郡守握兵权之重。因此，淮南王安欲发兵作乱，便得"盗写虎符"（《汉书·贾捐之传》）；否则，调动不了郡国的兵。

西汉郡守，不仅掌握兵权，而且将兵征讨。《汉书·朱买臣传》记载：

---

① 参见《后汉书》之《马援传》《郑均传》和《第五伦传》。班固写《汉书·项籍传》，记项梁为会稽郡守事云，"梁为会稽将"，也是以郡守为郡将的。汉简中也有称郡守为"将军"的，参考陈梦家《汉简所见居延边塞与防御组织》（载《考古学报》1964年第1期）。
② 《史记·孝文帝本纪》记载："文帝二年，初与郡国守相为铜虎符、竹使符。"

> 是时，东越数反覆，买臣因言："故东越王居保泉山，……今发兵浮海，直指泉山，陈舟列兵，席卷南行，可破灭也。"上拜买臣会稽太守。……诏买臣到郡，治楼船，备粮食、水战具，须诏书到，军与俱进。……居岁余，买臣受诏将兵，与横海将军韩说等俱击破东越，有功。

这是会稽郡太守朱买臣统兵征伐之事。会稽太守朱买臣"受诏将兵"征讨是否特殊事例，而非常法呢？不是的。西汉一代，郡守将兵作战之例甚多，并不是单例孤证。兹据史籍记载，略列数例如下：

> （文帝后六年）……河内太守周亚夫为将军次细柳，……以备胡。（《汉书·文帝纪》）
>
> （景帝后元二年）春，匈奴入雁门，太守冯敬与战死。（《汉书·景帝纪》）
>
> 本始二年，汉发五将军击匈奴，征广汉以太守将兵，属蒲类将军赵充国。（《汉书·赵广汉传》）
>
> （鸿嘉四年）冬，广汉郑躬等党与浸广，犯历四县，众且万人。拜河东都尉赵护为广汉太守，发郡中及蜀郡合三万人击之。（《汉书·成帝纪》）
>
> （永始三年）十二月，山阳铁官徒苏令等二百二十八人攻杀长吏，盗库兵，自称将军，经历郡国十九，杀东郡太守、汝南都尉。……汝南太守严䜣捕斩令等。（《汉书·成帝纪》）

这些例子说明，西汉郡守将兵征战，有的抵抗和打击匈奴，有的镇压屠杀人民。郡守如果不将兵征战，或在军事上贻误失职，还要受到处分。如史籍记载：

> （天汉二年）泰山、琅邪群盗徐勃等阻山攻城，道路不通。遣直指使者暴胜之等衣绣衣杖斧分部逐捕。刺史、郡守以下皆伏诛。（《汉书·武帝纪》）
>
> （天汉三年）秋，匈奴入雁门，太守坐畏愞弃市。（同上）

这就说明，郡守如果贻误军机要受惩处。因此，对于"（元朔元年，秋）匈奴入辽西，杀太守"；"（元朔三年，夏）匈奴入代，杀太守"；"（元鼎五年）匈奴入五原，杀太守"（以上均见《汉书·武帝纪》）；"（永始三年，十一月）尉氏男子樊并等十三人谋反，杀陈留太守"；（永始三年，十二月）

山阳铁官徒苏令等"杀东郡太守"(均见《汉书·成帝纪》),等等,一般可以认为,这些郡守都是在军事活动中丧生的。

从西汉郡守主持都试练兵、掌握兵权、将兵征讨等情况来看,完全可以肯定其"兼领武事"。因此,对于汉代人称郡守为"郡将",谓"二千石守千里之地,任甲兵之重"(杜钦语,见《汉书·冯奉世传》);还有"太守专郡,……诛讨凶残"之说(《汉官解诂》,见《北堂书钞》卷七十四),可以不必置疑。

四 东汉 "省诸郡都尉,兼职太守"

东汉郡守与西汉郡守相较,更掌军事。因为,西汉之郡,往往有守有尉,① 在此情况下,郡守还"兼领武事";而东汉"省诸郡都尉,兼职太守",② 在此情况下,郡守兼掌军事就更无问题了。

东汉时期,因阶级矛盾和民族矛盾都较为尖锐,不断发生起义和战乱。在这种情况下,东汉政府为了加强镇压,维持统治,不仅在中央设置重兵,而且各地都有"郡兵"。如史籍记载:"马防将诸郡积射士三万人击羌。"(《马防传》)"和帝时,窦宪伐匈奴,发缘边十二郡兵。"(《窦宪传》)"灵帝中平元年,黄巾贼起,发天下诸郡兵征之。"(《卢植传》)由是可见,当时诸郡皆有兵。所有郡兵,主要是由郡守统辖的。如史籍记载:"(更始二

---

① 《汉书·高帝纪》高帝五年诏中云:"守、尉、长史教训其不善。"《汉书·西域传(下)》记桑弘羊等之言,有"严敕太守、都尉明烽火,选士马,谨斥候,蓄茭草"等语。由是可知,当时之郡,有守有尉。仅据《汉书·百官公卿表》初步统计,就提及五十八个郡的太守,可见汉郡一般都设有太守。至于像吾丘寿王为都尉,代行太守事,而不置太守(《汉书·吾丘寿王传》);翟义为南阳都尉,"行太守事"(《汉书·翟方进传》);王尊"守京辅都尉","行京兆尹事"(《汉书·王尊传》),只是较为个别的情况。

据《汉书·地理志》,西汉八十三个郡中有"都尉治"者五十九郡,只有京兆尹、弘农、河东、河内、河南、玄菟、上党、金城、益州、武都、庐江、颍川、济阴、南海、苍梧、日南、江夏、桂阳、武陵、零陵、蜀郡、齐郡、北海、东莱等二十四郡无"都尉治"。因《汉书·地理志》所记多有脱误,如有十多个郡之下未注明州属,是否有些郡内漏书"都尉治"呢?这肯定是可能的。据《汉书》的纪、表、传及其他文献的记载,至少尚有京兆尹、弘农、河东、河内、上党、金城、颍川、河南、蜀郡等九个郡设有都尉,而为《汉书·地理志》所漏书。由是可见,西汉之郡,一般来说都设有都尉。

② 《续汉书·百官志》云:"中兴建武六年,省诸郡都尉,并职太守,无都试之役。"应劭曰:"每有剧贼,郡临时置都尉,事讫罢之。"(《续汉书·百官志》注)《后汉书·桓帝纪》云:"(永寿元年)秋七月,初置太山、琅邪都尉官。"李贤注:"《汉官仪》曰:'秦郡有尉一人,典兵禁,捕盗贼,景帝更名都尉,建武六年省,唯边郡往往置都尉及属国都尉。'今二郡寇贼不息,故置。"

年）会上谷太守耿况、渔阳太守彭宠，各遣其将吴汉、寇恂等将突骑来助击王郎。"（《后汉书·光武帝纪》）"（中元元年）参狼羌寇武都，败郡兵，陇西太守刘盱遣军救之。"（同上）所谓太守"遣其将"、太守"遣军"，就是郡守派遣其所统辖的将兵。这都说明，郡守兵权在握。

太守因为兼任都尉，当然必须统兵征战。关于东汉郡守征战之事，史不绝书，非常频繁。尽管当时"边郡往往置都尉及属国都尉"（见《后汉书·桓帝纪》注引《汉官仪》），那些边郡都尉及属国都尉肯定是管军事的；但是，边郡太守统兵征战的活动仍然很多。《后汉书·祭肜传》记："当是时，匈奴、鲜卑及赤山乌桓连和强盛，数入塞杀掠吏人。朝廷以为忧，益增缘边兵，郡有数千人，又遣诸将分屯障塞。帝以肜为能，建武十七年，拜辽东太守。至则励兵马广斥候。……虏每犯塞，常为士卒前锋，数破走之。"这说明，辽东太守祭肜是统兵征战的。仅据《后汉书》诸帝纪所记，东汉一代边郡太守统兵征战的活动就达二十余人次之多。① 当时碑刻中也有

---

① 《后汉书》诸帝纪记载东汉时期边郡太守统兵征战的活动如次：

"（建武六年）代郡太守刘兴击卢芳将贾览于高柳，战殁。"（《光武帝纪》）

"（建武六年）秋，遣乐浪太守王遵击之。"（同上）

"（建武十一年）马成平武都，因陇西太守马援击破先零羌，……"（同上）

"（建武十二年）参狼羌寇武都，陇西太守马援讨降之。"（同上）

"（建武二十一年）秋，鲜卑寇辽东。辽东太守祭肜大破之。"（同上）

"（建武二十一年）春正月，辽宁徼外貊人寇右北平、渔阳、上谷、太原，辽东太守祭肜招降之。"（同上）

"（永平十六年）是岁，北匈奴寇云中，云中太守廉范击破之。"（《明帝纪》）

"（建初元年）酒泉太守段彭讨击车师，大破之。"（《章帝纪》）

"（建初二年六月）烧当羌叛，金城太守郝崇讨之，……"（同上）

"（永元十三年）鲜卑寇右北平，遂入渔阳，渔阳太守击破之。"（《和帝纪》）

"（元兴元年）辽东太守耿夔击貊人，破之。"（同上）

"鲜卑寇渔阳，渔阳太守张显追击，战殁。"（《殇帝纪》）

"（元初二年冬十月）安定太守杜恢……与先零羌战于丁奚城"。（同上）

"建光元年春正月，幽州刺史冯焕率二郡太守讨高句骊、秽貊，不克。"（同上）

"（建光元年）夏四月，秽貊复与鲜卑寇辽东，辽东太守蔡讽追击，战殁。"（同上）

"（建光元年）鲜卑寇居庸关，九月，云中太守成严击之，战殁。"（同上）

"（永建元年）八月，鲜卑寇代郡，代郡太守李超战殁。"（《顺帝纪》）

"（永和六年）三月，武威太守赵冲讨巩唐羌，破之。"（同上）

"（永寿三年）夏四月，九真蛮夷叛，太守儿式讨之，战殁。"（《桓帝纪》）

"（延熹六年）陇西太守孙羌讨滇那羌，破之。"（同上）

"（永康元年）夫馀王寇玄菟，太守公孙域与战，破之。"（同上）

"（熹平三年）十二月，鲜卑寇北地，北地太守夏育追击破之。"（《灵帝纪》）

"（熹平五年）益州郡夷叛，太守李颙讨平之。"（同上）

以上共二十三例。

这方面的内容。如：《敦煌太守裴岑纪功碑》有"惟汉永和二年八月，敦煌太守云中裴岑将郡兵三千人，诛呼衍王等，斩馘部众，克敌全师"的纪事（见《金石萃编》卷七）；《巴郡太守张纳碑》有"爰整干戈""搏则有获"的语言（见《隶释》卷五）；《武都太守耿勋碑》有"压戎和难，武虑慷慨""东抚西征"等词句（见《隶续》卷十一）。

至于东汉内郡的太守，在"省诸郡都尉，并职太守"的情况下，要负统兵征战之责，乃自然之事；仅据《后汉书》诸帝纪记载，就有十余人次之多。① 实际上岂止此数。史籍中，关于东汉郡兵"讨""击""破""救""败""讨破""击破""讨平""大破""起兵"，等屡见不鲜的记载，在当时"省诸郡都尉，并职太守"的情况下，完全可以推定多是由郡守统领进行的。当时碑刻中也记有东汉内郡太守用兵的内容，如：《丹杨太守郭旻碑》刻有郭旻招抚"淮夷"之事（见《隶续》卷十九）；《陈球后碑》刻有零陵太守陈球镇压"盗贼"之事（见《隶释》卷十）；《博陵太守孔彪碑》刻有孔彪"削四凶以胜残""拯马蠲害，丑类已殚"等"功德"（见《隶释》卷八）。

---

① 《后汉书》诸帝纪记载东汉时期内郡太守统兵征战的活动如次：

"（建武八年）闰月，帝自征嚣，河西大将军窦融率五郡太守与车驾会高平。"（《光武帝纪》）

"（建武八年，九月）安丘侯张步叛归琅邪，琅邪太守陈俊讨平之。"（同上）

"（永初四年）先零羌寇褒中，汉中太守郑勤战殁。"（《安帝纪》）

"（永和二年，二月）武陵太守李进击叛蛮，破之。"（《顺帝纪》）

"（永和三年）五月，吴郡丞羊珍反，攻郡府，太守王衡破斩之。"（同上）

"（汉安二年，夏四月）……汉阳太守张贡击烧何羌于参䜌，破之。"（同上）

"（建康元年，九月）……九江太守邓显讨贼范容等于历阳，军败，……"（《顺、冲、质帝纪》）

"（永熹元年，四月）丹阳贼陆宫等围城，烧亭寺，丹阳太守江汉击破之。"（同上）

"（延熹六年，秋七月）武陵蛮夷叛，太守陈奉与战，大破降之。"（《桓帝纪》）

"（熹平元年）十一月，会稽人许生自称'越王'，寇郡县，遣……丹阳太守陈夤讨破之。"（《灵帝纪》）

"（熹平三年）十一月，……率丹阳太守陈夤，大破许生于会稽，斩之。"（同上）

"（中平元年）南阳太守秦颉击张曼成，斩之。"（同上）

"（中平四年）夏四月，……（贼）遂寇汉阳，汉阳太守傅燮战殁。"（同上）

"（中平四年）冬十月，零陵人观鹄自称'平天将军'，寇桂阳，长沙太守孙坚击斩之。"（同上）

"（初平二年）十一月，青州黄巾寇太山，太山太守应劭击破之。"（《献帝纪》）

"（初平三年）东郡太守曹操大破黄巾于寿张，降之。"（同上）

以上共十六例。

虽然如应劭所说"每有剧贼，郡临时置都尉"，史籍中也有"初置太山、琅邪都尉官"（《后汉书·桓帝纪》永寿元年七月），① 以及内地郡尉军事活动等的记载；② 但是，记载内地太守用兵镇压"盗贼""叛乱"，不仅有十余人次之多，而且就史籍所记来看，郡守比郡尉的军事活动显然居于多数。据《后汉书·酷吏传》记载，董宣为江夏太守之时，有江夏都尉阴氏在郡，然移檄"寇乱郡境"的夏喜等却是太守所为。此说明，在郡有守有尉的情况下，太守仍然负有军事之责。

另外，东汉郡守在抵御"夷""蛮"和镇压"盗贼"等方面若犯了错误，有时将遭到惩处。如，《后汉书·和帝纪》记载：永元九年八月，"鲜卑寇肥如，辽东太守祭参下狱死"。李善注引《东观记》曰："鲜卑千余骑攻肥如城，杀略吏人，祭肜坐沮败，下狱诛。"《后汉书·顺帝纪》记："（永和）六年春正月丙子，征西将军马贤与且冻羌战于射姑山，贤军败没，安定太守郭璜下狱死。"《后汉书·质帝纪》记载："（本初元年春正月）壬子，广陵太守王喜坐讨贼逗留，下狱死。"《后汉书·桓帝纪》记载："（延熹五年）冬十月，武陵蛮叛，寇江陵，南郡太守李肃坐奔北弃市。"这从另一方面说明了东汉郡守的军事职责，责无旁贷；失职要受惩治。

由此看来，东汉郡守比西汉郡守在军事上所负之责尤重，从而在政治上更加拥有实权。明于此，对于东汉一代往往或以尚书仆射出典一郡，或由郡守入为三公的情事，也就不难理解。

五　几点余论

总之，如上所述，秦汉郡守不完全是文职，仅仅"治民"；而且"兼领武事"，掌管军事。在秦汉郡守问题上，可以明确以下几点：

（一）郡守高于郡尉，有尊卑之分，而非并行关系。尽管郡守、尉皆由

---

① 《泰山都尉孔宙碑》（见《隶释》卷七），刻有孔宙死于延熹六年正月的内容，在延熹六年之前，孔宙"典戎"（即是任郡尉之职）；此与《后汉书·桓帝纪》所记泰山都尉置于永寿元年，罢于延熹八年的内容，正可比照，说明史籍与文物吻合一致。

② 东汉时期，内地郡尉的军事活动，如《后汉书》诸帝纪中记载："……京兆虎牙都尉与先零羌战于丁奚城"（《安帝纪》）；"（永熹元年三月）九江都尉滕抚讨马勉、范容、周生，大破斩之"（《质帝纪》）；"（永熹元年七月）庐江盗贼攻寻阳，又攻盱台，（九江都尉）滕抚遣司马王章击破之"（同上）；"（永熹元年十一月）历阳贼华孟自称'黑帝'，攻杀九江太守杨岑，（九江都尉）滕抚率诸将击孟等，大破斩之"（同上）；"（延熹三年十一月）太山贼叔孙无忌攻杀都尉侯章"（《桓帝纪》），等等，即是。

中央任免，但是郡守"掌治其郡"，负责全面；郡尉"掌佐守典武职甲卒"，协助郡守掌管武事，郡守的职位是高于郡尉的。据《汉书·百官公卿表》，郡守"秩二千石"，郡尉"秩比二千石"。可见郡守的官秩和俸禄也是高于郡尉的。因此，对于《汉书·百官公卿表》中所写：郡守"掌郡之治"，应理解为郡守掌管一郡的政、军、吏、财、文等全面工作，而不能把军事一项排除在外；郡尉"掌佐守典武职甲卒"，应理解为郡尉协助郡守掌管郡内的军务，而不能认为郡尉独当军事一面。否则，"佐守"二字便难以理解，许多史实也难以解释。至于《续汉书·百官志》所写"凡郡国皆掌治民"，"尉一人，典兵禁，备盗贼"云云，肯定与史实有所出入。秦汉中央直接任免郡尉，安排职位及秩禄仅次于郡守、而高于一般郡吏的郡尉，到各郡"掌佐守典武职甲卒"，说明军事十分重要，但不能说明郡尉的职位与郡守并行、各自分管一摊。

郡守与郡尉的尊卑关系，在史籍中还有些反映。如《史记·酷吏列传》记："宁成……好气，为人小吏，必陵其长吏；为人主，操下如束湿薪。滑贼任威。稍迁至济南都尉，而郅都为守。始前数都尉皆步入府，因吏谒守如县令，其畏郅都如此。及成往，直陵都出其上。"这颇能说明守、尉的尊卑关系。"始前数都尉皆步入府，因吏谒守如县令"，虽然也说明郅都之严，但是究属一般情况；而宁成为郡尉，"直陵"郡守郅都，"出其上"，这是异乎寻常的反常现象，是说明"为人小吏，必陵其长吏"的。《史记·酷吏列传》又记："周阳由……为守，视都尉如令。为都尉，必陵太守，夺之治。"这也与前一例同样，皆可说明守尊而尉卑。

（二）东汉之后出现分裂割据现象，固然有封建经济基础方面的基本因素，但也与两汉时期的郡县（或州郡）制度有密切关系。秦代处在郡县制与分封制的新陈代谢之际，废分封，立郡县，当时收到加强中央集权之利。汉初，郡国并行，分裂割据的危险倾向，在诸侯王国，不在郡县；削弱王国，发展郡县，也有利于加强中央集权。而自汉武帝实行推恩法、王国支分之后，以诸侯王为代表的分裂割据势力大大削弱；而以郡守（后来是州牧郡守）为代表的分裂割据势力便逐渐发展起来。郡守成为分裂割据势力，主要在于他们"专制其郡"，不仅操纵地方的政治、经济，而且掌握地方的军权，"久于其任"，盘踞一方，是地方的军阀。东汉末，"州郡各拥强兵"，州牧是地方大军阀，郡守是地方的小军阀。军阀混战，分裂割据，自然与郡县制的郡守"掌治其郡""专制其郡"有关。当汉初大事削藩，增强郡国，至于武帝之世时，严安曾对武帝提到："今外郡之地或几千里，列城数十，形束壤制，旁胁诸侯，非公室之利也。上观齐晋之所以亡者，公室卑削，六卿大盛也；下观秦之所以灭者，严法刻深，欲大无穷也。今郡守之权，非特六卿之重也；地几千里，非特里巷之资也；甲兵器械，非特棘矜之用也：以遭万世之变，则不可称讳也。"（《史记·平津侯主父列传》）这不仅部分地说明了齐、晋和秦灭亡的原因，而且敏锐地预感到郡之强大有可能导致"万世之变"。史实果然，自严安之后三百年，就是州牧、郡守等军阀割据与混战，搅乱国家，涂炭生民的世变之局了。

秦汉时期，中央集权，是君主专制，君主欲驾驭一切，然又一切落空；地方之制，"郡守专权"，[1] 酷吏横行，良吏何在。专制制度，无论于中央，于地方，于国家，于人民，终究是祸害。

（三）研究中国封建社会的专制主义，不能仅仅了解其一些表象，而要全面深入地进行，既要深入研究其经济基础，以知其根源，又要深入研究其制度，以明其特点。我国自秦汉以来，封建专制主义猖獗两千年，这定然与"垂二千年而不变"的郡县制有缘；而郡县制中地方长官之军权，又必定与封建专制主义相关。因此，了解与研究秦汉以来郡县制中的军权归属问题，还是有必要的。

---

[1] 《水经注》卷二《河水》云："郡之为言，君也。改公侯之封而言君，至尊也，郡守专权，君侯之礼弥尊。今之郡字，君在其左，邑在其右，君为元首，邑以载名，故取名于君，谓之郡也。"此中明确地提到"郡守专权"。

陈下之战、垓下之战是两事
——与陈可畏、辛德勇商榷

一 《史记》《汉书》有先写"陈下"再写"垓下"者

《史记·项羽本纪》写垓下之战非常生动，读之令人赞叹不已；但它对陈下之战一字未提，又使人莫明其妙。陈可畏《楚汉战争的垓下究竟在今何处》一文，[①] 提出垓下在今淮阳县境内之说，令人耳目一新。但也使人生疑："垓下"之地，《汉书·地理志》是注明了的，没有可靠而可信的证据恐怕难以推倒。施丁所写《陈下之战与垓下之战》《再谈陈下之战》两文，[②] 提出陈下之战与垓下之战是楚汉相争后期的两个战役之说，似乎言之成理，较为可信。

近读辛德勇《论所谓"垓下之战"应正名为"陈下之战"》一文，[③] 觉得其所谓"陈下"讹为"垓下"说比陈氏之说进了一步，把问题讨论引向深入，令人欣喜。但辛氏此说，似乎欠妥。辛文说：

> 所谓"陈下之战"与"垓下之战"是前后相继的两次战役的说法，在《史记》和《汉书》中是找不到任何根据的。如前所述，对于刘邦聚歼项羽的决战，二书中时或写作"陈下"，时或写作"垓下"，但从未有任何一个地方是先写有"陈下之战"，再接着写有"垓下之战"，

[①] 载于《中国史研究》1998年第2期。
[②] 分载《中国社会科学院研究生院学报》1998年第6期、2000年第6期。
[③] 《中国社会科学院历史研究所学刊》第一集，社会科学文献出版社，2001。

因此不可能存在这样前后相继的两次战役。

这个问题提得很重要，促使两次战役说者必须做出回答，以自圆其说。这里提供一点《史记》《汉书》的文字，看看与辛氏的说法有否矛盾。《史记·灌婴列传》云：

> 与汉王会颐乡。从击项籍军于陈下，破之，所将卒斩楼烦将二人，虏骑将八人。赐益食邑二千五百户。项籍败垓下去也，婴以御史大夫受诏将车骑别追项籍至东城，破之。所将卒五人，共斩项籍，皆赐爵列侯。降左右司马各一人，卒万二千人，尽得其军将吏。下东城、历阳。①

此段引文，先言灌婴"从击项籍军于陈下，破之"，因其立了大功，得到"赐益食邑"；接着又言"项籍败垓下去也，婴……别追项籍至东城"，灌婴又立大功。这显然是，先言"陈下"，接着又言"垓下"，而且两写"破之"，两写封赏，只是没有出现先写陈下之战接着再写垓下之战的字样而已。

也许持"陈下"讹为"垓下"说者要提出辩论：这种可能性是有的，先写"从击项籍军于陈下"，这是言陈下之战；接着所写"项籍败垓下"之"垓下"乃"陈下"之误，因此处没有写打仗，只是写"破"。这样的申辩似乎有道理，但实在难以成立。因为：（一）不可能先写的不错，接着写的就错；（二）史实可证灌婴率车骑参加了陈下之战，立了大功，得以"赐益食邑二千五百户"，又受命于垓下追击项羽，再建大功，事后又得很大赏赐，封为颍阴侯，"食邑五千户"。② 这次因功封了侯，所受食邑，比陈下立功所受食邑翻了一番；（三）灌婴因参与陈下之战，必然人困马乏，需要稍事休整，加以补充给养，然后继续追击穷寇。当他尾追项羽到了垓下时，韩信已捷足先得，以新到之生力军击败了"兵少食尽"而困于垓下的项羽军。灌婴幸运的是，马上受汉王之命，将车骑别追项羽于东城，而建立殊勋。他参加了陈下之战，又赶上垓下之战后半节。史实至为明确。

就《史记》《汉书》所写内容来看，还得承认秦楚之际既有"陈下"，

---

① 《汉书·灌婴传》所记与此相同。
② 《史记·高祖功臣侯者年表》记载，"六年正月丙午"，灌婴封为颍阴侯，"侯，五千户"。

又有"垓下"。

二 "陈下" 不可能讹误为 "垓下"

按"陈下"讹为"垓下"说，那就必是将"陈下"都误写为"垓下"。误写之事，史多有之，不足为怪。而《史记》《汉书》是如何将"陈下"误书为"垓下"的呢？猜是疑否，都难断言。还是先看看《史记》的一些记述吧：

（1）韩信乃从齐往，刘贾军从寿春并行，屠城父，至垓下。大司马周殷叛楚，以舒屠六，举九江兵，随刘贾、彭越皆会垓下，诣项王。项王军壁垓下，兵少食尽，汉军及诸侯兵围之数重。①

（2）汉王败固陵，乃使使召大司马周殷举九江兵而迎武王，行屠城父，随刘贾、齐梁诸侯皆大会垓下。立武王布为淮南王。五年，高祖与诸侯兵共击楚军，与项羽决胜垓下……（项羽）大败垓下。②

（3）（曲城侯蛊逢）以都尉破项羽军陈下。③

（4）周殷反楚，佐刘贾举九江，迎武王黥布兵，皆会垓下，共击项籍。④

（5）（汉五年）冬，破楚垓下，杀项籍。⑤

（6）韩信为齐王，引兵诣陈，与汉王共破项羽，而参留平齐未服者。⑥

（7）于是汉王乃发使使彭越，如留侯策。使者至，彭越乃悉引兵会垓下，遂破楚。⑦

（8）汉王之困固陵，用张良计，召齐王信，遂将兵会垓下。⑧

（9）（樊哙）从高祖击项籍，下阳夏，虏楚周将军卒四千人。围项籍于陈，大破之，屠胡陵。

---

① 《史记·项羽本纪》。
② 《史记·高祖本纪》。
③ 《史记·高祖功臣侯者年表》。
④ 《史记·荆燕世家》。
⑤ 《史记·汉兴以来将相名臣年表》。
⑥ 《史记·曹相国世家》。
⑦ 《史记·彭越列传》。
⑧ 《史记·淮阴侯列传》。

（夏侯婴）复常奉车从击项籍，追至陈，卒定楚，至鲁。
（灌婴）从击项籍于陈下……项籍败垓下去也。①
（10）还击项籍陈下，破之。别定江陵。②
（11）布曰："……且垓下之会，微彭王，项氏不亡。"③
（12）以淮南叛楚归汉，汉用得大司马殷，卒破子羽于垓下。④

以上共引及《史记》12篇，可见所书"陈下"或"陈"者凡6处，书"垓下"者凡13处。《汉书》与《史记》相同的篇章，所书"陈下""陈"及"垓下"大致相同。若是"陈下"误为"垓下"如此之多，那就使人会怀疑司马迁与班固非常草率，《史记》《汉书》记载不大可信，或会怀疑《史记》《汉书》的传抄者和印刷者大有问题。偶尔失误，人皆有之。可是，总不会既错又不错，或错的多而不错的少，或在同一篇中既错又不错吧？

就本人涉猎所及一些中外古今有关《史记》之校注本，尚未见有将垓下指正为陈下的情况。故难以相信垓下乃陈下讹误之说。

就是从文字体形来看，"陈"与"垓"两字，无论真、草、隶、篆哪种字体，都大不一样，是难以阴差阳错的。

即使退一步言，假定"陈下"讹为"垓下"说可以成立，那么，按《汉书·地理志》记载，"沛郡"中"洨国"本注是"侯国。垓下，高祖破项羽"，其中"垓下"若是"陈下"之讹，它也应当处在沛郡的洨国，而不能指使它窜到"淮阳国"中的"陈"去。

三 还可再审陈下与垓下两战概况

若要明确"陈下"与"垓下"是二或一的问题，还得理清自固陵至东城的战况及其时序，才能得出可信的结论。

项羽其人，叱咤风云，英气勃发，打仗能拼命，始终不服输。他为何于楚汉四年九月与刘邦划鸿沟为界退而东归了呢？这是形势所迫，使他不得不另谋出路。先是，楚汉四年之初，项羽与刘邦对峙于广武，而北线韩信破龙且、杀田广，取得平齐的重大胜利。项羽损兵折将，痛失右臂。二

---

① 《史记·樊郦滕灌列传》。
② 《史记·靳歙列传》。
③ 《史记·季布栾布列传》。
④ 《史记·太史公自序》。

月，刘邦采取张良、陈平之策，笼络颇有几分野心的韩信，派遣特使张良前往齐地，封韩信为齐王，稳定了这股举足轻重的势力，同时与韩信商调灌婴骑兵部队立即南下，攻楚腹地，加强了反楚实力。项羽派遣武涉往说韩信，宣告失败，无计可施。七月，刘邦立黥布为淮南王，让他到淮南地区活动。同时特派刘贾进军淮南，又命令靳歙进扰楚地。刘贾、黥布等在淮南地区，围重镇寿春，降楚将周殷，使项羽痛伤左臂，而刘邦却是如虎添翼。灌婴、靳歙等在楚腹地纵横驰骋，得地扩军，甚至严重威胁或已取得楚都彭城。早在楚地活动的彭越也不时得手，绝楚粮饷。使得项羽后方危急，进退维谷。到了九月，刘邦的汉军与友军，对项羽前线部队已形成大包围态势，而且"汉兵盛，食多"。项羽已在被包围之中，而且"兵罢，食绝"。在这种形势与情况下，刘邦派遣侯生往说项羽，当然会晓以利害，项羽只好顺水推舟，同意谈判，双方"中分天下"，以鸿沟为界。所谓"割鸿沟以西为汉，鸿沟而东者为楚"，乃官样文章。且不说鸿沟以西实为刘邦所控辖之地，就是鸿沟以东，汉军及其友军也已占据不少，并非项羽所尽有。①

项羽在"兵罢食绝"的情况下，自知楚军在广武难以为继，只好"引兵解而东归"。归向何处？从刘邦追项羽至于固陵来分析，项羽不是归向楚都彭城，而是趋向陈县。因为彭城业已危殆或已陷落，陈乃秦汉时期平原地区经济中心之一，又是兵家必争之地。就当时形势来看，项羽这一选择是正确而可行的。

当项羽退军东趋时，"兵盛食多"的汉军自然不能就此罢休，何况有张良、陈平等出谋划策，于是刘邦东追楚军。至于固陵，两军接战，楚胜汉败，为何？刘邦的进击计划未能落实。他到了阳夏（今河南太康）南，"止军"，与韩信、彭越"期会而击楚军"，韩、彭两人却心有盘算而失约未来。项羽虽然指挥楚军后退，但仍有精锐之师，不至于一击就垮。这次楚胜汉败也不意外。

楚军于固陵之役后，据守陈境，得以暂时休整，得到一些粮饷，是可以想象的。汉军虽有固陵之败，但未损元气，总体优势依然存在，"深堑而自守"，自然固若金汤。这是楚汉五年十月之事。刘邦这时无计可施，征询张良的意见。张良、陈平马上献出高招，刘邦采纳，立即遣使前往韩信、

---

① 参考《史记》之《项羽本纪》《高祖本纪》《秦楚之际月表》以及韩信、黥布、彭越、灌婴、刘贾、靳歙等传。

彭越驻地，许封两人功成之后为王，指划予以大片土地，"使各自为战"。此策果然生效，韩信、彭越"皆报曰：'请今进兵'"。①

同时，驰骋于楚地的灌婴"与汉王会颐乡"。② 颐乡，在今河南鹿邑东南，处于陈县之东。刘邦与灌婴会于颐乡，必是一次重要的军事会议，立即部署了军事。在得到了友军的声援后，汉军又聚集了灌婴军、靳歙军、燕枭骑等精锐部队，于是发动了陈下之战。这一战役，楚军惨败，损兵折将，只好逃跑。汉军大胜，声威大振，乘胜追击。③ 这时大约是十月至十一月间。

项羽逃向东南，按说可以沿着鸿沟与颍水，直指寿春，但这时寿春已经失陷，在后有追兵、前有阻敌的情况下，只好东向城父，因城父尚为楚军所据。然而形势犹江河日下。刘贾军取得寿春而迎头赶来，周殷与黥布也来。于是发生"屠城父"事件。④ 时在十一月。⑤ 项羽当时是否在城父，不得而知，但他必须经此而过，奔向垓下。

韩信、彭越是否参加陈下大战及"屠城父"？否。韩信得知刘邦许封楚王，马上"请今进兵"，"乃从齐往"。⑥ 但他没有赶到陈下和城父参加战斗。对此，《史记》《汉书》有的记载不大清晰，需要略事分析。《史记》之《项羽本纪》《高帝本纪》，《汉书》之《高帝纪》《项籍传》都未写陈下之战，自然也不可能有韩、彭两人参战的消息。《史记》《汉书》都写了"屠城父"，但未明确提到韩、彭参与其事。《项羽本纪》云：

> 韩信乃从齐往，刘贾军从寿春并行，屠城父，至垓下。大司马周殷叛楚，以舒屠六，举九江兵，随刘贾、彭越皆会垓下，诣项王。

据此分析，刘贾军"屠城父"是无疑的，而韩信军"从齐往"是否参战，似在两可之间。《史记·高祖本纪》也只说"韩信、彭越皆往"而未明确是否参与"屠城父"。《汉书·高帝纪》写得较为明确：

---

① 《史记》之《项羽本纪》《高祖本纪》。
② 《史记·灌婴列传》。
③ 参考上引施丁两文。
④ 参考《史记》之《项羽本纪》与《高帝本纪》，《汉书·高帝纪》，以及《史记》《汉书》之黥布、刘贾等传。
⑤ 参考《汉书·高帝纪》。
⑥ 《史记·项羽本纪》。

> 十一月，刘贾入楚地，围寿春。汉亦遣人诱楚大司马周殷。殷叛楚，以舒屠六，举九江兵迎黥布，并行屠城父，随刘贾皆会。①

可见"屠城父"只是刘贾、周殷等所为，已排除了韩、彭两人参与的可能性。

但是，《史记·曹相国世家》有"韩信为齐王，引兵诣陈"的记载，给人以韩信参与了陈下之战的感觉。其实不然。《史记·淮阴侯列传》写的是，"汉王困固陵，用张良计。召齐王信，遂将兵会垓下"。《史记·彭越列传》写的是，"使者至，彭越乃悉引兵会垓下"。《项羽本纪》只写了"韩信乃从齐往"。《高祖本纪》只写了"韩信、彭越皆往"。"往"者，在去途中，尚未到达，不能判定其到了何地。实际上韩、彭两人所往是"会垓下"。据此，对于上面所引"引兵诣陈"之"诣"，只能作往解，而不可解为至。对有关材料作综合分析，"诣"作往解，是适宜的。韩信出发时，目标是"诣陈"，然战争形势变化很快，在行军途中想已闻知汉军取得陈下大捷，项羽已往东南逃跑，那就必然调整方向，直指败退的楚军，于是会于垓下。②

楚汉五年十二月，发生垓下之围。③ 项羽"军壁垓下，兵少食尽"，④"卒可十万"，⑤ 十分窘迫。汉军及其友军从四面追赶而来。刘贾军、黥布军、彭越军已来到。韩信"三十万"大军也已到达。⑥ 声势甚盛。刘邦也快来了。众军攻楚军于垓下。项羽犹困兽之斗，突击韩信军。韩信挥师"先合"，佯退，继则围攻，打败楚军。⑦ 据《项羽本纪》记载，项羽退处垓下，"汉军及诸侯兵围之数重"。当晚，"汉军四面皆楚歌"。项羽闻之大惊，"悲歌慷慨"，虞姬和之，相对而泣。

> 于是项王乃上马骑，麾下壮士骑从者八百余人，直夜溃围南出，驰走。平明，汉军乃觉之，令骑将灌婴以五千骑追之。项王渡淮，骑

---

① 司马光用这个记载，参见《资治通鉴》卷十一，汉高帝五年。
② 《中国史稿地图集》之"楚汉战争"图，所画汉军、韩信军等进军垓下的路线，基本上是准确的。
③ 参见《史记·秦楚之际月表》与《汉书·高祖本纪》。
④ 《史记·项羽本纪》。
⑤ 《汉书·高祖本纪》。
⑥ 《汉书·高祖本纪》。
⑦ 《汉书·高祖本纪》。

能属者百余人耳。项王至阴陵，迷失道，问一田父，田父绐曰"左"。左，乃陷大泽中。以故汉追及之。项王乃复引兵而东，至东城，乃有二十八骑。汉骑追者数千人。

项羽于半夜带八百骑兵冲出重围，向南逃跑。过了几个小时，天亮时灌婴奉命率五千骑兵追之。项羽渡淮，随从骑兵只"百余人"。自垓下（在今安徽灵璧东南）南至淮河，大约50公里，马驰最多两小时，又未遇战斗，为何八百骑仅剩百余人，损失如此惨重？必定因为此前血战惨败。人困马乏，仓促渡淮又无必备的渡河工具，故而如此。自淮河至阴陵（今安徽定远西北），仅三四十公里。项羽由于陷于大泽，被汉骑追及。项羽又自阴陵逃至东城（今安徽定远东南）。自阴陵至东城大约40公里（自淮河至东城也不到100公里），项羽竟然又损失了几十个骑兵，只剩下28骑。如此惨状，尚何言战！然项羽还沽其余勇，在东城"快战"一次，声称"天之亡我，非战之罪"。但终究是强弩之末，他自知已山穷水尽，只能自刎于乌江。① 这一切都在楚汉五年十二月之内。②

了解了楚汉相争后期的战况及其时序，就能明确陈下与垓下不是一地，二者分处东西，相距二三百公里之遥，是不能捏二为一的。

既然"陈下"与"垓下"是两地，"陈下之战"与"垓下之战"也就不是一件事，"垓下之战"也就不应正名为"陈下之战"。还是尊重历史，让两地、两战各自立名为是。

---

① 以上均见《史记·项羽本纪》。
② 参考《史记·高祖本纪》及《汉书·高帝纪》。

"垓下"问题

楚汉五年十二月（前202）发生的垓下之战，是楚汉相争时期的最后一次大战，它决定了楚败汉胜、楚亡汉兴。对于垓下、垓下聚问题，历来学者颇有异说歧见，至今尚无一致的看法。笔者认为垓下、垓下聚是有区别的。垓下是地区名，垓下聚是在垓下地区的聚落名。

何谓"垓下"？《说文解字》对"垓"的解释是"兼垓八极地也"，段玉裁《说文解字注》云"兼备八极之地谓之垓"。据此，所谓垓下，就是八极地之下。有说垓即"堤"或"高冈绝岩"，则垓下是谓在河堤下或高冈下。依此而言，垓下必是地区名，非具体地点。犹如"塞上""河上""关中""山东"等，是不能指定为具体地点的。

大致说来，楚汉之际的垓下，在睢水、洨水（今沱河）间开阔的平原地区，大约在北纬33度至34度、东经117度至118度的范围内。具体如何，有兴趣者尚可深入探讨。此地区当南北要冲，能容纳数十万人马驻屯和打伏。如今灵璧、泗县、固镇等县境内多处"霸王城"故址，相传为项王楚军驻地，也能说明历史问题。

《汉书·地理志》"洨（侯国）"下有"垓下"。洨，西汉时为侯国，东汉改为县。东汉应劭注："洨水所出。"洨水，即今沱河。它自今安徽宿州市北分蕲水东南流，经宿县、灵璧、固镇等县境，至五河县西北会涣水（今浍水）"南入淮"。垓下就在洨水地区、洨国（县），自《汉书·地理志》所书洨之垓下，"高祖破项羽"之后，一千多年间是无人怀疑的。东汉应劭、三国魏苏林、晋徐广、南朝宋裴骃、梁刘昭、北魏郦道元、唐颜师古、李贤、司马贞、李吉甫、北宋乐史等都信从班固《汉书》之说，只要细看《史记·项羽本纪》三家注、《汉书·高帝纪》颜师古注、《水经注·淮水注》《元和郡县图志》等就可了然。

不过，苏林、李奇、刘昭、郦道元等提到了"垓下聚"。聚，聚落，即人们聚居的村落。垓下聚，即垓下地区的聚落，当是那里的一个具体地点。郦道元在《水经·淮水注》云："洨水又东南流经洨县故城北，县有垓下聚，汉高祖破项羽所在也。"垓下聚在洨县，可谓早有定说，毋庸置疑。"县有垓下聚"之"有"字，请注意之，"有"而非"即"，则"垓下聚"非"洨县故城"。但是，号称长于地理的唐人张守节却在其所撰《史记正义》里说："垓下是高冈绝岩，今犹高三四丈，其聚邑及堤在垓之侧，因取名焉。今在亳州真源县东十里，与老君庙相接。"这是对垓下的一个新的说法。唐代真源县，在今河南鹿邑县东。其东十里有没有"垓下"，如今不大清楚。但这个地方在秦楚之际与颐乡相近，属陈郡苦县，而不在汉沛郡洨侯国。张守节把项刘战于垓下从沛国洨地移至陈郡苦县，真是大错。元代胡三省撰《资治通鉴注》、近世范文澜撰《中国通史简编》（第二编），取张守节之说，不免有失察之过。

有人说"垓下"乃"陈下"之误，把本是垓下、陈下两地，垓下、陈下两次大战，混为一谈，乃大错特错。拙文《陈下之战与垓下之战》（载于《中国社会科学院研究生院学报》1998年第6期）、《陈下之战、垓下之战是两回事》（载于《中国史研究》2003年第1期），对此已有考辨，这里不再多言。我是坚信班固、郦道元之说的。

今人多认为，垓下在古洨国境内，几乎已取得共识，这是幸事。但对垓下聚则有争议。有说垓下在灵璧县东南、沱河北岸；有说垓下在固镇县东、沱河南岸的濠城镇"霸王城"。其实此两说所争议者是垓下聚地点，而非垓下地区。

对于垓下聚，魏晋南北朝学者多有提及，只说在故洨县，未曾详言具体地点。自唐代后期以来，学者们考真求实，地理方志古籍指点列图，说的已经较为具体。试举几例并略作分析：

（1）《元和郡县图志》卷十，（虹县）："垓下聚在县西南五十里。"按：此处首次指出垓下聚在唐虹县（今泗县）"西南五十里"，即在汉洨侯国垓下地区。这是值得重视的，且可明确地予以肯定。

（2）《太平寰宇记》卷十七，（虹县）："在县西南七十八里，即汉洨县也，属沛郡。垓下，洨县之聚落名。"又云："垓下在（虹）县西五十里。汉兵围项王于垓下，大败之。"按：此书不仅把洨故城、垓下（聚）分为两处，而且明确地指出地点方位和距离，洨故城在虹县西南七十八里，垓下聚在虹县西五十里。此说与《水经注》郦道元说相符，而更具体化。可以说，这是迄今最为明确而可靠的说法。

（3）明代嘉靖《宿州志》卷七："濠城在（灵璧）县南五十里。《东汉书》：'洨有垓下聚。'注云：洨故城，在虹县西南，即此城也。"又云："垓下在虹县西五十里。"按：此指出洨故城在灵璧县南五十里，"在虹县西南"，即明代的濠城集。又肯定垓下（聚）"在虹县西五十里"，明代属灵璧县。这是沿袭《太平寰宇记》之说而所作的具体解释。它也是把洨故城、垓下聚分为两处的，并未混二为一。

（4）《明一统志》卷七："垓下在虹县西五十里。""洨城在县（灵璧）南。汉洨县，属沛郡。"按：此乃承《太平寰宇记》之说。其言"垓下"，实指垓下聚。

（5）《读史方舆纪要》卷二十一："垓下聚，（虹）县西五十里。""洨城在（灵璧）县南。汉洨县，属沛郡。"按：此把垓下聚、洨城也明确地分为两处。其言两处地点，沿袭了《太平寰宇记》《明一统志》之说。

（6）《清一统志》卷八十七则接受了《史记》《汉书》《元和郡县图志》《太平寰宇记》《明一统志》《（嘉靖）宿州志》等诸说，加以综合，条分缕析，指出濠城（集）、垓下聚为两地，一在灵璧南，一在灵璧东南，毫不含糊。文长不具引。

（7）清代乾隆二十三年《灵璧志略》云："濠城集乃洨县之垓下聚，以此知灵璧东南境有古洨县地也。"又，所附《灵璧河渠原委》云："今之濠城集，即古之垓下聚。"按：两书作者皆为贡震。所谓垓下聚即濠城集（古洨县），仅此一说，而未举出任何根据。

据以上7例来看，自唐至清，绝大多数地理方志古籍都认为垓下聚、濠城（集）皆在汉洨县境，且濠城即洨故城所在地。可谓古有一定之说。近年固镇县濠城集地区考古发掘亦可证明。濠城集、垓下聚并非一地，实为两地。《灵璧志略》作者贡震勇于建立新说，把垓下聚移合于濠城集，标新立异，未曾拿出一点像样的证据来，实属无稽之谈。

由此看来，郭沫若先生主编的《中国史稿地图集》、谭其骧先生主编的《中国历史地图集》，把"垓下"标志于今安徽省灵璧县东南、沱河北岸，大致是可信的。古人所言地理方位，有时稍有粗略。也许将来有新的考古文物出现，来证实准确的垓下聚遗址。郭、谭两地图集的"垓下"，欠妥，应改为"垓下聚"。至于所谓垓下聚就在濠城集一说，两千多年来的历史文献皆不能帮助其说的，考古文物迄今也不能帮其大忙。总之，我们只能实事求是，尊重历史。

汉代轮台屯田的上限问题

我国学者近几十年来对于汉代西域轮台屯田的上限问题，存在分歧意见，主要有两说：一说认为始于汉武帝伐大宛之后，[①] 一说认为始于汉昭帝始元年间。[②]

意见纷歧的缘由，主要是对《史记·大宛传》和《汉书·西域传》有关记载的理解不一而引起的。因此，探索这个问题，还得从分析《史记》《汉书》的有关记载开始。

一 《史记》提供了最可信的资料

记载西汉屯田轮台的材料，迄今所见文献当以《史记·大宛传》为最早。学者应当重视之。

《史记·大宛传》在记述了李广利伐大宛，"伐宛再反，凡四岁而得罢焉"，以及汉对新立的大宛王蝉封加以安抚之后，接着写道：

> 而汉发使十余辈至宛西诸外国，求奇物，因风览以伐宛之威德；而敦煌置酒泉都尉，西至盐水，往往有亭；而仑头有田卒数百人，因

[①] 曾问吾：《前汉之经营西域》，载《中央大学半月刊》第一卷第八期，1930年2月；《中国经营西域史》，1936，第50页。张君约《历代屯田考》，商务印书馆，1939。张维华：《论汉武帝》，收入《汉史论集》，齐鲁书社，1980。张春树：《试论汉武帝时屯田西域仑头（轮台）的问题》，载《大陆杂志》第四十八卷第四期，1974年4月。

[②] 安作璋：《汉史初探》，上海学习生活出版社，1955。劳榦：《汉代西域都护与戊己校尉》，载《中央研究院历史语言所集刊》第二十八本上册，1956年12月。施之勉：《屯田轮台在昭帝时》，载《大陆杂志》第四十九卷第一期，1974年7月。

置使者护田积粟，以给使外国者。

对这段材料，首先要说明的是，其中三个"而"字，表示三个并列的文句，它们所写的历史内容，都发生于伐大宛之后，换句话说，太初四年（前101）之后，天汉年间（前100～前97）就已存在了。既然已"镇抚"大宛，发使到宛西诸国去，西域诸国也遣使来，发展汉与西域的经济和文化交流，宣传汉之威德，乃势之所趋；为了巩固和发展通西域的事业，在敦煌设置都尉，从敦煌西至盐泽，设亭驻卒，从军事上提供保证，很有必要；仑头（轮台）、尉犁一带地处西域（就狭义的西域而言）中心，土地肥沃，水源充足，适宜农耕，驻军屯垦，以卫护和保证汉通西域的大业，减轻内地供应的负担，非常适宜①。

有的学者研究汉代屯田轮台的上限问题，忽视或放弃《大宛传》这段材料，而取材于《汉书·西域传》，这是不分先后或本末倒置，因为司马迁写《大宛传》在先，班固写《西域传》在后，班固是取材或参考于《大宛传》，怎能舍先者而取后者呢！再说，司马迁生于汉武帝时代，历仕郎中、太史令、中书令等职，常在朝廷，接近武帝，掌握皇家档案文件，了解国家大事和朝廷举措。他又尽心竭力写当代史，秉笔直书，被誉为"实录"②。故我认为，司马迁提供的汉武时代的历史资料最为可信，这是不容置疑的。

有的学者提出汉代屯田轮台发生于太初三年③。这种说法，虽然存在可能性，但尚缺乏可靠的证据。《居延汉简》有一简云："延寿酒太初三年中父以负马田敦煌，延寿与父俱来田事已。"④这说的是太初三年屯田敦煌，而非屯田轮台。按《大宛传》的记载，将屯田轮台的上限定在天汉年间似乎妥当些。

顺便说一下，有的学者认为，武帝时"在轮台、渠犁屯田，是西汉政府在西域屯田的开始"。⑤有不少论著谈汉代屯田西域问题，往往多从屯田轮台开始。这是不大确切的。太初二年（前103），李广利第一次伐大宛失

---

① 张春树《试论汉武帝时屯田西域仑头（轮台）的问题》说：太初三年李广利"屠仑头后，而逐渐以军屯镇守此一通西域之重点，当甚可能。"此言不无道理。
② 《汉书·司马迁传》。
③ 陈慧生说："昭昊特沁城和柯尤克沁城，是汉代在轮台屯田的两个中心点。从汉武帝太初三年（前102），西汉王朝就把这里作为一个屯田垦区。"见《两汉屯田和统一新疆的关系》，载《秦汉史论丛》第三辑，1986。
④ 劳榦：《居延汉简考释》，商务印书馆，1949。
⑤ 陈慧生：《两汉屯田和统一新疆的关系》，《秦汉史论丛》第三辑，陕西人民出版社，1986。

败而归，武帝下令将其拒于玉门外，李广利只好驻屯于敦煌①。这时，汉军必定在敦煌屯田，还有可能越出敦煌境界而至于西域东部地区；上引《居延汉简》延寿与父屯田的材料，说明当时不仅有军屯，也已有了民屯。另有一条《水经注》上的材料："敦煌索劢，字彦义，有才略，刺史毛奕表行贰师将军，将酒泉敦煌兵千人至楼兰屯田，起白屋，召鄯善、焉耆、龟兹三国兵各千，横断注滨河。……胡人称神，大田三年，积粟百万，威服外国。"② 此材料虽是晚出，想必有据。据此分析，索劢带军屯田楼兰，可能是在贰师将军李广利驻军敦煌之时，亦即太初二年至太初三年间；也可能是在屯田轮台之前，因为楼兰在敦煌与轮台之间，汉军往西域屯田，必先经楼兰，再西至渠犁、轮台，先近而后远，这是正常而合乎情理的。汉代通西域是逐步推进的，自元狩二年霍去病河西之役始，汉朝向西北发展势力，大致是先金城、河西一带，再令居一带，再张掖、酒泉一带，再敦煌一带；然后是经楼兰向渠犁推进。③ 故所谓汉在西域屯田开始于"在轮台、渠犁屯田"之说，不大准确。

二 《汉书》含混而令人误解

《汉书》记载西汉屯田轮台、渠犁，主要集中于《西域传》。它首先参考了《史记·大宛传》，那是司马迁所写屯田轮台的早期的情况；又增加了司马迁《大宛传》以后有关屯田西域的很多材料，颇有史料价值，这是应该肯定的。但它的记载，有的情节较为含混，还有自相矛盾之处，容易使人误解，事实上不少学者存在不同的理解，并从而对屯田轮台的上限问题产生了分歧意见。

《西域传》序有云：

---

① 参见《史记·大宛传》。
② 《水经注》卷二。
③ 《史记·匈奴传》记载：元狩二年，霍去病河西之役胜利，"于是汉已得浑邪王，则陇西、北地、河西益少胡寇，徙关东贫民处所夺匈奴河南、新秦中以实之，而减北地以西戍卒半。"元狩四年，卫青、霍去病漠北之役后，汉"度河自朔方以西至令居，往往通渠置田官，吏卒五六万人，稍蚕食，地接匈奴以北。"《大宛传》记载：自张骞死（前114）后，"而汉始筑令居以西，初置酒泉郡以通西北国。"元封中，赵破奴等破车师、楼兰，"于是酒泉列亭障至玉门矣。"李广利伐大宛之后，"而敦煌置酒泉都尉，西至盐水，往往有亭；而仑头有田卒数百人，因置使者护田积粟，以给使外国者。"《汉书》之《匈奴传》《李广利传》《西域传》的有关记载，与此略同。

> 自贰师将军伐大宛之后，西域震惧，多遣使来贡献，汉使西域者益得职。于是自敦煌西至盐泽，往往起亭，而轮台、渠犁皆有田卒数百人，置使者校尉领护，以给使外国者。
>
> 至宣帝时，遣卫司马使护鄯善以西诸国。

细看这段文字，会感到它参考了《大宛传》，但又有些不同，不同点是：(1)《大宛传》是"仑头"，而《西域传》是"轮台"。可以推想，轮台即仑头。都是音译，"仑头"是早期的译名。还可以推测，武帝晚期或其后已改译为"轮台"，用之于官方文书，例如《西域传》所载征和四年桑弘羊等奏请屯田西域与武帝悔过诏书都用了"轮台"（也可能是班固所改写）；同时可佐证《大宛传》用"仑头"是司马迁写在征和以前。(2) 彼传是"仑头有田卒数百人"，此传是"轮台、渠犁皆有田卒数百人"。前者仅指仑头，后者提到了轮台和渠犁，前者"有田卒数百人"，后者是"皆有"田卒数百人。可以推测，两者不是指的同一时间的事。彼传所写"仑头有田卒"，是末段文字，下文便是"太史公曰"，故我们断定它发生于天汉年间；而此传的下文是"至宣帝时"云云，很显然，它所载的概括了自天汉时起的武昭时期二三十年间的历史内容。徐松在"轮台、渠犁皆有田卒数百人"句下补注："此据昭帝时言之。"① 这是合乎史实的解释。问题是，此传只是概括言之，何时屯田轮台，何时又屯田渠犁，都未详细记述，这就令人劳神费思。

《西域传》"渠犁"之下有云：

> 自武帝初通西域，置校尉，屯田渠犁。是时军旅连出，师行三十二年，海内虚耗。征和中，……②

这里所写"屯田渠犁"，时限大致上是明确的，指的是"初通西域"至"征和中"之间的事。但它有两个问题：(1) 它说武帝初通西域，"屯田渠犁"，此与《大宛传》"仑头有田卒数百人"不同。究竟是一回事还是两回事？若是两回事，又以何者在先？若是一回事，是否当初屯田于轮台与渠犁之间，故既可说屯田轮台，也可说屯田渠犁？或者是《西域传》未专列"轮台"，

---

① 徐松：《汉书西域传补注》卷上，《丛书集成初编·史地类》。
② 《汉书·郑吉传》："自张骞通西域，李广利征伐大宛之后，初置校尉，屯田渠犁。"

所写轮台屯田是置于"渠犁（国）"内的，那么，"屯田渠犁"包括了屯田轮台？我觉得，也许后者的可能性大些。班固没有写明，实在令人费神。(2)"军旅连出，师行三十二年"，指的是哪个时限？徐松说："自元光二年卖马邑，诱单于，绝和亲为用兵之始，其后连年用兵，至太初三年西域贡献，凡三十二年。"① 就是从元光二年（前133）至太初三年（前102）。这个解释是对的。《汉书·食货志》云：武帝时，"外事四夷，内兴功利，役费并兴，而民去本"。董仲舒对时政提出批评和改进的意见。"仲舒死后，功费愈甚，天下虚耗，人复相食。武帝末年……"学术界一般认为董仲舒卒于太初元年（前104），那么，这里的"天下虚耗"，主要是指太初年间的情景；这与《西域传》"海内虚耗"所指时限，大致上是一致的。这也是"屯田渠犁"发生于天汉年间的一个有力的佐证。

《西域传》"渠犁"又云：

> 征和中，贰师将军李广利以军降匈奴，上既悔远征，而搜粟都尉桑弘羊与丞相御史奏言：'故轮台东捷枝、渠犁皆故国，地广，饶水草，有溉田五千顷以上……。臣愚以为可遣屯田卒诣故轮台以东，置校尉三人分护……'
>
> 上乃下诏，深陈既往之悔，曰：'前有司奏。欲益民赋三十助边用，是重困老弱孤独也。而今又请遣卒田轮台。……今请远田轮台，欲起亭燧，是劳扰天下，非所以抒民也。今朕不忍闻。……'由是不复出军。
>
> ……昭帝乃用桑弘羊前议，以杆弥太子赖丹为校尉，将军田轮台，轮台与渠犁地皆相连也。

征和三年春夏之间，贰师将军李广利败降于匈奴，必然使得匈奴气势转甚，西域诸国震惧，这对汉事四夷是个重大的打击，甚至会严重地影响汉通西域的大业。此时此刻，汉朝如何应对呢？桑弘羊的建议是，巩固和发展西域屯田，②"以威西国"，再"遣使使西国，以安其意"，③加强通西域的事

---

① 徐松：《汉书西域传补注》卷下。
② 以往屯田卒仅"数百人"，暂且算作五百人吧，以每人屯田五十亩计，只能共屯田二百五十顷。此时具有"溉田五千顷以上"乃大可发展的可垦区，故要求"置校尉三人分护"，当然是想大大发展屯田事业。
③ 见《汉书·西域传》桑弘羊等奏言。

业。可是，汉武帝情绪不佳，大为消极。① 班固说武帝此时"既悔远征伐"，下诏罪己，"由是不复出军"，大致上是对的。直到昭帝时再遣赖丹将军屯田轮台。

但这里记载屯田地区的用词有点矛盾，后人的理解也易于偏执。桑弘羊奏言的是，"故轮台东捷枝、渠犁""故轮台以东"。所谓"故轮台"，大概是指被李广利伐大宛时所屠的轮台城，而"故轮台东捷枝、渠犁""故轮台以东"，可能是指故轮台城以东至于捷枝、渠犁的广大"溉田"地区，并不是仅指故轮台国这个小范围。武帝之诏是"今又请遣卒田轮台"，"今请远田轮台"。所谓"轮台"，是指轮台地区，当然不包括捷枝和渠犁地区。这与桑弘羊奏言的"故轮台以东"，显然矛盾。究竟是史实如此，还是班固记载有误，现在无法查证。

"由是不复出军"，是班固的行文用语，意思是，武帝不再派军队去屯田。这个断语是根据武帝之诏而下的，不会有错。而《汉书·西域传》却说，武帝"末年遂弃轮台之地，而下哀痛之诏，岂非仁圣之所悔哉!"意思是，武帝末年下诏放弃了轮台。这就有点凭私臆而任意发挥了。武帝只是诏令不再远田轮台，并没有说取消以往的屯田；班固不应由"不复出军"再推论到"遂弃轮台之地"。即使退一步说，武帝征和中诏令放弃轮台之地，那也只是中止轮台屯田，并不能由此否定以往曾一度存在轮台屯田的事实。

昭帝时屯田轮台，班固既说"昭帝乃用桑弘羊前议"，又说"轮台与渠犁地皆相连也"。这说明：昭帝时西域屯田，既不是初屯，也不是恢复，而是有所发展。其屯田轮台，使得轮台与渠犁的屯垦区连成了一片。但是，原"仑头有田卒数百人"，估计只是一个校尉领护；桑弘羊建议"置校尉三人分护"，即欲增加领护者，也是要想扩大屯田范围；昭帝"以赖丹为校尉"，只是一个校尉，将军屯田轮台，可见比武帝时有所增加，然尚未达到桑弘羊建议的要求。

通过对《汉书·西域传》有关初期屯田西域的记载（包括其含混的叙述）之辨析，可以肯定，自武帝天汉年间汉已屯田轮台与渠犁。

但《汉书》的含混，使有的汉史专家也产生了误会。劳榦谈西域屯田问题时说："轮台及渠犁的屯田，被汉武帝否决之后，在桑弘羊当政时复

---

① 汉武帝此时消极的原因，除了李广利败降于匈奴外，还与其因巫蛊事件烦恼、晚年体弱患病，以及国力损耗严重等有关。

置，当在昭帝始元元年至始元七年间，……均未曾前至武帝时代。上引《西域传》的两段'自武帝初通西域，置校尉屯田渠犁'以及'自贰师伐大宛之后，……而轮台、渠犁皆有田卒数百人'，都是一种大致的叙述。若据此认为在渠犁的屯田及设置校尉并在武帝时代，那就武帝轮台之诏便不可通了。在此对于《汉书》叙述含混之处，是应当加以辨明的。"① 劳氏之说，显然是由《汉书》含混引起的误会；甚至《汉书》本来并不含混而说者自生歧误，如：（1）汉武帝轮台之诏否决的是桑弘羊的建议，不再出军屯田，然却没有诏令撤回原屯田之卒。（2）昭帝只以赖丹"将军田轮台"，未曾再出军屯田渠犁。（3）"自武帝初通西域，置校尉屯田渠犁"的下文是"征和中"，则"屯田渠犁"自然是在征和以前。（4）"自贰师伐大宛之后，……而轮台、渠犁皆有田卒数百人"的下文是"至宣帝时"，则"轮台、渠犁皆有田卒数百人"自然是在宣帝之前；昭帝时只屯田轮台，则渠犁的田卒数百人自然武帝时就存在了。故我认为，承认武帝时期已屯田轮台与渠犁，对武帝轮台之诏，不是"不可通"，还是解释得通的；轮台之诏无非是武帝命令不再出军屯田轮台而已。

三　司马迁卒年成了问题的关键

不少学者谈汉代屯田轮台的上限，往往只引《汉书·西域传》进行分析和立说，唯有《史记》专家施之勉先生重视《史记·大宛传》。他说："《大宛传》'仑头'凡三见，皆从初译，又不及渠犁。此文疑非后人窜入，殆为史公亲笔也。"② 此说颇有见地，当能成立。但他举出昭帝初年屯田轮台，《大宛传》"仑头田卒数百人"，记载的就是"此事"，"当是《史记》中最晚之记事"③；又举出始元六年置金城郡，《大宛传》有"金城"云云，说明"《大宛传》则作于昭帝始元六年后"，"其时史公尚存"，并又推断《大宛传》"仑头田卒"云云，"其事不在武帝时，当在昭帝时也"。④

看来，要弄清屯田轮台的上限问题，必须先辨明《史记》终讫之时及司马迁的卒年，而后者尤为关键。

关于《史记》的终论问题，历来学者众说纷纭。司马迁自言写《史记》

---

① 见劳榦《居延汉简考释》，商务印书馆，1949。
② 施之勉：《太史公昭帝初年尚在考》，载《大陆杂志》第五卷第三期，1952年8月。
③ 施之勉：《太史公昭帝初年尚在考》，载《大陆杂志》第五卷第三期，1952年8月。
④ 施之勉：《屯田轮台在昭帝时》，载《大陆杂志》第四十九卷第一期，1974年7月。

"至太初而讫",① 褚少孙说"太史公记事尽于孝武之末",② 班固言《史记》"讫于天汉",③ 近人王国维说"《史记》最晚之记事,得信出自史公手者,唯《匈奴列传》之李广利降匈奴事(征和三年),余皆出后人续补也"。④ 施之勉认为《大宛传》"仑头田卒"云云,"当是《史记》中最晚之记事"。还有其他一些说法。因今本《史记》中有后人续补妄窜的文字,故《史记》终讫问题颇为复杂,以致诸说歧异纷呈,我觉得班固"讫于天汉"之说可以成立,其他诸说皆值得商榷。

司马迁"至太初而讫"说,只是指起初的计划和初稿,实际上司马迁于元封太初间写史,直至天汉二三年间遭李陵之祸下狱受刑时尚未完成,是后还在续写,《报任安书》说得很清楚,写及天汉年间乃自然之事。这种例子很多,仅举其二:一是《封禅书》末段有"今上封禅,其后十二年而还,遍于五岳、四渎矣"一句,这是总结性的话。它指的是,自元封元年(前110)首次封禅,经过十二年,到了天汉三年(前98)修封之事。⑤ 一是《酷吏列传》写到了杜周"迁为御史大夫",其为御史大夫是天汉三年之事。⑥ 所以,我觉得班固"讫于天汉"之说是能成立的。

褚少孙"尽于孝武之末"说颇有人信从,其实大不可信。褚说既然附于《史记·建元以来侯者年表》,我们就以此表为例进行分析。褚少孙之言前有"右太史公本表"六字,这不可能是司马迁所写,梁玉绳《史记志疑》说是褚少孙手笔,这是可能的,但也可能是其他人所写。查所谓"右太史公本表"最后一项是"涅阳侯,元封四年壬寅封";而没有列入一个太初以来的侯者。难道太初以来武帝没有封侯?不是的。据《汉书》之《景武昭宣元成功臣表》和《恩泽侯表》记载,自太初至于后元十余年间,武帝还封了十四个功臣侯,即:海西侯李广利、新畤侯赵弟、承父侯续相如、开陵侯成娩、秺侯商丘成、重合侯莽通、德侯景建、题侯张富昌、邗侯李寿、辽阳侯江喜、当涂侯魏不害、蒲侯苏昌、丞父侯孙王、富民侯车千秋。这些侯,《史记·建元以来侯者年表》一个也未序列,难道还能说它"尽于孝武之事"吗?在《史记·建元以来侯者年表》"右太史公本表"之语后、褚

---

① 《史记·太史公自序》。
② 《史记·建元以来侯者年表》附褚少孙言。
③ 《汉书·司马迁传》。
④ 王国维:《太史公行年考》,《观堂集林》卷十一。
⑤ 参考《汉书》之《武帝纪》和《郊祀志》。
⑥ 参考《史记·将相名臣年表》和《汉书·百官公卿表》。

少孙"尽于孝武之末"之语前，并列有当涂侯魏不害、蒲侯苏昌、辽阳侯江德、富民侯田千秋等四侯，这都是征和三四年间所封之侯，未列入"右太史公本表"之中，显然是后人补入。这又说明，司马迁所写未尽于孝武之事。故我认为褚少孙的话不可信。

王国维所谓《史记·匈奴列传》记载李广利降匈奴事（征和三年）乃"《史记》最晚之记事"，也有问题。《史记·匈奴列传》记载，天汉四年，贰师将军李广利、强弩都尉路博德、因杅将军公孙敖等率军出击匈奴，因匈奴已作准备，并大力抵御，汉军不胜，"贰师乃解而引归，与单于连战十余日。贰师闻其家以巫蛊族灭，因并众降匈奴，得来还千人一两人耳。游击说无所得。因杅敖与左贤王战，不利，引归"。这基本上写的是天汉四年的事情，可是里面却夹杂了李广利降匈奴事。这种窜乱的文字，大有问题，因为：（1）唐张守节《史记正义》说："贰师闻其家"以下的文字，"非天汉四年事，似错误，人所知"。这种一看便知有错的文字，岂可能出自司马迁手笔。（2）《史记·匈奴列传》乃记匈奴和汉匈关系史的专传，而此传对于自太始元年起匈奴单于更替问题丝毫未曾提及。这说明司马迁早已绝笔。（3）此传记天汉四年李广利等出征和退师较为详细，而只字未提李广利于征和三年出兵、接战和投降的情节；仅据"贰师闻其家以巫蛊族灭，因并众降匈奴"一语，就断定司马迁亲笔写了征和三年李广利事，未免轻率。（4）此传对于天汉四年汉匈战争写尽始终，李广利是"引归"了的。《汉书·匈奴传》便是据此而写。岂料在司马迁书"引归"之下，突然冒出"贰师闻其家"云云，一看便知行文不通，必是后来妄人补入。根据上述情况推断，司马迁所写《史记·匈奴列传》止于天汉四年，并没有也不可能写及征和三年史事。王国维的"《史记》中最晚之记事"说，显然是智者一失。

施之勉所谓"昭帝初年屯田轮台"（还有置金城郡），"当是《史记》中最晚之记事"说，也值得商榷。问题是：武帝确实下诏否定了桑弘羊的建议，昭帝时曾屯田轮台；但并不能据此否定武帝伐大宛以后至征和四年以前十来年间曾屯田仑头（轮台）。《大宛传》"金城"云云，既可能指金城郡，更可能是指金城县。《汉书·地理志》"金城郡"下是有"金城"县的。金城郡置于始元六年，而金城寨或县之置很可能先于金城郡。金城故址在今兰州西固区黄河南岸，是汉朝面向河西的门户，古时早有"金城汤池"之说。在汉武帝开河西、通西域的浪潮中，建立金城寨与县，自然是意料之中而合乎情理的事。《史记·大宛传》末"仑头田卒数百人"句，当是"史公亲笔",但并不是写在始元六年之后,必是写于天汉年间或太始初年。

还要指出一点:唐司马贞《史记索隐》两处提到桓谭《新论》"迁所著书成,以示东方朔"①,"太史公造书,书成以示东方朔"②,这就启示人们,司马迁的《史记》成书于东方朔生前,《史记》终讫也必在东方朔生前的年代。东方朔的卒年,史无明文记载,根据其行事推断,大约卒于太始年间,如今学者多说他卒于太始四年(前93),大致上差不多。既然东方朔卒于太始四年,那么,司马迁书成以示东方朔最晚也不得超过这个年限,则《史记》终讫最大的可能性也只能讫于太始初年。这也是我立说的一个强有力的证据。

关于司马迁的卒年,因为史无明文记载,历来学者有种种说法,其中以王国维的"与武帝相终始"(即卒于武帝末年)说③、施之勉的"昭帝初年尚在"(即卒于昭帝始元之后)说④两者具有代表性。我认为诸说都靠不住,王、施两说也难成立。司马迁大约卒于太始元年(前96)末,拙文《司马迁卒年考》⑤已提出这个看法。

试想,假如司马迁卒于汉武帝末年或昭帝始元之后,那么,他的《史记》着重写当代史,特别是详写武帝时的史事,为什么没有详细记载武帝晚年的重大历史事件如巫蛊事件呢?为什么《太史公自序》只说"作今上本纪",而不是作"孝武本纪"呢?他对酷吏深恶痛绝,着重写其为政作风及下场,为什么只写到杜周迁为御史大夫(天汉三年)而未写及其死(太始二年)呢?又为什么没有充分揭露奸恶之徒江充欺上压下罪恶累累呢?《太史公自序》又为什么说"嘉夫(按:指卫子夫)德若斯,作《外戚世家》",不提卫子夫的可悲下场,反而称说她有"德",丝毫没有她与其子刘据(即戾太子)征和二年死于巫蛊事件的影迹呢?故我认为司马迁必死于巫蛊事件之前的太始元年。

再指出一点:《汉书·司马迁传》虽未写明司马迁的卒年,但此传在《汉书》中的位置,是很值得注意和推敲的,或者说是对弄清司马迁卒年有所暗示。《汉书》是纪传体,它写西汉历史的体例,先是分纪、表、志、传四体,再就是各体分叙历史。其中纪、传部分写人写事,都按历史顺序落

---

① 《史记索隐·太史公自序》。
② 《史记索隐·孝武帝本纪》。
③ 王国维:《太史公行年考》,《观堂集林》卷十一。
④ 施之勉:《太史公昭帝初年尚在考》,载《大陆杂志》第五卷第三期,1952年8月。
⑤ 载《中国历史文献研究》(一),华中师范大学出版社,1986年8月。

墨，如"纪"的部分，是以帝王登位先后为准，即以高帝、惠帝……为序列；"传"的部分，一般是以历史人物的生卒事迹先后为准，将陈胜、项羽列于前，元后、王莽排在后；合传（即数人共一传）在列传目次中，一般是以第一人物的生卒事迹为准，与其前后的列传构成历史顺序；合传或类传内所写人物，也是按历史次序编排。《司马迁传》在《汉书》中编为卷六十二，其前，卷五十八，所传公孙弘，卒于前 121 年；卷五十九，所传张汤，卒于前 115 年；卷六十，所传杜周，卒于前 95 年；卷六十一，所传张骞，卒于前 114 年；可见这些卷次基本上是按历史顺序编列的。《杜周传》越进于《张骞传》之上，可能是因杜周与张汤同属一类人物（酷吏），故使《杜周传》紧挨着《张汤传》，而"破例"越在《张骞传》之上。其后，卷六十三，所传刘据（戾太子），卒于前 91 年；卷六十四，所传严助，卒于前 122 年；卷六十五，所传东方朔，卒于前 93 年；卷六十六，所传公孙贺，卒于前 91 年；可见基本上也是按历史顺序编次的。卷六十四有点特殊，这是个合传，写了严助、朱买臣、吾丘寿王、主父偃、徐乐、严安、终军、王褒、贾捐之等，这些人大多是武帝时代的儒生（只有王、贾两人是宣元时代人物），混迹仕途，沉浮于世，虽与东方朔的诙谐性格有所不同，但身份与气味（如汲汲于功名利禄）大致相类。因此之故，这个传紧挨于《东方朔传》。《司马迁传》既然排在《刘据传》《东方朔传》《公孙贺传》等之前，显然透露出司马迁必死于征和以前的信息。以此佐证司马迁卒于太始初年，既合乎情理也能符史实。

既然司马迁卒于太始初年，则《史记·大宛传》所写的"仓头有田卒数百人"，必在天汉年间，而非昭帝始元以后，也不可能是武帝末年之事；此传所写的"金城"，必是指城或县，而非指郡。

再试设一问：假如雄才大略的汉武帝未曾趁征伐大宛胜利的余威和已通西域的时机着手屯田轮台，那么，在武帝征伐匈奴失利及下诏罪己之后，匈奴乖乱单于称藩之前，霍光秉政"知时务之要"，"与民休息"[1]，还有可能在前无遗业为基的情况下，轻易而空前地创业吗？回答应该是：这不可能。

于是，可以断言：汉代屯田仓头（轮台）的上限，是在天汉年间（前 100～前 97）。

---

[1] 《汉书·昭帝纪》。

丹阳齐梁石刻方位问题

——评《六朝陵墓调查报告书》

丹阳齐梁石刻共11处、26件，是中国历史文化的瑰宝，一千五百多年来为世人所重视，已于1988年被定为全国重点文物保护单位。大致说来，其中7处石刻乃帝陵之物，2处石刻为王侯墓之物，2处石刻为陵区之物。另有1处帝陵"泰安陵"石刻已被毁殆尽。

对于丹阳齐梁石刻的方位，自唐、宋以来多有记载，而且时代越后，记载越加具体，这是时代发展而研究深入之故。自清代以来多有详明的定位。乾隆十五年（1750）撰成的《丹阳县志》多有较为具体的方位。民国二十四年（1935），朱希祖、李济、董作宾、滕固、朱偰等人进行了实地调查。朱希祖在调查了解的基础上，写成了《六朝陵墓调查报告书》（以下简称《调查报告书》。载于《六朝陵墓调查报告》一书，1935年版；线装书局2006年影印）。朱偰于次年出版了《建康兰陵六朝陵墓图考》（商务印书馆1936年版；中华书局2006年再版。以下简称《六朝陵墓图考》）。他们的成绩颇为显著，其书学术价值较高，影响也很大。至今，丹阳方志办所撰《丹阳县志》（江苏人民出版社1992年版），国家文物局主编的《中国文物地图集·江苏分册》（中国地图出版社2008年版），都基本上采用了其说法。

齐梁石刻多在丹阳经山地区。本人生于此地，对石刻有些了解；又治中国历史，对有关的地理方志书籍记载也有些了解，觉得《调查报告书》对丹阳齐梁石刻所定的方位和命名存在一些问题，于是趁年老退休、身体粗健，乃于近年多次返乡对齐梁石刻调查了解，反复探索，有了些心得。现在提出来，谈点看法。浅陋之见，尚请方家学者批评指正。

一 兴安陵的方位

兴安陵，是南朝齐明帝萧鸾及敬皇后刘氏合葬的陵墓。今在丹阳东北约三十四里的仙塘湾（胡桥东 1000 米，泉湾里东北约 300 米）。

《调查报告书》云：兴安陵"在今丹阳县东北二十四里尚德乡东城村"。这个定位是错误的。可是，1992 年《丹阳县志》（江苏人民出版社 1992 年版）基本上按照这个说法，说兴安陵"坐落在三城巷东北约 500 米处"。江苏省人民政府 1999 年所立"齐明帝萧鸾兴安陵石刻"碑就树在此地。

先来看看唐宋以来的方志关于兴安陵的记载。唐李吉甫《元和郡县志》卷二十六云："齐明帝鸾兴安陵在县（丹阳）东北二十四里。"从此以后，南宋嘉定《镇江志》、王象之《舆地纪胜》、元至顺《镇江志》《明一统志》等方志地理书都是如此记载。到了清代，乾隆《丹阳县志》卷十九云："兴安陵在县东北二十四里尚德乡。"尚德乡，就在经山地区，方圆约十余里。据光绪《丹阳县志》卷四记载，尚德乡有荆室、永定等 13 里，华甸、大泊等 13 保，东陵、泉湾、三城、东城、塘头、留墅、春圹、前艾、荆村、颜巷等 39 村。这些村庄如今分属于丹阳市的云阳区、埤城镇、后巷镇。由此可知，《乾隆县志》所记的"尚德乡"是笼统而不具体的。《调查报告书》明定为"尚德乡东城村"，地点倒是明确了，但实际上并不确切，而有了错误，其问题是：

1. 混淆了"东城村"和"三城巷"。《调查报告书》曰"东城村"，朱偰《六朝陵墓图考》曰："由丹阳而东二十余里，至三城巷，稍北即为齐明帝兴安陵。"而其《丹阳六朝陵墓石刻》一文（载于《文物参考资料》1956 年第 3 期）又说，"在丹阳城东略偏北 24 里尚德乡东城村，有齐明帝萧鸾的兴安陵。"他们或曰东城村，或曰三城巷，把两村混二为一了。其实，清代以来，"东城"自是东城村，"三城"自是三城巷。《光绪县志》卷四所载"东城、三城"等村是很清楚的。两村都在经山南向冈阜的南段，三城巷在南端，东城村在其北，两村相距约三里，并非一个村庄。

2. 所谓"尚德乡"，包括 39 个村庄，既有"三城""东城"，还有"泉湾""前艾"等。三城巷距丹阳县城约 24 里，前艾庙在丹阳东约 28 里，泉湾里在丹阳东北约 34 里。《调查报告书》确定兴安陵在东城村或三城巷，根据不足，是欠妥的。

3. 古来方志所写兴安陵在"县东北二十四里"有误。但《调查报告书》既不注意"东北"有问题，又不知"二十四里"有错误。须知三城里山东边湾里的四处齐梁石刻，自南至北距离不足800米，都处于丹阳之东（稍微偏北）二十余里，古来称这个地区多曰"东"，而不称"东北"；若是称"东北"，则与实际及习俗之称不符。试以《乾隆县志》为例，它称景安陵（在前艾庙东北三里余）"在县东三十二里"；修陵（在三城巷东北第3处）"在县东二十五里皇业寺前"；庄陵（朱氏所言在东城村，武帝修陵北数十步）"在县东二十七里……地有港，名萧塘"；萧港（即萧塘，在三城里山的东湾）"在县东二十七里皇业寺前"；皇业寺（在东城村东北约1里）"在县东二十五里萧塘港北"。《大清一统志》也是这样记载的。由是可知，清代对三城巷至东城村这个地区的陵、寺、港多曰"县东"，而不称"县东北"。《乾隆县志》只有记建陵（在三城巷东北第2处）曰："在县东北二十五里东城村。"这里的"东北"有问题了。参照《乾隆县志》的多处记载，这个"东北"应当改为"东"才是。

故本人认为，兴安陵的方位肯定不在三城巷或东城村的近处。

那么，兴安陵在何处呢？本人认为在泉湾（今称泉湾里）附近，即在胡桥东1000米处的仙塘湾（也称鹤仙坳）。这个地方在丹阳东北方，距县城34里。《调查报告书》认为此处是齐景帝萧道生修安陵是成问题的。

上文所引《元和郡县志》的"县东北二十四里"，应当重新审察一下。本人认为，"东北"二字没有错；"二十四里"却有点错误，"二"乃"三"之误。

《元和郡县志》本是名著，但历来传抄翻印过程中造成一些错误，如其卷二十六记载："（齐）武帝颐景安陵，在县东二十二里。"《舆地纪胜》引《元和郡县志》云，"景安陵，在丹阳县东三十一里"。《嘉定镇江志》卷十一则记为"（景安陵）在县东三十二里"。后两部书显然是对《元和郡县志》纠了错，把"二十二里"中的前一个"二"字改正为"三"了。不仅如此，《元和郡县志》在此书景安陵的文字之下，书"景帝道生永（按：'修'字之误）安陵，在县东北二十六里"，"明帝鸾兴安陵，在县东北二十四里"中的两个"二"字，也是"三"之误。乾隆、光绪两部《丹阳县志》已把修安陵的"二十六里"改为"三十六里"，这是对的。《调查报告书》也说："案：当作'三十六里'。"其所修改很有道理，很对。只是他们尚未将兴安陵的"二十四里"改为"三十四里"。这就是知一而不知二，明于此而忽于彼了。

只要明乎"县东北二十四里"乃"县东北三十四里"，则兴安陵必在仙塘湾而无疑。江苏省人民政府1999年把"齐景帝萧道生修安陵石刻"碑立于仙塘湾不妥，应当将树在三城巷东北约500米处的"齐明帝萧鸾兴安陵石刻"碑移置于仙塘湾，才符合历史实际。

二 修安陵的方位

修安陵，是南朝齐景帝萧道生的陵墓，今在丹阳东北36里的金陈湾（旧称金王陈）。

《调查报告书》云：修安陵"在今丹阳县东北三十六里鹤仙坳（在经山东南三里，烂石山陇西三里）"，这是不确切的。

上文已经指出，《元和郡县志》所书"齐景帝道生永安陵，在丹阳县东北二十六里。明帝父也，追尊为景皇帝"，有点错误，"永"字为"修"之误，"二十六里"之"二"为"三"之误。嘉定、至顺两部《镇江志》也沿袭其误。明、清之际顾祖禹《读史方舆纪要》卷二十五云："明帝父道生修安陵正在金牛山下。"《乾隆县志》云："修安陵在县东北三十六里经山。"后两部书所说的"金牛山""经山"，都是指经山地区，并非指有主峰的经山。后者提到"县东北三十六里"尤为重要。但"经山"云云，还稍为笼统。古时对于经山，有专称和泛称之别。专称的经山，是指其主要的山头；泛称的经山，是指经山地区，大致包括水经山及其周围10里的冈阜在内，狮子湾、仙塘湾、金陈湾等都在其中。《调查报告书》把修安陵指定在"鹤仙坳（即仙塘湾）"，是因对"经山"的理解范围太窄，又未考虑"县东北三十六里"实际上比仙塘湾距丹阳34里还要远些，金陈湾距丹阳正好是36里。故将修安陵定位在金陈湾，实在再恰当不过。

再者，齐景帝萧道生乃"明帝父"，其修安陵处于仙塘湾兴安陵东边的金陈湾；明帝乃景帝道生之子，其兴安陵处于修安陵之西的仙塘湾，父陵在东，子陵在西，也是符合古代礼法和人情常理的。

几十年前，考古工作者曾对仙塘湾和金陈湾的两处齐陵进行了发掘。据南京博物院《江苏丹阳胡桥南朝大墓及砖刻壁画》一文（载于《文物》1974年第2期）云："胡桥大墓位于丹阳东北17公里，水经山南的仙塘湾"，"从清理中发现的两个头骨碎片，可知为一合葬墓"。他们因受《乾隆县志》和朱偰《六朝陵墓图考》的影响，认为此墓"可能为南齐景帝萧道生夫妇合葬的陵墓"；不过用了"可能"二字还算是谨慎的态度。当时他们还不知此墓乃明帝萧鸾及敬皇后刘氏合葬的兴安陵。他们在发掘中，发现了由模印画砖组合的"羽人戏虎""竹林七贤"以及"骑马武士""执戟卫士""执伞盖侍从""骑马乐队"等壁画,断定为皇上的陵墓。他们又于1968年对金陈湾帝陵进行发掘,发现了墓室内有"羽人戏虎""羽人戏龙""竹林七贤"等砖刻壁画。可见,二陵内部之物基本相同。此可以证明两者皆为齐陵。只是因二陵皆早已被盗,无陵内其他实物可以证明究系何帝之陵。

如今江苏省人民政府于仙塘湾石刻处立有"齐景帝萧道生修安陵石刻"碑,于金陈湾石刻处立有"南齐失名陵石刻"碑,都欠妥当。本人认为,应把前一碑移至金陈湾,后一碑所谓"南齐失名陵石刻"则可撤去。

三　庄陵的方位

庄陵,是南朝梁简文帝萧纲及简后的陵墓。今在丹阳东二十余里三城巷东北500米处。

《调查报告书》云:庄陵"今在丹阳县东北二十五里东城村,武帝修陵北数十步"。即指东城村东南约1里、萧塘港北石刻处。这是不确切的。

还是先来看看唐宋以来地理、方志之书对庄陵是如何记载的。《元和郡县志》卷二十六云"梁简文帝纲庄陵,在县东二十七里"。后来的不少地理、方志书都照样如此写,如《嘉定镇江志》《舆地纪胜》《至顺镇江志》《明一统志》《读史方舆纪要》《乾隆县志》《大清一统志》《光绪县志》等都记为"在县东二十七里"。这种记载是较为笼统的,且"二十七里"也有小误。乐史所撰《太平寰宇记》已于北宋初年对《元和郡县志》此条有重要的修正。其卷八十九云:"梁简文帝陵有麒麟,碑尚存,陵有港,名曰萧港,直止陵口大河,去县二十五里。"对于这条记载,可以注意几点:

1. "碑尚存"。作者知道此陵有碑,可能亲自看到了它。有碑可为考证,证据可信,定然不误。

2. "陵有港,名曰萧港,直止陵口大河"。可见庄陵在萧港之侧;而不是在萧港之北。

3. "去县二十五里"。这是对《元和郡县志》"二十七里"的修正。此处距丹阳不足27里,说"去县二十五里"较为切实。后世学者对此笔多不理解,或误以为"去县二十五里"是指陵口去丹阳的距离,有所谓"按陵口离丹阳城,土人云仅十八里,火车行十分钟即可到"云云,殊不知《太平寰宇记》是指庄陵去丹阳的里程。

后世的学者，或亲临过庄陵，或对《太平寰宇记》这条记载稍有领悟，如：南宋王象之于《舆地纪胜》卷七云："梁建文帝庄陵，《元和郡县志》云'在丹阳县东二十七里'。地名三城港，有石麟高丈余。"他似乎到过庄陵，虽然尚不知《太平寰宇记》已将"二十七里"改正为"二十五里"，但指出"地名三城港"是确切的，十分重要，应予以充分肯定。

《乾隆县志》记载庄陵不太明确，易被人误解。其卷十九云："庄陵在县东二十七里，梁简文帝及简后所葬。地有港，名萧塘港，前有石麟高丈余。"卷二云："萧港在县东二十七里皇业寺前，直入陵口。"还有卷十一云："皇业寺，县东二十五里萧塘北。"可以看出，他没有说清楚萧塘（港）南北有多长，其北段自三城巷至萧塘北端（或皇业寺前）有多远，以及庄陵、三城巷、皇业寺等具体的方位。这就易于使人混淆南北、不分彼此，或以彼指此、张冠李戴。《调查报告书》很可能是依据《乾隆县志》判断庄陵在"丹阳县东北二十五里东城村，武帝修陵北数十步"的。殊不知这样的说法，与《元和郡县志》《太平寰宇记》及《舆地纪胜》等所记内容显然矛盾：一是以"东"为"东北"了；二是把"三城港"等同于"萧塘港北"了。这样一来，岂不闹出了差错。再者，也是由于《调查报告书》把兴安陵错定在三城巷东北500米处，占用了庄陵之位，张冠李戴所致。

《调查报告书》把在三城巷东北500米处的庄陵，说成在"东城村"；把本在建陵和修陵之南，说成在"修陵北数十步"，既然已错，那么江苏省人民政府把"梁简文帝萧纲庄陵石刻"碑立在东城村东南（即萧塘港北）就不妥了，应当将此碑移置于三城巷东北500米处才是。

四 萧塘港北的石刻问题

萧塘港北的石刻，既非庄陵石刻，也不是其他帝陵之物，而是萧塘港北或皇业寺前的标志物。

有一点值得人们引起注意，那就是此处的一只石刻神兽（另一只已失）。北向（稍偏东），残存前躯，特别硕大，高3.16米，超过诸齐梁帝陵石刻的高度。

据1992年《丹阳县志》所记丹阳7处齐梁帝陵石兽的测量数据是：

△狮子湾，永安陵，前，东位石兽，高2.75米，身长2.95米。

△田家村前，景安陵，前，东位石兽，高2.80米，身长3.15米。

△仙塘湾，前，东位石兽，高2.75米，身长3.00米；西位石兽，高

2.42 米，身长 2.90 米。

△金王陈（金陈湾），前，东位石兽，高 2.25 米，身长 2.38 米。

△三城巷东北 500 米，前，南位石兽，残高 2.70 米，身长 3.02 米。

△三城巷东北第二处，建陵，前，南位石兽，残高 2.00 米，身长 3.05 米；北位石兽，残高 2.30 米，身长 3.10 米。

△三城巷东北第三处，修陵，前，北位石兽，高 2.80 米，身长 3.10 米。

从这 7 处帝陵石刻看来，丹阳齐梁帝陵石刻神兽，高度均在 2.90 米以下，身长均在 3.10 米以下。至于陵口萧塘河上的石刻，东位者，残高 3.60 米，身长 4.00 米；西位者，残高 2.90 米，身长 3.95 米，非常硕大。萧塘港北的石兽，虽然已经残毁，高度仍有 3.16 米，身长估计在 3.50 米左右。其高度和长度，都大大超过各个帝陵的石刻，岂能等同看待？

有鉴于此，本人判断，萧塘港北的石刻决非帝陵之物，它若是帝陵石刻而如此高大，异乎寻常，实在特殊。这于封建礼法和人伦情理，都是说不过去的。《梁书》卷七《太宗王皇后传》云：太宗简皇后王氏死后，于大宝元年（550）葬于庄陵，"先是诏曰：'简皇后奄穸有期。昔西京霸陵，因山为藏；东汉寿陵，流水而已。朕属值时艰，岁饥民弊，方欲以身率下，永示敦朴。今所营庄陵，务存约俭。'"既言如此，其营庄陵虽然不能真正"约俭"，但也不可能"超标"吧！《梁书》卷四《简文帝纪》，史臣评及建文帝"受制贼臣"，即受侯景控制。《调查报告书》也提到"考简文帝即位，方值侯景之难。……大宝二年（551）十月，简文帝即为侯景所杀。盖简文帝虽即帝位，实为侯景监视，不能行动自由，选择陵地，必有所不能矣"。既然简文帝生时都如此艰难，死后庄陵还能有超乎一般帝陵的硕大石兽吗？那是不可能的。

那么，如何解释萧塘港北的石兽呢？人们已知，陵口的两只高大石兽，非帝陵之物，而是萧港南端（也是出入萧塘）的一种标志，犹如陵区南大门的坐标。萧港北端的石兽，性质与其相同，也非帝陵前物，而是萧港北端（在此上下港）的一种标志。或者，也许因它在皇业寺前，乃寺前的守护神兽？《乾隆县志》卷十一记载，皇业寺"前有石麟"，可能就是这个石兽。

本人猜测如此，不能确定。有待于高明者指教。但这个石兽绝非庄陵之物，是肯定而无疑的。

五　末尾的几句话

　　本文写至此，有必要来对《嘉定镇江志》卷十一所引《舆地志》"泰安陵、景安陵、兴安陵，在故兰陵东北金牛山。其中邱埭西为齐、梁二代陵"句文字，做出解释。《舆地志》是南朝梁顾野王之作。顾野王（519~581）是吴郡吴县（今江苏苏州）人，字希冯，博学，通经史，知天文地理，曾官于梁。侯景之乱时，在乡招募众民，随义军援建康（今江苏南京），城陷后离去，后官于陈。史书记载他著有"《舆地志》三十卷"（见《陈书》卷三十《顾野王传》）。他对南朝地理乃至齐梁帝陵必有相当的了解。所言"故兰陵"是指丹阳；"金牛山"即指经山地区；"其中邱埭"，当是指经山地区东边的冈阜，即今奶头山以南绵延至东阳桥的山冈。处于赵家湾的泰安陵、田家村前的景安陵（在"其中邱埭"西侧）、仙塘湾的兴安陵，以及其他齐梁帝陵，都在其西，故其曰"其中邱埭西"。

　　再者，有必要说说东城里山东段、萧塘北段的地理问题。本人依据多年实地观察和调查，又据古代地理方志之书所记情况，得知东城里山是经山南面一条约10里长的山冈之东段，长约4里。此冈为北向南走势，北接于经山，南端为三城巷，东城村南距三城巷约3里，就在三城里山的冈背。东城里山的东侧，自南往北，有庄陵、建陵、修陵等梁帝陵，再北一点（即萧塘港北）还有一只石兽。在东城里山东边、马上冈南段西边的大湾里，有一条自北向南的长河，在南朝齐、梁时代直至陵口大河，古称萧塘或萧港。萧塘的北段，南靠三城巷，北头在东城村东南（也就是皇业寺前）。只是近半个世纪以来，因民众改造山河，使得萧塘已面目全非，河港大多成了农田，仅残留下一星半点的水沟或池塘。在东城里山东城村后的冈阜，再向北绵延约1里稍呈弯曲形（非南北直线），乃东北向西南的走势。据乡民相传，皇业寺就在此段冈阜的东南侧。寺西南距东城村约1里，向东南1里就到了萧塘（即萧塘港北）。故萧塘港北的石兽，也可以说处于"皇业寺前"。

　　末了，还要说明一点，本文对《调查报告书》乃至《乾隆县志》等指瑕摘疵的结果，就显示出这样的历史事实：凡南朝萧齐陵墓皆南向，陵前两只石兽皆东西面向而立，两兽相距均在25米以内。其泰安、永安、景安、修安、兴安5陵各处于一个小湾内（田家村前的景安陵石刻也处于地势较低的湾地），散布在经山南面周围十余里的范围内，星列不乱，不离故土。

凡南朝萧梁帝陵皆东向，陵前两兽，或向前南北分列，或南北面向而立，皆相距于 25 米之内。建陵、修陵、庄陵三者集中于东城里山南段的东侧，前临萧港，对着东面马上冈背的塘头村（梁武帝萧衍旧宅在此村），钟情乡里，魂牵梦绕。古人所谓生有所处，死有所安，叶落归根，安眠故土，于此可见。

丹阳齐梁石刻，于中国历史文化艺术关系不小，牵涉学术颇大，待研究的问题不少。本人只是初涉而已。

顾炎武谈学者与学风

我数十年来常聆听到白寿彝先生有关为人为学的教诲，也得到过白先生对我阅读顾炎武《日知录》的指导，现在我将读《日知录》《亭林文集》等书的一点心得撰成此文，敬请白师和读者指正，并作为向他老人家85寿辰的献礼。

一 辨风向，窥士心

顾炎武治学，首先注意辨别风向，窥测士心。

顾炎武（1613～1682），字宁人，初名绛，曾自署蒋山佣，学者称亭林先生。江苏昆山人。他生当明清之际，不是埋头钻故纸堆和热衷科举，也不向往做官；而是注意于世事、实践和实学。这与其注意明初叶以来的学术风气和学者思想，旨在救弊纠偏，而开新风与创新局，有着密切的关系。

在顾氏看来，明代自永乐以来的学风，主要倾向是尚清谈，事剽窃，为时文，学者趋之若鹜，无非是好名好利。他指出：自永乐年间命儒臣纂修《四书五经大全》，"颁之学官，而诸书皆废"。儒臣奉旨修书，待遇优厚，"颁餐钱，给笔札，书成之日，赐金迁秩"，钱也有了，官也升了。他们所修的书，"仅取已成之书抄誊一过，上欺朝廷，下诳士子"，并无多大学术价值；但影响不小，"制义初行，一时士人尽弃宋元以来所传之实学，上下相蒙，以饕禄利而莫之问也。呜呼！经学之废实自此始"。[①] 就是说，丢了实学传统，是因追逐禄利而事抄袭。又说："至永乐中修《尚书大全》，不惟删去异说，并音释亦不存矣。愚尝谓，自宋之末造以至有明之初年，

---

① 《日知录》卷十八《四书五经大全》条。

经术人材于斯为盛。自八股行而古学弃,《大全》出而经说亡,十族诛而臣节变。洪武、永乐之间,亦世道升降之一会矣。"① 这里除了指出经学之转、士风之变外,还点明八股取士也是学风转变的一大因素。

尚清谈而弃实学,顾氏认为这是明代主要的最坏的学风。他愤愤言之:"刘石乱华,本于清谈之流祸,人人知之,孰知今日之清谈有甚于前代者。昔之清谈谈老庄,今之清谈谈孔孟,未得其精而已遗其粗,未究其本而先辞其末。不习六艺之文,不考百年之典,不综当代之务,举夫子论学论政之大端一切不问,而曰'贯,曰无言,以明心见性之空言,代修己治人之实学。"② 就是说,明代学者对待经学,只尚空谈,而不究经书之精义,不是古为今用,这是"以明心见性之空言,代修己治人之实学",即空虚而不务实。

大致说来,治学之道,务虚务实,当两兼之,方可期于完善;然治学风势,往往有所偏重,有时尚实,久而久之,只贵注疏,只知草木虫鱼,只会吃叶而不会吐丝;有时尚虚,习而为常,只贵义理,谈玄论道,腾空言而不务实学。后者就是明代学风之末流。

弄八股而不通大义,顾氏认为这是明代学人时髦的通病。明代科举取士,试文有一定格式,文章的发端为破题、承题,再就是起讲;起讲后分起股、中股、后股、末股四段发议论,四段中都各有两段相比偶的文字,故流俗谓之八股,也称时文。士子为了应试,多讲究时文形式,而少计其内容,更不明大义。顾氏指出:当时学子学的是时文。所谓"程墨""房稿"(即士子与进士作文选本)充斥市场,学子以为范文,取之颂习,"天下之人惟知此物可以取科名,享富贵。此之谓学问,此之谓士人;而他书一切不观。……嗟乎!八股盛而六经微,十八房兴而廿一史废"。他还谈到了亲眼目睹的现象:"余少时见有一二好学者欲通旁经而涉古书,则父师交相谯呵,以为必不得专业于帖括,而将为坎坷不利之人。"③ 因此,士子"皆幼读时文,习染已久,不经之字摇笔辄来"。④

八股取士之弊,有识之士早已觉察之。顾氏指出,早在永乐六年,翰林院庶吉士沈升上言就提到,以能行文取士和任职,"以至天下士子竟怀侥

---

① 《日知录》卷十八《书传会选》。
② 《日知录》卷七《夫子之言性与天道》。
③ 《日知录》卷十六《十八房》。
④ 《日知录》卷十八《破题用庄子》。

幸，不务实学"。这说明"明初才开举人之涂（途），而其弊即已如此"①。对于此弊，忧者自忧，而安者自安，随风跑者大有人在。"风俗之坏，已不可复返矣。"②

好著书而事窃书，顾氏认为这是明代不少士子的丑行。他说："汉人好以自作之书而托为古人"，"晋以下人则有以他人之书而窃为己作"，"若有明一代之人，其所著书无非窃盗而已"。并指出："今代之人，但有薄行而无俊才，不能通作者之意，其窃盗所成之书，必不如元（原）本，名为钝贼何辞！""吾读有明宏（弘）治以后经解之书，皆隐没古人名字，将为己说者也。"③ 顾氏所说的情况，自晋代以来，代有其人，至于20世纪也不见乏；更有甚者，既窃盗他人之书或文，又谬攻其人不学无识，这大概是今胜于古吧！

顾氏谈起他少时从先祖读《资治通鉴》，并忆起其教言："世人多习《纲目》，余所不取。凡作书者，莫病乎其以前人之书改窜而为己作也。班孟坚之改《史记》，必不如《史记》也；朱子之改《通鉴》，必不如《通鉴》也。至于今代，而著书之人几满天下，则有盗前人之书而为己作者矣。"④ 这是的论。如对照《史记》与《汉书》，则知两者所写天汉以前的西汉史，班对马虽有所补益，但总的来看，《汉书》确实不如《史记》事文义俱佳；对照《资治通鉴》与《通鉴纲目》，虽然朱熹编纂自有其法，但总不如司马光所写事详文洁。将前人之书改窜而为己作，既不高明，不受人推许，"盗前人之书而为己作"，更是丑行，故受嗤于学界。改窜剽窃之事，古今皆有，明人似乎成风，今则不亚于古。

在顾氏看来，明代士子学者清谈孔孟、热衷八股、好事剽窃，甚至于学王阳明⑤，"学佛""学仙"，"内释而外儒"⑥，"流于异端"，使得"礼义沦亡，盗窃竞作"，无非是"孳孳为利之心"在作祟，"苟为后义而先利"⑦。这样便形成世俗之见；"贪欲以为能，捷径以为巧，苟同以为贤"⑧。

---

① 《日知录》卷十六《举人》。
② 《日知录》卷十六《举人》。
③ 《日知录》卷十八《窃书》。
④ 《亭林文集》卷二《钞书自序》。
⑤ 《日知录》卷十八《举业》。
⑥ 《日知录》卷十八《内典》。
⑦ 《日知录》卷十二《财用》。
⑧ 《亭林文集》卷二《程正夫诗序》。

于是，"同乎流俗，合乎污世"，①"而罔念夫昔之人者，天下皆是也"，② 忘掉了学术的优良传统，以随风趋势为得意。

顾炎武认为，这种学者与学风是要不得的，其恶劣影响实在堪忧。他指出："读屈子《离骚》之篇，乃知尧舜所以行出乎人者，以其耿介；同乎流俗，合乎污世，则不可与入尧舜之道矣。"③ 就是说，要以耿介对付流俗，以开顶风船改变随波逐流。这个要求是高的，也是合适的。士人学子往往以清高相标榜，难道还不能特立独行！

他又指出："孟子曰：'天下之生久矣，一治一乱。'拨乱世反之正，岂不在于后贤乎！"④ 他要拨乱反正，自以为有义不容辞的责任，同时寄希望于后贤。

二 强调为人为学

顾炎武面对当时的学术思想与风势，非常强调如何做学者，如何搞学术。

从顾氏的《日知录》及其他著述可以看出，他不满足于做个一般的学者，更不愿当舞文弄墨的文人，而是告诫士子学人要注意为人为学的方向和宗旨，要懂得面向社会，有益于世。在这方面，顾氏所强调的，主要是三点：

首先是，养其器识。

顾氏告诫人们别自命为文人，而应当注意器识，曾说："唐宋以下，何文人之多也！固有不识经术，不通古今，而自命为文人者矣。……而宋刘挚之训子孙，每曰'士当以器识为先，一号为文人，无足观矣'。然则，以文人命于世，焉足重哉！此扬子云所谓'摭我华而不食我实'者也。"⑤ 又说："仆自一读此言（按：指宋代刘挚告诫其子孙之言），便绝应酬文字，所以养其器识而不堕于文人也。"他为了绝应酬文字，甚至"悬牌于室，以拒来请"。⑥

---

① 《亭林文集》卷二《程正夫诗序》。
② 《日知录》卷十三《耿介》。
③ 《日知录》卷十三《耿介》。
④ 《日知录》卷十八《朱子晚年定论》。
⑤ 《日知录》卷十九《文人之多》。
⑥ 《亭林文集》卷四《与人书十八》。

养其器识,当有博大的胸怀,"匹夫之心,天下人之心也"。① 要把个人与众人联系起来,要想众人之所想,急众人之所急。

养其器识,就不能同流合污,就不会曲学阿世。从思想上来讲,就不能为禄利所动。顾氏指出:"凡人之动心与否,固在其加卿相行道之时也。枉道事人,曲学阿世,皆从此而始矣。"② 获得禄利的机会来了,动不动心?愿不愿抛弃原则而曲学阿世?这是一个需要严肃对待的问题。当时的俗儒个个动心,甚至驰逐禄利。顾氏却主张不能动心,更不可追逐;如果动心,就必然曲学阿世。顾氏说:明朝末年,"缙绅之士不知以礼饬躬,而声气及于宵人",对于那些卑劣之徒,竟有"公卿上寿,宰执称儿"之事。③ 故人伦日丧,政权沦亡,并不偶然。他指出:"弹琵琶侑酒,此倡女之所为,其职则然也。苟欲请良家女子出而为之,则艴然而怒矣。"④ 为倡女是可怜的,而为良家女子则是可敬的。

养其器识,就要有独立的人格,而不能屈从于权贵的威胁。顾氏举出郑玄为例:"郑康成以七十有四之年,为袁本初强之到元城,卒于军中。而曹孟德遂有郑康成行酒伏地气绝之语,以为本初罪状。后之为处士者,幸无若康成;其待处士者,幸无若本初。"⑤ 意思是,学者要从郑玄屈从袁绍一事吸取教训,做到不畏权贵,否则,声名狼藉。对于禄利的引诱、权势的威胁,士人学子还当有点清高之气,应当翱翔"于天空海阔之中",而不为"畜樊之雉";"不登权门,不涉利路",⑥ 愿与士子共勉。

其次是,学以致用。

顾氏非常强调经世之学,曾说:"愚所谓圣人之道者如之何?曰'博学于文',曰'行己有耻',自一身以至于天下国家,皆学之事也,自子臣弟友以至出入往来辞受取与之间,皆有耻之事也。耻之于人大矣,不耻恶衣恶食,而耻匹夫匹妇之不被其泽。……呜呼!士而不先言耻,则为无本之人;非好古而多闻,则为空虚之学。以无本之人而讲空虚之学,吾见其日从事于圣人而去之弥远也。"⑦ 所谓"博学于文",即研究历史与现实,化成

---

① 《亭林文集》卷四《与人书七》。
② 《日知录》卷七《不动心》。
③ 《日知录》卷十三《流品》。
④ 《亭林文集》卷四《与人书十九》,
⑤ 《亭林文集》卷四《与人书二十一》。
⑥ 《亭林文集》卷四《与次耕书》。
⑦ 《亭林文集》卷三《与友人论学书》。

有益于天下国家的学问，所谓"行己有耻"，意即不为旧文人，而为新斗士，意在力辟言心言性之虚妄，而强调有益于天下国家之实学。

顾氏强调为学要面对现实，解决矛盾，有益于世。他说："君子之为学，以明道也，以救世也，徒以诗文而已，所谓雕虫篆刻，亦何益哉！"①又说："凡文之不关于六经之指、当世之务者，一切不为，而既以明道救人，则于当今之所通患，而未尝专指其人者，亦遂不敢以辟（避）也。"②意思是，既以明道救世为务，就不能只是写写无病呻吟的诗文，而要针刺与挽救社会的通病。为此，他还明确地提出"文须有益于天下"，说："文之不可绝于天地间者，曰明道也，纪政事也，察民隐也，乐道人之善也：若此者，有益于天下，有益于将来，多一篇，多一篇之益矣。若夫怪力乱神之事，无稽之言，剿袭之说，谀佞之文：若此者，有损于己，无益于人，多一篇，多一篇之损矣。"③这里所说的"文"，是指文章、著述，是指学术。把文放到现实中检验，区分为益与损二类，明道救世者为益，而奇谈怪论、无稽之言、剿袭之说、谀佞之文则为损；有益者，多写，有损者，少写。

尤可贵者，顾氏还强调立身立言要为历史前途着想。他说："天生豪杰，必有所任。……今日者拯斯人于涂炭，为万世开太平，此吾辈之任也。"④又说："天下之事，有言在一时，而其效见于数十百年之后者。"他举出史例：三国魏司马朗于大乱之后、土业无主之时，提出复井田的建议，当时未能实行；然至于北魏孝文帝时，法古更新，实行了均田制。故他意味深长地说："然则开物之功，立言之用，其可少哉！"⑤在这里，他用了《易传》"穷则变，变则通，通则久"的唯物辩证法，意欲促进历史前进，这是应当肯定的。

再者是，好学务实。

顾氏认为学无止境，故当好学不倦，曾说："生平所见之友，以穷以老而遂至于衰退者，十居七八。……夫子'归与归与'，未尝一日忘天下也。故君子之学，死而后已。"⑥又说："人之为学，不日进则日退。独学无友，

---

① 《亭林文集》卷四《与人书二十五》。
② 《亭林文集》卷四《与人书三》。
③ 《日知录》卷十九《文须有益于天下》。
④ 《亭林文集》卷三《病起与蓟门当事书》。
⑤ 《日知录》卷十九《言言不为一时》。
⑥ 《亭林文集》卷四《与人书六》。

则孤陋而难成；久处一方，则习染而不自觉。……若既不出户，又不读书，则是面墙之士，虽子羔、原宪之贤，终无济于天下。……夫以夫子之圣，犹须好学，今人可不勉乎！"① 他反对混日子，强调好学，说学问不日进则日退，应当活到老学到老；也反对"面墙"，要求多结交、多游历。他自己是读万卷书、行万里路的，在游历中坚持读书，读书时不忘实践。

好学读书而论古今人物，"所以为内自讼之地"，这是顾氏的高见。好学，不是读死书、死读书，而当"内自讼"，对照自己，有所觉悟，有所提高。"非好学之深，则不能见己之过"②；好学深了，就能提高自身修养，觉察自己的不足，从而奋起与改进。

好学，就是踏踏实实地学，务实学。这是顾氏强调的一个要点，也是他治学的要诀。他向友人征求对《日知录》的批评意见时说："若乃鄙俗学而求六经，舍春华而食秋实，为山期于覆篑，祭海必于先河，则区区于同志有厚望焉。"③ 又说："古之人所以传于其后者，不以其名而以其实，不以其天而以其人。以其名、以其天者，世人之所以为荣；以其实、以其人者，君子之所修而不敢怠也。"④ 所谓"俗学"，指的是当时的八股文字、剿袭之言、谀佞之文；所谓"名"，指的是当时科场题名，是虚名；所谓"实""秋实"，是指踏踏实实地学，言之有物的学问；"为山""祭海"者，是言一步一个脚印、一点一滴、有始有终的学习精神及求实探源的宗旨。

三　一些具体要求

顾炎武基于其学术思想与治学精神，更对士子学人提出一些具体的要求，旨在治病救人，大致是这些主要内容：

（一）忌清谈无知，要饱学有识。顾氏告诫人们，不要尚空谈，而要务实学，并说："好古敏求，多见多识，夫子所自道也。"他列举孔子对六经和历史有其精辟的见解，以证其多见多识。"彼章句之士既不足以观其会通，而高明之君子又或语德性而遗问学，均失圣人之指矣"⑤。想当学者，或名为学者，如果不学无识，或学浅识短，那是很遗憾的；只有饱学有识，

---

① 《亭林文集》卷一《与人书一》。
② 《亭林文集》卷四《与人书十四》。
③ 《蒋山佣残稿》卷一《与友人书》。
④ 《亭林文集》卷五《贞烈堂记》。
⑤ 《日知录》卷七《予一以贯之》。

才能名副其实。

他指出:"以格物为多识,于鸟兽草木之名则末矣。知者,无不知也,当务之为急。"① 他强调学与识,首先是"当务"。

故饱学有识之士,则不"望尘而拜贵人,希旨以投时好",② 而"绝无阉然媚世之习"③,凭其"忠信",不轻染"标榜之习",④ 使"一言一动出于本心",⑤ 为人为学,既不"自小",也不"自大",⑥ 更不固步自封,"执一而不化"。⑦

(二)忌剿袭摹仿,要学有心得。顾氏认为,治学靠剿袭,行文靠摹仿,这是可怜可叹的。他指出:"近代文章之病,全在摹仿,即使逼肖古人,已非极旨,况遗其神理而得其皮毛者乎!……夫文章一道,犹儒者之末事,乃欲如陆士衡所谓谢朝华于已披,启夕秀于未振者,今且未见其人;进此而窥著述之林,益难之矣。""效《楚辞》者必不如《楚辞》,效《七发》者必不如《七发》,盖其意中先有一人在前,既恐失之,而其笔力复不能自遂,此寿陵余子学步邯郸之说也。"意思是,摹仿之作即使逼肖,也只是得其皮毛而不能取其神理,更不可能超越前人;况且邯郸学步,学不到古人本领,反而自身一无所能。故他强调:"毋剿说,毋雷同,此古人立言之本。"⑧

毋剿袭摹仿,"惟自出己意",⑨ 这是顾氏所提倡的。他反对"不学而好多言",强调"有所发明",⑩ 及"成一家言",⑪ 无所发明则不著书,也不为人作序;不了解情况则不为人作志状;⑫ 读书不多则不"轻言著述";⑬ 文不贵多而在于"工"和"有用于世";⑭ 一本书中不能有"冗复"之文。⑮

---

① 《日知录》卷六《致知》。
② 《日知录》卷七《古者不为臣不见》。
③ 《亭林文集》卷四《与人书十一》。
④ 《亭林文集》卷四《答子德书》。
⑤ 《日知录》卷十九《巧言》。
⑥ 《日知录》卷七《自视欿然》。
⑦ 《日知录》卷一《艮其限》。
⑧ 《日知录》卷十九《文人摹仿之病》。
⑨ 《亭林文集》卷四《与人书十六》。
⑩ 《日知录》卷十九《书不当两序》。
⑪ 《日知录》卷十九《著书之难》。
⑫ 《日知录》卷十九《志状不可妄作》。
⑬ 《亭林余集·又与潘次耕札》。
⑭ 《亭林文集》卷十九《文不贵多》。
⑮ 《日知录》卷十九《古人集中无冗复》。

顾氏认为，著书并非易事，要有心得，就要下功夫，花大力气。他说："如司马温公《资治通鉴》、马贵与《文献通考》，皆以一生精力成之，遂为后世不可无之书，而其中小有舛漏，尚亦不免。若后人之书，愈多而愈舛漏，愈速而愈不传。所以然者，其视成书太易，而急于求名故也。"若想成为传世之作，"其必古人之所未及就，后世之所不可无，而后为之，庶几其传也与！"①只有创新的社会需要的著述，才能传世。

顾氏曾谈到明人辑书之病及自撰《日知录》的甘苦："尝谓今人纂辑之书，正如今人之铸钱，古人采铜于山，今人则买旧钱以充铸而已，所铸之钱既已粗恶，而又将古人传世之宝舂锉碎散不存于后，岂不两失之乎！承问《日知录》又成几卷，盖期之以废铜，而某自别来一载，早夜诵读，反复寻究，仅得十余条，然庶几采山之铜。"②剿袭成书，只会"两失"，只有成年累月勤勉不已地"采山之铜"，才能期望于铸成有价值的"铜钱"。

（三）忌轻率狂诞，要慎待古人与遗产。治学，必然接触到学术遗产，自然有个对待古人古学即学术遗产的问题。顾氏指出，明人治学有"好讥呵古人""妄改古书""求古"等几种不良倾向，而应当纠正。

"好讥呵古人，翻驳旧作"，③这是要不得的。我国有尊重古人古学的传统，像李白、韩愈这样的大诗人、大文豪，他们也不盲目狂妄，而是推许古人的。李白的《黄鹤楼》诗，就有"眼前有景道不得，崔颢题诗在上头"之句。韩愈的《滕王阁记》推许王勃所为《序》，且曰"窃喜载名其上，词列三王之次，有荣耀焉"。好讥呵古人、翻驳旧作者，无非是自封高明，想把古人踩在脚下，"其人之宅心可知矣"。④

"据臆"而"妄改古书"，只会使古书"文益晦，义益舛"，⑤例如，梁简文帝《长安道》诗"金椎抵长乐，复道向宜春"中的"金椎"二字，根据于《汉书·贾山传》"隐以金椎，树以青松"，及《三辅决录》"隐以金椎，周以林木"；然而"今误作'金槌'，而又改作'椎轮'"，⑥自然差而又谬。又如，唐骆宾王为徐敬业所作《讨武氏檄》中有"伪临朝武氏"句，徐敬业"起兵在光宅元年九月，武氏但临朝而未革命也"，"越六年，天授

---

① 《日知录》卷十九《著书之难》。
② 《亭林文集》卷四《与人书十》。
③ 《日知录》卷二十《文章推服古人》。
④ 《日知录》卷二十《文章推服古人》。
⑤ 《日知录》卷十八《勘书》。
⑥ 《日知录》卷十八《勘书》。

元年九月始改国号曰周"。然而,"近刻古文,改为'伪周武氏',不察檄中所云'包藏祸心,睥睨神器',乃是未篡之时,故有是言;其时废中宗为庐陵王,而立相王为皇帝,故曰'君之爱子,幽之于别宫'也。"故顾氏严肃地指出:"不知其人,不论其世。而辄改其文,缪种流传,至今未已。""此皆不考古而肆臆之说,岂非小人而无忌惮者哉!"①

"求古"乃有些文人的毛病。他们喜好卖弄学问,标榜古董,或"剿取《史记》《汉书》中文法以为古,甚至猎取其一二字句用之于文",或"以今日之地为不古,而借古地名,以今日之官为不古,而借古官名";或"舍今日恒用之字,而借古字之通用者",以炫其博古。顾氏认为这是文人鄙陋之习,适以"自益其俚浅"。②他对依傍古人者曾直言告诫,"君诗之病在于有杜(甫),君文之病在于有韩(愈)、欧(欧阳修),有此蹊径于胸中,便终身不脱依傍二字,断不能登峰造极"。③亦步亦趋地学古人,自然不可能今胜于古。

对待古书古文、学术遗产,不可苛求,不可妄改,也不可盲目模仿,邯郸学步,这是顾氏恳切的意见。这种观点,强调的是实事求是,符合历史主义原则。如今求古模仿者不多了,说明明代遗风已是大减;然苛古者大增,蔑古者也有人在。时代前进了,今人进步了,今胜于古是正常的事、大好事,但也不必是今非古,不必向已无辩驳能力的古人示威而自称好汉,也不必打倒古人以证明自己屹立于世,大可实事求是,用历史主义的态度对待古人及学术遗产。

(四)忌好名好利,要修身修名。顾氏常讥好名好利、求名求利者。他写有《作文润笔》条,④讥古代文人蔡邕、韩愈等卖文求金,及"今之卖文为活者"。他也讥"速于成书,躁于求名"者,引了马援"良工不示人以璞"的名言,告诫学者"最不利于以未定之书传之于人",一定要遵循"如切如磋,如琢如磨"的古训,⑤做到反复推敲,精雕细刻。他的一部《日知录》写了几十年,说明他既诲人、也律己,是言行一致的。

顾氏曾与人谈起一个文人好名的事,说:"某君欲自刻其文集以求名于世,此如人之失足而坠井也。若更为之序,岂不犹之下石乎?惟其未坠之

---

① 《日知录》卷十八《改书》。
② 《日知录》卷十九《文人求古之病》。
③ 《亭林文集》卷四《与人书十七》。
④ 见《日知录》卷十九《作文润笔》。
⑤ 《亭林文集》卷四《与潘次耕书》。

时，犹可及止；止之而不听，彼且以入井为安宅也。吾已矣夫！"① 意思是，无其实而求名，如同自坠于井，别人应当劝止之，如果劝告而不听，那也只好由他入井安宅了；但别人不应为其写序，那是落井下石的行为，对于落井之人有害而无益。换句话说，有人自甘于随流入污，别人千万不要推波助澜。

在这里，顾氏把"名"与"实"的关系问题提了出来，要求士子学人修身修名。他说："疾名之不称，则必求其实矣。君子岂有务名之心哉！……古人求没世之名，今人求当世之名。吾自幼及老，见人所以求当世之名者，无非为利也。名之所在，则利归之，故求之惟恐不及也；苟不求利，亦何慕名。"② 又说："有名不如无名，有位不如无位。……君子所求者，没世之名，今人所求者，当世之名。当世之名，没则已焉，其所求者，正君子之所疾也，而何俗士之难瘳欤？"③ 他把"名"区分为二，一是"当世之名"，一是"没世之名"。当世之名，就是其人活着时有名或有位，名噪一时，伴之以利，可谓名利双收，俗士求之唯恐不及者就在于此；但这种名，"没则已焉"，转眼烟消云散。没世之名，就是其人活着时无名，死后因其实学业迹而千古流芳；君子无务名之心，更无图利之意，却有流芳百世之实。所谓"君子"，是指怀有明道救世之心而务实学的学者。

古今学者，有的图名图利，使出各种花招，或名噪一时，或名臭而不香，终究是无名或臭名；有的不图虚名，更不好利，舍春华而食秋实，却历史上有名，遗泽于后世。顾氏之论，岂仅在明清之际有其现实性，即以观察古今，也是有其历史意义的。

四　发扬优良传统

顾炎武所谈学者与学风的问题，值得引起重视。他治学，首先注意辨风向，窥士心，从而决定褒贬向背；他强调养其器识，学以致用，务实力行，乃为人为学的基本准则；他据此准则，对士子学人提出忌清谈无知、要饱学有识，忌剽袭摹仿、要学有心得，忌轻率狂诞、要慎待古人与遗产，忌好名好利、要修身修名，这样一些具体要求，乃为人为学的须知要目。

---

① 《亭林文集》卷四《与人书二十》。
② 《日知录》卷七《君子疾没世而名不称焉》。
③ 《亭林文集》卷三《答李紫澜书》。

我认为，值得探究，颇有精华，可以批判继承。

　　三百年来，我国学者是尊崇顾炎武其人其学的。但由于历史的原因或其他一些因素，在不同的历史时期和阶段，研究与学习其人其学强调了不同的方面，有时（如清初至乾嘉时期）推崇其"实学"与考据，奉其为清代考据学的始祖，学习其考据的精神与方法，发展了考据学，甚至使得考据成风；有时（如清末民初）强调其经世之学，学习其学以致用的精神，争取推动学术与历史有个新的进步。至于近年，学术界评论顾氏其人其学，不仅有所侧重，而且有权衡偏颇的现象。

　　我觉得，研究与学习顾炎武其人其学，应当重视和兼顾其经世与实学两个方面。他本人很注意两者的结合，没有偏向或倾斜。我们应当学习这个务实学以经世的优良传统。

钱大昕的学者风度

钱大昕（1728～1804）是乾嘉时代著名史学家。他不仅在考订求实的学术上是一流的，是当时的史学大师，就是在待人接物的风度上也是最佳的，是受尊重的杰出学人，当时学者予以表扬，如今学者也可追思。

中国学者历来有两种不良倾向，或曰毛病：一是文人相轻，自负高明，轻视他人；二是待人苛刻，不愿付出，苛求他人。这两种毛病，乾嘉学者也是有的。然钱氏因心正学纯，基本上未被传染，且反其道而行之。他在学者之间关系上具有诚厚谦逊的优良的学者风度。

当时章学诚在给钱氏的一封信中曾提到，世俗学风有所偏弊，戴震尝于筵间口谈秀水朱氏（指朱彝尊），遭人切齿；又说："若夫天壤之大，岂绝知音？针芥之投，宁无暗合？则固探怀而出，何所秘焉！"[1] 此信内容有点含糊，但提及戴震，大致与其人其学不无关系。章氏对戴震意见很大[2]，又明知钱氏与戴震关系较好，不便明说，然实在忍耐不住，故作试探，"岂绝知音""宁无暗合"云云，透露了一点意思，即试探一下钱氏的态度。钱氏对此，是否应答，不得而知，《潜研堂文集》中是没有答章氏书信的。钱氏是否答出，似在两可之间，有可能答了，应付一下了事，或仅简单地表明自己的态度；也可能不答，沉默待之，也就显示了态度。背后嘀嘀咕咕的行为，非钱氏所好；背后捅刀之事，钱氏更不愿为。

至于学人间正正当当的学术交往与研讨，钱氏是很认真的，实事求是的。

钱氏与戴震的关系是很好的。戴氏是当时最为突出的经学家，自恃学识过人，颇有些盛气、骄气。章学诚对此多有反感，讥其"好辟宋儒"，

---

[1] 《章氏遗书》卷二十九《上钱辛楣官詹书》。
[2] 参见《文史通义》内篇二《朱陆》《书〈朱陆〉篇后》等。

"心术不正",①"慧过于识而气荡乎志",②"害义伤教"③。王鸣盛也说戴氏"为人信心自是,眼空千古","狂而至于妄"。④ 钱氏却不然。就在钱氏考中进士的那年(乾隆十九年,公元1754),一时穷愁潦倒困处北京歙县会馆的戴氏前来拜访,带来了著作,两人一见如故,谈得很投机,于是定交。钱氏慧眼识英才,惊叹戴氏为"天下奇才"。次日,钱氏将此告诉了秦蕙田。秦氏时任刑部尚书,正在编纂《五礼通考》,急需学者协助,立即屈尊与钱氏一同前往拜访戴氏,邀请戴氏住到秦家。由于钱、秦等人的延誉,次年吏部尚书王安国约请戴氏到家塾教书,并命其子王念孙拜戴氏为师。同时,与钱氏同科进士的王鸣盛、王昶、纪昀、朱筠,还有卢文弨等,也都与戴氏交往,"叩其学,听其言,观其书,莫不击节叹赏",从此戴氏"声重京师"⑤。

钱氏推重戴震,是因其确是当时杰出的学者,无人可与其匹敌。他曾亲自写了《戴先生震传》,充分肯定戴氏在文字声音训诂、地理沿革、校雠、历算、典制等方面的学识与成就,深赞其区分《水经注》经注之说,称道:"研精汉儒传注及《方言》《说文》诸书,由声音文字以求训诂,由训诂以寻义理,实事求是,不偏主一家,亦不过骋其辩以排击前贤。""汾州修郡志,朱方伯珪请先生任其事。乃博稽史籍,驳正旧志之讹。""其学长于考辨,每立一议,初若创获,及参互考之,累不可易。"在此传中,还写了戴氏"性介特,多与物忤,……人皆目为狂生"。深喜戴氏个性特点,流于言表。在钱氏眼里,戴氏有点骄傲自负,也不为过。他甚至提到过,"自四库馆开而士大夫始重经史之学,言经学则推戴吉士震"⑥。推崇戴氏坐了当时经学家第一把交椅。有时,钱氏与戴氏交换学术意见,如:关于孙愐《唐韵序》"前后总加四万二千三百八十三言"的字数问题,钱氏意谓"《序》所云增加者,兼注中字而言"⑦,向戴氏征求意见。有时,钱氏也与戴氏商榷学术见解问题,如:戴氏对其师江永推步之学评价很高,说江永"不在宜城(指梅鼎九)之下"。钱氏在读了江永《翼梅》后,觉得其论不如"宣城之识之高",然后质问"当今学通天人莫如足下,而独推江无异

---

① 《文史通义》外篇三《与史余村》。
② 《文史通义》内篇二《朱陆》。
③ 《文史通义》内篇二《书〈朱陆〉篇后》。
④ 《蛾术编》卷四《光被》。
⑤ 参见《钱辛楣先生年谱》;《潜研堂文集》卷三九《戴先生震传》;段玉裁:《戴东原先生年谱》;洪榜:《戴先生行状》;王昶:《戴东原先生墓志铭》。
⑥ 《潜研堂文集》卷四三《邵君(晋涵)墓志铭》;卷三六《与戴东原书》。
⑦ 《潜研堂文集》卷三五《答王西庄书》。

辞，岂少习于江而特为之延誉耶，抑原有说以解仆之惑耶？请再质之足下。"① 这种交换学术意见与学术商榷是正常的，友好的。

钱氏与当时许多著名学者是朋友，或有学术交往，互相尊重。

王鸣盛是钱氏的同乡、同学、同官，又是内兄，关系密切。王氏通经学，精史学，善诗，著有《十七史商榷》《蛾术编》等多种，颇有点自负。曾言"读史者，不必以议论求法戒，但当考其典制之实；不必以褒贬为予夺，而但考其事迹之实，亦犹是也"，"不必横生意见，驰骋议论"。② 然而，他实际上议论颇多，且有时口气很大，讥刺前人，《十七史商榷》中多有这种情况。钱氏对他颇为尊重，于其逝世后，写了墓志铭，叙述了两人的密切关系，肯定其为人为学；③ 还写了这样动情言实、给予很高评价的挽诗："海内知己有几人，垂髫直到白头新？经传马郑专门古，文溯欧曾客气驯。勇退较予先十载，立言垂世已千钧。蛇年难挽名贤厄，肠断新春只两旬（腊月二日下世，去立春仅十有七日）。"④ 但在王氏生前，钱氏也曾对其善意而含蓄地提出过批评意见。当王氏写成《十七史商榷》即将问世之时，钱氏给王氏的一封信中有这样的话："得手教，以所撰述于昆山顾氏、秀水朱氏、德清胡氏、长洲何氏间有驳正，恐观者以试呵前哲为咎。""愚以为学问乃千秋事，订正规过，非以诋毁前人，实以嘉惠后学。""但议论须平允，词气须谦和。一事之失，无妨全体之善。""所虑者，古人本不误，而吾从而误驳之，此则无损于古人，而适以成吾之妄。王戒甫、郑渔仲辈皆坐此病，而后来宜引以为戒者也。"这些话，切中王氏之病，可谓诚挚而中肯的批评。信末还说："《十七史商榷》闻已刊成，或有讹字，且未便刷印，全将样本寄下。"⑤ 这是表示愿为其改正文字，实际上是自愿为其审阅。此种态度，毫无俗气，而是真正的学术净友。

王昶也是钱氏的同乡（江苏青浦）、同学、同科，晚年定居于苏州，又同好金石之学。两人来往甚密。钱氏在《王公（昶）神道碑》中提到："其交最久而莫逆于心者，则今大理寺卿王公昶也。所居相距不百里，尝扁舟往访，升堂拜母，修子姓礼。"⑥ 如此亲密的莫逆之交，很是难得。朱筠、

---

① 《潜研堂文集》卷三十三《与戴东原书》。
② 王鸣盛：《十七史商榷》序。
③ 《潜研堂文集》卷四十八《西沚先生墓志铭》。
④ 《潜研堂诗续集》卷八《西沚兄禄挽诗》。
⑤ 《潜研堂文集》卷三十五《答王西庄书》；卷十四《王公神道碑》。
⑥ 《潜研堂文集》卷十四《王公神道碑》。

纪昀也是与钱氏同科进士,学术旨趣基本相同,在京时互有往来,关系也好。钱氏曾与朱筠通信讨论《国语》伶州鸠所言"武王克商,岁在鹑火"的年代问题。曾为纪昀《乌鲁木齐杂诗》写序,称其诗"声调流美,出入三唐,而叙次风土人物,历历可见";又证其推断哈拉火卓石壁"古火州"三字"当是元人所刻"之可信,称其"考古之精核"。①

洪亮吉也是钱氏的朋友,两人多次通信讨论学术问题。《潜研堂文集》中收有四封与洪亮吉的书信,其内容:一是"狖"字的考释问题;二是三国疆域问题;三是秦郡多少问题;四是南朝梁之淮南、南梁二郡并立、并合的年代问题。② 讨论认真而深入,意见坦率而善意。又为洪氏《东晋疆域志》作序,称其"才大而思精",所为乃"大快事",且谓补写此志有"实土之广狭无常""侨土之名目多复""纪传之事迹不完""《志》之纰漏难信"等"四难";还希望洪氏早日"志十六国之疆域",企待观阅。③ 钱氏与校勘家卢文弨可谓密友。钱氏在《抱经楼记》中谈到,在京师时与卢氏游,"学士性狷介,与俗多忤,而与予独有水乳之投"。又称卢氏"藏书万余卷,皆手校精善"。④ 还在通信联系中,讨论历算、职官等问题;尤其值得一提的是,钱氏欣然接受卢氏的意见,改正自己的错误,曰:"来教谓《续汉志》述二十四气中星,大寒旦中,当是'心半',非'心二半'。仆初校时,但据闽本添'二'字,初未布算,兹以《四分术》推之,果是心半,始悔向来粗心之误,受教良非浅矣。"⑤ 同时,钱氏晚年任教于苏州紫阳书院,与藏书家黄丕烈也常往来,将所写《元史艺文志》送请黄氏订正,并在此作中记有"黄清丕烈云"的话,还在《自记》中写有黄氏"纠其踳驳,订其同异"的文字。足见钱氏的虚心与诚实。

钱氏在广泛结交与学术交往中,始终是虚心、诚挚的。他称道身居要职的阮元"肯以经术为多士倡",热心倡导学术事业,善于组织学术文化工作。⑥ 他从赵翼"书有一卷传,亦抵公卿贵"的诗句,猜透赵氏退职归田是"托于老子之'知止',不图立功而求立言"。⑦ 他本人退休还乡,与赵氏意趣

---

① 《潜研堂文集》卷二十六《纪晓岚乌鲁木齐杂诗序》。
② 《潜研堂文集》卷三十五《与洪稚存书》《与洪稚存书二》《答洪稚存书》《又答洪稚存书》。
③ 《潜研堂文集》卷二十四《东晋疆域志序》。
④ 《潜研堂文集》卷二十一《抱经楼记》;卷三十四《答卢学士书》。
⑤ 《潜研堂文集》卷二十一《抱经楼记》;卷三十四《答卢学士书》。
⑥ 《潜研堂文集》卷二十四《经籍纂诂序》。
⑦ 《潜研堂文集》卷二十六《瓯北集序》。

相同，故灵犀相通。他曾为毕沅主编的《续资治通鉴》"逐加校阅"。① 冯集梧于毕氏去世后刊刻此书，曾请钱氏作序。钱氏认为不妥，谦言"名位既卑"，"岂敢任此"，坚辞不写。② 这可能是有所顾忌，也说明他是谦逊的。

对于年事稍长的学者，钱氏很是尊重，但也不一味恭维，而是认真地区别对待。

方苞是当时有名的散文家，有点自负而"护前"。钱氏在《跋方望溪文》中说："望溪以古文自命，意不可一世"，有人提出他"省桐城而曰桐"之误，他竟然"护前"而不肯改，故又有人讥他有"以古文为时文，以时文为古文"之病。③ 又在《与友人书》中指出方苞为人在"波澜意度"方面仿古，"未喻乎古文之义法"；不达"为文之旨"，只仿"古文之体"，故有人指出其"以古文为时文，以时文为古文"之病，"可谓洞中垣一方症结"。④ 同时，钱氏也对桐城派重要作家之一的姚鼐"以庐江为衡山改名"之说，提出质疑，指出西汉之时，"衡山自衡山，庐江自庐江，未尝合二而一"，仅执"庐江出陵阳"之单辞，恐难"以为定案"。⑤ 此实中姚鼐所考仅是推测而无所"征言"之病。⑥ 钱氏少时曾前往拜访过吴派经学奠基人惠栋，晚年犹未忘怀。对于惠氏所作《古文尚书考》，既肯定它有"证明伪书"之作用，又指出"先是，太原阎征士百诗著书（指《古文尚书疏证》）数十万言，其义多与先生暗合"，⑦ 这实是言惠书多与阎书暗合。此种实事求是的批评，很是得体。

对于当时有名的诗人袁枚，钱氏也很尊重，两人颇有交往。袁枚论诗主张抒写性情，创"性灵说"，写诗不同凡俗，不避男女之嫌。他知道钱长于史学，不耻下问，向钱氏求教"古今官制"问题。钱氏则认真而详细地回答，一而再，再而三，不厌其烦，并谦逊地写道："客中未携书籍，兼之多病善忘，诖漏舛错，不知所裁，惟执事教之。"⑧ 袁枚八十寿辰时，钱氏为作《袁简斋八十寿诗》七律四首，其中有"儿童尽识真才子，朝野多推

---

① 冯集梧：《续资治通鉴序》。
② 钱大昕：《与冯集梧书》，见《续资治通鉴》卷首。
③ 《潜研堂文集》卷三十一《跋方望溪文》；卷三十三《与友人书》。
④ 《潜研堂文集》卷三十一《跋方望溪文》；卷三十三《与友人书》。
⑤ 《潜研堂文集》卷三十五《与姚姬传书》。
⑥ 钱氏两次与谈阶平通信，考论秦三十六郡而非四十郡的问题，也是针对姚鼐四十郡之说的。
⑦ 《潜研堂文集》卷二十四《古文尚书考序》。
⑧ 《潜研堂文集》卷三十四《答袁简斋书》《再答袁简斋书》《三答袁简斋书》。

老作家"之句,① 给予很高的评价。袁枚逝世后,钱氏所作《袁简斋前辈挽诗》七律三首中有这样的诗句:"几载相逢索挽诗,今朝真赴玉楼期。篇章最是公卿赏,姓氏居然妇孺知。""六朝山色俄蕉萃(憔悴),此后谁搴大将旗!"② 于此可见钱袁两人平时相好无间,钱氏对袁枚诗的肯定和推重。此与当时有些卫道士谩骂袁枚,显然是两种态度。

对于当时的一般学者,钱氏也是尊重而有学术交往的。

梁玉绳科举不就,当时默默无闻,世人不详其生卒年,只知他中年弃举子业,潜心撰著,写有《史记志疑》等书。钱氏与其多次通信,讨论《史记》一些问题,一谈《秦楚之际月表》的"微旨"有"抑秦""尊汉""纪实"三点;再谈《天官书》"文字古奥,非太史公所能自造,必得之于甘石之传",后世所传《甘石星经》乃"伪托"之作,"剽窃"于晋、隋二志,并指出梁氏"据晋志以纠史公"欠妥;三谈武安侯田蚡"奉邑食俞"、栾布"封俞"的地点问题,并指出梁氏"言县侯必尽食一县"一说也不尽然。③ 这是一种与他人耐心认真地讨论学术问题的诚恳态度,摆事实说道理的科学方法,不摆一点架子,毫无学阀之气。

同乡人徐文范(字仲圃)与钱氏讨论南朝侨州郡问题。钱氏致信与其切磋,有据有理,分析明白,末云:"顷见足下《州郡表》中颇有承用《晋志》者,似宜订正。以破后来之惑。"④ 态度诚恳,意见中肯。人们皆知,钱氏对东晋南朝侨州郡问题和《晋书·地理志》有关东晋侨州郡的记载,是经过深入探讨,有真知灼见的。萧子山作《释车》三篇,请钱氏作序。钱《序》指出戴东原有《释车》、钱献之有《车制考》等类似著作,言萧文"考证博洽则过之",似乎是鼓励之词;而言己"于器服制度茫乎若迷","往往昧于句度",还说"顷与子山交,庶几为我指南"。⑤ 诚实地坦白己短,虚心地学人之长,实在难能可贵!顾古湫与钱氏有"同以治《毛诗》举礼部试"之旧,以所作《虞东学诗》求序于钱氏。钱氏于《序》末云:"乃予于《诗》实未有得,读先生是书,盖慨然增予荒经之愧也。"⑥ 声名已扬海内的钱氏不仅不装腔作势,反而坦白"实未有

---

① 《潜研堂诗续集》卷七《袁简斋八十寿诗》;卷九《袁简斋前辈挽诗》。
② 《潜研堂诗续集》卷九《袁简斋前辈挽诗》。
③ 《潜研堂文集》卷三十四《与梁燿北论〈史记〉书》三篇。
④ 《潜研堂文集》卷三十五《与徐仲圃书》。
⑤ 《潜研堂文集》卷二十四《释车序》。
⑥ 《潜研堂文集》卷二十四《虞东学诗序》。

得",多么谦虚!

湘潭人张鹤泉进士久仰钱氏之名,然未曾识面,自己曾作文集,托唐陶山求序于钱氏。钱氏因未见其集,"不敢虚誉辞";张氏又托唐陶山寄示各体文二册。钱氏读之"始信其工",欲序而未动笔。不料唐陶山来书言张氏已死,还说张氏临殁以不见钱序"为憾"。钱氏深愧有负于人,立即为序,其中写道:"夫文之声价,本不待序而重。昌黎(韩愈)之文序于李汉,汉岂能重昌黎者?柳州(柳宗元)之文序于刘梦得,梦得与子厚同患难、交最密,然梦得文格不如子厚,且二子之序皆在身后,未知果有当于昌黎、柳州之意与否?鹤泉以韩、柳为师,视近代鲜当意者,而乃有取于予之言;予方欲就鹤泉决其当否而竟不及待,仅得比于刘梦得、李汉之例,予负鹤泉多矣!"① 这里多么真挚的感情,多么谦逊的比喻!张氏地下有知,当不会含怨而责之。鲍以文得熊氏(宋人熊方)《补后汉书年表》,校勘而欲刊之,请钱氏覆校。钱氏与熟于范史的弟大昭"参考商略"而校正之,"两阅月而毕事",还指出"此表间有未合者",但未对原文"轻改",只说聊表"规过之义"。② 这种对他人负责、认真、谦虚的态度,古今学界并不多见。

就是与弟子、晚辈及弟侄的学术关系,钱氏也是诚意而谦慎的。

钱氏曾三次分别为山东、浙江、湖南等地乡试的考官,选拔了不少学优的人才,如在山东选取了李文藻,在浙江选取了邵晋涵。他曾主持执教于钟山、娄东、紫阳等书院达一二十年之久,培养过孙星衍、钮树玉、李锐、夏文焘、顾广圻、张燕昌等不少优秀人才,弟子多达几千人。今阅《潜研堂文集》中十二卷《答问》(卷四至卷十五),可见其答问内容之广博,探讨之深入,教学之相长。

钱氏主山东乡试,选取并赏识李文藻(号南涧),从此常有过从或书信往来。他对李氏不以"师弟"相待,而因"臭味相投",以友朋相处。两人对于诗的看法"鸣者出于天性之自然","乃不谋而相合",两人的性情"略相似";钱氏还认为李氏在"钞书之多""访碑之勤""气谊之笃""诗文之富"等方面皆"过于予"。③ 李氏逝世,钱氏写了《李南涧墓志铭》,记其为学为政,深惜其早逝。

---

① 《潜研堂文集》卷二十六《张鹤泉文集序》。
② 《潜研堂文集》卷二十四《〈后汉书〉年表后序》。
③ 《潜研堂文集》卷二十六《李南涧诗集序》。

钱氏为浙江乡试副考官时，识拔邵晋涵，从此结成友谊，来往较密。他盛称邵氏学能，许其为四库馆的重要成员，曾言："自四库馆开而士大夫始重经史之学，言经学则推戴吉士震，言史学则推君（指邵氏）"，惜其"以编书积劳成疾"而去世。噩耗传至吴下，钱氏"泣然而失声"。① 得意的弟子逝世，老师如伤子女。如此诚笃情真的师生之谊，令人生感！

孙星衍曾在钟山书院受教于钱氏，后来师生之间常有讨论学术的书信往来。钱氏曾在信中盛称孙氏"研精小学"，与其讨论小学问题，提出不少意见和看法，供其参考。② 又致信称其"撰述甚富"，对其《太阴考》《太岁岁星左右周天图》等作提出意见。③ 后又在答书中提到："至论中星斗柄之异同，则仆非专门，不敢措一词。"对弟子坦白，不知为不知。又说："太阴、太岁之辨，尊见既与鄙意不合，仆今亦不复言，多尊所闻，听后贤决其然否。"师生学术见解不一，各尊所闻，保留己见，听后人抉择。这种宽容的气量，谦虚谨慎的态度，共同探讨而待之公论的诚意，丝毫没有师尊的架子，唯钱氏有之！

钱氏与段玉裁也有学术交往。段氏是钱氏好友戴震的弟子，长于文字音韵训诂，曾以己撰《诗经韵谱》送请钱氏指教。钱氏为其书写了序，说它发展了顾炎武、江永等对于古音的研究，于研究经义很有参考价值。④ 又在复书中，称赞其"于古人分部，及音声转移之理"，"审之细"，"辨之确"。⑤ 又称其作"凿破浑沌"。⑥ 同时，又对其"谓声音之理，分之为十七部，合之则十七部无不互通"之说，表示"未敢以为然"，而提出不同意见。⑦ 他在与段氏通信中，还讨论了《史记》《汉书》所引《尚书》今古文的问题。⑧ 长辈对晚辈学术成就充分肯定，双方又平等地切磋学术问题，令人钦佩。

钱大昭（字晦之）小于其兄大昕十多岁，是在大昕指授下成长起来的，大昕对其弟的学术成绩极为称赞："予弟晦之，孜孜好古，实事求是，所得

---

① 《潜研堂文集》卷四十三《邵君墓志铭》。
② 《潜研堂文集》卷四十三《邵君墓志铭》。
③ 《潜研堂文集》卷三十三《答孙渊如书》；卷三十四《与孙渊如书》。
④ 《潜研堂文集》卷二十四《诗经韵谱序》；卷三十三《与段若膺书》。
⑤ 《潜研堂文集》卷三十三《与段若膺书》。
⑥ 《说文解字注》附《寄东原先生书》。
⑦ 《潜研堂文集》卷三十三《与段若膺书》。
⑧ 《潜研堂文集》卷三十三《与段若膺论〈尚书〉书》。

殊多于予。"① 这是钱氏对其弟满意的表扬和极大的鼓励。钱塘（号溉亭）是大昕之侄，小于大昕七岁，早年"相与共学"，稍后又"相切磋"，后来钱塘刻苦治学和撰述，颇有成绩。大昕称他"于声音、文字、律吕、推步之学尤有神解"，并言："吾邑言好学者称钱氏，而溉亭尤群从之白眉也。"② 竟推钱塘于钱姓学者中最为突出，似是对其过誉；而实是大昕自谦，他为"群从之白眉"是当之无愧的。

钱氏对于弟子晚辈，向来不以教师爷自居，而是平等相待。有个友人欲以钱氏为师，他表示不可，引孟子"人之患在好为人师"之语为戒，并说："古之好为师也以名，今之好为师也以利。"还表示："如以仆精通经史，可备刍荛之询，他日以平交往还足矣。"③ 他主张学者间往来，切磋学术，以"平交"为好。这种不论学术水平高低，不争长论晚，提倡"平交"的思想，是值得发扬的。

如果认为钱氏与学者往来，对他人学术，只是表扬和鼓励，或最多是提出商榷意见，那是不全面的；其实他对一些谬论和歪风，还是严肃批判的。如：有个程秀才以所撰《易源》稿送呈钱氏。钱氏对其书玄妙之论颇为反感，觉得学风不对头，便致信严肃地直言批评："承以所著《易源》待正稿相示，仆于经义素非专门，先天、无极之旨尤所不解，今读足下书，所谓'钦其宝莫能名其器'者也。……古之圣贤求《易》于人事，故多忧患戒惧之词；今之儒者求《易》于空虚，故多高深窈妙之论。……（今）自谓得千圣不传之秘，由于自处至高，自信至深，谓己之必无过，且患人之言其过，辩论滋多，义理益昧，岂《易》之教固若是乎！"④《易》为中国古代的哲学著作，言简意赅，含义深而切实事，并无玄妙之意。后世儒者，尤其是宋儒以来，有些人故弄玄虚，发玄妙之论，夸夸其谈，玄之又玄，神神道道，犹如着魔。钱氏对此论此风，不随声附和，而予以批判，揭露其玄虚的学风，很有意义。哲学社会科学，是人学，还是神学，自来是两种不同的学术方向路线，这是需要辨明的。钱氏对玄学理智的批判，值得肯定。

钱氏为学还有个优点：凡是考辨"往往有暗合前人者，皆已削稿，恐

---

① 《潜研堂文集》卷二十四《〈三国志〉辨疑序》。
② 《潜研堂文集》卷三十九《溉亭别传》。
③ 《潜研堂文集》卷三十三《与友人论师书》。
④ 《潜研堂文集》卷三十六《与程秀才书》。

贻雷同之诮"，①故其著述多是己见新说；或是在著述中说明取之前人、师友或学生之说。如：钱氏在书院教学时，回答学生的质疑问难，引述他人（包括学生）的见解，必作交代。检寻《潜研堂文集》卷四至卷十五《答问》一至十二，便可察知底细。如有："惠氏栋尝言之"，②"吴江陈启源尝辨之"，"予友孙渊如校《本草》"，"予友惠征君栋云"，"此义自金坛段君玉裁启之"，③"'会'字之解，得之梁鸿翥。梁，德州贡生，所著《周礼解》予未及见，此条则李南涧为予述之"，④"予友孙星衍尝说之，以为权舆者，草木之始"，"子弟晦之云"，⑤"此吾友戴东原之说"，⑥等等。只要是先于自己的真知灼见，不论说者是前辈、师友或晚辈，都作交代，异乎古今少数剽窃之徒或暗取其说而明驳其论的狡黠之流。

对待古人，钱氏既不盲目崇拜，也不任意苛求，而是认真批判，善意商榷，力求平允，从不粗暴，是即是，非即非，实事求是。他对"廿二史"及其作者，都有所批评，对顾炎武、朱彝尊、阎若璩等大家，也有所指瑕，均见于《廿二史考异》《十驾斋养新录》《潜研堂文集》等书，这里暂不细说。今只举他批判胡三省、吴缜两例，以使学人注意。

讥胡三省"文人相轻之习"。钱氏指出：自从胡三省《通鉴注》行世，史炤的《通鉴释文》便消退。"史注固不如胡氏之详备，而创始之功，要不可没。胡氏有意抑之，未免蹈文人相轻之习。"他还指出：史注本来不误者，胡氏更改而致误，如范雎之"雎"，本为"千余切"，而胡改音"虽"。胡氏"疏于小学，其音义大率承用史氏旧文，偶有更改，辄生罅漏"。⑦钱氏另写有《文人勿相轻》条，规劝文人学者不要相互菲薄。指出杜甫"不薄今人爱古人"，"护惜"王杨卢骆之体，"不欲人訾议"。并说："以视诗未有刘长卿一句，已呼阮籍为老兵，语未有骆宾王一字，已骂宋玉为罪人者，犹鹍鹏之与蚍蜉矣。"⑧文人相轻，踩及古人，钱氏对此极为不满，故有"蚍蜉"之讥。

批判吴缜欠诚及浅见。吴缜曾想参与欧阳修等撰《新唐书》，未得到许

---

① 《十驾斋养新录》卷十六《苏东坡诗》。
② 《潜研堂文集》卷四《答问》一。
③ 《潜研堂文集》卷六《答问》三。
④ 《潜研堂文集》卷八《答问》五。
⑤ 《潜研堂文集》卷十《答问》七。
⑥ 《潜研堂文集》卷十二《答问》九。
⑦ 《潜研堂文集》卷二十八《跋通鉴释文》。
⑧ 《十驾斋养新录》卷十八《文人勿相轻》。

可。据说欧阳修"以其年少轻佻",未许。《新唐书》成书后,他便写了《新唐书纠谬》,专找《新唐书》的毛病,多所讥刺。此书产生了一定影响,还得到后世个别学者的好评。① 钱氏发现此书问题颇多,指出十余条错误,说明吴缜对于地理、官制、小学多有"未达",故批评吴缜"读书既少,用功亦浅,其所指摘,多不中要害",又说:《新唐书》"舛谬固多",吴缜"所纠,非无可采","但其沾沾自喜,只欲快其胸臆,则非忠厚长者之道。"② 学术界开展批评是需要的,但要求具有忠厚之道,实事求是,不可快己意而中伤人,钱氏之意在此。

钱氏写有《弈喻》一文,说的是他自己看友下棋,嗤败者失算,以为彼不及己。自己与人对局,颇有轻人之意,然甫下数子,对方已得先手,局将半,已显出彼强己弱,竟局输彼十余子。于是,他联想到:"今之学者,读古人书,多訾古人之失;与今人居,亦乐称人失。"轻视或苛求古人与他人,夸饰自己之长,忽视或掩盖自己之失,"而彼此相嗤无有已时,曾观弈者之不若己!"③ 傲视古人与今人,实是无自知之明。

钱氏曾指出:"文人之病,恒在骄与吝。"④ 骄者自负而目空一切,自以为高明而轻视他人,以放大镜看自己之长处而察他人之短处;吝者小气而自私,自己不愿付出而苛求于他人,以大喇叭鼓吹自己的优点而宣传他人之缺点,总之,企图达到损人利己的目的。钱氏不仅指出毛病,而且以此敲起警钟;不只是警告别人,也经常提醒自己。他对同时代的学者,无论长辈、同辈还是晚辈,对往昔的古人,无论名人、大家还是一般学者,基本上都能做到真诚谦逊地相待,做到实事求是,并且坦诚地与今人开展学术交流,既无骄气,也不小气。

钱大昕晚年写有这么两句诗:"守谦终受益,作善即为祥。"⑤ 守谦者,保持谦逊态度,待人接物;作善者,做到与人为善,对人助益。这是他人生哲学的自白,也是他为学经验的总结。察其言,观其行,他是具有"守谦"与"作善"的学者风度的。

---

① 如章学诚曾写《新唐书纠谬书后》(《文史通义》外篇二)以称之。
② 《潜研堂文集》卷二十八《跋新唐书纠谬》。
③ 《潜研堂文集》卷十七《弈喻》。
④ 《潜研堂文集》卷四十三《李南涧墓志铭》。
⑤ 《潜研堂诗续集》卷十《辛酉新年作》。

二
史家与史学

司马迁写当代史

司马迁所著的《史记》，在我国古代史书中，除了有通史的特点之外，另一特点是写当代史较为详细。他记汉以前的历史，较为简略，且是吸收前人的成果，主要是根据《诗经》《尚书》《左传》《国语》《战国策》《秦记》等古籍和历史传说，进行整理，编写起来的。他写当代史，不仅较详，而且完全是创作。班氏父子提到："迁之所记，从汉元至武以绝，则其功也。"[①] "司马迁据《左氏》《国语》，采《世本》《战国策》，述《楚汉春秋》，接其后事，讫于天汉，其言秦汉，详矣。"[②] 刘知几也说："然迁虽叙三千年事，其间详备者，唯汉兴七十余载而已。"[③] 这些说明，司马迁的《史记》记当代史详而有功。但是，以往学者只是推许司马迁详写当代史之功，而很少予以具体分析研究。看来，这个问题是有必要探讨一下的。

一

司马迁对当代史是很重视的。

这与其家学传统有密切关系。在《史记·太史公自序》里，司马迁写道：

是岁（按：元封元年）天子始建汉家之封，而太史公留滞周南，不得与从事，故发愤且卒。而子迁适使反，见父于河洛之间。太史公执迁手而泣曰："余先周室之太史也。自上世尝显功名于虞夏，典天官事。后

[①] 班彪：《史记略论》，见《后汉书·班彪传》。
[②] 《汉书·司马迁传》。
[③] 《史通·杂说上》。

世中衰,绝于余乎?汝复为太史,则续吾祖矣。……余死,汝必为太史;为太史,无忘吾所欲论著矣。……今汉兴,海内一统,明主贤君忠臣死义之士,余为太史而弗论载,废天下之史文,余甚惧焉,汝其念哉!"迁俯首流涕曰:"小子不敏,请悉论先人所次旧闻,弗敢阙。"

同时,他又写道:

壶遂曰:"孔子之时,上无明君,下不得任用,故作《春秋》,垂空文以断礼义,当一王之法。今夫子上遇明天子,下得守职,万事既具,咸各序其宜,夫子所论,欲以何明?"

太史公曰:"……汉兴以来,至明天子,获符瑞,封禅,改正朔,易服色,受命于穆清,泽流罔极,海外殊俗,重译款塞,请来献见者,不可胜道。臣下百官力诵圣德,犹不能宣尽其意。且士贤能而不用,有国者之耻;主上明圣而德不布闻,有司之过也。且余尝掌其官,废明圣盛德不载,灭功臣世家贤大夫之业不述,堕先人所言,罪莫大焉。"

这里所引司马迁的记述文字,有两点很值得注意:一是,司马谈对司马迁的临终遗嘱中提到"无忘吾所欲论著";司马迁俯首遵命,表示"请悉论先人所次旧闻"。司马迁对壶遂也提到,不敢"堕先人之言",决不能犯不"孝"之罪。还有司马谈提到"汉兴"、司马迁强调"汉兴以来"云云。这说明,司马迁在《史记》中详写当代史,是继承其父遗志,遵照其父的教诲,而立意必行的。二是,司马谈提到"吾所欲论著",听其言是想写历史。司马迁提到"先人所次旧闻",按此语,司马谈是写过了的;只是写了多少,没有说明。由此看来,司马迁写当代史,无疑有着家学渊源。

这里就产生了一个问题:司马迁写《史记》,特别是写当代史,究竟吸取了其父司马谈多少成果?因为司马氏父子俩都没有具体地谈过此事,所以这实在是个疑难的问题。有的学者经过研究,提出"若楚、汉之际,为谈所集材。""此三传(按:指《刺客列传》《郦生陆贾列传》《樊郦滕灌列传》)成于谈手无疑。"又说:"谈之为史,有传、有赞,则《史记》体例创定于谈亦可知。"① 这种说法言之成理。所以,我们可以大致上说,《史记》所记当代史,其中有司马谈筚路蓝缕的业绩;司马迁是在继承其父的

---

① 均见顾颉刚著《史林杂识》(初编)中《司马谈作史》一文。

事业的基础上而毕其功的。同时，应该指出，司马迁写当代史受其父惠最大的是思想上的影响。《太史公自序》里记录了司马谈的《论六家要旨》。这篇论文认为阴阳、儒、墨、名、法五家各有长短，唯有道家（即汉初黄老之学）兼有各家之长，而去其所短。这显然是推崇黄老之学的。班彪评司马迁道："其论术学，则崇黄老而薄五经。"① 班固说，司马迁"论大道，则先黄老而后六经"。② 班氏父子都认为司马迁崇尚黄老之学。这自然是根据《论六家要旨》和《史记》的内容，提出来的看法。我觉得班氏父子的看法，基本上符合司马氏父子的思想。有人说："《太史公自序》述其父《论六家要旨》，……以明孔不如老，此谈之学也。而迁意则尊儒，父子异尚。"③ 这是说，司马氏父子，一个（谈）崇道，一个（迁）尊儒，风马牛不相及。这个看法与事实不符。司马氏父子在对待汉代儒、道的观点上基本一致，这不仅因为《太史公自序》中郑重其事地记述了《论六家要旨》，表明了崇奉黄老之学的态度，而且因为《史记》记述当代史确有"论大道，则先黄老而后六经"的倾向，很多篇章中都流露出作者赞颂黄老之学而讥刺汉武帝独尊儒术的思想（这一问题，后面详谈）。因此，我们又可以说，司马迁《史记》当代史部分的思想，与其父黄老思想的滋养是分不开的。

班氏父子、刘知几等说司马迁记当代史甚详，是有根据的。为了弄明白这个问题起见，试以汉高祖元年作一时间断限，将《史记》130 篇作个粗简的分类统计：

（一）完全是写汉以前历史的，有 55 篇。④

---

① 班彪：《史记略论》，见《后汉书·班彪传》。
② 《汉书·司马迁传》。
③ 王鸣盛：《十七史商榷》卷六《司马氏父子异尚》。
④ 55 篇之中，"本纪" 6 篇（《五帝本纪》《夏本纪》《殷本纪》《周本纪》《秦本纪》《秦始皇本纪》），"表" 3 篇（《三代世家》《十二诸侯年表》《六国年表》），"世家" 18 篇（《吴太伯世家》《齐太公世家》《鲁周公世家》《燕召公世家》《管蔡世家》《陈杞世家》《卫康叔世家》《宋微子世家》《晋世家》《楚世家》《越王句践世家》《郑世家》《魏世家》《赵世家》《韩世家》《田敬仲完世家》《孔子世家》《陈涉世家》），"列传" 28 篇（《伯夷列传》《管晏列传》《老子韩非列传》《司马穰苴列传》《孙子吴起列传》《伍子胥列传》《仲尼弟子列传》《商君列传》《苏秦列传》《张仪列传》《樗里子甘茂列传》《穰侯列传》《白起王翦列传》《孟子荀卿列传》《孟尝君列传》《平原君虞卿列传》《魏公子列传》《春申君列传》《范雎蔡泽列传》《乐毅列传》《廉颇蔺相如列传》《田单列传》《吕不韦列传》《刺客列传》《李斯列传》《蒙恬列传》《循吏列传》《滑稽列传》）。

（二）完全是写当代史的，有 51 篇。①
（三）重点（或大部分）是写当代史的，有 15 篇。②
（四）写当代人物占半数的，有 3 篇。③
（五）论述及古代和当代各项制度和自然、社会问题的，有 5 篇。④
（六）《太史公自序》1 篇。

根据这个统计，《史记》中完全和重点写当代史的有 66 篇，加之其他篇章还记有当代史的内容，这就可以说明，司马迁以五十二万余字，写三千年的历史，竟然用半数以上的篇幅记述近百年的当代史，实可谓略古详今，非常重视当代史。

自司马迁之后，仍然有私人写当代史。以西汉一代来说，在司马迁的影响下，褚少孙补《史记》，刘向、刘歆、扬雄、冯商、阳城衡、史岑、梁审、肆仁、晋冯、段肃、金丹、冯衍、韦融、肖奋、刘恂等相继撰续《史记》，都是写当代史的。但是，自西汉以后，私人写当代史就遇到了麻烦。班固写史，有人告发他"私改作国史"，便一度被关进监牢。⑤ 这说明私人写当代史受到封建官府刁难打击。隋朝开皇十三年下诏："人间（按：指民间）有撰集国史、臧否人物者，皆令禁绝。"⑥ 这说明私人修当代史被封建政府严令禁止。同时，封建官府派史官、设史馆，大抓修当代史之事，逐

---

① 51 篇之中，"本纪" 5 篇（《高祖本纪》《吕太后本纪》《孝文本纪》《孝景本纪》《今上本纪》），"表" 6 篇（《汉兴以来诸侯王年表》《高祖功臣侯者年表》《惠景间侯者年表》《建元以来侯者年表》《建元已来王子侯者年表》《汉兴以来将相名臣年表》），"书" 1 篇（《平准书》），"世家" 12 篇（《外戚世家》《楚元王世家》《荆燕世家》《齐悼惠王世家》《萧相国世家》《曹相国世家》《留侯世家》《陈丞相世家》《绛侯周勃世家》《梁孝王世家》《五宗世家》《三王世家》），"列传" 27 篇（《淮阴侯列传》《韩信卢绾列传》《樊郦滕灌列传》《张丞相列传》《郦生陆贾列传》《傅靳蒯成列传》《刘敬叔孙通列传》《季布栾布列传》《袁盎晁错列传》《张释之冯唐列传》《万石张叔列传》《田叔列传》《吴王濞列传》《魏其武安侯列传》《韩长孺列传》《李将军列传》《卫将军骠骑列传》《平津侯主父列传》《司马相如列传》《淮南衡山列传》《汲郑列传》《酷吏列传》《大宛列传》《游侠列传》《佞幸列传》《日者列传》《龟策列传》）。
② 15 篇之中，"本纪" 1 篇（《项羽本纪》），"表" 1 篇（《秦楚之际月表》），"书" 2 篇（《封禅书》《河渠书》），"列传" 11 篇（《张耳陈余列传》《魏豹彭越列传》《黥布列传》《田儋列传》《匈奴列传》《南越列传》《东越列传》《朝鲜列传》《西南夷列传》《儒林列传》《货殖列传》）。
③ 《鲁仲连邹阳列传》《屈原贾生列传》《扁鹊仓公列传》等 3 篇中的邹阳、贾生、仓公是汉代人。
④ 这 5 篇都是"书"（《礼书》《乐书》《律书》《历书》《天官书》）。
⑤ 参见《后汉书·班彪传》附班固传。
⑥ 《隋书·高帝纪》。

步控制了修撰当代史的大权。因此，隋唐以后私人写当代史者寥若晨星。从封建社会里私人写当代史多灾多难的历史来看，司马迁详写当代史这件事就足以引人注目了。卫宏说："司马迁作《景帝本纪》，极言其短，及武帝过。武帝怒而削去之。"① 此事本身，在可信可疑之间，难以确定真假。但从司马迁写当代史坚持"实录"、纵情褒贬的精神来看，则能想见封建官府干涉私人写当代史的秘密所在。在封建社会，私人写当代史实在困难，司马迁写当代史实在不易。

二

司马迁写当代史，最可贵之处是"实录"。

扬雄曾称："太史迁，曰实录"。② 班固则云："然自刘向、扬雄博极群书，皆称迁有良史之材，服其善序事理，辨而不华，质而不俚；其文直，其事核；不虚美，不隐恶，故谓之实录。"③ 这说明，司马迁写史，在汉代已被誉为"实录"。从班固的话看来，司马迁的"实录"，主要包括"善序事理""文直事核""不虚美，不隐恶"等三点。这个评语是中肯的。现在结合司马迁写当代史的具体情况进行分析。

所谓"善序事理"，主要是善于抓住重大的突出的历史问题，写出其发展变化的线索和原委。从《史记》写当代史的内容来看，主要通过记述当代君主、重要的有代表性的将相大臣，以及一些商贾、游侠等人物，写了如下一些当时重大历史问题的情况：关于封建统治阶级内部，特别是封建统一与封建割据势力的矛盾和斗争的历史（这是当时统治阶级内部争权夺利的头等问题，所以《史记》用了大量篇幅写这个内容）；关于封建专制主义严刑酷法、独尊儒术的历史（这是中国封建专制主义形成时期的突出问题，所以《酷吏列传》《儒林列传》《平津侯主父列传》《游侠列传》等篇有集中的记述和反映）；关于汉朝政府与"四夷"关系的历史（《匈奴列传》《南越列传》《东越列传》《朝鲜列传》《西南夷列传》《大宛列传》等篇为主，写出了汉帝国的发展，及其与周边各族或外族的关系）；关于官和民在经济问题上的矛盾和斗争的历史（《平准书》《货殖列传》等篇为主，

---

① 卫宏：《汉旧仪注》，见《史记·太史公自序》集解所引。
② 《法言·重黎篇》。
③ 《汉书·司马迁传》。

写出了汉朝与民争利、商贾平民逐利的情况）；等等。作者对每一重大历史问题，都记述详备。如，《项羽本纪》《高祖本纪》《秦楚之际月表》和《萧相国世家》《留侯世家》《淮阴侯列传》《魏豹彭越列传》《黥布列传》《韩信卢绾列传》等篇记述楚汉相争；《汉兴以来诸侯王年表》《吴王濞列传》《袁盎晁错列传》《绛侯周勃世家》等篇记述当时诸侯王势力的盛衰和吴楚七国之乱；《淮南衡山列传》《平津侯主父列传》等篇记述镇压淮南王安和实行推恩法等，都具体生动地反映了当时封建统一与封建割据势力之间的矛盾和斗争。不仅如此，作者还勾画出这种矛盾斗争的"事理"。如《汉兴以来诸侯王年表序》说：

> 汉兴，序二等。高祖末年，非刘氏而王者，若无功上所不置而侯者，天下共诛之。高祖子弟同姓为王者九国，唯独长沙异姓，而功臣侯者百有余人。自雁门、太原以东至辽阳，为燕、代国；常山以南，大行左转，度河、济、阿、甄以东薄海，为齐、赵国；自陈以西，南至九疑，东带江、淮、谷、泗，薄会稽，为梁、楚、淮南、长沙国；皆外接于胡、越。而内地北距山以东尽诸侯地，大者或五六郡，连城数十，置百官宫观，僭于天子。汉独有三河、东郡、颍川、南阳，自江陵以西至蜀，北自云中至陇西，与内史凡十五郡，而公主列侯颇食邑其中。何者？天下初定，骨肉同姓少，故广强庶孽，以镇抚四海，用承卫天子也。
>
> 汉定百年之间，亲属益疏，诸侯或骄奢，忕邪臣计谋为淫乱，大者叛逆，小者不轨于法，以危其命，殒身亡国。天子观于上古，然后加惠，使诸侯得推恩分子弟国邑，故齐分为七，赵分为六，梁分为五，淮南分三，及天子支庶子为王，王子支庶为侯，百有余焉。吴楚时，前后诸侯或以适削地，是以燕、代无北边郡，吴、淮南、长沙无南边郡，齐、赵、梁、楚支郡名山陂海咸纳于汉。诸侯稍微，大国不过十余城，小侯不过数十里，上足以奉贡职，下足以供养祭祀，以蕃辅京师。而汉郡八九十，形错诸侯间，犬牙相临，秉其厄塞地利，强本干，弱枝叶之势，尊卑明而万事各得其所矣。

这四五百字，所谈的"事理"是：汉初分封王、侯的概况，汉初诸侯王国势力的强大，汉皇朝地盘极为有限；汉初分封的目的是想要使同姓诸侯王"承卫天子"；诸侯王势力因骄奢而淫乱，因谋叛而削弱；汉武帝实行推恩法，使诸侯王国由大化小，诸侯势力大大削弱；汉皇朝终于具有强本弱枝之势。可见，司马迁以简练的文字，把汉初百年间，汉皇朝同诸侯王之间、封建统一同封建割据势力的矛盾斗争的历史脉络和原委，表达得很清楚。

同时，司马迁还指出，由于上述几个重大历史问题的发展，到汉武帝时期便出现了复杂的新趋势新局面。一方面是空前统一，比较强盛；另一方面是国穷民困，社会不安。关于汉代空前统一和强盛的记述是不少的，如有："汉兴五世，隆在建元，外攘夷狄，内修法度。"（《太史公自序》）"南越已平"，"遂为九郡"（《南越列传》）。"汉诛西南夷，国多灭矣"。"西夷后揃，剽分二方，卒为七郡"（《西南夷列传》）。"是后匈奴远遁，而幕南无王庭，汉度河自朔方以西至令居，往往通渠置田，官吏卒五六万人，稍蚕食，地接匈奴以北。"（《匈奴列传》）"汉既诛大宛，威震外国。"（同上）"而汉发使十余辈至宛西诸外国，求奇物，因风览以伐宛之威德。而敦煌置酒泉都尉；西至盐水，往往有亭。而仑头有田卒数百人，因置使者护田积粟，以给使外国者。"（《大宛列传》）这说明，汉兴百年的历史，是前进的、发展的，是祖国光辉历史的一部分。关于国虚民困、社会不安的记述更多，如写汉武帝对匈奴等"四夷"不断用兵，造成严重影响，"江淮之间萧然烦费"，"巴、蜀之民罢"，"燕、齐之间靡然发动"，甚至"兵连而不解，天下苦其劳，而干戈日滋。行者赍，居者送，中外骚扰而相奉"，"财赂衰耗而不赡"（《平准书》）。如写为了解决财政困难，汉武帝时出告缗令，杨可告缗遍天下，于是"商贾中家以上大率破，民偷甘食好衣，不事畜藏之产业"（《平准书》）。还有"贫民流徙，皆仰给县官，县官空虚"，"百姓不安其生，骚动"，"而吏民益轻犯法，盗贼滋起"，"盗贼浸多"（均见《酷吏列传》）等记述。这说明汉朝"外攘夷狄，内兴功业"的结果，固然使得帝国威震中外，但也因此而矛盾重重，造成新的统治危机。这种历史记述，的确可称为"善序事理，辨而不华，质而不俚"。

所谓"文直事核"，就是记述有根据，不是曲笔，而是直书；不是伪造，而是实事。以司马迁写当代史上的汉匈关系来说吧，他在《匈奴列传》《刘敬叔孙通列传》《季布栾布列传》《孝文本纪》《韩长孺列传》《李将军列传》《卫将军骠骑列传》等篇章中，真实地记述了当时百年间汉匈关系的发展变化及其影响。起初，有平城之役，刘邦采取娄敬的建议，与匈奴"和亲"；吕后闻季布之言，"遂不复议击匈奴事"，"复与匈奴和亲"；文帝时，"与匈奴和亲，匈奴背约入盗，然令边备守，不发兵深入"；景帝时，

"复与匈奴和亲,通关市","终孝景时,时小入盗边,无大寇"。汉武帝即位初年,"明和亲约束,厚遇,通关市,饶给之。匈奴自单于以下皆亲汉,往来长城下"。自从汉朝马邑之谋以后,"匈奴绝和亲,攻当路塞,往往入盗于汉边,不可胜数"。汉乃大举兴兵,在元光至元狩的十余年内,几乎每年都动用几万、十几万兵马进行对匈奴的战争,取"河内",攻祁连,至漠北,直到精疲力竭,国空财尽,才"久不伐胡"。这些记述,都是直书,不是曲笔。

司马迁曾认为,汉对匈奴用兵,"建功不深"(《匈奴列传》),意思是,虽然有功,其功有限;[①] 好处不多,患处不少,得不偿失。这也不是胡说,而是有很多事实为依据的。如,他对元光六年至元狩四年这十年之间的战争,把双方的用兵及得失都记了下来:元光六年,"汉使四将军各万骑击胡关市下。将军卫青出上谷,至茏城,得胡首虏七百人。公孙贺出云中,无所得。公孙敖出代郡,为胡所败七千余人。李广出雁门,为胡所败,而匈奴生得广,广后得亡归"。"其冬,匈奴数入盗边,渔阳尤甚。"这说明是年的战役,汉是失利的。次年,匈奴"杀辽西太守,略二千余人","又入败渔阳太守军千余人,……围汉将军安国,安国时千余骑亦且尽"。"又入雁门,杀略千余人"。汉军"击胡,得首虏数千人"。这说明,这年汉匈双方得失相当。元朔二年,汉将卫青等出击,"遂略河南地,至于陇西,捕首虏数千,畜数十万,走白羊、楼烦王。遂以河南地为朔方郡"。汉朝在河南战役中取得大胜,获利不小。但汉朝也有损失,这次战前,"匈奴入杀辽西太守,虏略渔阳二千余人,败韩将军军"。"汉亦弃上谷之什辟县造阳地以予胡"。是后两年,匈奴连续侵扰,"杀代郡太守恭友,略千余人","杀略千余人","杀略数千人","侵扰朔方,杀略吏民甚众"。可见汉朝都是失利的。元朔五年,"汉得右贤王众男女万五千人,裨小王十余人。其秋,匈奴万骑入杀代郡都尉朱英,略千余人"。这年汉朝得多于失。元朔六年,汉"击匈奴,得首虏前后凡万九千余级,而汉亦亡两将军,军三千余骑。右将军建得以身脱,而前将军翕侯赵信兵不利,降匈奴"。"而汉军之士马死者十余万"。这年汉胜,损失亦不小。次年,匈奴杀汉"数百人"。元狩二年,霍去病出陇西,"过焉支山千余里,击匈奴,得胡首虏万八千余级,破得休屠王祭天金人"。"过居延,攻祁连山,得胡首虏三万余人,裨小王以下七

[①] 刘咸炘云:"史公亦以武帝逐匈奴为功,但惜其不深,非谓匈奴不当驱也。"(见《太史公书知意》卷六,鼎文出版社,1981)此论为是。

十余人"。"是时匈奴亦来入代郡、雁门,杀略数百人"。"左贤王围李将军,卒可四千人,且尽,杀虏亦过当"。其秋,匈奴浑邪王"收其众降汉,凡四万余人,号十万"。这年汉大胜,也有损失。次年,匈奴"杀略千余人而去"。元狩四年,漠北大战,汉方卫青军"行斩捕匈奴首虏万九千级",霍去病军"得胡首虏凡七万余级"。"而汉士卒物故亦数万,汉马死者十余万。匈奴虽病,远去,而汉亦马少,无以复往"。是年汉取得大胜,损失也重。可见司马迁所记的汉匈战争,汉是胜利的;但士民之被虏,兵马之伤亡,却是惨重的。这还仅是指战场的损失伤亡,全部损失远不止此。

司马迁还记述了,汉朝为了征伐匈奴,付出了巨大的人力、物力和财力。如记开赴前线的兵马:"汉伏兵三十余万马邑旁";"自马邑后五年之秋,汉使四将军各万骑击胡关市下";"汉使将军安国屯渔阳备胡";"汉使将军卫青将三万骑出雁门、李息出代郡,击胡";"其明年,卫青复出云中以西至陇西";"其明年春,汉以卫青为大将军,将六将军,十余万人,出朔方、高阙击胡";"其明年春,汉复遣大将军卫青将六将军,兵十余万骑,乃再出定襄数百里击匈奴";"其明年春,汉使骠骑将军去病将万骑出陇西。过焉支山千余里,击匈奴";"其夏,骠骑将军与合骑侯数万骑出陇西、北地二千里,击匈奴";"汉使博望侯及李将军广出右北平,击匈奴左贤王";"乃粟马发十万骑,私负从马凡十四万匹,粮重不与焉"。如记国家的军费开支和人民的种种军事负担:"又兴十余万人筑卫朔方,转漕甚辽远,自山东咸被其劳,费数十百巨万,府库益虚";"捕斩首虏之士受赐黄金二十余万斤,虏数万人皆得厚赏,衣食仰给县官;而汉军之士马死者十余万,兵甲之财转漕之费不与焉。于是大农陈藏钱经耗,赋税既渴,犹不足以奉战士";元狩二年,赏赐来降者及有功之士,"是岁费凡百余巨万";"天子为伐胡,盛养马,马之来食长安者数万匹,卒牵掌者关中不足,乃调旁近郡";元狩四年,"赏赐五十万金,汉军马死者十余万匹,转漕车甲之费不与焉。是时财匮,战士颇不得禄矣"。这些记述,充分反映了当时汉匈战争造成损失的事实。汉代人士和后来学者对此都是信而不疑的。可见,"其文直,其事核"之评,不是虚誉。

所谓"不虚美,不隐恶",就是记述态度严谨,反映史实准确,不仅善恶必书,而且恰如其分,对"善",不虚夸;对"恶",不隐讳。这从司马迁记述"今上"汉武帝和时政的内容中,最能看得真切。王允曾说《史记》

是"谤书"。① 历来有些学者在司马迁是否诽谤汉武帝和时政问题上争论不休。其实，司马迁记述汉武帝与时政，虽然在看法上与当时的正统观点有些出入，"大抵讥汉武帝所短为多"；② 但是，在具体史实上却不虚夸，不抹杀，善恶必书。如记述汉武帝时期兴修水利之事，先写"自河决瓠子后二十余岁，岁因以数不登，而梁、楚之地尤甚"。说明河患十分严重。经过汉武帝组织治理黄河，"发卒数万人塞瓠子决"，"令群臣从官自将军以下皆负薪寘决河"，"于是卒塞瓠子，筑宫其上，名曰宣房宫。而道河北行二渠，复禹旧迹，而梁、楚之地复宁，无水灾"（《河渠书》）。取得了治河的巨大胜利。又写当时大农郑当时建议"引渭穿渠"，"通，以漕，大便利。其后漕稍多，而渠下之民颇得以溉田矣"。"朔方、西河、河西、酒泉皆引河及川谷以溉田；而关中辅渠、灵轵引堵水；汝南、九江引淮；东海引巨定；泰山下引汶水；皆穿渠为溉田，各万余顷。他小渠披山通道者，不可胜言。"这说明作者对当时治河修渠的巨大成绩是充分肯定的。同时，也写明另一种情况："发卒数万人，作渠田。数岁，河移徙，渠不利，则田者不能偿种。久之，河东渠田废。""发数万人作褒斜道五百余里。道果便近，而水湍石，不可漕"。修龙首渠，"十余岁，渠颇通，犹未得其饶"。（以上均见《河渠书》）有些渠的兴修，动辄"数万人"，又"各历二三期，功未就，费亦各巨万十数"（《平准书》）。这就反映出当时修渠中存在一些问题。这在肯定成绩之同时，并不否定有缺点和问题。

再如记当时的法治，写道：自从汉武帝任用"其治如狼牧羊"的宁成、"暴酷骄恣"的周阳由、"酷急"的赵禹、"务在深文"的张汤等酷吏时起，"用法益刻"。汉武帝以酷吏"为能"。他用酷吏，一是为了对付豪强、宗室、外戚、猾吏，"豪强并兼之家"；一是为了搜刮百姓，"督盗贼"，剥削和压迫人民。张汤执法，"乡上意"，即按君主意旨办事；"傅古义"，即缘饰以儒术，欺上压下，打击异己，舞文弄法，大事兴作，弄得"百姓不安其生，骚动"。"则自公卿以下，至于庶人，咸指汤"。（以上均见《酷吏列传》）所以张汤死，"而民不思"（《平准书》）。义纵、王温舒、尹齐、杨仆、减宣、杜周等酷吏，皆相仿效法。王温舒"督盗贼，杀伤甚多"，"捕郡中豪猾相连坐千余家"，"好杀伐行威不爱人"，"至流血十余里"。杜周，

---

① 《后汉书·蔡邕传》记王允语："武帝不杀司马迁，使谤书流于后世。"所谓"谤书"，即指《史记》。
② 李方叔：《师友读书记》，见《文献通考》卷一九一《经籍考》。

"其治大放张汤而善候伺。上所欲挤者，因而陷之；上所欲释者，久系待问而微见其冤状"。"自温舒等以恶为治，而郡守、都尉、诸侯二千石欲为治者，其治大抵尽放温舒，而吏民益轻犯法，盗贼滋起"。尽管严法捕治，实不奏效，"盗贼浸多"。酷吏"多以权富"。"温舒死，家直累千金"。同时，又记述："汤死，家产直不过五百金，皆所得奉赐，无他业。"尹齐"家直不满五十金"。这说明，司马迁写酷吏，重点在于揭露当时君主专制，酷吏横行，严刑峻法，使得官事耗废，"吏民益凋敝"，"盗贼滋起"，矛盾重重，反映了上扰下乱，官逼民反的事实；同时又肯定酷吏打击豪强猾吏，有"禁奸止邪"的作用；并对有些酷吏中的廉、污行为加以区别，指出："其廉者足以为仪表，其污者足以为戒。"（以上均见《酷吏列传》）这说明司马迁分析史事，有一定深度，能分清主次。

至于所记汉武帝罢黜百家、独尊儒术，虽然表面上有"天下之学士靡然乡风"，"公卿大夫士吏斌斌多文学之士"（《儒林列传》）等冠冕堂皇之语，实际上是热辣地讽刺汉武帝独尊儒术的。《汲郑列传》记："天子方招文学儒者，上曰吾欲云云①，黯对曰：'陛下内多欲而外施仁义，奈何欲效唐虞之治乎！'"这显然是揭露"尊儒"乃骗人之术。所记张汤、桑弘羊等协助汉武帝铸币，官营盐铁，算缗，出告缗令，行平准、均输之法，表面上用了"民不益赋而天下用饶"（《平准书》）之语，实际上是在揭露官府"与民争利"，搜刮百姓，搞得人民破产。所谓"最下者与之争"（《货殖列传》），是讽刺"与民争利"的当权者实行的是最下等的统治和剥削百姓的手法。所记汉武帝一系列封禅求神活动，全都幻想破灭，没有一次得到应验。《封禅书》先是写："今天子初即位，尤敬鬼神之祀"；最后总之曰："今上封禅，其后十二岁而还，遍于五岳、四渎矣。而方士之候伺神人，入海求蓬莱，终无有验。而公孙卿之候神者，犹以大人之迹为解，无有效。天子益怠厌方士之怪迂语矣，然羁縻不绝，冀遇其真，自此之后，方士之言神祠者弥众，然其效可睹矣。"这更是揭露和嘲讽汉武帝愚昧迷信的语言。作者对君主和时政是不盲目歌颂和涂脂抹粉的。这些记述，充分说明司马迁写当代史，基本上有着"不虚美，不隐恶"的严谨态度，如实地反映了历史。

由此看来，司马迁写的当代史，无愧于"实录"之称。

---

① 荀悦《前汉纪》云："上曰'吾欲兴政治，法尧舜，何如？'"这可以补充说明《汲郑列传》中"上曰吾欲云云"的内容。

在古代社会里，著史每为本朝和权贵讳饰，"实录"实在难能可贵。刘知几曾慨叹，"史之不直，代有其书"。① 他举例甚多，这里检其一例："案《后汉书·更始传》称其懦弱也，其初即位，南面立，朝群臣，羞愧流汗，刮席不敢视。夫以圣公身在微贱，已能结客报仇，避难绿林，名为豪杰。安有贵为人主，而反至于斯者乎？将作者曲笔阿时，独成光武之美，谀言媚主，用雪伯升之怨也。且中兴之史，出自东观，或明皇所定，或马后攸刊，而炎祚灵长，简书莫改，遂使他姓追撰，空传伪录者矣。"② 此论切中曲笔要害，并能反证实录之可贵。唐代至清代，代修《实录》，而多篡改史事，以往学者已有怀疑和指摘。历来学者并无人对《史记》所记当代史事产生大的怀疑。人们是以《史记》所写当代史为信史的。

三

司马迁写当代史，非常细心地考察当时的历史变化，并直率尖锐地发表评论。

从《史记》所写汉代一些重大历史问题来看，可知司马迁写出了汉帝国一统的扩大，汉与各族联系的加强，中外关系的发展，封建专制在政治、经济、思想等方面的强化，社会经济的由盛而衰，等等。这些具体情况，难以细说。此中应该引起注意的是，他在一统帝国扩展和封建专制强化的形势下，洞察到社会经济的盛衰之转，并写出了它与政治、思想等方面互为因果。《平准书》里写道：

> 至今上即位数岁，汉兴七十余年之间，国家无事，非遇水旱之灾，民则人给家足，都鄙廪庾皆满，而府库余货财。京师之钱累巨万，贯朽而不可校。太仓之粟陈陈相因，充溢露积于外，至腐败不可食。众庶街巷有马，阡陌之间成群，而乘字牝者傧而不得聚会。守闾阎者食粱肉，为吏者长子孙，居官者以为姓号。故人人自爱而重犯法，先行义而后绌耻辱焉。当此之时，网疏而民富，役财骄溢，或至兼并豪党之徒，以武断于乡曲。宗室有土公卿大夫以下，争于奢侈，室庐舆服僭于上，无限度。物盛而衰，固其变也。

---

① 《史通·曲笔》。
② 《史通·曲笔》。

自是之后，严助、朱买臣等招来东瓯，事两越，江淮之间萧然烦费矣。唐蒙、司马相如开路西南夷，凿山通道千余里，以广巴蜀，巴蜀之民罢焉。彭吴贾灭朝鲜，置沧海之郡，则燕、齐之间靡然发动。及王恢设谋马邑，匈奴绝和亲，侵扰北边，兵连而不解，天下苦其劳，而干戈日滋。行者赍，居者送，中外骚扰而相奉，百姓抏弊以巧法，财赂衰耗而不赡。入物者补官，出货者除罪，选举陵迟，廉耻相冒，武力进用，法严令具。兴利之臣自此始也。

这两段话，先点出了汉兴七十余年之间国富民足之"盛"，接着指出了"物盛而衰"之变，再就揭露当时劳民伤财的兵役之事；后面提示由此引起一系列严重后果。它是《史记》写当代史画龙点睛之笔。我们可以从此窥探司马迁写当代史的奥秘。

司马迁把汉兴七十余年间出现了国富民足的"盛"况的原因，归结为"国家无事，非遇水旱之灾"。所谓"非遇水旱之灾"，乃是指自然条件，这且不谈。所谓"国家无事"，并不是说国家没有事。从《史记》写汉初七十年间的历史来看，国家之事是很多的，如，对"四夷"，有通使南越之事，有与匈奴"和亲"、抵御匈奴侵扰之事；对诸侯王，有镇压异姓诸侯王之事，有平定吴楚七国之乱之事，有镇压济北王之事；对百姓，有征收赋税、安抚流亡之事，有征调兵役之事；在最高统治阶层中，有镇压诸吕之乱之事，有窦太后打击赵绾、王臧之事，等等。既然如此，为什么说"国家无事"呢？这是与秦皇、汉武之时国家"多事"相对而言的。作者并不否认汉初七十年间有事，但他认为这些事并不是为政者主观上无事生非制造出来的，而是客观上难以避免的史实。《郦生陆贾列传》记，刘邦得天下之后，面对社会经济凋敝的局面，曾命陆贾总结秦亡汉兴的历史经验教训。陆贾所著《新语》，得到刘邦的称赞，当时朝臣也表示同意。这里没有写明刘邦肯定《新语》中什么内容。根据《新语》中强调"道莫大于无为"，总结秦亡教训有"事愈烦，天下愈乱"之言，[①] 从这些内容来看，可以想见司马迁写"高帝未尝不称善"的主要内容即在于此。他认为汉初的统治者是不愿"多事"的。《高祖本纪》《吕太后本纪》《孝文本纪》《律书》《平准书》《萧相国世家》《曹相国世家》《刘敬叔孙通列传》《张释之冯唐列传》《匈奴列传》等篇章，大量地记述了汉初除秦苛法，刑法稍"宽"，注

[①] 《新语·无为》。

意农耕,"轻徭薄赋",安抚"四夷",休兵偃武,与匈奴"和亲"等内容。不仅如此,还往往极致称颂之意,如写:

> 秦政不改,反酷刑法,岂不缪乎?故汉兴,承敝易变,使人不倦,得天统矣。(《高祖本纪》)
>
> 何谨守管籥,因民之疾秦法,顺流与之更始。(《萧相国世家》)
>
> 参为汉相国清静极言合道。然百姓离秦之酷后,参与休息无为,故天下俱称其美矣。(《曹相国世家》)
>
> 孝惠、高后之时,黎民得离战国之苦,君臣俱欲休息乎无为,故惠帝垂拱,高后女主称制,政不出房户,天下晏然。刑罚罕用,罪人是希。民务稼穑,衣食滋殖。(《吕太后本纪》)
>
> 孝文帝从代来,即位二十三年,宫室苑囿狗马服御无所增益,有不便,辄弛以利民。……与匈奴和亲,匈奴背约入盗,然令边备守,不发兵深入,恶烦苦百姓。……务以德化民,是以海内殷富,兴于礼义。(《孝文本纪》)
>
> 故百姓无内外之徭,得息肩于南亩。……文帝时,会天下新去汤火,人民乐业,因其欲然,能不扰乱,故百姓遂安。(《律书》)
>
> 量吏禄,度官用,以赋于民。……漕运山东粟,以给中都官,岁不过数十万石。(《平准书》)
>
> 汉兴,破觚而为圜,斲雕而为朴,网漏于吞舟之鱼,而吏治烝烝,不至于奸,黎民艾安。(《酷吏列传》)

作者写这些,意在说明,汉初君臣希望少事,不愿多事,俱欲与民休息无为,不愿烦苦百姓;正因如此,"海内殷富,兴于礼义"。这些议论,自然有溢美之嫌,然却不是"虚美"之词。因为汉初没有大规模地兴师征伐和征发徭役,百姓"得息肩于南亩"从事农业生产,这样有利于经济的恢复和发展,所以经过汉初七十余年的休养生息,发展生产,社会经济便由秦汉之际的罢弊状况而日益上升。由是可知,所谓"国家无事",主要是指汉初国家的"休息无为"的政治。因为国家"无事",社会经济就较富足,从而天下较为安定,人们思想也较良好。

同时,司马迁也指出,"当此之时"(即汉兴七十余年之际),"物盛而衰"了。什么原因呢?他说:兼并豪党之徒(大地主)、"宗室"(贵族)、"有土"(封君)、公卿大夫(大官)等,在袋满库足之际,贪而不厌,争夺兼并，奢侈无度，引起新的矛盾。这话是有根据的。《酷吏列传》记，宁成"买陂田千余顷，假贫民，役使千余家。其使民，威重于郡守"。《魏其武安侯列传》记，灌夫"家累数千万，食客日数十百人。陂池田园，宗室宾客为权利，横于颍川"。这就是写的"网疏而民富，役财骄溢，或至兼并豪党之徒，以武断于乡曲"的情形。《吴王濞列传》记，吴王濞因富"骄溢"，发动吴楚七国之乱。《淮南衡山列传》记，淮南王长"骄蹇，数不奉法"，"自为法令，拟于天子"，至于谋反。后来淮南王安，"阴结宾客"，又谋作乱。《汉兴以来诸侯王年表序》说，诸侯王"置百官宫观，僭于天子"。"诸侯或骄奢，忕邪臣计谋为淫乱，大者叛逆，小者不轨于法"。《高祖功臣侯者年表序》说，"诸侯子孙骄溢，忘其先，淫嬖"。这就是写的"宗室有土公卿大夫以下，争于奢侈，室庐舆服僭于上，无限度"的情形。司马迁能从汉初"盛"中观"衰"，指出这种"盛"在向"衰"转变，拿现在的话来说，即是从阶级矛盾中看到社会危机。这是卓越的历史见识。但是，司马迁没有在这方面展开更多的记述。他的注意力主要放在汉兴七十余年之后的汉武帝的政治措施上。他用"物盛而衰，固其变也"一语，不仅仅是指汉初那些豪富权贵的兼并争夺引起了严重矛盾，其重点却在于结上以起下，揭开汉武帝一系列"多事"的政策措施造成盛衰之变的真正重要的原因。

他首先着重揭露汉武帝时期劳民伤财的兵役之事。除了上面已提过的征伐匈奴之战及其造成的严重损失而外，在有关"四夷"列传和《平准书》等篇章里还有具体的记述。如，关于"事两越，江淮之间萧然烦费"，《东越列传》《南越列传》等篇有详细记述；关于"开路西南夷"，"巴蜀之民罢"，《司马相如列传》《西南夷列传》，以及《大宛列传》《平准书》等篇都有所记述；关于"灭朝鲜"，《朝鲜列传》有具体记述；还有用兵西域，烦费劳众，造成严重损失的记述。

他又揭露，在国虚民困的情况下，汉武帝采取一系列应急的政策措施，使得问题愈加复杂和严重。"入物者补官，出货者除罪，选举陵迟，廉耻相冒，武力进用，法严令具，兴利之臣自此始也"，这几句话，集中地指出了汉武帝的一些政治措施，是想要挽救因用兵造成的财政危机和继续进行战争炮制出来的；同时它又为进一步铺叙汉武帝耗费钱财、用法益刻、卖官鬻爵、与民争利等弊政张本。根据《平准书》中"兴利之臣自此始也"一语以下的记述，结合司马迁对时政的描写来看，作者主要抓住几点。一是"兴利"：卖官鬻爵，出货除罪，铸币，官营盐铁，出告缗令，实行均输、平准之法，等等，这是"与民争利"，搜刮百姓。如"杨可告缗遍天下，中家以上大抵皆遇害"，"得民财物以亿计，奴婢以千万数，田大县数百顷，小县百余顷，宅亦如之"。这是在经济领域搞封建专制。加上当时严重水灾，搞得百姓困苦，甚至"人或相食"。二是"兴功"：用搜刮来的财物，继续进行战争，同时大兴土木，挥霍浪费，"大修昆明池"，"治楼船"，"乃作柏梁台，高数十丈。宫室之修，由此日丽"。《封禅书》还揭露当时修甘泉宫、建章宫、五城十二楼。三是"酷法"：任用酷吏张汤、王温舒等，既是为了"督盗贼"，诛"豪强"，也是为了辅助兴利，对百姓严厉搜刮，敲诈勒索，镇压反对"兴功""兴利"之人，如诛持反对意见的大农颜异。诛杀"盗铸"者更是众多。四是"尊儒"：汉武帝独尊儒术，儒者公孙弘拜相封侯。儒者口里唱着"正其谊不谋其利"的高调，汉武帝有"吾欲云云"的表现；实际上，"稍骛于功利矣"。这就是说，尊儒，表面上是一套虚伪的"仁义"，骨子里是一切为了"功利"。《平准书》记述汉武帝时期国家"多事"，政策多"变"，社会动乱，充分说明了当时政治、经济等问题的严重性，并寓有指责当今蹈亡秦覆辙之意。当时"寇盗并起，道路不通"，[①]"海内虚耗，户口减半"，[②] 问题确实严重。现在，把司马迁所写当时的"兴利""兴功""酷法""尊儒"等四点总括起来，可见实际上揭露了封建时代政治、经济、思想等方面的专制。是这种专制，造成了社会危机。

司马迁写汉百年间的当代史，显然是以建元之年为分界，分为汉初七十年与汉武帝建元以来数十年这两个阶段。作者是在写汉初"国家无事"，汉武帝时兴功兴利，即"多事"；汉初崇尚黄老"无为"，宽刑轻法，汉武帝罢黜百家，独尊儒术，严刑酷法；汉初社会安定，"黎民艾安"，汉武帝时"百姓不安其生"，"盗贼滋起"。一句话，"物盛而衰，固其变也"；"变"是人为的，政治搞得不好。这里，作者忽略时势所趋的分析，着重强调政权和个人作用。

班固批评司马迁"其是非颇缪于圣人"的第一条是，"论大道，则先黄老而后六经"。这是班固以汉儒的观点批评司马迁。所谓"先黄老而后六经"是什么意思呢？晁公武说："当武帝之世，表章儒术，而罢黜百家，宜乎大治；而穷奢极侈，海内凋敝，反不若文、景尚黄老时，人主恭俭，天

---

① 见《汉书·西域传》赞。
② 见《汉书·昭帝纪》赞。

下饶给。此其论大道,所以'先黄老而后六经'也。"① 这话是颇切合司马迁写当代史的思想的。实际上,在《汲郑列传》《平津侯主父列传》等篇里,司马迁就通过表扬汲黯"学黄老之言,治官理民,好清静","治务在无为而已,弘大体,不拘文法",所在"大治""政清";描写汲黯指责张汤、公孙弘以及汉武帝用兵征伐、兴利不已,"内多欲而外施仁义",搞得天下不宁,说明"黄老"要比"儒术"好得多。《儒林列传》写汉代大儒公孙弘钻营利禄,也是多所讽刺的。看来,可以将班固所说的"大道",理解为为政之道。所谓"先黄老而后六经",实际上并不是把道家排列为第一、第二的意思;而是崇尚黄老的"无为"政治,而鄙薄独尊儒术的"功利"政治,亦即颂扬"无为"、反对"多事"的问题。所谓"其是非颇缪于圣人",就是说司马迁对当代是非的看法同汉代最高统治者或封建正统的观点往往不一样。②

现在看来,司马迁述评当代史,的确多与汉代最高统治者的是非相悖,有着反对专制的倾向。这怎能不被封建正统之卫道士所攻击呢?

结　论

汉初百年间,是我国古代社会从奴隶制向封建制转化基本告成,封建统一日益发展,君主专制政权业已建立的重要时期。司马迁生于这个时代,在《史记》里详写当代史,虽然由于历史条件、阶级地位、个人遭遇等原因,没有也不可能科学地总结这段历史,对汉初有些"溢美",称颂"无为"有些夸张,对汉武稍有"贬损",肯定当时"文治武功"的意义未免不足;但是在一定程度上反映了这时的历史脚步,揭露了汉代的社会矛盾,流露了反专制独断的思想倾向,且表达了渴望社会安定、国富民足的意愿,这是有重大的历史意义和进步作用的。在我国古代,像司马迁这样写当代史者,实在是凤毛麟角。扬雄等人称司马迁为"实录",这说明汉代学者已承认司马迁具有"实录"和批判精神。班氏父子所谓"其是非颇缪于圣人",此无损于司马迁的史德,"适足以彰迁之不朽"。③ 至于说司马迁"贬

---

① 《郡斋读书志》卷二上《史部·正史类》。
② 班固还批评司马迁"序游侠,则退处士而进奸雄;述货殖,则崇势利而羞贫贱"。司马迁歌颂游侠精神,肯定商贾作用,也与当时的封建政治和观点相矛盾。
③ 李贽:《藏书》卷四十《儒臣传·司马迁》。

损当世，非谊士"，①《史记》是"谤书"，这都是错误的或片面的看法，应该推倒。

司马迁发愤著作，一再申诉，"述往事，思来者"；"藏之名山，副在京师，俟后世圣人君子"（《史记·太史公自序》）；"藏之名山，传之其人通邑大都"（《报任安书》）。他的"名山"事业，就是写历史，以供后人研究和鉴戒。章学诚说，"撰述欲其圆而神"，"撰述欲来者之兴起"，并以"体圆用神"推许司马迁的《史记》，② 无疑是窥探及司马迁"述往事，思来者"的用心，而识得其著作有益未来的史学价值的。

---

① 班固：《典引》序，见《文选》卷四十八。
② 参见《文史通义》内篇一《书教下》。

班固与《汉书》的史学思想

东汉史学家班固（32~92）撰的《汉书》，在我国古代史学史上有突出的地位和深远的影响。自其问世以来，很多学者悉心研究，论著颇多，可以说是文史方面的显学。近几十年，一些专家学者对班固和《汉书》的"正统思想""折中主义""宣扬汉德"等史学思想作了深入探讨，取得了很大成绩。本文仅就班固与《汉书》史学思想中为皇世一统、究政治得失、评为人为政等三方面的问题，略作探讨，欢迎方家和读者指正。

一 为皇世一统

两汉时代，继秦朝之后，巩固和发展了统一，正在健全着封建制度，恢复和发展了社会经济，振兴了学术文化，人心向上，社会向荣；同时，统一付出了一定的代价，经济出现波折，学术文化宗旨不一，社会时安时乱。西汉初年，陆贾、贾谊、晁错等人，曾总结秦亡汉兴的历史经验教训，为时政画谋献策，有效地促进了西汉社会的发展。汉武帝时，司马迁纵横古今，评论百代，重点撰述秦亡汉兴的历史，迄于太初、天汉。自武帝以后，虽有昭宣中兴，然错综复杂的社会矛盾，致使西汉皇朝衰亡，社会动乱不已，王莽新朝匆匆过场，刘秀趁机打出刘汉旗帜，收拾局面，振作"纲纪"。东汉的兴起，恢复了统一，社会重新安定，经济逐渐复苏，但依然程度不同地存在着西汉时期就已出现了的一些政治、经济、文化、社会风气等问题，而且数十年后，显然有了发展的趋势。这时的哲人智士，如班彪、王充、班固之辈，面对现实，反省历史，主要不是去走汉初学者的老路，总结秦亡汉兴，而是着重探讨西汉衰败的历史教训，为皇世一统贡献通识和思路。

班彪（3~54），自幼经历大动乱，身寄江湖。当群雄割据的两汉之际，他曾投奔拥众割据于天水的隗嚣。两人讨论世务，隗嚣问他当今是不是群雄逐鹿的形势。班彪对答：周秦以来，统一代替分裂，势之必然。刘汉政权，深入人心，它的衰败，"危自上起，伤不及下"，所以王莽篡位"不根于民"，自大乱以来，"假号云合，咸称刘氏"，"今民皆讴吟思汉，乡（向）仰刘氏，已可知矣。"① 隗嚣不信其论，顽持其拥众割据的立场。班彪面对群雄角逐的现实，乃著《王命论》，表达己见，"以救时难"。他论说刘汉之兴，涂上了浓重的天命论色彩，说汉德承尧，有灵命之符，深入民心，不可动摇，"神器有命，不可以智力求也"。从哲学的观点去看，是毫不足取的。但其论落脚点是："历古今之得失，验行事之成败，稽帝王之世运，考五者之所谓，取舍不厌斯位，符瑞不同斯度，而苟昧于权利，越次妄据，外不量力，内不知命，则必丧保家之主，失天年之寿，遇折足之凶，伏斧钺之诛。"② 从总结历史经验的角度，强调统一，反对分裂，意义是重大的。同时，他离开隗嚣，投奔河西窦融，为其画策，归顺刘秀政权，总西河以拒隗嚣；继又受刘秀征用，时有奏言，对时政多所建议。

班彪这种思想和行为，对其子班固有深刻的影响。班固于永平十七年所作《典引》就是"述叙汉德"的。他说："天乃归功元首，将授汉刘。……是高（高祖）、光（光武）二圣，辰居其域。……胡（胡亥）缢、莽（王莽）分，……盖以膺当天之正统，受克让之归运，蓄炎上之烈精，蕴孔佐之弘陈云尔。……唐哉皇哉，皇哉唐哉！"③ 李贤对最后二句作注："'唐哉'，谓尧也；'皇哉'，谓汉也。言唯唐与汉，唯汉与唐。"④ 足见班固是"宣汉"的，并有"大一统"之意。

班氏父子的"大一统"思想，不止于此，在史学上有更突出的表现。班彪所撰《后传》，班固所作《汉书》，都是专写西汉历史，而着意肯定统一皇朝的。汉武帝时，司马迁撰写史书（后世称为《史记》），从传说中的黄帝写到当代武帝，后事缺而不录。后来褚少孙、刘向、刘歆、冯商、扬雄等十多位学者都曾缀集史事，或补或续之。班彪专心于史学，尤好汉代史，认为补续迁书之作"多鄙俗"，不足以踵继司马迁之书，于是采集西汉

---

① 《汉书·叙传》。
② 《汉书·叙传》。
③ 《后汉书·班彪附固传》。
④ 《后汉书·班彪附固传》李贤注。

遗事，傍贯异闻，作《后传》数十篇。① 此书是续《史记》之作，"不为世家，唯纪、传而已"。②《后传》原书已佚，难以探知其原貌。但从它有几十篇纪、传，其中已写了元帝、成帝两纪及韦贤、翟方进、元后三传的赞③这个情况来看，它可能已基本上写了西汉后期的帝王纪及公卿大臣后妃的传记。

建武三十年（54），班彪病死，留下了遗作《后传》。班固时年23岁，在乡为父守丧，检阅其父著作。他感到其父"所续前史未详"，于是反复思考，欲继承和发展前人的史学事业，自永平（58~75）初年起，用了二三十年的时间编撰《汉书》，专写西汉一代230年的历史。给统一的西汉皇朝以突出的历史地位，总结其兴亡盛衰及成败得失，完全适应了统一的东汉皇朝欲参考历史经验教训和借助思想文化进行统治的需要。

为了"大一统"，如何写汉史，班氏父子都从反思史学史的得失入手，而明确自己著述的旨趣。班彪的著述义旨，范晔在《后汉书·班彪传》中有这样的论述："彪乃继采前史遗事，傍贯异闻，作《后传》数十篇，因斟酌前史而讥正得失。"并引载班彪的《〈史学〉略论》。《略论》主要通过反省史学史及迁书思想，而表达自著的义旨。其中写道："孝武之世，太史令司马迁（作史）……论议浅而不笃。其论术学，则崇黄老而薄《五经》；序货殖，则轻仁义而羞贫穷；道游侠，则贱守节而贵俗功：此其大敝伤道，所以遇极刑之咎也。然善述序事理，辨而不华，质而不野，文质相称，盖良史之才也。诚令迁依《五经》之法言，同圣人之是非，意亦庶几矣。……今此后篇，慎核其事，整齐其文，不为世家，唯纪、传而已。传曰：'杀史见极，平易正直，《春秋》之义也。'"班彪对司马迁著作，肯定记事有"良史之才"，但认为"议论浅而不笃"，其症结就在于没有做到"依《五经》之法言，同圣人之是非"，而表示自己当信奉"平易正直，《春秋》之义"。可惜班彪的《后传》早佚，已无法检讨其书与迁作思想上的分歧。

班固接受了其父的这个思想，在评论司马迁著作时说："其是非颇缪于圣人，论大道则先黄老而后《六经》，序游侠则退处士而进奸雄，述货殖则崇势利而羞贱贫，此其所蔽也。然自刘向、扬雄博极群书，皆称迁有良史

---

① 见《后汉书·班彪传》。《史通·古今正史篇》说，班彪"作《后传》六十五篇"。
② 《后汉书·班彪传》。
③ 今本《汉书》保留了二纪、三传的赞语。

之材，服其善序事理，辩而不华，质而不俚，其文直，其事核，不虚美，不隐恶，故谓之实录。"① 范晔说"彪、固讥迁，以为是非颇缪于圣人"②，只是对班氏父子与司马迁的是非分歧未作具体分析。班固的著述旨趣，在其所写《汉书·叙传》中表述得很清楚。他说："（本人）专笃志于博学，以著述为业。或讥以无功，又感东方朔、扬雄自谕以不遭苏、张、范、蔡之时，曾不折之以正道，明君子之所守，故聊复应焉。"于是作《答宾戏》。这是班固表述其著述义旨的重要文章，着重谈了两点：一是批驳"处皇世而论战国"。论曰："若宾之言，斯所谓见势利之华，暗道德之实，守突奥之荧烛，未卬（仰）天庭而睹白日也。曩者王途芜秽，周失其御，侯伯方轨，战国横骛，于是七雄虓阚，分裂诸夏，龙战而虎争。游说之徒，风扬电激，并起而救之，其余飚飞景附，煜霅其间者，盖不可胜载。……是故仲尼抗浮云之志，孟轲养浩然之气，彼岂乐为迂阔哉？道不可以贰也。方今大汉洒扫群秽，夷险芟荒，廓帝纮，恢皇纲，基隆于羲、农，规广于黄、唐；其君天下也，炎之如日，威之如神，函之如海，养之如春。是以六合之内，莫不同原共流，沐浴玄德，禀卬（仰）太和，枝附叶着，譬犹草木之殖山林，鸟鱼之毓川泽，得气者蕃滋，失时者苓（零）落，参天地而施化，岂云人事之厚薄哉？今子处皇世而论战国，耀所闻而疑所觌，欲从旄敦而度高乎泰山，怀沉溺而测深乎重渊，亦未至也。"班固认为，战国纷争，游士驰说，但孔孟之道不可贰；今大汉盛世空前，处皇世不可纵横，而当宗汉。这与班彪《王命论》的思想是一致的。二是申论为当世皇权服务。"昔咎繇谟虞，箕子访周，言通帝王，谋合圣神；殷说梦发于傅岩，周望兆动于渭滨，齐宁激声于康衢，汉良受书于邳沂，皆俟命而神交，匪词言之所信，故能建必然之策，展无穷之勋也。近者陆子优游，《新语》以兴；董生下帷，发藻儒林；刘向司籍，辩章旧闻；扬雄覃思，《法言》《太玄》：皆及时君之门闱，究先圣之壶奥，婆娑乎术艺之场，休息乎篇籍之囿，以全其质而发其文，用纳乎圣听，列炳于后人，斯非其亚与（欤）！若乃夷抗行于首阳，惠降志于辱仕，颜耽乐于箪瓢，孔终篇于西狩，声盈塞于天渊，真吾徒之师表也。"意思是说，历来的圣哲，都建策树勋，为当世服务，流芳于后世；如今当师法先贤，尤其应以孔子修《春秋》为师表。可见班固的著述旨趣，是要效法孔子与《春秋》，为"皇世"效劳，为"圣听"进言。

① 《汉书·司马迁传》。
② 《后汉书·班彪传》。

这与司马迁"是非颇缪于圣人"是大异其趣的。

班固批评司马迁"是非颇缪于圣人",实际上是责其"先黄老""进奸雄""崇势利",有违于"皇世"准则,而对刘汉一统不利。①

"皇世"与"一统",既区别又联系。司马迁对汉朝和统一都是肯定的,但他鉴于君主专制的过度强化,会给社会带来消极影响,便发表了一些不同于当朝汉武帝和公孙弘辈的言论。班固鉴于西汉后期至东汉初年的曲折道路和复杂形势,为了"皇世"利益,批评了司马迁的观点,实际上是要加强思想的统一。大史学家的用心,不在乎细枝末节,而着眼于天下大局;虽是在纸上"谈兵",却心系于国家前途。

二 究政治得失

以史为鉴,是中国史学的一个古老的传统。班固注意发扬这个传统,其《汉书》总结西汉历史,首先注意究政治得失。在他看来,皇朝的政治得失,关系国家兴衰,民生苦乐,不可不探究。他所究政治得失,主要表现于对西汉的政治、礼法、经济、用人、夷夏诸方面的评议。

在政治方面,肯定郡县制有利于国家统一。秦汉统一,推广郡县制;郡县制普行,巩固了统一。司马迁谈到汉代前期诸侯与郡国势力互为消长时,曾说:汉初郡国并行,至于武帝之时,郡县制发展,"强本干、弱枝叶之势,尊卑明而万事各得其所矣"。② 虽然已提到郡县制的发展,加强了皇朝的集权和统一,但是观点尚不鲜明。而且,还有疏失和遗漏。如,贾谊政论文以《陈政事疏》(即《治安策》)为代表,其中首要的建议是"众建诸侯而少其力",司马迁却未曾记载。

班彪对郡县制的历史作用颇具卓识。他在答隗嚣今是否复起纵横之问时说:"昔周立爵五等,诸侯从政,本根既微,枝叶强大,故其末流有从(纵)横之事,其势然也。汉家承秦之制,并立郡县,主有专己之威,臣无百年之柄。……方今雄桀(杰)带州城者,皆无七国世业之资。"③ 意谓昔日周朝行分封制,诸侯擅权,以致天下分裂;如今汉承秦制,确立郡县,强化皇权,巩固统一,即使一时社会动乱,也不至于危害郡县制,而长远

---

① 班固对司马迁的批评,有待具体分析,这里从略。
② 《史记·汉兴以来诸侯王年表》序。
③ 《汉书·叙传》。

影响统一。这个观点，比司马迁要高一个层次。

班固继承和发展了司马迁和班彪的观点。他记述并指出，汉初郡国并行，诸侯"骄蹇，数不奉法"，"率多骄淫失道"，是皇朝的离心势力，对统一构成严重的威胁，于是才有贾谊、晁错之议，削藩之举。他评论贾谊之议"通达国体"，"吴楚合从（纵），赖谊之虑"；评论晁错削藩之策，"锐于为国远虑"，① 比司马迁的观点显然正确。他还指出，景帝削藩，"抑损诸侯，减黜其官"，武帝"推恩"而析藩国，"作左官之律，设附益之法"，于是"诸侯唯得衣食税租，贫者或乘牛车"。② 说明诸侯大为削弱，分封制已名存实亡。他论道："周爵五等，而土三等，……周室既衰，礼乐征伐自诸侯出，转相吞灭，数百年间，列国耗尽。至春秋时，尚有数十国，五伯迭兴，总其盟会。陵夷至于战国，天下分而为七，合从连横，经数十年。秦遂并兼四海。以为周制微弱，终为诸侯所丧，故不立尺土之封，分天下为郡国，荡灭前圣之苗裔，靡有孑遗矣。汉兴，因秦制度，崇恩德，行简易，以抚海内。"③ 他还创设《地理志》，确定"（秦汉）革划五等，制立郡县"，④ 为本志首要的记述重点，详载西汉郡县情况，是对郡县制取代分封制的历史总结。郡县制的命运，固由历史所选择；然其价值，则出史学家所判定，班氏父子对此是早具慧眼的。

在礼法方面，认为礼乐政刑皆不可缺，但当以礼乐教化为先。古代统治者往往礼法并用，软硬兼施；而在实际政治生活中用法严酷，不择手段，草菅人命；礼教往往忽视，或徒具其名。故先贤如孔子大力提倡"仁""礼"；司马迁讽刺汉世酷吏横行，苛暴残民，要求官吏"奉法循理"，⑤ 声称"法令者治之具，而非制治清浊之源也"。⑥ 班固继承和发扬了这个思想传统。

《汉书》的《礼乐》《刑法》两志、《循吏》《酷吏》两传，是记述礼与法、论其孰先孰后的重要篇章。班固认为，在国家政治中，"礼乐政刑四达而不悖，则王道备矣"。意谓礼乐政刑都不可或缺。他在《礼乐志》中，详

---

① 以上分见《汉书》之《淮南衡山济北王传》赞、《景十三王传》赞、《贾谊传》赞、《叙传》《晁错传》赞。
② 《汉书·高五王传》赞。
③ 《汉书·地理志》。
④ 《汉书·叙传》。
⑤ 《史记·循吏列传》。
⑥ 《史记·酷吏列传》。

记历来制礼作乐的情况,以及贾谊、董仲舒、王吉、刘向等人有关礼乐的议论,强调"《礼》《乐》之用为急"。"礼节民心,乐和民声"。礼乐"所以通神明,立人伦,正情性,节万事者也"。"故孔子曰:'安上治民,莫善于礼;移风易俗,莫善于乐'。"① 意谓若要统治稳定,秩序井然,莫大于先倡礼乐。当他接触现世时说:"今海内更始,民人归本,户口岁息,平其刑辟,牧以贤良,至于家给,既庶且富,则须庠序礼乐之教化矣。"② 这与《管子》的"仓廪实而知礼节,衣食足而知荣辱",司马迁的"人富而仁义附焉"③ 等说法有所不同。富庶不等于仁义,为富不仁,富者刻薄,汉时已成定识。班固认为关键在于"富而教之"。④

刑法,在班固看来固然必要,但问题是摆在什么位置,如何执行。《刑法志》前无成例,《汉书》新置。它专讲刑法史,然强调的是"制礼以崇敬,作刑以明威","制礼作教,立法设刑","文德者,帝王之利器;威武者,文德之辅助也",意谓先礼教,后刑法,以文德为主,以威武为辅。班固对尚刑法是否定的。写子产铸刑书,引用叔向的批评,又转叙孔子之论:"导之以德,齐之以礼,有耻且格;导之以政,齐之以刑,民免而无耻。""礼乐不兴,则刑罚不中;刑罚不中,则民无所错(措)手足。"写秦朝"专任刑罚",指出"奸邪并生,赭衣塞路,囹圄成市,天下愁怨溃而叛之"。写到汉初"无为"而治,则"刑罚用稀",后又补论"然其大辟,尚有夷三族之令"。写到文帝用执法持平的张释之,"是以刑罚大省",但又指出,是时除肉刑,"犹有过刑","外有轻刑之名,内实杀人"。写到武帝用酷吏,严用刑,则"禁罔(网)寖密","奸吏因缘为市","议者咸冤伤之"。写到宣帝时"狱刑号为平",则指出是时路温舒上疏,"言秦有十失,其一尚存,治狱之吏是也"。⑤ 这是借秦讽汉的。写到元帝、成帝都下诏要求议法省刑,但只是具文,敷衍塞责而已。此处附加一句:"是以大议不立,遂至于今。"⑥ 这就刺及班氏当世了。

更值得注意的是,班固认为西汉时狱刑繁重:"今郡国被刑而死者岁以万数。天下狱二千余所,其冤死者多少相覆,狱不减一人,此和气所以未

---

① 《汉书·礼乐志》。
② 《汉书·礼乐志》。
③ 《史记·货殖列传》。
④ 《汉书·食货志》。
⑤ 《汉书·路温舒传》。
⑥ 《汉书·刑法志》。

洽者也。"其原因是因存在"五疾"：一是"礼教不立"；二是"刑法不明"；三是"民多贫穷"；四是"豪桀务私"而匿奸；五是"狱犴不平"。① 这"五疾"之论很有见识，意味深长。

班固所写《酷吏传》，其议与《史记·酷吏列传》大略相同，论旨不出《刑法志》的范围。他所写的《循吏传》，记事与议论都比《史记·循吏列传》丰富深刻一些。司马迁写循吏，列举的是先秦人物，标榜"奉法循理"，有以身作则的特点。班固传循吏，写的都是汉代人物，而以宣帝时人居多，其业绩是务农桑，兴学校，"所居民富，所去民思"，有先礼教的特点。

在经济方面，强调四民各安其业，重视农业、土地和水利问题。在《食货志》中，班固强调"食足货通"，"四民有业"，所谓"食足货通"，就是足衣足食，互通有无。所谓"四民有业"，就是士农工商各务其业，各尽其职。总的要求是社会经济正常运转，富足而井然有序。

在《货殖传》中，班固认为，自天子至于平民，爵禄富贵及生活日用各有等级，大小贵贱不能逾越，这样才能上下有序，百姓安分守己。只有"欲寡而事节，财足而不争"，"四民食力，罔有兼业，大不淫侈，细不匮乏，盖均无贫，遵王之法"，② 要求为商不奸诈，富者不淫侈兼并，贫者得温饱，遵守法纪，社会才能安宁。他对春秋以来"奸夫犯害而求利"深恶痛绝，认为唯利是图，世风日下，不可听之任之，而要提倡和宣扬"贵谊（义）而贱利"，这与"富而教之"是一致的。

《食货志》首先是"食"，其上篇记述先秦至汉代的农政，其中详载了贾谊、晁错等人的重农言论，可察见其重农倾向；尤可注意者，是其"理民之道，地著为本"的思想。强调"地著"，即要使农民有地可耕种，安附于一地而不流窜。重点论述了先秦井田制至汉代的土地问题，以及乡里之制及庠序礼教，结论为"此先王制土处民、富而教之之大略也"；谈周衰之后，则先曰"暴君污吏慢其经界"，然后"徭役横作"，"初税亩"，李悝"作地力之教"，商鞅"坏井田，开仟佰（阡陌），急耕战之赏"；论及汉代，则记载了董仲舒"限民名田，以赡不足，塞并兼之路"之议，哀帝时限田的办法不了了之，王莽的王田制及其惨败。战国以来，土地兼并日益严重，农民往往因此流离失所，以致酿成严重的社会矛盾。西汉末年的农

---

① 《汉书·刑法志》。
② 《汉书·叙传》。

民大起义，就与土地兼并大有关系，至东汉初年，仍然存在土地不均、占地不实的情况，故有"度田"措施。可见班固注重土地问题，是有历史识见和现实意义的。

班固与司马迁一样，很重视水利事业。司马迁游历各地时，很注意考察水利事业，还曾在武帝指挥下，参与治理黄河。他说："甚哉，水之为利害也！余从负薪塞宣房，悲《瓠子》之诗而作《河渠书》。"① 班固继承了这个传统，在《汉书》中写了《沟洫志》。此志名曰"沟洫"，主要是写治河。汉代以农业为基础，国家经常"劝农"，注意兴修水利；水利的得失，直接影响到国计民生。尤其是大江大河的治理与否，同国家盛衰有直接关系；汉代武帝时之强盛而汉末之衰败，同黄河的治理与失修关系甚大。

在用人方面，强调任贤使能。任人唯贤，还是任人唯亲，这是中国数千年文明史上哲人学者议论的老问题，而多主张任贤使能。班固写西汉的政治与人物，处处接触到这个问题，字里行间透露出来的思想是任贤使能。对于汉初使用智士，曾经发议："高祖以征伐定天下，而缙绅之徒骋其知（智）辩，并成大业。语曰'廊庙之材非一木之枝，帝王之功非一士之略'，信哉！"② 这里所谓"语"，是当时的俗谚。可见"帝王之功非一士之略"，已是人们共同接受的认识。

对于西汉一代用人，班固认为武帝时代为"盛"。他在《汉书·公孙弘卜式兒宽传》赞中说，"是时，汉兴六十余载，海内艾（乂）安，府库充实，而四夷未宾，制度多阙（缺）。……上（指武帝）方欲用文武，求之如弗及，始以蒲轮迎枚生，见主父而叹息。群士慕向，异人并出。卜式拔于刍牧，弘羊擢于贾竖，卫青奋于奴仆，日磾出于降虏，斯亦曩时版筑饭牛之朋已。"武帝使用人才，不拘一格。当时虽然崇儒，并不皆用儒生，也不大讲究资历，而是依据实际需要选用人才，所重用的卜式、桑弘羊、卫青等人确是出身于下层，受到武帝青睐而施展其才的。"汉之得人，于兹为盛。儒雅则公孙弘、董仲舒、兒宽，笃行则石建、石庆，质直则汲黯、卜式，推贤则韩安国、郑当时，定令则赵禹、张汤，文章则司马迁、相如，滑稽则东方朔、枚皋，应对则严助、朱买臣，历数则唐都、洛下闳，协律则李延年，运筹则桑弘羊，奉使则张骞、苏武，将率则卫青、霍去病，受遗则霍光、金日磾，其余不可胜纪。"尽管所列的人物不无缺点，但他们在当时

---

① 《史记·河渠书》。
② 《汉书·郦陆朱刘叔孙传》赞。

确实各显才能，可谓群星灿烂。于是得出结论："是以兴造功业，制度遗文，后世莫及。"

在夷夏方面，强调汉与各族各国通使和好。《汉书》中《匈奴传》《西南夷两粤朝鲜传》《西域传》，写周边各族及外国的历史，比《史记》翔实。《西域传》比较系统地记录了天山南北、帕米尔高原东西各族的情况，其中有不少各族风习特点、道里和户口之数的记载，反映了汉代人的开放精神和世界意识。班固信奉"《春秋》内诸夏而外夷狄"。他说："禽兽畜之，不与约誓，不就攻伐；约之则费赂而见欺，攻之则劳师而招寇。其地不可耕而食也，其民不可臣而畜也，是以外而不内，疏而不戚，政教不及其人，正朔不加其国；来则惩而御之，去则备而守之。其慕义而贡献，则接之以礼让，羁縻不绝，使曲在彼，盖圣王制御蛮夷之常道也。"① 其强调夷夏之别，鄙视匈奴族的思想需要批判；但其反对攻伐，强调守御，主张礼待友好者，值得肯定。他对汉文帝遗南越赵佗书所强调两族间"通使"而不相争的态度，非常赞赏，感叹"岂所谓'招携以礼，怀远以德'者哉！"②

《西域传》赞是篇重要的议论文。武帝为"断匈奴右臂"，凭丰厚的物质条件，穷兵侈欲，以致赋繁而导致民众起事，"末年遂弃轮台之地，而下哀痛之诏"。班固认为汉朝对西域，"得之不为益，弃之不为损。盛德在我，无取于彼。故自建武以来，西域思汉威德，咸乐内属。……圣上远览古今，因时之宜，羁縻不绝，辞而未许"。虽然其中有点大汉思想，但反对索取、奴役各族，而主张以德服人，各族自愿通好，仍不失为宝贵的思想财富。

班固究政治得失，权衡的标准是视民生如何。"要在安民，富而教之"③八个字是政治大纲。首先是安民，使百姓安居乐业；其次是富民，藏富于民，民富则国实；再次是教化，使民知礼守法，社会臻于文明。

三 评为人为政

如何为人为政，是中国传统史学中重要的思想内容。自古以来，人们常议善恶贤奸，常谈如何为人处世。史学家对此最能理解，所写历史很注意述评人物，通过写人物言行以反映历史，使善者、恶者、贤者、奸者都

---

① 《汉书·匈奴传》赞。
② 《汉书·西南夷两粤朝鲜传》赞。
③ 《汉书·食货志》上。

载入史册,以供后人审判及引为鉴戒。《汉书》在这方面表现得较为突出。

《汉书》100卷,其中列传70卷,记载了西汉王朝众多的历史人物。本文仅就儒生、儒相如何为人为政,略抒己见。

自汉武帝起,尊崇儒学,设立学校,培养儒生,任用儒者为官吏,故产生了一大批儒生,不少儒者进入了仕途。《汉书》的《儒林传》,叙述儒学发展的历史及《五经》传授的儒林人物。所写儒学史,大致本于《史记·儒林列传》,而述汉代儒学及《五经》授受次第,较《史记》详密而有条理,除了本书已有专传者如董仲舒、公孙弘、萧望之等人外,重点介绍了27位经师。细读本传,可以了解到汉代经师如何穷经立说,博士弟子如何埋首诵经读注,还可了解到他们如何学而优则仕。《书》学大家夏侯胜就曾坦然地教导弟子:"士病不明经术;经术苟明,其取青紫如俯拾地芥耳。"①

夏侯胜的话并非吹嘘。以汉相为例,自武帝兴学,以公孙弘为相至于汉末(元朔五年至元始五年,即公元前124~公元5)129年间,共有丞相(哀帝时改丞相为大司徒)29人,其中儒者占了大多数,"儒宗"(大儒)为相者就有11人,占丞相数的五分之二多。②

班氏父子曾论及儒相的特点和作用。班彪说:元帝"少而好儒,及即位,征用儒生,委之以政,贡、薛、韦、匡迭为宰相。而上牵制文义,优游不断,孝宣之业衰焉"。③颜师古于"贡、薛、韦、匡迭为宰相"作注:"贡禹、薛广德、韦贤、匡衡迭互而为宰相也。"④这里有点小误,班彪所谓"韦",不是指"韦贤",贤为相在本始三年六月至地节三年正月间,是在宣帝之时;当是指韦玄成,玄成为相在永光二年二月至建昭三年六月,正是元帝之时。⑤还要说明的是,贡禹、薛广德两人在元帝时只做过御史大夫,即所谓"副丞相";为相的11位"儒宗",并未将这两人计算在内。

班固说:"自孝武兴学,公孙弘以儒相,其后蔡义、韦贤、玄成、匡衡、张禹、翟方进、孔光、平当、马宫及当子晏咸以儒宗居宰相位,服儒衣冠,传先王语,其酝藉可也,然皆持禄保位,被阿谀之讥。彼以古人之

---

① 《汉书·夏侯胜传》。
② 参见《汉书·百官公卿表》。
③ 《汉书·元帝纪》赞。
④ 《汉书·元帝纪》颜师古注。
⑤ 参见《汉书·百官公卿表》《贡禹传》《薛广德传》。

迹见绳，乌能胜其任乎！"① 这里指出，公孙弘等"以儒宗居宰相位"者11人，特点是衣冠整齐，言谈正经，举止文雅；但都持禄保位，有阿谀之嫌。若以古人直道而行的标准衡量，差距甚大。他们为人为政的特点，主要是：（一）好学，"明经"，享有声誉。故君主擢其为相，以为辅佐或摆设。（二）从政多无建树，而有阿顺君主、畏惧权贵之嫌。故大多尸位素餐。（三）贪图利禄有术，而兴国安民少方。班固所论并不失实，也不偏激。

班固如此述评儒生和儒相，是否存在偏见？汉代独尊儒术，任用儒相乃时代特点。史学家写历史，抓住时代特点，说明其史识卓越。而且，班固出身于儒学世家，本身又是大儒，不可能有意讥贬儒生和儒相。如此述评，确为实录精神的体现。同时，他还有意于使后世儒者引为鉴戒。

班固绝非一概贬斥汉儒。汉儒中不乏深学有道之士。在他笔下，董仲舒是"潜心大业"、颇有识见的大儒，实为群儒之"首"；② 魏相"少学《易》"，丙吉"本起狱法小吏，后学《诗》《礼》，皆通大义"，两人为人为政都值得称道，誉为"丙、魏有声"；③ 盖宽饶、诸葛丰、孙宝皆为官"刚直"，敢于谏诤、举劾权贵豪强，允为"邦之司直"；④ 王吉"少好学明经"，贡禹"以明经絜（洁）行著闻"，龚胜、龚舍"少皆好学明经"，鲍宣"好学明经"，五人皆为人质直，敢于谏诤，揭露世弊，宁可被贬退或致死，不怀禄耽宠，称为"清节之士"；⑤ 文翁"少好学，通于《春秋》"，龚遂"以明经为官"，召信臣"以明经甲科为郎"，三人都曾为地方长官，治民有方，重视农桑，兴办学校，做到"所居民富，所去民思"；⑥ 名儒萧望之反对中书宦者弘恭、石显等弄权为奸，以致被害；⑦ 刘向"忠直，明经有行"，拳拳于国家，敢言时政得失，反对宦者和外戚弄权为恶，屡遭排挤和挫折，"其言有补于世"；⑧ 扬雄"少而好学，不为章句，训诂通而已"，好辞赋，官职小，"恬于势利"，"实好古而乐道，其意欲求文章成名于后世"。⑨ 可惜这些儒者在政治上并不得意，而且多遭昏君权贵贬退压抑。故

---

① 《汉书·匡张孔马传》赞。
② 《汉书·董仲舒传》。
③ 《汉书·魏相丙吉传》。
④ 《汉书·盖诸葛刘郑孙毋将何传》。
⑤ 《汉书·王贡两龚鲍传》。
⑥ 《汉书·循吏传》。
⑦ 《汉书·萧望之传》。
⑧ 《汉书·楚元王附刘向传》。
⑨ 《汉书·扬雄传》。

班固写如此人物，多慨乎言之。

　　班固推崇儒学，欲以儒学统一思想。上述为皇世一统、究政治得失、评为人为政三个方面，说明他治历史、评人物、为皇世的史学思想深具特点。儒学思想，自汉武帝尊儒伊始，是汉代的统治思想，然并未立即做到以儒学统一思想，也未在政治上普遍实行，一些儒者也未起到骨干作用。这是班固所深思的问题。故他在史学上强调儒家思想，要求在诸方面一以贯之。

　　鉴于班固与《汉书》史学思想的时代背景，正当中国统一正在发展，皇权问世不久，儒学方兴未艾之际，不能无视其特定的时代性，也不可否认其具有一定的历史进步性。对待班固与《汉书》的史学思想，只能剔其糟粕，取其精华。

谈谈范晔的史论

一

范晔是我国古代杰出的史学家,他所撰的《后汉书》是我国重要的历史文献。范晔在《后汉书》中,不仅叙述了东汉的历史,而且评论人物和史事。所发的史论,主要是采取论、赞、序的形式,分散于各篇。比之于《史记》《汉书》《三国志》等史籍,《后汉书》的史论显得数量多些,文字长些,较为突出,范晔往往以其史论自负。[①]

对待范晔的史论,历来有两种态度:一种是轻视,一种是推崇。范书问世不久,其史论就受到学术界重视,南朝梁萧统所编《昭明文选》,史论两卷收了范晔的史论五篇。占该书史论两卷十三篇的五分之二,比其他史家史论入选的都多些,如班固史论入选的是四篇,干宝史论入选的仅二篇,沈约史论入选的也仅二篇,可见萧统对范晔史论的重视。但是,唐初大史学家刘知几谈到范晔的史论,则讥其失之于"烦""矜衒文采"[②]。到了清代,吴楚材、吴调侯编《古文观止》,对范晔的史论一篇也不收,可见其轻视态度。而顾炎武引述范晔的《儒林传》论与《左雄传》论,称允为"知言"[③];王鸣盛的《十七史商榷》有几条评论范晔的史论,如《范矫班失》《党锢传总叙》《孔融传论》等条,就论析了《后汉书》的《班彪传》论、《党锢传》序、《孔融传》论、《儒林传》论等;赵翼称许范晔"立论持平,

---

① 参见范晔《与诸甥侄书》,见《宋书·范晔传》。
② 《史通》之《论赞篇》《序例篇》。
③ 《日知录》卷十三《两汉风俗》条。

褒贬允当",① 可见他们重视的态度。

至于近世，对待范晔的史论，虽有少数学者讥其"并没有多少独到的见解"，② 但多数学者予以称赞。有说："序意则诚精，……其美乃在：汇传能挈举一代之得失，杂传能间破一时之习见。"③ 有说："范氏所作诸序、论，特别是《循吏传》以下诸序、论，往往能打破朝代断代，探求叙述各个历史现象发生、发展及其归宿，这是他所做的通古今之变。"④ 有说范书诸序论大多是"中古史论之杰作"。⑤

我认为，评判史论，不能过分地计较其议论文字，也不能斤斤计较其文有与其他论文的雷同之处，而应鉴评其历史见解与观点。范晔论史，是有文采的，也颇以文采自喜。他生当讲究辞藻的南朝，难免受到当时文风的影响，所以评他"矜衒文采"不无道理。范晔论史，往往袭用华峤、袁宏等人的成文，古今不少学者已经指出，这也是不可否认的。但范晔论史，衒文采为次，袭旧文不多，主要还是发表历史见解，有值得重视的史识与史观。我想就这个方面，谈谈对范晔史论的浅见。

二

范晔本想通过发表史论，"以正一代得失"。⑥ 所以，他在《后汉书》中尽管有不少一事一议、一人一议的做法，但不仅如此，有些杂传论和四夷传论还能纵论一代变故，如：《循吏传》《酷吏传》《宦者传》等篇的序，是论东汉的政治；《党锢传》《逸民传》等篇的序，是论东汉的风俗；《东夷传》《南蛮传》《西羌传》《西域传》《南匈奴传》《乌桓鲜卑传》等篇的序论，都有论述四夷历史及汉夷关系的内容。其中有的史论，还论及东汉以前的历史，如：《党锢传》序论战国以来的风俗变化，《东夷传》和《南蛮传》的序，论述东夷与南蛮自古以来的历史。

但说范晔的史论是"通古今之变"，未免评价过高。

我指出这一点，并不想苛求于范晔，只是要明确一个事实：范晔《后

---

① 《廿二史札记》卷四《后汉书编次订正》条。
② 杨翼骧：《裴松之与范晔》，《光明日报》1962 年 7 月 14 日。
③ 刘咸炘：《〈后汉书〉知意》。
④ 束世澂：《范晔与〈后汉书〉》，《历史教学》1961 年第 11~12 期。
⑤ 陈光崇：《关于范晔〈后汉书〉的三个问题》，《光明日报》1963 年 11 月 20 日。
⑥ 范晔：《与诸甥侄书》，见《宋书·范晔传》。

汉书》叙述的是东汉一代史事，对东汉以前的历史只是偶尔提及，而且其论古今变化较为精彩的《党锢传》序，还是袭取袁宏的古今风俗变迁论。[1]他议论的主要是一代变故，因为他写的是断代史，论史必然受此限制。正如班固的《汉书》写的是西汉一代的史事，虽然其中的十志、杂传和四夷传多有追叙和议论古今历史的内容，但基本上还是写西汉史事，所论也主要是西汉一代变故。应该说，范晔如同班固，在史论上，基本上还没有冲破断代史的限制。所以说，范晔还谈不上"通古今之变"；就此而言，他比司马迁，是望尘莫及的。

范晔论东汉一代变故，颇有精彩处。他论政很多，也有高论，如《中兴二十八将论》，他在此论中，发表了自己对于"议者多非光武不以功臣任职，至使英姿茂绩委而勿用"之论的异议，提出如何处置功臣和选用贤才的看法。他根据西汉功臣在政治上的作用与地位，以及最高统治者处置功臣的办法与影响的历史事实，认为对待功臣实有难处："直绝则亏丧恩旧，挠情则违废禁典，选德则功不必厚，举劳则人或未贤，参任则群心难塞，并列则其敝未远。"如何是好呢？他认为光武帝总结了历史经验，权衡是非轻重，在经济上给功臣以优厚待遇，把他们养起来，在政权上使用一般官吏，不让功臣左右政治，即所谓"高秩厚礼，允答元功，峻文深宪，责成吏职"的办法，较为妥当。末了还说："昔留侯以为高祖悉用萧、曹故人，而郭伋亦讥南阳多显，郑兴又戒功臣专任。夫崇恩偏授，易启私溺之失，至公均被，必广招贤之路，意者不其然乎！"意思是，功臣专任，难免"私溺"之失，只有广招贤才，才是"至公"之道。处置功臣，在封建社会里是关系权利得失与社会安危的一项大事，是最高统治者始终感到棘手的问题。范晔是承认功臣之功劳的，并不主张打倒功臣，对功臣不得世泽还有"追诵龙蛇之章"的叹息；[2]但他不赞成功臣占据要津，以妨贤者之路，所以他在是论的末尾笔锋一转，而论"必广招贤之路"，可谓有历史见识。《文选》收编此篇，也是有识的。

像如此论政的高论，范书中并不多见，较多的无非是些以仁义为本、宽猛相济等老生常谈，无甚新见。

---

[1] 参考《后汉纪》卷二十二。
[2] 《后汉书·耿弇传》论。以下凡引《后汉书》，不再注书名。

三

范晔最精彩的史论，当数他对东汉政治风气和社会风气的论评。

《循吏传》序论道："光武帝长于民间，颇达情伪，见稼穑艰难，百姓病害，至天下已定，务用安静"，崇尚轻法，提倡节俭，"勤约之风，行于上下"，"故能内外匪懈，百姓宽息"。然而，时隔不久，"吏事刻深"，政风转变，谏者规讽也不收效了，"所以中兴之美，盖未尽焉"。意思是，东汉皇朝起初勤约成风，然而有始无终，变了。何以如此呢？起初勤约，是因君主出身民间，长于战乱，知民事之艰难，务求安定；后来政风变化是何缘故，他话到嘴边又吞下，戛然而止。尽管如此，摆出了这个问题就有一定的见识。《酷吏传》的序和论云：自西汉到东汉，始终存在严刑酷法之风。以"酷能"著称者"皆以敢捍精敏，巧附文理，风行霜烈，威誉煊赫"。宦官、党锢与外戚等传，也多论及当时的政风，对当时政治风气的转变，论者似寓讽刺之意。

范晔论东汉的社会风气，突出点不在于论东汉风俗变化，因为那是袭用了袁宏的古今风俗变化论；而主要表现在表扬节义之时，区别诚与伪，揭露饰伪之丑行。

历史总有复杂的现象，当东汉敦尚节义之时，就有人赶时髦，要名誉，矫行饰伪。对此，范晔主张"推仁审伪"，以"辨贞邪"。① 如对"党恶误国"的胡广，讥其"共李固定策，大议不全"，还说此人"自在公台三十余年，历事六帝，礼任甚优，每逊位辞疾，及免归田里，未尝满岁，辄复升进"。这似乎是表扬，其实是贬斥。并有"胡公庸庸，饰情恭貌"的结论。② 因为这种人当面装好人，背后专搞鬼，伪饰是其钻营之术。而论仗义守节的李固，便说："夫称仁人者，其道弘矣！立言践行，岂徒徇名安己而已哉，将以定去就之概，正天下之风，使生以理全，死与义合也。……李固据位持重，以争大义，确乎而不可夺。岂不知守节之触祸，耻夫覆折之伤任也。观其发正辞，及所遗梁冀书，虽机失谋乖，犹恋恋而不能已。至矣哉，社稷之心乎！其顾视胡广、赵戒，犹粪土也。"③ 意思是，李固的言行，

---

① 《桓荣传》论。
② 均见《胡广传》。
③ 《李杜传》论。

不是为名，而是以卫社稷为己任，置生死于度外，与胡广等人相比，简直是金玉与粪土之别。论者对诚与伪的态度，在此严肃地表达了出来。

范晔曾记述：邓彪其人，将自己的封地让给了异母弟荆凤，以猎取节义的声名，果然得到皇帝的称许，接着做了官，平步青云；① 刘恺其人，本当继承其父的爵位，但他让给了其弟宽，而遁逃避封，也得到皇帝称赞，被征召入仕，步步高升。② 而在论丁鸿"让而不饰"时指出：孔子、孟子赞扬太伯、伯夷之让，"后世闻其让而慕其风，徇其名而昧其致，所以激诡行生而取与妄矣。至夫邓彪、刘恺，让其弟以取义，使弟受非服而己厚其名，于义不亦薄乎！"③ 这就指出了邓彪、刘恺之徒转让爵位，为义是假，沽名是真，实是饰伪行为。论者深刻揭露了这种社会风气，是难能可贵的。

四

范晔论史，往往能抓住历史矛盾进行分析和鉴别。这里举例说明。

先说范晔论宦者之流。他除了从纵的方面论述了宦官在政治上的发迹史，还着重剖析东汉宦官得势的主客观原因，及其在政治上的特殊影响。他说，宦者有其"刑余之丑"的特殊身份，"即事易以取信"，加之"渐染朝事，颇识典物"，所以"少主凭谨旧之庸，女主资出纳之命，顾访无猜惮之心，恩狎有可悦之色"，"真邪并行，情貌相越，故能回惑昏幼，迷瞀视听"，这就指出了宦者取宠得势的主客观条件。又说，宦官"诈利既滋，朋徒日广，直臣抗议，必漏先言之闲，至戚发愤，方启专夺之隙"，这就分析了宦官在统治阶级内部矛盾中，同朝臣、外戚等复杂的纠纷。还说，宦官"剥削萌黎，竞恣奢欲，构害明贤，专树党类"，这就说明了宦官祸国殃民的罪状。④ 可见范晔是从历史矛盾中对宦官之患进行具体分析的。

次说范晔辨诚伪之别。在时尚节义中，有诚，也有伪，何以辨之？范晔认为："夫利仁者或借仁以从利，体义者不期体以合义。季文子妾不衣帛，鲁人以为美谈。公孙弘身服布被，汲黯讥其多诈。事实未殊而誉毁别

---

① 《邓彪传》。
② 《刘恺传》。
③ 《丁鸿传》论。
④ 以上均见《宦者传》的序与论。

议。何也？将体之与利之异乎！"① 意思是，有种人借仁以求利，仁是打的旗号，利是追求的目的；有种人身体力行以合义，不以义为幌子，而自觉地践义，这就是诚与伪的区别。可见范晔是从矛盾性质上对诚伪加以鉴别的。不仅如此，范晔还指出有些学者的言行，如马融之流，在口头上知节义之可贵，而在行为上则"羞曲士之节"，此是何道理呢？范晔论道："夫事苦，则矜全之情薄；生厚，故安存之虑深。登高不惧者，胥靡之人也；坐不垂堂者，千金之子也。原其大略，归于所安而已矣。物我异观，亦更相笑也。"② 这是从经济地位上来分析各种人物对待生死安危之态度的。也就是说，人生观和世界观是由经济地位所决定的，这里颇有点朴素唯物论的味道。

再说范晔析人物之性。范晔评论历史人物，往往区分性之善恶、品之清浊，有"性分"③ "性尚分流，为否异适"④ 之说。他还论道："渭以泾浊，玉以砾贞。物性既区，嗜恶从形。兰茞无并，销长相倾。徒恨芳膏，煎灼灯明。"⑤ 大意是：渭以泾浊，乃显其清；玉居砾石，乃见其贞。物性有区别，人情有爱憎。香臭不混同，互相有消长。芳草以香自烧，脂肪以明自销。这是论人物品性区别与矛盾消长，"表现了矛盾对立和转化的朴素辩证法观点"。⑥

由此可见，范晔论史，颇有一些朴素的唯物辩证法。

五

范晔论史，还有一些值得注意的历史观点。

关于范晔的无神论，历史学者以往多有详细论证，这里不再赘述。现在只想补充一点修正意见：范晔在天人观上，并未完全否定"天道"。他在《光武纪》论中提到祥兆，还说："其王者受命，信有符乎？不然，何以能乘时龙而御天哉！"意思是，刘秀称帝似与天命有关。他在《郎𫖮襄楷传》中，写了郎𫖮继承父业，"望气占候吉凶"，襄楷"善天文阴阳之术"，并

---

① 《王良传》论。
② 《马融传》论。
③ 《逸民传》序。
④ 《独行传》序。
⑤ 《党锢传》赞。
⑥ 白寿彝：《陈寿、袁宏和范晔》，《北京师范大学学报》1964 年第 1 期。

论:"郎颛、襄楷能仰瞻俯察,参诸人事,祸福吉凶既应,引之教义亦明。此盖道术所以有补于时,后人所当取鉴者也。"这里也承认天人之间有一定的应合关系。所以,我们还不能因范晔有些无神论的话语,就断定他毫无天命论思想。说得准确一点,范晔只是感到天道难知,所谓"夫天道性命,圣人难言之"①。他说:"古人有云:'善言天者,必有验于人。'"② 又说:"舍诸天运,征乎人文。"③ 意思是,与其毫无把握地谈天道,还不如老老实实地论人事。他论刘表:"道不相越,而欲卧收天运,拟踪三分,其犹木禺之于人也。"④ 这也是重人事的看法。在范晔生活的那个时代,有无神论倾向,不迷信天道和鬼神,思想就算进步;如果稍加夸张,越出了真实即使一星半点,那就不是实事求是,也就不是范晔的思想了。

范晔的历史观,似乎有点难捉摸。但他论这论那,历史观点是显然的。如:或论学者宣传儒学的功效:"然所谈者仁义,所传者圣法也。故人识君臣父子之纲,家知远邪归正之路。自桓灵之间,君道秕僻,朝纲日陵,国隙屡启,自中智以下,靡不审其崩离;而权强之臣,息其窥盗之谋,豪俊之夫,屈于鄙生之议者,人诵先王言也,下畏逆顺势也。至于张温、皇甫嵩之徒,功定天下之半,声驰四海之表,俯仰顾眄,则天业可移,犹鞠躬昏主之下,狼狈折札之命,散成兵,就绳约,而无悔心。暨乎剥桡自极,人神数尽,然后群英乘其运,世德终其祚。迹衰敝之所由致,而能多历年所者,斯岂非学之效乎?故先师垂典文,褒励学者之功,笃矣切矣。"⑤ 意思是,学者谈仁义,传儒学,使人们懂得人伦纲常,就可使权臣豪杰息其邪恶之念,延缓朝纲的寿命。

或论仁人君子心力的作用。他说,东汉取士有法,人才辈出,到了末年,"而斯道莫振,文武陵队(坠),在朝者以正议婴戮,谢事者以党锢致灾。往车虽折,而来轸方遒。所以倾而未颠,决而未溃,岂非仁人君子心力之为乎?呜呼!"⑥ 意思是,仁人君子持正仗义,屡遭挫折,然百折不挠,所以能维持世道人心。

或论人力难挽回局势。他就窦武、何进等外戚想重振朝纲,而败于宦

---

① 《李通传》论。
② 《郎颛襄楷传》论。
③ 《刘虞公孙瓒传》论。
④ 《刘表传》论。
⑤ 《儒林传》论。
⑥ 《左雄周举黄琼传》论。

官之事发论:"窦武、何进借元舅之资,据辅政之权,内侍太后临朝之威,外迎群英乘风之势,卒而事败阉竖,身死功颓,为世所悲,岂智不足而权有余乎?《传》曰:'天之废商久矣,君将兴之。'斯宋襄公所以败于泓也。"① 意思是,当大势已去之时,不管谁有多大智力与权势,也难扳回历史大势。

或论履信思顺则得福。他就袁术假符僭称而终于败亡之事发论:"天命符验,可得而见,未可得而言也。然大致受大福者,归于信顺乎!夫事不以顺,虽强力广谋不能得也。谋不可得之事,日失忠信,变诈妄生矣。况复苟肆行之,其以欺天乎!虽假符僭称,归将安所容哉!"② 意思是,顺于天而不逆,谋事信而不诈,就能得天之助而万事顺利。

将这几种论调联系起来看,所谓"天",主要是指历史大势;人与天有矛盾,只要人顺应天就大有可为;儒家学者的宣教,仁人君子的心力,能起到维持世道人心的作用。这是对荀子天人论的继承和发扬,虽然思想上不完全否定天命,但已把它撂在一边,而讲历史大势与君子心力了。当然,讲宣传儒教的社会作用,而不是讲生产力的历史作用,讲君子心力的客观影响,而不是讲人民群众各项运动的推动历史前进,归根到底还是唯心史观;但讲顺于大势才能办事顺利,还是有点唯物史观因素的。

所以,我认为,范晔史论中可贵的思想,是在历史观方面既有无神论倾向,还有唯物史观因素。

结　论

范晔论史,继承和发扬了司马迁、班固史论的优良传统,将史论向前推进了一步。尽管有一定的局限性,但他的成就是不可抹杀的。

范晔的史论,在南朝史坛上是有特点的。当时"崇饰竞华,祖述虚言,摈阙里之典经,习正始之余论,指礼法为流俗,目纵诞以清高"③,可以说形而上学严重,唯心史观横行。而范晔感愤于世道人情④,所发史论,不仅

---

① 《窦武何进传》论。
② 《袁术传》论。
③ 《晋书·儒林传》序。
④ 范晔《后汉书·陈蕃传》论,有"憨夫世士以离俗为高,而人伦莫相恤也"之语。李延寿于《南史·范泰附晔传》指出:范晔"删众家《后汉书》为一家之作,至于屈伸荣辱之际,未尝不致意焉"。此可证明范晔撰书发议,有论古慨今之意。

在文风上少淫丽，多矫健；而且在内容上，多论历史成败，少作人物品题，不局限于一人一事，而通一代风势；在方法上，多作具体的分析与鉴别，少下泛泛的空谈与定评，有朴素的辩证法；在史观上，不仅有无神论倾向，而且有唯物史观因素。正因于此，范晔在中古史论方面占了重要的地位，并享有很高的声誉。

刘知几史学要论

刘知几所著《史通》，既是一部史学批评专著，也是一部史学理论著作。就其篇章的形式与内容来看，有相当大的部分（几乎1/3）是谈史书体裁、体例等，但就其史学价值与历史意义来说，却是有关史学理论及其相关方面之一些重要问题。如今，学术界就刘知几史学之史料、编撰、体例以及史评等问题论析较多，颇有成绩。本文对此略而不谈，只就实录、直书、曲笔、相时、史文、史义、通识以及史才等问题谈些浅见，就正于方家与读者。

一　关于实录

刘知几在史学批评中寓有理论，即实录论。这是他基本的史学理论。

现在学术界多认为刘知几有一个理论体系。如有人说，刘知几的《史通》有"理论体系"，并就此做了较全面的论述[1]。有的学者早就注意到刘知几的基本理论，说："盖知几主张撰述史书，贵为实录。"[2] 这是根据刘知几所谓"良史以实录直书为贵"[3] 而提出的，自然言之成理。更有人撰著《刘知几实录史学》一书，明确提出，"知几理论之本核，端在实录直书四字"，并从史料学、撰述论与史评说三层，评论其"义理系统"[4]。这为揭示刘知几实录论做出了可贵的成绩。

关于刘知几实录论，本文要补充两点，一是其渊源，一是其层面。

---

[1] 参见赵俊《〈史通〉理论体系研究》，辽宁大学出版社，1990。
[2] 傅振伦：《刘知几年谱》，中华书局，1963，第104页。
[3] 《史通》卷十四《惑经》。
[4] 许冠三：《刘知几实录史学》之《自叙》及第3页，香港中文大学出版社，1983。

谈起刘知几史学及其思想之渊源，近代以来不少学者做了探讨并提出了看法，一般认为《论衡》和《文心雕论·史传》对刘知几的影响较大，也较为明显。这是可信的。也有人认为，除上述两者外，还有《左传》和《齐志》。他说："（刘）知几所向往之实录史学，实以《左传》为首要之经验范畴。他持以讥往哲述前非之若干义理准则，本质上原是《左传》先例之引申与扩大，或者理想化。"① 又说："于知几史学理论，尤其是叙事行文之道，有显著影响而不可不提者，尚有王劭之《齐志》。"② 其说不无道理。

但需要指出的是，刘知几的史学及其思想，虽然受到传统文化多方面的影响，但其实录论的渊源，却是直接来自班彪的实录论。扬雄的《法言》评价司马迁史学曰"实录"③。但他没有展开论说。班彪《史记略论》在谈到司马迁史学时说："然其善序事理，辩而不华，质而不野，文质相称，盖良史之才也。"④ 这个评论具有理论性，但没有提起实录。班固的史学思想，深受扬雄及其父班彪的影响。他评司马迁史学曰：

> 然自刘向、扬雄博极群书，皆称迁有良史之材，服其善序事理，辨而不华，质而不俚，其文直，其事核，不虚美，不隐恶，故谓之实录。⑤

这是综合了扬雄和班彪的思想，不仅用以评论了司马迁史学，同时还明确地提出了实录论。这个实录论，包含了叙事、行文、史义及史评等多方面的理论因素⑥。这对刘知几实录论无疑发生了直接的、很大的影响。

这里且以刘知几实录论之有关论说，来与班固实录论试作比较，就可一目了然。《史通·鉴识》篇云：

> 夫史之叙事也，当辨而不华，质而不俚，其文直，其事核，若斯而已可也。必令同文举（孔融）之含异，等公幹（刘桢）之有逸，如子云（扬雄）之含章，类长卿（司马相如）之飞藻，此乃绮扬绣合，

---

① 许冠三：《刘知几实录史学》，香港中文大学出版社，1983，第22页。
② 许冠三：《刘知几实录史学》，香港中文大学出版社，1983，第27页。
③ 《法言·重黎》。
④ 《后汉书·班彪传》。
⑤ 《汉书·司马迁传》赞。
⑥ 参见施丁《中国史学的传统与维新》，《中国社会科学》1989年第5期。

雕章缛彩，欲称实录，其可得乎？

此中的"辨而不华，质而不俚，其文直，其事核"14个字，是直接引用了班固实录论之文字，以为理论根据；而这个理论显然是强调叙事之"核"而不虚不俚，以及行文之"直"而不曲不华。再看《史通·载文》篇：

若乃宣、僖善政，其美载于周诗；怀、襄不道，其恶存乎楚赋。读者不以吉甫、奚斯为谄，屈平、宋玉为谤者，何也？盖不虚美、不隐恶故也。是则文之将史，其流一焉，固可以方驾南、董，俱称良直者矣。

又《史通·杂说下》篇有"夫所谓直笔者，不掩恶，不虚美"之句。其论史、论文之直笔，共同点都是"不虚美，不隐恶"。这也是个重要的理论，而它也来自班固的实录论，是一字不差地征引而来的。《史通·载文》篇末云："凡今之为史而载文也，苟能拨浮华，采贞（一作'真'）实，亦可使乎雕虫小技者，闻义而知徙矣。此乃禁淫之堤防，持雅之管辖，凡为载削者，可不务乎？"此中的"拨浮华，采贞实"，实质上是"辨而不华，质而不俚"的翻新与发展。至于《史通·惑经》篇所说，史官执简，宜类"明镜之照物，妍媸必露"，"虚空之传响，清浊必闻"，"苟爱而知其丑，憎而知其善，善恶必报，斯为实录"。这也是班固"文直事核"与"不虚美，不隐恶"的同音和发挥。

于此可见，班固实录论的全部内容，甚至其所有文字，都被刘知几采择而使用，班、刘之间的理论亲缘关系显然是不言而喻的。

刘知几实录论的系统与层面，既有史料学、撰述论、史评说以及史书体例等，尽管这是基本的方面，但又不仅如此；还有史文、史义及史家修养等层面，本文下面将言之。

二　关于直书

直书，是言记事撰史如真不误之优良品德与精神。这是对史家主体提出的要求，也是对史籍客体检验的标尺，与实录完全一致。

刘知几提出，能否直书是史家的品德问题。《史通·直书》篇云：

> 夫人禀五常，士兼百行，邪立有别，曲直不同。若邪曲者，人之所贱，而小人之道也；正直者，人之所贵，而君子之德也。

人有"邪正"之别，故记事有"曲直"不同。但这不仅是个人品质，还是个社会问题。《直书》篇又云：

> 然世多趋邪而弃正，不践君子之迹，而行由小人者，何哉？语曰"直如弦，死道边；曲如钩，反封侯。"故宁顺从以保吉，不违忤以受害也。况史之为务，申以劝戒，树之风声。其有贼臣逆子，淫君乱主，苟直书其事，不掩其瑕，则秽迹彰于一朝，恶名被于千载。言之若是，吁可畏乎！
>
> 夫为于可为之时则从，为于不可为之时则凶。如董狐之书法不隐，赵盾之为法受屈，彼我无忤，行之不疑，然后能成其良直，擅名千古。至若齐史之书崔弑，马迁之述汉非，韦昭仗正于吴朝，崔浩犯讳于魏国，或身膏斧钺，取笑当时；或书填坑窖，无闻后代。夫世事如此，而责史臣不能申其强项之风，励其匪躬之节，盖亦难矣。是以张俨发愤，私存《默记》之文；孙盛不平，窃撰辽东之本。以兹避祸，幸获两全。足以验世途之多隘，知实录之难遇耳。

所谓"世""世事""世途"等，指的都是社会。个人邪曲与世途有密切关系。在权势威胁下，或"宁顺从以保吉，不违忤以受害"，或"避祸"以全身；或"身膏斧钺，取笑当时；或书填坑窖，无闻后代"，"世途多隘"啊！所以"实录"之难易成败，就不仅关涉史家个人，还直接牵涉到社会与政权。在这种情况下，记事撰史坚持直书，实在难能可贵。

故刘知几表彰"仗气直书"的精神。尽管世途多隘，邪曲多有，然而史不可无直书实录，尚有良史为之。刘知几说："历考前史，征诸直词，虽古人糟粕，真伪相乱，而披沙拣金，有时获宝。"如：习凿齿"乃申以死葛走（生）达之说，抽戈犯跸之言。历代厚诬，一朝如雪。考斯人之书事，盖近古之遗直欤？"还有，"宋孝王《风俗传》、王劭《齐志》，其叙述当时，亦务在审实。案于时河朔（元魏）王公，箕裘未陨；邺城（高齐）将相，薪构乃存。而二子书其所讳，曾无惮色。刚亦不吐，其斯人欤？"对此，刘知几予以热情表扬：

盖烈士徇名，壮夫重气，宁为兰摧玉折，不作瓦砾长存。若南、董之仗气直书，不避强御；韦、崔之肆情奋笔，无所阿容。虽周身之防有所不足，而遗芳余烈，人到于今称之。与夫王沈《魏书》，假回邪以窃位，董统《燕史》，持诡媚以偷荣，贯三光而洞九泉，曾未足喻其高下也。①

这是积极地称赞"不避强御""无所阿容"的"仗气直书"精神，给予崇高的礼赞。没有这种勇气和精神，在封建专制权势下是实录难遇的。

这里人们不禁发问：刘知几表扬直书可嘉，但他本人能否做到？能言之，是否能行之？

刘知几在《史通》中，对近世乃至当代之史，多有批评，直言不讳，体现出直书精神。这里仅举两例。一是《史通·曲笔》篇云：

　　自梁、陈已降，周、隋而往，诸史皆贞观中群公所撰，近古易悉，情伪可求。至如朝廷贵臣，必父祖有传，考其行事，皆子孙所为，而访彼流俗，询诸故老，事有不同，言多爽实。昔秦人不死，验苻生之厚诬；蜀老犹存，知葛亮之多枉。斯则自古所叹，岂独于今哉！

指出唐初所修《梁书》《陈书》《北齐书》《北周书》《隋书》等五史，都是贞观年间史臣所修，"朝廷贵臣，必父祖有传"，而"事有不同，言多爽实"，说明史臣与权贵沆瀣一气，大做手脚，反映了权贵修史之严重问题。一是《史通·古今正史》篇云：

　　龙朔中，（许）敬宗又以太子少师总统史任，更增前作，混成百卷。……敬宗所作纪传，或曲希时旨，或猥饰私憾，凡有毁誉，多非实录。……至长寿中，春官侍郎牛凤及又断自武德，终于弘道，撰为《唐书》百有十卷。凤及以喑聋不才，而辄议一代大典，凡所撰录，皆素责私家行状，而世人叙事罕能自远。或言皆比兴，全类咏歌，或语多鄙朴，实同文案，而总入编次，了无厘革。其有出自胸臆，申其机杼，发言则嗤鄙怪诞，叙事则参差倒错。故阅其篇第，岂谓可观；披其章句，不识所以。

────────
① 以上引文，均见《史通·直书》篇。

权贵修史,"凡有毁誉,多非实录",主要原因是,"或曲希时旨",按最高统治者意旨行事,跟着指挥棒转;"或猥饰私憾",窃假史权而任意褒贬。至于一些庸才,实不能胜任史职,往往无德少才,"出自胸臆",而随意涂抹。刘知几所言准确如何,难以考证,故难以较其尺寸长短,然其敢于面对现实,仗气直书,确实难能可贵。

三 关于曲笔

曲笔,是言记事撰史邪曲不直之丑恶学风与行为。

这与直书相反,故刘知几严厉指责与反对。他指出,曲笔有几种情况:一是文过饰非,以无为有:

> 其有舞词弄札,饰非文过,若王隐、虞预毁辱相凌,子野、休文释纷相谢。用舍由乎臆说,威福行乎笔端,斯乃作者之丑行,人伦所同疾也。亦有事每凭虚,词多乌有:或假人之美,借为私惠;或诬人之恶,持报己仇。若王沈《魏录》滥述贬甄之诏,陆机《晋史》虚张拒葛之锋,班固受金而始书,陈寿借米而方传。此又记言之奸贼,载笔之凶人,虽肆诸市朝,投畀豺虎可也。

指出曲笔,或"舞词弄札,饰非文过",肆无忌惮地任意"臆说";或"事每凭虚,词多乌有",无中生有地颠倒黑白,这都是记事撰史之"奸贼"与"凶人"之行为。

二是曲笔阿时,谀言媚主:

> 然则史之不直,代有其书。……案《后汉书·更始传》称其懦弱也,其初即位,南面立,朝群臣,羞愧流汗,刮席不敢视。夫以圣公身在徽贱,已能结客报仇,避难绿林,名为豪杰。安有贵为人主,而反至于斯者乎?将作者曲笔阿时,独成光武之美;谀言媚主,用雪伯升之怨也。且中兴之史,出自东观,或明皇所定,或马后攸刊,而炎祚灵长,简书莫改,遂使他姓追撰,空传伪录者矣。

以《后汉书·更始传》为例,指出曲笔是因当时权贵当道,作者"曲笔阿时","谀言媚主",时过境迁,简书仍然,后来编书,便"空传伪录"。这有言曲笔的根子是统治者的意味。

三是互相攻击，彼此妄说：

> 逮乎近古，无闻至公，国自称为我长，家相谓为彼短。而魏收以元氏出于边裔，见侮诸华，遂高自标举，比桑乾于姬、汉之国；曲加排抑，同建邺于蛮貊之邦。夫以敌国相仇，交兵结怨，载诸移檄，用可致诬，列诸缃素，难为妄说。苟未达此义，安可言于史邪？

国家分裂，政权对立，往往"高自标举"，"排抑"对方。交兵移檄，"用可致诬"，而载于史册，"难为妄说"。魏收所书，仅为一例。

四是朝代更替，诬良为逆：

> 盖霜雪交下，始见贞松之操；国家丧乱，方验忠臣之节。若汉末之董承、耿纪，晋初之诸葛、毋丘，齐兴而有刘秉、袁粲，周灭而有王谦、尉迥，斯皆破家殉国、视死犹生。而历代诸史，皆书之曰逆，将何以激扬名教，以劝事君者乎！古之书事也，令贼臣逆子惧；今之书事也，使忠臣义士羞。

这虽是以名教观点而言忠逆，却也揭露了一个史实：新的统治者诬旧义士为逆。此乃小小一例。其实，凡夺权成功者所修前代史或本朝史，对于新旧更替那段历史，几乎一概是兴王亡贼、成王败寇的调子。

曲笔诬妄，极为可恶，应该否定，然竟有加以肯定者，致使谬种得以流传。刘知几指出：

> 夫史之曲笔诬书，不过一二，语其罪负，为失已多。而魏收杂以寓言，殆将过半，固以仓颉已降，罕见其流，而李氏《齐书》称为实录者，何也？盖以重规（李百药）亡考未达，伯起（魏收）以公辅相加，字出大名，事同元叹，既无德不报，故虚美相酬。然必谓昭公知礼，吾不信也。语曰："明其为贼，敌乃可服。"如王劭之抗词不挠，可以方驾古人。而魏收持论激扬，称其有惭正直。夫不彰其罪，而轻肆其诛，此所谓兵起无名，难为制胜者。寻此论之作，盖由君懋（王劭）书法不隐，取咎当时，或有假手史臣，以复私门之耻，不然，何恶直丑正，盗憎主人之甚乎！

"虚美相酬"而以丑为美,"恶直丑正"而血口喷人,这种颠倒黑白之评论,是由于其人假借史权搞私人交易,以报私人恩怨。

凡此种种曲笔,与直书实录背道而驰,是不能容许的。刘知几呼吁应当惩革:

> 盖史之为用也,记功司过,彰善瘅恶,得失一朝,荣辱千载。苟违斯法,岂曰能官。但古来唯闻以直笔见诛,不闻以曲词获罪。是以隐侯(沈约)《宋书》多妄,萧武(梁武帝)知而勿尤;伯起(魏收)《魏史》不平,齐宣览而无谴。故令史臣得爱憎由己,高下在心,进不悼于公宪,退无愧于私室,欲求实录,不亦难乎?呜呼!此亦有国家者所宜惩革也。

史之功用,应当"彰善瘅恶",整风化俗。在史学领域,应当褒直贬曲,务求直书实录。然史学领域多有丑恶行为,"有国家者所宜惩革",即统治者首先要"惩"与"革",惩戒毛病,改革风气。

刘知几在严厉地批评曲笔之同时,却又认真地强调隐讳。他在《史通·曲笔》篇云:

> 肇有人伦,是称家国。父父子子,君君臣臣,亲疏既辨,等差有别。盖"子为父隐,直在其中",《论语》之顺也;略外别内,掩恶扬善,《春秋》之义也。自兹已降,率由旧章,史氏有事涉君亲,必言多隐讳,虽直道不足,而名教存焉。①

为了存"名教",就强调为君亲隐讳,"掩恶扬善"。明知隐讳与直道存在矛盾,还是要申明"虽直道不足,而名教存焉"之大义。其思想局限性,昭然若揭。

但是,刘知几所言隐讳,是有限度的。他虽然容许一定的隐讳,然反对隐讳过滥。他说:

> 又案鲁史之有《春秋》也,外为贤者,内为本国,事靡洪纤,动

---

① 以上引文,均见《史通》卷七《曲笔》。

皆隐讳。斯乃周公之格言。然何必《春秋》,在于《六经》,亦皆如此。故观夫子之刊《书》也,夏桀让汤,武王斩纣,其事甚著,而芟夷不存。观夫子之定礼也,隐、闵非命,恶、视不终,而奋笔昌言,云"鲁无篡弑"。观夫子之删《诗》也,凡诸《国风》,皆有怨刺,在于鲁国,独无其章。观夫子之《论语》也,君娶于吴,是谓同姓,而司败发问,对以"知礼"。斯验世人之饰智矜愚,爱憎由己者多矣。①

指出孔子之《春秋》《论语》及删《诗》定礼,多为君亲隐讳,"事靡洪纤,动皆隐讳",此乃"饰智矜愚,爱憎由己"的严重错误。刘知几还指出,远古之书,"略举纲维,务存褒讳,寻其终始,隐没者多"。甚至还说:"远古之书,其妄甚矣。"② 这就不只是存名教之心,而有诬妄欺世之过。刘知几认为,多为隐讳,有惭良史。他一再说:

苟爱而知其丑,憎而知其善,善恶必书,斯为实录。观夫子修《春秋》也,多为贤者讳。狄实灭卫,因桓耻而不书;河阳召王,成文美而称狩。斯则情兼向背,志怀彼我。苟书法其如是也,岂不使为人君者,靡惮宪章,虽玷白圭,无惭良史也乎。

夫臣子所书,君父是党,虽事乖正直,而理合名教。如鲁之隐、桓戕弑,昭、哀放逐,姜氏淫奔,子般天酷。斯则邦之孔丑,讳之可也。如公送晋葬,公与吴盟,为齐所止,为邾所败,盟而不至,会而后期,并讳而不书,岂非烦碎之甚?且案汲冢竹书《晋春秋》及《纪年》之载事也,如重耳出奔,惠公见获,书其本国,皆无所隐。唯《鲁春秋》之记其国也,则不然。何者?国家事无大小,苟涉嫌疑,动称耻讳,厚诬来世,奚独多乎!③

"善恶必书"之实录,乃刘知几强调的基本点。为此,尽管可以容许"事乖正直,理合名教"之隐讳,但决不容许"多"而太滥,滥则"有惭良史",而且"厚诬来世"。

由此可见,刘知几反对曲笔,与其容许隐讳有矛盾;但其既容许隐讳,

---

① 《史通》卷十三《疑古》。
② 《史通》卷十三《疑古》。
③ 《史通》卷十四《惑经》。

又反对隐讳妄滥，还是要维持直书实录之基本点。其隐讳观点，为照顾君亲的面子，可以"掩恶扬善"，对一些史实可以略而不提；但不能无限膨胀，不能多而烦碎，尤其不能篡改史实，混淆黑白，颠倒是非。对其隐讳观点，似乎可以这么断言：隐而不饰，讳而不滥。

四 关于相时

相时，是言记事撰史当尊重历史，从历史实际出发，而随时因俗。

历史文化形成一种传统之后，或容易陈陈相因，或为人怀古守旧。刘知几则不囿于传统守旧，而强调相时因俗。他写道：

> 或问曰：子以都邑、氏族、方物宜各篡次，以志名篇。夫史之有志，多凭旧说，苟世无其录，则阙而不编，此都邑之流所以不果列志也。
>
> 对曰：案帝王建国，本无恒所，作者记事，亦在相时。远则汉有《三辅典》，近则隋有《东都记》。于南则有宋《南徐州记》《晋宫阙名》，于北则有《洛阳伽蓝记》《邺都故事》。都邑之事，尽在是矣。谱牒之作，盛于中古。汉有赵岐《三辅决录》，晋有挚虞《族姓记》。江左有两王《百家谱》，中原有《方司殿格》。盖氏族之事，尽在是矣。自沈莹著《临海水土》，周处撰《阳羡风土》，厥类众夥，谅非一族。是以地理为书，陆澄集而难尽；《水经》加注，郦元编而不穷。盖方物之事，尽在是矣。凡此诸书，代不乏作，必聚而为志，奚患无文？譬如涉海求鱼，登山采木，至于鳞介修短，柯条巨细，盖在择之而已。苟为鱼人、匠者，何虑山海之贫罄哉？①

刘知几之前，纪传体正史中没有都邑、氏族、方物等篇目内容。他根据汉魏以来社会和文化发展的情况，主张新设三志。或以为"史之有志，多凭旧说"之观点，向他提出责难。他提出"记事相时"之说，予以反驳，并列举史实，说明新增三志是有历史根据和丰富的材料来源的，若有心"相时"而探求，就不必担忧。

---

① 《史通》卷五《书志》。

刘知几还从历史发展变化方面，更明确地说明记事撰史应当因俗随时。他说：

> 盖闻三王各异礼，五帝不同乐，故传称因俗，《易》贵随时。况史书者，记事之言耳。夫事有贸迁，而言无变革，此所谓胶柱而调瑟，刻舟以求剑也。①

历史不断地发展变化，"事有贸迁"，撰史应当"因俗随时"，随历史变化而变化。史事已变了，史文没有变，这可谓胶柱调瑟或刻舟求剑。刘知几指出，有的因袭旧文，不加审辨，而照抄搬来，记入新史，闹出种种笑话。

刘知几提醒人们，应当"识事详审，措辞精密"。② 在称谓问题上，刘知几反对"自我作故"及"意好奇而辄为"，主张"取叶随时，不借稽古"。③ 在体例问题上，强调不可"名实无准"，当识"随事之义"。④ 在邑里问题上，认为"国有弛张，乡有并省，随时而载，用明审实"。反对"皆取旧号，施之于今"，或"以本国为是，此乡为非"的错误做法。⑤ 刘知几特别反对"拟古而不类"。⑥ 讥笑"必翦裁今文，模拟古法，事非改辙，理涉守株"。⑦ 指责有些人模拟古文，"貌同而心异"，乃"守株"之法，"叶公好龙"，实为"无识"。⑧

相时因俗，即认准历史实际而因俗变化。这实是朴素的唯物辩证法。

五　关于史文

史文，是言记事撰史的文笔，即历史文学。

刘知几认为，史之与文，"其流一焉"，文史原本不分家，但随着历史文化的发展，史与文"皎然异辙"，文史分家了。在这种情况下，对于史笔

---

① 《史通》卷五《因习》。
② 《史通》卷五《因习》。
③ 《史通》卷四《称谓》。
④ 《史通》卷八《摸拟》。
⑤ 《史通》卷五《邑里》。
⑥ 《史通》卷八《摸拟》。
⑦ 《史通》卷一《六家》。
⑧ 《史通》卷八《摸拟》。

的要求是,"事皆不谬,文必近真",①"损华摭实",②"华逝实存",③文质相称。应当"摭实而谈",④"文而不丽,质而非野",⑤或"辨而不华,质而不俚"。⑥

刘知几感到,"世重文藻,词宗丽淫",⑦乃不良的文风。故他反对"华而不实",⑧"虚加练饰,轻事雕彩",⑨"华多而实少,言拙而寡味";⑩反对因袭古文,"拟古而不类";⑪反对"文饰"⑫"浮辞""奢言"⑬以及"对语俪辞"。⑭

在史笔上,刘知几强调"叙事之体"有三个要点:一是"简要"。主张"以简要为主",要求做到"文约而事丰",不可"烦芜",而应当"简要合理",务必"华逝而实存,滓去而沈在"。就是要求言简意赅。二是主张"用晦"。刘知几认为,用晦之道,就是要求"省字约文,事溢于句外","略小存大,举重明轻,一言而巨细咸该,片语而洪纤靡漏";要求"言近而旨远,辞浅而义深,虽发语已殚,而含义未尽";要求"言虽简略,理皆要害","疏而不遗,俭而无阙"。做到"使夫读者望表而知里,扪毛而辨骨,睹一字于句中,反三隅于字外"。就是要求文字简练,寓意深远,即含蓄、隽永。三是反对"润色之滥"。古有"比兴"手法,近世则"或拟人必以其伦,或述事多比于古","或假托古词,翻易今语",于是产生"润色之滥"。更有甚者,"持彼往事,用为今说","虚引古事,妄足庸音","直以事不类古,改从雅言"。知几对这种"或虚加练饰,轻事雕彩;或体兼赋颂,词类俳优"的文风,讽刺曰:"文非文,史非史,譬如乌孙造室,杂以汉仪,而刻鹄不成,反类于鹜者也。"⑮刻鹄类鹜,则文质不相称矣。

---

① 《史通》卷六《言语》。
② 《史通》卷五《载文》。
③ 《史通》卷六《叙事》。
④ 《史通》卷十五《点烦》。
⑤ 《史通》卷六《叙事》。
⑥ 《史通》卷七《鉴识》。
⑦ 《史通》卷九《核才》。
⑧ 《史通》卷六《言语》。
⑨ 《史通》卷六《叙事》。
⑩ 《史通》卷十六《杂说上》。
⑪ 《史通》卷八《摸拟》。
⑫ 《史通》卷十七《杂说中》。
⑬ 《史通》卷六《浮词》。
⑭ 《史通》卷十八《杂说下》。
⑮ 以上引文,均见《史通》卷六《叙事》。

刘知几有关叙事行文的主张，颇有历史意义，"文起八代之衰"的韩愈可能受到他的启发。

六　关于史义

史义，是言褒贬之大义，实际上主要是言史学之功用。

班固实录论提到了"不虚美，不隐恶"，关涉史义，再无其他。刘知几则大加发挥，认为"善恶必书，斯为实录"。① 他说，对待人物，需要"申藻镜，别流品"，分清优劣等次，使其善恶昭著，"其恶可以戒世，其善可以示后"。② 又说："史者固当以好善为主，嫉恶为次。"司马迁、班彪是"史之好善者"，晋董狐、齐南史是"史之嫉恶者"，只有左丘明"兼此二者"。③ 刘知几认为，只有好善嫉恶，才能"惩恶劝善，永肃将来，激浊扬清，郁为不朽"。④ 意思是，史义就在于起教育和劝戒作用。

好善嫉恶，或惩恶劝善，既是为史者之神圣职责，那么，史官人选自然非常重要。刘知几认为，"设官分职，伫绩课能，欲使上无虚授，下无虚受，其难甚矣！"⑤ 难就难在求得"史职之真"，即真正称职的史官。史官称职，首先要能区分善恶。如果不能"定其同科，申其异品，用使兰艾相杂，朱紫不分，是谁之过欤？盖史官之责也"。⑥ 如果"不能使善恶区分"，就是史官之过责。刘知几云："夫能申藻镜，别流品，使小人君子臭味得朋，上智中庸等差有叙，则惩恶劝善，永肃将来，激浊扬清，郁为不朽者矣。"⑦ 史官既能区分优劣，又能按善恶品类记载入史，就能达到预期的惩恶劝善之目的。"夫人之生也，有贤不肖焉。若乃其恶可以戒世，其善可以示后，而死之日名无得而闻焉，是谁之过欤？盖史官之责也。"⑧ 如果史官不能将人物贤不肖记载入史，而起到"戒世示后"的功用，那也是有过责的。刘知几又云：

---

① 《史通》卷十四《惑经》。
② 《史通》卷八《人物》。
③ 《史通》卷十八《杂说下》。
④ 《史通》卷七《品藻》。
⑤ 《史通》卷十《辨职》。
⑥ 《史通》卷七《品藻》。
⑦ 《史通》卷七《品藻》。
⑧ 《史通》卷八《人物》。

史之为务，厥有三途焉。何则？彰善贬恶，不避强御，若晋之董狐，齐之南史，此其上也。编次勒成，郁为不朽，若鲁之丘明，汉之子长，此其次也。高才博学，名重一时，若周之史佚，楚之倚相，此其下也。①

史学的功用，首先是"彰善贬恶"，敢于直书实录，也就是说，史义所要求之史官，必须是能坚决申明大义，不得有半点含糊。然后才是"编次勒成"与"高才博学"的要求。这也可以说要求把史德摆在第一位，其次才是史才。

刘知几还交代，这件事之所以难，就在于权贵当道，"近古每有撰述，必以大臣居首"。当权者多以缺乏才识的亲信分子"恩幸贵臣，凡庸贱品"监统史任，"凡所引进，皆非其才"，因此，"可以养拙，可以藏愚"，只是素餐尸禄，而不可能称职。在刘知几看来，只有"一家独断"，才能胜任申明大义的史职。②

七　关于通识

通识，是言史家之通达识见，是个史家思想观点问题。

在这个问题上，刘知几所论有三点值得重视：其一，是思想与观点之正误问题。刘知几云：

　　夫人识有通塞，神有晦明，毁誉以之不同，爱憎由其各异。……况史传为文，渊浩广博，学者苟不能探赜索隐，致远钩深，乌足以辨其利害，明其善恶。③

这是说，史学范围广博，如果不能深入地探其奥秘，就不能明其利害得失。而从事史学探讨，务使爱憎毁誉端正，必须神智清明，鉴识通达。如果神晦识塞，那就会出差错，甚至颠倒黑白。刘知几认为，《左传》比之《公羊》《谷梁》二传显然是"为传之最"，而在很长时期儒者"盛推二传"，④

---

① 《史通》卷十《辨职》。
② 以上引文，均见《史通》卷十《辨职》。
③ 《史通》卷十《辨职》。
④ 《史通》卷十《辨职》。

这就有"通塞晦明"的神识问题。

其二，辨史优劣有个标准问题。刘知几指出："史之叙事"，应当"辨而不华，质而不俚，其文直，其事核"；只要能办到就可以了。而那种追求"含章""飞藻""绮扬绣合、雕章缛彩"的思想和做法，就不可能达到"实录"之目的。如果以"含章""飞藻"等作为史评标准，则"知其妄施弹射矣"。① 这告诉人们，鉴评史学有个以"文直事核"的"实录"，抑或以"绮扬绣合，雕章缛彩"的"飞藻"为准则之标准问题，换句话说，史学批评当以实录论为武器，辨其虚实真伪，此乃神明通识之关键。刘知几反对《尚书》《春秋》之讳饰，揭露史书为本朝及个人恩怨而讳饰，② 都是以实录为衡量之标准。

其三，必须明确作者"指归"。史学批评，首先要弄清作者旨意，即要抓住要点，不能抓了芝麻，抛掉西瓜；也不能眉毛胡子一把抓。刘知几云：

> 夫前哲所作，后来是观，苟失其指归，则难以传授。而或有妄生穿凿，轻究本源，是乖作者之深旨，误生人之后学，其为谬也，不亦甚乎！③

指明应当了解"指归""深旨"，而反对"妄生穿凿，轻究本源"。在《史通·探赜》篇中，刘知几批评了"独学无友，孤陋寡闻"，"强奏庸音，持为足曲"，"文饰其非"，"凭虚亡是"，"情理不当"，"矫妄"，"异说"等不良学风与倾向，并指出："考众家之异说，参作者之本意，或出自胸臆，枉申探赜；或妄加向背，辄有异同。"严正地批评"出自胸臆""妄加向背"之主观任意。还提出警告：

> 流俗腐儒，后来末学，习其狂狷，成其讹误，自谓见所未见，闻所未闻，铭诸舌端，以为口实。唯智者不惑，无所疑焉。④

指出主观任意之贻害无穷，而腐儒末学盲从而受其流毒，既不觉悟，还鹦鹉学舌。只有神明通识者才"不惑"。

---

① 《史通》卷七《鉴识》。
② 参见《史通》之《曲笔》《疑古》《惑经》《古今正史》等篇。
③ 《史通》卷七《探赜》。
④ 以上引文，均见《史通》卷七《探赜》。

不惑的"智者",即心明眼亮的通识者。

八　关于史才

史才,是言史家才学与思想之修养,要求能符合"良史"之称号。

刘知几言史家修养,是以能直书实录的"良史"作为标准。他认为,近代文人修史,"言皆浅俗,理无要害"。以文士为史官,"遂使握管怀铅,多无铨综之识;连篇累牍,罕逢微婉之言"。① 当代监修,更是"凡庸贱品",而无"直若南、董,才若马迁,精勤不懈若扬子云,谙识故事若应仲远,兼斯具美"的人才。② 这就谈及史家修养之才、学、识三个方面。

对于才、学、识三者,刘知几认为识最重要。他说,若要做到对史学"铨核得中",就须有"定识";没有定识,就不能"探赜索隐,致远钩深",也就不可能"辨其利害,明其善恶"。③ 意思是,无论是史评还是撰史,都是识比才学更具有关键性作用。

有人向刘知几提出为何"自古文士多,史才少"之问,刘知几答:

史学须有三长:谓才也,学也,识也。
夫有学而无才,犹有良田百亩,黄金满籝,而使愚者营生,终不能致殖货矣;如有才而无学,犹思兼匠石,巧若公输,而家无楩柟斧斤,终不能成其宫室矣。犹须好是正直,善恶必书,使骄君贼臣所以知惧,此则为虎傅翼,善无可加,所向无敌矣。④

一般看来,此中只提到才、学、识三个方面。其实所谓"犹须好是正直,善恶必书",显然是言史德,没有"正直"之心,是难以坚持善恶必书的。《史通·惑经》篇云:

盖明镜之照物也,妍媸必露,不以毛嫱之面或有疵瑕,而寝其鉴也;虚空之传响也,清浊必闻,不以绵驹之歌时有误曲,而辍其应也。夫史官执简,宜类于斯。苟爱而知其丑,憎而知其善,善恶必书,斯

---

① 《史通》卷九《核才》。
② 《史通》卷十《辨职》。
③ 《史通》卷七《鉴识》。
④ 《唐会要》卷六十三《史馆上》。两《唐书》本传所记略同。

为实录。

意思是，只有心如明镜之公正者，才能做到善恶必书，期于实录。还有，《史通·直书》篇云，人品不一，"邪正有别，曲直不同"。"邪曲"乃"小人之道"，人之"所贱"；"正直"乃"君子之德"，人之"所贵"。《史通·曲笔》篇云，王劭"抗词不挠"，而魏收却"称其有惭正直"。其原因是，王劭"书法不隐，取咎当时"，魏收则是假借史权"以复私门之耻"，故"恶直丑正"。这里提到的"邪正""正直""邪曲"以及"有惭正直""恶直丑正"等，都是从史家的思想修养和品德方面立论的，是史德问题。《史通·辨职》篇提到的三个史学任务，将"彰善贬恶"摆在"上"等，而将"编次勒成"置于"次"，"高才博学"置于"下"等，实际上是强调"犹须好是正直，善恶必书"，认为史德比史才三长（才、学、识）更为重要。

史才以识为要，而更重要的是史德。这是刘知几首先明确了的。章学诚之"史德"论，① 只是首先标题，当然另有旨意。

刘知几于史学批评中寓有理论，具有丰富的理论问题，为中国传统史学理论树立了真正的史学理论形象，标志着中国史学理论之特色。

刘知几的史学理论，最基本的是实录论。它来源于班固之见。刘知几基于实录论，强调直书，反对曲笔；主张适俗相时，反对盲目仿古；倡导文质相称，反对华而不实；呼吁褒善贬恶，要求起到劝戒作用；提倡通识，要求思想端正，深思明辨；还强调"好是正直"，反对阿世徇私。这些史学思想与理论，在中国史学史上起着承上启下的作用，有着重大的历史价值和意义。

---

① 参见《文史通义》内篇五《史德》。

论司马光主编《资治通鉴》

今年（1986）是我国古代杰出的历史家司马光（字君实，1019～1086）逝世900周年。纪念司马光，不能不谈他主编《资治通鉴》之事。他出色地完成主编《资治通鉴》的任务，有多方面的主观与客观的因素，历来学者有所探讨。本文仅谈他为资治，识人才，善调度，寓政论等几个方面的问题。

一

北宋时代，在中唐以来长期混乱骚扰之后，实现了统一，恢复和发展了社会经济，繁荣了学术文化；同时，内政多弊，御戎不力，"积贫积弱"，局势不稳。这是一个有生气的时代，又是一个很苦闷的时代；是个前进的时代，又是个软弱的时代。当时，君主将相，志士仁人，平民百姓，都在考虑如何生活，寻找出路。于是，有主张以"柔道"治天下，说祖宗之法不可变的；有立志改革，而实行变法的；有被迫铤而走险，起义造反的。掌握知识的人们，特别是历史家，如欧阳修、司马光、范祖禹等，往往面对现实而回顾历史，企图总结历史经验，借鉴历史，更好地解决现实矛盾。其中，司马光最突出，最具代表性。

史家治史，特别是大史家写历史，是面对社会现实，讲究社会功用的。司马迁写《史记》，想的是"藏之名山，传之其人通邑大都"，[①] 给有志治世的志士仁人看。司马光的眼界比司马迁窄了一些，他没有想到"传之其人通邑大都"，只是考虑给皇帝看，给皇帝编写历史教科书；但还是想使史

---

① 《报任安书》，载于《汉书·司马迁传》。

学有利于世，要发挥史学功用的。在他所写《历年图·论序》《进通志表》、奏请续编《通志》《谢赐资治通鉴序表》等之中，再三再四表述自己的想法，特别是他的《进通鉴表》，将著述目的讲得十分清楚，他说：

> 臣之精力，尽于此书。伏望陛下宽其妄作之诛，察其愿忠之意，以请闲之宴，时赐省览，鉴前世之兴衰，考当今之得失，嘉善矜恶，取是舍非，足以懋稽古之盛德，跻无前之至治，俾四海群生，咸蒙其福，则臣虽委骨九泉，志愿永毕矣。

据此可知，司马光编书的志愿，就是要皇帝借鉴历史，改进政治，期望天下太平。

宋神宗早在治平四年就察觉到司马光编写的书有"箴谏深切之义"，故特赐其书名《资治通鉴》。① 书成进御，宋神宗又特迁司马光为资政殿学士。②

有的学者认为，只说司马光编写《资治通鉴》是为皇帝编写教科书，未免影响到对《资治通鉴》的正确评价，必然降低《资治通鉴》的史学意义。其实，这种担心是不必要的。在封建社会中，君主是封建皇权的掌握者，是地主阶级的最高代表。给皇帝写教科书，以教育君主，影响君主施政立策，从特定的历史条件来看，这个功用可以算大，意义也不小。

在封建社会，掌握文化的是封建统治阶级，是地主阶级知识分子，只有他们才读二十四史和《资治通鉴》的。宋神宗是阅览和听讲《资治通鉴》的，他赞许《资治通鉴》"成一家之书"。③《资治通鉴》于元祐七年（1092）印成，即"立于学官，与六籍并行"。④ 胡三省说，为君、为臣、为子，都不可不知《资治通鉴》。⑤ 我们正可以从他们的评论中，认识到《资治通鉴》在封建社会确是一部君臣士人必修的教科书，其主要功用就在于此。

史家写史，最主要的还是要考虑如何写、写什么才能符合社会需要，才能发挥史学功用。司马光之世，已有用纪传体写前代史的传统。司马光如果因袭这个传统，就得写纪传体前代史。可是，早在北宋初年，薛居正

---

① 《资治通鉴》序。
② 《宋史》卷三三六《司马光传》。
③ 宋神宗：《奖谕诏书》。
④ 范祖禹：《范太史集》卷三十七《告文正公庙文》。
⑤ 胡三省：《新注资治通鉴序》。

等已奉命编了《五代史》（史称《旧五代史》）；继之，欧阳修私人新写了一部《五代史记》（史称《新五代史》），宋人写的纪传体前代史已有两部，司马光不想为此。同时，自唐代以来科举取士，竞趋利禄之徒往往熟读经文，炮制诗赋，以应付考试，博取功名，对与科举关系不大的史书，特别是对十七史，实在不愿意死啃和钻研，史学有荒废之忧。司马光对此不满。当他年已四十左右，政治上渐趋成熟、史学上略有造诣之时，考虑到史学如何继往开来，设想写一部上起三家分晋、下迄五代，简明的编年体通史。他将自己的想法告诉了史学同好刘恕，[①] 当即得到刘恕的赞许，后来终于得以实现。

有的学者认为，司马光的史学贡献主要在于创新史体，写成编年体通史《资治通鉴》是当时史学上一个伟大的创举，甚至有说司马光应因创新史体而与司马迁并列。此说不大确切。创新史体，可以说有所贡献，但贡献究属有限。如袁枢发展了纪事本末体，其贡献并不算大。何况写编年体通史并不是司马光首创，在他之前已有人为之，唐代姚康复所撰《统史》就是一部编年体通史。

自班固写纪传体断代史《汉书》、荀悦写编年体断代史《汉纪》之后，写这两种体裁的断代史蔚然成风。从史学的功用来说，断代史固然有其价值，但局限性较大，从中很难窥探历史大势。史家当然不能以此自限。所以，尽管汉魏以来写通史者少，但还是有人尽力而为之。唐、宋两代，当时空前的封建经济、政治、文化的发展，推动着学者放开眼界，回顾我国悠久的历史，总结长期的历史经验，致力于通史著作。著名的是杜佑、司马光、郑樵和马端临。但在唐代，姚康复所撰《统史》三百卷，"自开辟至隋末，纂帝王美政善事"，就是一部编年体通史巨著。这无疑是史体上的一个创举，但史体创新不等于有很高的学术价值，不一定能传之后世。此书唐宋之世尚存，《唐会要》《史略》《玉海》都曾提到它。但《唐会要》记载它已显出不够重视，颇有微词，竟然将姚康复写成了"姚思廉"，将《统史》写成"通史"，并有"下至释道烧炼，妄求无验，皆叙之矣"的评语。[②] 因此，唐宋学者不予称道，司马光也不提此书，后来就被历史所淘汰。司马光编写编年体通史，虽然是步姚康复的后尘，而且编书旨趣也有某些相同之处；但后来居上，《资治通鉴》淹没了《统史》。其原因自然不

---

① 参考刘恕《通鉴外纪后序》。
② 参见《唐会要》卷三十六注。

在于史体之创与不创，而是由于《资治通鉴》编制的完善和内容的充实，即由质量所决定。形式终究是第二位，内容才是第一位的。

司马光编写《资治通鉴》很注意于两点：一是删繁就简，一是突出历代政治。这两点实是他定下的编史方针和原则。他在嘉祐中就想到编写通史，要"仿荀悦简要之文"，但还没有提到突出历代政治。而在治平元年（1064）三月所进《历年图》①的《论序》上，就讲到"今采战国以来至周之显德，凡小大之国所以治乱兴衰之迹，举其大要……庶几观听不劳而闻见甚博，善可为法，恶可为戒"。②显然已注意到简要与历代政治，是后司马光始终注意于此，参阅其《谢赐资治通鉴序表》和《进资治通鉴表》等即知。

而记事简要与记述历代政治这两点，是与供君主借鉴的编史宗旨连在一起的。"简要"是为了使"日有万机"的君主得以周览；突出历代政治，是为了提供君主"鉴前世之兴衰，考当今之得失"。③

二

编写《资治通鉴》这样的巨著，决非司马光一人所能胜任。他是主编，还有三名助编。三名助编是由司马光选请来的刘恕（字道原，1032~1078）、刘攽（字贡父，1023~1089）、范祖禹（字淳甫，一字梦得，1041~1098）。主编司马光的突出表现，就在于识得人才和善于用人。

治平三年（1066）四月，司马光奏请继续编写《通志》（次年改名《资治通鉴》），得到英宗允准，并准予设立书局、选请助手。是年司马光选请了刘恕和刘攽为助手。④ 到了熙宁三年（1070）六月，司马光又选请范祖禹为同修。⑤

三名助编，各有所长。就三人初进书局的情况来看，刘恕勤奋好学，博学多才，又精于史学；刘攽博学能文，精于汉史；范祖禹智敏好学，谦晦不伐。司马光初为主编时，四十八岁，算是已有成就的老年专家。刘恕同修之初，三十五岁，是刚进入中年的通才。刘攽同修之初，四十四岁，

---

① 参考《玉海》卷五十八"元祐《稽古录》"条。
② 《稽古录》卷十六。
③ 司马光：《进资治通鉴表》。
④ 参考《续资治通鉴长编》卷二〇〇治平三年四月。
⑤ 参考《续资治通鉴长编》卷二一二熙宁三年六月。

是中年专家。范祖禹同修之初，只三十岁，刚到而立之年，后生可畏。这样的修史班子，可谓老、中、青结合，通才与专家搭配，比较合理、协调。

有些学者认为，司马光为了编成《资治通鉴》，所选用的助手都是当时有名的史学家，或说选请助手的条件是有特殊成就的专门名家，刘攽是两汉专家，刘恕是魏晋南北朝与五代史专家，范祖禹精于唐史，因而让他们分修自己所擅长的部分。此说有对有不对。

二刘入局同修始于治平三年。刘攽当时可谓汉史专家，故说选请他以专门名家为条件是可以的。刘恕当时虽说"精于史学"，① 但还不是魏晋南北朝史和五代史专家。他所撰《十国纪年》和《通鉴外纪》肯定是在参修《资治通鉴》过程中写成的。《十国纪年》是其分修五代长编的副产品，《通鉴外纪》是对《资治通鉴》的补缺之作，都不可能写在参修《资治通鉴》之前。如果说刘恕是魏晋南北朝史和五代史专家，那是他在分修《资治通鉴》过程中成名成家的。

刘恕了解古今数千年史事，是个博通古今的通才，这是司马光和黄庭坚等所了解的。② 司马光选请刘恕，主要是因其是通才之故。自古以来，学术界专家多得很，而通才则较少。编写一部通史巨著，找几个断代史专家参修较为容易，而要找通才当主编与副主编实在很难。没有通才，没有像两司马这样的博学大才，我国史学史上就不可能产生像《史记》《资治通鉴》这样的通史名著。而《资治通鉴》的编写，仅有司马光为主编还不行，还要依靠刘恕这样的通才来协助。

范祖禹入局之初，年仅三十，并不精于唐史。他长于唐史，是在修书过程中提高的。当时，范祖禹不仅不精于唐史，而且还缺乏起码的史学工作经验。所以司马光才指导他如何搜集材料和编写长编，真是耳提面命。③ 如果范祖禹早已是唐史专家，恐怕司马光那么具体指导就是事属多余了。范祖禹在其所著《唐鉴》的自序中说："臣祖禹受诏与臣光修《资治通鉴》，臣祖禹分职唐史，得以考其兴废治乱。"可见范祖禹承认自己是在参修《资治通鉴》过程中考究唐史的；说司马光选请范祖禹是以其精于唐史为条件，早被范祖禹本人否定了。

有的学者认为，司马光选请助编还有政治条件，必须在政治上志同道

---

① 《司马文正公传家集》卷六十八《刘道原十国纪年序》。
② 参考司马光《十国纪年序》；黄庭坚《刘道原墓志铭》，见《豫章黄先生文集》卷二十三。
③ 参考《司马文正公传家集》卷六十三《答范梦得》。

合，反对王安石变法。此说似是而非。如果只是笼统地说司马光与二刘一范志同道合，那问题不大；若是仔细追究，就可知司马光当初选请助手并没有以反对王安石变法为条件。

当司马光于治平三年选请二刘入局修书之时，王安石还在江宁家中，并不在开封当政。熙宁元年，王安石才应神宗之召来到开封。先是为翰林学士，熙宁二年二月才为参知政事，开始主持变法。熙宁二、三年，司马光和二刘才开始反对王安石变法。①

二刘始入局修书的治平三年，与王安石始执政变法的熙宁二年（1069），先后相隔整整三年。三年后由于王安石变法，二刘起而反对，这怎么能成为三年前司马光选请助手的条件呢？

范祖禹是在王安石已变法的熙宁三年六月入局修书的。王安石变法时，他"竟不往谒"。② 后来，病重的富弼交给他一份"论王安石误国及新法之害"的密疏，元丰六年（1083）富弼死，范祖禹将此疏"上之"。③ 这时距离他入局修书之始已有十多年，距离王安石罢相也已好几年。④

所以，与其无所依据地说司马光当初选请助手是以反对王安石变法为条件，毋宁实事求是地说司马光与二刘一范曾在设局修书之后反对过王安石变法。司马光与二刘等在书局，自然思想上互相影响；但司马光与他们颇讲"君子道德亲"，⑤ 对他们的思想影响可能大些。

司马光选请二刘一范为助手，主要从业务能力着眼，是为了完成编书任务，而不是为了反对王安石变法。

三

司马光不仅识得人才，而且善于使用人才。他对二刘一范的安排，有分工，有合作，相机行事，适当调度，使得三位助手的能量充分发挥出来。

人们都懂得，学术组织工作极为重要，网罗了人才，不予使用，供于殿堂，厚其待遇，尸位素餐，等于没有人才；不善于使用，甲乙错置，丙丁重叠，使得互为矛盾，能量抵消，等于糟蹋人才。司马光不能不鉴于唐

---

① 参考《宋史》卷三三六《司马光传》、卷四四四《刘恕传》、卷三一九《刘攽传》。
② 《宋史》卷三三七《范祖禹传》。
③ 《宋史》卷三三七《范祖禹传》。
④ 王安石于熙宁九年十月再次罢相。参考蔡上翔《王荆公年谱考略》，上海人民出版社，1973。
⑤ 《司马文正公传家集》卷五《同范景仁寄修书诸同舍》。

宋史馆修史之流弊，为着实现自己修史的计划，而防止出现那种埋没和糟蹋人才的蠢事。

司马光作为主编，给自己分工，自然是负责全面工作，指挥调度，删定书稿，笔削予夺。他对二刘一范之分工，则因人而异，适时而定。

自治平三年四月设局修书起，至元丰七年十二月修成及奏进《资治通鉴》止，历时十九年，经历了三个阶段。司马光在各个阶段中，对于助编人员的分工，都是相机调度的。兹分述于下：

第一阶段，自治平三年四月至熙宁三年六月。这时司马光设局修书，身边有二刘助编，需要发挥集体编书的能量并完成一定的编书任务，以打开局面。

司马光在设局修书之前已编写了《通志》八卷，这就是《通志》改名《资治通鉴》后的《周纪》五卷、《秦纪》三卷。设局修书，是接续《通志》编写汉、魏等纪。

司马光开始如何对二刘分工，史无明确的记述。但据种种材料来推测，可以大致上说，对刘攽先安排分修两汉长编，然后安排分修隋以前的南北朝长编；对刘恕，在安排讨论编次、解决疑难、协助删定两汉纪的同时，又安排分修魏晋长编。

刘攽入局修书之始，正是司马光着手编写两汉纪之时。司马光既然选请来汉史专家，必然让他分修汉史。历来学者都是这个看法，故无须置疑。司马光在删定两汉纪的过程中，遇有疑难问题与他商量也在所难免。刘攽于治平四年（1067）四月之前完成前汉长编，[①] 约于熙宁二年间完成后汉长编。[②] 接着，司马光就安排他分修隋以前的长编。[③]

刘恕在参修的第一阶段里，首先是协助主编讨论编次，解决疑难，促进修定两汉纪的完成。司马光对刘恕开始就当作副主编使用。此时司马光既不能把战线拉得太长而让刘恕分修五代长编；又急于拿出两汉纪来，势必让刘

[①] 司马光于治平四年四月十三日所上《辞免翰林学士上殿札子》（见《司马文正公传家集》卷三十七）提到"近方欲具所修《前汉纪》三十卷先次所呈"。由是可知刘攽在此前已完成前汉长编。

[②] 《后汉纪》三十卷和《魏纪》十卷，每卷的卷首题衔是"翰林学士兼侍读学士"，而司马光于治平四年十月为翰林学士兼侍读学士，到了熙宁三年九月，以端明殿学士出知永兴军，可见《后汉纪》和《魏纪》必修定和奏进于熙宁三年九月之前。刘攽编写后汉长编，必须在司马光定稿之前完成，故估计其完成于熙宁二年。

[③] 司马光于熙宁四年下半年《答范梦得》（见《司马文正公传家集》卷六十三）信中有"隋以前与贡父（刘攽）"语，可知此前刘攽已分修长编（始于南北朝何时不得而知）。

恕协助修定两汉纪。司马光回忆设局修书头几年的事说,"与共修书,凡数年间,史事之纷错难治者,则诿之道原,光受成而已"。① 这说明,刘恕头几年受司马光之命,处理汉史上的难题,或是写战乱割据时期的长编。

同时,刘恕分担了编写魏、晋长编的任务。从编修《资治通鉴》的进程来说,在第一阶段中必须安排好魏晋长编的分修工作;否则,在修定两汉纪之后,修定《魏纪》和《晋纪》便无从下手。那么,分担这个任务是谁?主编司马光主要负责修定,还要写"臣光曰",任务很重,不可能分身。刘攽先是分修两汉长编,接着又分修南北朝长编,估计再无余力了;如果他来承担魏晋长编,则一时任务过重,有可能延缓编修工作进程。只有刘恕承担比较合适,这种可能性也大,根据有几点:(1)司马光在《十国纪年序》中说过,"史事之纷错难治者,则诿之道原";两汉以下,三国与两晋十六国之史事可谓"纷错难治者"。(2)司马康对晁说之说过,"自三国历七朝而隋则刘道原"。② (3)范祖禹说过,"道原于魏晋以后事尤能精详,考证前史差谬,司马公悉委而取决焉"。③ 所谓"魏晋以后事",包括魏晋之事在内。④ (4)司马光在《答范梦得》中提到以《晋纪》"递往南康军";时刘恕为南康军监酒,故"递往南康军"即递给刘恕,估计是司马光与刘恕商量《晋纪》定稿问题。(5)刘羲仲《通鉴问难》中所载,都是司马光与刘恕问答魏晋南北朝之事。

正因如此,这一阶段中才修成《前汉纪》三十卷、《后汉纪》三十卷、《魏纪》十卷,共七十卷,同时准备了晋长编,又安排了南北朝长编分修工作,打开了集体编书的局面。

第二阶段,自熙宁三年六月至熙宁九年秋。这时书局人事有所变动,司马光重新安排力量,继续编写工作。

在熙宁二、三年间变法与反变法斗争中,司马光与二刘反变法受挫,因而影响到书局人事的变动。熙宁三年四月,刘攽被黜放通判泰州;但他仍留开封,直到次年二月尚未赴任。⑤

---

① 《司马文正公传家集》卷六十八《刘道原十国纪年序》。
② 《嵩山文集》卷十七《送王性之序》。
③ 《范太史集》卷三十八《秘书丞刘君墓碣》。
④ 说"魏晋以后"包括魏晋事在内,有例为证:《答范梦得》中的"隋以前者与贡父"包括隋,"梁以后者与道原"包括梁,"武德以后"包括武德,"天祐以前"包括天祐。
⑤ 《续资治通鉴长编》卷二一〇,熙宁三年四月乙酉,"诏:馆阁校勘刘攽与外任"。《续资治通鉴长编》卷二二〇,熙宁四年二月,"攽时通判泰州……未赴也"。

熙宁三年九月，司马光出知永兴军，大约十月到任，次年四月判西京留司御史台，从此居洛十五年。①

约与司马光出知永兴军同时，刘恕惧怕变法派打击，主动要求出任南康军监酒，得到允准，受诏即官修书。②

二刘外任，书局缺人。司马光为补充编修力量，于熙宁三年六月奏请得范祖禹入书局同修。③

在结束了前段工作，面临此人事变动的情势下，司马光的分工与调度是：大约就在熙宁三年六月范祖禹入局至十月司马光赴永兴军任之间，司马光对编修工作做出了这样的安排：范祖禹分修唐代长编，刘攽继续分修南北朝长编，刘恕分修五代长编及协助修定晋与南北朝纪。④大约熙宁四年下半年，司马光在《答范梦得》信中提到：范祖禹做完唐代丛目之后，即做唐代长编；在搜集材料时要注意，"隋以前者与贡父，梁以后者与道原，令各修入长编中"。这说明熙宁四年间的编写工作仍然分工照旧。这个分工，在第二阶段中基本上执行。

刘攽于熙宁四年二月以后赴泰州，是后还担负分修工作。熙宁四年下半年《答范梦得》还提到刘攽修隋以前长编。刘攽分修，可能继续到熙宁八年（1075）。司马光在《进通鉴表》上写同修者刘攽的官衔是"充集贤校理"。刘攽早年为馆阁校勘，熙宁四年以后，才"充集贤校理、判登闻检院、户部判官知曹州"。⑤刘攽知曹州，是熙宁八年二月以后的事，⑥其充集贤校理当亦自此时始。刘攽充集贤校理，一直保持到元丰六年九月才因贬黜而降为"朝请郎"。⑦司马光《进通鉴表》写刘攽之衔，既不写其早年的馆阁校勘，也不写其元丰六年的朝请郎，而是写"充集贤校理"，其故就是

---

① 参考顾栋高《司马温公年谱》及陈宏谋《司马文正公年谱》。
② 《十朝纪年序》云：司马光知永兴军，刘恕"即奏乞监南康军酒，得之"。《三刘家集》云：诏许刘恕即官下编修。刘恕为南康军监酒，约距司马光出知永兴军不久。
③ 《续资治通鉴长编》卷二一二，熙宁三年六月戊寅，司马光乞差范祖禹同修《资治通鉴》。又，《续资治通鉴长编》卷三五〇记载，"攽在局五年，通判泰州，知资州龙水县范祖禹代"。
④ 此据《答范梦得》和《通鉴问疑》等而推断。
⑤ 《宋史》卷三一九《刘攽传》。
⑥ 《涑水纪闻》卷十四记载：曾布为三司使，与提举市易司吕嘉问争市易事，刘攽因赞赏曾布受了牵累，王安石"出贡父知曹州"。《续通鉴》卷七十记载，熙宁七年五月，"三司使曾布、提举市易司吕嘉问并罢"。王安石于熙宁七年四月罢相，旋于熙宁八年二月复相，其出刘攽知曹州，当在其复相之后。
⑦ 《续资治通鉴长编》记载，元丰六年九月戊辰，有"刘攽不职，罪状甚明，可落集贤校理，降授朝请郎"之诏。

刘攽于熙宁八年充集贤校理时还参修《资治通鉴》。从刘攽有五六年工夫修南北朝长编的情况（尽管黜放外任要受到影响）来分析，他必定基本上完成了分修南北朝长编的工作。

范祖禹在这一阶段中一直分修唐代丛目和长编。他起初在开封书局。熙宁五年正月书局迁至洛阳，① 他不久也到了洛阳书局。②

司马光交给了范祖禹分修任务，并不撒手不管，而有使用青年的具体办法：第一，具体指导。他指导范祖禹如何编写丛目和长编，如何搜集材料，如何整理成文，如何附注和考异。第二，给予样书。他把自己修定的《魏纪》和《晋纪》八卷，刘攽所修的长编一册，刘恕的"广本"两卷，送给范祖禹作参考，"作式样"。第三，给予充分的时间。自熙宁三年至元丰初年大约十年的时间，司马光始终让范祖禹分修唐代长编，使他有充裕的时间进行工作。第四，司马光虽是专家、主编，但不耻下问，也让范祖禹对定稿本提修改意见。如《答范梦得》信中就曾向范说：今请人带去《魏纪》，"有改动者，告指挥别写及揩改"。并常与范议事，嘱咐他做些秘书工作。③ 同时，刘恕也关心过范祖禹的分修工作。司马光在《答范梦得》中指导范工作就曾提到，"尝见道原云，'只此已是千余卷书，日看一两卷，亦须二、三年功夫也'。"正是由于司马光等细心和耐心培养青年，才会有后来的硕果。

刘恕在这个阶段中，首先是分修唐以后的五代长编。后五代长编由谁所写，历来说法不一，主要是两说，一说为范祖禹，④ 一说为刘恕，⑤ 另有避而不谈分修属谁的。⑥ 我认为，既然主编司马光一而再、再而三地提到刘恕分修五代长编，如《答范梦得》说，"梁以后者与道原，令各修入长编中"；如《贻刘道原》中提到"道原五代长编"；⑦ 如《乞官刘恕一子札子》⑧ 说，"至于五代十国之际，群雄竞逐，九土分裂，传说讹谬，简编缺

---

① 据顾栋高《司马温公年谱》。
② 范祖禹大约于熙宁六年三月丁卯降职（参考《续资治通鉴长编》卷二四三）之后到洛阳。
③ 《晁氏客语》有"公在洛，应用文字皆出范淳夫手"，"公事无大小，必与淳夫议"等语。
④ 《嵩山文集》卷十七《送王性之序》，有"唐迄五代则纯甫"语。
⑤ 徐度《却扫编》卷下，有"五代事则属之道原"语。
⑥ 胡三省《新注资治通鉴》言《资治通鉴》编修分属，只说"汉则刘攽，三国迄于南北朝则刘恕，唐则范祖禹"，没有提到五代属谁。
⑦ 此"五代长编"，是指唐以前的五代长编，还是指唐以后的五代长编，近代学者颇有争议。我认为，还是理解为唐以后的五代长编为妥。因本文受字数限制，不能详辩。
⑧ 见《司马温公文集》卷八。

落，岁月交互，事迹差舛，非恕精博，他人莫能整治"；还有，《通鉴考异》五代部分又多直接引用"刘恕以为""刘恕按"等；而且，刘恕另作有《十国纪年》，则后五代长编由刘恕属草而无可置疑。

刘恕在分修五代长编的过程中，还协助司马光修定晋至隋纪。关于魏晋南北朝由谁属草的问题，历来学者意见分歧很大，有说是刘恕，① 有说是司马光，② 有说是刘攽。③ 这种种说法，都有些对，也都不完全对。近人多说是刘攽与刘恕，但在分修的份量多少、谁先谁后问题上说法不一。魏晋分修问题，本文前面已谈了，这里谈南北朝分修问题。一般说来，司马光与二刘都参加了。主编司马光至少应做定稿工作和写"臣光曰"。刘攽早已分修隋以前长编。刘恕则写南北朝长编前一部分，上接其魏晋长编，下接刘攽的隋以前长编（衔接于何时不得而知）；并协助司马光定稿。理由有三：第一，《通鉴问疑》中记有几条司马光向刘恕问书南北朝事之疑，如有"道原于长编何故书景平二年二月癸巳朔日有食之"；"景平"是南朝宋少帝年号，这说明刘恕曾补修过宋长编。又如有"道原何故于承圣元年书武陵王纪即位于蜀"；"承圣"是南朝梁元帝年号，这说明刘恕参与过梁纪初稿。第二，范祖禹《秘书丞刘君墓碣》提到："道原于魏晋以后事尤能精详，考证前史差谬，司马公悉委而取决焉。"魏晋以后即南北朝，这说明刘恕协助司马光做了考异和定稿工作。第三，司马光《十国纪年序》提到，在元丰元年前二年（即熙宁九年）刘恕曾赶到洛阳，与司马光当面"议修书事"几个月，直到十月才返回南康军。两人面议修书的具体时间当在熙宁九年夏秋间，所议内容当是南北朝纪的定稿及下步工作安排。④ 这说明刘恕参与了南北朝纪的定稿工作。

正因如此，才在这个阶段完成了《晋纪》四十卷、《宋纪》十六卷、《齐纪》十卷、《梁纪》二十二卷、《陈纪》十卷、《隋纪》八卷，共一百零

---

① 晁说之《送王性之序》说，"自三国历七朝而隋则刘道原"；胡三省《新注资治通鉴序》说，"三国迄于南北朝则刘恕"。
② 徐度《却扫编》卷下谈《资治通鉴》编修分工，"两汉事则属之贡甫，唐事则属之纯夫，五代事则属之道原，余则公自为之"。此中"余"指魏晋南北朝事，"公"指司马光。
③ 全祖望《鲒埼亭集》外编卷四〇《通鉴分修诸子考》说，"贡父所修盖汉至隋"。
④ 司马光《与宋次道光》云："某自到洛以来，专以修《资治通鉴》为事，于今八年，仅了得晋、宋、齐、梁、陈、隋六代以来奏御。唐文字尤多，托范梦得将诸书依年月编为草卷，……自前秋始删，到今已二百余卷。"据此可知，司马光写此信时为元丰元年，"前秋始删"（即熙宁九年秋始删）唐代长编；同时可推知熙宁九年夏秋间刘恕与司马光面议内容。

六卷；又基本上完成了唐、五代长编，为《资治通鉴》的顺利完成奠定了坚实的基础。

第三阶段，自熙宁九年秋至元丰七年十二月。这时书局又有人事变动，司马光主要依靠范祖禹完成了唐、五代纪的定稿工作。

刘攽自从分修了南北朝长编之后，大概不再参与修书工作。

刘恕于熙宁九年（1076）十月自洛阳返回南康军，虽然当时已自知身体染疾，但还是领回了分修工作。据《十国纪年》说，刘恕当时得了"风疾"，半身不遂，"伏枕再期"，顽强地奋战了一年多，"病益笃，乃束书归之局中"。他在这个阶段，只修书一年多，于元丰元年九月病逝。他"归之局中"的书，想是五代长编；并已基本上完成，得到司马光好评。① 司马光对刘恕早夭，"痛惋惝恍而不能忘"，② 因为他深深感到得刘恕相助，"犹瞽师之得相也"；③ 失去刘恕，自然惋惜不已。

范祖禹大约于元丰初完成唐代长编。司马光于元丰元年《与宋次道书》提到范祖禹修唐代"草卷"，"共计不减六七百卷"，这说明范祖禹分修唐代长编已经完成，没有辜负司马光的重托与期望。他十年如一日，披寻材料，编写长编，写出了六七百卷的"草卷"；没有埋头苦干、志成汗青的精神是办不到的。

范祖禹完成唐代长编后，必定接续刘恕五代长编的未竟之业，并协助司马光修定唐、五代纪。在元丰年间，他年已四十上下，趋于成熟，在此时编写工作上一定出力很多。他自熙宁三年入局修书至元丰七年《资治通鉴》成书，参与修书十五年，将其壮年心力注于《资治通鉴》，自己也成了唐史专家。

范祖禹对二刘来说是后继有人，对司马光来说始终是个生力军。《资治通鉴》编写之所以能顺利完成，司马光选用青年人范祖禹不能不说是个重要因素和可靠保证。而对于司马光的栽培，范祖禹始终是知情而感激的。④

到元丰七年末，司马光完成了《唐纪》八十一卷、《后梁纪》六卷、《后唐纪》八卷、《后晋纪》六卷、《后汉纪》四卷、《后周纪》五卷，共一百一十卷。另有《目录》三十卷、《考异》三十卷。集体编书工作胜利

---

① 参考司马光《乞官刘恕一子札子》。
② 司马光：《十国纪年序》。
③ 刘羲仲：《通鉴问疑》。
④ 范祖禹在《祭司马文正公文》（见《范太史集》卷三十七）中提到，"某自为布衣，辱公（司马光）之知，教诲成就，义兼父师"。

完成。

司马光主编《资治通鉴》，在历年十九、人事多变的情况下，能胜利完成工作，不能不说与其善于调度，充分调动助手力量，有极大关系；也不能不说主编确确实实起了主导作用。

四

司马光主编《资治通鉴》，在编写史事上，充分调动二刘一范的积极性，既分工又合作，最后统一定稿；在历史评论上，则一律由他个人负责，统一发论。《资治通鉴》全书中，共有218条史论，其中除引了前人史论99条外，余者119条都是"臣光曰"，而没有一条臣恕曰、臣攽曰、臣祖禹曰。《通鉴问疑》所言"其是非予夺之际，一出君实笔削"，若是指《资治通鉴》史论而言，那是完全对的。

我国古代史学讲究经世，论史往往寓论政。司马光的史论尤其如此。

《资治通鉴》"臣光曰"寓政论，是本着儒家教条，因史事而发，随世情而异；各条情况不同，种类不一。大致上说，可分为正议、辨说、谏言、影射等四类。

先说正议。所谓正议，就是堂堂正正地发议论，说些封建主义的大道理、大原则。如《资治通鉴》第一条"臣光曰"是礼论（即名分论），开头就说："臣闻天子之职莫大于礼，礼莫大于分，分莫大于名。何谓礼？纪纲是也。何谓分？君、臣是也。何谓名？公、侯、卿、大夫是也。"又说："夫礼，辨贵贱，序亲疏，裁群物，制庶事，非名不著，非器不形；名以命之，器以别之，然后粲然有伦，此礼之大经也，名器既亡，则礼安得独在哉！"照他说，君君臣臣，尊卑有分，贵贱有别，贵以临贱，上之使下的观念与秩序，就是礼，就是名分。维持此礼，天下大治；废弃此礼，天下大乱。古来历史就是如此。这是司马光编写《资治通鉴》的开宗明义。据他说，治平四年十月甲寅，他进读《资治通鉴》三家为诸侯论（即礼论），神宗皇帝听了，"称美久之"。[①] 这种礼论，在《资治通鉴》"臣光曰"中时有出现，到处讲这种大道理，不烦列举。

像这种议论，在他的政论中往往有之。如他于庆历五年所作《不以卑

---

① 《名臣言行录》引《日录》，见黄以周等辑《续资治通鉴长编拾补》卷二。

临尊议》,① 言君臣父子之间,尊卑有别,不能"以卑临尊",这是"人道之大伦,古今之通义"。如他于嘉祐七年所作《上谨习疏》,② 言"国家之治乱本于礼",古代有礼所以风气好,三家分晋失了礼,是后礼义不行,民风大坏,当今之政有失上下之分,宜立纪纲。又如他于治平元年所作《言阶级札子》,③ 言"礼者,上下之分是也",只有严遵"阶级之制",才可"纪纲复振,基绪永安"。治平初年,司马光写《资治通鉴》名分论之时,在政论中还有"礼不忘其本,此古今不易之常道也",④ "国无二君,家无二尊"⑤ 等言论。可见"臣光曰"之论礼,有一定的背景,是立足于现实的政论。

次言辨说。所谓辨说,就是认认真真地辨别某些言论的是非,不取异论,而立己说。如,《资治通鉴》卷六十九有正闰论,其中说:"臣愚诚不足以识前代之正闰,窃以为苟不能使九州合为一统,皆有天子之名而无其实也。虽华夏(有作华夷)仁暴,大小强弱,或时不同,要皆与古之列国无异,岂得独尊奖一国谓之正统,而其余皆为僭伪哉!……正闰之际,非所敢知,但据其功业之实而言之。"司马光的看法是,只有统一的政权才能称得上"统",不统一的列国称"统"是不够格的。

在中国史学史上,早就有所谓正闰论,班固评王莽时,就说过秦与新莽都是"紫色蛙声,余分闰位",⑥ 不承认秦与新莽的正统地位。在司马光当时,欧阳修作《正统论》,章望之作《明统论》,苏轼作《后正统论》,郭纯作《会统稽元图》,一个个大谈正闰论,辩论历代政权以及北宋的正统问题。司马光没有直接批评班固的正闰论,但《资治通鉴》承认秦的统一及其历史地位,实际上否定了班固之论;也没有直接参与同时代人的辩论,但《资治通鉴》正闰论实已表明了自己的意见。他在复郭纯信中,提到了欧阳修《正统论》以魏为正统,章望之《明统论》以魏为无统,谓五代与秦、晋、隋为霸统,郭纯《会统稽元图》有正统与"余""闰""偏""僭"等统之分;他委婉地表明自己的看法:"夫统者,合于一之谓也;今自余以

---

① 《司马文正公传家集》卷六十六。
② 《司马文正公传家集》卷二十四。
③ 《司马文正公传家集》卷三十三。
④ 《司马文正公传家集》卷三十五《为宰相韩琦等议濮安懿皇合行典礼状》。
⑤ 《司马温公文集》卷六《言濮王典礼札子》。
⑥ 《汉书·王莽传》。

下，皆谓之统，亦恐名之未正也。"① 此说，实际上否定了欧、章、郭三家之说，坚持了《资治通鉴》中的正闰论。当然，他辨正闰之说，也是为北宋的正统地位张目的。

再说谏言。所谓谏言，就是明明白白地向君主表述自己的态度和意见，无讽刺之心，有规谏之意。如，《资治通鉴》卷五十七的本末论，就东汉末年的三互法论道："明王之政，谨择忠贤而任之，凡中外之臣，有功则赏，有罪则诛，无所阿私，法制不烦而天下大治。所以然者何哉？执其本故也。及其衰也，百官之任不能择人，而禁令益多，防闲益密，有功者以阁文不赏，为奸者以巧法免诛，上下劳扰而天下大乱。所以然者何哉？逐其末故也。孝灵之时，刺史、二千石贪如豺虎，暴殄烝民，而朝廷方守三互之禁，以今视之，岂不足以为笑而深可为戒哉！"这是说任贤为"本"，法苛为"末"。他提醒君主当以三互法为戒。

这种本末论，在司马光的政论中早已有之。嘉祐七年（1062），他针对仁宗特置官使，多"变更旧制""张设科条"，而言"今朝廷不循其本而救其末"，并论道："夫宽恤民力，在于择人，不在立法。若守令得人，则民力虽欲毋宽，其可得乎？守令非其人，而徒立苛法，适所以扰民耳！"② 可见《资治通鉴》中的本末论有其渊源。

司马光在《资治通鉴》中发本末论时，正是他在熙宁二、三年间大反王安石变法之日。他反对王安石变法的理由是：王安石信用"邪说壬人"，"变更祖宗旧法"；③ "增官则以冗增冗，立法则以苛增苛"；④ "法亦不善，所遣亦非其人"。⑤ 他立说，还是主张用贤而反对苛法的本末论。可见《资治通鉴》的本末论寓政论，有其现实性。

司马光进读《资治通鉴》时的解说，使人能联想起"臣光曰"的规谏之意。如他进读《资治通鉴》苏秦约六国从事，说"秦、仪为纵横之术，无益于治"，"所谓利口覆邦家者也"。宋神宗觉察出其意，说他进读"每存规谏"。尽管司马光不好意思当面承认，而解说是"陈著述之意耳"，⑥ 照他所说，著述《资治通鉴》的本意就包含着规谏。

---

① 《司马文正公传家集》卷六十一《答郭长官纯书》。
② 《司马文正公传家集》卷二十五《论财利疏》。
③ 《司马文正公传家集》卷六十《与王介甫书》《与王介甫第二书》《与王介甫第三书》。
④ 《司马温公文集》卷七《乞罢条例司常平使疏》。
⑤ 朱熹：《三朝名臣言行录》卷七《司马光》。
⑥ 陈宏谋：《司马文正公年谱》引《言行录》。

末说影射。所谓影射，就是隐隐约约地攻击他人，借古讽今。如《资治通鉴》卷一一九有条"臣光曰"论道："'《诗》三百，一言以蔽之，曰思无邪。'君子之于择术，可不慎哉！"又，《资治通鉴》卷一五五有条"臣光曰"论道："君子之于正道，不可少顷离也，不可跬步失也。……是以诡诞之士，奇邪之术，君子远之。"这两条"臣光曰"在《宋纪》和《梁纪》中，大约写于熙宁七、八年间，①都是影射王安石变法离正道、择邪术的。为什么这样说呢？有几点根据：（1）早在熙宁二年，司马光在《论风俗札子》②中就说过："近岁公卿大夫好为高奇之论，喜诵老庄之言"，"此非国家教人之正术"。清人顾栋高对此指出："所谓'高奇之论，喜诵老庄'者，则荆公（王安石）其人也。"③这个看法是对的。（2）熙宁三年春，司马光指责王安石建立的制置三司条例司（主持变法的机构）"自以为高奇之策"；④批评王安石"不当无大无小尽变旧法，以为新奇也"，"但恐介甫之座日相与变法而讲利者，邪说壬人为不少矣"。⑤这就是攻击王安石之术"新奇"而欠正、对诡诞之士不是疏远而是亲近了。（3）熙宁七年四月十八日，司马光所上《应诏言朝政阙失状》⑥中说：六年来政失民怨，"岂非执政之臣所以辅陛下者未得其道欤？"所谓"执政之臣"是指王安石，所谓"未得其道"是指王安石离正道而行邪术。而司马光上此状之时，正是他在宋、梁两纪"臣光曰"中论"择术"和"正道"之日，可见其史论与政论之声气相通。

又如，《资治通鉴》卷二二五有条"臣光曰"论常衮辞禄："君子耻浮食于人；衮之辞禄，廉耻存焉，与夫固位贪禄者，不犹愈乎！《诗》云：'彼君子兮，不素餐兮！'如衮者，亦未可深讥也。"这条写于元丰年间的"臣光曰"也是影射王安石的。早在熙宁元年八月十一日，司马光与王安石在神宗面前辩论财政问题，王安石先说道："昔常衮辞赐馔，时议以为衮自知不能，当辞禄"；司马光接着反驳："常衮辞禄位，犹知廉耻，与夫固位

---

① 《资治通鉴》中的《宋纪》与《梁纪》每卷的卷首题衔有"提举西京嵩福宫"，据《续资治通鉴长编》卷二六三所载，司马光于熙宁八年闰八月始提举西宁嵩山嵩福宫；又据司马光《与宋次道书》，可知宋、齐、梁、陈、隋等纪最晚于熙宁九年秋已奏御，故推算宋、梁两纪"臣光曰"写定于熙宁七、八年间。
② 见《司马文正公传家集》卷四十二。
③ 顾栋高：《司马温公年谱》。
④ 《司马温公文集》卷七《乞罢条例司常平使疏》。
⑤ 《司马文正公传家集》卷六十《与王介甫第三书》。
⑥ 见《司马温公文集》卷七。

贪禄者，不犹愈乎！"① 司马光先后的论调基本一致，后者还加了"未可深讥"语，显然影射王安石而无疑。

《资治通鉴》"臣光曰"有影射时政的言论，早有学者指出来了。宋元之际研究《资治通鉴》的大专家胡三省说："治平、熙宁间，公与诸人议国事相是非之日也。萧、曹画一之辩不足以胜变法者之口，分司西京，不豫国论，专以书局为事。其忠愤感慨不能自已于言者，则智伯才德之论，樊英名实之说，唐太宗君臣之议乐，李德裕、牛僧孺争维州事之类是也。"② 他指出了《资治通鉴》中有司马光"忠愤感慨"之言，并列举了四例。他还在《资治通鉴》"臣光曰"论朋党条下注云："温公此论为熙、丰发也。"即以为朋党论也是司马光针对熙宁、元丰间时政的愤慨之言。胡三省这个说法是可以成立的，举例也具有典型性。缺点是说得笼统而不具体。

近代研究《资治通鉴》颇有成就和影响的学者张须很注意胡三省发司马光之"隐"，并对胡氏之说作了阐释："今按才德之论，温公为新法诸人发也。名实之说，则专为荆公发也。"同时还说，司马光论乐，"有为而发"，但未指出针对谁而发。又说，司马光论维州之取舍，以牛僧孺之言为是，正如胡三省所谓元祐国论大指如是云云，③ "其时温公为相，国论亦公所持也"。④ 是后，几十年来有些学者谈起司马光史学思想，多从张须之说。

其实，张须之说疏漏不小，有必要分辨一下。

先辨才德论。此论在《资治通鉴》卷一，写成于治平三年以前；⑤ 而新法诸人是在时过三年，熙宁二年二月王安石参政变法始登上政治舞台的，怎能说才德论"为新法诸人"而发呢？我认为，《资治通鉴》中的才德论，自有其远源和近因，与新法诸人无涉。其远源是，司马光早在庆历五年就写有《才德论》；⑥ 到他写《通志》时稍加修改就移用了来。只要将两论对照一下即知底细。其近因是，司马光鉴于嘉祐、治平年间用人问题上有重才轻德的倾向，曾一再强调德的重要性。如，司马光于嘉祐六年八月作

---

① 《司马文正公传家集》卷四十二《迩英奏对》。
② 胡三省：《新注资治通鉴序》。
③ 胡三省在《资治通鉴》论牛李争维州事条下注云："元祐之初，弃米脂等四寨以与西夏，盖当时国论，大指如是。"
④ 张须（煦侯）《通鉴学》初版（开明书店，1948）和修订本（安徽人民出版社，1981）皆有是说。
⑤ 《资治通鉴》前八卷（即《通志》八卷）大约写定于治平元年或二年。顾栋高《司马温公年谱》将《进通志表》置于治平三年正月，说明此时《通志》八卷已进御了。
⑥ 见《司马文正公传家集》卷六十四。

《论选举状》,① 提出"取士之道,当以德行为先",反对"近世以来专尚文辞"之风。又如,治平二年春,司马光作《言皮公弼第二札子》,② 提出"操心不正者,虽有材能,无所用也"。再如,治平二年九月,他作《言张方平札子》,③ 针对朝廷用翰林学士张方平参知政事,提出"方平文章之外,更无他长,奸邪贪猥,众所共知",反对重用能文无行的张方平。因此,可以说,《资治通鉴》中的才德论是针对嘉祐、治平间的重才轻德倾向而发的。

次辨名实说。此论在《资治通鉴》卷五十一(后汉纪之中),大约写定于熙宁二年。它是说君主取士应注意名实相符,认为对于"名与实反,心与迹违"的"少正卯之流"人物,不可聘召。这是不是针对王安石呢?似乎不是。司马光虽然在熙宁二、三年间积极反对王安石变法,指责王安石信用"邪说壬人",但他在熙宁三年春还三次致书王安石,待之以友情,责之以大义,劝其复旧章,并没有视王安石为"少正卯之流"。言名实论"专为荆公发",是难以站得住的。根据司马光当时指称吕惠卿为"奸邪",④"憸巧非佳士","用心不正"⑤ 的情况来看,名实说很可能是影射吕惠卿。

再辨论乐。此论在《资治通鉴》卷一九二,其中说:"夫礼乐有本、有文:中和者,本也;容声音,末也。"这个论点,有与当时论乐者辩论的意味。张须说司马光论乐"有为而发"是对的;只是未指出针对谁。据史记载,北宋论乐异同者七八家,其中司马光与范镇断断续续地反复论乐三十余年,意见始终分歧。范镇以为"定乐当先正律",对乐律深下工夫。⑥ 司马光始终强调"中和,乐之本也;钟律,乐之末也";⑦ 他赋诗也有"试就中和看",⑧ "要须中和育万物"⑨ 等句;晚年还作了《中和论》。⑩ 《资治通鉴》中的礼乐论,正反映了他与范镇论乐的分歧。

再辨论牛李争维州事。此论在《资治通鉴》卷二四七,约写于元丰中,

---

① 见《司马温公文集》卷三。
② 见《司马文正公传家集》卷三十三。
③ 见《司马文正公传家集》卷四十一。
④ 《司马温公文集》卷七《请自择台谏札子》。
⑤ 《司马温公年谱》引《言行录》。
⑥ 参考《宋史》卷三三七《范镇传》。
⑦ 《司马文正公传家集》卷六十三《与范景仁第四书》。
⑧ 《司马文正公传家集》卷四《和范景仁缑氏别后寄求诀乐书》。
⑨ 《司马文正公传家集》卷四《和韩秉国招范景仁饮,景仁不至,云方作书与光论乐》。
⑩ 《中和论》作于元丰七年十月三日。见《司马文正公传家集》卷六十四。

早于元祐好几年。司马光强调唐放弃维州是讲"信",认为"维州小而信大"。此论有其现实性。神宗在位时,宋与西夏一再用兵,有治平四年种谔取绥州、元丰四年种谔克米脂等事。① 司马光于治平末、熙宁初,一再发论反对进攻西夏,强调"怀之以德","敦大信";② 指责种谔等起绥州之役,"弃信义而举兵,得小失大"。③ 元丰五年秋,司马光还说:"又有奸诈之臣,如种谔……之徒,行险侥幸,怀谖罔上,轻动干戈,妄扰蛮夷。"④ 看来,《资治通鉴》"臣光曰"论牛李争维州事,是影射种谔取绥州、克米脂等事的。胡三省注此条,指出元祐初"国论大指如是",乃以后事证之,无瑕可指;然张须在分析《资治通鉴》著作背景时仍袭胡氏之说,似乎欠妥。

还要辨一下朋党论。此论在《资治通鉴》卷二四五。它有远源和近因。远源是,司马光早在嘉祐三年已作了《朋党论》,⑤ 就唐文宗时两李(李宗闵、李德裕)党争发表了看法,认为"坏唐者文宗之不明,宗闵、德裕不足专罪也"。近因是,司马光认为治平、熙宁以来,一直存在朋党问题。如他在治平四年五月曾对神宗说,"近岁以来,政府(指执政)、言职(指谏官)迭相攻毁,分为两朋,有如仇敌"。并指出:"人主不忍违逆人情,两加全护,不肯判其得失,是以群下纷纷日斗于前,而朝廷为之多事者也。……夫心知其是非而面徇其情,口顺其说,依违两可,此最人君之大患也。"⑥ 这是司马光对神宗进谏,同时表达了君主对朋党问题应负主要责任的看法。熙宁年间,神宗重用王安石,变法改革,而不听反对派司马光等人的意见。司马光等人就结成团伙,坚持反对变法的态度,于是朝廷分为新旧两党,王安石为新党领袖,司马光为旧党头子。在司马光心目中,新党是讲财利、行新法、用奸佞的朋党,旧党则是循礼教、守旧章、为人正的正派;又认为两党的出现,关键在神宗亲新党、拒谏言,所以神宗应负其责。⑦ 明确了这些,再看"臣光曰"对唐文宗时朋党所发的言论:君子与小人"不相容",君子为"公"而"正直",小人行"私"而结"朋党"。这全在于君主"所以辨之"。"是以明主在上:度德而叙位,量能而授官;

---

① 参考《宋史》卷四八五、四八六,《夏国传》上、下。
② 《司马文正公传家集》卷四十一《言横山札子》《论横山疏》和《言横山上殿札子》。
③ 《司马文正公传家集》卷四十二《论召陕西边臣札子》。
④ 《司马文正公传家集》卷十七《遗表》。
⑤ 见《司马文正公传家集》卷六十四。
⑥ 《司马文正公传家集》卷三十八《上听断书》。
⑦ 参见《司马文正公传家集》卷四十三《辞枢密使第四札子》和《第六札子》,卷四十四《乞罢条例司常平使疏》,卷四十五《应诏言朝政阙失状》等。

有功者赏，有罪者刑；奸不能惑，佞不能移。夫如是，则朋党何自而生哉！彼昏主则不然。明不能烛，强不能断；邪正并进，毁誉交至；取舍不在于己，威福潜移于人。于是谗慝得志而朋党之议兴矣。……故朝廷有朋党，人主当自咎而不当以咎群臣也。"这种史论，与其政论紧紧呼应，实为政论。于此可以闻到影射神宗有未能去新党之咎的火药味。

司马光晚年很注意对自己一生治学论史的总结。元丰八年（即他去世前一年），他在与人书中说："光性愚鲁，自幼诵诸经、读注疏，以求圣人之道，直取其合人情物理、目前可用者而从之，前贤高奇之论皆如面墙，亦不知其有内外中间、为古为今也。比老止成一朴儒而已。"① 这是他很坦率也很重要的自我总结。可注意其三点：（1）司马光向来诵读儒家经书，"以求圣人之道"，不学"高奇之论"。难怪他在《资治通鉴》"臣光曰"中大谈君子不可少顷离于"正道"，"天下无二道"，只有一个"圣人之道"；也难怪他论天下只有儒学，"安有四学哉"。（2）在求"圣人之道"时，取其"合人情物理、目前可用者"而用之，即将"圣人之道"与现实需要结合起来，亦即强调学以致用。他从嘉祐以来，主要的史学活动就是给皇帝编写历史教科书，要求皇帝以史为鉴，论史不断加强现实性，甚至有不少影射现实的内容。他求"圣人之道"，有时称"求古之道"，② 反对"厌常而好新"；③ 在现实政治生活中，反对王安石变法，实有信古保守之嫌，但尚无泥古不化之病。（3）他为自己作了"比老止成一朴儒"的定论。所谓"朴儒"，实际上就是纯粹的儒家学者、正宗的历史学家。他作这个结论，是诚实而中肯的。他的史学，尤其是"臣光曰"，就是有力的证明。

当今有的学者在讨论司马光"迂"还是不迂的问题。我认为，"迂"是司马光的特点，是他自己承认了的，④ 实是他坚持封建主义"正道"的表现；但"迂"不等于泥古不化，不等于无视现实。他虽然说过古今之道"不变"的话，⑤ 但还是将"圣人之道"与现实需要联系起来的，论史是注意现实性的。就其史论来说，可以说有教条与适时的两面性，糟粕与精华

---

① 《司马文正公传家集》卷六十三，《答怀州许奉世秀才书》。原书未注明年月。陈、顾两谱也未予考证。查此书中有"比老"、遭遇"国丧""五月四日"复书云云，可知是写于神宗崩（元丰八年三月七日）后，元丰八年五月四日。时司马光67岁。
② 《司马文正公传家集》卷七十四《迂书序》。
③ 《司马文正公传家集》卷七十四《辩庸》。
④ 参考《司马文正公传家集》卷七十四《迂书序》《释迂》。
⑤ 《司马文正公传家集》卷七十四《辩庸》。

兼而有之。

由于司马光主编《资治通鉴》的成功，使他成为宋代史坛的巨擘，名与其前辈司马迁并列。司马光成名成家，是时代造就的，也是他适应时代需要，立意为皇帝编写简明通史教科书，识得史学人才，善于做学术组织工作，又能统一发具有特色的史论，并经过长期呕心沥血才成功的。

钱大昕"实事求是"史学

钱大昕的"实事求是"史学，是中国史学史上非常突出而值得重视和研究的一个大问题。

乾嘉时期（1736～1820）学者好言"实事求是"，钱大昕尤为突出。这在中国史学史上是前所未有的。在史学上的所谓实事求是，仅是指考证方法，还是言史学思想？以往学者常常提到这个词，但并没有深究其底细。

钱大昕治史以考辨著称。二百年来史学界无不推尊他为乾嘉考据史学的巨擘。这是不成问题的。但我觉得，钱氏在谈记事、著述、考辨、议论时，多次简明地提到"实事求是"，有着多方面的含义，不仅是言考证方法，而且流露出朴素的史学思想，也是作为重大的史识和史德问题提出来的。这实际上是对中国古代"直书""实录"论的继承和发展，是中国史学史上突出的成果，并体现了中国古代史学思想一个显著的特点。

现在我提出浅见，希望同道研讨，恳请方家指正。

一　史书传信

钱氏强调史书应当"传信"，而成为信史。这是他对史学最基本最重要的一个看法。

重经轻史原是中国学术的一个传统，宋明时期尤为明显。钱氏反对重经轻史之论。他指出："经与史岂有二学哉！"《尚书》《春秋》"实为史家之权舆"，刘向、刘歆父子《六略》儒家内有《世本》《太史公书》等，"初无经史之别"，后来述作多了，需要分类，"而经史始分"，"然而不闻陋史而荣经也"。宋代诸儒讲究心性，影响所及，"则有呵史为玩物丧志者。

彼之言曰，经精而史粗也，经正而史杂也"，实乃谬论。① 他强调，"史非一家之书，实千载之书。"意谓写史不是个人的事情，而是要留传后世的。因此，他要求"史为传信之书"。② 要求史书成为信史。这是对史书总的要求，也是要求史书的标准。

史书如果是真正的信史，那它的用处就大了。钱氏指出，只有信史，才能说得上"表古人以为今人之鉴"，才能达到劝善"惩恶之旨"。中国史学向来讲求"劝善惩恶""以史为鉴"之功用。真正做到这一点，当然要求史书可信，真实可靠。这样才能使人明辨善恶是非，当作镜子，知其善者而敬仰之、学习之，知其恶者而厌恶之、唾弃之，从中吸取经验教训，认真地为人、为学、为政。中国史学讲求社会功用，首先是考虑为人问题，因为中国人是讲求为人之道的。怎样为人？向历史人物学习就是一条重要的途径。

钱氏说："表古人以为今人之鉴，俾知贵贱止乎一时，贤否止乎万世，失德者虽贵必黜，修善者虽贱犹荣。"③ 这里的"表"，是指《汉书·古今人表》。此表把古人分为上、中、下三等，每等又分上中下三品。所分的标准，不是按贵贱高低，而是按人品贤否，失德的人即使官高位尊，也黜降在下等，贤良的人即使地位卑贱，也荣登于上等。这样，供人学习的历史人物，就不是以贵贱为标准，而是以贤否为尺度，使人们明白应当向贤良者学习。古时的"德"有其历史局限性，这是不能否认的，但任何时候学史做人，总是要以德为准。我们今天仍然可以在信史的前提下学史做人。

所以，史书是重要的，治史也是重要的。中国历来有重视历史和史学的传统，也有无知历史和轻视史学的妄人。钱氏根据宋代吴曾《能改斋漫录》的内容，写了一条《李彦章言史学》，其中提到：自崇宁以来，在王氏之学的影响下，只重视经学。李彦章以为只要谈经就行，不必读史，妄言史学一无用处，视史学为"流俗之学"，指学史为"世俗之习"。钱氏讥刺：王学之弊，"至于妄诞无忌惮若此"。④ 钱氏之评，一针见血。重经轻史，为何妄诞？主要是，这种士人学子只知经籍上的一些词句教条，任意发挥，夸夸其谈，不总结历史经验教训，还可以大言不惭地自谓注意了大道理，

---

① 钱大昕：《廿二史札记》序，《廿二史札记》，中华书局，1984。
② 《廿二史考异》卷六《古今人表》。《嘉定钱大昕全集》，第二、三册，江苏古籍出版社，1997。
③ 《十驾斋养新录》卷七《李彦章言史学》。
④ 《嘉定钱大昕全集》，第七册，江苏古籍出版社，1997。

自以为高明而不屑于世俗人情。有宋一代，在中国史上有其特点，不无长处，但比起汉唐盛世那种生气勃勃的局面，可谓等而下之，其"积贫积弱"，原因种种，其中恐怕与一些学者士子多不重视历史与史学，不善于总结历史经验教训，也不无关系。

钱氏很重视学风与世运的关系，十分强调学习历史和重视史学的重要性。他态度认真地说："士大夫不可以无学。不殖将落，原氏所以先亡；数典忘祖，籍父所以无后。董昭言：'当今年少，不复以学问为本，专以交游为业。'曹魏所以不永也。史洪肇言：'但事长枪大剑，安用毛锥？'乾祐所以失国也。蔡京禁人读史，以《资治通鉴》为元祐学术，宣和所以速祸也。"[①] 钱氏在这里列举了周大夫原伯鲁不学，春秋晋大夫籍谈"数典忘祖"，三国魏司徒董昭言当时年轻人"不复以学问为本"，五代后汉史洪肇言"毛锥无用"，宋代蔡京禁人读史，《资治通鉴》也在禁读之列，共五个史例，说明士子不学，尤其是不学历史，以致败家亡国之祸，原氏之亡，籍氏无后，曹魏不永，后汉失国，北宋沦亡，原因是多方面的；但可以肯定地说，不学，不学历史，尤其是不能总结历史经验教训，必定是破家亡国的一个重要原因。

钱氏之论是很有意义的。强调学史，首先要求写真实的历史，有了真实可信的史书，才有可能学好历史，也才可能实事求是地总结出历史经验教训。

万斯同曾说过："史之难言久矣，非事信而言文，其传不显。李翱、曾巩所讥'魏晋以后，贤奸事迹暗昧而不明，由无迁、固之文'是也。而在今则事之信尤难，盖俗之偷久矣，好恶因心，而毁誉随之，一家之事，言者三人，而其传各异矣，况数百年之久乎？言语可曲附而成，事迹可凿空而构，其传而播之者，未必皆直道之行也，其闻而书之者，未必有裁别之识也。非论其世知其人而具见其表里，则吾以为信而人受其枉者多矣。"万氏慨叹魏晋以来信史难求，主要是由于治史者"好恶因心，而毁誉随之"，所以才有曲附而成之文，有凿空而构之事，书法不是直道，裁别又缺鉴识，因而人们如果盲目轻信之，则受枉太多。钱大昕对万氏此言非常赏识，记入了他写的《万先生斯同传》[②]，予以充分肯定。万氏之言，钱氏所传，说

[①]《十驾斋养新录》卷十八《士大夫不说学》。
[②]《潜研堂集》卷三十八《万先生斯同传》，《嘉定钱大昕全集》，第九册，江苏古籍出版社，1997。

明主观唯心主义者写不出信史，换句话说，史之难信，主要是主观唯心主义者作祟。

南宋有个名叫胡宏的学者，号五峰，写了一本 80 卷的大书《皇王大纪》，所写内容，上起盘古，下迄周末，三皇纪写盘古、天皇、地皇、人皇、有巢、燧人等，五帝纪自伏羲写至尧、舜，三王纪写夏、商、周，博采经传，杂烩一锅，附以己论，毫无考证。竟然有人继踵而为，罗泌《路史》，征引益为奥博。可别小看此道，遗风实在不小。钱氏对胡宏这类人"侈谈空邃古"，讥为"盖好奇而不学之弊"。①

二　祛疑指瑕

"祛疑指瑕""订讹规过"，是钱氏治史"实事求是"的一大特点。

钱氏谈起考证历史，强调"唯有实事求是"。一者说："夫史非一家之书，实千载之书，祛其疑，乃能坚其信，指其瑕，盖以见其善，拾遗规过，匪以齮齕前人，实以开导后学。"再者说："学问乃千秋事，订讹规过，非以訾毁前人，实以嘉惠后学。……去其一非，成其百是，古人可作，当乐有诤友，不乐有佞臣也。"② 所谓"祛疑""指瑕""拾遗规过""订讹规过"等，都是对于古代史籍"去其一非，成其百是"，使其成为信史，可以传世有用。

在乾嘉时期，"廿二史"（廿四史中的《旧五代史》和《明史》除外）是所谓"正史"，是中国古代史籍的代表。钱氏治史，首先是要利用这些史书。但他觉得，这些史书多多少少存在问题，尤其是其中的《晋书》《新唐书》《宋史》《元史》等，问题很多，后两部史书的毛病尤为严重。他觉得，私人所修的史书，主要取决于撰者的才、学、识之高低，也有思想意识问题；而官修史书的严重毛病，就在于：（1）众手参差，彼此互异；（2）不谙掌故，知识浅薄；（3）取材不慎，选择不精；（4）上下其手，饰美增恶；（5）《春秋》笔法，自任褒贬；（6）时间仓促，草草了事；（7）主编不才，素餐失职。

钱氏所讥有关正史致误的几点原因，主要是两个方面，一方面是由于史家的学术水平和品德，如取材不当、不谙掌故、上下其手、自任褒贬等；

---

① 《十驾斋养新录》卷十三《胡五峰皇王大纪》。
② 《潜研堂集》卷二十四《廿二史考异序》。

另一方面是官府修史制度不善，选人多非史才，众手参差不一，主编不才失职，匆匆应付了事等。因此，钱氏觉得，对"廿二史"进行考订，祛疑指瑕，订讹规过，去非存是，使其成为信史，责无旁贷。所以他毕生以很大很多的精力考史，成绩突出，成就很大。

这里简要地举例略谈钱氏考史中几个主要方面。

官制方面。钱氏对于"廿二史"中官制问题考及很多，这里仅举关于西汉的中外朝一例。孟康注《汉书》曾谈到过中外朝问题。钱氏认为孟康之注"最为分明"，并说："然中外朝之'外'，汉初盖未之有，武帝始以严助、主父偃辈人值承明，与参谋议，而其秩尚卑；卫青、霍去病虽贵幸，亦未干丞相、御史职事。至昭、宣之世，大将军权兼中外，又置前、后、左、右将军在内朝预闻政事，而由庶僚加侍中、给事中者，俱自托为腹心之臣矣。此西京朝局之变，史家未明言之，读者可推捡而得也。"① 此言指明两点：一是中朝与外朝之分，始于汉武帝时官小秩卑的严助等参与朝政；一是指明这是西汉"政局之变"。这是很有史识的。自昭、宣之世始，担任大司马和将军的外戚重臣多领尚书事，加上其安插在朝中的侍中等，权兼中外。

舆地方面。钱氏对于"廿二史"的舆地问题考证也多。他曾说："读史而不精舆地，譬如瞽之无相也。"这里仅举关于东晋南朝侨州郡加"南"字问题一例。钱氏觉得，"郡县之名，多因山川都邑，至南北朝侨置州郡，而舆地又一变。由是名实混淆，观听眩瞀"。② 他认为《晋书·地理志》问题很多，所考将近万字，关于侨州郡加"南"字问题尤为所考之重点。他说："晋南渡后，侨置徐、兖、青诸州，俱不加南字。刘裕灭南燕，收复青、徐故土，乃立北青、北徐州，而侨置之名如故，是时兖境亦收复，不别立北兖州，但以刺史治广陵，或治淮阴，而遥领淮北实郡。义熙（405～418）末，乃以兖州刺史治滑台，而二兖始分，然侨立之州犹不加'南'。至永初（420～422）受禅以后，始诏除'北'加'南'。沈休文《州郡志》谓晋成帝立南兖州寄治京口时，又立南青州及并州，此特据后来之名追称之，非当时有南兖、南青之名也。此《志》乃谓成帝后改南兖州，则自郗鉴以后领兖州刺史者。纪传一一可考，曷尝有称南兖者乎？盖唐初史臣误仍宋代追称为晋时本号，著之本史，沿讹者千有余年，至予始觉其谬，愿读史者

---

① 《三史拾遗》卷三，收入《嘉定钱大昕全集》第四册。
② 《三史拾遗》卷十九，《晋书地理志》上。

共审之。"① 对于这个问题，钱氏不仅在《晋书考异》中提到，在《宋书考异》中也谈了。还写了《晋侨置州郡无南字》，《晋书地理志之误》二文，在《与徐仲圃书》中也着重谈及。钱氏此考，颇为深细，很见工夫，自成一说。但也似存在疑问：晋既侨置州郡之后，徐、兖、青诸州实际上已有南北之分，很可能就产生了较为方便的称谓区分，习惯成自然，初则在口头，继之在笔下，"南""北"的冠词就加上了。据《宋书·武帝纪下》"（永初元年八月）诸旧郡县以北为名者，悉除；寓立于南者，听以南为号"的记载，细加分析，"诸旧郡县"在此之前已加有"南""北"，只是这时要求悉除"北"而保存"南"，以示区别；"听以南为号"的"听"，不可理解为"始加"，而当理解为"任凭"。拙见只是献疑，尚有待深考。

氏族方面。中国历史悠久，氏族源远流长。对于氏族，历来颇受重视，但存在不少问题，史书中也往往错谬疏漏。钱氏对于氏族问题颇为注意，他说："顾州郡、职官，史志尚有专篇，惟氏族而不讲。班氏之《古今人表》散而无纪，欧阳（修）之《宰相世系》偏而不全，思欲贯穿诸史，勤为一书，而衰病遽臻，有志未逮。昔应仲远、王节信之述氏族，皆推本受姓之始。予谓史学与谱学不同，邃古既远，命氏之典久废，汉氏已无姓氏之分，史公于《汉本纪》称'姓刘氏'，言汉之以氏为姓也。后儒强作解事，谓汉出祁姓，因訾史公之谬。不知项伯、娄敬赐姓，不曰祁而曰刘，此汉制之异于三代也。"他接着说："予所谓氏族之当明者，但就一代有名之家，辨其支派昭穆，使不相混而已矣。自作史者不明此义，于是有一人而两传，若《唐》之杨朝晟，《宋》之程师孟，《元》之速不台、完者都、石抹也先、重喜者矣；有非其族而强合之，若《宋纪》以余晦为介子者矣；有仞昆弟为祖孙，若《元史》以李伯温为毂子者矣。至于耶律、移剌本一也，而或二之；回回、回鹘本二也，而或一之。氏族之不讲，触处皆成窒碍，此虽卑之无甚高论，实切近而适于用，至于遥遥华胄，始置勿道可尔。"② 意思是，史书中存在很多氏族问题，应当重视，但不可好古。

钱氏对于"廿二史"等史书中的一些氏族多有考究，这里仅举关于李延寿写氏族人物问题一例：魏晋南北朝崇尚门第，讲求家世，当时及稍后的史书颇染此风。李延寿所撰《南北史》中的人物传，多以家世类叙，不以朝代为限制，有议其失者。钱氏认为，"当时本重门第，类而次之"，"甚

---

① 《十驾斋养新录》卷六《晋侨置州郡无南字》。
② 《潜研堂集》卷二十四《二十四史同姓名录序》。

得《史记》合传之意,未可轻议其失"。但他又觉得,李延寿对氏族并不很通,乃针对《北史·外戚传》前言"又检杨腾、乙弗绘附之魏末,以备《外戚传》云",①而发论:"乙氏自有家传,绘又无事迹可称,正当类叙,以省繁复,何须别入《外戚》邪?李氏徒见魏澹书有此二人,亟为附益,而不知乙弗氏之即乙氏,乙弗莫瑰之即乙瑰,若以乙弗后与乙瑰两传参校,去其重沓,又以绘附其父瑰之后,庶几简而有法矣。"② 这就表明,李延寿《南北史》既然以家世类叙,而又对氏族不甚了了。

年代问题。时间是社会历史的基本要素之一,因此治史要注意年代以及中国古代纪年的年号,还有历史人物之活动时代及其生卒年。"廿二史"等史书在这方面是有失误的。钱氏在年代问题上也多有考究,试举关于宋代人洪迈的生卒年问题为例。《宋史·洪迈传》记载:"淳熙改元……明年,再上章告老,进龙图阁学士。寻以端明殿学士致仕,是年卒,年八十。"钱氏觉得这个记载有问题,说:"据《传》文,似淳熙二年告老,即以其年卒。今考之,不特'淳熙'字误(按:当是'绍熙'),即谓卒于绍熙二年(1191)亦误也。"据他考究,"《容斋三笔》成于庆元二年(1196)六月,其序云:'予以会稽解还里,于今六年,年令之运,逾七望八。'则是庆元二年丙辰,迈年尚未盈八十也。据《续笔》云,乾道己酉(1169),年四十七。迈既寿至八十,其卒当在嘉泰二年壬戌(1202)矣"。③ 这是依据洪迈《容斋随笔》的材料,考明洪迈的卒年。这来自第一手资料,是完全可靠可信的。所以今人已信服其考,采用其成果。

天文历算问题。钱氏学兼中西,通天文历算,于"廿二史"中的天文、历等志及历来历法,多有考究及成果,为世所取资应用。他的专著《三统术衍》三卷,是这方面的代表作。这里仅举其考究《史记·十二诸侯年表》的干支问题一例。今本《史记·十二诸侯年表》有干支,如经行第一格"庚申",第二格"周,共和元年";最后经行第一格"甲子",第二格"四十三,敬王崩"。钱氏认为:"史公以汉太初元年,岁在焉逢摄提格,据此上推,共和之元,不值庚申;且汉人言太初百四十四而超一辰,不皆依六十之序,故史公作表有年岁而无干支,此表'庚申''甲子''甲戌'之类,盖徐广所注,非《史记》本文。"④ 关于这个问题,他再三申论,《十驾

---

① 《廿二史考异》卷四十《北史外戚传》。
② 《廿二史考异》卷四十《北史外戚传》。
③ 《廿二史考异》卷七十九《宋史·洪迈传》。
④ 《廿二史考异》卷二《史记十二诸侯年表》。

斋养新录》卷六《十二诸侯年表》条，《廿二史考异》卷六十八《宋书·律历志》条，《潜研堂集》卷三十六《答孙渊如观察书》等，也都表述了这个看法。钱氏经过考证，推断《史记·十二诸侯年表》本无干支，今本的干支是裴骃采徐广注附入，后人遂误以为正文，其主要理由是两点：（1）古人以岁星纪年，有超辰之法，司马迁不可能推断共和元年为"庚申"；（2）《史记》之《六国年表》《秦楚之际月表》皆无干支，在此二表前的《十二诸侯年表》也不可能有干支。此考是牢靠的，其说可信。按：今中华书局点校本《史记·十二诸侯年表》，在"共和元年"下，有裴骃《集解》："徐广曰：'自共和元年，岁在庚申，讫敬王四十三年，凡三百六十五年，共和在春秋前一百一十九年'。"在"四十三年，敬王崩"下，裴骃《集解》："徐广曰：'岁在甲子。'"由此也可见钱氏推断的正确性。

从上述有关官制、舆地、氏族、年代、历算等问题的考究，可见钱氏祛疑指瑕、订讹规过之一斑，足证其考史的工夫及实事求是的思想。

三　专题考究

钱氏"实事求是"史学的特点与功力，主要表现在"祛疑指瑕"上的专题考究。

所谓专题，是指专门研讨的题目。专题考究往往可见作者对某些历史问题的专注及其考究的深度和水平。钱氏考史，有些方面可谓专题考究，如：

秦郡考辨（见《潜研堂集》卷十六《秦三十六郡考》《秦四十郡辨》）。岁星纪年法考（见《潜研堂集》卷十六《太阴太岁考》）。西汉百三郡国考（见《潜研堂集》卷十六《汉百三郡国考》）。西汉侯国考（见《廿二史考异》卷九《侯国考》）。三统术考释（见《三统术衍》《三统术钤》）。《三国志注》引书考（见《廿二史考异》卷十五《三国志一》）。东晋侨州郡加"南"字考，上文已谈。唐宋的大学士与学士考（见《十驾斋养新录》卷十《大学士》条；《潜研堂集》卷二十八，《跋中兴学士院提名》）。宋奉使诸臣年表（见《廿二史考异》卷八十三，《辽史》）。《宋志》五等封国考（见《诸史拾遗》卷二）。元艺文志考（见《元史艺文志》四卷；《十驾斋养新录》卷十四，《元艺文志》条）。元氏族考（见《元史氏族表》三卷）。《通鉴注》考辨（见《通鉴注辨正》二卷；《潜研堂集》卷二十八，《跋资治通鉴》《跋通鉴释文》）。

像这种专题考究，在钱氏著作中还有一些，有的在本文前面已提到，有的也不必一一罗列。

现在接其专题考究的内容，举几例以说明之。

关于唐宋学士。两《唐书》和《宋史》有《职官志》或《百官志》记及大学士与学士，但欠明细。钱氏在《大学士》中写道："《唐书·百官志》：修文馆（后改昭文馆），景龙二年始置大学士四人，以象四时，学士八人，以象八节，直学士十二人，以象十二时。此大学士设官之始。……李峤、宗楚客、赵彦昭、韦嗣立，皆宰相也。天宝二载，崇贤馆置大学士二人，以宰相为之。至德二年，置集贤院大学士。贞元四年，罢崇元馆、集贤院大学士（崇元即崇贤也）。按《张说传》，始帝欲授说大学士，辞曰：学士本无大称，中宗崇宠大臣，乃有之，臣不敢以为称。说时为集贤院学士也。《李泌传》：加集贤殿、崇文馆大学士，泌建言，学士加大，始中宗时，乃张说为之，固辞。至崔圆复为大学士，亦引泌为谡而止。此《泌传》之误。盖集贤之置大学士，始于崔圆，正在至德二载，而贞元四年学士去大字，则由于泌之请耳。然自元和以后，宰相兼弘文馆、集贤殿大学士，率以为常，鲜有如张、李二公之能谡者矣。宋初昭文馆、集贤殿大学士，皆宰相领之，盖沿唐五代之旧。其后置观之殿、资政殿大学士，虽不任事，亦以前宰执充，余官不得预焉。明代始专以殿阁大学士为宰辅之官，然秩止五品。国朝始升为正一品。"① 此以简洁的文字，有条不紊地写出了唐宋至于明清大学士的情况及各代不同之点。在其《跋中兴学士院题名》文中，谈了唐宋学士的员额多少，唐与宋初为"六学士"，元丰以后员额减少，指出元丰改制与此有密切关系。

关于西汉侯国考。《汉书》中，不仅《王子侯表》《外戚恩泽侯表》，就是《高惠高后文功臣表》《景武昭宣元成功臣表》，都是记及侯国的，但所载欠全面，有疏漏。钱氏的《汉书考异》共四卷，其中《侯国考》占了一卷，可见其注重点。他说："汉制，列侯所食邑为侯国。西京侯者，封户有多有少，所食或仅一县，或止一乡一亭，皆以侯国称之，如陈平封阳武之户牖乡，公孙丞相封高成之平津乡……所食不过一乡，皆别于县，而自为侯国。恩有降杀，秩无尊卑也。后汉始定为都乡侯、乡侯、都亭侯、亭侯之差，于是有侯而不为国矣。"这是先考明侯国与县的区别，侯在前汉与后汉的不同。又说："高祖之世，功臣侯者百五十余人，其封邑所在，班孟

---

① 《十驾斋养新录》卷十《大学士》条。

坚已不能言之，武昭以后侯者，盖疑而阙之，或转写脱去也。《地理志》载侯国，皆据当时见存者；若中山之曲逆，陈平所封……《志》不云侯国者，其时国已除也。考：哀平间侯国，《志》皆不书，《王子侯表》堂乡以下十一侯，《恩泽侯表》殷绍嘉以下三侯，皆成帝绥和以后所封，而《志》亦不之及，然则《志》所书侯国，盖终于成帝元延之末，惟博山一侯，或后人增加也。"这是考明《汉书·地理志》对西汉一代侯国或书或缺或不书的情况。再说："《志》称侯国二百四十一，今数之，止百九十有四。予证之诸表，各标其始封姓名；又补《志》之失注者二十五人。后之读史者，庶有取焉。"这是说明此表的要点。接着，就是分郡列出侯国，注明侯者，或稍加说明。最后，还谈了这么个问题，或问："侯国例不属于诸侯王，故王子而侯者，必别属汉郡，广平、信都亦诸侯王国也，而得有侯国，何故？"钱氏曰："班《志》郡国之名，以元始二年户口籍为断，其侯国之名，则以成帝元延之末为断。元延之世，广平、信都皆郡也，非国也。国已除为郡，则从前之改属他郡者复还其旧。迨哀帝建平中，复置此二国，则侯国必仍改属他郡，特史家不能一一载之尔！试观广平领县十六，而户止二万七千有奇，信都领县十七，而户止六万五千有奇，以附近郡国准之，不应县多而户少乃尔，盖改郡为国之后，未必仍领若干县也。"① 这是说，西汉一代郡国往往变动，侯国属郡而不属王国，所以出现了一些曲折复杂的情况。由此可见，钱氏考究西汉侯国至深至细。

关于元代氏族考。《元史》有《后妃》《宗族世系》《诸王》《诸公主》《三王》等表及《宰相年表》，而无氏族表。然元代的氏族问题颇为复杂，《元史》中的氏族问题疏误又多。为此，钱氏特新撰《元史氏族表》（三卷）专著。钱氏在《跋元氏略》文中谈道："考氏族于辽金难矣，而于元尤难。辽惟耶律、萧两族，金虽有白号、黑号之别，然系姓于名，犹不至混淆。元之蒙古七十二种，色目三十一种，但以名行，不兼称氏，读史者病焉。"又说："稽氏族于金元之际，难矣。金制系氏于名，元则名与氏不相属，公私称谓有名无氏，故考稽尤难。吴师道言，今之蒙古、色目，虽族属有分而姓氏不并立，但以名行，贵贱混淆，前后复杂，国家未有定制。盖在当时固病其称名之淆，易代而后，并族属皆失之矣。有似异而实同者，克列之即怯薛，许兀慎之即旭申，散术触之即珊竹，葛逻禄之即合鲁，是也。有似同而实异者，回鹘之与回回也。陶九成所载蒙古七十二种，色目

---

① 《廿二史考异》卷九《侯国考》条。

三十一种，其见于史者仅十之三四，而译字无正音，纪载互异。"① 的确如此。不仅一般读史者对于元代氏族问题感到搞不明白，就是有些涉足于此者，也往往不大清楚，明修《元史》就有不少疏误，万循初所撰《元氏略》也有以一人"折而为二"，有二人"疑以为一"，以名"误以为氏"等情况。为了考明元代氏族，钱氏迎难而上，创制了《元史氏族表》三卷。他是仿《唐书·宰相世系表》之例，"取其谱系可考者"，而"列为表"，"疑者阙之"。② 钱氏的学生黄锺说："《元史》纰谬颇多，如速不台即雪不台，完者都即完者拔都，不抹也先即石抹阿辛，皆一人两传；阿拉赤、忽剌出、昂吉儿、重喜、阿术鲁、谭澄六人皆附传之外，别有专传，为后来读史者所讥。先生尝欲别为编次，以成一代信史……先生属稿始于乾隆癸酉（1753）七月，成于庚子（1780）五月，几及三十年，其用力可谓勤已……先生广搜博采正史杂史之外，兼及碑刻、文集、题名录等书，考其得失，审其异同，一一表而出之，而后昭然如白黑分矣。"③ 这说明了钱氏写书的用心、甘苦和成绩，令人信服。

关于宋奉使诸臣年表。《辽史》有《世表》《皇子表》《属国表》等八表，没有宋奉使诸臣表。钱氏根据《宋史》《辽史》《续资治通鉴长编》等史籍材料，加以考究，以比较大的篇幅，新编成《宋奉使诸臣年表》一篇，详细地记述宋开宝八年（辽保宁七年，975），至于宋宣和四年（辽保大二年，1122），共148年间北宋诸臣奉使于辽的大事纪年。宋开宝八年三月，契丹"始遣使来聘"，七月，宋使郝崇信、吕端"使契丹"。于是宋辽交往日益频繁。到了宋宣和四年正月，"辽主弃中京出奔，自是使命遂绝"。④ 可见此表记载了宋辽关系史的一个重要方面，是很有历史价值的。在《廿二史考异》中，《辽史考异》仅第八十三卷这一卷，而《宋奉使诸臣年表》就占了这卷的三分之二的篇幅，就此也可见钱氏注意之重点。

关于《三统术》考释。西汉绥和二年（前7），刘歆将《太初历》改编为《三统历》，其中附有说明《春秋》与古史的《三统历谱》。班固将其采入《汉书·律历志》。后来，《太初历》失传了，《三统历》因记载于《汉书》得以流传下来，成为我国史籍上第一部有完整记载的历法。钱氏对历算学和历算史颇有学养，于"廿二史"中的历算问题多有考究，他知道推

---

① 《潜研堂集》卷二十八《跋元氏略》。
② 钱大昕：《元史氏族表》，《嘉定钱大昕全集》第五册，江苏古籍出版社，1997。
③ 《元氏氏族志》末附黄锺语。
④ 《廿二史考异》卷八十三《宋奉使诸臣年表》。

步术（即推算历法的方法）见于"廿四史志"者，以《汉志》刘歆《三统术》为最古，又知历来注解《汉书》者对此往往"言之不详"，或"妄下雌黄"，或"识见浅陋"，没有深入寻究，慨叹："于是三统之术承误袭伪，无能是正，存而亡者千有余年矣。"他乃着手考究《三统术》，"广采诸家，复申己义"，"只就本法论之，其法之密与疏固不瑕论及"，撰成《三统术衍》三卷，又《三统术钤》一卷，目的在于"悯古法之陵夷，示来学之楷则"。[1] 李锐回忆其师钱大昕于紫阳书院教授算学及古代历算，并以《三统术衍》《三统术钤》为教材，授而诲之曰："刘歆《三统术》为步算最古之书，汉末大儒如郑康成辈咸通其学。是书衍说，词虽浅近，然循是而习之，一隅三反，则古今推步之原流，不难一一会通其故也。"[2] 这是对钱氏之学深有体会之言。其书对《三统术》及古代历算问题的解释，具有很多的历算知识（当然也有缺点失误），可以说为后世考究此学奠定了良好的基础。阮元、钱塘等学者对此书都很称赞。阮元特别肯定钱氏知道古代超辰之术，"据歆考文，决知太初改元，太岁当在丙子，而非丁丑，此尤千古卓识"。[3] 钱塘曾向钱大昕"请而习之"，曾谈到此书对《三统术》"推而明之，其钧摘隐舆，刻剔舛讹，如与子骏（刘歆字）面质其然否而论定之者，而韦昭、杜预、孔颖达诸家训释经传之说，皆有以决其牴牾。"认为其书问世，"遂可以人人通知历术而无难"。[4] 应当承认，钱氏对《三统术》的专题研究，是有很大价值的。

关于《元史艺文志》。《元史》有《天文》《五行》等 13 志，而无艺文志。明清学者颇有注意收录元代艺文者，并有学者补作之。钱氏继起，着意补作《元史艺文志》。他收录元人著作远远超过前人。如倪灿、卢文绍《补辽金元艺文志》著录元代者 1900 种，钱书约 2900 种。由于经过考究，还大大提高了准确性。他曾谈及此事的艰辛与心得，说："予补撰《元艺文志》，所见元明诸家文集志乘小说，无虑数百种，而于焦氏《经籍志》、黄氏《千顷堂书目》、倪氏《补金元艺文》、陆氏《续经籍考》、朱氏《经义考》，采获颇多，其中亦多讹舛不可据者。"因此，他对于前人成果费了一番考究工夫，取是舍非，指瑕存真，所以他又说，对于前人成果"讹舛不可据者"，"略举数事，以例其余，非敢指前人之瑕疵，或者别裁苦心，偶

---

[1] 钱大昕：《三统术钤》，《嘉定钱大昕全集》第八册，江苏古籍出版社，1997。
[2] 《三统术钤》附李锐跋，附钱塘跋。
[3] 钱大昕：《三统术衍》，《嘉定钱大昕全集》，第八册，江苏古籍出版社，1997。
[4] 钱大昕：《三统术衍》卷七附阮元序。

有一得耳"。① 于是，他列举心得25例，指出诸家考录之误。这里选其数例于下：

"郝经《玉衡贞观》，黄、倪两家俱入故事类。此书有自序，见《陵川集》。《山西通志》列于天文类，今从之。"按：此言黄、倪两家分类之误。

"郑起潜《声律关键》八卷，黄、倪俱以为元人。按：起潜南宋人，淳祐中直学士院，不当在元人之列。"按：此言黄、倪两家以宋人为元人。还有几条，指出黄氏、倪氏多以宋人为元人，以宋书为元书。

"王元堂《春秋谳义》十二卷，前有于文传序。元堂，吴江人，与文传同郡。黄氏于春秋类别有于文传《春秋谳义》十二卷，显系重出。（《苏州府志·艺文》亦承黄氏之误。）"按：此言黄氏重出之误。

"《来鹤亭诗》《既白轩稿》《竹洲归田稿》，皆吕诚作，今《苏州府志》以为吴肃。"按：此言《苏州府志》人名之误。又列条指出黄、倪两家也有人名之误。

"焦竑《志》以移剌楚材与耶律楚材为二人，周权与周衡亦为二人，揭傒斯与揭曼硕亦重出。"按：此言焦氏记人名一分为二或重出之误。

"倪《志》有孔元祚《孔氏续录》五册，注云：'孔子五十一代孙。'予尝见元初刻本，名《孔庭广记》十二卷，乃孔子五十一代袭封衍圣公元措所撰，盖即是书。改'措'为'祚'，音之讹耳。其书实五册。"按：此言倪书的书名、人名皆有误。

"尤侗撰《明史·艺文志稿》，收朱公迁、史伯璿、程端礼、王恽、杨元孚、王桢、张养浩、李冶、范梈、周伯琦、陆辅之、李存、吴海，皆以为明人。"② 此言尤侗有以元人为明人者。

由此可见，钱氏专题考究之认真细致，并遵循实事求是精神。

四　直书纪实

对于撰写历史，钱氏强调"直书其事""纪实"，反对曲笔讳饰及《春秋》褒贬笔法。

记事是史学的基础，是第一位的事，所以要求"据事直书"，这是基本的先决的条件。自唐宋至于明代，有些学者，如欧阳修等辈，好《春秋》

---

① 《十驾斋养新录》卷十四《元艺文志》。
② 《十驾斋养新录》卷十四《元艺文志》。

笔法，甚至任情褒贬，形成风气，故郑樵有炊妇饶舌之讥。钱大昕有鉴于此，又身处乾嘉考据成风的氛围，本身又是考史大家，故对于玩弄《春秋》笔法那一套，即使是对于欧阳修那样的大学者，也不予恭维，而是直言批评，尤其是对空洞之论多加讥刺。比如，他说："欧公本纪（按：指《新唐书》的本纪），颇慕《春秋》褒贬之法，而其病即在此。"① 又说："欧阳公《五代史》自谓窃取《春秋》之义，然其病正在乎学《春秋》。"②

钱氏写有《春秋论》两文。这是他的史学论的重要篇章。他首先说："《春秋》褒善贬恶之书也。其褒贬奈何？直书其事，使人之善恶无所隐而已矣。"这是说，《春秋》的褒贬态度和方法，就是"直书其事"，善恶不隐，使读者了解真实。又说："记其实于《春秋》，俾其恶不没于后世，是之谓褒贬之正也。"③ 褒贬之正，就是"记实"。换句话说，记事不实，那个褒贬就是不正，就是胡搞。后人有学《春秋》者，说"小人曰死"，书"死"就是贬辞。钱氏指出，"古书未有以死为贬辞者"，《尚书》书舜"陟方乃死"，孔子说过"予将殆死也"，《论语》屡书颜子之死，《庄子》书"老聃死"，舜、孔子、老子、颜子等都是古之贤人君子，都书其死，可见书死"皆非贬辞也"。因此，钱氏认为，对待历史人物，直书其事即可，不要在书"死""卒"等字眼上做文章，"上下其事"，如同法吏搞"舞文之术"；如果予夺之际，殊未得其平，而适足以启后人之争端"。④

他又举出史例，说：以前唐代吴兢撰《天后（武则天）本纪》，置于唐高宗之下，而一度仕为唐朝史馆修撰的沈既济"非之"，认为不当为武后立纪，"当合于《中宗纪》"，并且引《春秋》"公在乾侯"之例，要求在《中宗纪》内"每岁书'皇帝在房陵，太后行某事'"。纪称中宗，而事述武后，这种做法，冠冕堂皇的道理是"所以正名而尊王室也"。这种说法，当时没有被采纳。到了朱熹的《通鉴纲目》问世，始采其说，其书"每岁曾书帝所在，又嫌用武后纪元，秘虚引嗣圣年号，自二年迄二十一年，至神龙反正为止"。按：唐中宗嗣圣年号，仅一个元年（684），次年为唐睿宗文明元年（685），再就是武则天自称皇帝以后的光宅、垂拱、永昌、载初、天授、如意、长寿、延载、证圣、天册万岁、万岁登封、万岁通天、神功、圣历、久视、大足、长安等年号，直到神龙元年（705）武则天将死，张柬之等拥

---

① 《十驾斋养新录》卷十三《唐书直笔新例》。
② 《十驾斋养新录》卷六《五代史》。
③ 《潜研堂文集》卷二《春秋论》。
④ 《潜研堂文集》卷二《春秋论》。

中宗复位，改元神龙。钱氏对朱熹的写史之法，讥曰："于是唐无君而有君，中宗无年号而有年号。"后儒有"推衍其例"者，竟然"有议引汉孺子婴居摄之号，而屈王莽纪元，以存刘氏之统者"。史实是，汉孺子婴在位，已是王莽掌握大权，一手遮天，后来干脆自称皇帝，建新改元，有始建国、天凤、地皇等年号。钱氏对这种无视历史事实的用心和做法，讥之曰："此亦极笔削之苦心，而称补天之妙手矣！"所以他严正申明："谓如此而合于《春秋》之指，则愚窃未敢以为然也。"① 他只主张直书，对于那种笔削之苦心、补天之妙手，决不会苟同，而是坚决反对的。接着，钱氏对《春秋》"公在乾侯"作了分析，认为有一定的事实根据，而沈氏之议，《纲目》之书，乃大谬不然。

有人提问：孟子言"孔子成《春秋》而乱臣贼子惧"，如果说是"当时之乱贼惧"，那早在《春秋》之前就有史臣直书赵盾、崔杼弑君之事；如果说的"后代之乱贼"，则《春秋》以后，乱贼不绝于史，孟子的话是不是"大而夸"？钱氏回答：孟子所言的用意是"防其未然，非刺其已然"。他举出《春秋》三传记述乱贼之许多事，说明主要是提供后人鉴戒。他说："圣人修《春秋》，述王道以戒后世，……若夫篡弑已成，据事而书之，良史之职耳，非所谓'其义则窃取之'者也。秦汉以后，乱贼不绝于史，由上之人无以《春秋》之事见诸行事故尔，故惟孟子能知《春秋》。"② 这话的意思，还是强调"据事直书"，以供后人鉴戒，而不是在修史上做什么义法的大文章。

修史者由于种种原因，任意饰美增恶，颠倒是非之事往往存在。钱氏对此非常反感，指责其短。试举几例。

唐人姚思廉修史有不直之处，《陈书·高祖纪下》记载：永定二年（558）四月，"江阴王薨"。钱氏指出："梁敬帝之弑，《陈史》但书'薨'。《南史》易'薨'为'殂'，而以《陈志》系之。又《衡阳王昌传》：天嘉元年（560）三月，入境，诏令主书舍人缘道迎接，景子济江于中流，船坏，以溺薨。《南史》则云：济江于中流，殒之，使以溺告。延寿直笔，胜于思廉远矣。"③

钱氏依据《徐州都督房彦谦碑》有"彦谦迁郡司马，寻以州废解任"

---

① 《潜研堂文集》卷二《春秋论二》。
② 《潜研堂文集》卷七《答问四》。
③ 《廿二史考异》卷二十七《陈书·高帝纪下》。

的内容，联想到《隋书·房彦谦传》"彦谦知王纲不振，遂去官"的记载，乃指出：《隋书》本传所论，"史家之饰词也"。如果房彦谦知王纲不振而去官，"何以复应司隶刺史之召，且为泾阳令乎？"接着，钱氏还指出史家饰词之故，说："唐初史臣，以玄龄（按：彦谦之子，唐初大臣）之故，为其父立佳传。读其文，似子姓所述行状，未必皆实录。……盖史家因玄龄之说而傅会之，以是归美其亲而已。"① 这是继刘知几《史通》批评唐初史臣为父祖立佳传之后，以金石文论证唐初史臣修史曲笔，很有参考价值。

根据李心传《建炎以来系年要录》的记载，钱氏指出《宋史》所记张浚对待李纲很成问题，说："纲罢相在建炎元年（1127）七月，其落职在是年十月（原注：落职者，削观文殿大学士之职也），鄂州居住在是年十一月，皆出殿中侍御史张浚之论劾，史于浚传既讳而不言，此传但于罢相时一言浚劾，余亦略不及之，盖史家为张护短，非直笔也。……浚于纲罢相之后，抨击不已，甚至指为国贼；又谓纲于蔡氏门人，虽误事乱政，力加荐引，非窜殛不足以靖天下，而于汪、黄之奸邪，则缄口不言，斯诚变乱黑白之甚者矣。"②

钱氏又举《宋史·张浚传》所载"连日南军小不利，忽牒报敌兵大至，显忠夜引归，浚上书待罪"为例，指出："符离之败，陵阳李伯微甫载其事甚详，云符离之役，军资器械，失亡殆尽。……浚有恢复之志，而无恢复之才，平居好大言，以忠义自许，轻用大众，为侥幸之举，故苏云卿料其无成。史家以其子为道学宗（按：指张栻），因于浚多溢美之辞，符离之败但云'南军小不利'而已，岂信史乎？"③ 可见，钱氏表扬直书，而反对曲笔。他认为颠倒是非，溢美饰非的做法，不是直笔，不是信史。他讥刺："上下其手"，手段恶劣，也是"无识"的表现。同时，钱氏也反对有的史家对历史人物"增饰"。所谓增饰，即涂脂抹粉。写史传人，笔头生花，也非信史。

依据《太师太平王德胜庙碑》，钱氏论及《元史》之不直。他叹道："呜呼！天历之君臣乘国有天丧，大都空虚，挟其权谋诈力，以夺人主之嫡嗣，虑天下议其后，因诬晋邸以恶名，而当时倾危阿附之徒作为文词，大书深刻，谓奉天时以致天讨。然万世之公论俱在，其可欺乎？《元史》于泰

---

① 钱大昕：《金石文跋尾》卷十四《徐州都督彦廉碑》，《嘉定钱大昕全集》，第六册，江苏古籍出版社，1997。
② 《廿二史考异》卷七十九《李纲传上》。
③ 《廿二史考异》卷七十九《张浚传》。

定、天历之间多徇曲笔。"①

钱氏强调："史家纪事，惟在不虚美，不隐恶，据事直书，是非自见；若各出新意，掉弄一两字以为褒贬，是治丝而棼之也。"意思是，史家纪事，首要的是直书纪实，不能随心所欲，耍新花招，玩小聪明。钱氏此论，缘于宋吕夏卿《唐书直笔新例》而发。吕夏卿于宋仁宗朝曾预修《唐书》，故有此作。钱氏将其书与《新唐书》对照观之，觉得"殊不相应"，指出"夏卿虽有此议，而欧（阳修）、宋（祁）两公未之许也"。接着又说："欧公本纪，颇慕《春秋》褒贬之法，而其病即在此。夏卿《新例》益复烦碎非体。"

有人认为，据事直书，写了当代君王的短处或不体面的事，有"谤书"之嫌。钱氏则认为，据事直书君短，不等于诽谤。他说：司马迁著《史记》，"成一家言"，有人"以谤书短之"，这是不了解他著作之旨。并说："史家以不虚美、不隐恶为良，美恶不掩，各从其实，何名为谤？"对于君王，有的奉为圣明，当作神灵，以为只能颂扬，不能轻议是非；而直书实录论者则以为，无论何人何事，皆当直书其事，明其是非，显其优劣。钱氏是否定前者而肯定后者的。他认为，司马迁著《史记》，总的说来是"尊汉"，但也写了不少景武之世的缺点错误，这是"实录"，不是诽谤，明确地否定了"谤书"之说。②

钱氏曾参与乾隆年间官修《续通志》，写了一篇《续通志列传总叙》，提出编撰史传的准则，主要的是"实事求是""悉从其实"。③

应当指出，钱氏应人请求，写了不少墓志铭、人物传、家传行状等，其中大多是扬善隐恶，难免有过甚之词，甚至有不实之处。但就其写当代一些学者之传来看，基本上是抓住了要点和特点的，记述中寓论断，或有点睛之笔。其写阎若璩，曰"平生长于考辨"；写胡渭，曰"笃志经义，尤精于舆地之学"；写万斯同，曰"博通诸史，尤熟于明代掌故"；写惠士奇，曰"晚岁尤邃于经学"；写惠栋，曰"年五十后，专心经学，尤邃于《易》"；写江永，曰"读书好深思，长于比勘，于步算、钟律、声韵尤明"；写戴震，曰"实事求是"，"其学长于考辨"；写钱塘，曰"考辨精到，议论

---

① 《金石文跋尾》卷十九《太师太平王德胜庙碑》。
② 《潜研堂集》卷二十四《史记志疑序》。
③ 《潜研堂集》卷十八《续通志列传总叙》。

风生"，① 都是切实适当之笔，无好恶抑扬、怀私褒贬之意。非真正了解写作的对象，是不能作出这样朴实可信的人物评价的。

钱氏曾撰《记侯黄两忠节公事》一文，② 记述明末嘉定事件始末，具体真实，使得义军英勇壮烈，清军屠杀酷虐，形成鲜明对比。作者未置一字之评，然叙事中实有思想倾向。这就是他所强调的"直书其事"乃"褒贬之正"的具体表现。他在另一文中提到"黄忠节公文章气节，照映千古"，这足以旁证他记侯、黄领导嘉定民众抗清的事件，是充分肯定其正义性的。

如果要说钱氏所写《记侯黄两忠节公事》，是在乾隆（1736～1795）年间普遍给明末抗清死难者赐谥以后，虽然是据事直书，是非已显然，已没有什么了不起的话，那么，他所撰《记加征省卫运军行月粮始末》，直书不曲，用意显豁，就更耐人寻味了。该文记述，江宁卫运军凭借权势，欲加征嘉定县行月粮，以发横财或供挥霍。县民申诉，反对这种不法的盘剥行为。知县潘师质也持反对态度，拒不征收。结果上级压下级，权大的欺权小的或无权的，潘知县下狱屈死，县民为首者倪拱辰、陆德秀被捕，受重刑身亡。倪氏申诉有这样的话："以不堪加之具，出不应派之粮，供不应给之卫，敲骨吸髓，徒资群蠹瓜分、酗酒、陆博之资，民实不服。"潘知县曰："何用加行粮为！"故而抗拒。钱氏写到倪、陆两人惨死，"县人陆时隆作《二义传》"，③ 戛然而止。细读此文，作者钱大昕的直书纪实，揭示是非，其思想倾向至为显然。其揭露江宁卫运军横征暴敛的恶行，同情潘知县的被害，首肯县民为首者倪、黄两人为义士，都跃然纸上，实寓论于史。

直书纪实，即纪事实事求是，确实是治史基本的、首要的标准和任务。

五 知人论世

钱氏的"实事求是"，还包含评史事、论人物的内容。

一般认为考据学者是为考证而考证。其实不然。钱氏考史，往往表示己见，发表议论。他强调"实事求是"，言论要有根据，而"必求其是"。所撰《廿二史考异》，一方面是祛疑指瑕，另一方面也发微揭隐。比如，有

---

① 《潜研堂集》卷三十八《阎若璩传》《胡渭传》《万斯同传》；卷三十九《惠栋传》《江永传》《戴震传》《溉亭别传》。
② 《潜研堂集》卷二十二《记侯黄两忠节公事》。
③ 《潜研堂集》卷二十二《记加征省卫运军行月粮始末》。

说《史记》不当以韩非与老子同传。钱氏则认为，"申韩之学，皆自谓本于老子，而实失老氏之旨。史公《自序》述其父说，道德与名、法各为一家；而于此赞（指《史记·老子韩非列传》赞），又明辨之，言其似同而实异也"。"说者讥韩非不当与老子同传，盖未喻史公微旨"。① 这是说明司马迁作传之旨，而批评论者之非。

对于科举制度之种种弊端和消极作用，钱氏有切身体会，加以批判。他所撰的《十驾斋养新录》第十卷中，从《三公》到《乡试录》共35条，都是谈官制和乡试问题的。其中有曰："魏华父云：'释老之患，几于无儒，科举之患，几于无书。'（《杜德称墓志》）又云：'……今易吏而主其事，糊名而察其言，望实之素著，或攻而去之，文词之稍差，或惧而抑之，宁收卑近，无拔俊尤，其幸而得之，则又将以其取于人者取人也。'（《眉山创贡院志》）"这里钱氏引他人之论而无己论，似乎没有主见，然此条目《科举之弊》是引述者所加，显然已说明了他的看法，所引魏氏之言即引者的观点。再如，钱氏曾于乾隆二十四年（1759）往典山东乡试，后来写了《山东乡试录序》，其中有云："顾士积学数十年，文字不中，有习程式终老于场屋者；而浅学薄植，偶幸一日之长而侥幸弋获者，亦间有之。唐臣韩愈有言：'唯古于文必己出，降而不能乃剽贼。'夫摹拟沿袭之文，古之能文者羞称之，而今或以为弋取科名之捷径，宿儒既不遇，浅学之登科，其未必不以此也。"② 其讥刺科举制出不了真才实学，显而易见。

在考证文章里，钱氏还有刺世怜民的文字。比如，苏州双塔寺，宋代为寿宁万岁禅院，按例每日应向官府交纳醋钱一百四十文。宋理宗宝庆元年（1225），知寺僧请求蠲免此税，获准，浙西提举司发给免税凭证，寺僧即以公据刻石为证。钱氏跋云："酒、醋，民间日用所需，而宋元禁百姓私造，官取其息。即一寺计之，每岁合输数万钱，则人户之抑配可知。今郡县有醋坊桥，有醋库巷，犹沿宋名，知醋之累民甚矣。"这是根据真凭实据，批判宋代苛捐杂税累苦百姓。又如，宋太宗淳化元年（990），阳翟善才寺观音院立有一碑，碑记末列有"内品监许州阳翟县盐曲商税邝延遇"，"殿前承旨监许州阳翟县盐曲商税董某"，"供奉官前监许州阳翟县盐曲商税李某"等三人。钱氏指出，内品是宦官，供奉官、殿前承旨皆武人，并说：

---

① 《廿二史考异》卷五《史记·老子韩非列传序》。
② 《潜研堂集》卷二十三《山东乡试录序》。

"一县之小,而监当盐税者不一,其员又以内侍、武夫充之,民其不堪命乎!"①经他这么一指点,宋代官府盘剥百姓之罪恶昭彰,而作者怜民之心也显然可见。

钱氏在考论中不时流露了思想,如,有人问:《诗·召南·野有死麕》"吉士诱之"中的"诱",以往学者有解作"挑诱"者,又有不同意见者,究竟怎么解释?钱氏的回答,转弯抹角,否定"挑诱"之说。②其实这是一首爱情诗,男挑诱女,女与男相会,情理之常。钱氏否定之,不免有卫道之味。但他在妇女问题上,往往对宋代以来的贞节观有所抵触。有人问他:男女定了亲,女尚未出嫁,男死,女"从其夫以死,礼欤?"他答:"非礼之中也。……先王制礼,初不以从一而终之义责之未嫁之女。而后世乃有终其身不嫁者,有就婿其室而事其父母者,甚至有以身殉者,此礼之所无有也。"③他对于未嫁女"从死"之事,认为古礼没有这样的要求,不是适当的礼法。他记了沈圭所言"妇人以不嫁为节,不若嫁之以全其节"的话之后,说这话"虽为下等人说,然却是救时名言"。④这都不是地道的封建卫道士的口吻。又如,钱氏对于妇女"七出"(也称"七去""七弃")的礼规,并不从维护封建夫权的角度进行说教;却认为,有的妇女,与其被迫害致死,还不如出而活命,"亦何必束缚之,禁锢之,置之必死之地以为快乎!先儒戒寡妇之再嫁,以为'饿死事小,失节事大'。予谓……去而更嫁,不谓之失节"。⑤此论比之宋儒道学家的说教,通情达理一些。

可以说,钱氏是注意据事实而发论,反对放空炮,要求说实话的。

钱氏颇注意评论历史人物。注重为人,是中国史学的一个传统,故评论历史人物就成了中国史学的一个重要方面。如何评论?可以说是非纷纭,黑白杂陈。其中有个严重的毛病,是以主观主义、封建伦理观点为武器,对历史人物评头论足,褒贬抑扬。钱氏虽然也是儒家思想,也有伦理观念,但他反对评论者不懂装懂,随便议论,强调"必知其人而论其世",要求了解其人其世,知其身处,才有评论之权。他批评有的学人:"强作聪明,妄生疵病,不稽年代,不揆时势,强人之所难行,责人之所难受,陈义甚高,居心过刻。"即反对主观唯心主义的评论,不了解历史,装作内行,调子唱

---

① 《十驾斋养新录》卷十六《提举常平司公据跋》。
② 《潜研堂集》卷六《答问三》。
③ 《潜研堂集》卷二十二《记汤烈女事》。
④ 《十驾斋养新录》卷十三《沈圭说》。
⑤ 《潜研堂集》卷八《答问五》。

得高，苛求于古人。

钱氏认为，"人之善恶，固未已知，论人亦复不易"。他指出，扬雄仕于王莽不无可议之处，"然方之刘歆、甄丰之徒何如？方之（王）莽、（曹）操、（司马）懿、（刘）裕之徒又何如？"如果加以比较，论定其过，"轻重必有别矣"。他以为，切不可"上下其手"而任意"予夺"。①

钱氏还反对门户之见，曾批评朱熹"意尊洛学，故于苏氏门人有意贬抑，此门户之见，非是非之公也"。② 他告诫，论评人物，"勿为党同丑正之言"。

在评论历史人物时，钱氏主张了解历史的全面情况，反对只知其一，而泛论其余。有人问：《续纲目》宋真宗天禧元年（1017）三月，"以王曾兼会灵观使，曾辞不受"；其九月，书"太尉、玉清昭应宫使王旦卒"。说者云"特书曾之不受，所以讥旦之受也"。是不是这个意思？钱氏答：宋时宫观之职，大臣大儒多为之，或受或辞，"均非大节所系"。"后之评史者，大都未阅全史，偶举一节，而震而惊之，无异矮人观场也"。③ 意思是，不了解历史全面情况，只抓住个别情节，便任意猜测而海论一气，这种主观片面之见，犹如"矮人观场"之可笑。

评论历史人物，还当了解历史情势。对于荀子"法后王"之说，王伯厚"深诋之"。钱氏认为，王氏"未达荀子之意"。他指出：当时"老庄之言盛行，皆妄托三皇，故特称后王，以针砭荒唐谬悠之谈"。"后儒好为大言，不揆时势，辄谓井田封建可行于后代"，实在是无知。④ 钱氏此论，颇有点历史主义的味道。

空论，人云亦云，似是而非之论，在史论方面几乎司空见惯。钱氏反对之，要求"实事求是"。比如，他通过考证，觉得欧阳修所撰《五代史·冯道传》"其击旻也，鄴（冯）道不以从行，以为太祖山陵使"这条记载，颇有问题，既指出欧史言及的时间有出入，冯道为山陵使是在显德元年（954）二月丁卯，世宗亲征则在三月乙酉启行，时间上是颠倒的；又指出其评冯道也欠允当。从而发论："欧公恶（冯）道而甚其辞耳。儒者好以成败论人，若以当日时势论之，则新造之邦，人情未固，加以大丧未毕，千里出师，一有败衄，国亦随之，亲征固危事也。此与澶渊之役时势迥殊，

---

① 《潜研堂集》卷二《春秋论》。
② 《十驾斋养新录》卷七《宋儒议论之偏》。
③ 《潜研堂集》卷十三《答问十》。
④ 《十驾斋养新录》卷十八《法后王》。

（冯）道言虽不验，究为老成练事之言，不可以人废之。"① 这是通过考证，指出欧阳修因厌恶冯道为人，其史评述乃有失实之处。再如，《新唐书·萧铣传》有这么一条史论："萧铣力困计殚，以奸言自释于下，系房在廷，抗辞不屈，伪辩易穷，卒以诛死。高祖圣矣哉！"钱氏对此下了这样的按语："萧铣，梁之后裔，为众所推，非有失德，及唐兵深入，自揆努力弗若，不惜生降，以全民命。其答高祖，以田横自比，盖道其实耳。高祖自虑养虎遗患，故亟除之。如李密、王世充之徒，虽低首屈服，终亦不免。视宋祖之待刘铢，有愧色矣。以是为'圣'，未之前闻。"② 这是通过论证事实，对于欧史不实不是之论加以批驳。只是这种议论在《廿二史考异》中甚少，不能构成特色。

这里再举一些例子，以观钱氏的"知人论世"。

对于陈寿（字承祚）《三国志》，钱氏认为："创前人未有之例，悬诸日月而不刊者也。魏氏据中原日久，而晋承其禅，当时中原人士知有魏不知有蜀、吴也。自承祚书出，始正'三国'之名，且先蜀而后吴，又于《杨戏传》末载《季汉辅臣赞》，亹亹数百言，所以尊蜀殊于魏、吴也。存'季汉'之名者，明乎蜀之实汉也。习凿齿作《汉晋春秋》不过因其意而推阐之，而后论史者辄右习而左陈，毋乃好为议论而未审乎时势之难易，与夫晋之祖宗所北面而事者魏也，蜀之灭，晋实为之。吴、蜀之亡，群然一词推为伪朝；乃承祚不惟不伪之，且引魏以匹二国，其秉笔之公，视南、董何多让焉。……厥后琅邪绍统，即仿汉中承制之局，凿齿建议祧魏而承汉，直易易耳。考亭（朱熹）生于南宋，事势与蜀汉相同，以蜀为正统，固其宜矣。"③ 对于陈寿"存季汉之名"，习凿齿"建议祧魏而承汉"，朱熹"以蜀为正统"，都从时势方而分析，真可谓知人论世。

梁武帝一代雄主，竟致梁亡。前人多有议论。钱氏批判梁武帝"拒谏自满"，因失政而国亡，说："治国之道如养生，然养生者不能保身之无病，而务以医以药之；治国者不能必政之无失，而务纳谏以救之。……是故有天下而能保之者，必自纳谏始。"有认为梁亡是梁武帝"耄年委事权幸之故"。钱氏认为，这"非笃论"。他指出：梁之亡，"亡于拒谏而自满也"。"病在自以为是，而恶人之言。""以四海之大，百司之众，无一人能为朝廷

---

① 《廿二史考异》卷六十四《冯道传》。
② 《廿二史考异》卷五十二《萧铣传》。
③ 《潜研堂集》卷二十四《三国志辨疑序》。

直言，而国不亡者，未之有也。""元气衰则百病皆得而杀之，不必痈疽之能杀其身也。"梁武帝"特以自信太过，视谏诤之言皆浮而不切于务，徒足以损己之名，故拒之甚力也"。① 此论切中梁武帝要害，鞭辟入里。在封建君主制下，毫无民主可言，雄主自视过高，往往拒谏饰非，自己打倒自己。

五代的冯道，被欧阳修等人讥为不顾丧君亡国只求苟且偷生的无耻之徒。钱氏根据《赐冥福禅院地土牒》，加以考证，发现牒文是出于中书门下，而押行者则是枢密使加平章事的赵延寿、范延光等人，身为同中书门下平章事的为相者冯道、李愚、刘昫等人皆不参与这样的事实，而提出异议："盖五代之际，政由枢密，其居相位者无过顽钝伴食之徒，朝政不由己出，虽寻常文书亦不复关白，名为宰辅，实同庶僚。李愚所谓'吾君延访，鲜及吾辈'者是也。上既不以匡弼相期，而下不以廉耻自立。世徒讥冯道视丧君亡国未尝以屑意，讵知（冯）道在相位固未尝一日得行其志也哉！……然千载而下，非见此牒乌能知当时行事。石刻之有裨于知人论世如此。"② 这末句的话，说得很实在。钱氏对于冯道无意吹捧或开脱其罪过，也不是故意作什么翻案文章，只是指出当时实权在枢密，冯道为相在其位而不能谋其政，尸位素餐而已，说明世人徒讥冯道无耻是不妥当的，应该明白冯道不以廉耻自立，主要是由于朝廷不以匡弼相期。也就是说，责任主要不在个人，而在于朝廷和制度，冯道个人的表现有其客观的原因。这种知人论世的史识，比之一般学者只讥冯道无耻之尤，显然高明一些。

宋人徐休复所撰《祷先圣文》愿子孙长遵儒教，似乎此人是个信奉儒教者。钱氏一方面根据此文以察其言，一方面又根据"史称（徐休复）假葬亲之名，乞知青州，到官但殖货，终不言葬事；又以私憾诬人谋反，陷之重辟"的史实，③ 深感此人言行不一，撰文假正经，办事真秽行，于是发论："夫今生后代之说，儒者固所不道，而其所望于子孙习儒者乃出于利禄之私，非真有志于道德也，则亦不得谓之义方矣。"④ 这样讥讽挂羊头卖狗肉的儒者很有意味。言行不一者，古今多有。今有满口宣扬大公无私者，而其人其嗣偷盗行为远远超过窃钩者。钱氏之论，可为千古之叹。

南宋赵构、秦桧君臣事仇忘祖，也宣传尊儒。立在杭州的《宣圣及七十二弟子像赞》碑，宋高宗赵构亲撰碑文，秦桧为跋刻于碑阴，喧嚣尊儒

---

① 《潜研堂集》卷二《梁武帝论》。
② 《金石文跋尾》卷十《赐冥福禅院地土牒》。
③ 《宋史》卷二七六《徐休复传》。
④ 《金石文跋尾》卷二十《徐休复祷先圣文》。

重教。钱氏对此写了《跋》以评之，说："夫治国固有缓急，思陵（指宋高宗）偏安两浙，称臣于仇雠，正复崇儒重道，亦何足掩不孝之名？则数典而忘祖，又在所不足责，而如秦桧之奸邪无学，亦岂能援引典故以证人主之误哉！"① 这对于称臣事仇的南宋君臣赵构、秦桧之流，也做到了知人论世。

《元史》有《史天倪传》（附其父秉直事）、《史天泽传》，主要是记载传主的经历和功名。钱氏据其乡大都永清县某村的史氏墓三块碑，考明一是史天倪之父《秉直碑》，一是秉直之弟《进道碑》（史不载其名），一是《清源碑》。他特别指出："《清源碑》载其三世子女嫁娶最详，秉直长女为太师国王夫人，其事不见于它书。史氏父子兄弟各以功名自立，要亦连姻贵族所致。论史者不可不知也。"② 这里的"要亦连姻贵族所致"一语，独具只眼；"论史者不可不知"，强调了知人论世的重要性。这是根据史氏三碑所刻"连姻贵族"的内容而引发之论，可谓实事求是。

对于古人，钱氏能将其政治表现与学业成就区别对待。比如，他认为，南宋孙仲益其人政治品质不好，"专主和议"，称誉投降派，诋毁抗战派，是个"无是非之心"的人；但其文章尚可，"骈偶之工"在当时应排在前列。③ 又如，明人张瑞图（晋江人），字写得很好，与米、董齐名，曾为当权的魏忠贤写过生祠碑文。其后定逆案，就因其"为忠贤书碑"这件事，名列于逆案。由此，他的字也被人轻视了。钱氏曾见过张瑞图的书札，提出了自己的看法：其人"龌龊守位"，但无"专权误国之迹"，仅仅因为书魏忠贤碑，"遽加逆名，不已甚乎！"又说："评书者，当赏其神骏，勿以其素行而訾及翰墨也。"④ 意思是，竟因书碑一事，便名列逆案，做得太过分了；也不能因其素行不佳，而否定其翰墨。

钱氏评论古人是注意分寸的。如，他对王安石为人为政多有贬词，但对陈黄中视王安石为"奸臣"则持不同意见，说："若王安石之立新法，引金人，虽北宋祸而本无奸邪之心；郑清之虽党于（史）弥远，其在相位亦无大恶，和叔（陈黄中字）俱以奸臣目之，未免太甚矣。"⑤ 这里，钱氏对王安石变法有贬意，乃政治观问题，另当别论；而他所论王安石"无奸邪

---

① 《金石文跋尾》卷十五《宣圣及七十二弟子像赞》。
② 《十驾斋养新录》卷十五《史氏墓三碑》。
③ 《潜研堂集》卷三十一《跋孙尚书大全集》。
④ 《潜研堂集》卷三十二《跋张晋江札》。
⑤ 《潜研堂集》卷二十八《跋陈黄中宋史稿》。

之心",不同意目为"奸臣",是个起码的是非问题,不能随意和含糊。这就是把握尺度。古时学者多念念有词,常说这个经义,那个礼法,而往往缺乏一个客观的尺度和准确的分寸,如果学学钱氏知人论世的态度和办法,必有所收益。

评论历史人物,是由评论者思想支配的。钱氏自然也不例外。他信奉儒家的"恕道",一般说来,他不苛求于古人;因此,他批评王安石"好非议古人"。但他崇儒、反法,对于有些古人那套"任法""术数",甚为反感,甚至讥晁错遭"杀身"之祸,[①] 而碍难准确地评论晁错的历史功过是非。此其历史局限性乎?

还应该指出,钱氏评论历史人物是很强调"史识"的。如,五代周世宗柴荣政治上得而旋失,欧阳修、洪迈对此评论不一。钱氏指出:"洪容斋以为失于好杀,列举薛史所载甚备,而欧史多芟之。容斋论史有识,胜于欧阳多矣。"[②] 又如,宋人史弥远、韩侂胄之奸有轻重之分。钱氏认为,史之奸"倍于侂胄",但《宋史》"独不与奸臣之列",这是《宋史》作者"无识"之过。

史评、史论,仅凭学与才是不够的,必须有识,识是主导。钱氏强调史识,以实事求是为准绳,就是有识之见。

六　师古之是

钱氏颇强调"师古"之"是"。[③] 这个"是",不是今人理解的规律性,而是为人、为学、为政之道,要求今人学习历史文化传统中优良的东西。

治史的人,是研究和评判古人古事的,又是站在当今实地的,如何对待古与今,是个重要问题。对待古今,历来有两种不良倾向:一是崇古、美古,把古代说成黄金时代,把古人美化为圣贤;一是轻古、丑古,把古代古人说成愚昧、野蛮,一无是处。两者都不是尊重历史的态度。正确的态度,应该是历史主义,实事求是,考察其历史是非,学古人之优,师古人之是。我国有以古为镜的传统,往往是,一者自觉地以古为镜,主动总结历史经验教训,从中吸取养料;一者被动地受人告诫,不犯错误,或有

---

① 《潜研堂集》卷二《晁错论》。
② 《十驾斋养新录》卷六《五代史》。
③ 《潜研堂集》卷二十四《臧玉林经义杂识序》。

错即改。而总的要求，无论智愚，无论君子小人，无论主动与被动，都要以古为镜，师古之是。乾嘉学者有博古倾向，一般是讲求以古为镜的。钱氏亦然。但钱氏博古而不忘今，既不肆意地蔑古或崇古，也不盲目地信古和师古，强调"必求其是"，师古之"是"，只向古代较为正确而于今有用者学习，以期有益于今。因为他治史，注意历史文献，搞历史考据，所以主要表现在历史文献学方面。

钱氏继清初顾炎武指责明人空虚措大的学风之后，通过考究历史，也觉得明人学风确实蹈虚。他考证明代学者及其著作，往往坦露己见，发表议论。如，他考证当时俗传本《竹书纪年》必是伪书，甚为拙劣，乃明人所为，评曰："惟明人空虚无学，而好讲书法，乃有此等迂谬之识。"① 又如，明崇祯（1628～1644）年间所修《太仓州志》，叙地理沿革及人名多有谬误，评曰："明人好谈名节，而于纪载多失讨论。如此者盖不少矣。"②

钱氏以为，明人空疏学风，与科举制度有关。科举取士，主要是凭八股文，而不讲求真才实学。钱氏指出，自明以来，士大夫好读诗，但竟然不懂得双声，"盖八股取士所得，皆束书不看，游谈无根之子衣钵相承，转以读古书为务外"。③

同时，钱氏批评不认真读书的文人。他指摘高士奇《天禄识余》、邵长蘅《古今韵略》中的错误，说："两君皆有文名，而不读书，故涉笔便误。"④ 他认为好名的文人，多半是不认真读书的花架子。

但钱氏对待古人并不菲薄，而是很尊重的。他以下棋为喻，说：我看别人下棋，觉得人家不高明，自己下起来还不如别人，从此老实了。然后又说："今之学者，读古人书，多訾古人之失，……人固不能无失，然试易地以处，平心而度之，吾无一失乎？"⑤ 就是说，对待古人的失误，要能设身处地为其考虑。以现在的话来说，要有历史主义的态度，不能离开历史而苛求古人。

他反对文人相轻，尤其反对轻视和苛责古人。曾说："杜子美诗所以高出千古者，不薄今人爱古人也。"并举出杜甫护惜王、杨、卢、骆之例，而

---

① 《十驾斋养新录》卷十三《竹书纪年》。
② 《十驾斋养新录》卷十四《太仓州志》。
③ 《十驾斋养新录》卷十六《双声》。
④ 《十驾斋养新录》卷十四《天禄识余》。
⑤ 《潜研堂集》卷十七《弈喻》。

讥近有浅薄者竟然苛责古人，"犹鹞鹏之与蚍蜉矣"。① 他劝告那些一心想成名而无把握者，最好的办法是"多读书"，"善读书"。读书一定要多，如果"胸无万卷书"，只靠玩弄笔锋，取快一时，必然小池立涸。要善于读书，如果读书没有真正的心得，而自以为是，即使一孔之见"非无可取"，而学识终究肤浅，也称不上"善读书"。只有像有些古人那样"穿穴经史，实事求是"，从读书中有所体会，始发议论，才有可能"卓然成一家言"。②

他劝告学子读书要慢慢来，循序渐进，积累心得，议论平实。他引了朱熹的话："近日学者病在好高，《论语》未问'学而时习'，便说'一贯'，《孟子》未言'梁惠王问利'，便说《尽心》，《易》未看'六十四卦'，便读《系辞》，此皆躐等之病。""圣贤议论，本是平易。今推之使高，凿之使深。"他认为朱熹强调学习要循序渐进，不能越级跳远，议论要平易，不能拔高凿深，"不为过高之论"，③ 都是可取的。

对待古人的正确态度，是在辨析优劣是非的基础上，学其优，师其是。有人问：对于《论语》"父在观其志，父没观其行"一语，有几种说法，后人何适可从？钱氏答："后儒之说胜于古，从其胜者，不必强从古可也，一儒之先后异，从其是焉者也。"④ 就是说，对于优劣是非问题，不论古人或今人，不论其人往昔与今日，应当"从其胜"，"从其是"。

钱氏有这样的铭言："亦详亦要，有本有原，吾师乎古之人。"意思是，要学习古人那种详要得体，学有本原的优良传统。他以为臧玉林的《经义杂识》，"实事求是，别白精审，而未尝驰骋共辞轻讥先哲"；并说："以古为师，师其是而已矣。"⑤ 这里强调的是，不能狂妄地轻讥先哲，而应学习他们正确优良的东西。

对于有些学人故弄玄虚，钱氏非常反感。有个程秀才在其所撰《易源》中，大谈"先天""无极"之旨，多为推论，玄之又玄。此人将书稿呈给钱氏看。钱大昕致书程秀才，说："承以所著《易源》待正稿相示，仆于经义素非专门，'先天''无极'之旨，尤所不解，……古之圣贤求《易》于人事，大多忧患戒惧之词。后之儒者，求《易》于空虚，故多高深窈妙之论，……自处至高，自信至深，谓己之必无过，且患人之言其过，辩论至

---

① 《十驾斋养新录》卷十八《文人勿相轻》。
② 《潜研堂集》卷二十五《严久能娱亲雅言序》。
③ 《十驾斋养新录》卷十八《朱文公议论平实》。
④ 《潜研堂集》卷九《答问六》。
⑤ 《潜研堂集》卷二十五《严久能娱亲雅言序》。

多，义理益昧，岂《易》之教固若是乎！此仆之不敢言《易》也。"① 他与那些玄虚好辩，"多高深窈妙之论"者兴趣不同，故表示没有共同语言，实际上是根本否定之。

钱氏虽然擅长考据，但不固囿于此，对于经世致用并不反对，有时还予以肯定。他很欣赏胡渭所著《禹贡锥指》（二十卷，为图二十七篇），不仅称赞胡氏"尤精于舆地之学"，还指出："汉唐以来，河道迁徙，虽非《禹贡》之旧，要为民生国计所系，故于《导河》一章，备攷历代决溢改流之迹，且为图以表之。其留心经济，异于迂儒不通时务者远矣。"② 这里强调了胡渭经世济民之意，关心有关民生国计的黄河历代决溢改流问题，不同于不通时务的迂儒。故这里要赘言一句：史学界有讥刺乾嘉考据学者毫无经世思想之说，认为他们博古而不通今，似乎欠妥。乾嘉学者的博古倾向是很显然的，但他们也有多多少少的经世思想，只是由于种种历史原因，难以伸展其志，而多被迫钻故纸堆而已。

古人治学是很认真谨严的，往往几十年才撰成一书，甚至有两代人成一书者，如司马氏谈、迁父子之《史记》，班氏彪、固、昭父子兄妹之《汉书》，等等。这种认真谨严的学风，一直影响及清代学者。积30余年心力著成《古文尚书疏证》的阎若璩，为了考究"使功不如使过"这句话的出处（此语首见于《后汉书·索卢放传》），历经20年才搞清楚。钱氏欣赏阎若璩的经验之谈："甚矣！学问之无穷，而人尤不可以无年也。"③ 意思是，治学需有不怕艰辛的精神，长年累月地钻研、积累和推敲，不可能轻率而速就。这是中国学者治学的一个优良传统，钱氏对于后学梁玉绳专精毕力于考究《史记》，以几二十年的时间撰成《史记·志疑》一书，也很赞赏，说他兼有"河间之实事求是，北海之释废箴肓"，"斟酌群言，不没人善"的优点。④ 换句话说，钱氏认为梁玉绳继承和发扬了古人治学的优良传统，是"师古之是"的佼佼者。

钱氏对于古代学者的学问、学风，多有考评，态度诚恳。试举几例：

他有一条答问，谈许慎的《说文解字》，三千余字，其中有云："叔重（许慎字）生于东京全盛之日，诸儒传授，师承各别，悉能通贯，故于经师异文，采摭尤备。"在举了一些例子之后，又说："经师之本，互有异同，

---

① 《潜研堂集》卷三十六《与程秀才书》。
② 《潜研堂集》卷三十八《胡先生渭传》。
③ 《潜研堂集》卷三十八《阎先生若璩传》。
④ 《潜研堂集》卷二十四《史记志疑序》。

叔重取其合乎古文者，称经以显之；其文异而义可通者，虽不著书名，亦兼存以示后人之决择。此许（叔重）所以为命世通儒，异于专己守残、党同门而妒道真者也。"① 汉代有今古文之争，分古文、今文两派，许慎属于古文学派，但他的《说文解字》不仅取古文学派的，也收今文学派的。是后直至清代，仍有今古文之争。钱氏很赞赏许慎的学风，称其为"命世通儒"，同时讥及后世专己守残、门户成见之流。

他对于范缜《神灭论》十分推崇，指出："齐、梁人多好佛，刘彦和序《文心雕龙》，自言梦见宣尼（孔子），而晚节出家，名慧地，可谓咄咄怪事！颜子推累世儒家，而《家训·归小》一篇，见讥后代。范子真（缜字）《神灭论》，其中流砥柱乎！"② 范缜《神灭论》具有无神论之光辉思想，确有反佛的历史意义。钱氏指责刘勰、颜子推的好佛倾向，称允《无神论》为"中流砥柱"，已指出了它的历史意义，可谓高见卓识。

他对于刘知几《史通》曾评论长短。指出：《史通》乃刘知几"感愤"之作，"指斥"祖宗敕撰"所修《晋》《梁》《陈》《齐》《周》《隋》六史"尤多，表面上批评古代史籍，甚至疑古惑经，实际上"以掩诋毁先朝之迹。耻巽辞以谀今，假大言以蔑古"，这是"柳翳隐形，志在避祸"的手法，"千载之下，必有心知其意而莫逆者"。③ 这话非常中肯，指明了刘知几的心迹，还表示了愿为刘氏莫逆之交的思想。凭此，可以断言钱氏于考史中也有以古讽今的思想内容。他又说："刘氏用功既深，遂言立而不朽，欧（阳修）、宋（祁）《新（唐）书》往往采其结论"，并举出了例子，还说："后代奉为科律，谁谓其书无益哉！"

他对顾炎武较为推崇，尤其是肯定顾氏在明清之际学风转变方面的历史地位。如他在《与晦之论尔雅书》（收于《潜研堂文集》卷三十三）中批评明代儒者往往有"束书不观，游谈无根"的毛病，而顾炎武等人则"皆精研古训，不徒以空言与说经，其立论有本，未尝师心自用"。但也坦诚地批评顾氏考论有所失误。如，《日知录》谓"员缺"之名"自晋时已有之"。钱氏举出《汉书》诸传七八例，指出："西汉已有'缺'称，不始于晋也。"④ 又如，他指出《日知录》谓"随会不与（晋）文公同时"；引谢

---

① 《潜研堂集》卷十一《答问八》。
② 《十驾斋养新录》卷十六《范缜神灭论》。
③ 《十驾斋养新录》卷十三《史通》。
④ 《十驾斋养新录》卷十《员缺》。

肇淛之说，"以为祧庙不讳之证"，都有失误，末了说："顾氏偶未审耳！"①再如，《郃阳令曹全碑》末有"中平二年十月丙辰造"语，这与《后汉书·灵帝纪》的纪日不符。顾炎武《求古录》据《灵帝纪》而疑《曹全碑》为后人作伪。钱氏据汉代《四分历》推算，并参考了《谯敏碑》和《后汉书》等其他材料，断定《曹全碑》纪日正确，《灵帝纪》纪日有误，说明顾氏怀疑《曹全碑》欠妥。② 类似情况，还有一些。这说明，钱氏既尊重古人或前辈，师古之是，又不盲目迷信，而是实事求是。

他对于古今士风颇为感慨，在士人对待义利问题上，他认为，"古之士无恒产而有恒心"，今之士"临财苟得，临难苟免，好利而不好名，虽在庠序，其志趣与市侩徒何以异哉！"③ 意思是，古代士人好义，图个好名声，现在的士人学子志在好利，与商人差不多。在学风问题上，钱氏认为学术界存在一种剽窃行为，"偷语，偷义，偷势"都有人干，"后代诗文家免于三偷者寡矣"。就是说，后世文人做"偷"儿的很多。他说，顾炎武讥刺明人"所著书无非盗窃"，话虽然说得"太过"了一点，但"深切中隐微深痼之病"。又说："今之举业文字，大率生吞活剥，其词必已出者百无一二。士习之不端，于作文见之矣。"④ 钱氏正会抓反面教材。

除了有关为学问题外，钱氏还提出了一些为人、为政方面的内容。

历史曾发生过"元祐党籍""建文奸党"等案件，株连及一些忠正之士。钱氏对此评曰："奸臣、暴君快意于一时，而被其毒者留芳于百世，心愈狠而计愈拙，当时无恻隐羞恶之心，后世岂无是非之心哉！"还说："徐健庵云：'做官时少，做人时多；做人时少，做鬼时多。'此辈惜未闻斯语。"⑤ 意思是，歹徒作恶只能快意一时，而永恒的历史自有定评，后人自会明辨是非。这是以史实说明为人为政的重要性，告诫人们奸恶终究要被钉在历史审判书上。

宋以来称地方长官为"父母官"，讲求为官之道，可是那些为官者多半是"乌鸦之色"。钱氏对此不无感叹。他曾考究了"父母官"名称的由来，然后说："（今）有不爱百姓之官，甚者假其势以恣其残暴，苟有人心者，

---

① 《十驾斋养新录》卷十四《日知录》。
② 《金石文跋尾》卷一《郃阳令曹全碑跋》。
③ 《十驾斋养新录》卷十八《义利》。
④ 《十驾斋养新录》卷七《诗文盗窃》。
⑤ 《十驾斋养新录》卷七《党籍》。

能毋顾名而惭且悔乎!"① 这是循名责实,讽刺官吏仗势作恶,简直是狼心狗肺,给"父母官"之名抹黑。

"河防"是中国历来的大问题。钱氏因无实践经验,提不出什么精到的意见。但他觉得,顾炎武《日知录》所说的负责河防的大小官员乘机渔利,确是个大问题,并说:"今之官吏,其好利犹昔也。……竭海内之膏脂,饱若辈之囊橐,赏重罚轻,有损无益,其何能淑载胥及溺,深可虑也。"② 这种仇视官吏无孔不入地损公肥私、侵民渔利的态度,对民生国计的忧患意识,也是"师古"的良好表现。

钱氏曾讥刺历史上的言语文字狱。如,他提到北宋熙丰之间盛行诏狱,轻施凌迟"滥酷之刑",以对待持不同政见的反对派。钱氏引马端临言:"自诏狱兴,而以口语狂悖者,皆罹此刑矣。"③ 这是钱氏所反对的。还指出:"今法有凌迟之刑",这显然是借古讽今。又如,他指出北宋蔡确因赋车盖亭诗,被指讥讪朝政,被贬;而认为,"蔡确固是憸人,但以《题车盖亭诗》,文致其罪","不免过当","其后卒起同文之狱"。④ 再如,钱氏提到北宋元祐年间的朋党之争,程伊川之徒朱光庭"首抪东坡(苏轼)试馆职策问,以谤讪先朝为词",目的是"为师(指程伊川)报怨",于是引发了"绍述之祸",结果朋党双方两败俱伤,并其师亦入于党籍而不复振"。钱氏指出:"夫摭语言文字之失,陷人于罪,纵使幸而得逞","犹为士论所薄"。⑤ 应该指出,"士论所薄"之"士",当然包括钱氏本人。自宋至清屡有文字之祸,清朝文字狱尤烈,钱氏在此是否言古喻今或以古讽今呢?似有这个意味。

钱氏大多是考史所及,即兴发论,也有的是为发论而特意考究的。他往往有感于世情,而又不敢大胆地讥刺时政。因此,其论不免吞吞吐吐,其言大多支离琐碎,显然不是纵情发论,没有系统全面地总结历史经验教训。这是历史的局限性。但钱氏是个有良知的正派学者,其师古之是,言简意赅,还是颇有意味的。

---

① 《十驾斋养新录》卷十六《父母官》。
② 《十驾斋养新录》卷十八《河防》。
③ 《十驾斋养新录》卷七《凌迟》。
④ 《十驾斋养新录》卷十六《蔡确车盖亭诗》。
⑤ 《潜研堂集》卷二《洛蜀党论》。

结　语

钱大昕"实事求是"史学，主要是如下几点：

（一）史以传信。务使史籍成为信史，真实可靠。这是史学的基本要求和准则。

（二）考证求实。对史籍进行考证，或以金石文与史籍互证，目的在于祛疑指瑕，订讹规过，唯求其实，唯求其是。

（三）专题考究。对某些历史的真伪是非问题，需要下功夫认真推敲，故作专深考究。这点显示出乾嘉史学的最高水平。

（四）记述从实。不仅着重考证，还强调据事直书，悉从其实，这是"实录"精神的继承和发扬。

（五）议论切实。考而后言，言之有据，论之平允，知人论世，忌用《春秋》褒贬笔法。

（六）师古之是。师古不盲从，从其是而已。师古是为今，期望有益于世道人心。

钱氏所提的"实事求是"，大致如此。他的考与论，几乎不引据经义礼法，只是考而后言，强调实事求是。故我认为，钱大昕的实事求是史学，不只是历史考证，不只是方法问题，而是重要的史学思想，是中国史学的一大特点及优良传统。

赵翼的史学

——读《廿二史札记》

赵翼的史学论著，以《廿二史札记》（共36卷，567条篇目）为代表作。近人多以为赵翼的史学，是历史考据，脱离现实；我认为他是用考证的方法，也发表史论，有较为温和的经世思想。现在略抒己见，以就教于方家。

一　治史方法

赵翼字云崧，又字耘耘，号瓯北，江苏阳湖（今江苏常州）人。生于1727年，卒于1814年。乾隆二十六年（1761）进士，授翰林院编修，曾参加《通鉴辑览》的修撰。后任广西镇安知府，继为广州知府，擢贵州贵西兵备道。乾隆三十七年（1772）因被弹劾降级，遂辞官归里。从此以后，40年间不复出仕，读书撰著。他生活的那个时代，是清朝中期，一方面封建社会日益腐朽衰落，另一方面清朝文治武功较为显赫；一方面文网严密，禁锢学者的思想，另一方面又提倡学术，笼络知识分子。赵翼的《廿二史札记》及钱大昕的《廿二史考异》、王鸣盛的《十七史商榷》等著作，正是在这种背景下产生的。但是，赵翼治史，并不是单纯的考据。其治史方法有以下几点值得注意：

首先，对历史记载，考证异同，辨证谬误。赵翼读廿二史，"多就正史纪传表志中参互勘校"，"有所得辄札记别纸"（《廿二史札记·小引》），从史书中发现记载"歧互"和不符之处，就进行考证。《廿二史札记》中考订史籍者约161条，不仅对《史记》《汉书》等历史名著辨别正误，纠摘错谬，就是对当代官修《明史》也指出"诸传不合""不免歧误"（《廿二史札记》卷三十一《刘基廖永忠等传》条）的疵病，做了一些正本清源的史考工作，为后人研究历史提供了有益的材料。

赵翼强调治史不可偏信一史，而要参校诸史。如他说"宋金用兵须参观二史"，就是考证了《宋史》《金史》的不同记载提出来的。他说："两国交兵，国史所载，大抵各夸胜而讳败，故纪传多不可尽信。……故阅史必参观诸传，彼此校核，始得其真也。"（《廿二史札记》卷二十七《宋金用兵须参观二史》条）对于不可尽信又不可不信的古代史籍，赵翼这种参考诸史、"彼此校核"的治史方法，不失为良法。

其次，基于"参互校核"，发现问题，提出自己的看法。如《宋书纪魏事多误》条（《廿二史札记》卷九）中关于崔浩被杀之事的考证，他先记上《宋书·柳元景传》所写的内容，接着又将《魏书》所记内容来作比较，在比较研究中对崔浩被杀之事提出了自己的看法："是浩之死以国史，初未别有意图也。《宋书》所云，盖光世南奔时诡托之词，后遂笔之于记载耳。自当以《魏书》为正。"末了还以《南史》所记为证。关于崔浩被杀的根因，近代学者颇有分歧意见，分歧的由来主要是各史记载内容不一，而各家依据不同的记载，因而意见也就不同。赵翼对此问题的考证及其考证方法，我认为颇有参考价值。

赵翼用"参互校核"的方法，发现了很多历史秘密。如，他对《后汉书·光武帝纪》所载建武十六年"民变"，不著其根由，提出"必有激成其祸"的问题；又据上文有"河南尹张伋及诸郡守十余人，坐度田不实，皆下狱死"的记载，推论："是时民变，盖因度田起衅也。"同时，又根据《后汉书·刘隆传》有关内容，断言："则十六年之民变，必因十五年检核户口田亩不均而起衅也。"类似这种经过比较探索提出来的看法不少，值得治史者注意。

再次，对史事进行综合分析，发表史论。《廿二史札记》中考论史事者406条，其中有不少精彩的内容。如，《唐节度使之祸》条（《廿二史札记》卷二十），提出唐节度使之祸问题，不是根据个别现象随便说说，而是占有新旧《唐书》中有关材料，进行了具体分析。他对唐节度使原始察终，指出方镇不仅"统兵"，掌握军权，又多统领数州，"兼按察使、按抚使、支度使"，节度使"既有其土地，又有其人民，又有其甲兵，又有其财赋，于是方镇之势日强"。从而指出："安禄山以节度使起兵，几覆天下。"这个看法非常高明。继之，又论说，安史之乱以后，由于节度使的地盘扩大，势力也就越大，"遂成尾大不掉之势"，以致"天子力不能制"，到了唐朝末年，"天下尽分裂为方镇，而朱全忠遂以梁兵移唐祚矣"。末了，指出："推原祸始，皆由于节度使掌兵民之权故也。"这种分析方法，显然不是单纯的考证，而是在考证基础上的综合分析，比考据要高出一筹。

一般说来，赵翼注重正史，而轻视其他史籍，所以其历史考证，往往是以正史证正史；然又不全信正史。他曾经说："一代敝政，有不尽载于正史，而散见于他史者。"如《金末种人被害之惨》条（《廿二史札记》卷二十八）提到"贞祐事件"，揭露女真种人和汉民的矛盾，并不是根据《金史》，而是根据"张万公碑"和"完颜怀德碑"等碑文。《廿二史札记》之正文与附注中引用杂史、碑文及私人笔记达四十多种。

不可否认，《廿二史札记》中有些篇目内容是杂碎的小考证，如卷三十三的《一母生诸帝》条，只是罗列现象；《金元二代立皇太子皆不吉》条，未曾分析；《元封乳母及其夫》条，意义不大；《老爷、同寅、臬司》条，乃知识小品，等等，说明赵翼仍有清代考据琐碎的痕迹。但是，又可以看到，《廿二史札记》中还有不少像《唐节度使之祸》条那样的史论文章，如《两汉外戚之祸》《三国之主用人各不同》《唐代宦官之祸》等。因此说，赵翼治史之法，不仅是考证异同，纠正谬误，而且比较探索，综合分析，从而形成史论。

二　评修史曲直

赵翼在《廿二史札记》中所列一百多条考论正史的条目，虽然较多的是考异辨说的内容，但其主要用心却是评论修史之取材、文笔、品德等问题。

《廿二史札记》中常强调取材精审。赵翼尽管主张博览群书，但是并不赞扬博采异闻。更反对"以奇动人"（《廿二史札记》卷十一《南史增梁书琐言碎事》条）。他强调参考诸家，"兼综互订"（《廿二史札记》卷七《晋书》条），"博采群言，旁参互证"（《廿二史札记》卷二十一《欧史不专据薛史旧本》条）。他谈到修撰《明史·太祖本纪》参考的书籍"无虑数十百种"之时说，群书皆可资采掇，"然使决择不精，如南、北史徒搜异闻，以炫人耳目，往往转至失实"；"《明史》则博揽群书，而必求确核，盖取之博而择之审，洵称良史。"（《廿二史札记》卷三十六《明祖本纪》条）可见，赵翼主张博览群书，加以确核，去粗取精。

对于修史的文笔，赵翼主张简净。他察觉《南史》删《宋书》达"十之五六"，就是因为"《宋书》本过于繁冗，凡诏、诰、符、檄、章、表，悉载全文，一字不遗"，而"《南史》于此等处一概删削，有关系者则隐括数语存之，可谓简净，得史裁之正矣"（《廿二史札记》卷十《南史删宋书最多》条）。可见，赵翼对于修史全载书疏，文字浮夸等，认为与史无补，应该删去，务求简净。

不过，他认为又不可删除值得注意的史事，造成"过求简净之失"（《廿二史札记》卷十六《新唐书本纪书法》条）。从赵翼肯定欧阳修的《五代史》、清撰《明史》等来看，他是主张修史"简严""详慎"及"文笔洁净"的。

赵翼在修史品德问题上有些值得注意的议论。修史品德，主要是指纪事态度，是直书与曲笔、实录与讳饰的问题。《廿二史札记》条列了许多正史记事歪曲、为本朝讳、为尊者讳、为亲者讳等内容。如《廿二史札记》卷六《后汉书三国志书法不同处》《三国志书法》《三国志多回护》诸条，揭露了《三国志》为魏、晋统治者篡权窃位而隐讳的事实，并指出："自《三国志·魏志》创为回护之法，历代本纪遂皆奉以为式，延及《旧唐书》《旧五代史》，犹皆遵之。""自陈寿作《魏本纪》，多所回护，凡两朝革易之际，进爵封国，赐剑履，加九锡，以及禅位，有诏有策，竟成一定书法，以后宋、齐、梁、陈诸书，悉奉为成式，直以为作史之法固应如是。"指出了有些史书往往为当权的统治者争权篡位之事隐讳，掩饰其你争我夺的真实面目。

《廿二史札记》揭露有些正史为南北朝时期杀君害主的统治者讳的事实。如《陈书多避讳》条（《廿二史札记》卷九）指出："刘师知为陈武帝害梁敬帝，入宫诱帝出，帝觉之，绕床而走，曰：'师知卖我。'师知执帝衣，行事者加刃焉（见《南史》）。此则师知弑逆之罪，上通于天，何得曲为之讳！乃《陈书·师知传》绝无一字及之，……此岂非曲为回护耶？"另外，《廿二史札记》还指出，有些史书为本朝统治者夸胜讳败、阿意褒美、掩饰过错等。

《廿二史札记》还谈到有些史家借史徇私，为亲者讳。如《齐书书法用意处》条（《廿二史札记》卷九）指出，萧子显写《齐书》，为其父豫章王作传，既在传文上铺陈其事，又在体例上抬高其地位。

赵翼还揭露古代"国史""实录"以及家传、碑铭等一些曲笔。《旧唐书前半全用实录国史旧本》条（《廿二史札记》卷十六），根据新旧《唐书》所记歧互处，指出："观旧书回护之多，可见其全用实录、国史，而不暇订正也。"《旧唐书》为武则天杀亲生子、宠薛怀义，为杨贵妃曾作寿王瑁妃等事隐讳，可以推测它所依据的实录、国史本是回护其事的。赵翼从《宋史》各传回护处，推论："元修《宋史》，度宗以前多本之宋朝国史，而宋国史又多据各家事状、碑铭，编缀成篇，……盖宋人之家传、表志、行状以及言行录、笔谈、遗事之类，流传于世者甚多，皆子弟门生所以标榜其父师者，自必扬其善而讳其恶，遇其功处辄迁就以分其美，有罪则隐约其词以避之。"

同时，赵翼对曲笔、讳饰表示厌恶，对直书、实录完全肯定。他对陈寿"创为回护之法"，有指责之意，而对范晔"据事直书"，称赞为"史家正法"（见《廿二史札记》卷六《后汉书三国志书法不同处》条）。正是在这种思想支配下，赵翼指出实录国史"书法既有回护"，易代后修史时，"考其非实，自应改正而直笔书之"；而对《旧唐书》未予改正，深表不满。

更值得注意的是，赵翼提倡"自成一家言"，并对私人修史寄予很大希望。《北史全用隋书》条（《廿二史札记》卷十三）揭出：《隋书》记隋文帝之取得权位，"绝不见攘夺之迹"及"弑逆"之行，对于隋炀帝之弑父夺位亦甚隐讳；而《北史》又步后尘，因袭《隋书》而不变。于是指出："《隋书》书法，承历代相沿旧例，尚不足怪。李延寿自作私史，正当据事直书，垂于后世，何必有所瞻徇，乃忌讳如此。岂于隋独有所党附耶？抑《隋书》本延寿奉诏所修，其书法已如此，故不便歧互耶？然正史隐讳者，赖有私史，若依样葫芦，略无别白，则亦何贵于自成一家言也？"这不仅分出直书与讳饰的矛盾，而且区别私史"自成一家言"与官史隐讳的优劣。《廿二史札记》还提到，"自左氏、司马迁以来，作史者皆自成一家言，非如后世官修之书也。"（《廿二史札记》卷六《三国志书法》条）此话含意甚深，既热情地褒扬私史"皆自成一家言"；又大胆地暗刺后世官史多方回护，非"一家言"之作。尽管赵翼可能由于顾忌，没有揭露清朝官修《明史》隐讳之实，然而"非如后世官修之书"云云，其中带刺及《明史》，可谓不言而喻。

钱大昕说：《廿二史札记》"于诸史审订曲直，不掩其失，而亦乐道其长"。（《廿二史札记》序）这个评语可以成立；只是他没有指出赵翼鄙薄"后世官修之书"而推崇"自成一家言"的私史，还是没有抓住《廿二史札记》的真正精神。

三　评史事得失

《廿二史札记》大部分条目的内容是评论史事的，所论范围很广，包括历代的政治、经济、文化、风俗等，重点则在评论历代政治上面。

赵翼论述自西汉至明末一千八百年间一些历史的特点，如对汉代的外戚、宦官、党禁、经学，魏晋南北朝之门第、九品中正、清谈，唐代之女祸、宦官、藩镇，五代之武人，宋代之弊政、和议，辽、金、元之用兵，明代之刑狱、朋党、"流贼"等，都有所考证和评论。其中有些看法，"持论斟酌时势，不蹈袭前人"（《廿二史札记》序），而有独自的见解。如对魏晋南北朝的政治，既指出当时有九品中正之法，"选举之敝，至此而极"，历数百年，"莫有能改之者"（《廿二史札记》卷八《九品中正》条）。又指出："然江左诸帝，乃皆出自素族"，"其他立功立事，为国宣力者，亦皆出于寒人"，"此江左风会习尚之极敝"所致（《廿二史札记》卷十二《江左世族无功臣》条）。还论及魏晋以来统治者依赖寒人掌机要，寒人"地当清切，手持天宪，口衔诏命，则人虽寒而权自重，权重则势利尽归之"（《廿二史札记》卷八《南朝多以寒人掌机要》条）。这说明，魏晋南北朝数百年政治上有所变化，世族的政治地位在下降，素族寒人的政治地位在上升。这个看法是从史实出发提出来的。

赵翼抓住了中国封建社会中的外戚之祸、宦官之祸、权臣妄为、藩镇之患等问题，一再指出要害在于窃据"权""势"及围绕权利的斗争。《汉外戚辅政》条（《廿二史札记》卷三），揭露西汉外戚掌权，以至王莽"辅政"遂以篡汉的事实。《两汉外戚之祸》条（《廿二史札记》卷三）指出，两汉外戚之祸源，总由于"柄用辅政"，"不假之权"，则"无外戚之祸"；"东汉多女主临朝，不得不用其父兄子弟，以寄腹心，于是权势太盛，不肖者辄纵恣不轨，其贤者亦为众忌所归，遂至覆辙相寻，国家俱敝"。

《廿二史札记》有近十条谈到汉、唐、明的宦官问题。《东汉宦官》条（《廿二史札记》卷五）论道：宦官之所以能作恶施虐，主要在于凭所处的特殊条件，"盖地居禁密，日在人主耳目之前，本易窥觑笑而售谗谀，人主不觉，意为之移"；趁"少主""女主"依赖之机，"手握王命，口衔天宪"，更能盗用最高权力酿成巨祸。《唐代宦官之祸》条（《廿二史札记》卷二十），提到唐代宦官之权"反在人主之上"，立君、弑君、废君"有同儿戏"，"实古来未有之变"；并指出祸源，"总由于使之掌禁兵，管枢密，所谓倒持太阿而授之以柄"。正是由于宦官掌握京师禁军和王朝机要的大权，以至于"积重难返"，而能"挟制中外"，摆弄君主。

《元诸帝多由大臣拥立》条（《廿二史札记》卷二十九）说：元之宪宗、成宗、武宗、仁宗、泰定帝、明帝、文宗，都是大臣所立，这是元一代大事。"权臣妄行，大柄在手，莫敢谁何，遂任意易置"。并指出，元太祖曾考虑到防止宦官窃权，但没有料想到大臣"权力过甚"，肆意妄为，"其祸较宦官更烈"。

《唐节度使之祸》条（《廿二史札记》卷二十），谈到唐代藩镇之患，也指出节度使权重，控制一方，"力大势甚，遂成尾大不掉之势"；并得出"推原祸始，皆由于节度使掌兵民之权故也"的结论。另外，《五代藩郡皆用武人》条（《廿二史札记》卷二十二），还指出，武人掌权，"不明治道"。

可见，赵翼谈外戚、宦官、权臣、藩镇为患之时，明确地指出他们窃取"大权"。正因为他们有了权和势，"割剥烝民"，视民如草芥；摆弄君主，废立帝王"如同儿戏"；权门贿赂，"贿随权集，权在宦官，则贿亦在宦官，权在大臣，则贿亦在大臣"（《廿二史札记》卷三十五《明代宦官》条）；横行无忌，害民害国，"下凌上替，祸乱相寻"。同时，赵翼还特别注意到，权之所在，主要是掌军权，靠武力：西汉外戚辅政，往往当大司马大将军，做了军事首领；唐代宦官为患是因为"掌禁兵"及"外使监军"；藩镇专制一方，当然是由于掌握军事大权；就是大臣妄为，也多是凭着手中常有武力或得到武将支持。封建社会的政治斗争就是争权夺利；而争夺权势，全要靠武力。赵翼论说及此，是有识见的。

赵翼很注意历代之滥刑酷法，特别抓住历代统治者在争权夺利、保权、疑忌等方面所使用的毒辣手段。《廿二史札记》以不少条目揭露指责一些上自君主、下至乡官的统治者在争夺权势过程中，刑狱之滥、株连之广、横暴之至。如，《后魏刑杀太过》条（《廿二史札记》卷十四），列举后魏刑杀太过，动至族诛；并指出，族诛之法，株连甚广，"害及无辜"。《五代滥刑》条（《廿二史札记》卷二十二），不仅列举五代时期有许多残酷野蛮之刑，而且指出刑狱"枉滥"，"军吏因之为奸，嫁祸胁人，不可胜数"，"毒痛四海，殃及万户"。

《廿二史札记》还着意地揭露明太祖为了保权而屠戮功臣的心迹。《胡蓝之狱》条（《廿二史札记》卷三十二），列举明太祖夺取天下后，兴起胡惟庸之狱及蓝玉之狱，大诛功臣。胡狱族诛至三万人，蓝狱族诛至万五千人，"此外又有非二党而别以事诛者"，"文臣亦多冤死"；并指出，明太祖"借诸功臣以取天下，及天下既定，即尽举取天下之人而尽杀之，其残忍实千古所未有。……至明祖则起事虽早，而天下大定则年已六十余，懿文太子又柔仁，孙更孱弱，遂不得不为身后之虑。是以两兴大狱，一网打尽。此可以推见其心迹也"。这说明某些封建统治者，为了保权传家，深怕功臣擅权闹事，于是"卸磨杀驴"，诛戮功臣。实际上揭露了封建统治者"家天下"的丑恶心灵和权欲本质。

更值得注意的是，《廿二史札记》中还有《秦桧文字之祸》条（《廿二史札记》卷二十六）、《明初文字之祸》条（《廿二史札记》卷三十二）等，谈历史上的文字之祸。前一条举出秦桧猜忌害人的史实，后一条举出明太祖以文字疑忌而误害于人的不少史实，实际上揭露了历史上的文化专制主义。

赵翼在《廿二史札记》中对历代的政治成败和国家兴亡，评论很多，重点放在政策和吏治方面。如《廿二史札记》卷二十五有好几条谈宋代弊政，《宋恩赏之厚》条，指出宋朝恩赏官吏的银钱成千上万，"毋亦太滥矣"；《宋冗官冗费》条，指出"荐辟之广，恩荫之滥，杂流之猥，祠禄之多，日增月益，遂至不可纪极"。冗官越多，冗费越大，"国力何以支乎？"《南宋取民无艺》条，指出除了赋税之外，有许多名目繁多的苛捐杂税，"于是民力既竭，国亦随亡"。此说明，宋朝对官吏百般优待，官多费大；对百姓割剥不已，"竭泽而渔"，终于亡国。

《金考察官吏》条（《廿二史札记》卷二十八），指出金熙宗始遣使廉察守、令，"久则弊渐生"，"情贿转甚"，"民间谣曰：'官吏黑漆皮灯笼，奉使来时添一重。'（《辍耕录》）此弊之所必有者也。"他指出吏治之坏，难以避免，弊所必有，无法解决，是把封建统治之腐朽看透了。

从赵翼评论史事的大量言论中，可以发现，他对古代政治几乎没有肯定，多半是揭露和指责封建政治的黑暗腐朽，封建君臣的为非作歹；同时，常常提到："民之生于是时，何不幸哉！""士之生于是时者，挚手绊足，动触网罗，不知何以全生也！"等，为昔日百姓处于水深火热之中而哀叹与激愤。在谈到历史上的族诛株连而害及无辜时，则曰："秦汉以来以此法枉杀者不知凡几，又况后魏之诛及五族邪？"（《廿二史札记》卷十四《后魏刑杀太过》条）谈到齐梁台使之害时，则曰："后代钦差之弊，往往类此。"（《廿二史札记》卷十二《齐梁台使之害》条）谈到明朝大臣久任，"专宠利而窃威权"，无益于政时，则曰："盖国运将倾，时事孔棘，人材薄劣，动辄罹殃，固亦时事之无可如何者也。"（《廿二史札记》卷三十三《明大臣久任》条）如此等等，实际上感到历来政治腐败而不可救药。

赵翼看到封建政治的没落，而看不到历史的出路。但他对旧的批判，往往是着实有力的，有价值的。

四　史学思想

赵翼在史论中透露出一些史学思想，主要有以下三点：

其一，天人杂糅的历史观。《廿二史札记》谈历史变化，往往提到"天"。这是指时势，还是指有意志的"天"，很难捉摸。有时，他强调天道报应，曰"国之兴亡，全系天命"（《廿二史札记》卷三十《元初用兵多有天助》条）；曰"气运使然，非人力所能为也"（《廿二史札记》卷四《东汉诸帝多不永年》条），如此等等。这说明，赵翼"天道"迷信的思想很严重。有时，他对于"天道"报应又是将信将疑，曰"报应之说，本属渺茫，然亦有不得不信者。……然则以女色起者，仍以女色败，所谓君以此始亦以此终者，得不谓非天道好还昭然可见者哉"（《廿二史札记》卷九《唐女祸》条）。这是说，报应之说不可信又不可不信。《汉儒言灾异》条（《廿二史札记》卷二）则论道："上古之时，人之视天甚近，迨人事繁兴，情伪日起，遂与天日远一日，此亦势之无可如何也。……故自汉以后，无复援灾异以规时政者，间或食求言，亦只奉行故事，而人情意见，但觉天自天，人自人，空虚廖廓，与人无涉。"可见，赵翼已从历史趋势中察觉到，人们对于天人关系已由近而远，"天"与人的关系越来越疏。

足以反映赵翼天人思想的，是《隋文帝杀宇文氏子孙》条（《廿二史札记》卷十五）的议论。此条，对隋文帝"于宇文则尽殄之，于陈氏则悉保全之"之事，一方面，完全从人事及时势角度进行分析，曰："盖隋之篡周，本以不道，与宇文有不两立之势，且恐有尉迟回等之起兵匡复者，不得不尽绝其根芽；至取陈，则隋之基业已固，陈之子孙又皆孱弱不足虑，故不复肆毒也。"另一方面，又大谈"天道好还"，曰："此则陈氏开国之初，本不甚杀戮，故子孙亦少诛夷，亦天道之不爽者。""而炀帝之死，又巧借一姓宇文者之手以毙之（按：宇文化及，与周同姓；而非同宗）。此岂非天道好还之显然可据者哉！"本来在谈史实时，按人事和时势进行分析，满可以说得过去，偏要加上"天道好还"的说教，将"天命"与人事硬扭在一起。这就是赵翼天人杂糅的历史观。这种历史观，比之古代杰出的史家"究天人之际"是讲历史发展中之时势与人事的关系和作用，显然逊色得多。

其二，民心向背的成败论。虽然赵翼是天人杂糅的历史观，但论政治成败还是从"天"降落下来而立于地言人事，并注意到民心向背与政治成败的关系。如，论王莽之败及东汉之兴，说王莽一些政策"召怨于中国"，激成人心思汉；又说刘秀得天下之易，"因民心之所愿，故易为也"（《廿二史札记》卷三《王莽时起兵者皆称汉后》条）。又如，论明朝兴亡，先说朱元璋"以布衣成帝业，其得力处总在不嗜杀人一语……盖是时群雄并起，惟子女玉帛，荼毒生灵，独明祖以救世安天下为心，故仁声义闻，所至降附，省攻战之力大半"（《廿二史札记》卷三十六《明祖不嗜杀得天下》条）；再说明末矿税之害，使得"民不聊生，随地激变"（《廿二史札记》卷三十五《万历中矿税之害》条），终至于亡。民心向背的成败论，是古代史学上的一个传统观点，赵翼继承于此还是值得肯定的。

不过，赵翼心目中的"民"，主要不是劳动人民，更不是起义人民。《明乡官虐民之害》条（《廿二史札记》卷三十四），谈到明代地主士绅欺压百姓，逼得邓茂士起义时，既责"欺凌"百姓之"势家"，又骂反抗者为"凶悍"之"奸民"，要求统治者"禁势家之欺凌，又惩奸民之凶悍，则两得其平，不至滋事矣"，实际上是要维持欺压人民的封建统治。《四正六隅》（《廿二史札记》卷三十六），《流贼伪官号》（《廿二史札记》卷三十六）等条，论及明末反抗统治者的起义人民，也反映出赵翼与起义者对立的态度。可见，赵翼论民心向背，虽然值得肯定，但不能说他已站在人民立场。

其三，胆怯虚弱的经世思想。赵翼自言写《廿二史札记》之旨时说："或以比顾亭林《日知录》，谓身虽不仕，而其言有可用者，则吾岂敢。"（《廿二史札记·小引》）这是说不敢将《廿二史札记》同"其言有可用"的《日知录》相比。实际上，赵翼可能是在示意，《廿二史札记》之言大有可用。他赋诗抒志，一再表白治史之意，如有"敢从棋谱论新局，略仿医经载古方"（《再题〈廿二史札记〉》，载《瓯北集》卷四十一），"历历兴衰史册陈，古方今病辄相寻"（《读史》，载《瓯北集》卷四十二）等诗句，显然是要发挥以史为鉴的精神，想用古代之方来治时政之病的。《欧史传赞不苟作》条（《廿二史札记》卷二十一），说明"欧史纪传各赞，皆有深意"，曾供论史发端，"警切时事"。那么，人们不禁要问：清朝前中期屡兴文字狱，苛法滥刑，生当是时的赵翼在《廿二史札记》中论秦桧及朱元璋兴文字狱，因疑忌而族诛知识分子，又论族诛之法害及无辜，是否也是"借以发端，警切时事"呢？这是有可能的。其论族诛之法时曰"秦汉以来，以此法枉杀者不知凡几"；其论齐梁台使之害时曰"后代钦差之弊，往往类此"等，均暗中涉及清朝。因此，可以说，赵翼论史也是借古讽今。

但是，赵翼论史始终未曾鲜明地指责清朝，相反的，《廿二史札记》中倒是多次有意地借古颂今。如，谈元代以江南田赐臣下时说："本朝又屡有恩减，每亩自七八升至一二斗而止。……而此外无横征之赋，民之生于今者，何其幸也！"(《廿二史札记》卷三十《元代以江南田赐臣下》条)讲到明朝乡官虐民之害时说："民之生于我朝者，何其幸也！"(《廿二史札记》卷三十四《明乡官虐民之害》条)可见赵翼论史，有时称颂清朝。从讽今不大胆，而颂今唱高调的情况来看，赵翼经世思想有很大局限性。

三
历史思想与理论

贾谊"民本"思想

贾谊，洛阳人，生于汉高祖七年（前200），死于汉文帝十二年（前168），一生仅32岁，英年早逝。他自22岁入仕，先后任博士、太中大夫、长沙王太傅、梁怀王太傅。他是中国历史上著名的思想家、政论家、历史家。他的《过秦论》《治安策》闪烁光辉，震古烁今，除收录于《史记》《汉书》外，还集存于《新书》。《新书》及奏疏是研究贾谊思想基本的可靠的材料。

他的思想，最为突出的、光辉的是"民本"论。

一 民无不为本

《新书》的《大政》上、下两篇，谈的都是"民本"问题。"大政"，是谓最大的政治，或谓政治上最大的问题。

《大政》上篇开宗明义，说：

> 闻之于政也，民无不为本也。国以为本，君以为本，吏以为本。故国以民为安危，君以民为威侮，吏以民为贵贱。此之谓民无不为本也。

他说"民无不为本"，国之安危以民为本，君之威侮以民为本，吏之贵贱以民为本。国家、君王、官吏都以民为本。这就是说，政治上最大的就是民本问题。

不仅如此。他还指出，民无不"为命""为功""为力"，说：

> 闻之于政也，民无不为命也。国以为命，君以为命，吏以为命。故国以民为存亡，君以民为盲明，吏以民为贤不肖。此谓民无不为命也。
>
> 闻之于政也，民无不为功也。故国以为功，君以为功，吏以为功。国以民为兴坏，君以民为强弱，吏以民为能不能。此之谓民无不为功也。
>
> 闻之于政也，民无不为力也。故国以为力，君以为力，吏以为力。故夫战之胜也，民欲胜也；攻之得也，民欲得也；守之存也，民欲存也。故率民而守，而民不欲存，则莫能以存矣；故率民而攻，民不欲得，则莫能以得矣；故率民而战，民不欲胜，则莫能以胜矣。故其民之为其上也，接敌而喜，进而不能止，敌人必骇，战由此胜也。夫民于其上也，接而惧，必走去，战由此败也。

就是说，国之存亡，君之盲明，吏之贤不肖，无不以民为命，即取决于民；要以民之功、力，决定战争的攻守、得失、胜败，国家的存亡。他的结论是："故夫灾与福也，非粹在天也，必在士民也。"士民是国家、君王、官吏的灾与福的决定性力量和根本。

中国先秦典籍上，有"民心"（《尚书·君牙》），"民鉴"（《尚书·酒诰》），"民者，君之本也"（《谷梁传》桓公十四年），"民，神之主也"（《左传》僖公十九年），"所重：民、食、丧、祭"（《论语·尧曰》），"民为贵"（《孟子·尽心章下》），"民水君舟"（《荀子·王制》）等论说，构成了先秦基本的"民本"思想。这些思想和言论对贾谊不无影响。但贾谊的民本论显然已超越之而具有异常的光辉。至于《尚书·五子之歌》之"民为邦本"，系伪古文《尚书》，大约产生于贾谊之后。

二 民本乃大政

《大政》两篇，专论民本。要点有四：

（一）君、吏不可狂惑

贾谊提醒君、吏，必须注意民本问题，切不可狂惑。他说：

> 故夫民者，至贱而不简也，至愚而不可欺也。故自古至于今，与

民为仇者，有迟有速，而民必胜之。知善而弗行谓之狂，知恶而不改谓之惑。故夫狂与惑者，圣王之戒也，而君子之愧也。呜呼！戒之戒之！岂其以狂与惑自为之？

君、吏若自以为高明、傲慢，知善而不行，有过而不改，怠慢或欺侮民人，与民为仇，终究"民必胜之"。他告诫君、吏，要以此为戒。

他有宽以待民的思想。觉得为政涉民，要慎于诛赏，说：

诛赏之慎焉，故与其杀不辜也，宁失于有罪也。……疑罪从去，仁也；疑功从予，信也。戒之哉！戒之哉！慎之下，故诛而不忌，赏而不曲，不反民之罪而重之，不灭民之功而弃之。故上为非，则谏而止之，以道弼之；下为非，则矜而恕之，道而赦之，柔而假之。故虽有不肖民，化而则之。

宁可有罪者漏网，不可杀害无辜。故疑罪放过，疑功给予，不能加重民之罪，不可弃除民之功，要以仁道化民。

（二）民乃为政标尺

臣辅君治民，"以富乐民为功，以贫苦为罪"，为吏尽职，"以爱民为忠"。贾谊认为，臣吏待民好坏的态度与行为，为检验其功罪、忠奸的标尺。

他还进一步谈到，君子应当慎言慎行，其富贵与否，要视士民生活与态度如何而定。他说：

故纣自谓天下也，桀自谓天子也，已灭之后，民以相骂也。以此观之，则位不足以为尊，而号不足以为荣矣。故君子之贵也，士民贵之，故谓之贵也；故君子之富也，士民乐之，故谓之富也。故君子之贵也，与民以福，故士民贵之；故君子之富也，与民以财，故士民乐之。

桀、纣自以为"天王""天子"，民则骂之，其位号不足尊荣。君子之贵，"与民以福"，故士民贵之，才可谓贵。君子"与民以财"，让民富裕，故士民乐之，才能受到士民的爱戴。贾谊说："故君子不得民，则不能称焉。"

（三）民众多力不可欺

"夫民者，万世之本，不可欺。"贾谊为何有这样的宏论？这是他基于对民众有这样的认识：

> 故夫民者，大族也，民不可不畏也。故夫民者，多力而不可适也。呜呼！戒之哉！戒之哉！与民为敌者。民必胜之。

"大族"，谓大群、大类。"多力"，谓很多能力、很大力量。故不可与民为敌。若与民为敌，最终"民必胜之"。这是古今诸多史实证明了的，无可置疑。贾谊很可能从商民对纣反戈相向、陈涉反秦，促使商秦亡、周汉兴的史实中，得到此深刻的认识。故贾谊再次告诫统治者，"轻本不详，实为身殃"。轻视民众是要遭殃的。

（四）爱民则民附

《大政》下篇谈的主要是君爱民，民必附的问题。

君对待士民，只有敬与爱，才能争取到士民亲附之。贾谊说：

> 故夫士者，弗敬则弗至；故夫民者，弗爱则弗附。故欲求士必至，民必附，惟恭与敬，古今无易矣。

对士要恭敬，对民要爱护，乃古今不易之理。士，"易得而难求"，"易致而难留"，故当待其以恭敬之道。民治在于吏贤，"故民之治乱在于吏，国之安危在于政"，"吏贤而民治。"

吏之贤不肖关系民之治乱，而吏之选取必由民之参与。为什么呢？贾谊说：

> 故夫民者虽愚也，明上选吏焉，必使民与焉。故士民誉之，则明上察之，见归而举之；故民苦之，则明上察之，见非而去之。故王者取吏不妄，必使民唱，然后和。故夫民者，吏之程也，察吏于民，然后随之。夫民至卑也，使之取吏焉，必取其爱焉。

不受民欢迎和爱戴的官吏，绝不是贤吏，吏不贤决不能由其治民。故选吏必须使民参与，随而和之。也就是审察民意而决定选吏。

三　秦亡于失民

《过秦论》是篇著名的历史论文。称贾谊是历史家，就因他写有这篇超越前人史识的文章。此文主题是批判秦朝政治，而核心思想是论秦失民心而亡。此论分上、中、下三篇，都是特写秦失民心问题的。

上篇论的是，秦自孝公用商鞅变法以来，生气勃勃，经几代人的努力，及至始皇，终于并吞诸侯，统一天下，威震四海。于是征越、驱胡，焚书愚民。贾谊指出，始皇之心，自以为江山永固，可称帝万世。然而平民陈涉起而反秦，"天下云集响应"，于是众起而"亡秦族"。

秦能战胜六国而兴，却亡于"谪戍之众"。如此"成败异变，功业相反"。贾谊提问后又作了回答：

一夫作难而七庙堕，身死人手，为天下笑者，何也？仁心（或作"仁义"）不施，而攻守之势异也。

贾谊的历史观点和方法，很注意历史之"势"，即历史变化的终始、盛衰、攻守、成败等。此"攻守之势异"，是言秦夺取天下至守固政权，势已变异。"仁心"，《史记》作"仁义"。"仁心不施"，是指对民不施仁义，即不爱恤百姓。换句话说，秦因不顺民心而亡。

中篇对于上篇提出的观点作了进一步阐述。秦灭周，兼并诸侯，称帝天下，"天下之士，斐然向风"。就是说，秦兴是受到士民欢迎的。为什么？贾谊说了：因为天下混乱已久，诸侯力政，强凌弱，众暴寡，兵戈不休，"士民罢弊"，百姓太困难了。如今秦并诸侯，一统天下，"元元之民，冀得安其性命，莫不虚心而仰上"。百姓觉得秦统一天下，可以安身立命，好好地活下去，对秦朝寄予了很大希望。秦王于此时，本应"专威定功"，给民心以满足。

然而秦始皇违背民意。他"不亲士民"，废王道而"立私爱（《史记》作'私权'），焚文书而酷刑法，先诈力而后仁义，以暴虐为天下始"。贾谊认为，这种施政方针和政策很不对头，指出：

夫兼并者高诈力，安危者贵顺权，推此言之，取与守不同术也。秦离战国而王天下，其道不易，其政不改，是其所以取之也；孤独而有之，故其亡可立而待也。

其意是，并兼诸侯时，可以"高诈力"，而安定天下则当"贵顺权"，取与守不能用同一个办法，不能一意孤行，而不顾民众安危。秦不能于取得天下后改道易辙，那就非常危险，"故其亡可立而待"。

秦二世即位，天下士民"莫不引领而观其政"。二世当此时机，本可有所作为，争取新生。故贾谊指出：二世本可"正先帝之过"，改变暴政。还说：

（可以）虚囹圄而免刑戮，去收孥污移之罪，使各返其乡里；发仓廪，散财币，以振孤独穷困之士；轻赋少事，以佐百姓之急；约法省刑，以待其后，使天下之人皆得自新，更节循行，各慎其身；塞万民之望，而以盛德与天下，天下息（《史记》作"集"）矣。即四海之内，皆欢然各自安乐其处，惟恐有变。虽有狡害（《史记》作"猾"）之民，无离上之心，则不轨之民无以饰其智，而暴乱之奸弭矣。

这是贾谊高明的政见和史识。二世倘能如贾谊之意，即改正始皇之过，关怀士民，约法省刑，轻徭薄赋，满足万民愿望，则天下必然安固而弭暴乱。

然而二世不是如此，他"重以无道"。作阿房宫，修骊山墓，"天下多事"，繁刑严诛，赋敛无度，"百姓困穷"而不收恤。士民人人穷苦自危，所以陈涉起事而"天下响应者，其民危也"。

贾谊由此得出结论："故先王者见终始之变，知存亡之由。是以牧之以道，务在安之而已。"欲巩固政权而保天下，只有尽心尽力于"安民"的方针政策和措施。秦二世之过，就在于仍是危民而不能安民。

下篇论子婴继二世而立，仍然执迷"不悟"。他在山东已乱、章邯要市于外的情况下，本可"案士息民以待其弊"，但实际上不能这样，"秦俗多忌讳之禁"，天下之士噤若寒蝉，"阖口而不言"，秦朝就在"百姓怨而海内叛"的情况下垮了台。于是，贾谊做出结论：

鄙谚曰："前事之不忘，后事之师也。"是以君子为国，观之上古，验之当世，参之人事，察盛衰之理，审权势之宜，去就有序，变化因时，故旷日长久而社稷安矣。

他提醒人们,要总结与汲取历史教训,若要天下安定,必须因时施政,此处未用"安民"一词,然已深寓其意。而其前提与条件,显然是民本也。

四 今世民生困苦

贾谊的《新书》与奏疏,关注到古今之民、民生及待民、治民问题。民生问题是其著书立说的出发点和归宿点。其眼界宽、见解深、觉悟高、思想新。略述其一二。

(一)贫富分化严重

《孽产子》《忧民》《无蓄》等篇都谈到民生困苦问题。民生困苦,首先是因为贫富分化严重。

贾谊觉察到,当时贫富分化严重,社会存在不安定因素。他说:

> 今富人大贾屋壁得为帝服,贾妇优倡下贱产子得为后饰,然而天下不屈者,殆未有也。且帝之身,自衣皁绨,而靡贾侈贵,墙得被绣;后以缘其领,孽妾以缘其履,此臣之所谓舛也。
>
> 且试观事理,夫百人作之,不能衣一人也,欲天下之无寒,胡可得也?一人耕之,十人聚而食之,欲天下之无饥,胡可得也?(《孽产子》)

贫富分化严重,富贵者侈靡,贫困者饥寒,事理至明。如此矛盾,难以解决,必然出现斗争,激起民众闹事。贾谊指出:

> 饥寒切于民之肌肤,欲其无为奸邪盗贼,不可得也。国民素屈矣,奸邪盗贼特须时尔,岁适不为,如云而起耳。(《孽产子》)

饥寒交迫的民众,随时都可能奋起闹事和斗争。

贾谊觉察到,"今汉兴三十年矣,而天下愈屈,食至寡也"。国家缺粮,民众挨饿,至于"卖爵鬻子",甚至发生"人人相食"的惨状。"民填沟壑,剽盗攻击者兴继而起"(以上出自《忧民》)。社会不大安定。

他认为,国家应有一定的粮食蓄积,备灾备荒。然今"公私之积尤可哀痛"。在贫富分化、风俗侈靡的情况下,物缺民困,难以为治。他说,管子曰："仓廪实,知礼节;衣食足,知荣辱。"民未足也,而可治之者,自古及今,未之尝闻。(《无蓄》)没有粮食储备,社会必然不安定。

(二) 风俗侈靡害民

《俗激》《时变》《瑰玮》等篇谈到了世风不正问题。

贾谊认为,由于社会贫富分化严重,富者侈靡,社会风气极不正常。而侈靡之风,又必然会加重民众负担,使得民生更加困苦。他指出:

> 今世以侈靡相竞,而上无制度,弃礼义,捐廉丑,日甚,可谓月异而岁不同矣。逐利乎否耳,虑非顾行也。今其甚者,到大父矣,贼大母矣,踝妪、刺兄矣。盗者虑探柱下之金,掇寝户之帘,搴两庙之器,白昼大都之中剽吏而夺之金。矫伪者出几拾万石粟,赋六百余万钱,乘传而行诸侯,此其无行义之尤至者已。其余猖獗而趋之者,乃豕羊驱而往。(《俗激》)

社会相竞于侈靡,以此相夸相炫,抛弃礼义,不顾廉耻,丧天伤理,六亲不认,杀害至亲,抢掠盗窃,坑蒙拐骗,作恶多端,无所不为。一切为了逐利。于是,世风大变,贾谊尖锐地指出:

> 胡以孝弟循顺为?善者而为吏耳。胡以行义礼节为?家富而出官耳。骄耻偏而为祭尊,黥劓者攘臂而为政。行惟狗彘也,苟家富财足,隐机盱视而为天子耳。唯告罪昆弟,欺突伯父,逆于父母乎,然钱财多也,衣服循也,车马严也,走犬良也。矫诬而家美(或言"美"之误),盗贼而财多,何伤。欲交,吾择贵宠者而交之;欲势,择吏权者而使之。取妇嫁子,非有权势,吾不与婚姻;非贵有戚,不与兄弟;非富大家,不与出入。因何也?今俗侈靡,以出伦逾等相骄,以富过其事相竞。今世贵空爵而贱良,俗靡而尊奸;富民不为奸而贫为里骂,廉吏释官而归为邑笑。居官敢行奸而富为贤吏,家处者犯法为利为材士。故兄劝其弟,父劝其子,则俗之邪至于此矣。(《时变》)

炫富显贵,以钱买官,权钱交易,竞富攀贵,勾结为奸,寡廉鲜耻,招摇过市,以丑为美,风光一时,垂涎钦羡,劝而学之。而身修行正者,反为人所笑骂。何以如此?贫富严重分化、侈靡风甚所致耳!

世风大坏，侈靡相高，为害不浅，最显著的是导致民生困苦。贾谊指出："雕文刻镂"，耗费很多劳动力，"挟巧不耕而多食农人之食，是天下之所以困贫而不足也"。（《瑰玮》）"黼黻文绣纂组"有害女工。世以俗侈相耀，以相竞高，"则天下寒而衣服不足矣"。"奇巧末作"，商贩游食之民，好逸忘念，志苟得而行淫侈，"则用不足而蓄积少矣"。（均见《瑰玮》）他认为侈靡物品生产及侈靡生活，必然导致民生困苦而衣食不足。

贾谊还指出："世淫侈矣，饰知巧以相诈利者为知士，敢犯法禁昧大奸者为识理。故邪人务而日起，奸诈繁而不可止，罪人积下众多而无已时。"（《瑰玮》）他觉得世风淫侈，还引起人们认识上的误觉，或以为饰智巧以相诈利者为有识之士，或以为敢犯法禁昧大奸者乃懂得道理，正因认识糊涂，是非不分，邪人日起，奸诈愈繁，罪人众多。世风淫侈，必然是非颠倒，好坏不分。

（三）秦俗败坏教训

贾谊善意地提醒人们，秦俗败坏以致亡国的历史教训，应当切记不忘。他指出：

> 秦国失理，天下大败。众掩寡，知欺愚，勇怯惧，壮凌衰；攻击夺者为贤，善突盗者为哲；诸侯设诈而相饬，设蜺而相绍者为知。天下乱至矣！
>
> ……秦人有子，家富子壮则出分，家贫子壮则出赘，假父耰锄杖彗耳，虑有德色矣；母取瓢碗箕帚，虑立谇语。抱哺其子，与公并踞；妇姑不相说（悦），则反唇而睨。其慈子嗜利而轻简父母也，虑非有伦理也，其不同禽兽仅焉耳。（《时变》）

富而不仁不礼，几同禽兽。廉耻不顾，伦理沦丧，设诈陷阱，勾结为奸。俗乱不已，秦终于为汉取代。

故贾谊认为，俗败必须挽救，需要"移风易俗"，"使天下侈心而向道"（《俗激》）。故他提倡礼、义、廉、丑（耻）"四维"。他的《治安策》也论及秦俗败坏；《论定制度礼乐疏》还谈到"汉承秦之败俗"，必须"移风易俗"。

五　历史经验教训

关于统治者待民问题，贾谊在《连语》《春秋》《谕诚》等篇章中谈了不少史事，总结了有关的历史经验教训。

（一）待民善恶必相报

贾谊除了论秦亡于失民，还谈到商纣王与民为仇，民践踏之的故事，说：

> 纣，圣天子之后也，有天下而宜然。苟背道弃义，释敬慎而行骄肆，则天下之人，其离之若崩，其背之也不约而若期。夫为人主者，诚奈何而不慎哉？纣将与武王战，纣陈其卒，左臆右臆，鼓之不进，皆还其刃，顾以乡（向）纣也。纣走还于寝庙之上，身斗而死，左右弗肯助也。纣之官卫纣之躯，弃之玉门之外。民之观者皆进蹴之，蹈其腹，蹶其肾，践其肺，履其肝。周武王乃使人帷而守之。民之观者帷而入，提石之者犹未肯止。可悲也！夫势为民主，直与民为仇，殃怨若此。夫民尚践盘其躯，而况有其民政教乎！（《连语》）

纣与民为仇，民背之，在战场上倒戈相向，践踏其尸。此乃"与民为仇"的结果。贾谊提醒人们："今前车已覆矣，而后车不知戒，不可不察也。"（《连语》）

他还写了一些古来得好报的历史故事。

梁王受陶朱公言的启发，"故狱疑则从去，赏疑则从予"，厚待于民，于是梁国民"说（悦）"。贾谊由此申论："故有国畜民施政教者，臣窃以为厚之而可耳"。（《连语》）

楚惠王食寒菹（一种酱菜）而有蛭，怕罪及厨夫和监食者，因遂吞之，后来蛭随大便排出，其"久病心腹之积皆愈"。（《春秋》）这是好心得好报。

邹穆公以粃饲养凫雁，用二石粟换取民一石粃。他的用意是"取仓之粟移之于民"。邹民闻之，"皆知其私积之与公家为一体也"。

邹穆公衣食俭朴，"无淫僻之事"，无骄熙之行，"亲民如子"。其国治，邻国不能胁。穆公死，"邹之百姓若失慈父"。贾谊论之："故爱出者爱反，福往者福来。"君爱民，民亦爱之也。

楚怀王心矜好高于人，无道而欲有霸王之号，引起了诸侯不满，兴师伐之。他见士民不信从，"乃征得万人，且掘国人之墓"。国人闻而震动，"昼旅而夜乱"，怀王终于败亡。这是好矜殃民之罹祸。（均见《春秋》）

楚昭王见百姓饥寒，"出府之裘以衣寒者，出仓之粟以振（赈）饥者"。后败于吴军，赖原来受赐之民拼命相救，击败吴军，才免了殃。这是有德于民之报。（《谕诚》）

贾谊深谙历史，悟到历史上君待民的关系，无一不是善有善报，恶有恶报，故总结之以戒世人。

（二）始终强调民本与爱民

贾谊因有上述的认识，故他在其政论与史论中，始终强调民乃本、君爱民。

他论"礼"，除了讲等级、尊卑，还说："礼者，所以固国家，定社稷，使君无失其民者也。""故礼者，所以恤下也。""夫忧民之忧者，民必忧其忧"；乐民之乐者，民亦乐其乐。"故仁人行其礼，则天下安而万理得矣。"（《礼》）

他论"君道"，引古诗"恺悌君子，民之父母。"（《左传》僖公十二年）认为君与民乃如父子关系。（《君道》）

他论"胎教"，还谈到"国不务人而务得民心"，"得民心而民德之"。（《胎教》）

他记了些古代圣贤为政的警语格言。如，帝喾曰："德莫高于博爱人，而政莫高于博利人。"

帝尧曰："吾存心于先古，加志于穷民，痛万姓之罹罪，忧众生之不遂也。故一民或饥，曰此我饥之也；一民或寒，曰此我寒之也；一民有罪，曰此我陷之也。"贾谊就此发论："故不赏而民劝，不罚而民治，先恕而后行，是以德音远也。"

大禹曰："民无食也，则我弗能使也；功成而不利于民，我弗能劝也。"故其治水成功。贾谊就此发论："民劳矣而弗苦者，功成而利于人也。"（以上均见《修政语》上）

鬻子对周成王曰："……为人君者敬士爱民，以终其身，此道之要也。"（《修政语》下）

总之，在"民本"问题上，贾谊认为，民为一切之本，为政以此为要为大，应当厚民、安民，切忌薄民、害民。他总结了历史经验教训，提出警世的忠告。这是他在陈胜及民众反秦兴汉之后,汉初安民及与民休息之时,亲身为文帝所重用,负有兴邦安民之志,才具有并展示了"民本"思想,成了古代政治思想战线的英才和大家。但他对于君民关系、民在社会上的地位,认识上尚有误处,其思想深处,以君民如父子,以君为主;而民乃"瞑""盲""积愚""民萌","惟上之扶而以之"。(《大政》下)这是其历史局限性。只是他此偏见略露而未多谈,可见其权衡轻重,有所主次。

贾谊新的民族观

贾谊（前200～前168），生长于汉朝前期，活动于汉文帝在位（前179～前157）时期。他在所著《新书》及向汉文帝上奏的《治安策》中，都谈到了汉朝与匈奴的关系问题。在《新书·匈奴》篇中还提出了"建三表，设五饵"之策。这在当时是振聋发聩的。然而，2000多年来，思想家、政治家以及学者很少谈到这个问题，至今治中国古代民族关系史者也多置而不顾。本人认为应当认真探讨，明其真谛。今略抒己见，请方家指正。

一 激愤于"倒悬"之危

汉朝前期，即公元前1世纪，汉已统一，实际上主要是统治着黄河与长江流域的农耕地区，当时北方广大草原地区为匈奴所占领，东南方五岭以外为越族所统治，西南地区有西南夷，西方还有羌族、月氏等。汉族从事农业，用铁器，以牛耕，经济文化较为先进，社会处于封建制时期，文明程度较高。匈奴从事游牧、狩猎，始有文书，经济文化较为落后，社会处于奴隶制时期，文明程度较低。但是，匈奴因从事游牧与狩猎，长于骑射，汉因是农耕，骑兵少，步兵虽强，却难敌骑兵，故汉在军事上逊于匈奴，因而汉对匈奴实行"和亲"政策，岁输实物财宝于匈奴。贾谊对此深感屈辱。他愤愤然反复地说：

天下之势方倒县（悬），窃愿陛下省之也。凡天子者，天下之首也。何也？上也。蛮夷者，天下之足也，何也？下也。蛮夷征令，是主上之操也；天子共贡，是臣下之礼也。足反居上，首顾居下，是倒县（悬）之势地。①

　　窃料匈奴控弦大率六万骑，五口而出介卒一人，五六三十，此即三十万耳，未及汉千石大县也，而敢岁言侵盗，屡欲亢礼，妨害帝义，甚非道也。（《匈奴》）

　　匈奴侵甚，侮甚，遇天子至不敬也，为天下患，至无已也。以汉而岁致金絮缯彩，是入贡职于蛮夷也。顾为戎人诸侯也，势既卑辱，而祸且不息，长此何穷！陛下胡忍以帝皇之号特居此？臣窃料匈奴之众不过汉一千石大县，以天下之大而困于一县之小，甚窃为执事羞之。（《势卑》）

他认为，汉地广人众，汉天子是"天下之首"，蛮夷人少地僻，是"天下之足"，这实是大汉族主义思想。但当时匈奴恃强凌汉，迫使汉向其岁输财物，实不平等。贾谊形容为首足"倒县（悬）""倒植"，不无一定的道理。
　　同时，贾谊认为在倒悬之势下，汉朝兵民多难而不堪重负。他说：

　　非特倒县（悬）而已也，又类躄，且病痱。夫躄者一面病，痱者一方痛。今西郡、北郡，虽有长爵不轻得复，五尺以上不轻得息，苦甚矣！中地左戍，延行数千里，粮食馈饷至难也。斥候者望烽燧而不敢卧。将吏戍者或介胄而睡，而匈奴欺侮侵掠，未知息时于焉，望信威广德难。（《解县》）

汉民众兵役负担困苦，输送粮食馈饷艰难，将卒昼夜防备不得休息。这犹如人之腿已瘸，体有痱，很不健康。他为此叹息，甚至流涕。

二　伤感于"和亲"不和

　　汉匈"和亲"，约为兄弟，不再侵扰。其实仍然不和。贾谊伤感于此。汉匈两族约称兄弟是得体的。这两个民族本是古代中华的支系。
　　我国的主体民族，在先秦时期称为夏、华或华夏。由于华夏这一族体，

---

①　《新书·解县》。以下凡引《新书》文字，只注篇名。

在政治及经济上分为天子直接统治的地区与各个诸侯国,又以地区名或国名而有不同的称谓,如春秋战国时期有周人、晋人、齐人、鲁人、燕人、秦人、楚人等,但仍总称为夏,故有"诸夏"之称。秦并六国统一"诸夏"建立秦朝之后,夏或诸夏人又总称为秦人。同时各地区仍有齐人、燕人、楚人等之称。汉朝建立后,夏、华夏、秦等族称依然存在,并产生了新的族称曰汉。因为汉朝在民族关系中起过巨大作用,其历史达四百多年,故汉从此就成为后世华夏族体的通称。

匈奴也是古代中华民族之一。司马迁就说:"匈奴,其先祖夏后氏之苗裔也,曰淳维。唐虞以上有山戎、猃狁、荤粥,居于北蛮,随畜牧而转移。"① 此说基本上可信。匈奴是先秦时期我国北狄族的一部分,处于我国北方。春秋时期处于秦、晋、燕三国之北,"自为君长",是"百有余戎"之一。② 汉人有说,汉北边的阴山为匈奴占据之地:"北边塞至辽东外有阴山,东西千余里,草木茂盛,多禽兽,本冒顿单于依阻其中,治作弓矢,来去为寇,是其苑囿也。"③ 匈奴由阴山地区发展起来,冒顿单于征服北方各族,建立了匈奴帝国,于是就以匈奴之名为北方各族的统称。

秦与汉初百年间(即公元前2世纪后期至公元前1世纪前期),华夏族与匈奴族关系风云变幻,胜败交替,互为雄长。约在赵武灵王之世,匈奴族已称强于北方各族,与中原的秦、赵、燕三国南北对峙。时赵将李牧"大破杀匈奴十余万骑",④ 可见一斑。秦统一诸夏之后,大将蒙恬率领十万之众北占匈奴,"悉收河南地,因河为塞"。⑤ "河南地",即河套地区。古时此处水草丰茂,为游牧良地,北方游牧民族多活动于此。原处阴山的匈奴族亦游牧至此。蒙恬北击匈奴,取得河南地,又渡河至北假中(今阴山南、河套北地区)。⑥ 秦显然将匈奴逐北,取得大胜,来去如鸟兽聚散的匈奴族,虽一时失去河南地,并未丧失元气。其头曼单于仍然雄踞于北边,迫使秦不得不驻屯重兵于北边,加修长城,以防御之。秦连接原先秦、赵、燕三国的故长城而长达"万里",耗费巨大的人力、物力,因此削弱了国力,甚至民怨众叛,乃至垮台。继头曼而为单于的冒顿,乘秦末内乱及楚

---

① 《史记·匈奴列传》。
② 《史记·匈奴列传》。
③ 《汉书·匈奴传》下记载侯应语。
④ 《史记·廉颇蔺相如列传》。
⑤ 《史记·匈奴列传》。
⑥ 参见《史记·匈奴列传》及《史记·蒙恬列传》。

汉相争之机，破灭东胡王，虏其民众和畜产，西击走月氏，南并楼烦、白羊河南王，并且"悉复收秦所使蒙恬所夺河南地"。[1] 此次匈奴大胜，收复了河南地。它此时控弦30万，空前强大。继又进一步统一北方以至于楼兰、乌孙等西域之地。匈奴是我国北方各族首次的大统一者。

汉都长安，正如秦都咸阳一样，距河套地区不远，不能不重视占据河南地的匈奴，防御或征伐之。汉高祖刘邦深感匈奴是一大威胁，于称帝的次年（汉六年，即前201），即封韩王信，将太原郡改为韩王国，都晋阳（今太原南），以备匈奴。韩王信又迁都马邑（今山西朔县）。冒顿闻之，于当年秋天围攻韩王信于马邑。韩王信在外围内疑的情况下被迫降于匈奴。冒顿得寸进尺，引大军南下，逾句注山，进至晋阳，汉帝刘邦震惊，于汉七年（前200），亲自率领汉军反击，为敌所诱，轻骑至于平城白登，被匈奴30万精骑所围，史称平城之役。传说汉使厚遗单于阏氏。在她劝说下，加之冒顿疑韩王信失期不至，才解围一角，放跑了刘邦。

经平城一役，汉帝自知力不从心，乃采取休养生息政策，对匈奴则采取"和亲"政策，汉以宗室女为公主嫁与单于为阏氏，每岁奉送一定数量的絮缯米等实物给匈奴，约为兄弟，并约匈奴不犯汉边。吕后、文帝、景帝为政时，都基本上奉行这个政策。惠帝三年（前192）、文帝六年（前174）、景帝五年（前152），还有三次以宗室女为公主嫁与匈奴单于之事。[2]

所谓和亲，约为兄弟，并非真正的平等关系。汉方是被迫无奈之举；只是取得暂时的喘息之机，有利于经济复苏和发展。匈奴冒顿单于往往傲慢无礼，出兵侵犯汉边，破坏和约，取得更多更大的好处，以至盛极一时。

匈奴虽然与汉订了和亲之约，仍有犯汉侵掠之事发生。自汉七年和亲始，至汉文帝十四年（前166）和亲，五十多年间，即有多次：

> 后燕王卢绾反，率其党数千人降匈奴，往来苦上谷以东。[3]
> （高后）七年（前181）冬十二月，匈奴寇狄道，略二千余人。[4]
> （汉文帝）三年五月，匈奴右贤王入居河南地，侵盗上郡葆塞蛮

---

[1] 《史记·匈奴列传》。
[2] 参见《汉书·惠帝纪》《汉书·匈奴传》《汉书·景帝纪》。
[3] 《史记·匈奴列传》。
[4] 《汉书·高后纪》。

夷，杀略人民。①

（汉文帝十一年）匈奴寇狄道。

十四年冬，匈奴寇边，杀北地都尉卬。②

可见匈奴统治者并不守信，不时为汉大患。

贾谊生于其时，耳闻目睹，激于义愤，声言天下首足"倒悬"，是可以理解的。这是汉族士民代表的爱国的呼声。

三　奉献"三表五饵"之策

从贾谊的倒悬论可以看出，他对汉朝的现状很不满意，对和亲政策持不同意见，声言欲解倒悬之危。

首先，他对于汉岁输财物予匈奴持反对态度，认为有损于汉之尊严，损失了汉方财物，民众不堪负担。他说：

今西郡、北郡，虽有长爵不轻得复，五尺以上不轻得息，苦甚矣！中地左戍，延行数千里，粮食馈饷至难也。斥候者望烽燧而不敢卧，将吏戍者或介胄而睡，而匈奴欺侮侵掠，未知息时于焉，望信威广德难。（《解县》）

他还认为，汉既岁输财物予匈奴，也不能解决问题。他说："彼非特不服也，又不大敬。边长不宁，中长不静，譬如伏虎，见便必动，将何时已。"（《威不伸》）这是有史实可证的。故贾谊批评安于现状者，还直接向汉文帝进谏："临事而重困，则难为工矣，陛下何不早图？"

其次，他批判持无可奈何说的悲观论，"进谏者类以为是困不可解也，无具甚矣"。（《解县》）"建国（'图'之误）者曰：'匈奴不敬，辞言不顺，负其众庶，时为寇盗，挠边境，扰中国，数行不义，为我狡猾，为此奈何？'"（《匈奴》）悲观论者认为汉匈矛盾不可解决，汉被迫实在无奈，毫无办法。这种论调，在贾谊看来是可悲的。

---

① 《史记·匈奴列传》，《汉书·文帝纪》则记为"五月，匈奴入居北地、河南为寇"。

② 《汉书·文帝纪》。

再次，他认为汉对匈奴消极的军事防御，负担沉重，也不能解决问题。他说："窃闻匈奴当今遂赢，此其示武眛利之时也，而隆义渠、东胡诸国，又颇来降。以臣之愚，匈奴且动，疑将一材而出奇，厚贽以责，汉不大兴不已。旁午走急，数十万之众，积于北方，天下安得食而馈之？"（《匈奴》）在他看来，匈奴并不以既得利益为满足，仍有兴兵掠夺的打算和行动。汉消极应付，左支右绌，实非良法。

他又未主张征伐和杀戮匈奴。

贾谊另有良策。他向汉文帝主动请命，要求"以臣为属国之官以主匈奴"（《势卑》），方便于实行其策。他说：

> 请陛下举中国之祸而从（纵）之匈奴，中国乘其岁（"威"之误）而富强，匈奴伏其辜而残亡，系单于之颈而制其命，伏中行说而笞其背，举匈奴之众唯上之令。杀之乎，生之乎，次也。陛下咸悼大信，德义广远，据天下而必固，称高号诚所宜，俯视中国，远望四夷，莫不如志矣。（《解县》）

> 陛下肯听其事计，令中国日治，匈奴日危，大国大富，匈奴适亡。（《匈奴》）

他自信如果实行其策，必使汉治、匈奴危，汉强、匈奴亡，汉必然树威申志。故他劝谏文帝："陛下何不早图？"（《匈奴》）

贾谊所献是什么良策？他认为"宜以厚德怀服四夷"。（《匈奴》）具体地说，就是"三表五饵"之策。

所谓"三表"，贾谊言之如此：

> 陛下肯幸用臣之计，臣且从事势谕天子之言，使匈奴大众之信陛下也。为通言耳，必行而弗易，梦中许人，觉且不背，其信陛下已诺，若日出之灼灼，故闻君一言，虽有微远，其志不疑；仇雠之人，其心不殆。若此则信谕矣，所图莫不行矣，一表。臣又且以事势谕陛下之爱。令匈奴之自视也，苟胡面而戎状者，其自以为见爱于天子也，犹弱子之遝慈母也。若此则爱谕矣，一表。臣又且谕陛下之好。令胡人之自视也，苟其技之所长与其所工，一可以当天子之意。若此则好谕矣，一表。爱人之状，好人之技，人道也；信为大操，帝义也。爱好

有实，已诺可期，十死一生，彼必将至。此谓三表。

三表就是，首先与匈奴通言，言而有信，使其不疑。其次，爱其人状貌，不厌恶其胡面戎状，使其感到亲切。再次，好其技能，使其自视工于长技，中汉之意。因汉讲究德义和人道，表示信而友好，就可使匈奴前来亲近相处。所谓"五饵"，贾谊是这样说的：

> 陛下幸听臣之计，则臣（疑"国"之误）有余财。匈奴之来者，家长已上固必衣绣，家少者必衣文锦，将为银车五乘，大雕画之，驾四马，载绿盖，从数马，御骖乘，且虽单于之出入也，不轻都此矣。令匈奴降者时时得此而赐之耳。一国闻之者、见之者，希心而相告，人人冀幸，以为吾至亦可以得此，将以坏其目，一饵。

第一饵是，赐给匈奴来者锦绣衣服、豪华车驾，让匈奴人人羡慕不已，也想前来有此享受。

> 匈奴之使至者，若大降者也，大众之所聚也，上必有所召赐食焉。饭物故四五盛，羹臛腒炙，肉具醯醢。方数尺于前，令一人坐此。胡人欲观者，固百数在旁。得赐者之喜也，且笑且饭，味皆所嗜而所未尝得也。令来者时时得此而飨之耳。一国闻之者、见之者，垂涎而相告，人悇憛其所自，以吾至亦将得此，将以此坏其口，一饵。

第二饵是，招待匈奴来使丰盛的宴食，美味佳肴，使匈奴闻见之者，垂涎不已，也想有此口福。

> 降者之杰也，若使者至也，上必使人有所召客焉。令得召其知识，胡人之欲观者勿禁。令妇人傅白墨黑，绣衣而侍其堂二三十人，或薄或掩，为其胡戏以相饭。上使乐府幸假之倡乐，吹箫鼓鞀，倒挈面者更进，舞者、蹈者时作，少间击鼓，舞其偶人。昔时乃为戎乐，携手胥强上客之，妇人先后扶侍之者固十余人，使降者时或得此而乐之耳。一国闻之者、见之者，希盱相告，人人忯忯唯恐其后来至也，将以此坏其耳，一饵。

第三饵是，接待匈奴杰出人物来降者，若对待匈奴使者一样，以众多涂脂抹粉的美女陪侍，用饭时演胡戏，还让乐府演出倡乐、歌舞，使匈奴闻见之者都急于前来，唯恐落后。

> 凡降者，陛下之所召幸，若所以约致也。陛下必时有所富，必令此有高堂邃宇，善厨处，大囷京，厩有编马，库有阵车，奴婢、诸婴儿、畜生具。令此时大具召胡客，飨胡使，上幸令官助之，具假之乐。令此其居处乐虞、囷京之畜，皆过其故王（"土"之误），虑出其单于或（域），时时赐此而为家耳。匈奴一国倾心而冀，人人忺忺唯恐其后来至也，将以此坏其腹，一饵。

第四饵是，皇帝召幸来降者，使其富足。其衣食住行，优厚相待，超过其在故土的待遇，使其犹如归家。使匈奴国人倾心，希望早来，而不落后。

> 于来降者，上必时时而有所召幸，拊循而后得入官。夫胡大人难亲也，若上于胡婴儿及贵人子好可爱者，上必召幸大数十人，为此绣衣好闲，且出则从，居则更侍。上即飨胡人也，大觳抵也，客胡使也，力士武士固近侍旁，胡婴儿得近侍侧，胡贵人更近得佐酒前，上乃幸自御此薄，使付酒钱，时人偶之。为间则出绣衣，具带服冥余，时以赐之。上即幸拊胡婴儿，捣道之，戏弄之，乃授炙幸自啗之，出好衣闲且自为赣之。上起，胡婴儿或前或后，胡贵人既得奉酒，出则服衣佩绶，贵人而立于前，令数人得此而居耳。一国闻者、见者，希盱而欲，人人忺忺惟恐其后来王也，将以此坏其心，一饵。

第五饵是，皇帝时时召幸来降者，加以抚慰，授以官爵，让其侍从奉酒；并招幸其婴儿，给以好衣好住，让其侍从，飨之乐之，关爱有加。使匈奴闻见之者，人人都争先恐后而来。这"五饵"，就是五种诱饵，以较为先进的经济文化引诱较为落后的匈奴人乐意前来归汉。

贾谊还说，在实施三表五饵之时，要加强密探情报工作，"观其隙，窥其谋"（《匈奴》）。他深信人在新情况下思想是会变的，三表五饵施行之后，匈奴必然会发生变化，出现新的形势。他设想：

> 故三表已谕，五饵既明，则匈奴之中乖而相疑矣，使单于寝不聊

寐，食不甘口，挥剑挟弓，而蹲穹庐之隅，左视右视，以为尽仇也。彼其群臣，虽欲毋走，若虎在后，众欲无来，恐或斩之。此谓势然。其贵人之见单于，犹迓虎狼也；其南面而归汉也，犹弱子之慕慈母也；其众之见将吏，犹扰𬂩迕仇雠也；南乡（向）而欲走汉，犹水流下也。将使单于无臣之使，无民之守，夫恶得不系颈顿颡，请归陛下之义哉！（以上均见《匈奴》）

他想到，在三表五饵施行之后，匈奴之众闻见而喜，人心向汉；匈奴内部，上下左右相疑，单于寝食不安，疑鬼疑神。下属恐慌，贵人异心，众卒背将，势所必然。单于在"无臣之使，无民之守"情况下，只有向汉天子投降归义。他将此称为"战德"，即厚德的战略之意。

贾谊还主张利用"关市"收买匈奴众心。关市，即汉夷在双方交界处开关设市交易，互通有无。贾谊说：

夫关市者，固匈奴所犯滑而深求也，愿上遣使厚与之和，以不得已许之大市。使者反，因于要险之所，多为畺开，众而延之，关吏卒使足以自守。大每一关，屠沽者、卖饭食者、美膹炙膹者，每物各一二百人，则胡人著于长城下矣。是王将强北之，必攻其王矣。以匈奴之饥，饭羹啖膹鲊，嘑（疑为"湩酪"之误）多饮酒，此则亡竭可立待也。赐大而愈饥，多财而愈困，汉者所希心而慕也。则匈奴贵人，以其千人至者，显其二三，以其万人至者，显其十余人。夫显荣者，招民之机也。故远期五岁，近期三年之内，匈奴亡矣。此谓德胜。（《匈奴》）

他认为，匈奴深求关市，汉可以使人接待，让其众来，供给食物美味，显荣其少数人，吸引更多的来者。其王无法阻止众来。匈奴人受赐大而愈饥，得财多而愈困，于是其国就难以存在了。这就是所谓"德胜"。在贾谊看来，设关市与行三表五饵，有异曲同工之妙。

贾谊设想，有人责问设三表五饵、"盛资翁主"等办法，费用很多，何以充足？他答对的办法是：

国有二族，方乱天下，甚于匈奴之为边患也，使上下舛逆，天下窳贫，盗贼、罪人蓄积无已，此二族为祟也。上去二族，弗使乱国，

天下治富矣。臣赐二族，使祟匈奴，过足言者。(《匈奴》)

他认为，盗贼、罪人这两种人为害严重，他们蓄积无已，使国家贫困，除去之，勿使乱国，又可致富，让其为祟匈奴。这就是说，既可取用盗贼和罪人的蓄积，又可驱逐他们去匈奴为祟，此乃一举两得。

四　贾谊论有武帝意会

对于贾谊三表五饵、使两种人为祟匈奴之策，汉文帝并未采纳实行，历来学者也不重视。似乎以其为空话、废话，书生之见。

其实不然。与贾谊同时代的汉人中行说早有先见之明，中行说于汉文帝六年（前174）为和亲使者而降于匈奴。他曾对老上单于说："匈奴人众不能当汉一郡，然所以强者，以衣食异，无仰于汉也。今单于变俗好汉物，汉物不过什二，则匈奴尽归于汉矣。"①

他认为匈奴人用汉衣食，日久必然同化于汉。

贾谊身后不久，汉武帝似对贾谊之论心领神会，就曾使用了类似于三表五饵的办法。如：汉武帝于元狩二年（前121）接待匈奴降者："其秋浑邪王数万之众来降，于是汉发车二万乘迎之。既至，受赏，赐及有功之士。"② 再如，汉武帝接待西域使者："是时上方数巡狩海上，乃悉从外国客，大都多人则过之，散财帛以赏赐，厚具以饶给之，以览示汉富厚焉。于是大觳抵，出奇戏诸怪物，多聚观者，行赏赐，酒池肉林，令外国客遍观各仓库府藏之积，见汉之广大，倾骇之。"③ 汉武帝招待西域使者，让其随从待遇优厚，赏赐很多，大肆炫富，使其动心。于是表饵之法生效了："乌孙使既见汉人众富厚，归报其国，其国乃益重汉。其后岁余，（张）骞所遣使通大夏之属者皆颇与其人俱来，于是西北国始通于汉矣。"④

西域使者见汉富而动心，热心向汉，其国也重汉，于是汉始通西域。汉通西域虽有多方面的原因和因素。然汉武帝运用优越的经济文化以引诱西域之众，乃基本的条件和办法。

汉武帝还对匈奴来降者重赏封侯。《史记·建元以来侯者年表》记载了

---

① 《史记·匈奴列传》。
② 《史记·平准书》。
③ 《史记·大宛列传》。
④ 《史记·大宛列传》。

汉对于四夷来降或立功者封侯的情况。这里只是摘记有关汉武帝前期对于匈奴来降者（或其为汉立功者）封侯的情况，列简表于下（见表1）：

表1　汉武帝前期部分匈奴来降者封侯情况

侯名	人名	情况	封侯时间
翕	赵信	匈奴相降，侯。元朔二年属车骑将军，击匈奴有功，益封	元光四年七月
持装	乐	匈奴都尉降，侯	元光六年九月
亲阳	月氏	匈奴相降，侯	元朔二年十月
若阳	猛	匈奴相降，侯	元朔二年十月
涉安	於单	以匈奴单于太子降，侯	元朔三年四月
昌武	赵安稽	以匈奴王降，侯。以昌武侯从骠骑将军击左贤王功，益封	元朔四年十月
襄城	无龙	以匈奴相国降，侯	元朔四年十月
潦	煇訾	以匈奴赵王降，侯	元狩元年七月
下麾	呼毒尼	以匈奴王降，侯	元狩二年六月
漯阴	浑邪	以匈奴浑邪王将众十万降，侯，万户	元狩二年七月
煇渠	扁訾	以匈奴王降，侯	元狩三年七月
河綦	乌犁	以匈奴右王与浑邪王降，侯	元狩三年七月
壮	复陆支	以匈奴归义因淳王从骠骑将军四年击左贤王，以少破多，捕虏二千一百人功侯	元狩四年六月
众利	伊即轩	以匈奴归义楼王，从骠骑将军四年击右王，手自剑合功侯	元狩四年六月
湘成	敞屠洛	以匈奴符离王降，侯	元狩四年六月
散	董荼吾	以匈奴都尉降，侯	元狩四年六月
臧马	延年	以匈奴王降，侯	元狩四年六月
瞭	次公	以匈奴归义王降，侯	元狩四年六月

由上表可以看出，汉武帝在其统治前期，对待匈奴来降归义者，封赏了18人，待遇优厚。其封浑邪为漯阴侯，万户，几乎等同于汉初大功臣的封赏（如：曹参封万六百户，萧何封八千户，张良封万户，周勃封八千一百户。一般的功臣侯封户都在五千以下）。① 此乃受贾谊三表五饵论的启发或影响乎？

---

① 参见《史记·高祖功臣侯者年表》。

汉武帝因兴师动众，费用甚巨，有令民买爵赎罪等办法以搜刮钱财。其中"赎禁锢免减罪"，就是利用罪人钱财对付匈奴的。汉武帝曾说："日者，大将军攻匈奴，斩首虏万九千级，留滞无所食。议令民得买爵及禁锢免减罪。"①

五　运用经济文化之长

贾谊的三表五饵之策，实是运用经济文化之长，化彼同此，达到民族融合的目的。应当承认，先进的经济文化，乃统一的多民族的国家形成的物质基础。

中国民族关系史上，汉族通过经济文化作用以同化少数民族的史实是始终存在的，屡见不鲜的。先秦至秦汉有之，魏晋至唐代有之，宋元以来仍有之。此不以人们意志为转移。中行说的反对汉化，失败了；北魏拓跋焘反汉化，落空了；金世宗反对女真人汉化，也阻止不了；满洲贵族入主中原，起初也反对汉化，后来终究大变了。历史就是如此在走向文明的大道上不止步地前进。

各兄弟民族也有其经济文化的特点，在民族融合过程中，其经济文化也始终存在并发生着作用，作用有大有小，但不能无视其作用。祖国的经济文化，是各族人民共同创造的，无论哪个民族，都或多或少、或大或小地起过或还在起着作用。只是应该承认，作为主体民族的经济文化较先进的汉族，其作用是较多较大的。

正因为这样，我们在认识贾谊的三表五饵论之时，才说不是书生之见，不是空话废话。他很有主见，不是唯心的；他深知汉文明程度较高，匈奴文明程度较低，故所论有合理性。他有真知灼见，是个先觉者，了不起。

各族经济文化，有先进与落后之分。中原农业地区发展较早，较为先进，边区或畜牧地区发展稍晚，较为落后。因此，中原地区最有吸引力，落后者向往中原地区，乃人之常情。中国历史上，匈奴人、突厥人、蒙古人，都往中原来，就是觉得中原好些之故。

不只是中国，整个世界史也如此。马克思在论不列颠与印度关系史时说："相继征服过印度的阿拉伯人、土耳其人、鞑靼人和莫卧儿人，不久就被当地居民同化了。野蛮的征服者总是被那些他们所征服的民族的较高文

---

① 《史记·平准书》。

化所征服，这是一条永恒的历史规律。"① 马克思把较高文化的民族征服较低文化的民族，视为一条"永恒的历史规律"，就是从历史事实中总结出来的。

贾谊的三表五饵论，我认为基本上是符合历史的，是中国历史上的新的民族观，朴素的唯物论，值得重视与深入探讨。

---

① 马克思：《不列颠在印度统治的未来结果》，《马克思恩格斯选集》第2卷，人民出版社，1972，第70页。

论司马迁的"通古今之变"

司马迁生活的汉武帝时代，是我国古代经过长期的社会变革，国家空前统一强盛，封建制度业已建立的重要时期。这时，旧的奴隶制的一些矛盾基本解决，而新的封建制的一些矛盾日益发展起来。历史的大变化和新矛盾，需要一支大史笔做出历史性的总结和探索。司马迁身居汉朝太史令之职，继承家学之业，阅读掌握了大量的"天下遗闻古事"，游历寻访了很多名胜古迹，了解体察到四面八方的风土习俗，耳闻目睹许多过去的和现实的事件，并亲身遭受封建专制的残酷迫害，感慨万千，奋笔写史，"驰骛穷古今上下数千载"（刘知几：《史通·人物》），而"通古今之变"（《报任安书》）。

司马迁"通古今之变"，有一定的目的、观点和方法。现在，我在历来学者研究司马迁与《史记》的基础上，就这个问题略作探讨。

一 "以古为镜"的目的

历史家写历史有个目的。司马迁"通古今之变"的目的是什么呢？我觉得，他不是为了说明历史循环，也不是为了复古；而是要以史为镜，纵论古今，展望未来。

我国是一个非常重视历史传统的国家。司马迁继孔子之后，继承和发扬了这个传统。《太史公自序》里写道："夫《春秋》，上明三王之道，下辨人事之纪，别嫌疑，明是非，定犹豫，善善恶恶，贤贤贱不肖，存亡国，继绝世，补敝起废，王道之大者也。……《春秋》辨是非，故长于治人。……拨乱世反之正，莫近于《春秋》。《春秋》文成数万，其指数千。万物之聚散皆在《春秋》。"司马迁把孔子作《春秋》提得如此之高，不仅是单纯地评价孔子作《春秋》,并且是以"继《春秋》"而写史自况的。"先人有言:'自周公卒五百岁而有孔子。孔子卒后至于今五百岁,有能绍明世,正《易传》,继《春秋》,本《诗》《书》《礼》《乐》之际?'意在斯乎!意在斯乎!小子何敢让焉。"司马迁这番话,就是他以继《春秋》而写史作为当仁不让之事的明证。他又说:"故有国者不可以不知《春秋》,前有谗而弗见,后有贼而不知。为人臣者不可以不知《春秋》,守经事而不知其宜,遭变事而不知其权。为人君父而不通于《春秋》之义者,必蒙首恶之名。为人臣子而不通于《春秋》之义者,必陷篡弑之诛,死罪之名。"这是说《春秋》的垂训作用,也是谈自己著作的意义。所有这些都说明,司马迁以严肃的态度写历史,是要把历史作为人们学习为人处世之道的教科书。但是,他又不是板起面孔,以干巴巴的教条训人,而是写出具体生动的史事,给人们提供一面镜子,俾使人们从中吸取精神营养。

司马迁写历史,是很动感情、颇具匠心的。贾谊在《陈政事疏》中论时势,开头就说:"臣窃惟事势,可为痛哭者一,可为流涕者二,可为长叹息者六。"(《汉书·贾谊传》)他与时代共呼吸,流露出悲叹时局的感情。对贾生深切同情的司马迁论述历史,因古今之变而情不自禁地流涕、悲痛、叹息。他读屈原之书,"悲其志",适屈原投江之处,"未尝不垂涕",(以上均见《史记·屈原贾生列传》。以下凡引《史记》文字,只注明篇名);读《春秋历谱谍》,至周厉王,"未尝不废书而叹"(《十二诸侯年表》);读孟子书,至梁惠王问何以利吾国,"未尝不废书而叹"(《孟荀列传》);读功令,至于广厉学官之路,"未尝不废书而叹"(《儒林列传》)。这不是发思古之幽情,而是如诗人"感时花溅泪"一般,有感于历史变化而发的:由周厉王而叹,是叹周室由盛而衰;由梁惠王问利而叹,是叹官府与民争利;由广厉学官之路而叹,是叹汉代儒道之穷。他悲叹屈原,是"想见"屈原忧国忧民的"为人";他自己又在由历史而忧国忧民。司马迁这种历史感情,充溢于其历史著作。

《高祖功臣侯者年表》云:"居今之世,志古之道,所以自镜也,未必尽同。帝王者各殊礼而异务,要以成功为统纪,岂可缅乎?观所以得尊宠及所以废辱,亦当世得失之林也,何必旧闻?"这几句话有三个意思:一是通古今之变,为了以历史为镜子,作为借鉴;二是为政之道,应随俗施事,以成功为准绳,不可拘泥;三是当今的成败,有现实的原因,不能一概求之于古。这里既讲到了"志古自镜",又论及政治与时势的关系,还指出古今之区别,说明既要以古为镜,又不可混同古今和以今泥古。这可以说是司马迁通古今之变的朴素辩证法的原则。他在同一篇文字里指出："余读高祖侯功臣，察其首封，所以失之者，曰：异哉所闻！《书》曰'协和万国'，迁于夏商，或数千岁。盖周封八百，幽、厉之后，见于《春秋》。《尚书》有唐虞之侯伯，历三代千有余载，自全以蕃卫天子，岂非笃于仁义，奉上法哉？汉兴，功臣受封者百有余人。天下初定，故大城名都散亡，户口可得而数者十二三，是以大侯不过万家，小者五六百户。后数世，民咸归乡里，户益息，萧、曹、绛、灌之属或至四万，小侯自倍，富厚如之。子孙骄溢，忘其先，淫嬖。至太初百年之间，见侯五，余皆坐法陨命亡国，耗矣。罔（网）亦少密焉，然皆身无兢兢于当世之禁云。"这里提出了"古""今"的封侯问题，既有同，也有异。异的是，汉初百年之间，功臣侯者便由尊宠而至废辱。这是由于现实的原因，即功臣侯者"子孙骄溢""淫嬖"，和汉皇朝"罔亦少密"所决定的。这就不是泥古，也不是搞历史比附，而是从史实出发，评论历史和政治的。

司马迁"志古自镜"，尤以论述秦朝政治最为突出。他所说的"秦失其政，而陈涉发迹，诸侯作难"的"古"事，不正可以视为大兴征伐，酷吏横行，以致民不聊生，"盗贼滋起"的"今"世的镜子吗？他写的秦朝灭亡、项羽失败的"古"史，不正可以视为似有"土崩"之势（参考《平津侯主父列传》）的"今"日的借鉴吗？

司马迁有时以古讽今。《孝文本纪》赞云："汉兴，至孝文四十有余载，德至盛也。廪廪乡改正服封禅矣，谦让未成于今。"有些学者指出这是借歌颂汉文帝而暗刺当今君主。刘咸炘论道："论意不以改正服封禅为仁，讥武帝为不仁也。"（见《太史公书知意》卷二，鼎文出版社，1981）泷川资言说："细味此数语，似太史公不慊于武帝者。"（见《史记会注考证》卷十）的确如此。这种写古叹今的味道，《史记》其他篇章里还有一些。但是，司马迁绝不是简单化地以古讽今，借历史内容发一下对现实政治不满的牢骚，更不想一头钻到往昔的象牙塔中去。他主要是通古今之变，探索历史的经验教训，以供借鉴。如他写秦朝的历史，详记秦始皇、李斯、秦二世、赵高等人的所作所为，以及当时政治、经济、思想的动向和变化，并在《秦始皇本纪》末尾引了贾谊《过秦论》，这一方面是记秦朝灭亡的历史，另一方面也是为了发表其"秦政不改，反酷刑法，岂不谬乎"的议论，以树立起他的"承敝通变"的观点。历来不少学者觉察到这个问题。有人说："始皇统一，对于以前为千余年未有之变局。局变，则承其变者，应有使民不倦，尽利尽神之妙。太史公《史记》究古今之变，于此尤致意，以寻其究竟。"并说，司马迁"善贾生之推言，令读史者于易变之音，三思之。"（齐树楷：《史记意》）这是知司马迁之音的话。只要把司马迁对秦始皇的一些论述，以及他对汉初"承敝易变"，"君臣俱欲休息乎无为"（《吕后本纪》赞）的称颂，仔细品味一下，是能体会到论者的旨意的。司马迁写当代史，指出当今之世一些弊端，目的就在于为执政者敲起警钟，告诉他们以古为镜，承敝易变。所谓"述往事，思来者"，也是这个意思。

历史告诉人们，汉武帝晚年面对国库空虚、百姓贫困、民心思乱、群臣离心的现实，乃下"罪己"之诏，"不复出军征讨"，实行"富民"政策（参考《汉书·西域传》）；昭帝即位，"承孝武奢侈余敝，师旅之后"（《汉书·昭帝纪》赞），重新振作，拨乱反正；宣帝继之，步其后尘，于是刘汉皇朝又兴盛起来，号称"中兴"（《汉书·宣帝纪》赞）。这一耐人寻味的历史节奏的出现，虽然主要是当时诸方面矛盾斗争及其暂时地部分解决的反映；但也与司马迁"承敝通变""述往事，思来者"的史论不无一点关系。始元六年盐铁会上贤良文学所提的一些历史论据（参考《盐铁论》），与司马迁所发的一些议论多所吻合，并非偶然巧合。

司马迁在《报任安书》中谈到写《史记》时说："网罗天下放失旧闻，考之行事，稽其成败兴坏之理，凡百三十篇，亦欲以究天人之际，通古今之变，成一家之言。"从《史记》的内容来看，司马迁写史，确是依据大量材料，记述了发展变化的史事，发表了历史变化和"承敝通变"的观点，并说明了"以古为镜"的目的，基本上实现了自己的豪言壮语。我觉得，《史记》一书最大的特点是"通古今之变"。而"以古为镜"是"通古今之变"的目的，为的是使人们借鉴历史，从而知道"承敝通变"。司马迁不是信口开河地讲什么微言大义，而是通古今之变，便于人们"以古为镜"，此其比先秦、秦汉时代诸子略胜一筹之处，也是他在中国史学史上有所贡献之点。

二 着重考察的几个历史问题

我国从远古时代到秦汉之际的历史经历了多次重大变化，特别是战国以来的历史变化尤为显著。司马迁"通古今之变"，必须对这个问题，尤其要对战国以来的历史变化进行总结。他对古今之变写了什么主要的内容呢？从《史记》来看，司马迁略古详今，对夏、商、周时代的历史记述简略，稍事勾勒，而对战国至秦汉的历史则条分缕析，记述较详，特别是对秦汉时期出现的封建统一、中央集权等新的历史事物，不惜花费较多笔墨予以记述和评论。这是值得十分注意和认真分析的。

（一）写战国时代的变法，尤其是写秦国商鞅变法，是最值得注意的一个重大问题。战国时代的变法，是当时政治上的一件大事，是古今之变的一个关键。它的意义就在于，在各地区封建经济发展的基础上，有些诸侯国先后通过变法确立了封建制的上层建筑，标志着中国从此逐渐长入封建社会，直接影响着秦汉社会的发展和国家的统一。对于战国时期的变法事件，当时和稍后的一些史籍和子书虽然都有所反映，但是大多缺乏系统全面的论述。而司马迁对这一问题尤为注意，用不少篇章来记述各国变法的情况。例如，他在《商君列传》中详细地记述了秦国商鞅变法的原委，其中不仅写了商鞅先后两次变法的政治、经济、思想文化等方面的具体内容，变法的富国强兵的客观效果，而且还写了商鞅多次与甘龙、杜挚、公子虔、公孙贾、赵良等围绕着变法的一系列斗争。当时很多政治家的夸夸其谈，纵横家的雄辩之词，著作家的大块文章，都不能给人们提供关于变法的具体内容；而司马迁以一篇文字并不太长而内容十分充实的《商君列传》，向读者认真地讲述了历史上这一巨大变革的真实情况。这是他通古今之变最为突出的一手，也是中国古代史学中写历史变化最为杰出的一个例子。

（二）记述先秦氏族贵族到汉初的布衣将相的变化，是司马迁着重考察的又一重要问题。他在记述吴、齐、鲁、燕、管蔡、陈杞、卫、宋、晋、楚、越、郑等"世家"的篇章中，记述了很多先秦氏族贵族兴亡盛衰的历史，真实地反映了那些氏族贵族在自身的发展中，到了战国时代已日益衰落下去，或者改变面貌而逐渐成了新贵。战国时代游士的奔走活跃，客卿的纵横捭阖，已是社会一种新的气息。这是当时私有制经济进一步发展在政治上的反映，这种时代新气息随着经济基础的发展而发展，更由于疾风暴雨般的阶级斗争而推动，到了汉初竟蔚然成风，于是开了布衣将相的新局面。有人从汉初布衣将相的情况中看到了历史的新事物，因而得出"盖秦汉间为天地一大变局"（见《廿二史札记》卷二"汉初布衣将相之局"条）的结论。此论，主要是根据司马迁《史记》描述的具体内容提出来的。凡此论所举及的，古代诸侯各君其国；战国时期的徒步为相，白身为将；汉初的布衣以取卿相；以及吴楚七国之乱后诸侯王唯得衣食租税等，无一不是主要取之于《史记》。此论所说的"三代世侯世卿"，《史记》中所记先秦一些"世家"中有具体记载；此论所说的"游士则范雎、蔡泽、苏秦、张仪等徒步而为相，征战则孙膑、白起、乐毅、廉颇等白身而为将"，《史记》中则有这些人的专传可资参考;此论所说的汉初君臣"多是亡命无赖之徒,立功以取将相",《史记》中有关陈平、王陵、陆贾、郦商、郦食其、夏侯婴、樊哙、周勃、灌婴、娄敬等人的传记是可靠依据;此论所说的"诸侯王唯得食租衣税",《史记》中的"诸侯独得食租税"(《五宗世家》赞)是其蓝本。可见司马迁论述先秦、秦汉间政治人物的身份变化较为详尽,影响亦大。没有司马迁的具体通变,后人是很难清晰地了解这一大变局的。

(三)秦汉统一的历史是司马迁十分重视的问题。《史记》中的《秦本纪》《秦始皇本纪》《项羽本纪》《高祖本纪》和《十二诸侯年表》《六国年表》《秦楚之际月表》等篇章,以及有关的诸侯、将相、游士、刺客等传记的内容,反映了春秋战国至秦汉历史的统一进程,特别是对秦始皇的统一六国和刘邦的再次统一,描述得很生动具体。《十二诸侯年表》序、《六国年表》序等简要地论述了自西周末年至战国时期,诸侯称霸,兼并战争,以及统一的发展趋势,由于强国兼并弱国,历史进入战国时期,主要只是七个大国了。而战国七雄中,东方六国的各国内部矛盾重重,死的拖住活的,发展缓慢;秦国后起居上,势力逐渐膨胀,并在统一趋势中逐渐蚕食六国,以至一统天下。《项羽本纪》赞、《秦楚之际月表》序等则论述了由秦到汉,在风云变幻的阶级斗争过程中,统一走了个"之"字形的曲折道路,其间有项羽"分裂天下",封十八王国的事。但是,在司马迁笔下,写出了统一是历史的趋势,从古之诸侯割据称雄,到今之天下一统,是任何力量都难以抗拒的。他在《项羽本纪》《高祖本纪》等篇章中,通过写项羽和刘邦等人进行的楚汉相争,生动具体地描写了汉朝再次统一的历史。

司马迁还在一些纪、传中,记述了我国古代汉族同许多少数民族关系的历史。这些记述,虽然暴露了当时由于汉、匈奴等各族都是剥削阶级掌握政权,发生了一些给各族人民带来灾难、令人很不愉快的矛盾和战争;但是也反映了我国古代各族之间互相往来、祖国大一统的历史发展的面貌,反映了我国秦汉时代特别是秦皇、汉武之世,出现了历史上空前的统一局面的真实情况。

(四)封建中央集权制是秦汉史上的一大特点。在秦汉统一的过程中,恰恰是中央集权制加强的重要阶段。照司马迁所写,这时的中央集权制主要有两点值得注意:一是郡县制逐渐在代替着封建(封侯建国)制。秦汉时期有分封,是既有郡县又搞分封的所谓郡国制度。但这时的分封,诸侯对皇朝是直接的隶属关系,诸侯对封户主要是衣食租税的经济方面的隶属关系;而不同于往昔"分民分疆土"的封侯建国,诸侯对王朝是相对独立的状况。二是公卿官僚制逐渐代替了世袭贵族制。秦汉时期虽然有了新贵，仍保有世袭贵族制，但中央的公卿和地方的守令，一般来说都不是世袭贵族，而是可以随时任免的官僚。司马迁写这种中央集权制的发展过程，发挥了"原始察终"的通变办法，把历史变化写得十分具体生动。例如，《秦始皇本纪》中两次关于立郡县与搞分封的争议，《袁盎晁错列传》等篇记述汉初分封与"削藩"的斗争，就反映了当时政治制度新陈代谢过程中的复杂情景。《汉兴以来诸侯王年表》更论述了这一历史趋势，给人们以新旧之争的结局必然是除旧布新的深刻印象。

（五）司马迁在写中央集权制的发展史中，独具只眼地点了君主专制的逐渐加强。《秦始皇本纪》记录侯生和卢生"天下之事无大小皆决于上"那段议论，是写秦始皇专制的点睛之笔。这要比《殷本纪》中写纣王独裁行为，更具历史特点。而《史记》写汉武帝专制，则比秦始皇更发展了一步。《卫将军骠骑列传》写卫青、霍去病等将领"奉法遵职"，不敢招士；《万石张叔列传》写石建、石庆等公卿大臣都是对君主唯唯诺诺的"恭谨"之徒；《平津侯主父列传》写公孙弘对皇上阿谀逢迎；《酷吏列传》写张汤等专看武帝的眼色行事，并记酷吏杜周之言："三尺安出哉？前主所是著为律，后主所是疏为令，当时为是，何古之法乎！"所有这些都反映了汉武帝的专制，说明他的意旨就是法令。在这种君主专制的情况下，公卿大臣无所作为，"为丞相备员而已"（《张丞相列传》），甚至性命难保；士人学者噤若寒蝉，只好钻研儒术（参考《儒林列传》）；游侠之士触犯法网，横遭杀害（参考《游侠列传》）；诸侯王也朝不保夕，"坐法陨命亡国"（《高祖功臣侯者年表》序）者众多。司马迁这些记述，充分暴露了封建专制政治的阴暗面。至于《酷吏列传》记述汉武帝专制，任用酷吏，严刑峻法，以致"盗贼滋起"，"盗贼浸多"，弄得天下不宁，更深刻地暴露了封建专制政治的严重恶果。

由此可以看出，自先秦到秦汉，变法在促进着社会发展和国家统一，布衣将相取代了先秦氏族贵族，君主专制伴随着中央集权发展起来。司马迁抓住这个时期历史发展中政治方面的几个重要特点，写出了它们的发展变化，可以说是通古今之变中突出的成果。

（六）司马迁写历史变化，往往把政治和经济联系起来，注意到了经济变化对政治以及整个历史的作用和影响。经济上的古今之变，司马迁主要写了秦汉国家经济的盛衰。他写当时经济的盛衰，较紧密地与国家的兴亡联系起来。秦之强也，自商鞅变法开始。《商君列传》记述商鞅变法，"行之十年，秦民大悦，道不拾遗，山无盗贼，家给人足"。又说，经过变法，"秦人富强"。自商鞅变法之后，秦国经济日益富足，为统一六国准备了物质条件。《河渠书》中记述秦修郑国渠，"渠就，用注填阏之水，溉泽卤之地四万余顷，收皆亩一钟。于是关中为沃野，无凶年，秦以富强，卒并诸侯"。这说明秦兴修水利，使得农业丰收，就"富强"起来，从而才能并吞六国"诸侯"。这使人看到经济与政治的联系，认识到秦的强盛不是凭空产生，而有其一定的经济基础。他写秦在统一之后，虽然表面上有"上农除末"、"黔首是富"、"男乐其畴，女修其业"（《秦始皇本纪》）之说；但是，秦始皇晚年和秦二世统治之时，由于大事兴作，不断用兵，穷奢极侈，"赋敛愈重，戍徭无已"（《李斯列传》），社会生产遭到破坏，经济生活搞得很糟了。因为"财匮力尽，民不聊生"（《张耳陈余列传》），"于是楚戍卒陈胜、吴广等乃作乱，起于山东，杰俊相立，自置为侯王，叛秦"（《李斯列传》）。秦朝就是在国家经济破产，人民起而反抗的情况下垮台的。司马迁指出："秦失其政，而陈涉发迹，诸侯作难，风起云蒸，卒亡秦族。"（《太史公自序》）还写过"外攘夷狄，内兴功业，海内之士力耕不足粮饷，女子纺绩不足衣服"（《平准书》）的话，说明秦朝经济上破产导致政治上失败。经济上搞得男耕女织而不得维持衣食，哪有天下不乱之理，哪有在这种形势下的统治政权不垮台之事！

司马迁写汉代经济，自汉初到武帝之时也有变化。《平准书》就是通过记述汉代财货和财经政策的情况，而观察汉初百年间经济上"物盛而衰"的。汉代经济为什么在武帝之世"物盛而衰"了呢？司马迁指出，权贵豪富对人民剥削和压迫，及其奢侈浪费，造成社会矛盾。同时，又指出，汉武帝南征北伐，大动干戈，使得"兵连而不解，天下苦其劳"，"财赂衰耗而不赡"。这样一来，把社会的安定破坏了，把积存的财货用光了，把人心也搞乱了。社会的不安定，人心的混乱，是由于经济衰败引起的。而经济上由盛转衰，除了当时生产关系方面的原因而外，主要就是政治上的因素了。这是司马迁于叙事中流露出来的思想。同时，他写汉武帝面对"物盛而衰"的现状，不是有所收敛，反而变本加厉，不是改道易辙，而是继续下去，用兵不断，严刑峻法，兴利不已。结果，不是促使经济繁荣、百姓富足，而是百姓破家荡产，流民成群，以致"盗贼滋起"。司马迁还在《平准书》等篇里揭示出，国家经济越是衰败，社会矛盾就越是复杂，政治生活就越是腐败，道德风尚也就江河日下。这样的记述，反映了当时经济盛衰，与当时政治成败密切相关，暴露了封建统治者压榨百姓，不顾民生困苦，使得国穷民困的罪恶。

（七）司马迁的《货殖列传》《平准书》，写春秋战国至汉初一些商人和盐铁手工业者在社会发展中的发家致富，及汉朝官营盐铁，大搞均输、平准等的情况，反映了当时一些工商业的面貌。但是，他却没有一点笔墨记述及汉武帝时期民营工商业者活跃的情况。这是于无文字处表明：因为汉武帝"与民争利"，在经济上也搞封建专制，使得民营工商业遭到摧残而凋零得不可言喻，故乏善可陈。司马迁称那些"以末致财"的人为"贤人"，还说"请略道当世千里之中，贤人所以富者，令后人得以观择焉"；又说他们"皆非有爵邑奉禄，弄法犯奸而富"。那么，奸富是谁呢？是"有爵邑奉禄，弄法犯奸而富"者，就是当时汉武帝一手提拔和信任的，大搞官营盐铁、均输、平准的桑弘羊之流，是与民争利的官府。司马迁肯定"末富"，否定"奸富"，并认为官府与民争利使得民生困苦，国家衰败。这就是说，封建专制渗透到经济领域，是经济衰败的重要原因，也是经济上古今之变最值得注目的重大问题。司马迁写《货殖列传》未为后来的"正史"作者所重视和效法，他那反对官府与民争利的思想未能在中国封建社会开花结果，这是中国历史上的一个悲剧；这也证明司马迁这种历史思想异乎寻常。

从司马迁在经济上通古今之变中，可以看出，他把民生困苦与否视为国家经济盛衰的一个重要方面，又把封建专制与经济问题联系起来，同时还把经济盛衰视为国家兴亡的一个重要因素。应该说，这是朴素的唯物观点，很能说明历史上一些政权成败与经济盛衰的关系。

（八）司马迁还生动地描写了历史上思想潮流的发展倾向。这从他所写自先秦到秦汉有关儒法历史的一些篇章中，可以窥见一斑。

战国时期百家争鸣，其中有儒、法两种思想。这两种思想随着历史发展而有所变化，到汉武帝之时出现了合流现象。先秦的儒家以孔、孟为代表。孔孟思想对当时剧烈变化的现实颇为不满，多所针刺，想要拨乱反正，它一方面真实地暴露了当时社会的一些矛盾，另一方面又违时地提出了"复古"的救世药方。司马迁在《孔子世家》《孟子荀卿列传》等篇章中记述了孔、孟的言行，并论道："周室既衰，诸侯恣行。仲尼悼礼废乐崩，追修经术，以达王道，匡乱世反之于正……"（《太史公自序》）"天下方务于合纵连横。以攻伐为贤，而孟轲乃述唐、虞、三代之德，是以所如者不合。退而与万章之徒序《诗》《书》，述仲尼之意，作《孟子》七篇。"这就基本上说明了先秦儒家孔、孟不切时宜的"复古"的政治思想面貌。《孟子荀卿列传》记述:"荀子嫉浊世之政,亡国乱君相属,不遂大道而营于巫祝,信機祥,鄙儒小拘,如庄周等又猾稽乱俗,于是推儒、墨、道德之行事兴坏,序列著数万言而卒。"司马迁在这里指出荀卿综合分析和批判各家学说而自序其言,是有见地的。这说明司马迁看到了,在历史发展过程中,儒家学派随着历史的发展而有所变化,荀子的儒学已不同于孔子、孟子的儒学,荀子的思想也与孔、孟思想有所不同。《李斯列传》详细记述了李斯"辞于荀卿"的一番话,对于李斯这种驰骛世俗的思想,并不是予以赞扬,而是热辣的讽刺。他评李斯道:"斯知六艺之归,不务明政以补主上之缺,持爵禄之重,阿顺苟合,严威酷刑,听高邪说,废嫡立庶。诸侯已畔,斯乃欲谏争,不亦末乎!"这是说李斯和孔、孟、荀等不一样,不是拯救世敝,而是"阿顺苟合";不是遵循六艺,而是"严威酷刑";不是追求儒家理想,而是"持爵禄之重"。这实际上是把李斯视为鄙儒。司马迁在《儒林列传》中写:"及至秦之季世,焚《诗》《书》,坑术士,六艺从此缺焉。陈涉之王也,而鲁诸儒持孔氏之礼器往归陈王。于是孔甲为陈涉博士,卒与涉俱死。"文质彬彬的儒生为什么参加揭竿起义的队伍了呢?"以秦焚其业,积怨而发愤于陈王也"。儒生在没有出路时,也会铤而走险的。

儒学在汉代有个发展过程。《儒林列传》记述,汉兴之时,儒学虽有,但不时髦。当时统治者提倡黄老刑名之术。到了汉武帝即位、窦太后去世之后,"绌黄老刑名百家之言",提倡儒术,天下风气就发生了很大变化。汉代的儒者,以叔孙通、公孙弘、董仲舒等为代表。这时大多数儒者已不是孔甲在秦末那时的处境,已不同于孔子的政治态度。他们不是违时而是趋时,不是嫉俗而是随俗,不是追求理想而是争逐利禄。司马迁写过,秦廷博士周青臣同淳于越有过搞封建还是立郡县的斗争,汉初鲁两生同叔孙通有过"面谀以得亲贵"和"真鄙儒"之相讥(参考《刘敬叔孙通列传》);然而,他所传写的汉朝儒林,虽有所学之不同,却无一不在追求利禄。例如,写叔孙通创礼仪,对皇上献谀,"知当世之要务",讨得汉高祖刘邦的欢喜。写公孙弘"每朝会议,开陈其端,令人主自择,不肯面折庭争。……尝与公卿约议,至上前,皆倍其约以顺上旨。"(《平津侯主父列传》)在司马迁笔下,汉儒虽然崇奉孔子,宣扬六艺,似乎是儒家的忠实门徒,其实那都是"缘饰以儒术"的表面文章,挂羊头卖狗肉而已。他们对权势者趋炎附势,阿谀奉承,企图达到获得利禄的目的。方苞读《儒林列传》体会到,"由弘以后,儒之途通而其道亡矣"(《又书儒林传后》,见《方望溪文集》卷三)。这话的意思是,儒学发展到公孙弘之时,已是旧瓶装新酒,在社会政治上能吃得开,然而其原来的精神却丢弃得一干二净。这话是符合司马迁原意的。的确,司马迁评儒,不是笼统地反儒,更没有反孔;而是讽刺儒学末流、反对汉儒。他在表白自己有孔子作《春秋》的精神,而同汉儒则不是一个调子。司马迁只在《儒林列传》中提到董仲舒,而未为其立专传。但我们不能仅仅根据这一点而论司马迁鄙视董仲舒,或曰司马迁为其师董仲舒讳。从司马迁的思想倾向来看,他对董仲舒为汉武帝"罢黜百家,独尊儒术"摇旗呐喊,可能不会满意;而对其主张与匈奴和亲、盐铁皆归于民,等等,则是灵犀相通的。在司马迁笔下,董仲舒只是春秋公羊学专家,而不是公孙弘那样的汉儒的代表。

司马迁对先秦的法家,有所肯定,也有否定。如评商鞅,一方面肯定其实行变法使得秦国"家给人足","秦人富强",从而称霸诸侯,对后世有重大影响;另一方面批评其"天资刻薄",伤害了一些人,终于名声不好。他对秦始皇的评论也如此,既指出其尚法,富国强兵,统一天下;又揭露其严刑峻法,残害天下,触怒百姓。《秦始皇本纪》末尾引贾谊《过秦论》,实际上是借贾生之言以评秦,其中就包含有肯定秦始皇促进社会发展之功和批判其危害天下之过这两方面的内容。对于集先秦法家思想之大成者韩非子,司马迁除了指出其著书以明法等内容而外,颇有意味地记述:"人或传其书至秦。秦王见《孤愤》《五蠹》之书,曰:'嗟乎,寡人得见此人与之游,死不恨矣!'"这样的琴一弹,秦始皇与韩非子思想相通的弦音就清晰地传扬了。

他对汉代的尚法人物,并不以先秦法家继承者待之,而是目其为残酷之吏。例如,把晁错、张汤等都列为酷吏(参考《酷吏列传》)。在司马迁看来,张汤兴利,较之商鞅变法,不仅不能收到"强霸"国家的效果,而且搞得"百姓不安其生",危害甚大,以致朝野上下对其都很不满。所以,张汤死,只有"上(即武帝)惜汤"(《酷吏列传》),"而民不思"(《平准书》)。可见,司马迁对张汤,就不是像对商鞅那样既批评又肯定,而主要是揭露和指责。司马迁还写:"自公孙弘以《春秋》之义绳臣下取汉相,张汤用峻文决理为廷尉,于是见知之法生,而废格沮诽穷治之狱用矣。其明年,淮南、衡山、江都王谋反迹见,而公卿寻端治之,竟其党与,而坐死者数万人,长吏益惨急而法令明察。当是之时,招尊方正贤良文学之士,或至公卿大夫。公孙弘以汉相,布被,食不重味,为天下先。然无益于俗,稍骛于功利矣。"(《平准书》)又写:公孙弘"年四十余,乃学《春秋》杂说。……习文法吏事,而又缘饰以儒术"(《平津侯主父列传》)。"是时上方乡文学,汤决大狱,欲傅古义,乃请博士弟子治《尚书》《春秋》补廷尉史,亭疑法。"(《酷吏列传》)这些记述,实际上是把汉儒公孙弘和酷吏张汤等同起来,儒者能酷法,酷吏傅古义,他们都会兴利,都会外施"仁义",又都是残酷之徒。这种卓越的见解,乃是对当时"罢黜百家,独尊儒术"的合法思想最精彩的揭露。他以史实记录明确地告诉人们,儒家和法家,在先秦时分歧殊途,有嫉俗和趋时、"复古"和"是今"之别;到了汉代,便已同归一炉,都"鹜于功利"了。

由此看来,司马迁在政治、经济、学派思想等方面通古今之变,注意抓住历史的特点,写出了战国秦汉之际的历史变化,反映了当时天下一统的形成,社会制度的变革和封建专制的强化的情况。在史学上,司马迁通古今之变的内容,无论从反映历史的广度,或揭示历史的深度来看,都是成绩卓著,超越前人,遗泽后代的。一个古代史家,在当时的历史条件下,能够具体地创造性地写出我国古代数千年特别是战国至秦汉时期的一些重要的历史内容,实在是难能可贵的。

三 历史变化的观点

司马迁不仅注意到了历史的矛盾、特点和变化,而且还论述了古今之变的原因和轨迹。

历史是很复杂的。造成历史复杂的原因多种多样。司马迁很注意这个问题。他论述历史变化的原因,曾提及天命、形势、人事,等等。

《天官书》后段讲到天变影响历史变化,曾说:"秦始皇之时,十五年彗星四见,久者八十日,长或竟天。其后秦遂以兵灭六王,并中国,外攘四夷,死人如乱麻,因以张楚并起,三十年之间兵相骀藉,不可胜数。自蚩尤以来,未尝若斯也。项羽救巨鹿,枉矢西流,山东遂合从诸侯,西坑秦人,诛屠咸阳。汉之兴,五星聚于东井。平城之围,月晕参、毕七重。诸吕作乱,日蚀,昼晦。吴楚七国叛逆,彗星数丈,天狗过梁野;及兵起,遂伏尸流血其下。元光、元狩,蚩尤之旗再见,长则半天。其后京师师四出,诛夷狄者数十年,而伐胡尤甚。……此其荦荦大者。若至委曲小变,不可胜道。"于是得出结论:"由是观之,未有不先形见而应随之者也。"也就是说,天命决定着人间的事变。这说明司马迁的思想中有"天人感应"论的影响。

在司马迁的历史观中,形势决定论占有一定的地位。考察《史记》,可以看到其中有许多论述历史变化之处提到了形势，甚至有时把形势放在决定性的地位。例如，《周本纪》和先秦一些"世家"篇章记述：周初，武王伐纣至成康之世那段时间里，王室强盛，分封诸侯，诸侯拱卫王室；及至西周末年到春秋之世，王室衰微，诸侯称霸，不遵王命，形势发生了重大变化，周天子想要"正"天下，但始终拗不过形势，而日益衰落下去。《汉兴以来诸侯王年表》序云："武王、成、康所封数百，而同姓五十五，地上不过百里，下三十里，以辅卫王室。管、蔡、康叔、曹、郑，或过或损。厉、幽之后，王室缺，侯伯强国兴焉，天子微，弗能正。非德不纯，形势弱也。"这话的意思是，周初，王室强大，诸侯封地小、势弱，所以拱卫王室；周末，王室衰微，诸侯强大起来，故不听命于王室，周天子对诸侯无法摆布。这不是周天子的思想道德所能左右的问题，而是周室"形势"衰弱的原因。至于"事势之流，相激使然"，"勇怯，势也；强弱，形也"（《报任安书》）等言论，更是讲历史大势和形势决定作用的。

但是，司马迁既不是唯天命论，也不强调形势决定论，他谈历史变化原因主要摆在人事方面。《郑世家》末尾论道："语有之，'以权利合者，权利尽而交疏'，甫瑕是也。甫瑕虽以劫杀郑子内厉公，厉公终背而杀之，此与晋之里克何异？守节如荀息，身死而不能存奚齐。变所从来，亦多故矣！"这些话着重指出，事变围绕在"权利"上面，讲的是人们争权夺利之事上的变故。

正因为如此，他讲"天命"时，也强调人事。如说："日变修德，月变省刑，星变结和。""太上修德，其次修政，其次修救，其次修禳，正下无之。""国君强大，有德者昌；弱小，饰诈者亡。""然其与政事俯仰，最近天人之符。"（《天官书》）这些话的意思是，人事可以影响或改变"天"意。《史记》中有不少因果报应的记述和说教，这当然是迷信思想，但它也主要是强调人事因果。至于司马迁批判项羽说："及羽背关怀楚，放逐义帝而自立，怨王侯叛己，难矣。自矜功伐，奋其私智而不师古，谓霸王之业，欲以力征经营天下，五年卒亡其国，身死东城，尚不觉悟而不自责，过矣。乃引'天亡我，非用兵之罪也'，岂不谬哉！"（《项羽本纪》赞）这更是把政治成败当作人为的事，而否定天命论的著名论断。司马迁的"究天人之际"，同董仲舒天人感应论的不同点，就表现在这种地方。

分析司马迁在《史记》中的述论，可以清楚地觉察到，他将帝王将相当作历史变化的决定性力量。他把王迹的盛衰，国家的强弱，政事的成败，都系之于这些"英雄豪杰"。凡所谓暴君、奸臣、小人，如桀、纣、厉、幽、秦二世、赵高等在位，便破坏政事，毁灭王迹，导致国家丧亡；凡所谓圣君、君子、大人，如禹、汤、文、武、周公、汉高祖、汉文帝等人物执政，就使得政事成功，王迹兴盛，国家强大。他曾强调过："国之将兴，必有祯祥，君子用而小人退。国之将亡，贤人隐，乱臣贵。……甚矣，'安危在出令，存亡在所任'，诚哉是言也。"（《楚元王世家》赞）"尧虽贤，兴事业不成，得禹而九州宁。且欲兴圣统，唯在择任将相哉！唯在择任将相哉！"（《匈奴列传》赞）这都是司马迁强调英雄创造历史的言论。

司马迁虽然强调英雄的作用，但是并不歌颂君主万能，并不崇拜专制主义。他记述历史时，很注意历代用人问题。如论战国七雄的兴亡，楚汉相争的成败，汉文帝与汉武帝的优劣，都很明显地包含有这种内容。所以他有"甚矣，'安危在出令，存亡在所任'，诚哉是言也"之叹。他还论道："语曰'千金之裘，非一狐之腋也；台榭之榱，非一木之枝也；三代之际，非一士之智也'。信哉！夫高祖起微细，定海内，谋计用兵，可谓尽之矣。然而刘敬脱挽辂一说，建万世之安，智岂可专邪！"（《刘敬叔孙通列传》赞）这里所引之"语"，反映了当时人们已经意识到，历史不是个人所能创造的，政治不是个人所能办好的道理。司马迁通过"刘敬脱挽辂一说"这事，引用了这个"语"作为自己的评论，来说明刘邦依靠众人定天下的问题，确有一定见地。司马迁无疑是英雄史观，但是他不曲意歌颂专制主义的孤家寡人，而是强调贤能之士协助帝王促进历史的作用，这就有合理的成分。

更值得注意的是，司马迁还记述及人心向背在历史中的作用。例如，他论秦楚之际"八年之间，号令三嬗"的变幻风云，就很强调：秦朝因为暴政，失去民心，"天下苦秦久矣"（《陈涉世家》等），"天下不听"（《李斯列传》）。因此，陈胜计划起义时，自信"为天下唱，宜多应者"，起义之后，"诸郡县苦秦吏者，皆刑其长吏，杀之以应陈涉"（《陈涉世家》）；项羽随其叔父项梁起义反秦时，从者甚众，但他后来杀降卒，"所过无不残破"，使得"秦人大失望"（《高祖本纪》），"徇齐至北海，多所残灭，齐人相聚而叛之"（《项羽本纪》），终于因"暴虐"而众叛亲离，至于垓台；刘邦始终注意笼络民心，在率领起义军向关中进军时，"诸所过毋得掠卤"，使得"秦人喜，秦军解"，而且到了关中"约法三章"，使得"秦人大喜"，于是得到百姓支持，百姓"争持牛羊酒食献给军士"，"惟恐沛公不为秦王"（《高祖本纪》），结果"拨乱诛暴，平定海内，卒践帝阼，成于汉家"（《秦楚之际月表》序）。尽管司马迁还不可能具有人民群众创造历史的唯物史观,但是他记述及人心向背在历史中起到一定作用,确是难能可贵的。至于司马迁热情地肯定陈涉起义,说道:"桀、纣失其道而汤、武作,周失其道而春秋作。秦失其政,而陈涉发迹,诸侯作难,风起云蒸,卒亡秦族。天下之端,自涉发难。"(《太史公自序》)又说:"陈胜虽已死,其所置遣侯王将相竟亡秦,由涉首事也。"(《陈涉世家》)这是承认人民起义在推翻暴秦统治之中的首创之功的著名论断,客观上说明了人民群众的伟大力量。这样的历史宏论,可以说震古烁今。

司马迁还论及政治应该随着历史变化而变化的问题。《高祖本纪》赞云:"夏之政忠。忠之敝,小人以野,故殷人承之以敬。敬之敝,小人以鬼,故周人承之以文。文之敝,小人以僿,故救僿莫若以忠。三王之道若循环,终而复始。"这是司马迁历史观中的重要问题。有的学者根据"三王之道若循环,终而复始"这一点,认为司马迁把历史看成循环往复,从而肯定他是历史循环论者。我觉得,对于司马迁这句话,不能简单地从其运用"循环"这个概念来理解,而应从政治与历史的关系来分析。照《史记》旧注的解释,司马迁这段话大致是这样的意思:夏代的政治"质厚"(朴实)。质厚的坏处,使得人民"少礼节"(粗野),所以殷代承继之后,政治一变而为敬帝、敬祖先。敬的坏处,使得人民"多威仪,好事鬼神"(迷信),所以周代承继之后,政治转变为讲究"尊卑之差"(礼节)。它的坏处,使得人民"苟习文法,无悃诚"(只讲烦琐的形式,无一点诚意),所以挽救此弊病只有转变为"质厚"。三王之道好像在循环,变过来还得变过去。可见司马迁在这里讲的"三王之道"的"道",并不是讲的历史发展道路,也不是讲的历史发展规律;而是讲的政治之道、治理国家之道,讲的是政治问题。所谓"三王之道若循环,终而复始",实际上说的是,夏、商、周的政治各有弊端,搞来搞去,还是"忠"的政治为好。司马迁在通古今之变中,看到了历史上各种社会矛盾和政治矛盾,他知道社会矛盾在发展,政治在变化,政治是随着社会的发展而变化的,因此他承认这种变化,只是希望政治变得好一点。据此,我认为司马迁在这里讲的是,政治与历史的关系,政治随着历史变化而变化,政治应该"承敝易变",改变周代政治"文之敝"的最好办法就是恢复"忠"的政治。所谓历史循环论,是一种鼓吹人类要回到最初阶段去的历史观念,是主张历史车轮倒转的反动观点。司马迁的《高祖本纪》赞只是希望实现"忠"的政治,并无回到夏代社会去的意思,怎能断定为历史循环论呢?有人评《高祖本纪》赞道:"历数世代变化之迹,示人作史之意,与读史之法。所谓通古今之变者。汉高以来而为天子,视秦人之以国并国,其局又变。然则统一时代则一。其言承前敝,即示人以继续通变之意。"(齐树楷:《史记意》)这个评语说得好。因为论者已明白司马迁继续通变之意,而不是纠缠在"循环"那个词上去钻牛角尖。

我们再看《平准书》末这段话:"故《书》道唐虞之际,《诗》述殷周之世,安宁则长庠序,先本绌末,以礼义防于利;事变多故,而亦反是。是以物盛则衰,时极而转,一质一文,终始之变也。《禹贡》九州,各因其土地所宜,人民所多少纳职焉。汤武承敝易变,使民不倦,各兢兢所以为治,而稍陵迟衰微。齐桓公用管仲之谋,通轻重之权,徼山海之业,以朝诸侯,用区区之齐显成霸名。魏用李克,尽地力,为强君。自是之后,天下争于战国,贵诈力而贱仁义,先富有而后推让。故庶人之富者或累巨万,而贫者或不厌糟糠;有国强者或并群小以臣诸侯,而弱国或绝祀而灭世。以至于秦,卒并海内。……于是外攘夷狄,内兴功业,海内之士力耕不足粮饷,女子纺绩不足衣服。古者尚竭天下之资财以奉其上,犹自以为不足也。无异故云,事势之流,相激使然,曷足怪焉。"这也是司马迁重要的史论。这段话里,所谓"事势之流",是指历史变化的形势,所谓"礼义""利""诈力""仁义""功业"等,是指政治、经济和道德;所谓"物盛则衰,时极而转",是指国家的盛衰之变;所谓"承敝易变",是指政治要针对时弊而有所变通,以达到大治;所谓"一质一文,终始之变",就是说不同的政治,随着历史的变化,而互相更替。他在这段话里,举了许多历史上的世变和政治的关系,具体地讲了历史上没有一成不变的治道,治道都是随世道而变化的,也没有永久巩固的政权,政权都是有盛有衰的。"物盛则衰,时极而转"的"转",只是指国家的盛衰之变,并不指历史循环。"一质一文,终始之变"的"变",只是指不同的治道随历史变化而变化,也不是指的古今往复之转。

司马迁在通古今之变时,并没有把古今视为一个样,也没有说汉初的历史已回到了夏代,更没有说汉代一定要退到夏代那个样子。他只是在论证古今之变时,感到三代的政治都随世道的变化而变化;秦承周"文之敝",没有随时应变,受到历史的惩罚;汉初接受历史教训,适时而变,才符合历史的要求。因此,他在《高祖本纪》赞论三王之道的下面,紧接着否定秦朝政治,而肯定汉初政治,论道:"周秦之间,可谓文敝矣。秦政不改,反酷刑法,岂不缪乎?故汉兴,承敝易变,使人不倦,得天统矣。"张守节对这几句话的理解是:"汉人承秦苛法,约法三章,反其忠政,使民不倦，得天统矣。故太史公引《礼》文如此赞者，美高祖能变易秦敝，使百姓安宁。"(《史记正义》)这个理解是对的。《史记》中还有一些地方论及汉之代秦，"承敝易变"。如，《酷吏列传》序云："法令者治之具，而非制治清浊之源也。昔天下之网尝密矣，然奸伪萌起，其极也，上下相遁，至于不振。当是之时，吏治若救火扬沸，非武健严酷，恶能胜其任而愉快乎！言道德者，溺其职矣。……汉兴，破觚而为圜，斫雕而为朴，网漏于吞舟之鱼，而吏治烝烝，不至于奸，黎民艾安。由此观之，在彼不在此。"《萧相国世家》赞云：萧何"因民之疾秦法，顺流与之更始。"《曹相国世家》赞云："参为汉相国，清静极言合道。然百姓离秦之酷后，参与休息无为，故天下俱称其美矣。"这些都可证明司马迁"承敝易变"的观点。这种观点，承认历史在变，而不是宣扬历史循环，说明政治要随时应变，而没有宣传一成不变的政治。司马迁在《太史公自序》中引述其父司马谈的《论六家要旨》，其中介绍和推崇道家"与时迁移，应物变化"、"无为，又曰无不为"、"以因循为用"、"有法无法，因时为业"、"有度无度，因物与合"的学术思想；在《货殖列传》中强调"善者因之"，宣扬"因俗施事"的政治学说，也说明其政治与历史互为影响和变化的朴素的辩证观点。这就足以说明，司马迁的历史观，是历史变化观，而不是历史循环论。而且从司马迁反对小国寡民思想（参考《货殖列传》序），承认"世异变，成功大"，主张"法后王"（参考《六国年表》序）等的观点来看，他的历史观中还有一定的历史进化论的因素和成分。

当然，也应该看到，司马迁的历史观曾受到当时自然循环论和天命循环论的影响，有一些形而上学的疵点。如他所论"夫天运，三十岁一小变，百年中变，五百载大变；三大变一纪，三纪而大备：此其大数也。为国者必贵三五，上下各千岁，然后天人之际续备"（《天官书》)，就反映了他的思想局限。但我们不能因他思想上有此瑕疵，而断言他是历史循环论者。

四 撰写历史的基本方法

对于古往今来数千年变化着的历史，历史家如何写它呢？这是司马迁"通古今之变"不可避免地要遇到的问题。

通过记述历史人物的活动以反映历史的变化，这是司马迁撰写历史的最基本的方法。他说："网罗天下放失旧闻，王迹所兴，原始察终，见盛观衰，论考之行事，略推三代，录秦汉，上记轩辕，下至于兹，著十二本纪，既科条之矣。"(《太史公自序》)从这句话看来,《史记》中记述先秦、秦汉历代帝王的十二本纪,是司马迁通古今之变的"科条",换句话说,主要是通过以历代帝王为中心的"王迹"盛衰而通古今之变的。所以,他记述从传说中的黄帝开始,至"今上"汉武帝为止的十二本纪,实是通古今之变的大纲。他说:"二十八宿环北辰,三十辐共一毂,运行无穷,辅拂股肱之臣配焉,忠信行道,以奉主上,作三十世家。扶义俶傥,不令己失时,立功名于天下,作七十列传。"(《太史公自序》)从这句话看来,司马迁是把三十世家和七十列传,围绕着十二本纪,纳入通古今之变的"科条"之中。"纪以包举大端,传以委曲细事"(《史通·二体》),"世家"则细大兼具。这样,《史记》的十二本纪、三十世家、七十列传等都通过对历史人物的记述来反映历史。例如,《秦始皇本纪》和《李斯列传》《王翦列传》《蒙恬列传》等,通过记述秦始皇、李斯、王翦、蒙恬、赵高等历史人物的活动,反映了秦吞并六国,一统天下,严刑峻法,劳民伤财,以至垮台,这重要的秦朝兴亡史。又如,《项羽本纪》《高祖本纪》和《陈涉世家》《留侯世家》《张耳陈余列传》等篇章,通过记述陈涉、吴广、项羽、刘邦等历史人物的活动,反映了秦末人民揭竿起义、推翻秦朝、楚汉相争、汉朝建立等秦汉之际的历史事件。再如,《孔子世家》《孟子荀卿列传》《老庄申韩列传》《叔孙通列传》《平津侯列传》《儒林列传》等篇章,通过记述孔子、孟子、邹衍、荀子、老子、庄子、申不害、韩非、叔孙通、公孙弘、董仲舒等历史人物的言行,反映了先秦至秦汉各种学术流派的发展与变迁。《货殖列传》则通过记述范蠡、子贡、白圭、乌氏倮、巴寡妇清、蜀卓氏、程郑、宛孔氏、刁间等工商业者,反映了春秋末年至秦汉时期的民营手工业和商业的发展概貌。《游侠列传》是通过记述朱家、剧孟、郭解等游侠人物,反映汉代社会的民间习俗和封建专制主义的日益加强。如此等等。

  人的社会活动是历史的一个基本内容。一定阶级的代表人物的活动,更与历史有紧密关系。因此,写历史人物是历史学中一个不可忽视的重要问题。司马迁写历史人物,特别是写一些历史上有代表性的人物,通过这些人物的身世和社会活动来反映历史,并不是为历史人物开履历表,或作起居注。这是有一定长处的。

  司马迁除了写历史人物之外,还通过"表""书"等形式反映历史变化。他因"并时异世,年差不明"而作十表。其实十表不仅提纲挈领地列了不同历史时期的人物和大事,以反映古今之变,而且有些表的序文,还概括地讲到了一些古今之变的大势。如《十二诸侯年表》序有云:"及至厉王,以恶闻其过,公卿惧诛而祸作,厉王遂奔于彘,乱自京师始,而共和行政焉。是后或力政,强乘弱,兴师不请天子。然挟王室之义,以讨伐为会盟主,政由五伯,诸侯恣行,淫侈不轨,贼臣篡子滋起矣。齐、晋、秦、楚其在成周微甚,封或百里或五十里。晋阻三河,齐负东海,楚介江淮,秦因雍州之固,四海迭兴,更为伯主,文武所褒大封,皆威而服焉。"这就将西周末年至春秋时代的周王室衰落,诸侯恣行,五霸迭兴等政治形势和历史特点勾画了出来。《六国年表》序论战国时期的历史大势,《秦楚之际月表》序论秦末和楚汉相争时期的历史变化,《汉兴以来诸侯王年表》序论西汉前期诸侯王的盛衰之变,都较为精彩。司马迁把汉初百年间的封侯之事,分了《高祖功臣侯者年表》《惠景间侯者年表》《建元以来侯者年表》《建元已来王子侯者年表》等四个表,这是标明封侯之事虽同,而其实质则异。因为,高祖封功臣为侯,以臣有"功";惠景间封侯已不尽然如此,而有王子侯、外戚恩泽侯了;建元以来所封之侯,乃是"外事四夷"的"功臣";再就是分王子弟的王子侯。从四个侯表,可以看出汉初封侯的不同的历史内容。

《史记》的"八书"在论述典章制度的同时,概述了有关制度的历史变化。司马迁在《太史公自序》里曾说:"礼乐损益,律历改易,兵权山川鬼神,天人之际,承敝通变,作八书。"并说了"略协古今之变","切近世,极人变","以观事变"等话。这说明他要在八书中写社会经济、学术文化、军事、天文、水利、迷信活动等方面的古今之变。如八书的第一篇《礼书》的序,在讲了权力不是"宰制万物,役使群众"的万能工具,"缘人情""依人性"的礼仪有其一定的意义和作用之后,接着就讲:"周衰,礼废乐坏",孔子想要"正名",然"孔子没后,受业之徒沉湮而不举,或适齐、楚,或入河海,岂不痛哉!"到了秦统一天下,"悉内六国礼仪,采择其善"。依古以来的形式,"尊君抑臣"的实质,说明礼是压迫臣民的工具。再就讲汉礼,"至于高祖,光有四海,叔孙通颇有所增益减损,大抵皆袭秦故",就是说汉用的是秦礼。司马迁说秦礼"虽不合圣制",就点明了古今之礼不同,秦汉之礼已变了。文景之时,未及言礼。"今上(汉武帝)即位,招致儒术之士,令共定仪,十余年不就"。君主下旨意,"追俗为制"。于是,"乃以太初之元改正朔,易服色,封太山,定宗庙百官之仪,以为典常,垂之于后云"。这种东西,简直同"缘人情以制礼,依人性以作仪",风马牛不相及。古今之礼已大大变化。

用"综其终始""原始察终""见盛观衰""承敝通变"等办法记述史

事，这是司马迁通古今之变的又一基本方法。所谓"综其终始"(《十二诸侯年表》序、《报任安书》)和"原始察终"(《太史公自序》)，就是要把历史事件的起因、经过、结果等都摆出来，考察一番，进行全过程的综合分析，不是顾首不顾尾，或知终不知始，更非以偏概全。《史记》无论传人或记事，都尽可能把终始情况介绍清楚。他写《十二诸侯年表》，就把春秋时代的周王室和鲁、齐、晋、秦、楚、宋、卫、陈、蔡、曹、郑、燕、吴等十多个诸侯国的政治、军事等大事列了表，使人可以考见春秋时代周王室和诸侯国的盛衰大势。他特地说明："儒者断其义，驰说者骋其辞，不务综其终始；历人取其年月，数家隆于神运，谱谍独记世谥，其辞略，欲一观诸要难。于是谱十二诸侯，自共和讫孔子，表见《春秋》《国语》学者所讥盛衰大指著于篇，为成学治古文者要删焉。"(《十二诸侯年表》序)这里指出社会各家的缺点，尤其是批评了儒者"断其义"，随便发论，数家"隆于神运"，胡说天运，而不能对历史事件自身的全过程进行综合分析，这样就使读者不能了解历史的概貌。司马迁在考察事件始终这个问题上还说过："于是谨其终始，表其文，颇有所不尽本末；著其明、疑者阙之。"(《高祖功臣侯者年表》序)这话的意思是，在"综其终始"时需要细心谨慎，明者著之，疑者阙之，不能勉强，更不能妄断。这种忠于史实、宁缺毋滥的信实态度，是史学上的一个优良传统。

所谓"见盛观衰"和"承敝通变"就是对历史事件力求从盛世中看出衰象的苗头，从毛病中透视其变化，也就是说要在历史进程中察见其矛盾和变化。不能僵化，不能片面，不能把历史现象看作一成不变的静止事物。《史记》记述三代至秦汉的史事，不仅写出其发展变化，而且往往指出敝则必变，盛中有衰的情况。写秦汉之际的历史，就先写秦朝之敝，然后写到汉初之变，使人从历史的矛盾中看到了变化。司马迁说："秦既称帝，患兵革不休，以有诸侯也，于是无尺土之封，堕坏名城，销锋镝，锄豪桀，维万世之安。然王迹之兴，起于闾巷，合从讨伐，轶于三代，乡秦之禁，适足以资贤者为驱除难耳。故愤发其所为天下雄，安在无土不王。"(《秦楚之际月表》序)这是说秦始皇称帝之后，担心战乱不休，想要传之万世，便不分封诸侯王，使出了一系列维持集权统治的暴力手段；然而事与愿违，天下大乱，二世而亡，刘邦做了皇帝。秦想保住江山，无"尺土之封"，但是，"安在无土不王"，秦想不变，历史还是变了。这在一定程度上揭示了历史的发展进程不以人的意志为转移的客观规律。

"见盛观衰"这一点，司马迁在《平准书》里写得很出色。他先写汉初之盛，把汉初数十年经济上的"富"，政治上的"安"，思想上的"德"写了出来，突出一个"盛"字。但是，他又从盛看到了衰，指出："物盛而衰，固其变也。"其意是说事物发展在走向反面，盛极则衰，这是变化规律。司马迁是善于在"盛"中观"衰"的。汉武帝"外攘夷狄，内兴功业"，表面看来功业煊赫，国家强盛，似乎是个盛世；然而只要进行仔细观察，觉得此时的问题可不少，"兴利"带来很多弊端（参考《平准书》），任法而犯法者众，"督盗贼"而"盗贼浸多"（参考《酷吏列传》），"外施仁义"而愈益虚伪（参考《平津侯主父列传》），等等。这就说明，此时不是什么"盛世"，恰恰相反，只是虚有其表。因此，他"承敝通变"，从衰象中预感到还要变化。

可见，司马迁写历史的方法，是从实际出发，借人以明史，原始而察终，见盛以观衰。因此，他才能较好地写出古今之变来。这种方法是可以借鉴的。

秦汉时代波澜壮阔的时势造就了杰出的历史家司马迁，司马迁肩负时代的使命而通古今之变。我国灿烂光辉的古代文化孕育了《史记》，《史记》为发展祖国史学真正树立了一座里程碑。司马迁在这个史学的里程碑上，写下了古代数千年来特别是战国秦汉时期的历史，做出了通古今之变的杰出成就。因此，在中国史学史上，有"迁书通变化"（《文史通义·书教下》）之称。他通古今之变，说明历史在变化，是要"以古为镜"，"述往事、思来者"，不只是回顾过去，而且还寄希望于未来。这是最值得我们学习和继承的珍贵的历史遗产。当然，由于历史的种种局限，司马迁对历史变化不可能做出科学的总结，也不可能为人们展示历史发展的方向。因此，我们在当今的历史条件下，学习和继承司马迁的史学遗产，就应该不取其貌而求其神，争取做到推陈出新，继往开来！

论司马迁的"成一家之言"

司马迁著《史记》"欲以成一家之言",发生在汉武帝号召"罢黜百家,独尊儒术"之时,标志着作者的一种反思想专制倾向同皇家的思想专制的矛盾,实乃秦汉思想史上的头等大事。这是值得重视和认真探讨的。

司马迁写史,一再提到欲"成一家之言"。《史记·太史公自序》[①] 云:"凡百三十篇,五十二万六千五百字,为《太史公书》。序略,以拾遗补艺,成一家之言,厥协六经异传,整齐百家杂语,藏之名山,副在京师,俟后世圣人君子。"《报任安书》云:"网罗天下放失旧闻,考之行事,稽其成败兴坏之理,凡百三十篇,亦欲以究天人之际,通古今之变,成一家之言。"据此分析,司马迁写史的意图与目的是:(1)整理学术遗产,推陈出新,肩负历史使命,开创史学新局面。(2)发扬传统,标榜独断,表明主体意识,对"天人"、古今、世道等提出不同于流俗的新的史学思想。(3)写出创新的历史著作,以期传世不朽。这三点相辅相成,都表明史学家开创史学新天地的自觉性,三者是以"一家言"为主体。所谓"言",这里是指言论;故"成一家之言",以新的史学思想为核心,这是决定《史记》能否成"一家言"的关键。如果思考一下《太史公自序》和《报任安书》表述的"欲遂志","通其道",继孔子《春秋》而发愤著述的心意,则对于"成一家之言"就会得到更准确的理解。

本文就按这个思路,谈谈司马迁的"成一家之言"。

---

① 以下凡引《史记》文字,只提篇名。

一

司马迁提出"究天人之际",就是探究人与"天"的关系。这是个世界观的问题,也是个历史理论问题。

究"天人"关系,是个古老的课题。古时人们受历史局限,"天命""天道"观念较为严重,汉代还有天人感应论;但先秦已有重人事、轻天命者,荀子有"天人相分"说。司马迁受到上述思想的影响,然又不为其所囿役。

司马迁的《史记》写自黄帝至汉武帝几千年的历史,其中偶尔提到"天",但并不着意谈论之,重点是在谈人事和社会变迁,写人的活动,论事在人为。其论夏、商、周的更替,秦的统一和秦汉之际的风云变幻,大多归结于人为。《秦楚之际月表》序云:"昔虞、夏之兴,积善累功数十年,德洽百姓,摄行政事,考之于天,然后在位。汤、武之王,乃由契、后稷修仁行义十余世,不期而会孟津八百诸侯,犹以为未可,其后乃放弑。秦起襄公,章于文、缪、献、孝之后,稍以蚕食六国,百有余载,至始皇乃能并冠带之伦。以德若彼,用力如此,盖一统若斯之难也。"这是说,三代更替至于秦之统一,都是人们行德用力的结果。此序又云:"秦既称帝,患兵革不休,以有诸侯也,于是无尺土之封,堕坏名城,销锋镝,锄豪桀,维万世之安。然王迹之兴,起于闾巷,合从讨伐,轶于三代,乡(向)秦之禁,适足以资贤者为驱除难耳。故愤发其所为天下雄,安在无土不王。此乃传之所谓大圣乎?岂非天哉,岂非天哉!非大圣孰能当此受命而帝者乎?"这里论秦亡汉兴,提到"天""受命",似乎是讲天命;实际上是歌颂陈胜、刘邦等平民反对暴秦,结果刘邦称帝,仍然是强调人为。

楚汉相争,以项羽失败、刘邦胜利告终。项羽曾说"天之亡我",意谓老天爷坑害了他;刘邦曾说胜负的关键在于彼此"用人"的得失。究竟是非何在?《项羽本纪》赞评项羽之亡道:"(项羽)自矜功伐,奋其私智而不师古,谓霸王之业,欲以力征经营天下,五年卒亡其国,身死东城,尚不觉寤而不自责,过矣。乃引'天亡我,非用兵之罪也',岂不谬哉!"这是说,项羽之亡与"天"毫无关系,而是他自己骄傲自负、刚愎自用的必然结局。

应当承认,司马迁《史记》所提到的"天",有时是言神秘的上天,《天官书》以人事比附天象,所言天人关系颇有天人感应论的味道;但大多是指时势，是指历史形势和时代条件，如《高祖本纪》赞云："周秦之间，可谓文敝矣。秦政不改，反酷刑法，岂不缪乎？故汉兴，承敝易变，使民不倦，得天统矣。"这里论秦亡汉兴的历史原因，着意于人为是否符合时势的要求。所谓"天统"，决非"天道""天命"之意，而是指历史大势，所谓"得天统"，是言汉初"承敝易变"，与民休息，颇得民心，符合历史的要求。

故我认为，司马迁的"究天人之际"，主要是谈人为与时势的关系，强调谋事在人而又受到时势限制，人乘时顺势则大有可为，违时失势则必然失败。他评述历史人物，往往将人为放在特定的时势下进行具体分析，而不是空言"天命"。

《封禅书》对秦始皇、汉武帝封禅求神的种种闹剧，字里行间多寓讽刺。他写道："今天子初即位，尤敬鬼神之祀。……今上封禅，其后十二岁而还，遍于五湖、四渎矣。而方士之候祠神人，入海求蓬莱，终无有验。而公孙卿之候神者，犹以大人之迹为解，无有效。天子益怠厌方士之怪迂语矣，然羁縻不绝，冀遇其真。自此之后，方士言神祠者弥众，然其效可睹矣。"意思是，汉武帝热衷于封禅求神；人事不治，而谋于"天"与"神"，那是愚昧而无效的。

司马迁的人生观，与其强调人为有关，故这里也谈一下。他在《史记》中记述了数以百计的历史人物，对他们的为人处世有褒有贬。他认为，人生于世，无论顺境还是逆境，是富贵还是贫贱，是老还是少，是男还是女，总要有所作为，奋发上进，懂得恩怨荣辱，正直仗义，志向不凡。他所赏识而着意传写的，是一些有所作为的人。对于重耳流亡在外十九年而返国为君，《晋世家》有意描述之；对于陈胜号呼"王侯将相，宁有种乎"，《陈涉世家》颇为赞赏之；对于勾践"苦身焦思，终灭强吴，以尊周室，号为霸王"，《越王勾践世家》允为贤者；对于刘邦等人"起于间巷"，而登上高位，《秦楚之际月表》序称道"愤发其所为天下雄"。还有，《平原君虞卿列传》赞论"虞卿非穷愁，亦不能著书以见于后世"；《范雎蔡泽列传》赞称"二子不困厄，恶能激乎？"《魏豹彭越列传》赞说魏豹、彭越二人"虽故贱，然已席卷千里，南面称孤，喋血乘胜日有闻矣"。

他歌颂懂得恩怨荣辱的人。称许伍子胥为父报仇而鞭楚平王尸，是"弃小义，雪大耻"；[①] 表扬刺客受人之惠宁死报之，是"士为知己者死"，

[①] 见《伍子胥列传》赞。

"不欺其志"。①

  他称道仗义正直之上，说晏婴伏尸哭庄公是"见义不为无勇"，犯颜谏君是"进思尽忠，退思补过"，竟然表示："假令晏子而在，余虽为其执鞭，所欣慕焉。"②

  他更称赞特立独行、志向不凡者，称许鲁仲连"在布衣之位，荡然肆志，不屈于诸侯"，"可谓抗直不挠矣"；③ 称韩信受辱于胯下，然"其志与众异"。④

  他不仅传写和称道那些有所作为的古人，而自身也是奋发有为的。他自被刑受辱之后，没有倒下，而是从古代贤哲那里学到人生之道，忍辱而发愤著述，《报任安书》说："古者富贵而名摩灭，不可胜记，唯倜傥非常之人称焉。盖西伯拘而演《周易》；仲尼厄而作《春秋》；屈原放逐，乃赋《离骚》；左丘失明，厥有《国语》；孙子膑脚，《兵法》修列；不韦迁蜀，世传《吕览》；韩非囚秦，《说难》《孤愤》。《诗》三百篇，大抵圣贤发愤之所为作也。此人皆意有所郁结，不得通其道，故述往事，思来者。……仆诚已著此书，藏之名山，传之其人通邑大都，则仆偿前辱之责，虽万被戮，岂有悔哉！"《太史公自序》也有与此相同的表白。他面对现实，积极处世，可谓具有正确的人生观。

二

  司马迁所提的"通古今之变"，主要是想弄清历史发展变化的奥秘，是个历史观问题。

  古人早有历史观念，但对古今之变的概念是模糊的。孔子提到过三代礼制的损益，但没说清楚。《易》学有变的思想，但主要在哲学方面。儒家有"民为贵"的思想，但尚未用到历史观上。法家有今胜于古的思想，而且强调变革，较为突出。司马迁多少吸收了已有的思想养料，在历史观方面大大推进了一步。

  首先，提出了"承敝通变"的观点。社会历史的每个阶段总不免有弊，有弊就得改，社会总是在变，变是历史规律。变有急渐之分，有的变是逐

---

 ① 《刺客列传》赞。
 ② 《管晏列传》赞。
 ③ 《鲁仲连列传》赞。
 ④ 《淮阴侯列传》赞。

渐的，有的变是急剧的。变有好坏之别，变坏了，还得变；变好了，就通顺，社会就前进了一步。自春秋战国至秦汉，由诸侯纷争达到国家统一，是个大变，急变，变通了，历史也就发展了。《高祖本纪》赞云："夏之政忠。忠之敝，小人以野，故殷人承之以敬。敬之敝，小人以鬼，故周人承之以文。文之敝，小人以僿，故救僿莫若以忠。三王之道若循环，终而复始。周秦之间，可谓文敝矣。秦政不改，反酷刑法，岂不缪乎？故汉兴，承敝易变，使人不倦，得天统矣。"这就是说，三代以来，世道一而再、再而三地变，承敝易变，就是历史。司马迁此论，大致表述了他对古今之变的看法。

其次，提出了"世异变，成功大"的观点。司马迁写自黄帝至汉武帝数千年的历史，写了很多大大小小的历史之变，其中以写两次大变为最突出：一是夏禹传子，天下由"公"而为私；一是秦统一六国，天下由分裂而统一，由诸侯分立而定于皇帝一尊，由分封制而郡县制，由世袭贵族制而公卿官僚制。对于前者，由于受历史资料的限制，未能展开论述；对于后者，则广泛地铺叙，生动地描述，还发表了精彩的议论。《六国年表》序说："（自春秋五霸之后）陪臣执政，大夫世禄，六卿擅晋权，征伐会盟威重于诸侯。及田常杀简公而相齐国，诸侯晏然弗讨，海内争于战功矣。三国终之卒分晋，田和亦灭齐而有之，六国之盛自此始。务在强兵并敌，谋诈用而从横短长之说起。矫称蜂出，誓盟不信，虽置质剖符犹不能约束也。秦始小国僻远，诸侯宾之，比于戎翟，至献公之后常雄诸侯。论秦之德义不如鲁卫之暴戾者，量秦之兵不如三晋之强也，然卒并天下。……然战国之权变亦有可颇采者，何必上古。秦取天下多暴，然世异变，成功大。《传》曰'法后王'，何也？以其近己而俗变相类，议卑而易行也。学者牵于所闻，见秦在帝位日浅，不察其终始，因举而笑之，不敢道，此与以耳食无异。悲夫！"这一段大议论，说明战国之世的风云变幻，尤其是秦"卒并天下"，是近代"成功大"的"异变"，符合"俗变"而"易行"的历史进化法则；有些学者寡闻浅识，因秦朝为期短促而讥笑之，不能给予正确评价，犹耳食不能知味，实在可叹。这"异变功大"的观点，在当时不同凡响，振聋而发聩。

最后，肯定"伐无道"的正义性。司马迁不仅写了数千年文明史上许许多多的矛盾事件，而且指出了为政者的无道引起了反抗斗争，并肯定反抗斗争的正义性，甚至称许反抗者取得的胜利功业。《太史公自序》说："桀、纣失其道而汤、武作，周失其道而春秋作。秦失其政，而陈涉发迹，诸侯作难，风起云蒸，卒亡秦族。天下之端，自涉发难。"这是对伐无道事业的历史定评。翻开《史记》，读读《殷本纪》和《周本纪》，则知作者对商汤王伐夏桀王、周武王伐殷纣王的充分肯定；读了《孔子世家》，则知作者对孔子悼礼废乐坏而欲通过作《春秋》以达王道的大力颂扬；读过《陈涉世家》，则知作者对陈涉揭竿起义反对暴秦的由衷称许，而且对这些正义事业给予一定的历史地位，称允其有相当大的历史意义。虽然司马迁似乎并不大明确历史就是永恒的社会矛盾运动，更未明确指出正义的斗争是历史发展最积极的动力，但他给予"伐无道"这样明确的历史评价，尤其是对陈涉起义的历史评价，实是前所未有，在整个封建社会也少有同调。还有，给予卑贱者一定的历史地位，肯定众人与英雄的作用。司马迁在《史记》中，不只是写帝王将相，还热情地为农虞工商、扁鹊仓公、刺客、游侠、滑稽、日者、龟策及文武奇士等"倜傥非常之人"树碑立传，肯定他们各自或多或少地起了一定的历史作用。《秦楚之际月表》序说：

> 太史公读秦楚之际，曰：初作难，发于陈涉；虐戾灭秦，自项氏；拨乱诛暴，平定海内，卒践帝祚，成于汉家。五年（按：自陈涉称王至刘邦称帝，凡八年）之间，号令三嬗，自生民以来，未始有受命若斯之亟也。……

> 秦既称帝，患兵革不休，以有诸侯也，于是无尺土之封，堕坏名城，销锋镝，锄豪桀，维万世之安，然王迹之兴，起于闾巷，合从讨伐，轶于三代，乡秦之禁，适足以资贤者为驱除难耳。故发愤其所为天下雄，安在无土不王。此乃传之所谓大圣乎？岂非天哉，岂非天哉！非大圣孰能当此受命而帝者乎？

这里暂且抛开那"天""受命"等犹阳春面上的浮油不予讨论，而专门考察其大事，肯定秦楚之际发难、灭秦、平乱的陈涉、项羽、刘邦等的业绩，则知作者热情致意的英雄人物，并不是天生的帝王，而是"无土""起于闾巷"的平民，是他们"发愤"而成为"天下雄"，是他们起着亡秦兴汉的首领作用。这不免有英雄史观之嫌，但歌颂平民在历史巨变中成了英雄，起到了改朝换代的历史作用，也是难能可贵的。

三

司马迁所提的"稽其成败兴坏之理",是探讨政治成败与政权兴亡的道理。这是个政治观的问题。

先秦诸子的政治观,以老子的"无为而治",孔孟的"仁政",法家的耕战政策,最为著称。汉初的士人学子上书论政,大都谈些农商本末、礼法吏治、诸侯王、汉匈关系、君臣父子等问题。

司马迁吸收已有的思想养料,加以熔冶改铸,形成自己的政治观。我觉得,司马迁在"成败兴坏之理"问题上,时常在考虑着是否能做到因俗、安民、知人是其关键。他的主要观点是:

(一)善因民俗是基本的治国思想。《太史公自序》记述司马谈《论六家要旨》,推崇道家之高明在于:"其为术也,因阴阳之大顺,采儒墨之善,撮名法之要,与时迁移,应物变化,立俗施事,无所不宜,指约而易操,事少而功多。……道家无为,又曰无不为,其实易行,其辞难知。其术以虚无为本,以因循为用。无成势,无常形,故能究万物之情。不为物先,不为物后,故能为万物主。有法无法,因时为业;有度无度,因物与合。故曰'圣人不朽,时变是守'。虚者道之常也,因者君之纲也。""以因循为用",在施政上就得善因民俗,顺着民心,"与俗同好恶","俗之所欲,因而予之;俗之所否,因而去之"。① 秦汉成败兴坏的关键之一,就在于秦朝违背民意,扰民不已;汉朝了解民心,与民休息。对于汉武帝时官营盐铁,搞均输、平准法,司马迁认为这是与民争利,则以"善者因之""最下者与之争"② 之论以讽刺之,表达自己的观点。

(二)提出"无为"以安民的观点。贾谊在《过秦论》中说:"牧民之道,务在安之而已。"把安民视为政治好坏成败的一个标志。司马迁接受了安民这个观点,并发展了一步,认为安民之道要在"无为"。"无为",是言少惹是非,不要多事扰民;而是"指约而易操,事少而功多"。《平准书》写道:"至今上即位数岁,汉兴七十余年之间,国家无事,非遇水旱之灾,民则人给家足,都鄙廪庾皆满,而府库余货财。……自是之后,严助、朱买臣等招来东瓯,事两越,江、淮之间萧然烦费矣。唐蒙、司马相如开路

---

① 《管晏列传》。
② 《货殖列传》。

西南夷，凿山通道千余里，以广巴蜀，巴蜀之民罢焉。彭吴贾灭朝鲜，置沧海之郡，则燕齐之间靡然发动。及王恢设谋马邑，匈奴绝和亲，侵扰北边，兵连而不解，天下苦其劳，而干戈日滋。行者赍，居者送，中外骚扰而相奉，百姓抏弊以巧法，财赂衰耗而不赡。人物者补官，出货者除罪，选举陵迟，廉耻相冒，武力进用，法严令具。兴利之臣自此始也。"就是说，汉初百年间，统治者由"无为"而"多事"，兴功兴利，变安民而扰民，搞得民生困苦，国家空虚，甚至"盗贼滋起"。①

（三）提出了玩法酷刑不如"奉职循理"的吏治思想。《循吏列传》与《酷吏列传》专写"奉职循理"与玩法酷刑两种官吏，谁好谁坏，形成鲜明的对比。汉朝的官吏，为善者少，作恶者多，他们多作威作福，奸诈玩法，敲诈勒索，草菅人命。如：宁成，"为人上，操下如束湿薪。滑贼任威"。周阳由，"所爱者，挠法活之；所憎者，曲法诛灭之"。张汤，"为人多诈，舞智以御人"，"舞文巧诋以辅法"，"乡上意"而办事。义纵，"以鹰击毛挚为治"。王温舒，杀人"至流血十余里"。杜周，"外宽，内深次骨"，"专以人主意旨为狱"，使得案件大增，犯人满狱。他们有的人，"善事有势者；即无势者，视之如奴。有势家，虽有奸如山，弗犯；无势者，贵戚必侵辱"。② 例如，绛侯周勃免相而失势，竟然有人告他谋反，下了狱，狱吏落井下石，"侵辱之"，好不容易才由文帝赦免出来，故周勃有"吾尝将百万军，然安知狱吏之贵乎"之叹。③ 曾为梁中大夫的韩安国坐法下狱，狱吏田甲"辱"之，"安国曰：'死灰独不复然（燃）乎？'田甲曰：'然即溺之'"。④ 邓通原是文帝的宠臣，自铸"邓氏钱"，拥有无数钱财，失势后被告入狱，家产被没收，"常负责（债）数巨万"，竟然"寄死人家"。⑤ 足见狱吏欺人，实在可恶。如此吏治，其结果：一是"网密，多诋严，官事浸以耗废"，就是说，腐败成风了；二是"九卿碌碌奉其官，救过不赡，何暇论绳墨之外乎！"⑥ 意思是，大官们畏罪而保命，哪有心思去考虑改进政治；三是民众恨之入骨，故"张汤死，而民不思"；⑦ 再就是，因酷吏迎合君主

---

① 以上引文，均见《酷吏列传》。
② 以上引文，均见《酷吏列传》。
③ 《绛侯周勃世家》。
④ 《韩安国列传》。
⑤ 《佞幸列传》。
⑥ 《酷吏列传》。
⑦ 《平准书》。

意旨玩法酷刑,"吏民益轻犯法,盗贼滋起"。意思是,物极必反,官逼民反。司马迁察此情景,大声疾呼:"法令者,治之具,而非制治清浊之源也。昔天下之网尝密矣,然奸伪萌起,其极也,上下相遁,至于不振。"① 他的意思很清楚,单靠酷吏们玩法镇压吏民,只会扰民添乱,不可能国泰民安。

同时,司马迁也写了当代几个好官。如:汲黯,"治官理民,好清静,择丞史而任之"。"治务在无为而已,弘大体,不拘文法"。他反对"刀笔吏专深文巧诋,陷人于罪";谈论"张汤智足以拒谏,诈足以饰非,务巧佞之语,辩数之辞,非肯为天下言,专阿主意。……好兴事,舞文法,内怀诈以御主心,外挟贼吏以为威重"。② 张释之为廷尉,治狱按法办事,曾对文帝说,"法者天子所与天下公共也",不能任意轻重;"廷尉,天下之平也,一倾而天下用法皆为轻重,民安所措其手足?"故他赢得文帝和士民的称誉。司马迁情不自禁地称道张释之言法令及冯唐论将帅"可称廊庙",③ 意谓可为朝廷的准则。

司马迁又将先秦的一些良吏集中在一起,写其人其事:孙叔敖,"施教导民,上下和气,世俗盛美,政缓禁止,吏无奸邪,盗贼不起"。子产为相,民风淳厚,"门不夜关,道不拾遗"。公仪休,"奉法循理","使食禄者不得与下民争利",自身做出榜样。石奢,"坚直廉正",其父杀人,纵之,自知有罪,"自刎而死"。李离,为狱官,"过听杀人,自拘当死",不推过于下吏,"伏剑而死"。这些官吏,令人怀念,子产死,"丁壮号哭,老人儿啼"。司马迁称这些官吏为"循吏",即"奉法循理之吏"。他意味深长地论道:"法令所以导民也,刑罚所以禁奸也。文武不备,良吏惧然身修者,官未曾乱也,奉职循理,亦可以为治,何必威严哉?"④ 意思是,法令是为了导民,而不是坑民;官吏当忠于职守,按理办事,而不能仗势欺人,胡作非为。

(四)不仅主张善于用人,而且强调"智不可专"。司马迁于《楚元王世家》论道:"国之将兴,必有祯祥,君子用而小人退;国之将亡,必有妖孽,贤人隐,乱臣贵。……贤人乎,贤人乎,非质有其内,恶能用之哉!甚矣,'安危在出令,存亡在所任'。诚哉是言也。"这里明确地提到用人得

---

① 《酷吏列传》序。
② 《汲黯列传》。
③ 《张释之冯唐列传》。
④ 以上引文,均见《循吏列传》。

失是关系国家兴亡的大事。《史记》写历代兴亡都与用人得失有关。三代的兴亡,春秋五霸和战国七雄的成败,楚汉胜负,汉朝盛衰,都与用人得失分不开。

更重要的是,司马迁强调"智不可专",应当群策群力。自秦朝以来,君主专制日益强化,皇帝多任用庸才为将相,这些大臣或恭谨自保,或阿谀献媚,或随风应变;而贤智直言之士,多受压抑。对此,司马迁大为感慨,不仅用心记述之,还借娄敬向汉高祖建议都关中一事,发表不同凡俗的评论:"语曰'千金之裘,非一狐之腋也;台榭之榱,非一木之枝也;三代之际,非一士之智也'。信哉!夫高祖起微细,定海内,谋计用兵,可谓尽之矣。然而刘敬脱挽辂一说,建万世之安,智岂可专邪!"① 意思是,历史非个人所能创造,政治非私智所能成功,君主唱独角戏是不行的;搞好政治,要靠善于用人,集众士之智。在此,司马迁既强调了贤士直谏与君主纳谏之重要,还用"智岂可专"暗讥君主专制之可恶。

另外,在民族关系问题上,司马迁认为诸民族各有特点,各有生存权利,不能以强凌弱,以大欺小。他认为现行的征伐匈奴政策不可取,征伐不如守御,战争不如和好。

四

司马迁的经济思想是很突出的。他考虑经济问题的出发点,主要不是君主专制占有,不是封建官府垄断;而是民生,是百姓生存生活的权利。他的经济观,主要表现在下述方面:

(一) 提出百姓求利是正当的权益。司马迁能从历史发展的角度,观察人们的现实经济生活和物质欲求。他说,人们都求生,都"有欲",所以都求利,"天下熙熙,皆为利来;天下攘攘,皆为利往"。上层人物在逐利,平民百姓也要求利,"夫千乘之王,万家之侯,百室之君,尚犹患贫,而况匹夫编户之民乎!"又说:"富者,人之情性,所不学而俱欲者也。"他还根据当时社会情况和各地习俗,指出社会上各种人物都在求富逐利,如朝廷大官、在野名士、在军壮士、闾巷少年、赵女郑姬、游闲公子、弋射渔猎者、博戏驰逐者、医方诸食技术之人、舞文弄法的吏士、农虞牧工商的经

---

① 《刘敬叔孙通列传》赞。

营者，无一不在忙于财利。"此有知尽能索耳，终不遗余力而让财矣"①。意即所有的人，一个个动脑筋想办法求利，没有一个稀里糊涂将财富让给别人的。对于平民百姓追求财利，司马迁不仅不反对，而且认为这样一来"上则富国，下则富家"，于国于民都有利，故他强调："布衣匹夫之人，不害于政，不妨百姓，取与以时，而息财富，智者有采焉。"② 看来，司马迁是鼓励百姓谋利的。此与当时统治者口头宣扬"仁义"实际上夺民之利大异其趣。

有说司马迁于《货殖列传》言百姓欲富求利，与其《伯夷叔齐列传》强调"让"而毋争，与《孟子列传》论"好利之弊"，互有矛盾，因而疑此传的富利论是否肺腑之言，我看这是个误解。《伯夷列传》和《孟子列传》反对争权夺利，是指向那些既得利益的王侯卿士，是批评他们贪得无厌，而不是指责平民百姓。《孟子列传》序曰："余读《孟子》书，至梁惠王问'何以利吾国'，未尝不废书而叹也。曰：嗟乎，利诚乱之始也！夫子罕言利者，常防其原也，故曰'放于利而行，多怨'。自天子至于庶人，好利之弊何以异哉！"《魏世家》引述《孟子》见梁惠王章时改写得更为显豁："梁惠王曰：'……将何以利吾国？'孟轲曰：'君不可言利若是。夫君欲利则大夫欲利，大夫欲利则庶人欲利，上下争利，则国危矣。为人君，仁义而已矣，何以利为！'"足见此论是针对统治者争利而发的。应当承认，司马迁是为平民求利的权益说话的。

（二）提出不同于世俗的本末观念。汉代以农业为基础，故当时统治者强调以农为"本"，以工商为"末"，封建国家强调重本轻末，甚至抑末。司马迁接受了"本末"的说法，但思想上并不重农轻商。他在《货殖列传》中说，各地物产丰富而各有特点，人们生存生活必需一定的物资，这就需要农虞工商进行生产、交换和流通，并不强调何者为重，何者为轻。与时调相反，他大谈工商经营，为历史上经营致富的工商业者树碑立传。还以赞赏的口吻说，畜牧主乌氏倮拥有大量的马牛，秦始皇以其"比封君，以时与列臣朝请"，大矿主巴寡妇清"用财自卫，不见侵犯"。她俩都"礼抗万乘，名显天下，岂非以富邪？"又说，百万家产的庶民（农虞工商）可以与封君相比，命曰"素封"。③ 事实表明，司马迁有重工商的倾向。他之所

---

① 以上引文，均见《货殖列传》。
② 《太史公自序》。
③ 以上引文，均见《货殖列传》。

以如此,一方面是尊重历史,写明春秋以来工商业的历史状况;另一方面,暗有针对汉武帝搞官营盐铁,以国家权力打击工商业者,与民争利,使得"中家以上大率破"① 的情况,与国策唱反调。

(三)强调劳动致富,反对"奸富"。司马迁大讲以末致富的生财之道,说:"夫用贫求富,农不如工,工不如商,刺绣文不如倚市门。"所谓"富",指的是财利。他所传写的货殖人物,多为以经营工商致富者。又说,"能者辐辏,不肖者瓦解","巧者有余,拙者不足"。所谓"能"与"不肖","巧"与"拙"的差别,就在于是否善于生产经营。勤于生产,巧于经营,就可致富,不事生产,经营无方,想富也富不了。又说:"无财作力,少有斗智,既饶争时,此其大经也。夫纤啬筋力,治生之正道也,而富者必用奇胜。"所谓"作力"与"斗智""争时","筋力"与"奇胜",就是拙与巧之分,体力劳动与脑力劳动之别。用力是治生之"正道",这是对体力劳动的肯定;只是指出其难以致富。"少有"(即有点钱财)的人才有条件"斗智"(运用计谋,逐时争利),富者才有条件"奇胜"(出人意外地赢得财利),这对以资本和脑力劳动挣得很多钱,并不拜倒,也不反对。这是按当时实际情况而言。

(四)强调"善者因之,其次利导之"的放任政策。司马迁主张国家对农虞工商各行各业放任而不要抓死或压抑,任其自然发展,因民之利而利之,适当引导之。他考虑这个问题的出发点和根据是:(1)各地资源和物产丰富而各异,人们需要之,故必须开发、生产和交流;(2)由此必然产生职业分工,也就是说,农虞工商的职业分工是依据于客观条件和社会需求;(3)人们要经济生活,有物质欲求,就得"人各任其能,竭其力,以得所欲",也就是说,人要尽其能力,以得所欲,不能不劳而获;(4)表现于市场供求方面,就有抓时机,找窍门,了解信息,灵活经营等办法。"此非道之所符,自然之验邪?"意思是,这不是符合客观规律,顺顺当当的吗?那么,面对这种情况,为政者应该如何施政定策呢?当时汉武帝是以官府垄断经济,不给工商业者以一定的社会地位,限制和压抑私营工商业,使得"中家以上大率破",弄得民怨沸腾。司马迁对此情景,一方面记其事于《平准书》;另一方面又在《货殖列传》提出了自己对政策的主张:"善者因之,其次利导之,其次教诲之,其次整齐之,最下者与之争。"其意是,最好的办法是顺其自然,再加以引导;如有偏差或产生矛盾,教诲和

---

① 《平准书》。

整齐也是可行的；最下之策是与民争利，损害百姓谋生求利的正当权益。照此所说，汉武帝现行的财经办法是最下策，是搞不好的；只有他设想的办法，才能使社会的客观条件和人们的主观因素都调动起来，形成生动的局面，于国于民两利。

（五）经济决定着人们的思想道德和社会关系。司马迁接受了《管子》"仓廪实而知礼节，衣食足而知荣辱"的思想，并加以发挥，说"礼生于有而废于无"，"人富而仁义附焉"。这话有一定道理，但不免有点片面性，因为富者往往不仁。他还说："凡编户之民，富相什则卑下之，伯则畏惮之，千则役，万则仆，物之理也。"① 这是说，财富的多少有无，决定着人们的社会地位之主奴尊卑，决定着剥削奴役与被剥削奴役的关系，此乃客观的事理。这是他在《货殖列传》中列举了很多农虞牧工商的富人因富而社会地位高、奴役很多人的事例之后得出的结论，非一般的泛泛空谈。这是个不同凡响的唯物主义观点。

五

司马迁的伦理道德观念，无疑受到儒家思想的影响，但又不为其所囿，而有自己的观点。

首先，提出了社会上实际存在富贵者与贫贱者两种道德观。司马迁于《游侠列传》指出："鄙人有言曰：'何知仁义，已飨其利者为有德。'……由此观之，'窃钩者诛，窃国者侯，侯之门仁义存'，非虚言也。"他从"鄙人"和《庄子·胠箧》那里吸取了思想养料，断言古来存在两种道德观，既得利益的富贵者满口仁义，实际上只是他们维护自身利益的道德观；而对于"鄙人"与"窃钩者"来说，则是另一码事。

司马迁认为，平民百姓是另有道德观的，他指出："布衣之徒，设取予然诺，千里诵义，为死不顾世，此亦有所长，非苟而已也。故士穷窘而得委命，此岂非人之所谓贤豪间者邪？诚使乡曲之侠，予季次、原宪比权量力，效功于当世，不同日而论矣。要以功见言信，侠客之义又曷可少哉！……（游侠之徒）虽时扞当世之文罔，然其私义廉絜退让，有足称者。名不虚立，士不虚附。"这是说，"乡曲之侠"（或称"闾巷之侠""匹夫之侠"）讲义气，有诚意，虽然时犯当世的法禁，但受到下层士民的欢迎，并

---

① 以上引文，均见《货殖列传》。

称誉于世。

其次，肯定游侠之义，并为游侠作传。《游侠列传》序说："今游侠，其行虽不轨于正义，然其言必信，其行必果，已诺必诚，不爱其躯，赴士之厄困，既已存亡死生矣，而不矜其能，羞伐其德，盖亦有足多者焉。……至如朋党宗强比周，设财役贫，豪暴侵陵孤弱，恣欲自快，游侠亦丑之。余悲世俗不察其意，而猥以朱家、郭解等令与豪暴之徒同类而共笑之也。"这是说，游侠的扶危救弱的信义，不同于富贵者所宣扬的"正义"，更深恶权贵豪暴之徒狼狈为奸，役贫欺弱。故他认为对游侠之义应予肯定，了解其特点，为其作传。

言游侠"不轨于正义"，"时扞当世之文罔"，就是说游侠所为触犯当时法禁，是封建专制所不容的。因此游侠为统治者所切齿。当时著名的游侠郭解及其父皆死于统治者的屠刀。儒士出身的公孙弘向汉武帝建议杀郭解时说："解布衣为任侠行权，以睚眦杀人，解遂弗知，其罪甚于解杀之，当大逆无道。"凡侠义行为，统治者都视为"大逆无道"之罪。司马迁于《游侠列传》记了公孙弘建议杀郭解之事，未直接置评；可是在此传末尾论道："吾视郭解，状貌不及中人，言语不足采者。然天下无贤与不肖，知与不知，皆慕其声，言侠者皆引以为名。谚曰：'人貌荣名，岂有既乎！'於戏，惜哉！"意谓众人皆仰慕郭解，其人虽死而声名不绝，实在可惜。这与公孙弘的态度决然不同。

还有重要的一点，强调为人处世当以情义为重。整个人类社会史，无时无处不存在人与人的关系，几乎无人不有酸甜苦辣，人们多向往着和好亲切相处，然世态炎凉，人情冷暖，有无数遭冷遇受苦难的人为此心酸，有多少哲人智士对此苦苦思索，也有人有意无意地对此麻木不仁。司马迁对此尤为敏感，深深沉思。他那无限情义的史笔写下了许多世道人情方面的点点滴滴。真情与假意，忌妒与诚信，恩恩怨怨，亲亲疏疏，几乎无所不写。如：既有屈原忠君为国而遭到谗贬，苏秦遭亲嫂的时冷时热，扁鹊医术高明而为同行忌害，戚姬为吕后妒忌而惨遭毒手，刘邦以怨报德杀丁公，勾践平吴功成而杀功臣大夫种，晋里克迎重耳为君而竟被赐死，郑甫瑕效力厉公而被杀，李斯忌同学韩非而害死之，郦寄与吕禄为友而欺骗出卖之；也有桑下饿人报答赵盾之恩，韩信报答漂母赐食之情，管仲与鲍叔牙的相知友好，张耳与陈余先友好而后仇杀，伍子胥决心为父报仇，范雎为人恩怨必报，豫让、荆轲愿为知己者死，校尉司马因受恩而放走袁盎，李敢因父（李广）之怨而击伤卫青，少女缇萦愿代父（仓公）受刑，郑庄公思母而于黄泉相见，王陵母嘱咐儿子切勿持二心，贯高宁愿受大刑而证明赵王张敖不反，栾布冒被烹之险而伏友人彭越尸哭诉；还有，冯骥有"富贵多士，贫贱寡友"之说，廉颇客有"天下以市道交"之论，邹阳直辞言世道不公，晁错之父劝子少结怨家，如此等等。

司马迁对此类情景无限感慨，曾直言发表议论："女无美恶，居宫见妒；士无贤不肖，入朝见疑。"① 曾委婉地记述谚语："飞鸟尽，良弓藏；狡兔死，走狗烹。"② 曾为主父偃成败的遭遇不同而哀叹："主父偃当路，诸公皆誉之，及名败身诛，士争言其恶。悲夫！"③ 又为汲黯、郑当时得势客众、无势客去而鸣不平："夫以汲、郑之贤，有势则宾客十倍，无势则否，况众人乎！下邽翟公有言，始翟公为廷尉，宾客填门；及废，门外可设雀罗。翟公复为廷尉，宾客欲往，翟公乃大署其门曰：'一死一生，乃知交情。一贫一富，乃知交态。一贵一贱，交情乃见。'汲、郑亦云，悲夫！"④ 由此可见他对世道人情的看法。

正因如此，他肯定刺客"士为知己者死"之情，表扬游侠救死扶困之义，心许韩信对漂母以德报德，盛赞李广赢得士卒的深切同情。《李将军列传》写到李广死时，曰："广军士大夫一军皆哭。百姓闻之，知与不知，无老壮皆为垂涕。"又于传末论道："太史公曰：《传》曰：'其身正，不令而行；其身不正，虽令不从。'其李将军之谓也？余睹李将军悛悛如鄙人，口不能道辞。及死之日，天下知与不知，皆为尽哀。彼其忠实心诚信于士大夫也？谚曰：'桃李不言，下自成蹊'。此言虽小，可以谕大也。"司马迁于此充分肯定李广身正意诚而获得真情的报答。俗语"种瓜得瓜，种豆得豆"，种下千份情义，必得万份厚报。司马迁深信于此，或者说他呼唤和寄望于此。他深信孔子"岁寒然后知松柏之后凋"的话，⑤ 相信历史终究会判明是非。

司马迁十分厌恶骨子里自私自利而表面上假仁假义，而热切期望人们和好相处并真诚相待。他觉得富贵圈里难觅真实的情谊，倒是布衣平民之间尚有可贵的深情厚谊。

---

① 《扁鹊仓公列传》赞。
② 《越王勾践世家》《淮阴侯列传》。
③ 《平津侯主父列传》赞。
④ 《汲郑列传》赞。
⑤ 见《伯夷列传》。

六

这里要谈的司马迁的史学观，不是指广义的整个的史学思想，只是指狭义的撰著历史的旨趣，或者说是为何及如何写史的思想问题。司马迁的史学观，我认为有突出的三点。

第一，讲究"务为治"，以有益于社会为宗旨。司马迁于《太史公自序》大事介绍和阐释其父司马谈《论六家要旨》，是论六家的长短，首先肯定道家；而所论长短，则是从"务为治"的角度着眼的。所谓"务为治"，拿现在的话来表达，就是应用和服务于社会的意思。他俩不信奉当世"罢黜百家，独尊儒术"的学术方针。论道：阴阳家"大祥而众忌讳，使人拘而多所畏；然其序四时之大顺，不可失也"；儒家"博而寡要，劳而少功，是以其事难尽从；然其序君臣父子之礼，列夫妇长幼之别，不可易也"；墨家"俭而难遵，是以其事不可遍循；然其强本节用，不可废也"；法家"严而少恩，然其正君臣上下之分，不可改矣"；名家"使人俭而善失真；然其正名实，不可不察也"；道家"使人精神专一……与时迁移，应物变化，立俗施事，无所不宜，指约而易操，事少而功多"。所论六家的要旨，都是从其应用于社会的长短得失进行分析的，可以说主要谈的是六家社会学问题。他俩肯定道家，就是认为道家要旨在于"立俗施事，无所不宜"。

司马氏父子不仅对六家是从"务为治"着眼，就是对史学家也是如此要求。司马谈临终对司马迁说："夫天下称诵周公，言其能论歌文、武之德，宣周、邵之风，达太王、王季之思虑，爰及公刘，以尊后稷也。幽厉之后，王道缺，礼乐衰，孔子修旧起废，论《诗》《书》，作《春秋》，则学者至今则之。自获麟以来四百有余岁，而诸侯相兼，史记放绝。今汉兴，海内一统，明主贤君忠臣死义之士，余为太史而弗论载，废天下之史文，余甚惧焉，汝其念哉！"这是告诫其子一定要认真写历史，学习周公尊崇祖先的优良传统，以孔子"修旧起废"为榜样。事后，司马迁回忆和体会其父的教导："先人有言：'自周公卒五百岁而有孔子。孔子卒后至于今五百岁，有能绍明世，正《易传》，本《诗》《书》《礼》《乐》之际？'意在斯乎！意在斯乎！小子何敢让焉。"意思是，其父留下意味深长的教导，要面向社会，继承优良的学术传统，有益于世；他体会是这个意思，表示本人责无旁贷。

司马迁曾师事于《春秋》公羊学大家董仲舒，牢记其言孔子作《春秋》

的要旨："余闻之董生曰：'周道衰废，孔子为鲁司寇，诸侯害之，大夫壅之。孔子知言之不用，道之不行也，是非二百四十二年之中，以为天下仪表，贬天子，退诸侯，讨大夫，以达王事而已矣。'"据他说，董仲舒曾说过，孔子评论春秋二百余年史事的是非，实际上是要提供社会人事的规则。换句话说，孔子作《春秋》，也是"务为治"的。

由于受父教师训的影响，加之自己的独立思考，司马迁认为六经都是面向社会、有益人事的："夫《春秋》，上明三王之道；下辨人事之纪，别嫌疑，明是非，定犹豫，善善恶恶，贤贤贱不肖，存亡国，继绝世，补敝起废，王道之大者也。《易》著天地阴阳四时五行，故长于变；《礼》经纪人伦，故长于行；《书》记先王之事，故长于政；《诗》记山川溪谷禽兽草木牝牡雌雄，故长于风；《乐》乐所以立，故长于和；《春秋》辨是非，故长于治人。是故《礼》以节人，《乐》以发和，《书》以道事，《诗》以达意，《易》以道化，《春秋》以道义。拨乱世反之正，莫近于《春秋》。"他所说六经的作用，尤其是《春秋》"补敝起废""拨乱反正"的道义，都是着意和有益于社会的。

司马迁自言继孔子作《春秋》，责无旁贷，那么，其所著《史记》"务为治"的宗旨是不言而喻的。

第二，发扬史学传统，努力写出一部社会全史。司马迁继孔子作《春秋》，可不是邯郸学步。他是学其精神，加以发扬和发展。他著《史记》，无论是体例、记事，还是史学思想，都是超迈古人，而自成"一家言"的。《春秋》只是编年史雏形，简记春秋二百余年的大事，史学方法据说是寓褒贬，别善恶，史学思想是"尊王攘夷""为尊者讳""为亲者讳"那一套。而《史记》，与其大不相同。司马迁自述其书的大概："网罗天下放失旧闻，王迹所兴，原始察终，见盛观衰，论考之行事，略推三代，录秦汉，上记轩辕，下至于兹，著十二本纪，既科条之矣。并时异世，年差不明，作十表。礼乐损益，律历改易，兵权山川鬼神，天人之际，承敝通变，作八书。二十八宿环北辰，三十辐共一毂，运行无穷，辅拂股肱之臣配焉，忠信行道，以奉主上，作三十世家。扶义俶傥，不令己失时，立功名于天下，作七十列传。凡百三十篇，五十二万六千五百字，为《太史公书》。序略，以拾遗补艺，成一家之言，厥协六经异传，整齐百家杂语"（以上引文，均见《太史公自序》）。就是说，《史记》是一部创有本纪、表、书、世家、列传五体一百三十篇的体例全新的巨著；是记述数千年政治、经济、社会制度、学术文化、风俗习惯、天文地理、各种历史人物、各族关系等包罗宏博的社会全史；史学方法有褒有贬，有章有微，别善恶，明是非；还是发扬史学传统，具有丰富的史学思想的"一家言"。它的确远胜于《春秋》，开辟了史学新天地，在中国以至世界的史学史上树立了新的里程碑。

第三，强调"述往思来"，期望后人以史为鉴，理解这份遗产，继承这个传统。司马迁提起古人发愤著述、孔子作《春秋》时，一再申意：此人皆意有所郁结，不得通其道也，故述往事，思来者（《太史公自序》《报任安书》）。这不仅袒露自己发愤著《史记》的心思，想要得到后人的理解；还有期望后人学习历史、继承这个传统的用心。他写史是"务为治"的，是强调"居今之世，志古之道，所以自镜"的（《高祖功臣侯者年表》序），是要完全反映人类社会史的，是"欲以究天人之际，通古今之变，成一家之言"的；那么，他"思来者"还会有别的用意吗？我想，他身遇寒冷而心常炽热，只有要求后人勿忘历史，理解其"名山"事业，继承这个学术传统的深切期望。

综观司马迁的"成一家之言"，我们可以得到这样的认识和启示：

司马迁欲"成一家之言"。其所著《史记》，在体例、内容、文学思想诸方面，尤其是深邃的思想，比之前人与同时代人贡献了很多新的东西，确已达到了既定的目标。对后学来说，可以明确，"成一家之言"，不是随便提出一个无关宏旨的看法，或发表一通无足轻重的意见，或编写一本人云亦云的史书，就能轻易达标；而是在史学思想上确有高见卓识和新的成就，才能名副其实。

欲成"一家之言"，自然须具备才、学、识三长，须胸怀述往思来的志向，当然不能随从卑污之俗见，不可曲附专制之淫威，而应该独立思考，争鸣不已，抒发真知灼见。

可以说，"成一家之言"是史学成就的最高层次，是思想史上光彩夺目的瑰宝。怪不得历来学者多以此为职志，并不懈地努力，做出了很多大大小小的贡献，从而形成了中国史学的一个优良传统。

中国的儒学随着封建大一统盛行一千余年，但始终未像欧洲中世纪的神学统治一切那样的威势，自有多种复杂的历史原因，而司马迁藐视"独尊儒术"，标榜"成一家之言"，"其是非颇缪于圣人，论大道则先黄老而后六经"（《汉书·司马迁传》），并发生了巨大的历史影响，这是否是其原因之一呢？我认为是肯定的。

司马迁经济思想四题

司马迁的经济思想，20 世纪以来由于社会经济发展客观的需要和动力，专家学者在重视中国经济史研究的同时，对其也十分注意和认真研究，产生了很多学术成果，时有令人耳目一新的观点，至今仍是研究中国的商业史、经济思想史、经济管理思想史、财政经济史等的研究热点之一。本人在深受启发和获益良多的同时，也产生了一些疑问，现在提出商榷的浅见。

一 《货殖列传》究竟是什么传？

20 世纪学术界一般认为《货殖列传》是商人或工商业者传。并不尽然。

梁启超的《〈史记·货殖列传〉今义》[①] 专谈《货殖列传》的"商人"和"经商"问题；胡适的《司马迁替商人辩护》[②] 据《货殖列传》发论，似乎以此传为商人传；胡寄窗的《中国经济思想史》（中册）[③] 说司马迁"为古代的经济思想家和大工商业者专辟《货殖列传》"。他们的观点产生了很大的影响，20 世纪前期出版的诸种"中国商业史"，近几十年来出版的多种"中国经济思想史"或"中国经济管理思想史"，大多设专章专节谈司马迁的商业或经济思想，又都是根据《货殖列传》分析和发论。

仅就他们据《货殖列传》而谈司马迁的商业和经济思想来看，是正确的，无可争议的。但若据此而推论《货殖列传》就是商人或商人和工矿业

---

① 见《饮冰室合集》第 1 册，中华书局影印本，1989。
② 载于 1931 年 3 月《经济学季刊》第 2 卷第 1 期。
③ 胡寄窗：《中国经济思想史》，上海人民出版社，1963，第 45 页。

者传，是专谈经商或再加上经营工矿业；一些发行量很大、流传很广的辞书也参考或袭用而对"货殖"一词解释为"经商",① 或"经营商业和工矿业",② 那就未免有点偏而不全。

司马迁在《货殖列传》中，确实写了先秦以至西汉前期不少大商人、大工矿业者及经济思想家，除了齐太公望、管子（仲）、越王勾践、魏李克不计外，有计然、范蠡、子贡、白圭、猗顿、郭纵、巴寡妇清、蜀卓氏、程郑、宛孔氏、曹邴氏、周人师氏、关中的田啬、田兰、栗氏、杜氏等，共16人；还有兼营商业者乌氏倮、刀间（刀，或作刁）等2人；另有高利贷者无盐氏1人。这些人都是巨富，在《货殖列传》中占了多数，非常引人注目。

但是，《货殖列传》中还写了经营农业和畜牧业的大农业主、大畜牧业主。先看下面一条史料：

> 乌氏倮，畜牧。及众，斥卖，求奇缯物，间献遗戎王，戎王什倍其偿，与之畜，畜至用谷量马牛。

乌氏倮先是从事畜牧业，牲畜繁殖多了就变卖成钱，买了内地新奇的丝织品私下送给"戎王"（西北少数民族头领或豪强），获得很多牲畜，这实际上是交易，获利十倍，牲畜多得以山谷计量其数。显然，乌氏倮是以经营畜牧业起家，兼营商业。估计他经商之后，也不会放弃经营畜牧业。

> 宣曲任氏之先，为督道仓吏。秦之败也，豪杰皆争取金玉，而任氏独窖仓粟。楚汉相距荥阳也，民不得耕种，米石至万，而豪杰金玉尽归任氏，任氏以此起富。富人争奢侈，而任氏折节为俭，力田畜。田畜人争取贱贾（价），任氏独取贵善。富者数世。然任公家约，非田畜所出弗衣食，公事不毕则身不得饮酒食肉。以此为闾里率，故富而主上重之。

宣曲任氏的祖先在秦楚之际以粮食投机买卖发家之后，便"力田畜"，即经

---

① 《辞源》修订本，商务印书馆，1979，第2954页；《辞海》，上海辞书出版社，1979，第1431页。
② 《现代汉语词典》修订本，商务印书馆，1996，第577页。

营农牧业,既善于经营,又勤俭持家,所以"富至数世",使得皇帝也重视之。他既然"力田畜"已经"数世",当然是大农牧业主。

> 塞之斥也,唯桥姚已致马千匹,牛倍之,羊万头,粟以万钟计。

桥姚趁汉开拓边区之机,经营农牧业,竟然富有一千匹马、两千头牛、一万只羊、一万钟粟,显然是个大农牧业主。

> 田农,掘(同拙)业,而秦扬以盖一州。

种田务农,需要付出笨重的劳力。而秦扬其人竟然以此成了一州的首富。汉武帝于元封五年(前106)置十三刺史部,也称十三州,每州管辖不少郡县。秦扬富甲一州,足见其为经营农业的巨富。

还有一些工商业主兼并土地,兼营农牧业者。如,宛孔氏既"大鼓铸",又"规陂池"(《汉书》作"规陂田")。

在《货殖列传》中,乌氏倮、宣曲任氏、桥姚、秦扬等4人,虽然比之范蠡、蜀卓氏等16个经营商业和工矿业的巨富,只是1∶4,但他们是不可忽视和抹掉的。

司马迁在记述了"当世"(即西汉前期)一些农、牧、工、商的豪富人物之后,还说:

> 若至力农、畜、工、虞、商贾,为权利以成富,大者倾郡,中者倾县,下者倾乡里者,不可胜数。

意思是,还有一些经营农业、畜牧业、工矿业、山泽开发业、商业者,以其势力和财货成为郡、县、乡里程度不等的富人,多得不可胜数。值得特别注意的是"力农、畜、工、虞、商贾"这句话,司马迁可不只是提到"工"和"商贾",还提到了"农、畜"和"虞",而且是将农列在前面的。

所以,应该指出,《货殖列传》不只是传写大商人和大工矿业者,而且还传写了大农业主、大畜牧业主等;它是经营农、牧、工、商诸业生殖货利及相关的豪富人物传。

二 司马迁对农、商是什么态度？

有些学者认为司马迁"重商"或"农商并重"。其实不然。

梁启超的《〈史记·货殖列传〉今义》、胡适的《司马迁替商人辩护》等论著，都给人以司马迁重商的印象，有些"中国经济思想史"著作讲到司马迁经济思想时也强调其重视商人和商业。这当然是无可厚非的，但若以为司马迁对于农、牧、工、商诸业采取了重商而轻他业的态度，那就值得商榷了。因为《货殖列传》所写内容，并无这个意思。试举例说明。例一：

> 故待农而食之，虞而出之，工而成之，商而通之。此宁有政教发征期会哉？人各任其能，竭其力，以得所欲。故物贱之征贵，贵之征贱，各劝其业，乐其事，若水之趋下，日夜无休时，不召而自来，不求而民出之。岂非道之所符，自然之验邪？

意思是，社会经济生活，需要农、虞、工、商各业。为适应这种需要，人们各显其能，各尽其力，各劝其业，以得所求，这是社会经济的客观现象和规律。这里对农、虞、工、商四者并举而言之，没有区分轻重。例二：

> 《周书》曰："农不出则乏其食，工不出则乏其事，商不出则三宝绝，虞不出则财匮少。"财匮少而山泽不辟矣。此四者，民所衣食之原也。原大则饶，原小则鲜。上则富国，下则富家。

这仍是强调农、虞、工、商四者都是人们经济生活所需，缺一不可；并认为都要发展，只有四业都发展了，才能家富国富。例三：

> 故太公望封于营丘，地潟卤，人民寡，于是太公劝其女功，极技巧，通鱼盐，则人物归之，繦至而辐凑。故齐冠带衣履天下，海岱之间敛袂而往朝焉。

这里举了历史事例，以姜太公为首的齐国政权，因为土壤不良，只靠务农不行，便搞手工业，生产丝织品，还搞渔业、盐业。使得百姓归附，手工业产品盛销各地，齐成了东方大国。这不是说齐不务农，而且强调不能单靠务农。下文有说："齐带山海，膏壤千里，宜桑麻，人民多文采布帛鱼盐。"也是说齐的农、工、商、渔诸业俱兴。例四：

> 总之，楚、越之地，地广人希，饭稻羹鱼，或火耕而水耨，果隋蠃蛤，不待贾而足，……沂、泗水以北，宜五谷桑麻六畜，地小人众，数被水旱之害，民好畜藏，故秦、夏、梁、鲁好农而重民。三河、宛、陈亦然，加以商贾。齐、赵设智巧，仰机利。燕、代田畜而事蚕。

这是司马迁在记述了各个地区经济情况以后得出的大致结论。当时各地的区域经济有同有异，但都离不开农、牧、林、渔、工、商诸业，而且多数地区是以农为主，只是各个区域各有特点而已。司马迁于《货殖列传》独创的"素封"论，就财富而言，说具有以百万钱营生的豪富，收入可以同千户侯的封君相比，其生活美好毫不逊色。下文所言"陆地牧马二百蹄"，"水居千石鱼陂"，"山居千章之材"，"齐、鲁千亩桑麻"，"带郭千亩亩钟之田"，"千畦姜韭"等农、牧、林、渔诸业的豪富大户，"此其人皆与千户侯等"。又言"贩谷粜千钟"，"船长千丈"，"筋角丹沙千斤"，"其帛絮细布千钧，文采千匹"，"枣栗千石者三之"，"狐貂裘千皮，羊羔裘千石"，"节驵会，贪贾三之，廉贾五之"，"子贷金钱千贯"等手工业、商业及高利贷等巨富，"此亦比千乘之家"（按："千乘之家"，可能是"千户之侯"的讹误）。意思是，他们也可同千户侯的封君相比。这里所举之例，兼及农、牧、林、渔、工、商，而不偏重于哪个行业。

上文已提到"力农、畜、工、虞、商贾"云云，也是兼及各业的。

所以，可以肯定地说，司马迁并不单独地"重商"。

因为司马迁对农、牧、林、工、商诸业一并举述，"重商"论难以站得住脚，于是出现了"农商并重"论。有的学者提出，司马迁沿用了农本商末的习惯说法，从整个思想体系上看，是"农商并重"，没有"轻商"观点。[①] 一般说来，此论似乎有据有理，可以成立。但面对司马迁所谓"本富为上，末富次之"的农本商末观念，似乎又难通过。

于是，有的学者认为，司马迁尽管以赞赏的语调描述了一些商人经营

[①] 刘枫：《司马迁的经济管理思想》，载于《中国古代经济管理思想》，企业管理出版社，1986。

致富，但"没有也不可能完全摆脱'重本轻末'的传统观点"，并指出司马迁有"本富为上，末富次之"的观点。① 胡寄窗也说，从司马迁"本富"与"末富"的划分来看，还带有重本轻末思想的痕迹。② 其意思都是，司马迁对"重本轻末"的传统观点深受影响而未清除。一般说来，司马迁受传统观念影响，是不成问题的；但若说他没有摆脱"抑末"思想观点，恐怕难以使人苟同，尤其不能使"重商"论与"农商并重"论的学者赞成。因为《货殖列传》确实没有抑商或轻商思想的阴影。

本人以前曾经说过："司马迁对农、虞、工、商，并不强调何者为重，何者为轻。……（他）针对汉武帝以国家权力打击工商业者，使得工商业者'中家'以上大都破产的情况，同国策唱反调，表示应该重视工商。实际上，司马迁倒不是轻视农业而不知农业的重要；只是有的放矢，既不否定农业生产的首要地位，而又强调商品经济的自由发展，强调工商业也是经济生活不可缺少的组成部分而已。"③ 这个观点，我至今认为无误，只是要作点补充说明。

认识司马迁对农商的观点，首先要对他的社会生活需求观和经济部门位次观做出区分。就社会经济生活需求而言，农、虞、工、商各业都很需要，缺一不可，无所谓孰重孰轻，也可谓之并需论；就农、虞、工、商各个部门在社会经济中的地位而言，则是农业为主，商业次之，这不是计较何重何轻，而是分清谁主谁次，可谓之农商主次论。

中国古代以大陆为主要地盘，以农立国，直到汉代尚无多大变化。《尚书·洪范》"八政"，以"食"为首，"货"则次之，自有其理。故重农是自古至汉的传统，也是实际需要问题。司马迁对于这个传统思想及面对社会现实，是要正视而不能怀疑的；只是他对汉武帝"与民争利"，掠夺豪富之家，摧残私营工商业者持反对态度，故在承认农业为主的前提下，还强调农、虞、工、商"四者，民所衣食之原也"，要求"各劝其业，乐其事"而已。

三 司马迁对经济是否主张"自由放任"？

近几十年来，几乎所有学者都认为司马迁对经济政策主张"自由放任

---

① 何炼成：《汉代思想家的价格理论评价》，《西北大学学报》1981 年第 2 期。
② 胡寄窗：《中国经济思想史简编》，立信会计出版社，1997，第 201 页。
③ 施丁：《马班异同三论》，载于《司马迁研究新论》，河南人民出版社，1982，第 283 页。

主义"。我认为值得商榷。

胡适《司马迁替商人辩护》一文说司马迁是"自然主义的放任政策"。胡寄窗说,司马迁主张"经济自由放任政策"。① 这种看法,为很多学者认同和接受,甚至有人进而称为"放任主义""自由放任主义"。②

以胡寄窗为代表的"自由放任主义"论,立论依据主要是三条:(1)司马迁接受了其父谈的黄老思想,对汉初"无为"政治作了理论总结;(2)司马迁反对桑弘羊的干涉主义政策;(3)司马迁有"善者因之"说,或称其为"善因论"。③

应当承认,他们立论都有根据,论点不无道理。但也不能讳言,其论存在疑点,难以成立。

先说第一条,司马迁接受其父谈的黄老思想及对汉初政治的评价。

司马迁的学术与政治思想,深受家学影响,与其父谈的黄老思想有密切的继承关系。《史记·太史公自序》(以下凡引《史记》,只写篇名)记述了司马谈的《论六家要旨》,认为黄老之术是根据实际情况"立俗施事","因循为用","无为"而治。司马迁继承了这个思想,并在所著《史记》中贯注之。

《史记》以很多篇章大量地记述了汉初除秦苛法、轻徭薄赋、注意农耕、允许经商、休兵偃武、安抚四夷、与匈奴和亲等内容,不仅倾向于肯定,而且往往极致称颂之意。④ 这都是在司马迁的"因循""无为"思想指导下所表达出来的政治思想。

对于汉初的商业政策,司马迁也写了。一方面,《货殖列传》写"汉初,海内为一,开关梁,弛山泽之禁,是以富商大贾周流天下,交易之物莫不通,得其所欲"。从语气来看,是对汉初允许经商并有优利的氛围条件的肯定;另一方面,《平准书》写,"天下已平,高祖乃令贾人不得衣丝乘车,重租税以困辱之。孝惠、高后之时,为天下初定,复弛商贾之律,然市井之子孙亦不得仕宦为吏。"这是实录。司马迁对汉初轻视商贾没有置评,难以推断其态度是赞成还是反对。

---

① 胡寄窗:《中国经济思想史》中册,第45页。
② 参见叶世昌《中国经济思想简史》中册,上海人民出版社,1983,第51页;赵靖主编《中国经济管理思想史教程》,北京大学出版社,1993,第159页。
③ 参考上注①②。胡适《司马迁替商人辩护》也说司马迁"不主张干涉的政策"。
④ 参见《史记》之《高祖本纪》《萧相国世家》《曹相国世纪》《吕太后本纪》的"赞",以及《孝文本纪》和《律书》序。

对于汉初的历史，司马迁在《平准书》中有个简要的总结：汉初七十多年，社会安定，百姓安居乐业，国家富足，经济发展，精神文明也好。这是"国家无事"，不瞎折腾，也是"因循""无为"政治的硕果。这个总结中，既然没有再提汉初允许经商及轻商态度，就难以推断出司马迁对汉初商业政策有什么自由放任主义的理论总结。①

再说第二条，司马迁对于汉武帝摧残豪富（豪族和富商）政策的记述和评论。他于《平准书》指出：

> 当此之时，网疏而民富，役财骄溢，或至兼并豪党之徒，以武断于乡曲，宗室有土公卿大夫以下，争于奢侈，室庐舆服僭于上，无限度。

意思是，在"因循""无为"的情况下，一些豪族、富商、贵族和大官，发了大财，或财势大，或权力硬，骄狂了，奢淫了，横行于世。这显然是贬词。

同时，司马迁又记述，武帝凭借汉初的积蓄和基业，外事四夷，内兴功业，大手大脚地花钱，很快地国库"大空"，"财赂衰耗而不赡"，于是"兴利之臣自此始也"。正是此时，商贾的自私行为，引起了汉武帝恼怒而采取严厉的抑制和摧残的办法。《平准书》写：

> 而富商大贾或蹛财役贫，转毂百数，废居居邑，封君皆低首仰给。冶铸煮盐，财或累万金，而不佐国家之急，黎民重困。于是天子与公卿议，更钱造币以赡用，而摧浮淫兼并之徒。

当时颇为武帝信任的大臣是御史大夫张汤。司马迁在《酷吏列传》中记述了张汤的主意：

> 于是丞上指，请造白金及五铢钱，笼天下盐铁，排富商大贾，出告缗令，锄豪强并兼之家，舞文巧诋以辅法。

---

① 赵靖《中国古代经济管理思想概论》（广西人民出版社，1986，第148页）说，司马迁的"善因论"是西汉前期（文景以前）自由放任主义的国民经济宏观管理体制的"理论总结"，也是前期这种客观方针的指导思想——"黄老之学"的发展和理论升华。

张汤其人善于看风使舵。他秉承汉武帝的旨意，想出了造白金及大量发行钱币，垄断盐、铁业，"排"（即剥夺）富商大贾经营，出告缗令，"锄"（即铲除）豪富兼并之家。还以舞文弄法诬陷坑害等手段推行之。武帝"与民争利"的方针政策就这样炮制出来。

于是，齐大煮盐主东郭咸阳、南阳大冶铸业主孔仅等摇身一变都做了官，掌管盐铁业。洛阳大商人之子桑弘羊官为侍中，在武帝左右用事，稍后代替孔仅"管天下盐铁"，官运亨通。义纵、王温舒、杜周等酷吏"用惨急刻深为九卿"（《平准书》），为武帝兴财利、锄豪富，大施身手，推波助澜。桑弘羊又用均输、平准等法，控制货物、物价及各地商品市场。

对于汉武帝重用张汤、桑弘羊等的种种举措，司马迁皆予以记述，特别注意记述其中令人震惊和发指的事。如《平准书》写：

> 商贾以币之变，多积货逐利。于是公卿言："……异时算轺车贾人缗钱皆有差，请算如故。诸贾人末作贳贷卖买，居邑稽诸物，及商以取利者，虽无市籍，各以其物自占，率缗钱二千一算。诸作有租及铸，率缗钱四千而一算。非吏比者三老、北边骑士，轺车以一算；商贾人轺车二算；船五丈以上一算。匿不自占，占不悉，戍边一岁，没入缗钱。有能告者，以其半畀之。贾人有市籍者，及其家属，皆无得籍名田，以便农。敢犯令，没入田僮。"

针对商贾和富民多积货逐利，张汤等公卿大臣建议，对商贾、手工业者、"无市籍"的富民，普遍征收财产（包括田宅、牲畜、奴婢、车船、货财等）税。要求自报财产，隐瞒不报，或报不足数，便严厉惩治，罚戍边一年，没收其财产。奖励告发者，凡揭发检举者，可分得半数钱财。商贾及其家属都不能买田，如果违令。就没收田地和僮仆。于是出告缗令，付诸实施。

由于"告缗纵"，"告缗遍天下"，大刮告缗之风，更产生了严重的恶果。司马迁于《平准书》记述：

> 杨可告缗遍天下，中家以上大抵皆遇告。杜周治之，狱少反者。乃分遣御史廷尉正监分曹往，即治郡国缗钱，得民财物以亿计，奴婢以千万数，田大县数百顷，小县百余顷，宅亦如之。于是商贾中家以上大率破，民偷甘食好衣，不事畜藏之产业，而县官有盐铁缗钱之故，

用益饶矣。

杨可主持告缗之事，酷吏杜周等一大批官吏协助处治，川流不息地奔赴各地办案，夺取百姓财物"以亿计"、奴婢"以千万数"，田每县都在"百余顷"以上，宅也如此之多。"中家（十金之家，即家产值十万钱）以上"大都遭到告发，商贾尤为遭殃，中家以上大都"破"了产。因此掠夺之风，百姓悲观消极，只好混日子，不积极生产和积累财产，吃光用光。百姓（主要是豪富之民）穷了，官府却捞足了，又可以放开手脚花钱。如此残民以敛钱，实际上为官吏骄奢腐败提供了物质条件，社会风气极坏，生产也遭破坏。

司马迁注意到，杜周等尽力参与"与民争利"，惩治豪富，手段颇毒辣，贪污颇严重。他在《酷吏列传》中予以无情的揭露：周阳由，"所居郡，必夷其豪"。义纵为河内都尉，"至则族灭其豪穰氏之族"；为南阳太守，"至郡，遂案宁氏，尽破碎其家"；为定襄太守，"掩定襄狱中重罪轻系二百余人，及宾客昆弟私入相视亦二百余人。……是日皆报杀四百余人。"王温舒为河内太守，"捕郡中豪猾相连坐千余家。上书请，大者至族，小者乃死，家尽没入偿赃，……至流血十余里。""舞文巧诋下户之猾，以焄大豪。"不论升任什么官职，其治"如故操"。杜周治狱，更为突出。他承办诏狱，惩治的对象多为官吏中的反对派或消极者，"二千石"高官尚多遭殃，豪富之民被草菅自不待言。

酷吏不仅残暴，草菅民命，而且以权谋私，中饱私囊，有的成了暴发户。杜周从原来仅有一匹残马的穷汉，当了多年的官，升为御史大夫，两个儿子当了河内、河南两郡守，因以权谋私，便私囊膨胀，家庭暴发，财富竟然达到"巨万"。如此为官发家者岂仅杜周一人！如：王温舒搞权钱交易，被人告发"受员骑钱，他奸利事"，畏罪自杀，"家直（值）累千金"。他贪污受贿，属吏仿效，"其吏多以权富"。

官营盐铁、算缗、告缗、垄断市场，掠夺豪富的财利，并没有把经济搞好。司马迁于《平准书》记述：卜式元鼎六年（前111）为御史大夫，得知各地百姓对官营盐铁都感不便，因铁器质量粗劣，价格昂贵，又强令民买卖，由于征收车船税，商贾少了，物价上涨，便通过孔仪向皇帝提出意见。武帝因此对他不满，第二年（元封元年，前110）"卜式贬秩为太子太傅"。卜式贬了官，仍然坚持己见，而且态度坚决，于元封二年（前109）借天旱官民求雨之机，大声疾呼官府只应征收租税，不该排抑豪富而经商求利，烹杀兴利之臣桑弘羊，才能解除天怨。言外之意，只有改变政策，因循民意，才能以平民愤，才能扭转危局。卜式原是以畜牧业起家的新豪富，是个诚实的纳税者，有时还主动支援皇朝财政。他为御史大夫后，了解全国情况严重，才有上述意见和态度，显然是因皇朝过分地掠夺豪富，加上腐败，才怨愤地站出来代表豪富表态和呼号。

司马迁如此实录，没有置评，但不言而喻，他是赞同卜式态度，站在豪富一边，而反对张汤、杜周、桑弘羊之流所作所为以至武帝为政的。

由此本人觉得，按照司马迁记述的武帝对待豪富的政策，是"与民争利"的掠夺政策。胡寄窗等专家学者所谓"桑弘羊的国家干涉主义经济政策"的调子，似乎轻淡了一点。

再谈第三点，司马迁的"善者因之"云云，即有人所谓的"善因论"。司马迁于《货殖列传》首段谈了古来历史发展及人情世俗的利欲要求之后，以"太史公曰"发论：

故善者因之，其次利道（导）之，其次教诲之，其次整齐之；最下者与之争。

如今流行的所谓司马迁主张"自由放任主义"论，或曰"善因论"，只是依据于第一句"善者因之"而加以发挥的看法和论点。应该承认，"善者因之"这句话十分重要，是司马迁经济思想的基石，而且他确有黄老学派的"因循""无为"思想，与此处"善者因之"相互照应。

但是，不能忽视或无视司马迁深知汉初历史和现实政治经济，察觉豪富有缺点和劣迹。他曾记述了汉初有轻视商贾的历史，有"兼并豪党之徒，以武断于乡曲"这种寓论断的叙事，还记述豪富于汉武帝时"蹛财役贫"又"不佐国家之急"的事实。更值得注意的是，他在"善者因之"下面，还有"利道之""教诲之""整齐之"等，这不是无关紧要或否定之词，而是其经济思想的重要组成部分。他的意思是，在顺乎自然即"善因"的前提下，对于优劣程度不等的横行不轨的豪富，还需要"利导""教诲"和"整齐"。四者即因势利导和教育管理。根据司马迁的实录及所寓论断，其"利导"的内容，大概是"开关梁，弛山泽之禁"，给豪富提供致财的有利条件；"教诲"的内容，很可能是指勤俭持家、守法完税，"为闾里率"，故主上（即汉武帝）"重之"的宣曲任氏，以及为畜牧业主尚未做官时的卜式，主动支援皇朝财政，得到武帝重赏，"尊显以风百姓"等；"整齐"的内容，大约是指必要的征税以及惩治，绝对不是苛捐杂税及摧残掠夺的恶劣手段。这是"富之""教之"古训①的继承和发展，不是什么"自由放任主义"，当然也不是粗暴抑制主义，而是善因辅以管教论。

所谓"最下者与之争"，是讥刺张汤、桑弘羊辈协助武帝所搞的抑制和掠夺豪富的政策。"最下者"，是最糟的意思，当然是贬词，"之"是指豪富之民，即《货殖列传》所记述的那种巨富，也是《平准书》提到的大多被损害或破了产的"中家"以上者，其中不只是商贾，还有豪族。"争"，不是竞争，而是夺，掠夺。"与之争"，是指官府摧残民营经济事业，由其一手操办，掠夺民财。根据《史记》的记载及司马迁的观点，说"与之争"是"国家干涉主义经济政策"已较轻淡化了，应定为皇权粗暴地抑制和掠夺豪富的政策。

只因司马迁"因循""无为"的黄老思想，人所皆知。又因他面对社会主要矛盾，着意揭露武帝粗暴政策及严重后果，而对豪富横行没有具体描述，又未详论如何引导和管教，就易使后世学者产生这样那样不大符合其意的看法。

简言之，司马迁的经济思想和民生观点，是强调"善因"，反对掠夺；但又主张因势利导，加强教诲和整治。就是说，他对社会经济，还是主张既放开又管理。

四 司马迁的经济思想有什么意义

司马迁的经济思想，实际上提出了一些重大的历史问题：

（一）农、牧、虞、工、商诸业，是不是社会经济生活都需要？是否需要诸业俱兴？司马迁所论是肯定的。应该说是正确的看法。

（二）对于农、牧、虞、工、商诸业，该不该分别轻重？有没有主次？秦汉皇权官府是重农轻商或抑商。以历史主义来看，当时社会经济生活以农为主是正确的，重农抑商是维护皇权专制的需要，这并不等于社会需要和正确措施。司马迁反对抑商。他的农商主次论，较为切合社会实际，并符合历史路径。

（三）经营农、牧、虞、工、商诸业发财致富的豪富，该不该存在于社

---

① 如《诗·小雅·绵》："教之诲之"；《易·系辞上》："富有之为大业"；《礼记·昏义》："教顺成俗"；《论语·子路》："富之""教之"，等等。

会？要不要抑制或打倒？从皇权专制角度看，是需要而且实际上轻之、抑之，甚至严厉打击，然而客观效果不好。从小自耕农的角度看，确有被兼并而沦为流民或农奴之虞。若从社会生产力和地主经济的角度来看，豪富有能力和可能使用和更换新农具，组织较大规模的生产，给社会提供更多的商品，可以促使农、牧、虞、工、商诸业俱兴，从而推动历史发展。

（四）豪富同皇权，是什么性质的矛盾？哪个势力富有生命力？现在一般的说法，这是地主阶级内部矛盾。实际上这里面有统治和被统治、专制和被专制或反专制的关系。表面上看来，"普天之下，莫非王土，率土之滨，莫非王臣。"似乎皇帝是特号豪族，皇权一手遮天，权势无限。其实豪富遍于天下，是真正的经济实力派，根深叶茂，横行乡曲，力过吏势，威胁、染指甚至倾覆、夺取皇权。古代中世纪社会豪富长命，就是近世社会豪富也延年益寿，可以预期，在相当长的历史时期内，豪富仍然有生命力，而且可以影响甚至左右政局。

我觉得，司马迁并没有盲目崇拜和美化豪富，还提到其不少劣迹，只是认为豪富有其生命力而不可打倒。他是独具只眼的伟大历史家，史识超群不俗。

谈到这里，我要讲一下司马迁在皇权同豪富之间，思想倾向豪富，反对君主专制的史识史观，并非偶然。这与其身世阅历有着密切的关系。

据《太史公自序》所写，司马迁出身于汉左冯翊夏阳县（今陕西省韩城市）"龙门"，"耕牧于河山之阳"，即今陕西省韩城市地方。他的家世源远流长。远古的不说，自司马错为秦蜀郡守以来，几百年间，就有秦将司马靳（从大将白起参加长平之战），司马昌为秦"主铁官"，司马无泽"为汉市长"，司马喜"为五大夫"，司马谈"为太史公"。司马迁为谈之子。家世不算显赫，也不清寒，可谓仕宦世家；加之家在韩原"耕牧"，即经营农业和畜牧业，必是豪富之家。

司马谈"仕于建元、元封之间"。本人考证他家大约于建元二、三年间迁徙到了茂陵。① 秦汉时期迁徙至关中（多为诸陵）者，大都是豪族或豪强、富商或家赀三百万以上者、二千石以上高官。汉武帝徙吏民于茂陵也是如此。司马谈被徙于茂陵是什么原因？就司马谈为太史令来看，只是秩六百石，不是二千石以上的大官，实不够格；就财富的角度来推测，恐怕

---

① 参考拙文《〈史记索隐〉注"太史公"有问题》，载于《中国社会科学院研究生院学报》1996 年第 2 期。

不是富商，最多只是经营农牧业兼营商业，家赀不可能达到三百万钱以上。司马迁于天汉年间遭李陵之祸时，自言"家贫，财赂不足以自赎"（《报任安书》），家中拿不出五十万的赎罪钱。而从其世宦之家，在夏阳居住了几百年（参考《太史公自序》），必有宗族聚居，又经营"耕牧"，必有大片私有土地，其为豪族无疑。大致可以肯定，司马谈是因属豪族而被徙于茂陵。

司马迁的经济思想，不仅在汉武之世具有战斗的现实意义，而且具有深远的历史意义。其现实意义，已为汉代史所证实；其历史意义，一直经受着历史的检验，这也是他"述往事，思来者"的一个重要内容吧。

四
史学思想与理论

中国史学的传统与维新

中国史学的传统与维新问题，近代以来，尤其是近些年来谈论者不少，实践者也不乏其人，成绩突出者也有人在。但谈论者大多分而言之，谈传统者多言传统优良，呼吁继承与发扬；谈维新者多言世异事异，号召改革创新。前者偏重于谈传统，联系当代史学维新似乎不够；后者鲜明地谈维新，对于史学传统似乎忽视。实践者不断探索，有可贵的进步，然尚未形成新风。

我认为，为了促进新史学的发展，必须将中国史学的传统与维新问题联系起来探索和讨论，并认真地实践。这里就某些问题谈点浅陋之见。

一 关于"实录"

我国传统史学中的"实录"论，是关于史学本体的理论问题。

很久以来，史学家提"实录"一词者颇多，还有以"实录"为史书命名者，而将它视为理论问题者很少，将它视为史学基本理论问题者则似乎没有。我个人认为，实录论应作为史学基本理论，大可继承与发扬。事实上，我国传统史学中也早出现了一个基本理论问题，那就是"实录"论。

班固在评论司马迁史学时说：

> 然自刘向、扬雄博极群书，皆称迁有良史之材，服其善序事理，辨而不华，质而不俚，其文直，其事核，不虚美，不隐恶，故谓之实录。[1]

---

[1] 《汉书·司马迁传》赞。

这位公元 1 世纪的大史学家，不仅写了一部史学名著《汉书》，还提出了一个重要的史学理论"实录"论。此论包括三个方面：

（一）"其事核"——即记事要求真实。"核"，训为翔实正确。这个核，是对记事的基本要求，也是根本的原则。记事如离开了核，则可能虚、伪，就靠不住，就不可信。记事如不能核，则叙事不准，言理不确，就谈不上"善序事理"。

（二）"其文直"——即史文要求文质相称。"直"乃公正不曲之意。要求写事如实，史文准确。这个直，是对史文的基本要求，也是根本的原则。史文不直则曲，就难以真实地反映史事，就有歪曲史事之嫌，就谈不上"辨而不华，质而不俚"。班固此论直接受家学影响。其父班彪的《前史略论》评司马迁史学有"辨而不华，质而不野，文质相称"云云。① 班固略去"文质相称"一句，而补了个"其文直"一语。班氏父子之意本是一致的，但就固论的完整性来看，最好是将"文质相称"保留接受过来；因为它是古代"文胜质则史"② 论的继承和发展，是言文与质相副，是讲形式与内容应当一致，是个重要而又明确的史文理论。

（三）"不虚美，不隐恶"——即史义在实录。班彪论司马迁史学没有这句话，班固加上了，加得非常重要。"不虚美"，即不能夸张失实；"不隐恶"，即要揭露真相，用现在的语言来表达，就是反映历史本来面目之意。这是对古老的"直笔"精神所做的理论概括。

事、文、义，是史学的三个基本要素，应当有其基本的要求与理论。班固的实录论，言及三者，并以"实录"统了起来，谈得较为完整。就事、文、义的史学概念言，早在班固之前就出现了。孟子就说过："王者之迹熄而《诗》亡，《诗》亡然后《春秋》作。晋之《乘》，楚之《梼杌》，鲁之《春秋》，一也：其事则齐桓、晋文，其文则史，孔子曰：'其义则丘窃取之矣。'"③ 这里明确地提到事、文、义的概念，但没有作理论的阐述，还算不上史学理论。只有班固之论，才是第一次较明确地提出实录论，才有重要的史学理论意义。

班固此论本是针对司马迁史学的，司马迁可以当之无愧；但它的意义不止于此，而是为史学建树了基本的理论，实是衡量史学论著优劣高低的

---

① 见《后汉书·班彪列传》。
② 《论语·雍也篇》。
③ 《孟子·离娄篇下》。

标尺，有其永久的价值。

"实录"，作为史学名词，历来复述者不少；作为理论概念，却千百年来理解者不多。但有识之士仍有人在，刘知几、章学诚等史学评论家对此还有所阐发，有所发展。

刘知几的《史通》多处提到"实录"，并声称"良史以实录直书为贵"。① 正因于此，今有学者写了《刘知几的实录史学》的专著。② 刘知几并没有像班固那样概括集中地论述实录，但其全书内容几乎都与实录论有关，在某种意义上可以理解为实录论的阐发。其论记事，强调"善恶必书"，在《直书》《曲笔》等篇中，大谈直书与曲笔，指出这是两种记事态度的对立，反对"爱憎由己，高下在心"的主观唯心主义的记事态度；要求记事如"明镜之照物"，如"虚空之传响"，③ 即如实记录。同时，强调"记事之体，欲简而且详，疏而不漏"，④ 要求记事的完整性。强调记载人物要有所选择，以记善为主，反对"愚智毕载，妍媸靡择"。⑤

其论史文，既如班氏父子一样，强调"辨而不华，质而不俚"，"文而不丽，质而非野"，⑥ 反对魏晋以来史文烦富、崇尚浮丽、妄饰言词、追效古语等不良文风；同时，又对史文提出了三点要求：一是"简要"，即简而不烦。"以简要为主"，最好是"文约而事半"。二是"用晦"，即言简意赅。"用晦"之道，在于"略小存大，举重明轻"。"言虽简略，理皆要害"。三是尚质戒饰。指责近世史学中"假托古词，翻易今语"，"持彼往事，用为今说"，"虚引古事，妄作庸音"，"事不类古，改从雅言"等种种夸饰手法，以及骈偶的文风。要求文质相称。⑦ 同时，还强调文随世变，提倡运用"方言世语"和"当世口语"，要求"言必近真"。⑧

其论史义，仍然是主张"不掩恶，不虚美"。⑨ 要求"善恶必彰，真伪尽露"。⑩ 他认为，无论是对君臣父子，还是对敌我亲友，都要做到"直书

---

① 《史通·惑经》。
② 许冠三：《刘知几的实录史学》，香港中文大学出版社，1983。
③ 《史通·惑经》。
④ 《史通·书事》。
⑤ 《史通·人物》。
⑥ 《史通》之《鉴识》《叙事》。
⑦ 以上引文均见《史通·叙事》。
⑧ 《史通·言语》。
⑨ 《史通·杂说下》。
⑩ 《史通·申左》。

其事，不掩其瑕"，"他善必称，己恶不讳"。① 即对人对己一个样，对亲对疏一个样。要求史义依于史实，"其理谠而切"，讲究"去邪从正之理，捐华撼实之义"。②

应该说，刘知几对实录论，在史学批评上运用较为突出，而在理论上的阐发并不明显，进展还不大显著。

章学诚的《文史通义》不大提实录，但实际上对实录论的阐发是有贡献的。他突出地强调史学中事、文、义三者的有机联系及以义为贵。曾形象地比喻："譬人之身，事为其骨，文为其肤，义为其精神也。"③ 又说："史所贵者，义也；而所具者，事也；所凭者，文也。"④ 意思是，事、文、义三者是有机的统一体，缺一不可；但有主次轻重之分，事是最基本的内容，文是表述的形式，义是最重要的灵魂。所以，他认为："作史贵知其意，非同于掌故，仅求事、文之末也。"还劝告有志于史者，应当"惟义之求"，而将事与文作为"存义之资"。⑤

所谓"义"，即义理。章氏说："《春秋》之义，昭乎笔削：笔削之义，不仅事具始末，文成规矩已也。以夫子义则窃取之义观之，固将纲纪天人，推明大道，所以通古今之变，而成一家之言者"。⑥ 他说的史义，主要是一种道德说教的微言大义。

强调求义，并不是主张说空话，而是要求义与事结合，做到述事以明理，二者"主适不偏"。⑦ 他还以六经皆史及道器合一论，说明义、事结合而以义为贵。⑧

其论史文，大大发展了"文质相称"说。章氏提出了"清真"与"文生于质"两原则。所谓"清真"，即"清之为言，不杂也；真之为言，实有所得而著于言也。清则就文而论，文则未论文，而先言学问也。"⑨ "清"而"不杂"，就是要求遣字造句做到"洁""纯"，不用"绮语"，行文"随时

---

① 《史通》之《直书》《曲笔》。
② 《史通·载文》。
③ 《方志立三书议》，《章氏遗书》卷十四。
④ 《文史通义·史德》。
⑤ 《文史通义·言公上》。
⑥ 《文史通义·答客问上》。
⑦ 《文史通义·原道下》。
⑧ 参考《文史通义》之《易教》《书教》《原道》诸篇。
⑨ 《章氏遗书》外篇，《信摭》。

变通"。① "真"而"实有所得",就是要求"中有所见"和"言之有物"。②可见,"清"主要是对文的形式而言,"真"主要是对文的内容而言;"清真"的含义,是说史文既要纯洁而不芜杂,又要意深而不浅陋,就是艺术形式上完美,思想内容上深邃。

所谓"文生于质",是谈文质关系及史文规律的问题。章氏说:"文生于质,视其质之如何而施吾文焉。"③ "因其人之质而施以文","文因乎事,事万变而文亦万变","与其文而失实,何如质以传真也。"④ 意思是,文生于质,质是主要的,为本,文是次要的,为末,无质不可言文,文必须如其质。还说:"记述贵如宛肖","传人适如其人,述事适如其事"。⑤ 所说"宛肖""适如",就是要做到恰如其分。如写事,"史文屈曲而适如其事,则必因事命篇,不为常例所拘,而后起讫自如,无一言之或遗而或溢也。"⑥ 即要求根据事的具体情况落墨,做到适如其事;假如"溢",即写过了头,则为夸张,假如"遗",即写不到火候,则是不足,皆未恰到好处。同时,还谈到"贵得其意",⑦ "文以情至"。⑧

基于"清真""文生于质"说,章氏反对"意为出入""无实而文""临文摹古"及"时文结习"等不良学风和错误倾向。⑨

附带谈一点,刘知几、章学诚都有文士不可著史的看法。我国古代文史不分,马、班既是史学家,又是文学家,为何说文士不可作史呢?今人作史多缺文采,很需要提高史文水平,再提所谓文士不可作史,是否合适呢?回答此问题,还是要先了解史学史及刘、章之说的本意。六朝骈体文盛,藻饰之风流及史书,选用史官也多取文士,故刘知几说:"自世重文藻,词宗丽淫,于是沮诵失路,灵均当轴,每西省虚职,东观伫才,凡所拜授,必推文士。遂使握管怀铅,多无铨综之识,连章累牍,罕逢微婉之言。"⑩ 意即文士暗于史义。明清时代也多文士修史,故章学诚说:"史笔与

---

① 《与石首王明府论志例》,《章氏遗书》卷十四。
② 《章氏遗书》外编,《乙卯杂记》。
③ 《文史通义·砭俗》。
④ 《文史通义·古文十弊》。
⑤ 《文史通义·古文十弊》。
⑥ 《文史通义·书教下》。
⑦ 《与陈观民工部论史学》,《章氏遗书》卷十四。
⑧ 《文史通义·杂说》。
⑨ 参见《文史通义》之《古文十弊》《答客问》等篇。
⑩ 《史通·核才》。

文士异趣，文士务去陈言，而史笔点窜涂改，全贵陶铸群言，不可私矜一家机巧也。"①"文士撰史，惟恐不自己出；史家之文，惟恐出之于己，其大本先不同矣。盖史体述而不造，史文而出于己，是谓之无征。"② 此论史文必本于史实，杜撰与夸饰都是不行的。如果史文干瘪，则需要改为生动，但文士之丽淫与夸饰还是不可取的。

应当承认，古代史学理论中的实录论，是有其历史局限性的。如其论史义，多奉《六经》之义为准则，并遵封建伦理道德以立论，如章学诚说："苟大义不在君父，推阐不为世教，则虽斐如贝锦，绚若朝霞。亦何取乎？……夫不由规矩绳尺，即无以为大匠，至于神而明之，则固存乎其人。学者慎无私智穿凿，妄谓别有名山著述在庙堂律令之外也。"③ 这是需要加以分析批判，认清其性质的。但其论"不虚美，不隐恶"，讲究实录，还是可贵的。至于章学诚对事、文、义三者关系的基本理论的阐述，是精彩的，值得学习。

近代以来，讲史学理论，多讲进化论、唯物论，尤其是马克思主义的唯物史观。这是适时的、进步的，自然应当肯定。不过，仅止于此，显然存在着两个问题：一是只注意学习外国的东西，而忽略了学习中国史学传统的优秀遗产，似乎近代外国的东西一切都好，不必再探讨与吸收古代中国的优秀文化遗产；这样，治史者实际上忽略或轻视历史主义。二是只谈一般的历史理论，而忽略对史学本体理论的探讨，似乎历史理论就等于或可代替史学理论，不必再探讨史学本体的理论；这样，治史学者实际上忽略或轻视史学理论。

我国近代史学，比之古代史学，无疑是大有进步的。近代有些大名家大手笔，无疑将史学推至新的阶段。但也不可否认存在某些违背实录的现象，在记事、行文、义理诸方面似有某些今不如古，据回忆、靠想象，甚至有靠文艺手法树碑立传，伪以乱真，失直书之严，有唯心之嫌。在记事方面，有的经不起"核"的检验；在史文方面，夸饰时而有之，粗糙在所难免，"适如"不够，"宛肖"不足，缺乏精雕细刻之工，难以言文质相称。在史义方面，几乎都言唯物论，或宣传新论新法，多志在恢复历史本来面目，或呼吁创造新史学，而在实际上往往存在"虚美""隐恶"现象。似乎

---

① 《跋湖北通志检存稿》。
② 《与陈观民工部论史学》。
③ 《文史通义·与邵二云论文》。

一反考据学风而以腾空言为时髦。其原因自然是多方面的，客观的原因一言难尽，这里暂且不谈；主观的原因恐怕是史学工作者认真不足，功夫不深；或者，是否与口喊理论挂帅，实际上不重视基本理论有关呢？是否与强调历史唯物论，实际上不懂得批判继承珍贵的历史遗产有关呢？

二 关于"经世致用"

传统史学中的"经世致用"论，是讲史学宗旨的根本问题。

我国早就有人强调史学的功用。孟子、司马迁等讲《春秋》的功用且不谈，就以刘知几之论来看，他说："史之为用，其利甚博，乃生人之急务，为国家之要道，有国有家者，其可缺之哉！"[1] 意思是，史学的功用广大，为人为国都不可或缺。

历来史学家论史学宗旨者颇多，其中要数章学诚最为突出。宋明以来，治史学者目的性颇不一致，有的以考索为本务，有的只作性命之空谈，只有顾炎武等少数学者注意史学的社会功用，大谈经世致用。章学诚身当乾嘉考据学盛行、学者多博古而不通今之时，极力提倡史学经世致用。他发挥了宋明以来的"六经皆史"说，一再提到：《六经》皆史，是"先王经纬世宙之迹"，"乃三代盛时典章法度，见于政教行事之实"，"其义取经纶为世法"。[2] 又明确地说：

> 史学所以经世，固非空言著述也。且如《六经》出于孔子。先儒以为其功莫大于《春秋》，正以切合当时人事耳。后之言著述者，舍今而求古，舍人事而言性天，则吾不得而知之矣。学者不知斯义，不足言史学也。[3]

意思是，只是务考索或发空论，是不知史义的表现，只有经世致用，才称得上史学。此论似乎说得绝对化一点，但其强调史学经世致用还是有意义的。

史学的经世致用，涉及面较大，范围较广，据传统史学的特点进行分

---

[1]《史通·史官建置》。
[2] 见《文史通义》之《易教上》《经解上》《经解下》诸篇。
[3]《文史通义·浙东学术》。

析，主要有借鉴、垂训、蓄德、通变等几个方面。

借鉴，为我国传统史学最为流行的功用之一。早在两三千年前的周初，就有"殷鉴"之说。此后"借鉴"思想贯穿于整个古代史学。宋代洪迈以《前代借鉴》为题，专谈这个问题。他说："人臣引古规戒，当近取前代，则事势相接，言之者有证，听之者足以鉴。《诗》曰：'殷鉴不远，在夏后之世。'《周书》曰：'今惟殷坠厥命，我其可不大鉴！'又曰：'我不可不鉴于有殷。'又曰：'有殷受天命，惟有历年，惟不敬厥德，乃早坠厥命'。周公作《无逸》，称商三宗。汉祖命群臣言吾所以有天下，项氏所以失天下，命陆贾著秦所以失天下。张释之为文帝言秦汉之间事，秦所以失，汉所以兴。贾山借秦为喻。贾谊请人主引商、周、秦事而观之。魏郑公上书于太宗云：'方隋未乱，自谓必无乱；方隋之未亡，自谓必无亡。臣愿当今动静以隋为鉴。'……考《诗》《书》所载及汉唐名臣之论，有国者之龟镜也。"[①] 洪氏大略地指出了我国借鉴史学的传统；而所借鉴的，主要是政治得失。

借鉴与我国历史悠久、好古敏思有关。古有"前事不忘，后事之师"之说。史学家对此尤为强调。王夫之说："所贵乎史者，述往以为来者师也，为史者，记载徒繁，而经世之大略不著，后人欲得其得失之枢机以效法之无由也，则恶用史为？"[②] 这几乎将借鉴作为史学的唯一宗旨。

借鉴史学的实践，古代当以司马光的《资治通鉴》为代表。司马光治史，很注意发挥史学的社会功用，《进通鉴表》说："臣之精力，尽于此书。伏望陛下宽其妄作之诛，察其愿作之意，以清闲之宴时赐省览。鉴前世之兴衰，考当今之得失，嘉善矜恶，取是舍非，足以懋稽古之威德，跻无前之至治，俾四海之群生咸蒙其福，则臣虽委骨九泉，志愿永毕矣。"可见司马光编写《资治通鉴》之意，是要皇帝借鉴历史，改进政治。宋神宗早就察觉其意，故赐其书名《资治通鉴》。

垂训，是以历史作为教训和宣传工具，借以对人们进行历史教育。这首先要数孔子。春秋战国以前，在社会上谈不到什么历史教育。当时人们传说故事，歌咏史诗，也有历史教育的内容；但利用史书，通过讲学来进行教育，还没有出现。至于春秋晚年，孔子私人讲学，打破了学在官府的局面，对学生谈今说古，时称三代，以历史为教学内容之一，开创了历史

---

① 《容斋随笔》卷十六《前代为鉴》条。
② 《读通鉴论》卷六《汉光武》十。

教育的新风。我国人民珍视历史，热爱祖国，与历史教育的传统是分不开的。

传统的历史教育，就其内容言，有三种较为引人注意：一是历史形势教育，促使人们认清历史大势，引导人们向前看，目的在促进变法革新。商鞅讲古，讲世异事变，就是宣传变法的；王夫之的《读通鉴论》，讲历史之变，在客观上促使人们认清大势所趋，有利于历史长进。此为垂训之上乘。一是历史知识教育。历来的启蒙读物《急就篇》《三字经》《幼学琼林》等，其中有不少历史知识的内容。历来还有很多历史故事在社会上流传，著名的《三国演义》和《水浒传》等杰作，也是在历史故事基础上形成的颇有历史味道的小说。等而下之者，是君权神授、贵贱由命等说教，掺杂于历史教育之间。此种教育内容，不仅不能使人益智，反而使人愚昧。

蓄德，是通过学习历史，增强思想道德修养，更好地为人处世。《易》曰："君子多识前言往行以蓄其德。"① 我国古人多以学习历史，作为学习为人处世之道，讲究人与人关系，讲究人生如何有意义，教导人们面对现实。

传统史学有这么两个特点：一是为政学，一是为人学。为政学之功用主要表现于借鉴，上文已述；为人学之功用主要表现于蓄德。我们的先哲，还很重视树碑立传，很注意青史流芳；我国的古籍，无论二十四史，还是《左传》《资治通鉴》，都大量地记载着历史人物的言行，记载着他们立功、立德、立名正反两方面的经验教训，足资学史者随意参考，各取所需。古今无数伟人名家，几乎无不多识前言往行，无不从历史中吸取营养，而在实践中身体力行。翻检有关他们的传记，往往可以见到这种材料。如《江表传》记载：孙权劝吕蒙读《孙子》《六韬》《左传》《国语》及三史。吕蒙始学，笃志不倦，果然大有长进。鲁肃为之折服，拊吕蒙背曰："吾谓大弟但有武略耳，至于今者，学识英博，非复吴下阿蒙。"② 这是学史获益的一个小小的史例。

通变，是通古今之变，了解历史变化及趋势，提高历史自觉性以适应历史。先秦已有通变思想，《书》曰："疏通知远"，《易》曰："通变"。至于汉代，司马迁提出了"通古今之变"，还有"稽其成败兴坏之理"，"原始察终"，"见盛观衰"，"承敝通变"，"述往事，思来者"，等等。③ 所谓"承

---

① 《易·大畜卦》象辞。
② 见《三国志·吕蒙传》注。
③ 引文均见《史记·太史公自序》及《汉书·司马迁传》。

敝通变",就是说历史在矛盾中发展,必然有"敝"的现象,有敝则必变;对历史事变,可以通识其规律,而在现实中则可适应历史变化。所谓"述往事,思来者",就是揭示历史变化的面貌,让后人认识与思考,并殷切地期望后人继续通变,永远承敝易变,将历史推向前进。

古代治通史者,往往揭出"通变""通识"的旗号,尽管识见有高有低,水平有上有下,但志在通变是一致的。杜佑著《通典》、郑樵著《通志》、马端临著《文献通考》,都充分地显示了这一点。

谈起经世致用,自然就得联系到史学传统中的"古为今用"论。我国古代伟大的、一流的史学家,既博古,又通今,将研究历史、针对现实、面向未来统一起来。他们博古而不泥古,通今而不薄今。梁启超批判旧史学"知有陈迹而不知有今务"①,显然言之无据,至少是片面失当。

谈论古为今用,古代多有其人。司马迁说:"夫《春秋》,上明三王之道,下辨人事之纪,别嫌疑,明是非,定犹豫,善善恶恶,贤贤贱不肖,存亡国,继绝国,补敝起废,王道之大者也。"②所谓"上""下",即指古、今,此言我国史学早有明古辨今的发轫。又说:"居今之世,志古之道,所以自镜也,未必尽同。帝王者各殊礼而异务,要以成功为统纪,岂可绲乎?观所以得尊宠及所以废辱,亦当世得失之林也,何必旧闻?"③意思是,古今有联系而又不同,历史可以借鉴,但历史是发展的,不能泥古不化,而要在总结历史中前进。这颇有古为今用论的味道。杜佑说:"酌古之要,通今之宜,既弊而思变,乃泽流无竭。"④又说:"所纂《通典》,实采群言,征诸人事,将施有政。"⑤他不仅提出"酌古通今",写典章制度通史,而且多联系现实,要改进当时的政治。故李翰在《通典》序中说:"今《通典》之作,昭昭乎其警学者之群迷欤?以为君子致用在乎经邦。经邦在乎立事,立事在乎师古,师古在乎随时,必参古今之宜,穷终始之要,始可以度其古。终可以行于今,问而辨之,端如贯珠,举而行之,审如中鹄。夫然,故施于文学,可为通儒,施于政事,可谓皇极。"此言的意义,不只是评《通典》之宗旨与意义,而实是像样的古为今用论。

应当承认,中国古代史学史上论古为今用者,当属章学诚最为突出,

---

① 梁启超:《新史学》,见《饮冰室合集》第一册,中华书局,1989。
② 《史记·太史公自序》。
③ 《史记·高祖功臣侯者年表》序。
④ 《通典》卷十二《食货》十二。
⑤ 《通典》序。

可谓后来居上。请看章氏之论：

> 《易》曰："智以藏往，神以知来。"夫名物制度，繁文缛节，考订精详，记诵博洽，此藏往之学也；好学敏求，心知其意，神明变化，开发前蕴，此知来之学也。可以藏往而不可以知来，治《礼》之五端（引者按：指溯源流、明类例、综名数、考同异、搜遗逸）也。推其所治之《礼》，而折中后世之制度，断以今之所宜，则经济人伦，皆从此出，其为知来，功莫大也。①

此论"藏往知来"，是"述往思来"的发展，是古为今用的阐述。再看其论：

> 夫三王不袭礼，五帝不沿乐。不知礼时为大，而动言好古，必非真知古制者也；是不守法之乱民也，故夫子恶之。……要其一朝典制，可以垂奕世而致一时之治平者，未有不于古先圣王之道得其仿佛也。故当代典章，官司掌故，未有不可通于《诗》《书》六艺之所垂；而学者昧于知时，动矜博古，譬如考西陵之蚕桑，讲神农之树艺，以谓可御饥寒而不须衣食也。②

此论不仅明确地提出博古必须通今，而且严肃地批评博于古而昧于今者，针锋指向埋头博古的学究。

基于古为今用论，古代史学家对待古今大致有三种较为普遍的情况：

（一）通达古今——即通古今之变。自战国时出现通史雏形《纪年》《世本》，诸子百家谈古说今以来，几乎历代皆有通古今之作、谈古今之言。不少著作标出"通"字，很多史学家以"通识"见长。有志于史者往往争取做通人，而不愿为迂士。我国古代伟大的、杰出的史学家，首推通史大家，如两司马即是。

（二）略古详今——对古今，明确详略，不是什么厚薄，而是分清轻重。对待古今，无论是就历史与史学客观方面看，还是就史学家宗旨的主观方面言，都必然或必须略于古而详于今。翻阅通史名著《史记》和《资

---

① 《文史通义·礼教》。
② 《文史通义·史释》。

治通鉴》，可知《史记》写三千年的历史，52万字，以三分之二的篇幅写当代近百年的史事；《资治通鉴》写战国至五代1362年的历史，294卷，以110卷记近世（唐、五代）342年的史事，古今详略之比例，至为明显。或许有人会说：《资治通鉴》只详于近世，还未通至当代（宋）。此说有据。但须知司马光还有通古今的《稽古录》一书。其书20卷，写自伏羲氏至宋英宗数千年的历史，有宋一代（实为宋太祖至宋英宗间108年）占了4卷，还是略古详今的。

（三）以古喻今——就是借古讽今，是古非今，影射现实，古今比附，指桑骂槐，等等，皆属是类。这在古代是较普遍的现象，许多史学大家往往为之，试举数例：(1) 司马迁于《史记·孝文本纪》末论曰："汉兴，至孝文四十有余载，德至盛也。廪廪向改正服封禅矣，谦让未成于今。呜呼，岂不仁哉！"这是盛赞汉文帝之仁德；而一个"今"字，就刺及"今上"汉武帝不够"谦让"了，岂非颂古刺今。(2) 班固在《汉书·王莽传》赞中说："昔秦燔《诗》《书》以立私议，莽诵《六艺》以文奸言，同归殊途，俱用灭亡，皆炕龙绝气。非命之运，紫色蛙声，余分闰位，圣王之驱除云尔！"这是讥讽王莽弄奸短命，而顺便颂扬了"圣王"汉光武帝的复兴刘汉皇朝，岂非借古颂今。(3) 司马光于《资治通鉴》"臣光曰"论唐代常衮辞禄："君子耻浮食于人；衮之辞禄，廉耻存焉，与夫固位贪禄者，不犹愈乎！《诗》云：'彼君子兮，不素餐兮！'如衮者，亦未可深讥也。"① 这条写于元丰年间的史论是影射王安石的。早在熙宁元年八月十一日，司马光与王安石在神宗面前辩论财政问题。王安石先说："昔常衮辞赐馔，时议以为衮自知不能，当辞禄。"司马光接着反驳："常衮辞禄位，犹知廉耻，与夫固位贪禄者，不犹愈乎！"② 对照其前后之论，足见"未可深讥"乃影射王安石无疑。(4) 王夫之的《读通鉴论》论及五代竞于逐利、世风日下，有云：君不君，臣不臣，"自知之，自哂之，复自蹈之"。"于人则智，自知则愚，事先则明，临事而暗，随世以迁流"，"无德而欲为君，无道而欲为师，无勇而欲为将帅，无学而欲为文人，曰：天下纷纷，皆已然矣，吾亦为之，讵不可哉？始而惭，继而疑，未几而且自信，无患乎无人之相诱以相推也。鉴于流水者，固无定影也。童子见伎人之上竿而效之，或悲之，

---

① 见《资治通鉴》卷二二五。
② 《司马文正公传家集》卷四十二《迩英奏对》。

或笑之，虽有爱之者，莫能禁也。悲夫！"① 此愤世嫉俗之论，岂仅贬五代之恶俗，当亦讥当代之世风。在专制而不民主、压迫而不自由的古代社会，有此种种以古喻今的史学手法，毫不足怪，完全可以理解。

  时至近世，对于经世致用的史学传统是继承和发扬的。有些做法，如总结历史经验教训，加强历史教育，探讨历史发展规律，注意近代历史，等等，还是应当肯定的。当然，如今古为今用，可谓五花八门，有精粗之分，也有雅俗之别。如有提倡实用主义者，也有宣传唯古不今者；有影射比附者，也有发思古之幽情者，等等不一。治史如果着眼于实用，甚至强调古为今用，史学如果强调为现实的具体政策与措施提供依据，而不注意整个历史的发展方向，未免目光短浅了些，甚至会有实用主义与庸俗化倾向之患。有说史学就是研究历史之学，因而只要弄清历史事实，不必过问现实，更不必想到将来。这个说法有没有一点道理呢？有的，因为强调研究历史，不失为学问，总算没有忘掉研究对象，比之影射比附与占卜未来，无疑要高明一筹；但不问今、不思来，不考虑史学有促使历史发展之任务，总觉得有片面之嫌。发思古之幽情，文人学士时而有之，他们有感而发，或寄托情思，或表达思想，或消磨意志，或借古讽今。对此，可以具体分析，有的可谅解，有的可批评，总不可一概而论。然仅止于此，总不算最佳办法。影射比附，发生于古代可以谅解，放肆于近世就可恶了。现在，影射之恶已是昭著，为之者本来寥寥。然比附之陋还有影子，还在招摇过市，这也是要不得的。但批判影射比附，并不等于要反对史学面向现实与未来。任何学问，如果同现实与未来无关，恐怕只能陈列于博物馆。何况史学乃社会科学，如果没有一定的现实性与预见性，人们还问津干什么！不过，史学与应用科技还是大有区别的，它的研究对象是历史，同现实与未来的联系纽带仅仅是认识，故不能直接起物性作用，而只能起精神作用。人们学习历史，就是健脑益智，自觉地参与历史活动，促进社会前进。因此，应反对以今饰古的主观主义，防止庸俗的实用主义，批判伪造与涂抹的历史唯心主义，强调实录而客观的历史唯物主义。在史学家心目中，历史是一条长河，应有历史整体观念，如果只是回顾过去而不面向现实与未来，那未免保守，会落后的；如果只是低头走路而不研究历史，那会白白地失去有益的历史经验教训，会鼠目寸光而乱付"学费"，甚至要受到历史盲人之讥。一个有理智有生气的国家，举国上下应当理解古为今用，因势

---

① 《读通鉴论》卷二十八《五代上》十三。

利导，争当历史促进派。

三　关于"史才""史德"

传统史学中的"史才""史德"论，是谈史学家自身的修养问题。

我国史学史上提到"史才"的，当首推班彪。他评司马迁与《史记》时提到："然其善述序事理，辨而不华，质而不野，文质相称，盖良史之才也。"[1] 所谓史才，只包括记事行文之才，尚不涉及史识与史德。阅其下文："诚令迁依《五经》之法言，同圣人之是非，意亦庶几矣"云云，就可明白。故可以说，班彪虽然提到史才，还未提出"史才"论。

明确地提出史才论的是刘知几。他说：

> 史才须有三长，……三长：谓才也，学也，识也。夫有学而无才，亦犹有良田百顷，黄金满籝，而使愚者营生，终不能致于货殖者矣。如有才而无学，亦犹思兼匠石，巧若公输，而家无楩楠斧斤，终不果成其宫室者矣。犹须好是正直，善恶必书，使骄主贼臣所以知惧，此则为虎傅翼，善无可加，所向无敌者矣。脱苟非其才，不可叨居史任，自夐古以来，能应斯目者，罕见其人。[2]

其意是，史学家之才须具有才、学、识三长，否则，就不能胜任史职。《史通》中没有论史才的专篇，但它所谈内容多与史才三长有关。

据《史通》之内容，依我们如今之理解，刘知几之所谓史"才"，包括史文与撰著之能。史学家要善于写史文，要能做到简要、用晦、尚质戒饰，将历史写得既具体又生动。史学家要善于著书，要懂得史书体例，将史事组织到一定的史书结构之中，做到有系统、很完整。所谓史"学"包括材料占有和知识丰富。史学家要占有材料，要做到博采和慎择，辨别真伪，组织使用。史学家要有广博的知识，不仅精通社会历史，还要懂得一点天文、地理等自然科学。所谓史"识"，是个史学理论的水平问题。史学家要在具有广博的知识、丰富的阅历的基础上，对历史认识得清楚些，对史学理解得深刻些。

---

[1]《前史略论》，载《后汉书·班彪列传》。
[2]《旧唐书·刘子玄传》。

刘知几于《史通·杂说下》讥及博学而无识为"藏书之箱箧",虽多而无用。表明他对才、学、识三者是以识为要。然"识有通塞"。① 如何通而不塞,刘知几有其想法与要求,我为其归纳成三点:一是要"多识"与"善思"。他说,史学家应当博览群书,采撷群言,不能"专治周、孔之章句,直守迁、固之纪传",要在"博览旧事"的过程中,"多识其物",认清事物的本质。② 对于"异辞疑事",学者应当"善思"分辨,③ 分清其真伪是非。二是要"兼善"与"忘私"。他认为,学者往往凭个人好恶议论此是彼非,"兼善"者很少;其实应当兼取各家之长,不囿于一家之成见。又说,有些书籍记事,"情有所偏",即使是孔子、扬雄的著述,也夹杂私货而"不能忘私";④ 其实应当忘私,不能带有感情偏向。他强调,史学家记事,应当如"明镜之照物",妍媸都要照得见;如"虚空之传响",清浊都能听得到。只有"爱而知其丑,憎而知其善",⑤ 才不致出现偏差。三是要"探赜"。他认为,后人评论前人著述,往往"妄生穿凿",以致违背原著之意,实属荒谬。他提醒人们不要受此穿凿之徒的欺惑,而要细加分析。⑥ 所谓"探赜",实际上是提倡认真分析的态度。从这三方面可以察见,刘知几主要是在取材、记事、评论前史等方面谈史识,是有关史学之识,而不是探索历史之识。

章学诚也很重视史才问题,但认为刘知几之论还欠允当。他在史才问题上,作了重要的理论阐发。

首先,章氏认为才、学、识难兼而需要正确对待。他说:"学博者长于考索,侈其富于山海,岂非道中之实积!而骛于博者,终身敝精劳神以徇之,不知博之何所取也。才雄者健于属文,矜其艳于云霞,岂非道体之发挥!而擅于文者,终身苦心焦思以构之,不思文之何所用也。言义理者似能思矣,而不知义理虚悬而无薄,则义理亦无当于道矣。此皆知其然而不知所以然也。"⑦ 又说:"主义理者屈于辞章,能文辞者疏于征实,三者交讥而未有已也。义理存乎识,辞章存乎才,征实存乎学,刘子玄所以有三长

---

① 《史通·鉴识》。
② 《史通·杂述》。
③ 《史通·采撰》。
④ 《史通·杂说下》。
⑤ 《史通·惑经》。
⑥ 《史通·探赜》。
⑦ 《文史通义·原学下》。

难兼之论也。"① 意思是，才与属文、辞章，学与征实、考索，识与义理，都是互相联系的，又各有特点。但需要正确地对待三者。如何对待呢？他认为，学有专长者，不要"自擅"而自封高明，自以为是；应当"咨访"而互相学习，取长补短。否则，"三者不相为功而且以相病矣"。② 又认为，才、学、识三者有主次本末之分，当以识为主；然而时俗崇尚博学考据，学者又趋时而好名，"徇末而不知本"。学者可贵之处，"为能持世而救偏"应当"持风气"，而不能"徇风气"。③ 强调全面增长史才，而以识为主。

次之，章氏认为刘知几之说"未足以尽其理"，故提出了"史德"论。他说：

> 才、学、识三者，得一不易，而兼三尤难，千古多文人而少良史，职是故也。昔者刘氏子玄，盖以是说谓尽其理矣。虽然，史所贵者义也，而所具者事也，所凭者文也。孟子曰："其事则齐桓、晋文，其文则史，义则夫子自谓窃取之矣"，非识无以断其义，非才无以善其文，非学无以练其事，三者固各有所近也；其中固有似之而非者也。记诵以为学也，辞采以为才也，击断以为识也，非良史之才学识也。虽刘氏之所谓才、学、识，犹未足以尽其理也。夫刘氏以为有学无识，如愚估操金，不解贸化，推此说以证刘氏之旨，不过欲于记诵之间，知所抉择以成文理耳。故曰：古人史取成家，退处士而进奸雄，排死节而饰主阙，亦曰一家之道然也。此犹文士之识，非史识也。能具史识者，必知史德。德者何？谓著书者之心术也。……而文史之儒，竞言才、学、识，而不知辨心术以议史德，乌乎可哉？④

此论十分重要。论者并不否认才、学、识，不否认其为史才之基本问题，而只是认为刘知几之论只是一般文士之论；所谓"史识"，关键在于"必知史德"，即著书者之心术。这个"史德"，与史识不无关系，但不属于史识范围，是个专谈史学家思想修养的重要问题。

对此"史德"论，近人颇有争议，有说其强调尊重客观主义，有说其

---

① 《文史通义·说林》。
② 《文史通义·说林》。
③ 参见《文史通义·原道下》《文史通义·原学下》。
④ 《文史通义·史德》。

论纯为主观主义。拙作《章学诚的"史德"论》①专门探讨这个问题,这里略述大意,我认为,"史德"论的要点是:"所患乎心术者,谓其有君子之心而所养未底于粹也。……盖欲为良史者,当慎辨于天人之际,尽其天而不益以人也。尽其天而不益以人,虽未能至,苟允知之,亦足以称著述者之心术矣。"②这个论点,与其论文德,论道的本原,论学的根本,是一致的③。现在可以明确"史德"论的特点是:(1)强调辨著书者之心术,是谈史学家的思想修养问题。(2)所辨著书者之心术,是想处理好主观与客观的关系。所谓"当慎辨于天人之际,尽其天而不益以人",用现代语来表达其意,就是应该慎辨思想本于自然之公还是出于形气之私,要求做到尊重客观事理而不掺杂主观偏见。这是唯物的。(3)但所说"必通六义比兴之旨而后可以讲春王正月之书",强调心术修养之粹就在于"不背于名教",④"但为君父大义"。⑤这是以封建的纲常名教为最高准则。这是唯心的。可见章学诚在思想修养和学以致道问题上存在两重性。

传统史学中的"史才""史德"论,显然有其历史局限性,照搬过来是不妥的。但所提这种问题及所论内容,颇多精华,很有意义。应当引起重视,加以批判继承。

近几十年来,谈"史才""史德"遗产者有之,而联系史学现实者少,直接谈当代史才、史德问题及阐发有关理论者尤少。这似乎是个问题。

当今老一辈史学家在业务与思想修养上,一般说来,有其特点与长处。我们中青年一代在这方面情况就不一样,修短不一,一般说来修养较差。以"才"而言,史文欠佳,无论是著作,还是论文,其文字表述,有欠准确、生动之疵,虽无藻饰之嫌,但有呆板之实,不尚简要,而较繁杂。问世的历史论文与著作,销售量不大,读者面较小,欣赏者更少,其原因较多,但原因之一恐怕与史文不能激起读者热情与兴趣有关。

以"学"而言,从今日世界学术文化大势来看,应该说,我国如今饱学之士实在不多。史学家应当有广博的知识,不但要精通社会历史,也要熟悉一般社会科学,还当了解一点自然科学知识。然而,谈何容易!例如对于史料,往往谈不上详细占有,个人藏书甚少,借阅图书颇有难处,搜

---

① 施丁:《章学诚的"史德"论》,《中国史研究》1986年第2期。
② 《文史通义·史德》。
③ 参考《文史通义》之《文德》《原道》《原学》诸篇。
④ 《文史通义·史德》。
⑤ 《丙辰札记》,《章氏遗书》外编卷三。

集文物等资料更难，故论著难言"详实"。

以"识"而言，近代以来，我国史学界有识之士可谓多矣，在史识上，今胜于古，自不待言。但迄今还不能说对历史认识得很清楚。对我国夏、商、周三代的历史，有的明白些，有的还糊涂；对整个中国历史的发展规律与进程，恐怕还说得不清，至今众口不一；就是近几十年的历史，究竟处于什么历史阶段，提法上前后不一，对此史学家也要有"识"。对世界历史和当今世界，我们很难说认识得很清楚。现在也很难说对史学理解得十分深刻。如对史学的社会功用，承认不承认，功用有几许，今后如何发挥功用，没有认真讨论，还有待高明之见。如对近几十年，特别是近十年的史学，何者主流，何者支流，有何倾向，有否逆流，没有见到高谈阔论和尖锐批评，故大家若明若暗，"不识庐山真面目"。我国古代的史学评论似较活跃，即使在乾嘉时代，也还有章学诚辈大谈学风，发表己见；而现在史学批评深处低谷，是什么原因？说法很多。本人对此也说不清，道不明。但总觉得，治史者不注意史识，对史学不深刻理解，包括对近世史学的批评与总结，怎谈得上志在促进史学与历史之高瞻远瞩。

以"史德"而言，我们有段时期是提倡史学家的思想修养的，但实践上有差距。在新的历史条件与新的理论指导下，对"尽其天而不益以人"，应当有个高标准，新要求。在思想上，我们应当坚持和发扬"实录"，切实做到实事求是，真正树立唯物史观。彻底的唯物主义，就在于不是唱高调，而是见实际行动，应当公而不私，直而不曲，真而不伪，正而不歪。至于"心术"问题，我想就是要做到主观适应客观，坚持史学的科学性。

四 关于"一家言"

上述"实录""经世致用""史才"与"史德"三者，是有关史学理论、宗旨及史学家修养的问题，是史学工作及史学工作者要不要实事求是、学以致用、加强修养的重大问题。

这里提到的几个史学传统，是十分重要的，值得我们借鉴，批判继承。本文标题提到维新，实际上几乎没有谈如何维新；换句话说，目前的史学维新，有待于批判继承我国史学的优良传统。这不能说是唯一的办法，但确是要紧的事。如果对史学传统认真地批判继承，促进当今史学维新是不成问题的。维新的问题，首要的不是具体做法，而是明确史学的性质与方向，提高史学家的素质。

司马迁提出"成一家之言",历来许多史学家欣赏之,标榜之,为此努力奋斗者也大有人在。何谓"一家言"?就司马迁其人来看,就事论事,是对历史与现实提出了与君主世俗之见相异的个人看法,是标榜独断;就史学意义言,是自觉地开创局面的表现,是表明主动承担历史使命。总之,是否成一家之言,是依附俗见与隶属时政,还是独立评判历史与开创局面,是史学家有否历史使命感及主体意识性的问题。

生于乾嘉时代的史学家,照常有人提起"一家言"。章学诚对当时的学风颇为不满,愤然说:

> 自四库征书,遗籍秘册荟萃都下,学士侈于闻见之富,别为风气,讲求史学,非马端临氏之所为整齐类比,即王伯厚氏之所为考逸搜遗。是其研索之苦,襞襀之勤,为功良不可少。然观止矣!至若前人所谓决断去取,各自成家,无取方圆求备,惟冀有当于《春秋》经世,庶几先王之志焉者,则河汉矣。①

论者承认"整齐类比""考逸搜遗"之功,肯定此种工作"良不可少",但要求史学明确宗旨、有益社会,要求史学家"决断去取,各自成家"。尽管章氏出于历史条件的限制,成就有限;但他那暗刺官学专制、反对考据成风的精神,及开创局面的自觉性,还是可贵的,应予肯定。

如果我们正确地继承史学传统中的"一家言"遗产,不随意地理解为张家李家,不廉价地许愿成名成家,而是立志于在新的历史条件下,积极地开创史学新局面,庶几有益于人民、民族、国家,相信史学能成为推动历史前进的一种精神力量。

笔者只是将治史学史过程中触及的一些问题摆了出来,谈点感想,说不上是什么意见,恳请方家批评指正。

---

① 《邵与桐别传》,《章氏遗书》卷十八。

刘知几"实录"论

实录论是刘知几史学的基本理论。历来学者研究和评论刘知几与《史通》，对此多有涉及，当今学者或已指出了实录论，取得了一定的成就。本人在诸贤成就的基础上略抒浅见，请方家与读者指正。

一 实录是基本的史学理论

刘知几（661—721）是唐代大史学家。他的著作《史通》，是一部史学批评专著，也是一部史学理论名著。实录就是其基本的史学理论。

章学诚曾说："刘言史法，吾言史意"。① 刘知几本人也确实重视史法、史例。他说："夫史之有例，犹国之有法。国之无法，则上下靡定；史之无例，则是非莫准。昔夫子修经，始发凡例，左氏立传，显其区域，科条一辨，彪炳可观。"② 《史通》中的《本纪》《世家》《列传》《表历》《书志》《论赞》《题目》《断限》《编次》《序传》以及《载文》《补注》等篇章，确也着重谈纪传正史之体例。因此之故，历来学者多认为刘知几史学主要特点是言史法，是言史书编撰问题。长期以来，人们多忽视其也言史意，并有史学理论。

有的学者认为，《史通》不仅有理论，而且有"理论体系"，并就其理论体系的学术渊源、时代因素、结构和逻辑、主要范畴及其基本矛盾，作了较全面的探讨和论证。③ 这是颇有识见的。

---

① 《文史通义》外篇三《家书二》。
② 《史通》卷四《序例》。
③ 参见赵俊：《〈史通〉理论体系研究》，辽宁大学出版社，1990。

《史通》既有一个理论体系，那它有否一个核心的基本理论？这也可以作肯定的回答。有，那就是实录论。《史通》在展开史学批评，论述史料采择、撰述准则、文字表述、史学义理、史学功用以及史家素质诸方面，无不使用了虚与实、真与假、曲笔与直书、实录与伪录等概念，尤其是言"良史以实录直书为贵"，① 这就给学者探讨其基本的史学理论以启示，并提供了证据。在思考和探讨这个问题上，有些学者颇具慧眼，早已提出高见。清人浦起龙在写《史通通释》时，对刘知几史学思想已胸有成竹，故他既说"知几论史，黜饰崇真"，② 又说《史通》有"良秽、简芜、核直、夸浮之辨"，"斥饰崇质"。③ 这已摸到了实录论，只是没有明确地提出而已。

傅振伦是研究刘知几与《史通》的专家，曾说："盖知几主张撰述史书，贵为实录"，又说："知几既以史之所贵，在于写真，求为实录，因力倡叙事以时事为转移、时言记事、史德、阙疑诸说，更有史识良难之叹"。④ 这实际上已提到了刘知几实录论，所言"叙事以时势为转移""时言记事""史德""阙疑""史识"等以及就此展开的论析，实际上是对实录论基本内容的论析。

而明确地提出刘知几实录史学者，当数许冠三。他所撰著的《刘知几实录史学》一书，首先于"自叙"提到，"以现代史学概念条陈其义理系统，分由史料学、撰述论与史评说三层展露其实录准绳"。该书第三、四、五章就是谈的这个内容，而且是以"实录义例"上、中、下为标题的；又在"绪言"一章中指出："知几史学理论之本核，端在实录直书四字。盖《史通》四十九篇，实无一篇不以'明镜照物'之直书为依归，亦无一篇不以'据事直书'之实录为准。全书八万九千字，亦无一字不在讲究'善恶毕彰，真伪尽露'"。⑤ 这是言之成理而可信的。

还可以这么说，实录论是刘知几基本的史学理论。这个理论，不仅包括史料学、撰述论、史评说三个层面，而且还包含历史文学、史学评论、史家素质等方面；就是刘知几的史学观点与方法，也与其实录论有内在的密切的联系。这点，下文再谈。其史学批评，辨虚实、别真伪、分善恶、定优劣的武器，就是实录论。如云："至于实录，付之丘明，用使善恶毕彰，

---

① 《史通》卷十四《惑经》。
② 《史通通释·杂说中》按语。
③ 浦起龙：《史通通释》序。
④ 傅振伦：《刘知几年谱》，中华书局，1963，第104页。
⑤ 许冠三：《刘知几实录史学》，香港中文大学出版社，1983，第3页。

真伪尽露。"① 甚至直指历史记载为"实录"。如云：《公羊传》"目彼嘉馔，呼为菲食，著之实录，以为格言，非但于《左氏》有乖，亦于物理全爽者矣"，② 此中之"实录"，指的就是历史记载。

二 刘知几实录论之渊源

刘知几是在中国传统文化熏陶中成长起来的，其史学理论受传统文化影响很大，其实录论也是如此，最直接的影响是来自班固的实录论，或者说，班固的实录论是刘知几实录论的直接渊源。

谈起刘知几史学及其思想的渊源，近代以来不少学者作了探讨并提出了看法，一般认为《论衡》和《文心雕龙·史传》篇对刘知几的影响较大，也较为明显。这是可信的。许冠三则认为，除《论衡》和《文心雕龙》外，还有《左传》和《齐志》。他说："知几所向往之实录史学，实以《左传》为首要之经验范畴，他持以讥往哲述前非之若干义理准则，本质上原是《左传》先例之引申与扩大，或者理想化。"③ "于知几史学理论，尤其是叙事行文之道，有显著影响而不可不提者，尚有王劭之《齐志》。"④ 其说不无道理。

但需要指出的是，刘知几的史学及其思想，虽受到传统文化多方面的影响，然其实录论的渊源，却是直接来自班固的实录论。扬雄的《法言》评价司马迁曰"实录"，⑤ 但他没有展开论说。班彪《史记略论》谈到司马迁史学时说："然其善序事理，辨而不华，质而不野，文质相称，盖良史之才也。"⑥ 这个评论具有理论性，但没有提起实录。班固的史学思想，深受扬雄及其父班彪的影响。他评论司马迁史学曰：

> 然自刘向、扬雄博极群书，皆称迁有良史之材，服其善序事理，辨而不华，质而不俚，其文直，其事核，不虚美，不隐恶，故谓之

---

① 《史通》卷十四《申左》。
② 《史通》卷十六《杂说上》。
③ 许冠三：《刘知几实录史学》，香港中文大学出版社，1983，第22页。
④ 许冠三：《刘知几实录史学》，香港中文大学出版社，1983，第27页。
⑤ 《法言》卷十五《重黎》。
⑥ 见《后汉书·班彪传》。

实录。①

这是综合了扬雄和班彪的思想，不仅用以评论了司马迁史学，同时还明确地提出了实录论。这个实录论，包含了叙事、行文、明义及史评等多方面理论因素。② 这对刘知几实录论无疑产生了直接的、很大的影响。

这里且以刘知几实录论之有关论说，来与班固实录论试作比较，就可一目了然。《史通·鉴识》③篇云：

> 夫史之叙事也，当辨而不华，质而不俚，其文直，其事核，若斯而已可也。必令同文举（孔融）之含异，等公幹（刘桢）之有逸，如子云（扬雄）之含章，类长卿（司马相如）之飞藻，此乃绮扬绣合，雕章缛彩，欲称实录，其可得乎？

此中的"辨而不华，质而不俚"云云，是直接引用了班固实录论的文字，以为理论根据；而这个理论显然是强调叙事之"核"而不虚不俚，以及行文之"直"而不曲不华的问题。再看《载文》篇云：

> 若乃宣、僖善政，其美载于周诗；怀、襄不道，其恶存乎楚赋。读者不以吉甫、奚斯为谄，屈平、宋玉为谤者，何也？盖不虚美、不隐恶故也。是则文之将史，其流一焉，固可以驾南、董，俱称良直者矣。

又《史通·杂说下》有"夫所谓直笔者，不掩恶，不虚美"之句。其论史、论文之直笔，共同点都是"不虚美，不隐恶"。这也是个重要的理论，而它也是来自班固的实录论，是一字不差地征引而来的。《载文》篇末云："凡今之为史而载文也，苟能拨浮华，采贞（一作'真'）实，亦可使乎雕虫小技者，闻义而知徙矣。此乃禁淫之堤防，持雅之管辖，凡为载削者，可不务乎？"此中的"拨浮华，采贞实"，实质上是"辨而不华，质而不俚"的翻新与发展。至于《惑经》篇所说，史官执简，宜类"明镜之照物，妍媸

---

① 《汉书·司马迁传》赞。
② 参见施丁《中国史学的传统与维新》，《中国社会科学》1989 年第 5 期。
③ 以下凡引《史通》篇章，只写篇名。

必露","虚空之传响,清浊必闻","苟爱而知其丑,憎而知其善,善恶必书,斯为实录"。这也是班固"文直事核"与"不虚美,不隐恶"的同音和发挥。

于是可见,班固实录论的全部内容,甚至是其所有文字,都被刘知几采择而使用,班刘之间的理论亲缘关系显然是不言而喻的。

自班固之后,实录一词常为从事史学工作及史学评论者所使用。魏晋南北朝时期,国家分裂,社会动乱而不宁,在这种形势下产生的史书,众多繁杂而欠实,于是多有呼吁实录者,如北魏高允曰:"夫史籍者,帝王之实录,将来之炯戒。"[①] 撰史者也以实录为口头禅,如北魏崔鸿自言其所著《十六国春秋》删正旧史差谬,"定为实录"。[②] 又有人以实录为武器,批评某些史学著作,如沈约批评以往的宋史著作,"多非实录"。[③] 应当特别一提的是《文心雕龙·史传》篇,这是简要的史学批评名作。该文谈司马迁时,因袭了班氏父子的思想,肯定"尔其实录无隐之旨,博雅弘辩之才";谈史书撰述时曰:"然纪传为式,编年缀事,文非泛论,按实而书"。末尾强调,反对曲笔,主张直书实录。这对刘知几自然也有影响。

三 实录论之重大发展

刘知几的实录论,不只是继承班固的实录论,而且有重大发展。主要表现于史料采择、史书撰述、史文用笔、史义申明、史学批评以及史家修养等方面。

尽管班固实录论"辨而不华"云云20个字之史学含量很大,可以抽引出史事、史文、史义、史评以及史德等含义,但也仅止于此,不能再多加延广和阐发,而刘知几的实录论,无论是量与质,还是广与深,较之班论都大有长进和光彩。

许冠三《刘知几实录史学》一书,对刘知几史学之史料学、撰述论与史评说三个方面论述较详,本文对此略而不谈。现在只就史文用笔、史义申明以及史家修养等三个方面作简要论述。

关于史文用笔。这是历史文学问题。刘知几认为,在文史分家的情况

[①] 《魏书·高允传》。
[②] 《魏书·崔光附崔鸿传》。
[③] 沈约:《宋书·自序》。

下,对史笔的要求是,"言必近真",①"损华摭实",② 文质相称。应当"文而不丽,质而非野",③"辨而不华,质而不俚"。④ 刘知几说:"夫史之称美者,以叙事为先。"⑤ 他感到"世重文藻,词宗丽淫"⑥,乃不良的文风,故反对"华而不实",⑦"虚加练饰,轻事雕彩",⑧"华多而实少,言拙而寡味";⑨ 反对因袭古文,⑩"拟古而不类";⑪ 反对"文饰",⑫"浮辞""奢言"⑬ 以及"对语俪辞"。⑭ 在《叙事》篇中,他强调"叙事之体"三个要点:一是"以简要为主",要求做到"文约而事丰",不可"烦芜",而应"简要合理",务必"华逝而实存,滓去而沉在",就是要求言简意赅。二是主张"用晦之道"。要求"省字约文,事溢于句外","略小存大,举重明轻,一言而巨细咸该,片语而洪纤靡漏";要求"言近而旨远,辞浅而义深,虽语已殚,而含意未尽";要求"言虽简略,理皆要害","疏而不遗,俭而无阙"。做到"使夫读者望表而知里,扪毛而辨骨,睹一字于句中,反三隅于字外"。就是要求文字简练,寓意深远,即含蓄、隽永。三是反对"润色之滥"。古有"比兴"手法,近世则"或拟人必以其伦,或述事多比于古","或假托古词,翻易今语",于是萌发"润色之滥"。更有甚者,"持彼往事,用为今说","虚引古事,妄足庸音","直以事不类古,改从雅言"。刘知几对这种"或虚加练饰,轻事雕彩;或体兼赋颂,词类俳优"的文风,讥曰:"文非文,史非史,譬如乌孙造室,杂以汉仪,而刻鹄不成,反类于鹜者也。"⑮ 刻鹄类鹜,则文质不相称矣。刘知几对叙事行文的主张,颇有历史意义,"文起八代之衰"的韩愈可能受到他的启发。

关于史义申明。班固实录论只提到"不虚美,不隐恶",关涉史义,再

---

① 《史通》卷六《言语》。
② 《史通》卷五《载文》。
③ 《史通》卷六《叙事》。
④ 《史通》卷七《鉴识》。
⑤ 《史通》卷六《叙事》。
⑥ 《史通》卷九《核才》。
⑦ 《史通》卷六《言语》。
⑧ 《史通》卷六《叙事》。
⑨ 《史通》卷十六《杂说上》。
⑩ 《史通》卷五《因习》。
⑪ 《史通》卷八《摸拟》。
⑫ 《史通》卷十七《杂说中》。
⑬ 《史通》卷六《浮词》。
⑭ 《史通》卷十八《杂说下》。
⑮ 以上引文,均见《史通》卷六《叙事》。

无其他。刘知几则在史义方面大加发挥，认为"善恶必书，斯为实录"。①并说，对待人物，需要"申藻镜，别流品"，分清优劣等次，使其善恶昭著，"其恶可以戒世，其善可以示后"。② 又说："史者固当以好善为主，嫉恶为次。"司马迁、班彪是"史之好善者"，晋董狐、齐南史是"史之嫉恶者"，只有左丘明"兼此二者"。③ 他认为，只有好善嫉恶，才能"惩恶劝善，永肃将来，激浊扬清，郁为不朽"。④ 意思是，史义就在于起教育和劝戒的作用。

关于史家修养。刘知几言史家修养，以能直书实录的"良史"作为标准，他认为，近代文人修史，"言皆浅俗，理无要害"，"握管怀铅，多无铨综之识；连篇累牍，罕逢微婉之言"。⑤ 当代监修更是"凡庸贱品"，而无"直若南、董，才若马迁"的人才。⑥ 这就谈到了史家修养的才、学、识三个方面。他还认为，才、学、识三者，识最为重要。他说：

> 夫人有通塞，神有晦明，毁誉以之不同，爱憎由其各异。……斯则物有恒准，而鉴无定识，欲求铨核得中，其惟千载一遇乎！况史传为文，渊浩广博，学者苟不能探赜索隐，致远钩深，乌足以辨其利害，明其善恶。⑦

无论是史评还是撰史，都是识比才、学更具有关键性作用。

刘知几答郑惟忠"自古文士多，史才少"之问时，谈道：

> 史才须有三长：谓才也，学也，识也。夫有学而无才，犹有良田百亩，黄金满籯，而使愚者营生，终不能致殖货矣；如有才而无学，犹思兼匠石，巧若公输，而家无楩柟斧斤，终不能成其宫室矣。犹须好是正直，善恶必书，使骄君贼臣所以知惧，此则为虎傅翼，善无可加，所向无敌矣。⑧

---

① 《史通》卷十四《惑经》。
② 《史通》卷八《人物》。
③ 《史通》卷十八《杂说下》。
④ 《史通》卷七《品藻》。
⑤ 《史通》卷九《核才》。
⑥ 《史通》卷十《辨职》。
⑦ 《史通》卷七《鉴识》。
⑧ 《唐会要》卷六十三《史馆上》，两《唐书》本传所记略同。

刘知几此说,"时以为笃论"。① 一般看来,此中只提到才、学、识三个方面,其实所谓"犹须好是正直,善恶必书",显然是言史德,没有"正直"之心,是难以坚持善恶必书的。《惑经》篇云:史官执简,宜类"明镜之照物,妍媸必露","虚空之传响,清浊必闻"。"苟爱而知其丑,憎而知其善,善恶必书,斯为实录。"意思是,只有心如明镜的公正者,才能做到善恶必书。《直书》篇云:人品不一,"邪正有别,曲直不同。若邪曲者,人之所贱,而小人之道也;正直者,人之所贵,而君子之德也。"《曲笔》篇云:"如王劭之抗词不挠,可以方驾古人。而魏收持论激扬,称其有惭正直。夫不彰其罪,而轻肆其诛,此所谓兵起无名,难为制胜者。寻此论之作,盖由君懋书法不隐,取咎当时,或有假手史臣,以复私门之耻,不然,何恶直丑正,盗憎主人之甚乎!"这里提到的"正直"与"邪曲"以及"有惭正直""恶直丑正"等,都是从史家的思想修养和品德方面发论的,是史德问题。《辨职》篇云:

  史之为务,厥途有三焉。何者?彰善贬恶,不避强御,若晋之董狐,齐之南史,此其上也。编次勒成,郁为不朽,若鲁之丘明,汉之子长,此其次也。高才博学,名重一时,若周之史佚,楚之倚相,此其下也。

将"高才博学"置于"下","编次勒成"也仅为"次",而将"彰善贬恶"推为"上",实际上是强调"犹须好是正直,善恶必书",认为史德比史才三长(才、学、识)更为重要,史家的思想修养起着主要作用。

  刘知几的实录论,可谓实录论发展之新里程碑,为中国传统史学理论树立了真正的史学理论形象,标志着中国史学理论之特色。

四　实录论之历史价值与意义

  实录论,自公元1世纪班固明确提出,至8世纪初刘知几加以发展,在中国史学史上有着重大的历史价值和意义。
  中国的史学理论,早在先秦时期已有萌芽。就狭义的史学理论来说,

---

① 《唐会要》卷六十三《史馆上》,两《唐书》本传所记略同。

所谓"属辞比事而不乱，则深于《春秋》者也"① 的"属辞比事"，就是个理论问题。有个解释："属辞比事，《春秋》教也者，属，合也；比，近也。《春秋》聚合会同之辞，是属辞；比次褒贬之事，是比事也。"② 照这个解释，"属辞比事"就含有记事、行文、申义三个史学因素。孟子云："王者之迹熄而《诗》亡，《诗》亡然后《春秋》作，晋之《乘》，楚之《梼杌》，鲁之《春秋》一也。其事则齐桓、晋文，其文则史，孔子曰：'其义则丘窃取之矣。'"③ 这就明确地提出了"事""文""义"史学三要素，构成了史学理论之基本内核。《左传》有云："君子曰：《春秋》之称，微而显，志而晦，婉而成章，尽而不污，惩恶而劝善，非圣人孰能修之！"④ 其中所言"五例"乃重要的史学理论问题，也涉及记事、行文、明义三个方面，这对后世史学产生了很大影响。刘知几史学显然与其有一定的源流关系，其言史笔的"用晦之道"就是"志而晦"之继承与发挥。钱锺书曾说："《史通·叙事》一篇实即五例中'微''晦'二例之发挥。"⑤ 的确，刘知几所谓"以简要为主"，"晦也者，省字约文"，乃"微""晦"之引申，当然既继承又发展。至于"惩恶劝善"，《史通》中更多有发挥。

西汉史学中也有史学理论的内容。司马迁在《史记》中透露了不少史学思想，其论孔子修《春秋》，"上记隐，下至哀之获麟，约其辞文，去其烦重，以制义法，王道备，人事浃"，⑥ 也提到了事、文、义三个方面。扬雄评论《史记》，提出了"实录"这个看法，但没有展开论述。只有到了东汉初年班固评论司马迁与《史记》时，才提出了实录论，言简意赅，含义深刻，才树起了传统史学理论的旗帜。

刘知几对实录论之继承与发展，对后世史学产生了深远的影响，具有很大的历史价值与意义。值得注重之点是：

（一）史学批评中寓史学理论。我国传统史学多是在史学批评中申明基本的史学理论，几乎整个古代都没有纯粹的史学理论著作，左丘明、孟子评孔子与《春秋》，司马迁评孔子与《春秋》，班固评司马迁与《史记》，范晔评班固与《汉书》，是如此；《文心雕龙·史传篇》是如此，刘知几也

---

① 《礼记·经解》篇。
② 《礼记·经解》之《孔疏》。
③ 《孟子·离娄下》。
④ 《左传》成公十四年。
⑤ 钱锺书：《管锥篇》，中华书局，1979，第164页。
⑥ 《史记·十二诸侯年表》序。

如此；刘知几而后，郑樵、马端临以至章学诚等，还是如此。刘知几的《史通》，思想突出，寓有理论，在史学批评中运用实录论为武器，同时发展了这个理论。我国古代史学家不喜欢空言理论，可能认为那种做法空泛无味，不如言事而明理，史论结合为好。这可以说是一个很大的特点。有的中外学者认为中国古代史学发达，可惜没有史学理论，也许是因为他们对中国传统史学了解不多不深，或对中国史学批评著作没有读懂读透之故。

（二）指出史书不实之祸首是当朝史官与权贵。《编次》指出，当代史官所撰《齐书》《隋书》，写朝代更替之际颇为不实，以"取悦当代"权贵。《古今正史》篇指出，"总统史任"之许敬宗所书不实，主要是因他"或曲希时指"，阿谀讨好最高统治者而曲笔，"或猥饰私憾"，以权谋私而讳饰。刘知几指出这种情况，是有切身感受而愤发直言的。他在《自叙》篇中提到："长安中，会奉诏预修《唐史》。及今上即位，又敕撰《则天大圣皇后实录》。凡所著述，尝欲行其旧议，而当时同作诸士及监修贵臣，每与其凿枘相违，龃龉难入。故其所载削，皆与俗浮沉。虽自谓依违苟从，犹大为史官所嫉。"直言监修贵臣妨碍了他坚持实录的做法。刘知几又以史局"监修者多"，甚为国史之弊，乃"奏记于萧至忠"，要求辞职。① 辞职书中详言监修之弊，提到"顷史官注记，多取禀监修，杨令公则云'必须直词'，宗尚书则云'宜多隐恶'。十羊九牧，其令难行；一国三公，适从何在？"② 他感到，权贵当道，监修谀世，难以做到实录。他辞去史职，实际上是挣脱监修控制，以便私撰《史通》，发表实录论。这是颇有战斗精神和意义的。

（三）尊重历史，面对现实，呼吁直书实录。刘知几是尊重历史的，他认为古今有变化："世异则事异，事异则备异。必以先王之道持今世之人，此韩子所以著《五蠹》之篇，称宋人有守株之说也。"③ 他认为文化有发展和进步："夫远古之书与近古之史，非唯繁约不类，固亦向背皆殊"，④ 还认为，"古今不同，势使之然。"⑤ 基于此，刘知几主张面对现实，正视是非，并决心救弊纠偏。《曲笔》篇末云：

---

① 《唐会要》卷六十四《史馆杂录下》，又《新唐书》本传。
② 《史通》卷二十《忤时》。
③ 《史通》卷八《摸拟》。
④ 《史通》卷十三《疑古》。
⑤ 《史通》卷九《烦省》。

> 自梁陈以降，周、隋而往，诸史皆贞观中群公所撰，近古易悉，情伪可求。至如朝廷贵臣，必父祖有传，考其行事，皆子孙所为，而访彼流俗，询诸故老，事有不同，言多爽实。昔秦人不死，验符生之厚诬；蜀老犹存，知葛亮之多枉。斯则自古所叹，岂独于今哉！
>
> 盖史之为用也，记功司过，彰善瘅恶，得失一朝，荣辱千载。苟违斯法，岂曰能官。但古来唯闻以直笔见诛，不闻以曲词获罪。是以隐侯《宋书》多妄，萧武知而勿尤，伯起《魏史》不平，齐宣览而无谴。故令史臣得爱憎由己，高下在心，进不惮于公宪，退无愧于私室，欲求实录，不亦难乎？呜呼！此亦有国家者所宜惩革也。

他面对现实，不是畏惧退缩，而是予以揭露，指出"直笔见诛"，而曲词"无谴"是由于某些权贵袒护，故难以实录。他认为，这种情况，"所宜惩革"，即必须改变现状，史学才可能健康发展。这种声音，难能可贵。

（四）要求记事撰史相时因俗，历史文化形成一种传统之后，或容易陈陈相因，或为人怀古守旧。刘知几则不囿于传统守旧，而强调相时因俗。他写道：

> 或问曰：子以都邑、氏族、方物宜各纂次，以志名篇，夫史之有志，多凭旧说，苟世无其录，则阙而不编，此都邑之流所以不果列志也。对曰：案帝王建国，本无恒所，作者记事，亦在相时。远则汉有《三辅典》，近则隋有《东都记》。于南则有宋《南徐州记》《晋宫阙名》，于北则有《洛阳伽蓝记》《邺都故事》。都邑之事，尽在是矣。谱牒之作，盛于中古，汉有赵岐《三辅决录》，晋有挚虞《族姓记》。江左有两王《百家谱》，中原有《方司殿格》。盖氏族之事，尽在是矣。自沈莹著《临海水土》，周处撰《阳羡风土》，厥类众夥，谅非一族。是以地理为书，陆澄集而难尽；《水经》加注，郦元编而不穷。盖方物之事，尽在是矣。凡此诸书，代不乏作。必聚而为志，奚患无文？譬如涉海求鱼，登山采木，至于鳞介修短，柯条巨细，盖在择之而已。苟为鱼人、匠者，何虑山海之仙罄哉？①

刘知几之前，纪传体正史中，没有都邑、氏族、方物等篇目内容。他根据

---

① 《史通》卷五《书志》。

汉魏以来社会和文化发展的情况，主张新设三志。或以为"史之有志，多凭旧说"之观点，提出责难。他提出"记事相时"之说，予以反驳，并列举史实，说明新增三志是有历史根据和丰富的材料来源的，若有心"相时"而探求，就不必担忧。在《因习》篇中，刘知几更明确地论说因俗随时：

> 盖闻三王各异礼，五帝不同乐，故传称因俗，《易》贵随时。况史书者，记事之言耳。夫事有贸迁，而言无变革，此所谓胶柱而调瑟，刻舟以求剑也。

历史不断地发展变化，撰史应当"因俗随时"，随之而变。史事已变了，史文没有变，这可谓胶柱调瑟或刻舟求剑。刘知几指出，有的因袭旧文，不加审辨，而照抄搬来，记入新史，闹出种种笑话。他提醒人们应当"识事详审，措辞精密"①。在称谓问题上，刘知几反对"自我作故"及"意好奇而辄为"，主张"取叶随时，不借稽古"。② 在体例问题上，他强调不可"名实无准"，当识"随事之义"。③ 他特别反对"拟古而不类"，④ 讥笑"必翦裁今文，摸拟古法，事非改辙，理涉守株"。⑤ 他指责有些人摸拟古文，"貌同而心异"，乃"守株"之法，"叶公好龙"，实为"无识"⑥。相时因俗，即正视实际而因俗变化，实是朴素的唯物辩证法。

（五）辨史论史要求通识。在这个问题上，刘知几所论有三点值得重视：（1）首先是思想与观点的问题。刘知几云：

> 夫人识有通塞，神有晦明，毁誉以之不同，爱憎由其各异。……况史传为文，渊浩广博，学者苟不能探赜索隐，致远钩深，乌足以辨其利害，明其善恶。⑦

这是说，史学范围广博，如果不能深入地探其奥秘，就不能明其利害得失。

---

① 《史通》卷五《因习》。
② 《史通》卷四《称谓》。
③ 《史通》卷八《摸拟》。
④ 《史通》卷八《摸拟》。
⑤ 《史通》卷一《六家》。
⑥ 《史通》卷八《摸拟》。
⑦ 《史通》卷七《鉴识》。

而从事探讨，务使爱憎毁誉端正，首先要求神智清明，鉴识通达。如果神晦识塞，那就要出差错，甚至颠倒黑白。刘知几认为，《左传》比之《公羊》《谷梁》二传显然"为传之最"，而很长时间儒者"盛推二传"，这就有"通塞晦明"的神识问题。（2）辨史优劣有个标准问题。刘知几指出："夫史之叙事也，当辨而不华，质而不俚，其文直，其事核，若斯而已可也。必令同文举之含异，等公幹之有逸，如子云之含章，类长卿之飞藻，此乃绮扬绣合，雕章缛彩，欲称实录，其可得乎？以此诋呵，知其妄施弹射矣。"① 这告诉人们，鉴评史学有个以"文直事核"的"实录"抑或以"绮扬绣合，雕章缛彩"的"飞藻"为准则的标准问题，换句话说，史学批评当以实录论为武器，辨其虚实真伪，乃神明通识之关键。刘知几反对《尚书》《春秋》之讳饰，揭露史书为本朝及个人恩怨而讳饰，② 都是以实录为衡量之标准。（3）要明确作者"指归"。史学批评，首先要求抓住要点，不能抓了芝麻，抛掉西瓜；也不能眉毛胡子一把抓。刘知几云：

> 夫前哲所作，后来是观，苟失其指归，则难以传授。而或有妄生穿凿，轻究本源，是乖作者之深旨，误生人之后学，其为谬也，不亦甚乎！③

指明应当了解"指归""深旨"，而反对"妄生穿凿，轻究本源"。在《探赜》篇中，刘知几批评了"独学无友，孤陋寡闻"，"强奏庸音，持为足曲"，"文饰其非"，"凭虚亡是"，"情理不当"，"矫妄"，"异说"等不良学风与倾向，并指出："考众家之异说，参作者之本意，或出自胸臆，枉申探赜；或妄加向背，辄有异同"，严正地批评主观任意之作祟。他还提出警告："流俗腐儒，后来末学，习其狂狷，成其诖误，自谓见所未见，闻所未闻，铭诸舌端，以为口实。唯智者不惑，无所疑焉。"④ 主观主义贻害无穷，而腐儒末学受其流毒而不悟，只有神明通识者才"不惑"。"智者不惑"，即神明通识。

（六）刘知几实录论之历史影响。对这个问题，前贤和近人多有论述，本文只简述几个要点：（1）郑樵颇受刘知几影响。傅振伦指出，郑樵与刘

---

① 《史通》卷七《鉴识》。
② 参考《史通》之《曲笔》《疑古》《惑经》及《古今正史》等篇。
③ 《史通》卷七《探赜》。
④ 以上引文，均见《史通》卷七《探赜》。

知几相同之史学思想有"尚通""论史料""重宪章""反对五行迷信"等,"樵又主张史贵征实,以求实用;史贵直书,当废论赞;文人不可修史;详近略远。是等观点,皆与知几同"。① 此言有据。但就史学理论的基点来看,郑与刘相同之处,主要是实录论,这就说明郑樵是深受刘知几影响的。(2) 乾嘉史学受到实录论影响,浦起龙评《史通》"斥饰崇质",② 切中要点。乾嘉时期历史考证,可谓斥虚崇实,开乾嘉考史风气者王鸣盛言《史通》"要为有意务实者",并坦言"故予窃比之"。③ 王氏与钱大昕等标榜"实事求是",④ 并有很大成绩,⑤ 说明与实录论大有关系。当时北方考据大家崔述云:"今为《考信录》,于殷周以前事,但以《诗》《书》为据,而不敢以秦汉之书遂为实录,亦推广《史通》之意也。"⑥ 这就足以证明刘知几实录论对后世史学大有影响。(3) 章学诚也受到刘知几史学的影响。就以章学诚自得自喜的"史德"论与"史学所以经世"论来说,显然是受了刘知几史学影响而加以发展的。刘言"犹须好是正直",而章提出了"史德"论;⑦ 刘言近世及当代史学之是非,批评曲笔阿世,而章提出了"史学所以经世"说,⑧ 两者的源流关系虽若隐若现,但还是清楚的。可惜章学诚没有认识到刘知几实录论之重大历史价值和意义,这是憾事。

结　语

刘知几对实录论之继承与发展及其历史影响,说明实录论乃中国传统史学之基本理论,有着重大的历史意义。实录论启示史学工作者,记事真实,行文如实,阐义从实,鉴识据实,史评切实。凡史学必须实事求是。

---

① 傅振伦:《刘知几年谱》,中华书局,1963,第 146～147 页。
② 《史通通释·自叙》。
③ 《十七史商榷》卷一○○。
④ 参见王鸣盛《十七史商榷》自序、钱大昕《廿二史考异》自序。
⑤ 参见施丁《钱大昕"实事求是"史学》,《求是学刊》2001 年第 3～4 期。
⑥ 崔适:《考信录提要》卷上。参见顾颉刚编订《崔东壁遗书》,上海古籍出版社,1983,第 6 页。
⑦ 参见《文史通义》内篇三《史德》。
⑧ 参见《文史通义》内篇二《浙东学术》。

司马光史论的特点

一

我国古代史学有讲究经世的传统，所以论史往往寓论政，司马光在这方面尤为突出，这是其史论的一大特点。

司马光论政中有论史。如他晚年乘神宗去世、哲宗即位之机，反对变法，建议更改新政。但又担心议者有"三年无改于父之道，可谓孝矣"之说，于是，一方面强调，"彼谓无害于民无损于国者，不必以己意遽改之耳；必若病民伤国，岂可坐视而不改哉！"他认定新法害民损国，非改不可；另一方面引史为证，一连举了汉景帝、汉昭帝、唐德宗、唐顺宗等新即位立即改父之政的四个史例，认为：汉景帝改文帝之笞刑，"笞者始得全"；汉昭帝罢武帝盐铁、榷酤、均输等法，[①]"后世称明"；唐德宗去代宗纵宦官公求赂遗之恶，"时人望致太平"；唐顺宗更德宗晚年宫市等所为，"中外大悦"，[②] 以说明子改父政有史为证，可以改，改得好。

司马光论史中有论政，他早年所作《历年图》"臣光曰"就已显露出来。如有所谓"夫为国家者，任官以才，立政以礼，怀民以仁，交邻以信；是以官得其人，政得其节，百姓怀其德，四邻亲其义"，[③] 等等。不仅如此。他还在此书《后序》中说："臣性愚学浅，不足以知国家大体。然窃以简策

---

① 司马光所说与史实有出入。昭帝始元六年盐铁会议上，贤良文学力主罢盐铁、酒榷、均输官，然多未被政府采纳。始元六年七月，诏罢郡国榷酤和关内铁官，其余照旧。
② 以上引文，见《司马文正公传家集》卷四十六《乞去新法之病民伤国者疏》。
③ 见《稽古录》卷十一。

所载前史之迹占之,辄敢昧死妄陈一二:夫国之治乱尽在人君,人君之道有一,其德有三,其才有五。"所谓人君之德一,即"用人"。强调用人之道是,"采之欲博,辨之欲精,使之欲适,任之欲专"(即广泛选择,循名责实,适当使用,信任勿疑),再加之"为之高爵厚禄以劝其勤,为之严刑重诛以惩其慢;赏不施于好恶,刑不迁于喜怒"(即赏功罚罪,不任情而为)。所谓人君之德三,即"仁""明""武"。"仁",不是妪煦姑息,而是"兴教化,修政治,养百姓,利万物";"明",不是巧谲苛察,而是"知道义,识安危,别贤愚,辨是非";"武",不是强亢暴戾,而是"惟道所在,断之勿疑,奸不能惑,佞不能移"。所谓人君之才五,就是"创业"(即"智勇冠一时者")、"守成"(即"中才能自修者")、"中兴"(即"才过人而自强者")、"陵夷"(即"中才不自修者")、"乱亡"(即"下愚不可移者")等五类。① 这样论史,显然也是论政,是假论史以论政。

司马光论史与论政,多是论些为君为政的问题。《历年图》和《资治通鉴》的"臣光曰",主要内容就是论历史上的君王之道与立政得失。如《历年图》"臣光曰"论东周及战国七雄之成败兴衰,说:"周之兴,礼以为本,仁以为源。"故影响深远,"享国长久";韩昭侯"赏不加无功,罚不失有罪",故后世受益不浅;魏文侯"好贤礼士,终为下天之显诸侯",惠王"有一商鞅不能用而弃之于秦",以至失地衰微,"无忌死而魏亡";楚怀王"放废忠良,亲信谗慝",使得自身客死于秦,子孙受辱而"国以沦亡";燕昭王"招贤下士","卒用弱燕以拔强齐",燕丹使荆轲刺秦王,"谋不远而动不义",以致败亡;赵"用郭开之谗,而弃廉颇、李牧",使宗庙倾覆;齐王建"用后胜之谋",拱手事秦,而成俘虏;秦之兴亡,诚如贾生所言:"仁义不施,而攻守之势异也"。这多是从"任官以才,立政以礼,怀民以仁,交邻以信"上面立论的。② 其论西汉君主的才具,盛称昭、宣之"明",而讥刺元帝"优游不断"。③ 这是从"人君之才五"上面立论的。到了《资治通鉴》"臣光曰",又在《历年图》所论的基础上有所发展。以论汉昭、宣、元三帝来说,《历年图》"臣光曰"只是论:"孝昭以童稚之年,辨霍光之忠确然不可动,何天资之明也?……孝宣综核名实,信赏必罚,使吏称其职,民安其业,方之孝武,功烈优焉!孝元优游不断,汉业始衰。"此论

---

① 均见《稽古录》卷十六。
② 以上引文,均见《稽古录》卷十一。
③ 见《稽古录》卷十二。

简要，是个论纲。《资治通鉴》"臣光曰"对此作了发挥。其论昭帝，辨霍光之忠而不听毁者之言，引李德裕之论，说"人君之德，莫大于至明，明以照奸，则百邪不能蔽矣"，① 充分肯定汉昭帝之"明"。其论宣帝者四：一则论汉宣帝对待霍光及其家属有"少恩"之嫌；② 再则论赵广汉、盖宽饶、韩延寿、杨恽之死，为议宣帝"善政之累大矣"；③ 三则论汉宣帝"乃曰王道不可行，儒者不可用，岂不过哉！"④ 四则引班固之论，盛称汉宣帝之治"信赏必罚，综核名实"，"史称其职，民安其业"，"信威北夷"，匈奴"称藩"，"可谓中兴"。⑤ 其论元帝，曰"优游不断"，曰"易欺而难悟"，曰不能"察美恶，辨是非"，⑥ 曰"观京房所以晓孝元，可谓明白切至矣，而终不能悟，悲夫！"⑦ 还引班彪之言曰"优游不断，孝宣之业衰焉。"⑧ 这都是论的君主才、德问题。

现在再举司马光史论与政论相通的两个例子。先说他论礼。《资治通鉴》第一条是礼论（即名分论），开头说："臣闻天子之职莫大于礼，礼莫大于分，分莫大于名。何谓礼？纪纲是也。何谓分？君、臣是也。何谓名？公、侯、卿、大夫是也。"又说："夫礼，辨贵贱，序亲疏，裁群物，制庶事，非名不著，非器不形；名以命之，器以别之，然后粲然有伦，此礼之大经也。名器既亡，则礼安得独在哉！"照他说，君君臣臣，尊卑有分，贵以临贱，上之使下的观念与秩序，就是礼，就是名分。维持此礼，天下大治；废弃此礼，天下大乱。古来历史就是如此。这是他编写《资治通鉴》开宗明义的大议论。像这种史论，在他的政论中屡有出现。如庆历五年所作《不以卑临尊议》，⑨ 言君臣父子之间，尊卑有别，不能"以卑临尊"，这是"人道之大伦，古今之通义"。如嘉祐七年所作《上谨习疏》，⑩ 言"国家之治乱本于礼"，古代有礼所以往昔治，三家分晋失礼所以后来乱，当今之政有失"上下之分"，宜立纪纲。又如治平元年所作《言阶级札

---

① 《资治通鉴》卷二十三。
② 《资治通鉴》卷二十五。
③ 《资治通鉴》卷二十七。
④ 《资治通鉴》卷二十七。
⑤ 《资治通鉴》卷二十七。
⑥ 《资治通鉴》卷二十八。
⑦ 《资治通鉴》卷二十九。
⑧ 《资治通鉴》卷二十九。
⑨ 见《司马文正公传家集》卷六十六。
⑩ 见《司马文正公传家集》卷二十四。

子》，① 言"礼者，上下之分是也"，只有严遵"阶级之制"，才可能"纪纲复振，基绪永安"。还有"礼不忘其本，此古今不易之常道也"；②"国无二君，家无二尊"③等政论言辞。足见史论与政论之声气相通。

再说他论"本末"。《资治通鉴》卷五十七有条本末论，其论曰："明王之政，谨择忠贤而任之，凡中外之臣，有功则赏，有罪则诛，无所阿私，法制不烦而天下大治。所以然者何哉？执其本故也。及其衰也，百官之任不能择人，而禁令益多，防闲益密，有功者以阂文不赏，为奸者以巧法免诛，上下劳扰而天下大乱。所以然者何哉？逐其末故也。孝灵之时，刺史、二千石贪如豺虎，暴殄烝民，而朝廷方守三互之禁，以今视之，岂不足以为笑而深可为戒哉！"这是说任贤为"本"，法苛为"末"；用法不如任贤，其中"以今视之"及"深可为戒"之语，实将史论与政论联系起来了。这种本末论，在司马光的政论中时有出现。如，嘉祐七年，他针对当时特置官使，多"变更旧制"，"张设科条"，而言"今朝廷不循其本而救其末"，并论道："夫宽恤民力，在于择人，不在立法，若守令得人，则民力虽欲毋宽，其可得乎？守令非其人，而徒立苛法，适所以扰民耳！"④这是说，择人为本，立法为末。所论与《资治通鉴》的本末论口径相同。在熙宁二、三年间，司马光大反王安石变法，其立论理由，王安石"变更祖宗旧法"，信用"邪说壬人"；⑤"增官则以冗增冗，立法则以苛增苛"；⑥"法亦不法，所遣亦非其人"。⑦还是择人为本、立法为末的论点。

司马光的史论，不仅寓政论，而且往往影射现实，反对王安石及其变法。

所谓影射，就是隐隐约约地攻击他人，借古讽今。前面说到的本末论，强调择人为本，立法为末，实有影射王安石信用吕惠卿和变更法制之嫌，只是还不十分明显。

大约熙宁七、八年间，司马光在《资治通鉴》中写了这么两条"臣光曰"：一条论，"'《诗》三百，一言以蔽之，曰思无邪。'君子之于择术，可

---

① 见《司马文正公传家集》卷三十三。
② 《司马文正公传家集》卷三十五《为宰相韩琦等议濮安懿皇合行典礼状》。
③ 《司马温公文集》卷六《言濮王典礼札子》。
④ 《司马文正公传家集》卷二十五《论财利疏》。
⑤ 《司马文正公传家集》卷六十《与王介甫书》及《第二书》《第三书》。
⑥ 《司马温公文集》卷七《乞罢条例司常平使疏》。
⑦ 朱熹：《三朝名臣言行录》卷七《司马光》。

不慎哉！"① 另一条论，"君子之于正道，不可少顷离也，不可跬步失也。……是以诡诞之士，奇邪之术，君子远之。"② 所谓"正道"，是指"圣王之道"，正统的儒家之道；所谓"诡诞之士，奇邪之术"，是指脱离"正道"而不符儒术的人与法；所谓"择术"，是要人们亲儒道而远"邪术"。这就是影射现实了。

且先看这样几个事实：（1）早在熙宁二年，司马光在《论风俗札子》③中说："近岁公卿大夫好为高奇之论，喜诵老庄之言，此非国家之正术。"清人顾栋高指出："所谓'高奇之论，喜诵老庄'者，则荆公（王安石）其人也。"④ 这个看法是对的，因为王安石于熙宁二年建立制置三司条例司（主持变法的机构），司马光于熙宁三年二月二十日所上《乞罢条例司常平使疏》⑤中就有"条例司自以为高奇之策"云云。（2）熙宁三年春，司马光《与王介甫第三书》⑥中提到，"但恐介甫（王安石）之座，日相与变法而讲利者，邪说壬人为不少矣"。这是说，王安石对于"诡诞之士、奇邪之术"，不是远而是近。（3）熙宁四年二月，司马光声明自己与王安石"取舍异道"。⑦（4）熙宁七年四月十八日，司马光所上《应诏言朝政阙失状》⑧说，自熙宁二年变法起，六年来政失民怨，"岂非执政之臣所以辅陛下者未得其道欤？"所谓"执政之臣"是指王安石，所谓"未得其道"是指王安石变法离"正道"而行"邪术"。依据于此，就可知上述两条"臣光曰"是影射王安石及其变法的。

到了元丰年间，王安石已不在相位，但司马光的"臣光曰"仍有影射王安石的内容。《资治通鉴》卷二二五有条"臣光曰"论唐代常衮辞禄，说："君子耻浮食于人；衮之辞禄，廉耻存焉，与夫固位贪禄者，不犹愈乎！《诗》云：'彼君子兮，不素餐兮！'如衮者，亦未可深讥也"。这就是影射王安石观点的。早在熙宁元年八月十一日，司马光与王安石在神宗面前辩论财政问题，王安石先提起："昔常衮辞赐馔，时议以为衮自知不能，当辞禄。"语带讽刺常衮之意。司马光接着说："常衮辞禄位，犹知廉耻，

---

① 《资治通鉴》卷一一九。
② 《资治通鉴》卷一五五。
③ 见《司马文正公传家集》卷四十二。
④ 顾栋高：《司马温公年谱》。
⑤ 见《司马温公文集》卷七。
⑥ 见《司马文正公传家集》卷六十。
⑦ 见《续资治通鉴长编》卷二二〇，熙宁四年二月辛酉。
⑧ 见《司马温公文集》卷七。

与夫固位贪禄者，不犹愈乎！"① 这是反驳王安石的观点。可见十年以后的《资治通鉴》"臣光曰"论常衮辞禄，仍是影射王安石之说；所谓"如衮者，亦未可深讥也"，是暗刺王安石讥常衮之不当。

《资治通鉴》卷二四七"臣光曰"论牛李争维州事，强调唐放弃维州是讲"信"，认为"维州小而信大"。这也有借古讽今之意。宋神宗在位时，宋与西夏一再用兵，有治平四年种谔取绥州、元丰四年种谔取米脂等事。② 司马光早在治平、熙宁年间就一再反对进攻西夏，强调"怀之以德""敦大信"；③ 指责种谔等起绥州之役，弃信而举兵，得小失大。④ 元丰五年秋，司马光还说，种谔等"奸诈"之徒，"行险徼幸，怀谖罔上，轻动干戈，妄扰蛮夷"。⑤ 由此看来，"臣光曰"论牛李争维州事，颇有影射种谔取绥州、克米脂之嫌。

除上述例子而外，《资治通鉴》"臣光曰"论唐太宗绝薛延陀之婚为失信，论唐明皇崇奢靡以招盗，论唐德宗复赵光奇家而不能改政，论唐文宗患朋党难去之不明，论后周世宗可谓仁明，等等，也都有程度不等的现实性。

诚如胡三省所说，司马光熙宁、元丰间较长时间不参政论政，专以书局为事，"其忠愤感慨不能自已于言者"，往往倾注于《资治通鉴》"臣光曰"。⑥

二

谈到司马光的史论，自然想起《资治通鉴》中引了前人史论。这个问题，关系到司马光对前人的史论与史学思想之批判继承，很有必要一谈。

《资治通鉴》引前人史论共99条，比之119条"臣光曰"略为少些。因近人统计《资治通鉴》引前人论与"臣光曰"的数字颇有出入，本文不妨列个《资治通鉴》附论简表（见表2）。

---

① 《司马文正公传家集》卷四十二《迩英奏对》。
② 参考《宋史》卷四八五、四八六《夏国传》上、下。
③ 《司马文正公传家集》卷四十一《言横山札子》《论横山疏》和《言横山上殿札子》。
④ 《司马文正公传家集》卷四十二《论召陕西边臣札子》。
⑤ 《司马文正公传家集》卷十七《遗表》。
⑥ 胡三省：《新注资治通鉴序》。

表 2 《资治通鉴》附论简表

《资治通鉴》各纪	引前人论（条）	"臣光曰"（条）
周、秦纪	9	12
前汉纪	29	27
后汉纪	15	13
魏纪	16	3
晋纪	5	14
南北朝纪	19	18
唐纪	4	25
五代纪	2	7
共计	99	119

由此表可以看出：《资治通鉴》隋以前部分引前人论较多（93 条），"臣光曰"相对少些（86 条），其中尤以汉魏三纪悬殊（引前人论 60 条，"臣光曰" 43 条）；唐以下引前人论甚少（6 条），"臣光曰"相对大增（32 条）。

《资治通鉴》引前人论与"臣光曰"出现前后比例相反的情况，说明如下问题：司马光对历史的看法，如与前人史论相同，则尊重和引前人之论，如与前人大同小异，或有所补充，或有所纠正，则引前人史论之后再加以"臣光曰"；如觉得前人尚未论及，或认为前人论之欠当，则另发"臣光曰"。他对唐五代史（即司马光时的近代史）尤为重视，然又不大看得上近世史臣之论，故论唐五代史以"臣光曰"居多，而引前人论很少。

《资治通鉴》引前人论几乎与"臣光曰"相等这个事实，说明司马光治学诚实的作风。前人已先我而言，则承认前人之论，引了出来，这不会失去自己的学术身价，倒是恰好反映自己治学诚实。这一点，很可为今人之鉴。

《资治通鉴》引前人论计有 35 家，因近人对此说法不一，本文具列一下所引各家，并附注所引各家史论之条数：

孟　子（1）；荀　子（2）；贾　谊（1）；司马迁（2）；扬　雄（6）；
班　彪（3）；班　固（15）；仲长统（1）；荀　悦（8）；鱼　豢（1）；
陈　寿（5）；傅　玄（1）；华　峤（1）；干　宝（1）；习凿齿（6）；
袁　宏（3）；袁　子（1）；徐　众（1）；虞　喜（1）；荀　崧（1）；
孙　盛（5）；范　晔（3）；沈　约（4）；裴子野（11）；萧方等（1）；
颜之推（1）；崔　鸿（2）；萧子显（1）；李延寿（2）；李德裕（1）；
柳　芳（1）；权德舆（1）；苏　冕（1）；陈　岳（2）；欧阳修（2）。

由此可以看出几个问题：一是引班固史论十五条，最多；二是以马班相较，引"太史公曰"二条，显得少了；三是引唐以来学者的史论很少，引当代（宋代）学者的史论只有欧阳修的二条。我就这些问题谈点看法。

司马光所引司马迁之史论二条：一条是论战国时期魏之不分灭，有所谓"君终，无嫡子，其国可破也"云云。① 此取之于《史记·魏世家》，但它不是《魏世家》篇末的"太史公曰"，而是篇中的叙述语言。这不是司马迁的高明之论。司马光大概是认为此论对强调嫡长制有价值，就引上《资治通鉴》来了。一条是论项羽的兴亡，指责项羽"奋其私智而不师古"，所说"天亡我，非用兵之罪也"实在荒谬。此取之于《史记·项羽本纪》篇末"太史公曰"。这是司马迁的高论之一，但还不是他最出色的史论。司马光引此条是对的，同时扬弃了"太史公曰"中项羽"重瞳子"之说，也许是不喜欢"离奇之论"而不引。接着，司马光引了扬子《法言》的"汉屈群策，群策屈群力；楚憨群策而自屈其力。屈人者克，自屈者负；天曷故焉！"② 这是对司马迁之论的补充发挥，引得也对。

但司马光对于许多精彩不凡的"太史公曰"，不仅不引，而且往往引他人论或发"臣光曰"与其针锋相对。这里略举数例：

（一）对于战国四豪。司马迁对四豪一分为二，既揭露他们养士之争权夺利的本质，又承认其礼贤下士有利于国的影响。③ 司马光引扬子论四豪，就指责"立私党"④ 之罪了。

（二）对韩非子之死。司马迁有"余独悲韩子为《说难》而不能自脱耳"之语，⑤ 颇有怜悯之意。司马光对韩非之死，先引扬子《法言》讥刺韩非"说不由道"；又以"臣光曰"论韩非"为秦画谋，而首欲覆其宗国以售其言，罪固不容死矣，乌足悯哉！"⑥ 显然是指责而不怜悯。

（三）对于荆轲报燕丹知己之情而勇刺秦王。"太史公曰"盛称其为"义"，说"名垂后世"。⑦ "臣光曰"则讥贬荆轲为"愚"，说"不可谓之义"。⑧

---

① 见《资治通鉴》卷一。
② 见《资治通鉴》卷十一。
③ 参考《史记》之《太史公自序》及孟尝、平原、信陵、春申各传。
④ 见《资治通鉴》卷六。
⑤ 见《史记·韩非列传》。
⑥ 见《资治通鉴》卷六。
⑦ 见《史记·刺客列传》。
⑧ 见《资治通鉴》卷七。

（四）对于贯高为张敖申冤。司马迁写到贯高于刘邦诏赦之时自杀以明心迹，用了"当此之时，名闻天下"① 作结，以表扬诚挚的人情。司马光写贯高，则删去了"名闻天下"之语；而引了荀悦"罪无赦"之论，还以"臣光曰"发了"使张敖亡国者，贯高之罪也"② 之论，以加强封建的礼教。

（五）对于韩信之死。"太史公曰"言语微婉，表面责其"乃谋畔逆"，实际上惜其大才大功招来横祸。③ "臣光曰"中虽引了太史公语，似乎两司马意见一致；实际上司马光是指责韩信怀"市井之志"，其死咎由自取。④

（六）对于游侠。司马迁盛称游侠的侠义行为，对郭解之死惋叹"惜哉"。⑤ 司马光却引班固、荀悦之论，说游侠"背公死党"，"罪不容诛"，"伤道害德，败法惑世"，"乱之所由生也"，⑥ 对游侠痛恨之至。

可见两司马之异，主要在于：司马迁"好奇"，⑦ 富于人情味；司马光坚持"正道"，反对"高奇之论"，而强调礼教。

这里应该指出，司马迁也信儒家之道，在《史记》里宣扬"仁""德"，肯定一统，等等；司马光写《资治通鉴》时，无形中吸取和接受了司马迁不少思想资料和养分，诸如：司马迁论秦之兴亡，引了贾谊《过秦论》；⑧ 司马光于《资治通鉴》卷九也引了《过秦论》一段。司马迁肯定秦之统一，⑨ 将秦始皇列于本纪，承认秦之历史地位；司马光于《资治通鉴》卷六十九发正闰论，指出汉兴以来有所谓"正闰"之说，而声称"臣愚诚不足以识前代之正闰，窃以为苟不能使九州合为一统，皆有天子之名而无其实也"。"周、秦、汉、晋、隋、唐，皆尝混一九州"。两司马都肯定秦之统一及其历史地位。司马迁肯定汉初"与民休息"，"无为"而治，盛称汉文帝之"德"，反对汉武帝变更法制、严刑峻法、讨伐匈奴、过而不改。⑩ 司马光述论汉代前期历史，也如同司马迁的观点。⑪

---

① 见《史记·张耳陈余列传》。
② 见《资治通鉴》卷十二。
③ 参见《史记·淮阴侯列传》。
④ 见《资治通鉴》卷十二。
⑤ 见《史记·游侠列传》。
⑥ 见《资治通鉴》卷十八。
⑦ 扬雄语，见《法言》。
⑧ 见《史记》之《秦始皇本纪》及《陈涉世家》。
⑨ 参见《史记·六国年表》。
⑩ 施丁：《司马迁写当代史》，《历史研究》1979年第7期。
⑪ 参考《资治通鉴》卷九至卷二十二的述论。

所以，可以说，司马光对司马迁的史论，是批判地继承；只是剔除较多，而且剔除了一些精华，故显得大异其趣。

司马光引班固之史论十五条，同时引了班彪之史论三条，都采自《汉书》。这十八条史论，一半是论西汉诸帝的才具与立政关系及王朝盛衰兴亡，一半是评西汉群臣为人从政，以及游侠不轨，等等。足见司马光吸取班氏之论，继承其史学思想甚多。这是什么原因？我认为：（1）班固第一个写纪传体断代史，其《汉书》述论西汉一代兴亡甚为详细。司马光著历代成败兴衰，首先就注意到西汉一代的兴亡，故重视班氏之论。（2）班固是东汉写《白虎通德论》的名儒。他那正统的儒家思想，"纬六经，缀道纲"① 的著作原则，批评司马迁"其是非颇缪于圣人，论大道则先黄老而后六经，序游侠则退处士而进奸雄，述货殖则崇势利而羞贫贱，此其所蔽也"② 的激烈言辞，都是司马光这个"朴儒"所欣赏和佩服的，自然会尊重其史论。（3）《资治通鉴》引前人评史书唯有一条，就是引了华峤评班固《汉书》，以肯定"固之序事，不激诡，不抑抗，赡而不秽，详而有体"；③ 而《资治通鉴》附论又再无一条评前人史书，足见司马光对《汉书》的赏识；故《资治通鉴》引班氏父子之论多达十八条也就不足为奇了。

但司马光对班氏之论也不全盘接受。如班固论汉武帝，有"雄材大略"云云，④ 多为赞赏汉武帝"洪业"之词。司马光引了班固此论之后，加了一条"臣光曰"，指出汉武帝失政甚多，之所以"有亡秦之失而免于秦之祸"，乃在于"能尊先王之道"，受谏好贤，诛赏严明，"晚而改过，顾托得人"。⑤ 司马光在此似乎纠正班固之论，至少认为班论不够严谨。又如，班固评论霍光，既肯定其"拥昭、立宣"之功，又批判其"不学亡术，暗于大理"之失。⑥ 司马光引此论之后，加了一条"臣光曰"，对班氏之论加以补充，指出霍光虽"忠"，但"久专大柄"，"多置私党"，引起上下愤怨，故招来横祸；同时指出汉宣帝处置霍氏之案"亦少恩哉"。⑦ 此论比之班论较为全面些、深刻些。再如，班固论王莽时，曾说秦与新莽"皆炕龙绝气，非命

---

① 《汉书·叙传》下。
② 《汉书·司马迁传》。
③ 见《资治通鉴》卷四十八。
④ 见《汉书·武帝纪》。
⑤ 见《资治通鉴》卷二十二。
⑥ 见《汉书·霍光传》。
⑦ 见《资治通鉴》卷二十五。

之运，紫色蛙声，余分闰位"，① 不承认秦为正统。而司马光引此论时，就删去了这几句话；② 而肯定秦的统一，承认秦的历史地位。

所以，可以说，司马光对班固的史论，也是批判继承；既多吸取，也有扬弃。

司马光引欧阳修的史论二条。宋代治史论史者很多，稍早于司马光的，有薛居正、苏洵、欧阳修、宋祁等；与司马光同时的，有苏轼、苏辙等。就以欧阳修来说，他在《新唐书》和《五代史记》（即《新五代史》）中发了很多史论。于是，司马光引宋人史论只引了欧阳修的两条，可见对欧论较为重视；然而他引欧论，也是取其符合己意者，还要加以补充。《资治通鉴》卷二二八引欧论："自古乱亡之国，必先坏其法制而后乱从之，此势之然也，五代之际是已。……是以善为天下虑者，不敢忽于微而常杜其渐也，可不戒哉！"主要是强调维持"纪纲"，"防微杜渐"，以五代法制坏而国家乱为鉴。此与《资治通鉴》卷一礼论之观点一致，有后先呼应之妙。

五代时期的冯道，身处乱世，浮沉取容，历五朝八姓，贵显不衰。欧阳修论冯道"无廉耻"。③ 司马光引了此论，还觉得其所论不全，又以"臣光曰"论冯道"大节"亏损，乃"奸臣之尤"；并指出，这不但是冯道个人之过，"时君亦有责焉"。④

可见，司马光对同代人的史论也是批判继承的。

司马光对前人史论的批判继承，就其思想性而言，与"臣光曰"完全一致。

三

司马光论史，有其一定的自觉性，有其史学思想的特点。他一生为人治学都很谨慎，治史论史很注意总结。他的几篇总结性的文章，很能说明他治学论史的自觉性，也颇能说明他论史的特点。

早在嘉祐二年，司马光（时39岁）正当壮年，在写了一些史论文章并开始写《历年图》之时，于所作《迁书序》⑤ 中说：自十三岁起，"始得稍

---

① 《汉书·王莽传》下。
② 见《资治通鉴》卷三十九。
③ 《新五代史·冯道传》。
④ 见《资治通鉴》卷二九一。
⑤ 见《司马文正公传家集》卷七十四。

闻圣人之道，朝诵之，夕思之，至于今二十七年矣"；"我穷我之心，以求古之道，力之所及者则取之"。大约就在此时，他假答问者，说："古之天地，有以异于今乎？古之万物，有以异于今乎？古之性情，有以异于今乎？天地不易也，日月无变也，万物自若也，性情如故也，道何为而独变哉！"并反对"厌常而好新"。① 又说："士者，事天以顺，交人以谨，谨司其分，不敢失陨而已矣。""智愚、勇怯、贵贱、贫富，天之分也，君明臣忠、父慈子孝，人之分也。僭天之分，必有天灾，失人之分，必有人殃。"②

据此可知，司马光早年已确立了这么两点史学思想：一是坚信"圣人之道"，即以儒教为准则；而不求奇，不"厌常而好新"。一是追求"古之道"，以为古今不变，天不变道亦不变，求古之道是为了施于今；所以对于礼教名分，就是主张"谨司其分"，就是要老生常谈，这两点，他一生信守，贯彻始终，可以说是基本的史学思想，也是他论史的最大特点。

治平元年，司马光（时四十六岁）已近老年，写成《历年图》，史学上已有成绩。他的《历年图·论序》，③ 是其前期编写史书的一个总结，有这么几点值得注意：（1）"治乱之道，古今一贯，历年之期，惟德是视而已。"这是历史不变，道也不变，以及向往礼治、反对法治的思想。（2）"夫国之治乱尽在人君，人君之道有一，其德有三，其才有五。""夫道有失得，故政有治乱，德有高下，故功有小大；才有美恶，故世有兴衰。自生民之初，下逮天地之末，有国家者虽变化万端，不外是矣。"就是说，从古至今的历史变化，全系于君主的才具与道德行为，如果君主得道、德高、才美，则政治、功高、世兴；如果君主失道、德下、才恶，则政乱、功小、世衰。这将君主的才具与道德行为，视为历史变化的决定性因素。（3）将战国至近代1362年的历史，编写成《历年图》，献于君主，"庶几观听不劳而闻见甚博，善可为法，恶可为戒，知自古以来，治世至寡，乱世至多，得之甚难，失之甚易也。"这说明司马光编写史书，是要给君主阅读，期望君主以史为鉴。（4）还提到，本朝（宋）太祖创业，太宗继统，实现统一，迄今八十五年，今当"安不忘危，存不忘亡，治不忘乱"，"呜呼！可不戒哉，可不慎哉！"目的显然是提醒宋朝统治者维持政权，为封建统治服务。司马光的唯心主义历史观及为封建统治服务的目的性，在这里都有所坦白。他

---

① 《司马文正公传家集》卷七十四《辩庸》。
② 《司马文正公传家集》卷七十四《士则》。
③ 见《稽古录》卷十六。

这几点史学思想，既贯彻于《历年图》史论之中，又在后来《资治通鉴》"臣光曰"中有所发展。

至元丰末和元祐初，司马光（时已六十七八岁）已编成《资治通鉴》，又编了《稽古录》，很认真地对其一生治学论史进行总结。元丰八年，他在与人书中说："光性愚鲁，自幼诵诸经、读注疏，以求圣人之道，直取其合人情物理、目前可用者而从之，前贤高奇之论皆如面墙，亦不知其有内外中间、为古为今也。比老止成一朴儒而已。"① 又在《进修心治国之要札子状》②中说：他从政四朝，始终强调"人君修心治国之要"，"夫治乱安危之本源，皆在人君之心，'仁、明、武'，所出于内政也；'用人赏功、罚罪'，所施于外者也"。元祐元年，他在《进稽古录表》中说："惟稽古之旧章，惟信史《春秋》之成法，高山可仰，覆辙在前，其兴亡在知人，其成败在立政。"

据此可知司马光一生最后总结的要点：

（一）还是强调"求圣人之道"，而不学"高奇之论"。司马光一生言行是严遵儒教的。他在《资治通鉴》"臣光曰"中针对南朝宋立"四学"（即玄学、史学、文学、儒学）提出批评，说："夫学者所以求道；天下无二道，安有四学哉！"③他认为，只有一个"圣人之道"，只有一个儒学；学者只有学习儒学，追求"圣人之道"，才是走"正道"。这是他治学论史的指导思想。

（二）提出了在学习儒学和追求"圣人之道"过程中，"直取其合人情物理、目前可用者而从之"，即将"圣人之道"与现实需要结合起来，亦即强调学以致用。司马光自从嘉祐以来，编写史书是为了给皇帝作教科书；论史逐渐加强了现实性，甚至有不少影射现实的内容。这是他治学论史的方针与原则。

（三）还是强调以史为鉴，特别要注意历史经验中的"用人"与"立政"。司马光认为用人为"本"，"为治之要，莫先于用人"④，所以论用人问题很多。司马光所说的"立政"，从广义来说，包括"任官以才，立政以礼，怀民以仁，交邻以信"和"赏功罚罪"等，所以论"立政"问题也很多。这些是他治史论史的重点与主要内容。

---

① 《司马文正公传家集》卷六十三《答怀州许奉世秀才书》。
② 见《司马文正公传家集》卷四十六。
③ 见《资治通鉴》卷一二三。
④ 见《资治通鉴》卷七十三。

（四）始终强调"人君修心治国之要"。司马光认为，"治乱安危存亡之本源，皆在人君之心"；并说，"臣历观古今之行事，竭尽平生之思虑，质诸圣贤之格言，治乱安危存亡之道举在于是，不可移易"。[①] 这种帝王决定历史论，实是他史论的主线。

（五）为自己作了"比老止成一朴儒"的定论。所谓"朴儒"，实际上就是纯粹的儒家学者，正宗的历史学家。

根据司马光的史论来看，他的自我鉴定是诚实而中肯的。他论史，的确是地地道道的朴儒之史论。他对前人史论的批判继承，也是对此有力的旁证。

司马光一生，既治学，也从政。尽管他在政治上无突出的才能，无经邦安国的良术，但他关心国计民生，注意世运兴衰，晚年还有元祐"更化"的表现，所以他的史论不可能不与时政有丝连，不可能不含政治的意味，采取影射之术也在所难免。但他论史虽寓论政，都始终无离题万里而指桑骂槐的劣迹，只是因宣扬儒教不免有点头巾气，因过分强调帝王作用而暴露出唯心史观，因密切注意"时用"而削弱了历史性。

[①] 《司马文正公传家集》卷四十六《进修心治国之要札子状》。

再谈章学诚的"史德"论

章学诚的"史德"论，提出了治史者的思想修养和著述态度的问题。这个问题颇为重要，故引起了史学界的关注，并有一些学者提出了种种看法，本人也曾参与了讨论。迄今大致存在三种意见：一是本着客观主义忠于史实说，一是坚持封建伦理道德的立场和观点说，一是含有既要尊重客观事实又要不悖于封建名教的两重性说。本人持后一种论点，[1] 如今再申浅见，就教于专家和读者。

一 "当慎辨于天人之际"

章学诚说，所谓"史德"之"德"，是"谓著书者之心术",[2] 即指著史者的思想和态度。他说："秽史所以自秽，谤书所以自谤，素行为人所羞，文辞何足取重。""秽史"之"秽"，"谤书"之"谤"，明眼人一看便知，不会为其文字所蒙蔽。因为人们对于这种史书的作者之"素行"，已是鄙视，对他们的"矫诬"和"隐恶"自然不信。所以也不至于有多大危害。而真正可担心者是这种人，"谓其有君子之心，而所养未底于粹也"。这种人居心尚可，但修养不到家，所以对其有所担心。但要求修养纯粹，谈何容易！"夫有君子之心，而所养未粹，大贤以下，所不能免"，一般的人大都所养未粹。对这种人也就可以理解和谅解了。不过，在这里要强调的是，"盖欲为良史者，当慎辨于天人之际，尽其天而不益以人也。"对于这个关键问题，即使不能完全达到，而只要明白循守，"亦足以称著述者之心术

---

[1] 参见施丁《章学诚的"史德"论》，《中国史研究》1986 年第 2 期。
[2] 《文史通义·史德》。以下凡引此篇文字，不再加注。

矣",也就是说可以算是有史德。"而文史之儒竞言才、学、识,而不知辨心术,乌乎可哉?"换句话说,不知辨心术议史德,只是竞言才、学、识,那是文史之儒的肤浅。真正欲为良史者,应当懂得辨心术以议史德,应当"慎辨于天人之际,尽其天而不益以人"。简言之,是要求心术端正。

"慎辨于天人之际"问题的提出,是十分重要的,值得学人关注和辨析。章学诚说,"是尧、舜而非桀纣",一般人"皆能言矣"。"崇王道而斥霸功",儒者已习以为常。而"善善而恶恶,褒正而嫉邪",凡是著述者也"莫不有是心"。然而,"心术不可不注意者,则以天与人参,其端甚微,非是区区之明所可恃也"。天人之际的微妙而密切的关系,不是一点小聪明或一知半解的人而能弄清楚的。他对此作了认真的论辨:

> 夫史所载者事也,事必借文而传,故良史莫不工文,而不知文又患于为事役也。盖事不能无得失是非,一有得失是非,则出入予夺相奋摩矣。奋摩不已,而气积焉。事不能无盛衰消息,一有盛衰消息,则往复凭吊生流连矣。流连不已,而情深焉。凡文不足以动人,所以动人者,气也。凡文不足以入人,所以入人者,情也。气积而文昌,情深而文挚;气昌而情挚,天下之至文也。然而其中有天有人,不可不辨也。

这里举例言著史中的事与文,说记事必须行文,所以良史莫不"工文",这就有个文与事的关系问题。文是主动而准确地反映事呢?还是被动而随着事呢?章氏担心"文又患于为事所役"。他认为,事有"得失是非",行文者受其感染,"则出入予夺相奋摩矣"。奋摩来,奋摩去,就"气积"了。事有"盛衰消息",行文者受其感染,"则往复凭吊生流连矣"。流连来,流连去,就"一情深"了。这样一来,所写之文就是饱含"气"和"情"的"至文",非常出色。有了气和情的好文章,具有很强的感染力,就足以打动人心,就能感染人情。然而这种好文章中,"有天有人,不可不辨也"。于是,章氏便从至文中的"气"和"情"着手加以分析。他指出:

> 气得阳刚,而情合阴柔。人丽阴阳之间,不能离焉者也。气合于理,天也;气能违理以自用,人也。情本于性,天也;情能汩性以自恣,人也。史之义出于天,而史之文,不能不借人力以成之。人有阴阳之患,而史文即忤于大道之公,其所感召者微也。

这就是说，气得"阳刚"，情合"阴柔"，阴阳两者在行文者身上都存在，是不能摆脱的。在这种阴阳相混、天人杂糅的情况下，如何区分天、人呢？那就看"气"之是否"合于理"，"情"之是否"本于性"。气"合于理"，就是"天"；气"违理以自用"，就是"人"。情"本于性"，就是"天"；情"汨性以自恣"，就是"人"。这个"合于理""本于性"的"天"，并不是指人的主观思想及立场观点，而是指事理与人性，是言客观的事理与自然的人性，是事物之理与人初之性。人们似乎一接触到"理"，就觉得是什么伦理与道德，一遇到"性"，就悟到是什么政治的或阶级的烙印。其实未必尽然。至少章氏在这里不是这么个意思。人们尽管可以批评他语言含糊或用词欠妥，但不能硬性断言他是指人的主观思想和立场观点。史之义"出于天"，而史之文不能不"借人力以成之"。史义如何，那是取决于客观，而史文如何，就得由人来写。人有气有情，"有阴阳之患"，而所写出的史文就会"忤于大道之公"，关系微妙，干系不小。

照这么说，行文者离不开"气"与"情"，"有阴阳之患"，其史文不就必定"忤于大道之公"了吗？不一定是这样。这里有个摆正气与情的位置的问题。章氏说：

> 夫文非气不立，而气贵于平。人之气，燕居莫不平也。因事生感，而气失则宕，气失则激，气失则骄，毗于阳矣。文非情不深，而情归于正。人之情，虚置无不正也。因事生感，而情失则流，情失则溺，情失则偏，毗于阴矣。

气有平与不平的问题。气"贵于平"。人的气，处于闲暇安静时都是平的，但因事生感，气就难以控制了，不免失之于放荡、激动、骄纵，这样就助长了"阳"。情有正与不正的问题。情"贵于正"。人的情，处于空虚平稳时都是正的，但因事生感，情就难以控制了，不免失之于流连、沉迷、偏颇，这样就助长了"阴"。

于是，章氏告诫人们："阴阳伏沴之患，故曰心术不可不慎也。"阴阳凌乱的祸害，缠住人的精神，使得神志不清，似乎是公而实际表现的是私，表面是天而实际隐蔽着人。这样，写出来的史文，必至于害理而违道，而其人却稀里糊涂，犹不自知，所以说"心术不可不慎"。

谈到这里，可以明确一下："慎辨于天人之际，尽其天而不益以人"中的"天"，是指史所载之"事"与事理，"人"是指行文者因事生感的

"气"与"情"。"心术"也是指行文者的"气"和"情";而这气是有"平"与"不平",情是有"正"与"不正"之分的,所以"不可不慎"。

由此可见,所谓"天",所谓"人",都是指人的主观思想与立场观点之说,似乎把"天"与"人"弄混了,也把"事"与"文"合二而一了。这是不可不慎的。

二 竞于文辞是"舍本逐末"

章氏谈到历史记载的"事"与"文",行文者的"气"与"情"时,还强调了一下他对史学中的文辞的看法。他认为,"夫气胜而情偏,犹曰动于天而参于人也。才艺之士则又溺于文辞,以为观美之具焉,而不自知其不可也。"气胜而情偏,已是"参于人"了。表现于文辞上,就是才艺之士"溺于文辞,以为观美之具"。这是错误的,切不可行的。故章氏反对溺于文辞,并认为竞于文辞是"舍本而逐末"。

在《史德》篇开首,章氏说:"史所贵者义也,而所具者事也,所凭者文也。"提出了历史著作中有事、文、义三要素的看法。在另一处,章氏又说:"譬人之身,事者其骨,文者其肤,义者其精神也。"① 所谓:"义",约当于今之所谓历史理论与观点,所谓"事",即历史文学。他所说的意思是,事、文、义三者,义是最重要的灵魂,事是最基本的内容,文是表述的形式,三者有轻重主次之分。所以他又认为:"作史者贵知其意,非同于掌故,仅求事、文之末也。"还劝告有志于史学者,应当"唯义之求",而把事与文作为"存义之资"。② 强调史义,并不是不要事。章氏主张事与义的结合。他认为事与义结合起来,述事而昭理,二者"主适不偏",才能达到良好的效果。③ 他又认为,述事与昭理,考索之功与独断之学,作为个人治学,可以因具体条件有所偏重,但不可各立门户而互相攻讦,只能互相合作,以至相辅相成。④ 他还以"道器合一"论,说明"道因器而显","道寓于器",⑤ 强调"即器以明道,将以立乎其大也"。⑥ 这"道器合一"

---

① 《章氏遗书》卷十四《方志立三书议》。
② 《文史通义·言公上》。
③ 参见《文史通义·原道下》。
④ 参见《文史通义·答客问中》。
⑤ 参见《文史通义》之《原道中》《原道下》。
⑥ 《文史通义》外篇三《与朱沧湄中翰论学书》。

论与史以昭义说是一致的。

对于史文，章氏也是重视的。他认为，"史之赖于文也，犹衣之需乎采，食之需乎味"，故"良史莫不工文"，但反对"溺于文辞，以为观美之具"。他论辨并告诫道：

> 采之不能无华朴，味之不能无浓淡，势也。华朴争而不能无邪色，浓淡争而不能无奇味。邪色害目，奇味爽口，起于华朴浓淡之争也。文辞有工拙，而族史方且以是为竞焉，是舍本而逐末矣。

写史需要文字表述，犹如衣之需要色彩，食之需要滋味。但采有华朴之分，味有浓淡之别。竞争于华朴，就"不能无邪色"，竞争于浓淡，就"不能无奇味"，于是产生"邪色害目""奇味爽口"的不良效果。文辞有工拙之分，而诸史多在竞争于华朴浓淡，乃"舍本而逐末"。于是，章氏提醒行文者："以此为文，未有见其至者，以此为史，岂可与闻古人大体乎？"

章氏曾提出："凡为古文辞者，必先识古人大辞。而文体工拙，又其次焉。不知大体，则胸中是非，不可以凭，其所论次，未必俱当事理。而事理本无病者，彼反见为不然而补救之，则率天下之人而祸仁义矣。"[1] 行文必当事理，任意发挥则有害无益。他提出，史文当按变化无穷的史事落墨，"史文屈曲而适如其事"，"无一言之或遗而或溢"。[2] 行文适如其事，少写一点或多写一点都是不行的。在《古文十弊》篇中，章氏还谈了不少有关史文的看法，如："但须据事直书，不可无故妄加雕饰"；"文欲如其事"；"传人者文如其人，述事者文如其事，足矣。其或有关考证，要必本质所具，即或闲情逸出，正如阿堵传神"；"与其文而失实，何如质还传真"；"言辞不必经生，记述贵于宛肖"，等等。这些都表述了章氏的文如其质的观点。这是与其反对溺于文辞，认为竞于文辞是"舍本逐末"相一致的。

三　"心术贵于养"

心术有正与不正，有关是非。若要"尽其天而不益以人"，那么，心术必"贵于养"。著史者之心术，评史者之心术，都当如此。这是章氏提出的

---

[1] 《文史通义·古文十弊》。
[2] 《文史通义·书教下》。

又一重要的观点。

章氏举了司马迁著《史记》及后人对其评议为例,展开论析。他说:"史迁百三十篇(按,即指《史记》),《报任安书》所谓'究天人之际,通古今之变,成一家之言'。《自序》(按,即指《太史公自序》)以谓'绍名世,正《易传》,继《春秋》,本《诗》《书》《礼》《乐》之际',其本旨也。所云发愤著书,不过叙述穷愁,而假以为辞耳。"此说是对的。只要阅读一下《报任安书》及《史记·太史公自序》即可了然。接着,章氏指出:

> 后人泥于发愤之说,遂谓百三十篇,皆为怨诽所激发,王充亦斥其言为谤书。于是后世论文,以史迁为讥谤之能事,以微文为史职之大权,或从美慕而仿效为之,是直以乱臣贼子之居心,而妄附《春秋》之笔削,不亦悖乎。

就司马迁的著史本旨及《史记》性质来看,既不是"怨诽",也不是"谤书",更不是"以微文为史职之大权"。司马迁著《史记》,确是究天人、通古今、据事直书而成一家之言的。故班固虽然对司马迁的史学思想有所批评,而对其据事直书则盛赞不已,说:"然自刘向、扬雄博极群书,皆称迁有良史之材,服其善序事理,辨而不华,质而不俚,其文直,其事核,不虚美,不隐恶,故谓之实录。"① 班固所论,颇为正确。本人曾写《司马迁写当代史》一文,② 也论证了《史记》乃"实录"而非"谤书"。

在批评了后人对司马迁著《史记》的非议之后,章氏还进一步论辨:

> 今观迁所著书,如《封禅》之惑于鬼神,《平准》之算及商贩,孝武之秕政也。后世观于相如之文,桓宽之论,何尝待史迁而后著哉?《游侠》《货殖》诸篇,不能无所感慨,贤者好奇,亦洵有之。余皆经纬古今,折衷六艺,何尝敢讪上哉?朱子尝言《离骚》不甚怨君,后人附会有过。吾则谓史迁未敢谤主,读者之心自不平耳。

这个议论,基本上是正确的。《史记》的《封禅书》,讽刺汉武帝惑于寻求神仙,迷信鬼神;《平准书》讥议汉武帝算及商贩,与民争利,批评了汉武

---

① 《汉书·司马迁传》。
② 施丁:《司马迁写当代史》,《历史研究》1979 年第 7 期。

帝的秕政。这是无可厚非的，不能算是怨诽和谤书。司马相如曾有遗书言封禅，建议"宜命掌故悉奏其言而览焉"，① 桓宽《盐铁论》多处记贤良文学之言，批评汉武帝与民争利，并提到"杨可告缗"，② 便有算及商贩的内容。司马迁所写，有理有据。至于《史记》之《游侠传》表扬游侠扶助困厄，讽刺公孙弘与酷吏草菅人命；《货殖传》为大工商者树碑立传，肯定这些人创业致富，并说："若至家贫亲老，妻子软弱，岁时无以祭祀进醵，饮食被服不足以自通，如此不惭耻，则无所比矣。……无岩处奇士之行，而长贫贱，好语仁义，亦足羞也。"③ 对此，历来学者多有议论，或以为司马迁有感而发，④ 或归到司马迁"好奇"。⑤ 章氏对此持谨慎态度，说"不能无所感慨"，"亦洵有之"。他认为《史记》其余的篇章，都是"经纬古今，折衷六艺"的，未敢"讪上""谤主"。这话有点笼统。可以这么说，司马迁据实而讽刺汉武帝是有的，而无中生有地诽谤君主之事则丝毫没有。

章氏说到这里，话语一转，就板起面孔，声色俱厉地教训起来了。他说：

> 夫以一生坎坷，怨诽及于君父，且欲以是邀千古之名，此乃愚不安分，名教中之罪人，天理所诛，又何著述之可传乎？夫《骚》与《史》，千古之至文也。文之所以至者，皆抗怀于三代之英，而经纬乎天人之际者也。所遇皆穷，固不能无感慨，而不学无识者流，且谓诽君谤主，不妨尊为文辞之宗焉，大义何由得明，心术何由得正乎？

此话可注意者两点：一方面，《史记》确是"千古之至文"，司马迁确有所"感慨"。若是由此推断他"诽君谤主"，那是妄测；若再引申，"且谓诽君谤主，不妨尊为文辞之宗"，更是欠妥。另一方面，说遭遇坎坷的人，对君父有所怨诽，就是"愚不安分，名教中之罪人，天理所诛"，说推崇怨诽君主的文辞，就是不明"大义"，"心术"不正，而丝毫不究青红皂白，不论是非曲直，这显然是封建主义的立场及伦理道德的说教。于此就显示出章

---

① 《汉书·司马相如传》。
② 《盐铁论·国疾》。
③ 《史记·货殖列传》。
④ 董份曰："迁《答任少卿书》，自伤极刑家贫不足以自赎，故感而作《货殖传》，专慕富利，班固讥之，是也。"引自《史记会注考证·货殖列传》。
⑤ 参见扬雄《法言·君子》。

氏所言"心术"的封建主义思想烙印。不仅止此,章氏还说:

> 夫子曰:"《诗》可以兴。"说者以谓兴起好善恶恶之心也。好善恶恶之心,惧其似之而非,故贵平日有所养也。

"好善恶恶"不是抽象的,而有其特定的属性。它是以封建伦理道德为准则,决不可"似之而非"。这样的"好善恶恶"的心术,"贵于平日之所养"。以什么养?养的什么?不言而喻,都是封建伦理道德。据此,所谓"史德"论是本着客观主义忠于史实之说,有片面性,显然欠妥。

"心术贵于养"一语,道出了章氏的天机。他要求的心术之正,归根到底,是要求不怨诽君父,不违背名教。如今用历史主义的眼光来看它,不足为奇,不必大惊小怪。历史的局限,时代的烙印,谁都不可避免,何况章氏其人往往是以绍兴师爷的脸谱为特点的呢!

四 "史德" 论之学术意义

章氏"史德"论提出和论辨了史家治史的思想修养和态度问题。这在史学理论上是个宝贵的贡献,对于史学有重要的意义。

所说"当慎辨于天人之际,尽其天而不益以人",实质上提出了史家的主观与史事的客观之间的关系问题,而要求尽可能地达到客观而不套上主观,以至于主观符合于客观。这实际上是对史学工作者严肃地提出了尽其天职的要求。尽管章氏在论辩时有点语意不清,有点概念模糊,还夹有点杂质,但他总的含意和要求,还是基本上清楚的。

所说史家治史,因事生感,必须把握好"气"与"情",做到气"平"情"正";如果情绪失控,偏激放纵,就会偏颇失实。以现在的语言简而言之,就是记事行文,要求情绪平和,不可天马行空,不能任意发挥。换言之,即要求思想端正,适可而止。如果借事发挥,那可真是"似天而实蔽于人"了。诗人不可修史,正在于此。

所说竞于文辞是"舍本逐末",既要"工文",又反对"溺于文辞"。这也发人深思,刘知几曾反对文人修史,主要是认为文人无识。无识是不能胜任修史工作的。章氏反对溺于文辞,讥才艺之士"岂可与闻古人大体",也是认为其人无识。文人专在文辞上琢磨,而不推究文欲如其事,是难以达到传神写照的境界的。据章氏所说,治史者应当"欲为良史","慎辨于天人之际，尽其天而不益以人"，而不能以才艺之士自囿。

章氏所论司马迁著史之旨及《史记》名篇之意，大致是可以肯定的。评史应当从实际出发，而不可盲目推测，更不能别有用意，否则，就有心术不正之嫌。著史有心术问题，评史也有心术问题。这都是应当引起注意而不可忽视的。

"心术贵于养"的问题，提得很好，十分必要。史家就是需要加强思想修养和端正态度。可惜章氏谈这个问题时露出了尊君父、守名教的封建伦理道德的马脚。对此倒也不必感到意外，历史的思想的烙印谁都难免。以什么来养？章氏有章氏的要求，如今有如今的要求。如今的要求也不完全一致，是不可一概而论的。但"养"是十分必要的，应当引起学术界的注意，而不可忽视与轻视。

对于章氏"史德"论的态度，最可虑者，是用心良苦的揪住一点而不及其余，抛璞而不惜玉，弃糟粕而不贵精华。应当提倡唯物辩证法，对"史德"论运用两分法，警惕片面性，注意全面性。

章学诚的"史意"论

章学诚（1738～1801）是中国古代史学理论家之殿军，其"史意"论是传统史学理论的最高成就。近世学者对其史学思想与理论十分重视，多有论述，颇有成就，但对其"史意"论这个核心问题重视不够，尚需深入探讨其精微。本文试为引玉而抛砖。

一 明"史意"

章学诚著《文史通义》，旨在阐明史意，不在言史法，强调著述成家，不屑纂辑比次。

章氏自言与刘知几是两种史学路径，曾说："吾于史学，盖有天授，自信发凡起例，多为后世开山，而人乃拟吾于刘知几，不知刘言史法，吾言史意；刘言馆局纂修，吾议一家著述，截然两途，不相入也。"① 其"史意"，就是强调著述成家。他说："吾于史学，贵其著述成家，不取方圆求备，有同类纂。"② 他言事、文、义三者以义为重，说："夫子因鲁史而作《春秋》，孟子曰：其事齐桓、晋文，其文则史，孔子自谓窃取其义焉耳。载笔之士，有志《春秋》之业，固将唯义之求，其事与文，所以借为存义之资也……作史者贵知其义，非同于掌故，仅求事、文之末也。"③ 所谓"贵知其义"，就是要"惟义之求"，把义放在重要地位。

这是针对当时两种学风与文风而发的。一种是务考索而不明旨归。自

---

① 《家书二》，《文史通义》外篇三。
② 《家书三》，《文史通义》外篇三。
③ 《言公上》，《文史通义》内篇四。

明末清初以来，学者为针治清谈浅学之弊，务实学，尚考证，大师辈出，成绩斐然，而风靡一时，鱼龙混杂，竟有以琐细考证为能事。章氏认为这种"征实过多，发挥过少，有如桑蚕食叶而不能抽丝"①。又说："《文史通义》专为著述之林校仇雠得失。著作本乎学问，而近人所谓学问，即以《尔雅》名物，六书训诂，谓尽经世之大业，虽以周、程义理，韩、欧文体，不难一映置之。"② 他认为，这种学风，乃治学不健全的病态，决心治理之。他论学，反对跟风跑而徇风气，主张独立思考而持风气。

一种是尚时文而不明文理。当世文人为文空泛，言之无物，③"描摹"古文，④"妄加雕饰"，隐讳避嫌，文不副实，⑤"惟其文而不惟其事"，"夸多而斗靡"。⑥ 这种文风，竟有"十弊"之多。⑦

章氏说："古人本学问发为文章，其旨将以明道。安有所谓考据与古文之分哉！学问、文章，皆是形下之器，其所以为之者道也；彼不知道，而以文为道，以考为器，乃是夏畦一流争论中书堂事，其谬不待辨也。"⑧ 他认为考据、文章都是形下之器，不能以此为旨归，而当懂得"其所以为之者道也"。又说："言文章者宗《左》《史》……彼著述之旨，本以删述为能事，所以继《春秋》而成一家之言者。于是兢兢焉，事、辞其次焉者也。古人不以文辞相矜私，史文又不可以凭虚而别构，且其所本者悬于天壤，观其入于删述之文辞，犹然有其至焉，斯亦陶镕同于造化矣。"⑨ 这里强调的是事、辞为次，而首要的是"成一家之言"。还说："学于道者，道混沌而难分，故须义理以析之；道恍惚而难凭，故须名教以质之；道隐晦而难宣，故须文辞以达之。三者不可有偏废也。义理必须考索，名教必须考订，文辞必须闲习，皆学也，皆求道之资，而非可执一端谓尽道也。君子学以致其道，亦从事乎三者，皆无所忽而已矣。"⑩ 认为义理、考订、文辞都是"学"，而当"学以致其道"。这就是章学诚"史意"之核心问题。

---

① 《与汪龙庄书》，《文史通义》外篇三。
② 《与陈鉴亭论文》，《章氏遗书》卷九。
③ 参《文德》，《文史通义》内篇二。
④ 《文理》，《文史通义》内篇二。
⑤ 《古文十弊》，《文史通义》内篇二。
⑥ 《砭俗》，《文史通义》外篇三。
⑦ 《古文十弊》，《文史通义》内篇二。
⑧ 《与吴胥石简》，《文史通义》外篇三。
⑨ 《黠陋》，《文史通义》内篇三。
⑩ 《与朱少白论文》，《章氏遗书》卷二十九。

同时，章氏治史是有经世用意的。他说："史学所以经世，固非空言著述也。且如六经同出于孔子，先儒以为其功莫大于《春秋》，正以切合当时人事耳。后之言著述者，舍今而求古，舍人事而言性天，则吾不得而知之矣。学者不知斯义，不足言史学也。"① 他指出，为学为文，都要思所以然。"学博者长于考索，侈其富于山海，岂非道中之实积？而骛于博者，终身敝精劳神以徇之，不知博之何所取也。才雄者健于属文，矜其艳于云霞，岂非道体之发挥？而擅于文者终身苦心焦思以构之，不思文之何所用也。言义理者似能思矣，而不知义理虚悬而无薄，则义理亦无当于道。此皆知其然而不知其所以然也。程子曰：'凡事思所以然，天下第一学问。'人亦盍求所以然思之乎！"又云："天下不能无风气，风气不然无循环，一阴一阳之道，见于气数者然也。所贵君子之学术，为能持世而救偏，一阴一阳之道，宜于调剂者然也……而世之言学者，不知持风气而惟知徇风气，且谓非是不足以邀誉焉，则亦弗思而已矣。"② 就是说，治学的记事为文，都当明所以然，思所以然，不能徇风气，而当持风气，不能骛博溺文，而当明道，成一家之言。

二　论考据

对于考据，章学诚批判的是趋附成风，而不反对考信其事，并认为考事辨实乃治学之具。

章氏指出，考据是必要的，但不可无限抬高其功用，曾说："近日学者多以考订为功，考订诚学问之要务，然于义理不甚求精，文辞置而不讲，天质有优有劣，所成不可无偏可也，纷趋风气，相与贬义理而薄文辞，是知徇一时之名，而不知三者皆分于道，环生迭运，衰盛相倾，未见卓然能自立也。"③ 这就是说，考据是治学之"要务"，但学者不能"多以考订为功"，"纷趋风气"，而"贬义理""薄文辞"。

同时，他认为，治学要据每个人的天资与能力而定，不能勉强地跟风趋时，曾说："人生难得全才，得于天者必有所近，学者不自知也。博览以验其趣之所入，习试以求其性之所安，旁通以求其量之所至，是亦足以求

---

① 《浙东学术》，《文史通义》内篇二。
② 《原学下》，《文史通义》内篇二。
③ 《与朱少白论文》，《章氏遗书》卷二十九。

进乎道矣。"就治学的考订、辞章、义理三个方面,视适合与否而定,不可勉强,更不可跟风瞎跑。"夫风气所趋,偏而不备,而天资之良,亦曲而不全,专其一则必缓其二,事相等也;然必欲求天质之良而深戒以趋风气者,固谓良知良能,其道易入,且亦趋风气者未有不相率而入于伪也。其所以入于伪者,毁誉重而名心亟也。故为学之要,先戒名心;为学之方,求端于道。苟知求端于道,则专其一,缓其二,乃是忖其之长未能兼有,必不入主而出奴也;扩而充之,又可因此而及彼。风气纵有循环,君子之所自树,则固毁誉不能倾,而盛衰之运不足为劳瘁矣,岂不卓欤!"① 这是反对治学随风倒,而强调为学当凭个性,自主自立。这实质上是主张学术独立性。他又说:"凡所谓辨同考异,详训别诂,审误订讹,大率甚似者多而甚是者少,其差等只在审其未明,而著述之旨,未尝有必不得已之故,而出于意之所谓诚者尔。""夫升沉荣辱,审乎定命,则风气有所不必徇也;天生五材,各有所利,则本质所有不可诬也。"② 这是强调治学必须本其材质,千万不可自诬而徇风气,为风气作殉葬品。他列举扬雄、刘知几、戴震、朱竹君等古今学者为例,说:"若扬子云以奏赋知名,而草《玄》则见讥覆瓿;刘子玄以文艺见重,述史则取笑时流。然扬、刘之业,至今赫然日月江河,则士之有志于古,必拂乎今,要以期之久远,为何如耳!戴东原氏之训诂,朱竹君氏之文章皆无今古于胸中者也,其病则戴氏好胜而强所不知,朱氏贪多而不守统要,然而与风气为趋避则无之矣。"③ 意谓这些学者是卓然自立的榜样。他还以自身为例而论之:"盖时人以跻苴繴绩见长,考订名物为务,小学音画为名;吾于数者皆非所长,而甚知爱重,咨于善者而取法之,不强其所不能,必欲自为著述以趋时尚,此吾善自度也。"④ 他承认自己不长于考据,须请教于有专长者,而不勉强地"趋时尚"。

他还认为,考据是治学的一种基本手段,有一定的功用。他说,考据是治学的"要务","名教必须考订","考据者,学问之所有事耳"。但是,对于考据,要有正确的估价,不可忽视或轻视,也不可称之过当,言之失度。曾云:"学问不一家,考据亦不一家也……夫考据岂有家哉?学问之有考据,犹诗文之有事实耳。今见有韩、柳之文,李、杜之诗,不能定为何家诗文,惟见其中事实,即概名为事实家,可乎?学问成家,则发挥而为

---

① 《答沈枫墀论学》,《文史通义》外篇三。
② 《与钱献之书》,《章学诚遗书·佚篇》。
③ 《与钱献之书》,《章学诚遗书·佚篇》。
④ 《家书二》,《文史通义》外篇三。

文辞，证实而为考据。比之人身，学问，其神智也；文辞，其肌肤也；考据，其骸骨也：三者备而后谓之著述。"① 就是说，考据是治学的手段，治各种学问都要用考据手段，但不能称什么考据家；犹考据是人身之骸骨，而不能以其为人身。

对于长于考据的学者或考据的成绩，章氏并不否定，而是正视的。他对沈枫墀，一则说："考索之家亦不易易，大而《礼》辨郊社，细若《雅》注虫鱼，是亦专门之业，不可忽也。阮氏《车考》，足下以为仅究一车之用，是又不然。治经而不究于名物度数，则义理腾空而经术因以卤莽，所系非浅鲜也。"再则说："文易翻空，学须摭实。今之学者，虽趋风气，竞尚考订，多非心得；然知求实而不蹈于虚，犹愈于掉虚文而不复知实学也。"② 他在家书中说："盖时人以跻直骘绩见长，考订名物为务，小学音画为名；吾于数者皆非所长……且未尝不知诸通人所得，亦自不易，不敢以时趋之中不无伪托，而并其真有得者亦忽之者也。"③ 这就是说，考据是有用的，其成绩应当肯定，决不可忽视或废弃。

然而，章氏明确地指出：考据当"有所为"，"求其是"，而不可烦琐驳杂，钻进死胡同。他说："近日考订之学，正患不求其义，而执形迹之末，铢黍较量，小有同异，即嚣然纷争，而不知古人之真不在是也。文字有画以著义，犹笙箫因孔以出声也。笙箫之孔，苟与钟律无讹，自能和声以入乐，而漆色之浅深，画文之疏密不与焉。钟律苟不取谐，但求画文漆色，虽同大舜之《箾韶》，无能协也。今之自命为考订而好争无益之名教者，率皆不知钟律而侈言漆色画文者也。"④ 他又说："古之考索，将以有为也，旁通曲证，比事引义，所以求折中也。今则无所为而竟言考索。古今时异，名物异殊，触类而长，譬彼董泽之蒲，可胜既乎！然世俗之儒，学无原本，随所闻见，笔而存之，以待有心者之取择，若端木氏所谓不贤识其小者，亦君子之所取也。而贱儒之为考索，则犹以是为不足焉，援古证今，取彼例此，不求其是而务穷其类。夫求其是，则举一可以反三，而穷其类，则挂九不免漏一也。类卒不可胜穷，则文窒理芜，而所言皆作互乡之哗沓。此宜粗识文义者之所羞称，而当世翕然嘉其学，则驳杂丑记，流俗所惊，而无稽之赞叹，则患于学术人心者为不细也！"并进一步嘲讽之，曰："苟

---

① 《诗话》，《文史通义》内篇五。
② 《答沈枫墀论学》，《文史通义》外篇三。
③ 《家书二》，《文史通义》外篇三。
④ 《〈说文字原〉课文书后》，《文史通史》外篇二。

不求其当而惟古之存，则今犹古也，上自官府簿书，下至人户版籍，市井钱货注记，更千百年而后，未始不可备考索也。如欲赅存，则一岁所出，不知几千百亿，岁岁增之，岱岳不足聚书，沧海不足墨沉矣；天地不足供藏书，贱儒即死，安所更得尺寸之隙以藏魂魄哉！"① 此言不免尖刻，然于理则是，烦琐驳杂的考据，有何益哉！

所谓考据，乃治学之具，但"求其是"而已。

三　论事理

述事明理，是章学诚史学的基本观点。

《文史通义》内篇中的《易教》《经解》《原道》《原学》诸篇，言"六经皆史""道寓于器""述事明理""下学上达"等观点，都是讲的治学中述事与明理的关系，事是第一性的，但理是不可或缺的，两者当水乳交融，密不可分。

《文史通义》开篇明义："六经皆史也。古人不著书；古人未尝离事而言理，六经皆先王之政典也。"② 就是说，六经是先王的政典，写的是历史事实，其中含有大道理，因为古人"未尝离事而言理"。这是章氏文史理论的基点。他又云："盖圣人首出御世，作新视听，神道施教，以弥纶乎礼乐刑政之所不及者，一本天理之自然；非如后世托之诡异妖祥，谶纬术数，以愚天下也。"再云："若夫六经，皆先王得位行道，经纬世宙之迹，而非托于空言。故以夫子之圣，犹且述而不作。"③ 这都是强调"古人未尝离事而言理"。

这个基本观点，章氏在《经解》三篇中又作了阐发。他说："《易》曰：'上古结绳而治，后世圣人易之以书契，百官以治，万民以察。'夫为治为察，所以宣幽隐而达刑名，布政教而齐法度也。未有以文字为一家私言者也。《易》曰：'云雷屯，君子以经纶。'经纶之言，纲纪世宙之谓也。"又云："古之所谓经，乃三代盛时，典章法度见于政教行事之实，而非圣人有意作为文字以传后世也。"④ 这说的仍然是古人未尝离事而言理。又说："事有实据而理无定形，故夫子之述六经，皆取先王典章，未尝离事而著理。

---

① 《博杂》，《文史通义》内篇六。
② 《易教上》，《文史通义》内篇一。
③ 皆见《易教上》，《文史通义》内篇一。
④ 《经解上》，《文史通义》内篇一。

后儒以圣师言行为世法，则亦命其书为经，此事理之当然也。然而以意尊之，则亦以意僭之矣。"① 还说："六经初不尊为经，义取经纶为世法耳。""夫子之作《春秋》，庄生议而不断，盖其义寓于其事其文，不自为赏罚也。"② 这些话，都是针对俗儒尊经、拟经而空发议论的。

《原道》三篇着重讲道器合一，道不离器，"无征不信"的问题。章氏说："'道之大原出于天'，天固谆谆然命之乎？曰：天地之前，则吾不得而知也。天地生人，始有道矣，而未形也；三人居室，而道形矣，犹未著也；人有什伍而至百千，一室所不能容，部别班分，而道著矣。仁义忠孝之名，刑政礼乐之制，皆其不得已而后起者也……故道者，非圣人智力之所能为，皆其事势自然，渐形渐著，不得已而出之，故曰'天'也。"又云："《易》曰：'一阴一阳之谓道。'是未有人而道已具也。继之则善，成之则性。是天著于人而理附于气。故可形其形而名其名者，皆道之故而非道也。道者，万事万物之所以然，而非万事万物之当然也。人可得而见者，则其当然而已矣……当日圣人创制，只觉事势出于不得不然，一似暑之必须为葛，寒之必须为裘，则非有所容心，以为吾必如是而后可以异于前人，吾必如是而后可以齐名前圣也。此皆一阴一阳往复循环所必至，而非可即是以为一阴一阳之道也。一阴一阳，往复循环者，犹车轮也；圣人创制，一似夏葛冬裘，犹轨辙也。"③ 这话绕来绕去，意思是，道是客观的产物，不是主观的东西；道是事物的所以然，而不是事物的外加物，更不可空言。

章氏曾说："空言不可以教人，所谓'无征不信'也。教之为事，羲、轩以来，盖已有之。观《易大传》之所称述，则知圣人即身示法，因事立教，而未尝于敷政出治之外，别有所谓教法也……治教无二，官师合一，岂有空言以存其私说哉！"又说："《易》曰：'形而上者谓之道，形而下者谓之器。'道不离器，犹影不离形……夫子自述《春秋》之所以作，则云'我欲托之空言，不如见诸行事之深切著明'。则政教典章人伦日用之外，更无别出著述之道，亦已明矣。"④ 其意是，道不离器，理不离事，不可离器而言道，言道必"见诸行事"，否则，乃"托之空言"，所谓"无征不信"。

他还言为文以述事明理，"文章之用，或以述事，或以明理……其至焉

---

① 《经解中》，《文史通义》内篇一。
② 《经解下》，《文史通义》内篇一。
③ 以上引文，均见《原道上》，《文史通义》内篇二。
④ 《原道中》，《文史通义》内篇二。

者，则述事而理以昭焉，言理而事以范焉，则主适不偏，而文乃衷于道矣。"他很担心学者"舍器而求道"或"舍器而言道"，指出："顾经师互诋，文人相轻，而性理诸儒，又有朱陆之同异，从朱从陆者之交攻，而言学问与文章者又逐风气而不悟，庄生所谓'百家往而不反，必不合矣'，悲夫！"①

《原学》三篇主要讲学与道的关系问题，强调"下学而上达"，学必习于事，信而有征。章氏说："'成象之谓乾，效法之谓坤。'学也者，效法之谓也；道也者，成象之谓也。夫子曰：'下学而上达。'盖言学于形下之器，而自达于形上之道也。"又说："古人之学，不遗事物……是以学皆信而有征，而非空言相为授受也。"② 意思是，学于事而达于道，学皆"信而有征"，不可空言。还说："学博者长于考索，侈则富于山海，岂非道中之实积？而骛于博者，终身敝精劳神以徇之，不知博之何所取也。"③ 认为这是"知其然而不知所以然"。他要求学者知所以然，"持世而救偏"。这就是要求下学而上达，"学于事而达于道"，走学术之正道。

章氏言事理关系，认为道不离器，故以事为基点，很重视记事问题。他一生未曾有机会参与修史，本想私修宋史也因故未成。但他多次修地方志，认为志乃史体，志乃一方之史。由此可以察见其对于记事的重视与要求。他强调修志应当考事征实。其议"考证"，曰："考核不厌精详，折衷务祈尽善。"其议"征信"，曰："邑志尤重人物，取舍贵辨真伪。"其议"传例"，曰："其例得立传人物，投递行状，务取生平大节合史例者，详慎开载，纤琐叮饸，凡属浮文，俱宜刊去。其有事涉怪诞，义非惩创，或托鬼神，或称奇梦者，虽有所凭，亦不收录，庶免凫履羊鸣之诮。"其议"援引"，曰："史志引用成文，期明事实，非尚文辞。"④ 就是说，史志讲究考核事实，信而有征，对于浮文琐事，尤其是对于怪诞、鬼神、奇梦之类一概不取。要之，讲事实，求事核。

章氏对于志状文字，为了事核文直，提出了八项"采择之法"。他说："夫志状之文，多为其子孙所请，其生平行实，或得之口授，或据之条疏，非若太常议谥，史官列传，确然有故事可稽，案牍可核也。"为了防止虚而不实，他提出采择材料的办法，曰："采择之法，不过观行而信其言，即类

---

① 《原道下》，《文史通义》内篇二。
② 《原道上》，《文史通义》内篇二。
③ 《原道下》，《文史通义》内篇二。
④ 《修志十议（呈天门王明府）》，《章氏遗书》卷十五。

以求其实，参之时代以论其世，核之风土而得之情，因其交际而察其游，审其细行而观其忽，闻见互参而穷虚实之效，瑕瑜不掩而尽扬抑之能。八术明，而《春秋》经世之意晓然矣。"① 意思是，传人当先慎于采择，采择之法则是察言观行，知人论世，核之风土，察其交游，审其细行，闻见互参，瑕瑜不掩。换句话说，做到实事求是，务求真实可信。

章氏还说："其于斯文，则范我驱驰，未尝不为是凛凛焉。"② 这是表明，他言述事达理，这么说，也这么做。

四 论文理

文生于质，文以副质，是章学诚论史文的基本观点。

章氏论文，不喜徒言文辞，而讲求"文理"。所谓文理，他在《文史通义》中曾一再直接提到过：一则以《文理》名篇，但未解释何谓文理，只是有"夫立言之要在于有物。古人著为文章，皆本于中有所见，初非好为炳炳烺烺，如锦工绣女之矜夸采色已也"云云。③ 此言为文之要在于有物，不可矜夸文采。一则曰："盖文固所以载理，文不备则理不明也。且文亦有其理，妍媸好丑，人见之者，不约而有同然之情，又不关于所载之理者，即文之理也。"④ 此所谓"文之理"，不是指"所载之理"，而是指文本体之理，读者能从文感到"妍媸好丑"。此言文理，未说出实质性，使人不甚了然。

若要弄清章氏的"文理"论，还当探究其所谓"古文辞义例"。所谓"古文辞义例"，实际上讲的是纪传文的理论。章氏自言："余议古文辞义例，自与知好诸君书凡数十通，笔为论著，又有《文德》《文理》《质性》《黠陋》《俗嫌》《俗忌》诸篇，亦详哉其言之矣。"⑤ 其实，章氏于《文德》《文理》等篇所论，虽然涉及文理，但概念不清晰，理论不明确。而他的一些书信却道出了真谛。其与汪龙庄书云："古文辞必由纪传史学进步，方能有得……叙事之文，出于《春秋》'比事属辞'之教也。"⑥ 其示贻选

---

① 《金君行状书后》，《章氏遗书》卷二十一。
② 《金君行状书后》，《章氏遗书》卷二十一。
③ 《文理》，《文史通义》内篇二。
④ 《辨似》，《文史通义》内篇三。
⑤ 《古文十弊》，《文史通义》内篇二。
⑥ 《与汪龙庄书》，《文史通义》外篇三。

书云:"古文辞盖难言矣。古人谓之属辞,不曰古文辞也。记曰:'比事属辞,《春秋》教也。'夫'比'则取其事之类也,'属'则取其言之接续也。纪述文字,取法《春秋》,比属之旨,自宜遵律。"① 其与朱大司马论文曰:"古文必推叙事,叙事实出史学,其源本于《春秋》'比事属辞',左、史、班、陈家学渊源,甚于汉廷经师之授受"② 这些都说明,章氏所谓"古文辞义例",实际上谈的是《春秋》"比事属辞",左、司、班、陈家学渊源,即关于纪传文的理论。

章氏在《答朱少白书》中提到撰《砭俗》篇,"故文略而求实也"。③ 这是值得注意的。《砭俗》篇云:"夫文生于质也。……文生于质,视之质之如何而施吾文焉。""夫文生于质,寿祝哀诔,因其人之质而施以文,则变化无方,后人所辟,可以过于前人矣。夫因乎人者,人万变而文亦万变也;因乎事者,事不变,而文亦不变也……惟其文而不惟其事,所谓惑也。"又曰:"圣人制作,为之礼经,宜质宜文,必当其可。文因乎事,事万变而文亦万变,事不变而文亦不变,虽周孔制作,岂有异哉?"还曰:"夫文生于质也,代为之辞,必其人之事可以有是言也。鸱鸮之处飘摇,不为睍睆之好音;鲋鱼故在涸辙,不无愤然之作色。虽代禽鱼立言,亦必称其情也,虽曰代为之辞,即忘孝子之所自处欤?"④ 这里再三提到"文生于质",强调不能为文而文,应当因质施文,文因乎人,文因乎事,传人叙事"必当其可",代人立言"必称其情"。可见,"文生于质"论,是章氏重要而基本的"文理"论,即史文理论。

同时,章氏批评"惟其文而不惟其事""矜心作意""企慕仿效""夸多斗靡"等不良文风,也批评了轻视为文的思想。⑤ 即批评"溺文辞"及"工文则害道"说两种错误倾向。

章氏这个"文生于质"的理论,明确了事实是第一性,施文乃第二性,文因乎人与事,以人事为立足点而随其转移变化,所谓"其文其质,必当其可",代为立言"必称其情",更是对"文生于质"论深层次的推求。

所谓"必当其可""必称其情",既要求因质施文,又要求辞达,洁净无华。章氏曾说:"琢玉为器,所弃之玉未必不良于所存者也,玉人攻去而

---

① 《论文示贻选》,《章氏遗书》卷二十九。
② 《上朱大司马论文》,《文史通义·补遗》。
③ 见《文史通义》外篇三。
④ 以上引文,均见《砭俗》,《文史通义》内篇三。
⑤ 参见《原道下》《砭俗》等篇。

不惜者，以为瑜而无当，不异于瑕也；制锦为衣，所割之锦未必不美于所留者也，锦工断弃而不顾者，以为华而无当，不异于敝也。噫！吾观文学之士，不求其当而争夸于美且富者，何纷纷耶？"① 这是要求史文洁净，以无华无瑕为"当"，批评"瑜而无当""华而无当"。又说："文固用以明理，或以记事，然有时理明事备而文势阙然，乃若有所未尽……曾子曰：'辞气远鄙倍'，夫子曰：'辞达'。《春秋传》曰：'辞之不可已也。'"② 就是说，表达事理需要文辞，不可忽视之。

章氏是方志学家，所论"志例"云："志为史载，全书自有体例。志中文字，俱关史法，则全书中之命辞措字，亦必有规矩准绳，不可忽也……惟是传记叙述之人，皆出史学。史学不讲，而记传叙述之文全无法度，以至方志家言，习而不察，不惟文不雅驯，抑亦有害事理……文士囿于习气，各矜所尚，争强于无形之平奇浓淡，此如人心不同，面目各异，何可争？亦何必争哉！惟法度义例，不知斟酌，不但辞不雅驯，难以行远；抑且害于事理，失其所以为言。"故其强调，只有注意志文义例，"则不但志例清洁，即推而及于记传叙述之文，亦无不可以明白峻洁，切实有用，不致虚文害实事矣"③。所谓志文义例，亦即传人述事之文的理论。

在《古文十弊》中，章氏对史文理论有较为全面的阐发，同时批判当时不良的学风与文风，所论共有十条。

一曰："凡为古文辞者，必先识古人大体，而文辞工拙又其次焉。不知大体，则胸中是非不可以凭，其所论次未必俱当事理。"所谓识古人大体，"但须据事直书，不可无故妄加雕饰"。此即按质施文之意。他指出："妄加雕饰，谓之'剜肉为疮'，此文人之通弊也。"

二曰："人非圣，安能无失？古人叙一人之行事，尚不嫌于得失互见也。"即谓传人叙事，书得也书失，得失互见。此即古所谓"不虚美，不隐恶"之意。并指出："今叙一人之事，而欲顾其上下左右前后之人皆无小疵，难矣！是之谓'八面求圆'，又文人之通弊也。"

三曰："文欲如其事，未闻事欲如其文者也。"这也是按质施文，据事直书之意。并指出，今多有模仿古文者，"不知临文摹古，迁就重轻，又往往似之矣。是之谓'削趾适屦'，又文人之通弊也。"

---

① 《杂说》，《文史通义》内篇六。
② 《杂说》，《文史通义》内篇六。
③ 以上引文，均见《与石首王明府论志例》，《章氏遗书》卷十四。

四是批评"借人炫己",借古人而抬高自身,此乃"私署头衔"之弊。
五是批评"采择清言多而少择",吹捧失当,此乃"不达时务"之弊。
六是批评传人"无端而影附者",犹"同里铭旌"之弊。

七曰:传人,"搜间传神,亦文家之妙用也。但必得其神志所在,则如图画名家,颊上妙于增毫;苟徒慕前人文辞之佳,强寻猥琐以求其似,则如见桃花而有悟,遂取桃花作饭,其中岂复有神妙哉……夫传人者文如其人,述事者文如其事,足矣。其或有关考证,要必本质所具,即或闲情逸出,正如阿堵传神"。这是传人要求神似而不求形似,更不必添油加醋之意。并指出,"强寻猥琐以求其似","喜求征实","贪多务得"而"赘余非要","但知市菜求增","是之谓'画蛇添足',又文人之通弊也"。

八曰:传人之事,"作者之言也,为文为质,惟其所欲,期如其事而已矣";传人之言,"则非作者之言也,为文为质,期于适如其人之言,非作者所能自主也"。"自文人胸有成竹,遂致闺修皆如板印。与其文而失实,何如质以传真也!""名将起于卒伍,义侠或奋阎间,言辞不必经生,记述贵于宛肖"。意思是,传人之事,作者可用自己的语言去写,做到适如其事即可;传人之言,当是其本人语言,作者不可以己之语言取代之,务必"记述贵于宛肖"。并指出:"世之作者,于斯多不致思,是之谓'优伶演剧'。盖优伶歌曲,虽耕氓役隶,矢口皆叶宫商,是以谓之戏也。而记传之笔从而效之,又文人之通弊也。"

九曰:"古人文成法立,未尝有定格也。传人适如其人,述事适如其事,无定之中有一定焉。知其意者,旦暮遇之,不知其意,袭其形貌,神弗肖也。"意思是,文无定格,适如其人其事而已。并指出:"盖塾师讲授四书文义,谓之时文,必有法度以合程式……惟时文积习,深固肠腑,进窥一切古书古文,皆为此时文见解,动操塾师启蒙议论,则如用象棋枰布棋子,必不合矣。是之谓'井底天文',又文人之通弊也。"

十是指出时人有从史传中采摘古文,略而不全,加以评选,"误为原文如此",或"诩谓发轫之离奇",或"诧为篇终之崛峭",以致转相叹赏,刻意追摹,此乃"误学邯郸"之弊。①

总之,章氏本着"文生于质"论,强调据事直书,因质施文,传人适如其人,述事适如其事,文无定格,发于自然;反对妄加雕饰,浮夸失实,临文摹古,借文炫己,形式主义,故作离奇。

---

① 以上引文,均见《古文十弊》,《文史通义》内篇二。

章氏还提到，史家之文与文士之文决然不同。他说："一切文士见解，不可与论史文。譬如品泉鉴石，非不精妙，然不可与测海岳也。即如文士撰文，惟恐不自己出；史家之文，惟恐出之于己，其大本先不同矣。史体述而不造，史文而出于己，是为言之无征。"就是说，文士撰文，可以随意虚构，而史家写史，则不能杜撰，当信而有征。这是根本的区别。接着，他对史家传人记言记事的特点，提出具体入微的看法："辞则必称其体，语则必肖其人。质野不可以用文语，而猥鄙须删；急遽不可以为宛辞，而曲折乃见；文移须从公式，而案牍又不宜徇；骈丽不入史裁，而诏表亦岂可废！此皆中有调剂，而人不知也……记事之法，有损无增，一字之增，是造伪也。往往有极意敷张，其事弗显；刊落浓辞，微文旁缀，而情状跃然，是贵得其意也。记言之法，增损无常，惟作者之所欲，然必推言者当日意中之所有，虽增千百言而不为多。苟言虽成文，而推言者当日意中所本无，虽一字之增，亦造伪也。"还说："史家点窜古今文字，必具'天地为炉，万物为铜，阴阳为炭，造化为工'之意，而后可与言作述之妙……夫文士剿袭之弊，与史家运用之功相似，而实相天渊，剿袭者恐人知其所本，运用者惟恐人不知其所本。"① 这是说，文士之文，谨防"剿袭"；史家之文，信而有征，而记事记言恰到好处，"造化为工"。

章氏尚有"清真"论。或曰："古文之要，不外清真。'清'则气不杂也，'真'者理无支也。理附气而辞以达之，辞不洁而先受其疾矣……辞不洁则气不清矣。后世之文，则辞赋绮言，不可以入纪传，而受此弊者乃纷纷未有已也。"② 意谓文不可芜杂，辞洁则气清入理。或曰："清真者，学问有得于中，而以诗文抒写见其所见，无意工辞，而尽力于辞者莫及也。（毋论诗文，皆须学问；空言性情，毕竟小家）……斤斤争胜于言语之工，是鹦鹉、猩猩之效人语也，不必展卷而已知其诗无可录矣。"③ 意谓文当有物，内容充实；反对尽力于辞，徒具形式。

文之"四要"论，是章氏在修志实践中提出的。他说："要简，要严，要核，要雅。"④ 这包含了对志书与史著的文在述事明理方面的要求，"核"者，文以副质，信而有征；"严"者，传人述事适如，文严辞达；"简"者，洁净，清晰，一目了然；"雅"者，传神写照，雅致不俗。这实际上对史文

---

① 以上引文，均见《与陈观民工部论史学》，《章氏遗书》卷十四。
② 《评沈梅村古文》，《文史通义》外篇二。
③ 《诗话》，《文史通义》内篇五。
④ 《修志十议（呈天门胡明府）》，《章氏遗书》卷十五。

提出了信、达、雅的要求。

章氏还有"文德"论。他说:"凡为古文辞者,必敬以恕。临文必敬,非修德之谓也;论古必恕,非宽容之谓也。敬非修德之谓者,气摄而不纵,纵必不能中节;恕非宽容之谓者,能为古人设身而处地也。嗟乎!知德者鲜,知临文而不可无敬恕,则知文德矣。"① 这是言写作史文的态度。"敬"者,要求态度端正,严肃谨慎,言之"中节"。"恕"者,要求贴切历史,设身处地地去了解古人古事。

总之,章氏"文理"论中的"文生于质",传人记事"适如""适当其可""搜间传神"等说,颇为精辟。

五 论撰述

撰述"成一家言",事、文、义三者一体,这是章学诚论史学著作的基本观点。

章氏于《书教》三篇,着重提出撰述、记注的区别。他说:"三代以上,记注有成法而撰述无定名;三代以下,撰述有定名而记注无成法。"② 于此提出了撰述、记注之分。又说:"撰述欲其圆而神,记注欲其方以智也……然圆神方智,自有载籍以还,二者不偏废也……史氏继《春秋》而有作,莫如马、班,马则近于圆而神,班则近于方以智也……迁《史》不可以为定法,固《书》因迁之体而为一成之义例,遂为后世不祧之宗焉……然而固《书》本撰述而非记注,则于近方近智之中,仍有圆且神者以为之裁制,是以能成家而可以传世行远也。后世失班史之意,而以纪表志传同于科举之程式,官府之簿书,则于记注、撰述两无所似,而古人著书之宗旨不可复言矣。史不成家而事、文皆晦,而犹拘守成法,以谓其书固祖马而宗班也,而史学之失传也久矣!""夫史为记事之书,事万变而不齐,史文屈曲而适如其事,则必因事命篇,不为常例所拘,而后能起讫自如,无一言之或遗而或溢也……斟酌古今之史,而定文质之中,则师《尚书》之意,而以迁史义例通左氏之裁制焉,所以救纪传之极弊,非好为更张也。"③ 这里强调撰述成家,史文随事变化,圆通而神;反对拘于形式,

---

① 《文德》,《文史通义》内篇二。
② 《书教上》,《文史通义》内篇一。
③ 《书教下》,《义史通义》内篇一。

因循守旧，一成不变。这是撰述与记注的根本区别。

《答客问》三篇，是章氏对著述成家与纂辑比次之流别，所作深入的辩论。他说："史之大原本乎《春秋》，《春秋》之意昭乎笔削。笔削之意，不仅事具始末，文成规矩已也。以夫子义则窃取之旨观之，固将纲纪天人，推明大道，所以通古今之变而成一家之言者，必有详人之所略，异人之所同，重人之所轻，而忽人之所谨，绳墨之所不可得而拘，类例之所不可得而泥，而后微茫秒忽之际有以独断于一心，及其书之成也，自然可以参天地而质鬼神，契前修而俟后圣，此家学之所以可贵也。陈、范以来，律以《春秋》之旨，则不敢无失矣。然其心裁别识，家学具存。纵使反唇相议，至谓迁书退处士而进奸雄，固书排忠节而饰主阙，要其离合变化，义无旁出，自足明家学而符经旨；初不尽如后代纂类之业，相与效子莫于执中，求乡愿之无刺，佟然自谓超迁轶固也。若夫君臣事迹，官司典章，王者易姓受命，综合前代，纂辑比类，以存一代之旧业，是则所谓整齐故事之业也。开局设监，集众修书，正当用其义例，守其绳墨，以待后人之论定则可矣，岂所语于专门著作之伦乎？"① 所谓著作，就是"别识心裁，家学具存"，具有创造性；所谓纂类，就是"纂辑比类""整齐故事"而已。

区别著作与纂类的关键，则在于是否"即器明道"，即有否"史意"。章氏说："六经皆史也。形而上者谓之道，形而下者谓之器。孔子之作《春秋》也，盖曰：'我欲托之空言，不如见诸行事之深切著明。'然则典章事实，作者之所不敢忽，盖将即器以明道耳。其书足以明道矣，笾豆之事，则有司存，君子不以是琐琐也。道不明而争于器，实不足而竞于文，其弊与空言制胜华辨伪者，相去不能以寸焉，而世之溺者不察也。太史公曰：'好学深思，心知其意。'当今之世，安得知意之人而与论作述之旨哉！"② 于是可以明确，章氏的撰述思想，就是强调"即器明道"，就是主张"史意"。

同时，章氏还谈到"比次之书"的特点，以及家学与比次的区别与联系。他说："若夫比次之书，则掌故令史之孔目，簿书记注之成格，其原虽本柱下之所藏，其用止于备稽检而供采择，初无他奇也。然而独断之学，非是不为取裁，考索之功，非是不为按据，如旨酒之不离糟粕，嘉禾之不离乎粪土。是以职官故事、案牍图牒之书，不可轻议也。然独断之学、考

---

① 《答客问上》，《文史通义》内篇四。
② 《答客问上》，《文史通义》内篇四。

索之功欲其智，而比次之书欲其愚。亦犹酒可实尊彝，而糟粕不可以实尊彝，禾可登簠簋，而粪土不可登簠簋，理至明也。古人云：'言之不文，行之不远。''文不雅驯，荐绅先生难言之。'为职官故事、案牍图牒之难以萃合而行远也，于是有比次之法。不名家学，不立识解，以之整齐故事，而待后人之裁定，是则比次欲愚之效也。"① 意思是，比次之书，有一定的资料价值，可供议论、考索之取资，但还是不能与家学相提并论。章氏还谈到比次之书的"三道""七难"，对此类工作的要旨及其艰难性提出了一些看法。②

所谓著述成家，核心的要求是，事、文、义三者合一，不可顾此失彼。章氏说："文章之用，或以述事，或以明理，事溯已往，阴也；理阐方来，阳也。其至焉者，则述事而理以昭焉，言理而事以范焉，则主适不偏，而文乃衷于道矣。"③ 意谓好的文章，述事，明理，"主适不偏"，是个统一体。

关于事、文、义三者，章氏说法不一。或曰："学问成家，则发挥而为文辞，证实而为考据。比之人身，学问，其神智也；文辞，其肌肤也；考据，其骸骨也：三者备而后谓之著述。"④ 此谓具备了学问、文辞、考据三者就可谓之著述。或曰："夫考订、辞章、义理，虽曰三门，而大要有二，学与文也；理不虚立，则固行乎二者之中矣。"⑤ 这里将考订、文辞、义理三者并提，又说"学"与"文"是二要，将考订纳入"学"，即学问。这与前一说不大一致。又说："其稍通方者，则分考订、义理、文辞为三家，而谓各有其所长。不知此皆道中之一事，著述纷纷，出奴入主，正坐此也。"⑥ 这也是强调考订、文辞、义理三者一体。或曰："学与道者，道混沌而难分，故须义理以析之；道恍惚而难凭，故须名数以质之；道隐晦而难宣，故须文辞以达之。三者不可有偏废也。义理必须考索，名教必须考订，文辞必须闲习，皆学也，皆求道之资，而非可执一端谓尽道也。君子学以致其道，亦从事乎三者，皆无所忽而已矣。"⑦ 所谓"名教必须考订"，将名教与考订合二而一，则此处仍然是言考订、文辞、义理三者合而为道。所

---

① 《答客问中》，《文史通义》内篇四。
② 参见《答客问下》，《文史通义》内篇四。
③ 《原道下》，《文史通义》内篇二。
④ 《诗话》，《文史通义》内篇五。
⑤ 《答沈枫墀论学》，《文史通义》外篇三。
⑥ 《与陈鉴亭论学》，《文史通义》外篇三。
⑦ 《与朱少白论文》，《章氏遗书》卷二十九。

谓考订，是考事订实，指事也。

为什么要强调事、文、义或考订、文辞、义理三者合一呢？章氏有说："主义理者鲜证实，尚考索者短文采，相持不下，而且以相讥。自有识者言，考索所以实其义理，而文采固借以达者也。三者合一，而于学始有功，犹宫商不同而乐可和，丹青异色而章斯焕矣。"① 就是说，只有考订、文辞、义理三者相辅相成，才能构成完善的著作。

作为方志学家，章氏认为志书也当事、文、义三者合为一体。他说："史之为道也，文士雅言，与胥吏簿牍，皆不可用。然舍是二者，则无以为史矣。孟子曰：其事、其文、其义，《春秋》之所取也。即簿牍之事，而润之以《尔雅》之文，而断以义，国史、方志，皆《春秋》之流别也。譬人之身，事者其骨，文者其肤，义者其精神也。断之以义，而书始成家，书必成家，而后有典法有法，可诵可识，乃能传世而行远。"② 就是说事、文、义三者，构成国史与方志的主体，事、文是不可少的，然只有断之以义，书才能成家，才能成为传世之撰述（著作）。

要之，章氏言事、文、义三者一体，是讲求著述成家。

六　中国史学理论特色

章学诚所言撰述成家、事文义一体的"史意"论，有中国史学理论实事求是的特色，是对传统史学理论的继承和发扬。

自《春秋》《左传》等史书问世以后，中国的史学理论随之有所成长，尤其对史著本体的理论已有了雏形。孟子说："晋之《乘》，楚之《梼杌》，鲁之《春秋》，一也：其事则齐桓、晋文，其文则史，其义则丘窃取之矣。"③ 章氏知道这个说法，《方志立三书议》引用了："孟子曰：其事、其文、其义，《春秋》之所取也。"孟子是言古代晋、楚、鲁等诸侯国的《乘》《梼杌》《春秋》等史书，都具有事、文、义三个要素。章氏接受了这个思想，在《文史通义》中一再提到，加以发挥，并以其为论"史意"的要素，言事、文、义三者一体，还以人身之骸骨、皮肤、精神三者作形象的比譬，这是极为深刻的。事、文、义三者，确系史著或方志的三大要素，相辅相

---

① 《许可型七十初度嶂子题辞》，《章学诚遗书·佚篇》。
② 《方志立三书议》，《章氏遗书》卷十四。
③ 《孟子·离娄下》。

成，缺一不可。这个传统史学理论，抓住史著要素，具体分析，具有言简意赅的特点，因而形成了中国史学理论的基本点。

自《史记》产生后百余年间，学术界对其论长道短，很值得注意。班彪、班固父子对其批判"论大道则先黄老而后六经，序游侠则退处士而进奸雄，述货殖则贱仁义而羞贫贱"云云，[1] 世所共知，这是从政治思想上着眼，且置勿论；而从史著特点评《史记》，称其为"实录"，则应特别注意。扬雄称其为"实录"，予以多方面的评论。[2] 班彪在《前史略论》中着重评论《史记》，称其"善述序事理，辩而不华，质而不野，文质相称"，并著《后论》以续之。[3] 王充著《论衡》，斥虚崇实，表扬司马迁"书汉世实事之人"，[4] 其在崇实方面，是以司马迁《史记》为典型的。班固著《汉书》，为司马迁立了专传——《司马迁传》，在《司马迁传》赞中对司马迁《史记》"实录"更做了极为重要的阐发，曰："然自刘向、扬雄博极群书，皆称迁有良史之材，服其善序事理，辨而不华，质而不俚，其文直，其事核，不虚美，不隐恶，故谓之实录。"[5] 这个"实录"论包含了古来史著要素事、文、义三个方面，即：一是事核，事理，就是写实事，达事理；二是文直，文质相称，不华不俚；三是达义，不虚美，不隐恶，美恶皆书。这在史学界，有振聋发聩的作用。时至今日，外国史学界对此不甚了了，是可以理解的；而中国学者，尤其是治史学史者是应该予以重视的。

自此以后，言"实录"者颇多。就著书方面来看，多将"实录"当作如实记录解，从而倡导、宣扬、标榜，甚至有以"实录"名其书者，直至明清时代，尚有《明实录》《清实录》等。而此种书，多为权势者所编修，以其为权利之工具，虚虚实实，伪曲往往而有，故有"实录不实"之讥。甚至因此而有以为"实录"问题不值得一提者。此者似是而非，有因噎废食之嫌。

就史学理论方面来看，时有识者对"实录"另眼相看。刘勰著《文心雕龙》，于《史传篇》言史学史，论司马迁《史记》则曰"实录无隐之旨"。刘知几著《史通》，更标举"实录"为准则，于事、文、义三者多有专篇论述，具体细致，对"实录"论有很大贡献。只是其书散论事、文、

---

[1] 班彪：《前史略论》；班固：《汉书·司马迁传》。
[2] 《法言》之《重黎》《渊骞》等篇。
[3] 参见《后汉书·班彪传》。
[4] 《论衡·感虚篇》。
[5] 《汉书·司马迁传》赞。

义,未论三者一体,更没有专篇专论,其篇章结构又首先论纪传体史之纪、表、志、传诸体,故章学诚称"刘言史法",不无道理。但不能否认刘知几论事、文、义有很大成就。

章学诚从事方志事业,有意于史学理论,可谓后来居上。他总结古今史学的经验教训,从古代史学理论中汲取养分,在方志实践中不断探索,深思明辨,别识心裁,提出"史意"论,将中国古代史学理论推至顶峰,树立了又一座史学理论丰碑。这是可贵的,值得珍视的。

章氏论"史意",颇有崇古倾向,一再提孔、孟、左丘明,而对班氏父子、刘知几等的史学理论有所忽视,或许是视而不见,或许是有意轻之,这是不可取的。其论史义,多举六经之义为准则,并遵封建伦理道德以立论,这是需要加以分析批判的。

本人在拙文《中国史学的传统与维新》中曾强调"再探讨与吸收古代中国的优秀文化遗产","再探讨(中国)史学本体的理论"。① 今写本文仍是此意。

---

① 施丁:《中国史学的传统与维新》,《中国社会科学》1989 年第 5 期。

五
历史文学

司马迁笔下的项羽和刘邦

项羽和刘邦是我国历史上的两个著名人物。我国古代伟大的史学家司马迁在他的名著《史记》中曾为他们分别写了《项羽本纪》和《高祖本纪》（以下简称《项纪》和《高纪》，引文中的着重号系笔者所加），并对他们进行了评价。这为我们研究和评价项羽与刘邦提供了良好的条件。

这篇文章不是想对项羽和刘邦在历史上的作用进行评价，只是谈一下司马迁对项羽和刘邦的事迹是怎样记述和评价的问题，顺便和近人对这有关问题的不同看法进行商榷。不足之处，尚希诸位同道指正。

项羽虽在秦末农民起义的反秦斗争中起过一定的作用，但他的行为很残暴，失民心，他在反秦斗争胜利以后开历史的倒车，分封十八王国，把天下弄成割据纷争的局面。刘邦虽有一些缺点和错误，但他的行为基本上是顺时利民的，得民心的，他不仅在反秦斗争中起过一定的作用，而且在反秦斗争胜利之后依靠人民将天下归之于统一，制定了一些"与民休息"的政策，推动了历史的前进。我们的观点是历史唯物论，我们的材料主要来源于《史记》，特别是其中的《项纪》和《高纪》。那么，这就很自然地引起人们考虑这一问题：司马迁是怎样描写和评价项羽和刘邦的呢？

不少学者在体会司马迁对项羽和刘邦的描写和评价时，有近于一致的看法。他们认为：司马迁把项羽"写成了一个叱咤风云、豪气盖世的英雄"，"他以极端饱满的情绪写《项羽本纪》，给项羽以最高的地位"。[1] "汉高祖虽然被列在本纪，但司马迁对这位皇帝的讽刺是入骨的，甚至叙述他是'无赖'"。[2] "他尽力描写推翻'暴秦'的项羽的英雄气概，来和狡诈无

---

[1] 季镇淮：《司马迁和他的〈史记〉》，《文艺报》1955年第十八号。
[2] 侯外庐：《司马迁著作中的思想性和人民性》，《人民日报》1955年12月31日第3版。

赖的刘邦作鲜明的对比"。① 最近由中国社会科学院文学研究所中国文学史编写组所编写的《中国文学史》也认为：司马迁"饱含着热烈的感情在赞叹"项羽，"作者对这人物不免有偏爱"。②

他们怎么能得出这样的看法来呢？理由不外乎是：（1）项羽曾在秦末农民起义中起过一定的作用，不幸"被刘邦和他的谋臣所算，至于失败"，因此，"司马迁对他寄予同情"。刘邦是汉朝的开国帝王，司马迁"从他的唯物主义思想因素和批判的精神出发，对于封建帝王就持有和当时封建统治者不同的态度"，因而就在刘邦身上发挥了"大胆的批判精神"。③（2）项羽出身于贵族阶级，司马迁也出身于贵族阶级。司马迁对项羽是"有感情"的，而"这感情是有阶级基础的"。"司马迁给项羽等人写的好传，是对他们共同所属的阶级的凭吊"。④ 他们以此来说明司马迁的现实主义写作态度和批判精神。

我认为，他们如此理解司马迁对项羽和刘邦的评价、写作态度以及举出的理由，皆是值得商榷的。

我们不妨首先依据《项纪》和《高纪》来探讨一下司马迁对项羽和刘邦究竟是怎样描写的。由于项羽和刘邦同是秦汉之际政治风云中的著名人物，而且是互相对立、不同类型的人物，因此司马迁在写《项纪》和《高纪》时，基本上是用两相对照的写法来描写项羽和刘邦的斗争生活的，他以比较的方法道出项羽和刘邦的长短得失来。而且这两篇文章常有犬牙交错之处，两者彼此衬托和互为补充，以达到对项羽和刘邦的对立性的描写和不同的评价更为明显的目的。因此，我们在探讨司马迁究竟是怎样描写和评价项羽和刘邦这一问题时，也就不能不以两篇文章进行对照研究的办法来进行。

现在，我试把两篇文章中对项羽和刘邦的不同描写和两相对照的地方提出数点来（间或插引一些别的篇章的材料），并据之以申述司马迁的原意。

---

① 齐思和：《〈史记〉产生的历史条件和它在世界史学上的地位》，《光明日报》1956 年 1 月 19 日《史学》版。
② 《中国文学史》第 1 卷，第 131~137 页。
③ 《中国文学史》第 1 卷，第 131~137 页。
④ 何兹全：《司马迁和项羽》，《光明日报》。

一 项羽和刘邦少壮时性格和抱负的不同

司马迁在《项纪》篇首说到项羽"力能扛鼎,才气过人",寓有称允之意;但作者主要是批评项羽的"学书不成,去学剑,又不成",继学兵法,"略知其意,又不肯竟学"的浮躁和不能善始善终的作风。项羽见秦始皇时曾云:"彼可取而代也。"司马迁对他这种大言是感到惊奇的。

《高纪》篇首载有"高祖为人……仁而爱人,喜施,意豁如也。常有大度","醉卧,武负、王媪见其(刘邦)上常有龙"等语,这是司马迁称允和推崇刘邦之语;作者也指出了刘邦染上了"狎侮"的作风和"好酒及色"的不良习性,寓有批评之意,但这是次要的。他对刘邦见秦始皇时之语:"嗟乎,大丈夫当如此也!"是表示赞叹的,认为刘邦有大抱负。

司马迁之所以要在两篇文章之首对项羽和刘邦两人少壮时的性格、抱负等进行描写,不仅仅是为了突出人物的性格,更重要的是为了和描写人物的政治活动相呼应,因为他把一个人的性格和修养看成是一个人的政治生活成败中的重要因素之一。因此,我们不能把他对于项羽和刘邦的性格、抱负等的描写与其对项羽和刘邦的政治生活的描写割裂开来看待。

二 项羽和刘邦起事情况的不同

项羽和刘邦的起事情况是不同的。司马迁写刘邦的起事有被迫因素,而其基本部队是下层群众。刘邦本是泗水亭长,因"为县送徒骊山,徒多道亡"。他没办法,也只好道亡,形势迫使他走上了革命的道路。陈胜起义之后,萧何、曹参和樊哙等拥他为沛公,于是真正地起义了,他的基本部队成员多为沛县的人民。

项羽的起事和刘邦有些不同。陈胜起义后,会稽太守通和项羽的季父项梁商量起事,项梁和项羽便把通杀掉,夺取了政权,"遂举吴中兵,使人收下县,得精兵八千人"。从项梁和项羽本人来看,他们的起事没有被迫的因素,他们的基本部队成员也多为吴郡县的原有士兵。可见这和刘邦的起义是有些不同的。

司马迁对项羽和刘邦的起事情况作了真实的记载,虽然没有明显地表示可否的态度,但却告诉了我们刘邦和项羽成败的契机,那就是:刘邦植根于较基层的群众,萧何、曹参、樊哙等自始至终是刘邦的得力助手;而项羽起事时仅为次要人物（项梁为主），没有可靠的群众，缺少得力的骨干分子。

三 司马迁第一次较含蓄地透露出刘长项短

秦将章邯围攻赵的巨鹿之时，赵不断派使来向楚义军求救。这时楚义军在彭城附近，项羽和刘邦时已为楚义军中的重要将领。楚义军根据当时局势的变化，议决了正确的两路出军的决策：一路军救赵，一路军西略地进关中。救赵军以宋义为上将军，项羽为次将。西路军以刘邦为首。楚怀王与诸将约曰："先入定关中者，王之。"当时关中为秦的巢穴，推翻秦政权是义军的愿望和目的，谁能先入定关中就算谁的功劳大，故有此约。

楚军定决策和约言之时，在两路军首领的人选问题上曾发生了一场争论。《高纪》中有这样一段叙述：

> 当是时，秦兵强，常乘胜逐北，诸将莫利先入关。独项羽怨秦破项梁军，奋，愿与沛公西入关。怀王诸老将皆曰："项羽为人慓悍，猾贼。项羽尝攻襄城，襄城无遗类，皆坑之，诸所过无不残灭。且楚数进取，前陈王、项梁皆败。不如更遣长者扶义而西，告诉秦父兄。秦父兄苦其主久矣，今诚得长者往，毋侵暴，宜可下。今项羽慓悍，今不可遣。独沛公素宽大长者，可遣。"卒不许项羽，而遣沛公西略地，收陈王、项梁散卒。

楚诸老将的"遣长者扶义而西，告诉秦父兄……毋侵暴，宜可下"之言，是经过数次革命斗争后得出的宝贵的经验之谈，起义军一定要得到人民的响应和支持才能胜利；他们对项羽的"慓悍、猾贼"对刘邦的"素宽大长者"之评价，也是根据平时共同生活和斗争时的观察而得出的实事求是的看法。因此，他们推荐刘邦，而反对项羽为西路军首领。

司马迁对于楚诸老将之言是相信的。我们一方面从《高纪》篇首有"（刘邦）仁而爱人，喜施，意豁如也"的描写得到证明；另一方面他对项羽的残暴已早有记述："项梁前使项羽别攻襄城，襄城坚守不下。已拔，皆坑之。"这足证项羽的残暴行为是存在的，楚诸老将之语是有根据的，所以司马迁借了楚诸老将之口，批评了项羽的剽悍、残暴，而称允刘邦是宽大长者。他意识到残暴者不能得民心，而只有宽仁者才会得到人民的支持与拥护。作者把这一情节的描写放在《高纪》里，一方面为刘邦将来的胜利巧妙地伏了一笔；另一方面也为项羽将来的失败给了必要的暗示。这种匠心是极为高明的。

四　项羽和刘邦在两个反秦战场上的不同作用

司马迁写项羽和刘邦在两个反秦战场上的不同作用是十分着力的。他记述：楚两路军人选问题争论的结果，还是按照原来的决定而不变，项羽随宋义北上救赵，刘邦带一股军西进。从此，作者便分叙两路军的情况。

项羽随宋义北上救赵。他发觉宋义是个贪生怕死和只图享乐的人，便将其杀掉。楚怀王便命他为上将军。接着发生了巨鹿之战。司马迁对这一段史事作了突出的描写：

> 项羽已杀卿子冠军（宋义），威震楚国，名闻诸侯。乃遣当阳君、蒲将军将卒二万渡河，救巨鹿。战少利，陈余复请兵。项羽乃悉引兵渡河，皆沉船，破釜甑，烧庐舍，持三日粮，以示士卒必死，无一还心。于是至则围王离，与秦军遇，九战，绝其甬道，大破之，杀苏角，虏王离。涉间不降楚，自烧杀。当是时，楚兵冠诸侯。诸侯军救巨鹿下者十余壁，莫敢纵兵。及楚击秦，诸将皆从壁上观。楚战士无不一以当十，楚兵呼声动天，诸侯军无不人人惴恐。于是已破秦军，项羽召见诸侯将，入辕门，无不膝行而前，莫敢仰视。项羽由是始为诸侯上将军，诸侯皆属焉。

司马迁在这里，除了指出"楚战士无不一以当十"的英勇作战精神外，同时也称赞了项羽的功绩，肯定他在巨鹿之战中起了一定的作用。

这支义军乘战胜之威，又连续在漳南、汙水两役中获得大胜，终于在秦二世三年七月迫使与赵高有矛盾的这路秦军统帅章邯投降。项羽对章邯加以任用。自此以后，项羽进军甚为缓慢，十一月才至新安；而刘邦于十月已定关中了。

司马迁认为项羽自受降章邯后，在反秦斗争方面已不起什么大作用了。因此，在《项纪》中只简述一句"行略定秦地"；重要的倒是揭发了项羽一件非常残暴的罪恶行为：

到新安。诸侯吏卒异时故繇使屯戍过秦中,秦中吏卒遇之多无状,及秦军降诸侯,诸侯吏卒乘胜多奴虏使之,轻折辱秦吏卒。秦吏卒多窃言曰:"章将军等诈吾属降诸侯,今能入关破秦,大善;即不能,诸侯虏吾属而东,秦必尽诛吾父母妻子。"诸将微闻其计,以告项羽。项羽乃召黥布、蒲将军计曰:"秦吏卒尚众,其心不服,至关中不听,事必危,不如击杀之,而独与章邯、长史欣、都尉翳入秦。"于是楚军夜击坑秦卒二十余万人新安城南。

新老士卒间有矛盾是很自然的,秦降卒受折辱而产生顾虑也是合乎情理的,主将如能运用正确的办法,这种矛盾可以很快解决。项羽以坑杀了事,这是多么残暴的行为!司马迁以批判的、尖锐的笔锋来记述这一史实,对项羽的憎恶极为明显。司马迁写项羽自受降章邯后至入关争胜利果实这段时期的事,主要是暴露他的杀秦降卒的罪恶行为,其意在说明项羽在反秦斗争的后期已不起什么积极作用。作者这种高明的心裁值得我们细心注视和深切体会。

司马迁写刘邦的西进军,起初不足万人,故初期和秦军战斗只能进行避强击弱的迂回战。约当项羽在北战场受降章邯之时,刘邦围攻宛,招降了秦之将卒。自此以后,刘邦"引兵西,无不下者"。这时,司马迁着重描写刘邦西路军在南战场的作战情况,他对刘邦的胜利进军有这样一段描写值得我们注意:

及赵高已杀二世,使人来,欲约分王关中。沛公以为诈,乃用张良计,使郦生、陆贾往说秦将,啖以利,因袭攻武关,破之。又与秦军战于蓝田南,益张疑兵旗帜,诸所过毋得掠卤,秦人憙,秦军解,因大破之。又战其北,大破之。乘胜,遂破之。

这里可注意者有三点:(1)赵高欲与刘邦"约分王关中",可见这时敌方已承认刘邦军为反秦的主力;(2)刘邦不与敌人妥协,积极进攻,智勇兼施,长驱直入;(3)更重要的是,刘邦命令军卒"诸所过毋得掠卤",故"秦人憙",而"秦军解"。作者深具心机地点出这些问题是极具高见的。这是和项羽的坑秦降卒与缓慢进军等相对照的。

正是由于刘邦不妥协,积极进攻,不侵犯百姓利益,得到秦民的欢迎,瓦解了敌人的军心,因此,很快地打垮了秦政权,于十月迫使秦王子婴投降。农民起义军终于取得了伟大的胜利。

司马迁通过对史实的忠实记述表明：刘邦和项羽在反秦斗争中皆起了一定的作用，七月以前项羽起的作用较大，七月以后则是刘邦起着主要作用。项羽之所以在七月以后不起积极作用，是因为他坑杀了二十余万秦降卒，在政治上犯了大错误，刘邦之所以能由弱到强，最终打垮秦政权，是因为他不仅注意军事攻势，积极进攻，而且军纪严明，不侵犯老百姓利益。司马迁通过史实的叙述而对项羽和刘邦做出的评价是公允的。如果只知道司马迁描写了项羽在反秦斗争中起了一定的作用，而忽略了司马迁也记述了刘邦在反秦斗争起了更重要的作用，那是片面的。只知道作者写巨鹿之战有声有色，而不领悟作者写坑杀秦卒的愤怒心绪；只觉得刘邦在军事上较顺利没有打过大战，而不知道他在政治上有战无不胜的威力，更是错误的。

五 鸿门宴事件中的项非刘是、项愚刘智

刘邦先入定关中，按照楚怀王原先与诸将的"先入定关中者，王之"的约言，准备王关中，令军守函谷关，阻止项羽进关。项羽闻知刘邦已入定关中，大怒，随即打进关中；又闻刘邦欲王关中，心中更怒，说道："旦日飨士卒，为击破沛公军。"可见他是气势汹汹、杀气腾腾而来欲独吞胜利果实的。这事以当时楚义军的是非标准来衡量，刘邦为是，项羽则非。

当时项羽有军四十万，刘邦军十万。项羽占了压倒优势，想一举消灭刘邦。刘邦和张良计议，明知力斗不过项羽，决定斗智。

于是，众所周知的"鸿门宴"故事产生了。

《项纪》内"鸿门宴"一节，写得非常生动，作者将项羽、刘邦、张良、范增、樊哙、项伯等一些重要人物刻画得个性突出、精神面貌极为鲜明，真是绘声绘色，淋漓尽致。我认为：司马迁通过"鸿门宴"事件的着意描写，在于说明项非刘是、项愚刘智。有人认为，司马迁在"鸿门宴"一节中，刻画了"项羽的磊落气概，不愿在宴会上暗算他的敌手"。[①] 这种理解和司马迁的原意是不符合的。从"鸿门宴"事件的前因来看，司马迁认为，刘邦是应王关中的；项羽欲杀刘邦是不对的，毫无"磊落气概"。"鸿门宴"设在项羽军中，刘邦和几个从属人员赤手空拳去赴宴，范增在宴

---

① 《中国文学史》第 1 卷，第 136 页。

前三番两次示意项羽杀刘邦，项羽始终没有动手，为什么呢？我们可以深切地体会一下司马迁巧意记述的三个原因和情节：（1）项伯（项羽的季父）曾事先对项羽讲过："沛公不先破关中，公岂敢入乎？今人有大功而击之，不义也，不如因善遇之。"这是需要深思的意见，项羽曾许诺。（2）樊哙当场指责项羽，指出他欲杀刘邦是残暴不义的行为，使项羽哑口无以回答。不然，事亦难预料。① （3）项羽骄傲轻敌，把刘邦视为掌中之物，故对范增的示意宴前杀刘邦不予重视。依据此三点，可见把司马迁描写的项羽不杀刘邦的情节，理解为司马迁刻画了"项羽的磊落气概"，是与作者之意背道而驰的。司马迁在表达了项非刘是之同时，也描写了项愚刘智。项羽本为杀人而来，见而不杀，反而把刘邦属下的叛刘归己的曹无伤的话告诉了刘邦，多么愚蠢；刘邦处境十分危险，迫在眉睫，但能和张良等通过斗智转危为安，多么沉着和机智。因此，我们与其说"鸿门宴"一节是司马迁刻画了项羽的磊落气概，还不如说是司马迁描写了项非刘是，项愚刘智。在"鸿门宴"一节的结束处记有范增骂项羽的几句话：

    唉！竖子不足与谋，夺项王天下者，必沛公也，吾属今为之虏矣。

这就是司马迁借项羽的谋士范增的话来评论项羽的。榷而论之，项羽确实不足谋。

六　刘邦和项羽入关后的不同行为

  刘邦和项羽两人的入关中，从目的性来看，刘邦军是为了消灭秦政权（刘邦本人当然有王关中的动机），而项羽之来是为了争吞胜利果实，两者有明显的不同。如果再从入关以后的行为来对比，两人更有天壤之别。

  司马迁对刘邦入关后的行为，在《高纪》中是这样记述的：

    （刘邦）西入咸阳。欲止宫休舍，樊哙、张良谏，乃封秦重宝财物府库，还军霸上。召诸县父老豪杰曰："父老苦秦苛法久矣，诽谤者族，偶语者弃市。吾与诸侯约，先入关者王之，吾当王关中。与父老约，法三章耳：杀人者死，伤人及盗抵罪。余悉除去秦法。诸吏人皆

---

① 可参考《史记·樊郦滕灌列传》。

案堵如故。凡吾所以来，为父老除害，非有所侵暴，无恐！且吾所以还军霸上，待诸侯至而定约束耳。"乃使人与秦吏行县乡邑，告谕之。秦人大喜，争持牛羊酒食献飨军士。沛公又让不受，曰："仓粟多，非乏，不欲费人。"人又益喜，唯恐沛公不为秦王。

刘邦能采纳正确的意见，① 不先图享受，与秦民约法三章，故秦民喜悦，从而得到他们的称颂和拥护。司马迁热情细心地记载了这段史实，意在称誉刘邦是很清楚的。

项羽入关后的行为则和刘邦大大不同。司马迁揭露他道：

项羽引兵西屠咸阳，杀秦降王子婴，烧秦宫室，火三月不灭。收其货宝妇女而东。人或说项王曰："关中阻山河四塞，地肥饶，可都以霸。"项王见秦宫室皆以烧残破，又心怀思欲东归。曰："富贵不归故乡，如衣绣夜行，谁知之者！"说者曰："人言楚人沐猴而冠耳，果然！"项王闻之，烹说者。

项羽遂西……所过无不残破。秦人大失望，然恐，不敢不服耳。

这对项羽烧杀淫掠的罪恶和不听良言的愚蠢行径是多么深刻的揭露！

司马迁写项羽的残暴、野蛮、愚蠢的行为，使"秦人大失望"是如此；而述刘邦的贤能、善行、机智，秦人唯恐其不为秦主则如彼，其明辨是非，褒谁贬谁的态度是再也清楚不过的了。在这里，司马迁的"实录"态度和批判精神显示了高度的结合。

七 项羽分封和刘邦反项的是是非非

项羽凭借武力压倒刘邦，又不用楚怀王之命，号令诸侯军，"欲自王，先王诸将相"，把全国分封为十八王国，自尊为西楚霸王，王梁、楚等九郡，都彭城，把刘邦排挤到偏僻的西南去。项羽这一分封活动，使得本来可以统一全国的良机烟消云散，而成了封建割据的局面，这是反历史的逆流。司马迁由于时代条件和阶级地位的限制，不能深刻地认识到这一问题，

---

① 可参考《史记·留侯世家》。

但他因具有一定程度的敏锐的洞察力，在一些具体问题上却能看出项羽分封之非和刘邦进行反项统一战争的是，这表现在：

（一）他看出了刘邦与诸侯对项羽分封的不满和分封后这一矛盾的立时触发。司马迁认为，项羽对刘邦的分封是个"阴谋"，表面上是分封，实际上是"迁"，他写道：

> 项王、范增疑沛公之有天下，业已讲解，又恶负约，恐诸侯叛之，乃阴谋曰："巴、蜀道险，秦之迁人皆居蜀。"乃曰："巴、蜀亦关中地也。"故立沛公为汉王，王巴、蜀、汉中，都南郑。而三分关中，王秦降将以距塞汉王。

司马迁在这种叙事中明显地寓有论断，等于明显地说：项羽的分封刘邦，是项羽和范增搞的阴谋，实际上是"迁"。事实上，当时刘邦属下的将领如韩信辈也知这是项羽的阴谋，韩信曾对刘邦说："项羽王诸将之有功者，而王独居南郑，是迁也。"司马迁在这里不仅表明了项羽分封的不是，而且也暗语了刘邦的反项是有理由的。作者于此处寓有鄙视项羽和同情刘邦之意是很明显的。

不仅刘邦、韩信等对项羽的分封不满，就是田荣、彭越、陈余等人也都对项羽的分封不满，他们认为"项羽为天下宰，不平"。项羽的分封刚一结束，天下又纷争起来了。

（二）更重要的是，司马迁从侧面看出了人民对项羽分封的不满和对刘邦反项的拥护。《高纪》有云：

> 汉王之国，项王使卒三万人从。楚与诸侯之慕从者数万人。从杜南入蚀中。……至南郑，诸将及士卒多道亡归，士卒皆歌思东归。韩信说汉王曰："……军吏士卒皆山东之人也，日夜跂而望归，及其锋而用之，可以有大功。"
>
> 八月，汉王用韩信之计，从故道还。

从这段材料里，我们不仅透视出，项羽分封刘邦时夺了刘邦七万人马（刘邦在鸿门宴时有十万军，现在项羽"使卒三万人从"），而楚与诸侯"慕从"刘邦者有数万人，又一次旁证了项非刘是。更重要的是觉察到，项羽于反秦胜利后没有妥善地处理起义兵士，让他们还乡从事生产和家人团聚，而是使他们抛妻别子远离家乡到南郑去，这就难怪他们要逃亡（此责任不能由刘邦负担，因其为被分封者），他们的逃亡实际上是对项羽之命的反抗。刘邦东向反项，正迎合了这些士卒的希望，他们自然是拥护刘邦的。不仅如此，司马迁在《史记·淮阴侯列传》中的记述，表明秦民也是反项拥刘的。

仅据以上两点，我们就可以肯定，司马迁是笔斥项羽的分封和称许刘邦的反项。换言之，司马迁认为楚汉战争的正义方面是属于刘邦的。

八　楚汉战争中项羽的残暴和刘邦的仁施

还在项羽和刘邦未直接作战时，项羽就复发了"老病"，用残暴的手段对待齐之军民了。《项纪》云：

> 汉之二年冬，项羽遂北至城阳，田荣亦将兵会战。田荣不胜，走至平原，平原民杀之。（项羽）遂北烧夷齐城郭室屋，皆坑田荣降卒，系虏其老弱妇女。徇齐至北海，多所残灭，齐人相聚而叛之。于是田荣弟田横收齐亡卒，得数万人，反城阳。项王因留，连战未能下。

作者于此处又一次指出了项羽的残暴行为，并指出由于项羽的暴虐，引起了齐人的普遍反对，致使他"连战不能下"，将足陷入泥沼之中。项羽这种暴虐行为，在楚汉战争时是不乏其例的。

刘邦和项羽相反。他继续了以前的宽仁作风，在迅速平定三秦之后，做出了有利于民的决定和增强军力的办法。司马迁云：

> 二年，汉王东略地。……诸将以万人若以一郡降者，封万户。……诸故秦苑囿园池，皆令人得田之。……大赦罪人。
>
> 汉王之出关至陕，抚关外父老。还，张耳来见，汉王厚遇之。

刘邦这种态度和措施，自然能得到人民的支持和诸侯的向心。在楚汉战争中，刘邦的残暴行为是很少见的，他的抚慰父老之事倒是常有的。

司马迁把刘邦的宽仁待民和项羽的暴虐人民在楚汉战争之初就作了明显的对比，使我们见到了刘邦之必胜和项羽之必败的端倪。作者之高明笔法和处处着眼到一些著名人物和人民的关系，是令人崇敬的，这是现实主义写作态度和思想性、艺术性的紧紧结合的标范。

还有一个为司马迁所注意的问题，在这里也谈一下。项羽因当初楚怀王和诸老将不同意他为西路军首领，怀恨楚怀王。入关中后，他虽然尊楚怀王为义帝，实不用其命，自己号令天下，不久就把义帝迁杀了。义帝本来是不足道的人物，但既然当初项梁和诸义军首领共推他为楚怀王，继又尊他为义帝，使其成为名义上的共主，就不能平白无故地加害于他。项羽因私怨而迁杀之，在道义上是一失。刘邦从关中东下时，闻义帝被害，便加以礼葬，并号召诸侯王讨伐项羽，这在道义上是一得。司马迁很注意这件事，在《项纪》《高纪》中皆有记述。我想，这不是随便命笔，他是把这事看成项羽的一大错误和刘邦的识得大体而提出的，他是把道义归于刘邦的。

九　项羽和刘邦在谋略上的优劣

楚汉战争过程中，项羽由强到弱，刘邦由弱到强，这一对比力量的相互消长，以至于项败刘胜这种情况是怎样出现的呢？司马迁除了说明项羽分封和刘邦反项，项羽杀义帝和刘邦礼葬义帝、项羽暴虐人民和刘邦宽仁爱民等情况是项害刘利、项非刘是之外，还以不少具体例子说明项羽和刘邦在谋略上有优劣的不同，项羽愚蠢，刘邦机智多谋，从而道出楚汉战争的必然结局是项败刘胜。

司马迁认为，刘邦在勇力方面是不及项羽的，[①] 但在谋略上则远胜于项羽。他对项羽和刘邦在谋略上的优劣的描写，可举者约有五个方面。

（一）关中问题。关中形势险要，进可攻，退可守，物资较丰，足备军需应用。项羽不听良言以都关中，而都彭城。彭城乃四面受敌之地，物资上又供不应求，难怪别人笑他"沐猴而冠"。刘邦反楚，首先传檄而定关中，以为"根据地"，命其得力助手萧何守之。是知项羽和刘邦在认识军事地理形势上是有优劣之分的。

（二）战略战术问题。刘邦因为初期军事力量不及项羽强大，常用迂回战术，声东击西，攻敌腹背等法。他有时分散活动，有时集中作战，有正

[①] 《史记·淮阴侯列传》载有一段韩信和刘邦的对话："（韩信）曰：'大王自料勇悍仁强孰与项王？'汉王默然良久，曰：'不如也。'"

面作战，又有敌后之扰，有西面战场，又有东方出击，使项羽前后、左右、内外皆受打击，照应不及。项羽不讲究战略战术，只想凭军事优势硬拼，后来力量削弱了，还是想决一死战，可见在战略战术上的项愚刘智。

（三）利用对方弱点和矛盾的问题。刘邦知道黥布、彭越等人和项羽有矛盾，便把他们争取过来，从而壮大了自己的力量，削弱了项羽的实力。他和陈平了解项羽有自恃勇力、不能任贤纳谏的缺点，便设法除去项羽帐下唯一著名的谋士范增。自此以后，项羽的势力就愈益下落，帐下的智勇之士就更为稀疏了。项羽也曾想分化刘邦集团的内部团结，当韩信为齐王时，他曾派武涉去说韩信归己。韩信感刘邦知遇之恩，又知项羽不能任贤用能，[①] 没有同意，项羽的计谋落空了。

（四）政治攻势问题。项羽几乎没有使用过这一手段，他使用的多是野蛮拙劣之法，刘邦则善于使用这一手段。司马迁在《高纪》中详载了刘邦数说项羽的十大罪状，一方面是承认刘邦会用政治攻势，另一方面也说明他基本上是同意刘邦对项羽的谴责的，只要参考一下《项纪》的赞语即知。由此可见，司马迁对项羽的失败"寄予同情"之说难以成立，司马迁既然同意刘邦反项就不会再"同情"项羽的失败以造成自相矛盾。

（五）麻痹和有心的问题。项羽分封刘邦于巴、蜀，又王章邯三秦将于关中以阻之，以为从此万事大吉，便东下彭城。刘邦被迫赴南郑，因军力弱小，听张良之言，"去辄烧绝栈道，以备诸侯盗兵袭之，亦示项羽无东意"。后来张良又向项羽说明刘邦无东向之意，项羽信以为真，便麻痹起来。其实，刘邦是有心人，不久就复修栈道打向关中。楚汉战争后期，项羽和刘邦的军事力量已发生了根本性的转化，"汉兵盛，食多，项王兵罢，食绝"。是时，楚汉以鸿沟为界，暂时停战。按军事来讲，处于劣势的项羽应该趁此喘息之机重整旗鼓和严加备敌，但项羽在约后"引兵解而东归"，又以为万事大吉了。居于优势的刘邦听了张良、陈平之言，继续准备进攻，不久，便和韩信、彭越等约而一举击败项羽。从这两个事例来看，亦可证项羽之无谋而刘邦之有略。

司马迁在文章中通过上述几个方面的描写，表明了项羽是愚蠢无谋的，刘邦是机智多谋的。作者于此处没有挖苦和讽刺刘邦之意，更没有认为刘邦是"狡诈无赖"的人；他也没有意图去说明无谋无略、"匹夫之勇"的项

---

① 《史记·淮阴侯列传》记韩信言："项王暗噁叱咤，千人皆废，然不能任属贤将，此特匹夫之勇耳。"

羽有英雄气概。对于这一问题的认识，如果首先能从司马迁对项羽和刘邦的斗争究竟谁是谁非的看法上着眼，就容易得出较为明确的答案。

十　项羽和刘邦待士用将的不同

前面谈的谋略问题，一般来说是这一方对付另一方的问题，这里要讲的待士用将问题，是双方各自的内部团结、利用问题。司马迁对这一问题也是很注意的。项羽和刘邦的待士用将是不同的，刘邦的特点是重封赏、轻责罚；项羽的特点是重责罚、轻封赏。正因为如此，项羽帐下的智勇之士如陈平、韩信等都脱离他而去归顺了刘邦；黥布、彭越等后来和项羽闹了大矛盾，而纪信、周苛等则愿以死对刘邦效劳报命。司马迁曾在《高纪》中记述了这样一件事：

> 高祖置酒洛阳南宫。高祖曰："列侯诸将无敢隐朕，皆言其情。吾所以有天下者何？项氏之所以失天下者何？"高起、王陵对曰："陛下慢而侮人，项羽仁而爱人。然陛下使人攻城略地，所降下者因以予之，与天下同利也。项羽妒贤嫉能，有功者害之，贤者疑之，战胜而不予人功，得地而不予人利，此所以失天下也。"高祖曰："公知其一，未知其二。夫运筹策帷帐之中，决胜于千里之外，吾不如子房。镇国家，抚百姓，给馈饷，不绝粮道，吾不如萧何。连百万之军，战必胜，攻必取，吾不如韩信。此三者，皆人杰也，吾能用之，此吾所以取天下也。项羽有一范增而不能用，此其所以为我擒也。"

作者对这段话是相信的，如实地记录下来。在这里，司马迁同意高起、王陵等识判刘邦"慢而侮人"和称允项羽"仁而爱人"，但主要意思不在此。其重点在说明，项羽的"仁而爱人"是表面的假象，实际上是"妒贤嫉能"，忌功疑贤，重责罚，轻封赏，故智谋之士不为其用；刘邦虽然不大注意待人礼节，"慢而侮人"，但能重封赏，知贤任能，故智勇之士为其尽力（还有这样的故事：郦生来拜访刘邦时，刘邦正坐在床上洗脚，未起来迎接郦生，郦生批评他傲慢，刘邦听了接受其批评，马上"摄衣谢之，延为上坐"。这说明刘邦礼贤纳谏）。司马迁将刘邦君臣在反项胜利后检讨敌我双方待士用将的得失之语直录入史，加以肯定，这是寓论断于叙事的笔法，毋庸置疑。

十一　楚汉战争的必然归宿——项败刘胜

司马迁通过对项羽和刘邦种种描写和对比，使人看清了项非刘是，项劣刘优，项愚刘智，项暴刘仁，从而引往项败刘胜的必然结局的描写。

《项纪》最后一部分对项羽垓下失败情景的描写是很深刻的，寓有批判之意的。历来学者多认为，这段文字是司马迁以凄怆而悲壮的笔调来写项羽的"英雄末路"的，说司马迁对项羽的失败寄予同情和悲叹。我很不以为然。我认为：

（一）司马迁引用了项羽垓下被围时的诗句，这是引项羽之诗还议其身，指责他怨时不利己的荒谬，嘲笑这个刚愎自用的暴虐者终于掉下了失败的眼泪，绝不是同情项羽。汉军中四面唱起了楚歌，足以表明人心归向了刘邦。项羽的眼泪唤不起广大士卒的同情，因此只好带八百骑偷偷地逃命，渡淮时只剩下从骑一百余人了，可见其狼狈样。

（二）司马迁引这样一则故事以说明人民对项羽的唾弃和反对：

> 项王至阴陵，迷失道，问一田父，田父绐曰"左"。左，乃陷大泽中。以故汉追及之。

这虽是一个平常的小事，但它反映了一个大问题：田父为什么要骗失败中的项羽使其陷入大泽中而不怜悯救之呢？无疑是人民唾弃他、反对他。

（三）司马迁详细地记叙了项羽率二十八骑在东城"决战"和在乌江自刎的情况，无非是说明：项羽虽有"匹夫之勇"，终于惨遭失败，再无颜面去见江东父老（江东父老也不会欢迎他），只好于乌江自刎。"慓悍、猾贼"是必定要失败的，只有宽仁长者才能成功。

（四）司马迁特地记载了项羽在败亡前讲的几句话：

> 吾起兵至今八岁矣，身七十余战，所当者破，所击者服，未尝败北，遂霸有天下。然今卒困于此，此天之亡我，非战之罪也。

作者引这些话在于说明：项羽至死不悟自己的缺点和错误是十分愚蠢的。

由此可见，司马迁对于项羽的失败没有寄予同情和悲叹，只是嘲笑和指责。他对刘邦的胜利是称颂的，基本上没有讽刺。

十二 司马迁《高纪》《项纪》的赞语是扬刘抑项的结论

现在让我分析一下两纪的赞语。《项纪》赞云：

> 太史公曰：吾闻之周生曰"舜目盖重瞳子"，又闻项羽亦重瞳子。羽岂其苗裔邪？何兴之暴也！夫秦失其政，陈涉首难，豪杰蜂起，相与并争，不可胜数。然羽非有尺寸，乘势起陇亩之中，三年，遂将五诸侯灭秦，分裂天下，而封王侯，政由羽出，号为"霸王"，位虽不终，近古以来未尝有也。及羽背关怀楚，放逐义帝而自立，怨王侯叛己，难矣。自矜功伐，奋其私智而不师古。谓霸王之业，欲以力征经营天下。五年卒亡其国，身死东城，尚不觉寤而不自责，过矣。乃引"天亡我，非用兵之罪也"，岂不谬哉！

司马迁在这里，一方面肯定了项羽灭秦有功，承认他以勇力很快地霸有天下的事实；另一方面，更主要的是，批判他兴起之暴，背关怀楚，放逐义帝，自矜功伐，奋私智而不师古，强调他至死"不觉寤而不自责"的错误和言"天亡我，非战之罪也"的荒谬。司马迁的"何兴之暴也"一语是对项羽愤怒的谴责和切要的评价，《史记》具有高度的思想性和批判精神，就表现在这个地方。有人特别强调《项纪》赞中"然羽非有尺寸"至"近古以来未尝有也"一段话，以此认为司马迁对项羽很崇敬。其实，这只能说是司马迁表示了惊叹。如果能把全赞内容统一起来看待，就可以知道司马迁不推崇项羽了。还有人认为，司马迁把项羽列入本纪，"推崇之意，显然可见"，[①]这样看问题是不对的。司马迁把秦始皇、吕后、汉武帝等列入本纪就不是为了推崇，而是因为他们掌握着全国政权，必须立纪。同样的，司马迁为项羽立纪也是因为他有"分裂天下，而封王侯，政由羽出，号为'霸王'"的事实存在，并不是为了推崇他。

司马迁对刘邦的赞语是写得好的，《高纪》赞云：

> 太史公曰：……三王之道若循环，终而复始。周秦之间，可谓文

[①] 郑鹤声：《司马迁生平及其在历史学上的伟大贡献》，《山东大学学报》1955年第2期。

敝矣。秦政不改，反酷刑法，岂不缪乎？故汉兴，承敝易变，使人不倦，得天统矣。

司马迁有一定的道家思想，他强调"与民休息"，反对行暴政重苛刑，他评刘邦之汉兴"承敝易变，使人不倦"，是相当推崇的评价。如果我们暂不追究作者的哲学思想，那么，理解"得天统"一语是符合社会发展规律的意思是可以的。有的学者认为，司马迁写刘邦"因有所忌讳，不能不规避其词"。其意大概是认为：司马迁本来嫉恶刘邦，但"因有所忌讳"，所以不能描写其丑恶面目了。我看并不如此。司马迁对其当时皇上汉武帝还露骨地讽刺，难道还不敢贬斥刘邦吗？事实上，他不忌讳，只是他更重视史实，不以刘邦的微瑕而掩瑜罢了。

综观《项纪》和《高纪》的正文和赞语，可以清楚地感到，司马迁对项羽和刘邦的描写和评论是较全面公允的，作者基本上没有夹杂不正确的爱憎态度和曲意渲染史实。当然，我们也不能否认和忽视，司马迁在两篇文章中描写有刘非项是之处。如，他写楚汉战争初，刘邦入彭城"收其货宝美人，日置酒高会"，以致被项羽打得大败而逃的狼狈样。他讥笑刘邦的轻躁行为（闻韩信欲立为齐王便怒骂起来），他鄙视刘邦的慢而侮人，他讽刺刘邦登皇帝位以后的贱相等。他对项羽杀宋义的正确行为，破釜沉舟一意救赵的决心，在巨鹿之战中表现的勇敢精神，皆予以表扬，肯定了项羽在反秦初期的作用。这说明司马迁记述史实是较为客观和全面的，他不掩一个恶人之善，也不盖一个贤人之恶。

我认为，司马迁通过史事的叙述和对比，明辨是非，明显地寓有自己对项羽和刘邦的评价，那就是：项羽虽然反暴秦有功，然其以暴易暴，虽然有勇，但为匹夫之勇；他为人残暴、愚蠢、做事不公、妒贤嫉能，这是其主要的基本方面，所以众叛亲离，失天下人心，最后必然失败。刘邦不仅反暴秦有大功，而且反项羽的暴虐也对；他为人宽仁，机智多谋；虽然待人少礼，然能任贤用能，因此智勇之士皆归，人民拥护，终于获得胜利。司马迁虽然由于历史条件和阶级属性的限制，不可能知道人民群众是推动历史发展的真正动力，然而他已能注意到人民群众对某些历史事件起着一定作用，这可以从他对项羽和刘邦的成败兴亡与人心向背有着很大关系的描写上得到证明。

司马迁写历史人物

司马迁著《史记》一百三十篇，绝大部分是写历史人物的。其中写了上自传说中的黄帝，下至当代的汉武帝，这三千年历史中较为重要的有代表性的百余个历史人物。历来学者多认为司马迁写历史人物栩栩如生，称赞不已。司马迁是怎样把历史人物写好的呢？本文就这个问题从历史文学的角度试作探讨。

一　突出历史人物自身的特点

不同的历史人物有其不同的特点。人们日常分各种人物，习惯上是看特点。把握历史人物的特点，乃是写历史人物的基本要点。司马迁写历史人物，不是以主观框框去乱套，任意装扮历史人物，也不是为其开生老病死的清单，或填写其一生的履历表；而是按实际的人物特点去描写。他写张良就是明显的例子。

司马迁一再记述和强调刘邦的话："夫运筹策帷帐之中，决胜于千里之外，吾不如子房。"（共三次。见《高祖本纪》和《留侯世家》。《太史公自序》中的"运筹帷幄之中，制胜于无形，子房计谋其事"，和刘邦之言略同）《留侯世家》中又写："留侯从上击代，出奇计马邑下，及立萧何相国，所与上从容言天下事甚众，非天下所以存亡，故不著。"这说明，司马迁是强调张良"言天下事"的"运筹"特点，来传写这个历史人物的。《留侯世家》，就主要记述了张良协助刘邦反秦兴汉事关大局的种种"运筹"。

> 沛公欲以兵二万人击秦峣下军，良说曰："秦兵尚强，未可轻。臣闻其将屠者子，贾竖易动以利。愿沛公且留壁，使人先行，为五万人

具食，益为张旗帜诸山上，为疑兵，令郦食其持重宝啖秦将。"秦将果畔，欲连和俱西袭咸阳，沛公欲听之，良曰："此独其将欲叛耳，恐士卒不从。不从必危，不如因其解击之。"沛公乃引兵击秦军，大破之。逐北至蓝田，再战，秦兵竟败。

这是写张良为刘邦划"利啖秦将"之策，以取得反秦胜利。自反秦起义军兵分两路，项羽等北救赵，刘邦等向西进军之后，项羽于巨鹿之战击败秦军一支主力部队，向西挺进，兵锋甚锐；刘邦在南阳一带活动，胜敌得地，颇有进展。但此时，"秦兵尚众，距险"，守关。能否快速入关打垮秦皇朝，究竟刘、项谁能先入关，在很大程度上就靠计谋用兵。张良之策，对于刘邦胜利地先入关中，无疑起了一定的作用。所以，司马迁记之。

项羽至鸿门下，欲击沛公，项伯乃夜驰入沛公军，私见张良，欲与俱去。良曰："臣为韩王送沛公，今事有急，亡去不义。"乃具以语沛公。沛公大惊，曰："为将奈何？"良曰："沛公诚欲倍项羽邪？"沛公曰："鲰生教我距关无内诸侯，秦地可尽王，故听之。"良曰："沛公自度能却项羽乎？"沛公默然良久，曰："固不能也。今日奈何？"良乃固要项伯。项伯见沛公。沛公与饮为寿，结宾婚。令项伯具言沛公不敢倍项羽，所以距关者，备他盗也。

这是写张良为刘邦想法"固要项伯"以脱鸿门之险。当时，起义军已摧垮了秦皇朝，刘、项争夺胜利果实。项羽统兵四十万，刘邦的人马只有十万，项羽以四与一之比的具有压倒优势的兵力，气势汹汹地来击刘邦。如果不是张良出谋划策，刘邦实在难以解脱。司马迁记此，十分要紧。

汉王之国，良送至褒中，遣良归韩。良因说汉王曰："王何不烧绝所过栈道，示天下无还心，以固项王意。"乃使良还。行，烧绝栈道。
……良说项王曰："汉王烧绝栈道，无还心矣。"乃以齐王田荣反，书告项王。项王以此无西忧汉心，而发兵北击齐。

这是记张良为刘邦出了个"烧绝栈道"的主意，使项羽"北击齐"，而"无西忧汉心"，从而使刘军得以乘机攻取关中，建立稳固的基地，并进而东向与项羽争天下。当时，如果项羽有西忧汉之心，不北击齐，而西击汉，则刘邦攻取关中至少是有困难的,更谈不上迅速打到彭城了。司马迁写此,颇有必要。

> 至彭城,汉败而还。至下邑,汉王下马踞鞍而问曰:"吾欲捐关以东等弃之,谁可与共功者?"良进曰:"九江王黥布、楚枭将,与项王有郤;彭越与齐王田荣反梁地:此两人可急使。而汉王之将独韩信可属大事,当一面。即欲捐之,捐之此三人,则楚可破也。"汉王乃遣随何说九江王布,而使人连彭越。及魏王豹反,使韩信将兵击之,因举燕、代、齐、赵。然卒破楚者,此三人力也。

这是写张良当刘邦彭城之败,势孤力单,难与项羽争天下时,为刘邦想出了联合黥布、彭越,派韩信开辟北方战场的办法。于是,使得项羽前后遇敌,左右受困;刘邦得以转危为安,由弱而强,以至取得打败项羽的胜利。接着,司马迁还记述了张良在楚汉战争中的"借箸筹策""劝封韩信""许诺分封"等计谋,使刘邦得以笼络韩信,调动彭越等人,一举击垮项羽。司马迁记述这些,就是为了突出地反映张良协助刘邦灭楚兴汉的积极作用。

> 上已封大功臣二十余人,其余日夜争功不决,未得行封。上在洛阳南宫,从复道望见诸将往往相与坐沙中语。上曰:"此何语?"留侯曰:"陛下不知乎?此谋反耳。"上曰:"天下属安定,何故反乎?"留侯曰:"陛下起布衣,以此属取天下,今陛下为天子,而所封皆萧、曹故人所亲爱,而所诛皆生平所仇怨。今军吏计功,以天下不足遍封,此属畏陛下不能尽封,恐又见疑平生过失及诛,故即相聚谋反耳。"上乃忧曰:"为之奈何?"留侯曰:"上平生所憎,群臣所共知,谁最甚者?"上曰:"雍齿与我故,数尝窘辱我。我欲杀之,为其功多,故不忍。"留侯曰:"今急先封雍齿以示群臣,群臣见雍齿封,则人人自坚矣。"于是上乃置酒,封雍齿为什方侯,而急趣丞相、御史定功行封。群臣罢酒,皆喜曰:"雍齿尚为侯,我属无患矣。"

这是写张良劝刘邦封雍齿,搞好内部团结,收到群臣释疑、"皆喜"的效果。刘邦取得灭楚兴汉的胜利,主要是因为联合了各种反楚力量。胜利之后,旧的矛盾已解决,新的矛盾产生了。刘邦能否继续处理好与各种力量的关系,防患于未然,成了关键问题。张良"谋反"之说,固然有点危言耸听，但指出群臣"恐又见疑"，的确洞察情势，而劝封雍齿，则是当时搞好内部团结切实可行的办法。司马迁详记此事，自然允当。

司马迁还记了张良在易不易太子问题上，为了稳定太子的地位，替太子想过招聘四贤的办法。"竟不易太子者，留侯本招此四人力也。"

可见司马迁写张良，主要是写其事关刘邦和汉朝成败兴亡的"运筹"特点。把这些特点写好，也就把张良写活了。

历史人物的特点，与其品格大有关系。司马迁能深刻地写历史人物的特点，在很大程度上与其能把握历史人物的品格有关。《李斯列传》写李斯患得患失的特点，就与写李斯自私自利的品格紧密地结合在一起。

司马迁在开篇写道：

李斯者，楚上蔡人也。年少时，为郡小吏，见吏舍厕中鼠食不絜，近人犬，数惊恐之。斯入仓，观仓中鼠，食积粟，居大庑之下，不见人犬之忧。于是李斯乃叹曰："人之贤不肖譬如鼠矣，在所自处耳！"

司马迁首先写李斯观厕中鼠和仓中鼠的感叹之词，开宗明义，点出了李斯为人处世的鼠性特点和品格。然后司马迁又写道：

乃从荀卿学帝王之术。学已成，度楚王不足事，而六国皆弱，无可为建功者，欲西入秦。辞于荀卿曰："斯闻得时无怠，今万乘方争时，游者主事。今秦王欲吞天下，称帝而治，此布衣驰骛之时而游说者之秋也。处卑贱之位而计不为者，此禽鹿视肉，人面而能强行者耳。故诟莫大于卑贱，而悲莫甚于穷困。久处卑贱之位，困苦之地，非世而恶利，自托于无为，此非士之情也。故斯将西说秦王矣。"

这是写李斯为了趋时逐利，辞荀卿而西入秦。李斯入秦后，协助秦王统一天下，立了大功，当上丞相，获得了荣华富贵。

司马迁进一步写道：

斯长男由为三川守，诸男皆尚秦公主，女悉嫁秦诸公子。三川守李由告归咸阳，李斯置酒于家，百官长皆前为寿，门廷车骑以千数。李斯喟然而叹曰："嗟乎！吾闻之荀卿曰'物禁大盛'。夫斯乃上蔡布衣，闾巷之黔首，上不知其驽下，遂擢至此。当今人臣之位无居臣上者，可谓富贵极矣。物极则衰，吾未知所税驾也！"

这是写李斯在官高禄厚、满门富贵之后的患失心情。自私之人，贫困之时想着富贵，富贵之时深怕得而复失。司马迁写李斯的心情就是如此。当秦始皇一死，赵高与胡亥阴谋篡权，并向李斯说明利害得失，争取李斯支持。李斯起初反对，继之迟疑，终于同意，并参与阴谋活动。

司马迁接着写道：

高曰："……君听臣之计，即长有封侯，世世称孤，必有乔松之寿，孔、墨之智。今释此而不从，祸及子孙，足以为寒心。善者因祸为福，君何处焉？"斯乃仰天而叹，垂泪太息曰："嗟乎！独遭乱世，既以不能死，安托命哉！"于是斯乃听高。……于是乃相与谋，诈为受始皇诏丞相，立子胡亥为太子。

这是写李斯由于自私自利，终于抛弃封建主义的原则，而与赵高同流合污。从此，在泥坑里越陷越深。

司马迁又接着写李斯帮助二世篡位后的情况：

法令诛罚日益刻深，群臣人人自危，欲畔者日众。……于是楚戍卒陈胜、吴广等乃作乱，起于山东，杰俊相立，自置为侯王，叛秦，兵至鸿门而却。……李斯子由为三川守，群盗吴广等西略地，过去弗能禁。章邯以破逐广等兵，使者覆案三川相属，诮让斯居三公位，如何令盗如此。李斯恐惧，重爵禄，不知所出，乃阿二世意，欲求容，以书（按：劝二世行督责之术）对，……书奏，二世悦。于是行督责益严，税民深者为明吏。

这是写李斯当秦二世严刑峻法造成统治危机之时，为了保住爵禄，阿顺取容，奏行督责之书，使二世更加重了对百姓和官吏的压榨和迫害。这样一来，"盗"更多了，天下更乱了，而李斯也搬起石头砸了自己的脚，被赵高和二世严刑逼供定了族死之罪。

最后，司马迁写道：

二世二年七月，具斯五刑，论腰斩咸阳市。斯出狱，与其中子俱执，顾谓其中子曰："吾欲与若复牵黄犬俱出上蔡东门逐狡兔，岂可得乎！"遂父子相哭，而夷三族。

这是李斯被刑时，感到丧失爵禄以至身家性命之时的悲哀心情。李斯这时是患失，也是患得，他悔恨自己不该追逐利禄，以致毁了自己。然自私到了末日，悔之晚矣。

《史记》中写得较为成功的数十个个性突出的历史人物，可以说，都和司马迁注意写历史人物的特点和品格有关。

二 运用历史人物自身的语言

通过记历史人物的语言，使历史人物宛然如生，自我表白，这是司马迁常用的手法。

司马迁记历史人物语言，生动逼真。他能通过历史人物的语言，把其特点、品格、身份、地位、思想感情等都真实地反映出来。《魏其武安侯列传》中东朝廷辩一节，就是突出的例子。司马迁在这节数百字的文章内，写了九个出场人物，其中记了六个人物的语言；这些人物语言，都能真实生动地反映历史人物的状况。这里依次介绍司马迁所记六个历史人物的语言，共引十段如下。

（一）夫人谏魏其曰："灌将军得罪丞相，与太后家忤，宁可救邪？"

这是魏其侯窦婴夫人的话。窦婴与灌夫交好。灌夫"骂坐"伤了王太后之弟、丞相、武安侯田蚡的面子。田蚡仗势把灌夫抓了起来，添油加醋地罗列其罪状，要判处其死罪。窦婴此时已失势家居，但决心挺身而出营救灌夫。窦夫人为此十分担忧。她的话，既真实地反映了田蚡权势重、后台硬，也生动地反映了一个失势的贵妇人的心情。

（二）魏其侯曰："侯自我得之，自我捐之，无所恨。且终不令灌仲孺独死，婴独生。"

这是窦婴答对夫人的话。窦婴封为魏其侯，曾一度做过丞相，原来较为持重，一般不轻举妄动，但因密友灌夫被田蚡坑害，气愤得很，便决意豁出老命营救灌夫，要与田蚡干一场。他的话，反映了这个失势的老贵族分子的激怒之情已达到不顾一切的地步。他瞒过窦夫人，偷偷地向汉武帝上书。汉武帝决定"东朝廷辩之"。窦婴与田蚡在东朝廷辩了两个回合。司马迁先是用叙述文字介绍窦婴说灌夫"善"、田蚡"短"的两次发言和田蚡说灌夫"罪逆不道"的第一次发言，接着就记田蚡第二次发言的原话。

（三）武安曰："天下幸而安乐无事，蚡得为肺腑，所好音乐狗马田宅。蚡所爱倡优巧匠之属，不如魏其、灌夫日夜招聚天下豪杰壮士与议论，腹诽而心谤，不仰天而俯画地，辟倪两宫间，幸天下有变，而欲有大功。臣乃不知魏其等所为。"

田蚡因窦婴揭了其短而出口伤人。但他所说窦、灌招聚豪杰、妄想造反等情事，并无确凿的根据；而他自己倒是有与淮南王安勾结、受淮南王安金等不可告人之事（《魏其武安侯传》"东朝廷辩"一节之后记明此事）。他的话，反映了小人得势，信口胡说，血口喷人。汉武帝"问朝臣：'两人孰是？'"朝臣就议论开了。

（四）御史大夫韩安国曰："魏其言灌夫父死事，身荷戟驰入不测之吴军，身被数十创，名冠三军，此天下壮士，非有大恶，争杯酒，不足引他过以诛也。魏其言是也。丞相亦言灌夫通奸猾，侵细民，家累巨万，横恣颍川，凌轹宗室，侵犯骨肉，此所谓'枝大于本，胫大于股，不折必披'，丞相言亦是。唯明主裁之。"

御史大夫韩安国的发言，既说窦言"是"，又说田言"是"，骨子里倾向田蚡，话中含有应治灌夫罪之意；表面上又不指责窦婴，扮演老好人，把矛盾交给汉武帝去处理。他的话，说明此人两面都敷衍，不明辨是非，是个非常滑头的老官僚。戆直不阿的主爵都尉汲黯接着发言，他以窦婴之言为"是"。再表态的是内史郑当时。他"是魏其，后不敢坚对"。其余的人"莫敢对"。这时汉武帝说话了。

（五）上怒内史曰："公平生数言魏其、武安长短，今日廷论，局趣效辕下驹，吾并斩若属矣。"

这是汉武帝怒责郑当时之词。他不仅是对郑当时的畏缩态度感到恼火，也是因为廷辩不果而发怒，他原命"东朝廷辩之"，是想通过廷辩收效的，不料廷辩不明不果，他岂能不怒。但他为什么偏偏冲着郑当时发火呢？这里有隐情：田蚡当了丞相后，"荐人或起家至二千石，权移主上"，这使汉武帝很生气，曾对田说："君除吏已尽未？吾亦欲除吏。"田蚡"尝请考工地益宅"，汉武帝怒曰："君何不遂取武库！"可见汉武帝对田蚡的擅用权力、贪得无厌是很不满的。窦婴报告时，"上然之"，这说明汉武帝起初觉得窦婴所言为是。而"郑当时是魏其，后不敢坚对"，这说明郑当时的态度本来符合汉武帝的旨意，后来却违背其意愿了。这岂不撩起这位君主胸中之火！因为汉武帝一怒，便罢了朝。但问题没有解决，矛盾还在发展。"上食太后"之时，田蚡的后台王太后对汉武帝责难了。

（六）太后怒，不食，曰："今我在也，而人皆藉吾弟，令我百岁后，皆鱼肉之矣。且帝宁能为石人邪！此特帝在，即录录，设百岁后，是属宁有可信者乎？"

这是王太后的话。王太后是汉武帝的生母，尽管儿子做了皇帝，做母亲的依然可以教子。他公开袒护其弟田蚡，批评汉武帝是不会处理事的"石人"，并表示自己死后对君臣更不放心。她的话，既说明其为人颇为泼辣，也反映汉代皇太后有一定权势。

（七）上谢曰："俱宗室外家，故廷辩之。不然，此一狱吏所决耳。"

汉武帝有为难之处。他表面上应付王太后，向母亲让了步，实际上其言是辩白，有田蚡是外家应该袒护，窦婴也是外家（窦婴是汉武帝的祖母窦太后的堂侄）需要照顾的弦外之音；而且有两人之是非曲直需要辩论清楚之意。这个"独尊儒术"的君主，当母后责难之时，既不失人子之礼，又不失为君之尊。显然，窦、田的矛盾，已使皇帝与太后产生裂痕了。"是时郎中令石建为上分别言两人事"。石建为人"谨慎"，擅长打小报告。（参考《万石君张叔列传》记："建为郎中令，事有可言，屏人恣言，极切；至廷见，如不能言者。"）他不在东朝廷辩时的大庭广众时表态，却在背地里向汉武帝嘀咕。司马迁对这种人予以冷嘲，但不知其暗地里说些什么，就无法公布于世加以热讽。

（八）武安已罢朝，出止车门，召韩御史大夫载，怒曰："与长孺共一老秃翁，何为首鼠两端？"

田蚡此言，透露了他本来勾结副手（汉时御史大夫"掌副丞相"），对付"无官位报援"的"老秃翁"窦婴的事实，也证明了韩安国的确如老鼠出洞时"一前一却"，是个老滑头。

（九）韩御史良久谓丞相曰："君何不自喜？夫魏其毁君，君当免冠解印绶归，曰'臣以肺腑幸得待罪，固非其任，魏其言皆是'。如此，上必多君有让，不废君。魏其必内愧，杜门齰舌自杀，今人毁君，君亦毁人，譬如贾竖女子争言，何其无大体也！"

韩安国的话，是教田蚡如何奸猾之法，也是骂田蚡如泼妇不识"大体"之言。封建社会的官场中，多是这帮奸猾和无识之徒。

（十）武安谢罪曰："争时急，不知出此。"

田蚡听韩安国的批评之后，顿时自感不足。他的话，反映了权势小人既奸恶，又愚蠢。但他可以承认愚蠢，决不改奸恶行为。后来还是把窦婴害死了。

可见，司马迁通过记东朝廷辩事件中六个人物语言，把窦夫人之担忧、窦婴之激怒、田蚡之奸愚、韩安国之滑头、汉武帝之为难、王太后之泼辣，都和盘托出，极尽绘声绘色之能事。同时，也揭露了当时统治集团内部互相倾轧的黑暗内幕，反映了封建统治阶级尔虞我诈的罪恶行径。《史记》中记历史人物语言如此出色的地方很多，这里只是举一例而已。

刘知几强调写历史人物口语，应该"从实而书"（《史通·言语》），不能"一概而书"，即是说，要抓特点，不能一般化，并把这个问题提到是否"实录"（《史通·杂说下》）的高度。这是有识之见。司马迁写历史人物生动逼真，本着"实录"精神，对人物语言"从实而书"是一个重要原因。

三　结合历史环境的描写

历史人物影响历史环境，历史环境造就历史人物，两者的关系非常密切。司马迁写历史人物，都与写历史环境结合起来，写历史人物在社会矛盾运动中的活动、作用和影响。

试举《商君列传》为例。司马迁在这篇传记中，把写商鞅与写秦国变法运动紧紧结合起来。他通过写当时的关键人物商鞅在历史变革中的自始至终的斗争和作用，以反映战国时代秦国变法的历史。

首先写"鞅少好刑名之学"，在魏不得重用，"闻秦孝公下令国中求贤者，将修缪公之业，东复侵地，乃遂西入秦"，通过景监的介绍见秦孝公，说以"强国之术"，使秦孝公"大说（悦）"。这就开门见山地把商鞅之所长和秦国之所需，两者一拍即合的情况，写了出来。

接着，写商鞅说服秦孝公同意变法之后，同甘龙、杜挚等展开变法问题的辩论：

甘龙曰："不然。圣人不易民而教，知者不变法而治。因民而教，不劳而成功；缘法而治者，吏习而民安之。"

卫鞅曰："龙之所言，世俗之言也。常人安于故俗，学者溺于所闻。以此两者居官守法可也，非所与论于法之外也。三代不同礼而王，五伯不同法而霸。智者作法，愚者制焉；贤者更礼，不肖者拘焉。"

杜挚曰："利不百，不变法；功不十，不易器。法古无过，循礼无邪。"

卫鞅曰："治世不一道，便国不法古。故汤、武不循古而王，夏、殷不易礼而亡。反古者不可非，而循礼者不足多。"

商鞅通过反复辩论，以朴素的历史辩证法和变法理论，驳倒了甘龙、杜挚等因循守旧的反对派。于是秦孝公以鞅为左庶长，"卒定变法之令"。

随之，在写商鞅第一次变法的内容之后，就写这次变法引起的斗争和所起的作用：

令行于民期年，秦民之国都言初令之不便者以千数。于是太子犯法。卫鞅曰："法之不行，自上犯之。"将法太子。太子，君嗣也，不可施刑,刑其傅公子虔,黥其师公孙贾。明日,秦人皆趋令。行之十年,秦民大说,道不拾遗,山无盗贼,家给人足。民勇于公战,怯于私斗,乡邑大治。秦民初言令不便者有来言令便者,卫鞅曰"此皆乱化之民也",尽迁之于边城。其后民莫敢议令。

"变法"是自上而下的社会改革活动,此中,有统治阶级内不同阶层的新旧之争,有牵涉到人民切身利益及风俗习惯的具体矛盾,有思想上政治上的斗争,有经济上的利害冲突。所以,实行变法必然产生具体的矛盾和复杂的斗争。司马迁写出了商鞅第一次变法引起的矛盾斗争,说明了这样的历史问题。这里写变法的结果,虽然文字不多,但是十分重要。这是承认和尊重历史事实的史家态度。由此可以看出商鞅变法的社会性质和历史意义。

又写商鞅第二次变法后的斗争和作用:

行之四年,公子虔复犯约,劓之。居五年,秦人富强,天子致胙于孝公,诸侯毕贺。

这说明,随着变法的深入进行,斗争在继续,变法的效果更显著。秦国"富强",使得"天子致胙","诸侯毕贺",这反映当时秦已在列国诸侯中处于先进的地位。

在写了商鞅两次变法,使得国家"富强"之后,就写秦的用兵扩张了。商鞅说秦孝公必须与魏相争,乘其于马陵之役失败之机挥师东伐。"孝公以为然",派商鞅将兵伐魏。商鞅用计虏魏将公子卬,遂打败魏军,逼迫魏"使使割河西之地献于秦以和"。秦在对外战争上又取得了重大胜利。商鞅因在内政、外伐方面都立了大功,受封"於、商十五邑,号为商君"。商鞅虽然功高位尊了,但是斗争并没有结束。

商君相秦十年,宗室贵戚多怨望者。赵良见商君。……赵良曰:"……今君之见秦王也,因嬖人景监以为主,非所以为名也。相秦不以百姓为事,而大筑冀阙,非所以为功也。刑黥太子之师傅,残伤民以骏刑,是积怨畜祸也。教之化民也深于命,民之效上也捷于令。今君又左建外易,非所以为教也。君又南面而称寡人,日绳秦之贵公子。……公子虔杜门不出已八年矣,君又杀祝懽而黥公孙贾。……此数事者,非所以得人也。……《书》曰:'恃德者昌,恃力者亡。'君之危若朝露，尚将欲延年益寿乎？则何不归十五都，灌园于鄙，劝秦王显岩穴之士，养老存孤，敬父兄，序有功，尊有德，可以少安。君尚将贪商於之富，宠秦国之教，畜百姓之怨，秦王一旦捐宾客而不立朝，秦国之所以收君者，岂其微哉？亡可翘足而待。"商君弗从。

司马迁通过记述秦贵族分子赵良的话，充分说明商鞅"相秦十年"，斗争不仅没有结束，而是更加尖锐：宗室贵戚等旧贵族"多怨望"，恨商鞅镇压宗室贵戚中的反变法派，他们在待机反扑；反对派希望商鞅隐退让位，改变政治；他们警告商鞅如果继续奉行变法，肯定不会有好下场。这样的历史内容，通过记赵良的话表达出来，比作者用叙述文字记述更为真实和生动。旧势力在猖狂反扑，商鞅并没有屈服。斗争在继续进行：

> 后五月而秦孝公卒，太子立。公子虔之徒告商君欲反，发吏捕商君。商君亡至关下，欲舍客舍。客人不知其是商君也，曰："商君之法，舍人无验者坐之。"商君喟然叹曰："嗟乎，为法之敝一至此哉！"去之魏，魏人怨其欺公子卬而破魏师，弗受。商君欲之他国。魏人曰："商君，秦之贼。秦强而贼入魏，弗归，不可。"遂内秦。商君既复入秦，走商邑，与其徒属发邑兵北出击郑。秦发兵攻商君，杀之于郑黾池。秦惠王车裂商君以徇，曰："莫如商鞅反者！"遂灭商君之家。

这是写秦孝公一死，商鞅在政治上失去可靠的支柱。公子虔等反对派乘机活动起来，利用新君（太子刚即位），诬告商鞅"欲反"，打击商鞅。商鞅在内外敌对势力的逼迫之下，只好在封邑发兵自卫，终于被害，身家俱亡。

司马迁在传末评商鞅，"其天资刻薄人也"，"刑公子虔，欺魏将卬，不师赵良之言，亦足发明商君之少恩矣。余尝读商君开塞耕战书，与其人行事相类。卒受恶名于秦，有以也夫！"这是就商鞅严刑峻法而立论的。司马迁反对严刑酷法，所以对商鞅之刑诛措施有贬辞。商鞅之法有其特定的阶级内容，从为人"刻薄""少恩"方面去评，或笼统地说"刑公子虔，欺魏将卬，不师赵良之言"，简单地否定，都欠允当。司马迁这个评语是有片面性的。但这只是评商鞅为人酷法，是对传文的一个补充，并不是全面地评商鞅变法；传文中是有肯定商鞅变法使国家强盛之处的。同时，这个评语主要反映了一个事实：商鞅因为变法导致旧贵族分子反对，商鞅的"恶名"是旧贵族分子散布的。《太史公自序》谈到作《商君列传》之旨时说："鞅去卫适秦,能明其术,强霸孝公,后世遵其法。"这里从整个历史角度说明了商鞅变法的历史作用和影响。

由此可见,司马迁写历史人物,是将其放在历史的矛盾运动中去描写的,应该说,这是写历史人物的一个十分重要的办法,也是把历史人物写好的一项非常宝贵的经验。

四 根据历史人物的具体情况进行评论

司马迁对历史人物,不仅记述,而且评论。他评历史人物之法,既"寓论断于序事"(顾炎武:《日知录》卷二十六),又于篇终各书一论。他纵论古今人物,褒贬多出于己意,"是非颇缪于圣人"(《汉书·司马迁传》),历来学者论之甚详,不再赘述。这里仅谈司马迁根据历史人物的具体情况发论的一些基本方法。

在《史记》里,司马迁对历史人物的评和写是统一的。他的描写文字和评论语言,犹如画龙与点睛。描写文字是画龙身,评论语言好似点龙睛。如果只是画龙身,而不点龙睛,即使龙身画得再好,那也似龙非龙;当然,如果龙身画得飞动,而点睛不妙,那么此龙也就少神了。只有龙身画得像,龙睛点得妙,那龙才有了神。前面谈过《李斯列传》写李斯其人患得患失、自私自利,从开头观鼠,到父子相哭受刑,是非常成功的,也就是说龙身画得很好。评的如何呢?请看:

> 太史公曰:李斯以闾阎历诸侯,入事秦,因以瑕衅,以辅始皇,卒成帝业,斯为三公,可谓尊用矣。斯知六艺之归,不务明政以补主上之缺,持爵禄之重,阿顺苟合,严威酷刑,听高邪说,废嫡立庶。诸侯已畔,斯乃欲谏争,不亦末乎!人皆以斯极忠而被五刑死,察其本,乃与俗议之异。不然,斯之功且与周、召列矣。

此论中,除了肯定李斯促成统一帝业的历史作用之外,主要就是对李斯患得患失的鼠性特点发论的。指出李斯不是"极忠"而牺牲,乃因自私自利,得而复失,断送了一切。这是点睛之笔。这样,评和写完整统一,天衣无缝。

司马迁评项羽,更尽点睛之妙。且看《项羽本纪》的"太史公曰":

……夫秦失其政，陈涉首难，豪杰蜂起，相与并争，不可胜数。然羽非有尺寸，乘势起陇亩之中，三年，遂将五诸侯灭秦，分裂天下，而封王侯，政由羽出，号为"霸王"，位虽不终，近古以来未尝有也。及羽背关怀楚，放逐义帝而自立，怨王侯叛己，难矣。自矜功伐，奋其私智而不师古，谓霸王之业，欲以力征经营天下，五年卒亡其国，身死东城，尚不觉寤而不自责，过矣。乃引"天亡我，非用兵之罪也"，岂不谬哉！

这百余字，将项羽的是非功过，及其失败原因，进行了高度的概括，恰当的评论。历来学者读《项羽本纪》，有的体会作者热情地歌颂项羽为英雄，有的认为作者对项羽完全是否定的，有的说项羽是作者所写的农民起义领袖，有的说项羽是作者所写的反面人物。其实，司马迁对项羽的评论告诉我们，项羽在反秦起义中是领袖人物，有一定功绩；灭秦之后，"欲以力征经营天下"，犯了错误，以致失败，甚至惨败至死还不知过。这是两点论，后面的一点是重点。这是写项羽在反秦起义和楚汉战争的历史环境中一系列活动之后，考察历史，全面权衡，得出来的既有肯定又有否定的评语。无论是研究这里引及的"太史公曰"，抑或分析传文内容及其倾向，还是参考《太史公自序》中的"秦失其道，豪杰并扰，项梁业之，子羽接之；杀庆救赵，诸侯立之；诛婴背怀，天下非之"，以及"子羽暴虐，汉行功德"等说明篇意的话，都能得到一致的看法，简要地说来，司马迁评项羽是反暴秦的英雄，又是以暴易暴的侏儒。这种评论，不是模棱两可，不是片面地肯定或否定；而是根据史实，分清主次，很有分寸的点睛之笔。

同时，司马迁评历史人物，不仅着眼于某个历史人物的特点，还往往扩而大之，放眼于其人所处的时代特点，将其人与时代结合起来，给予历史的评价。这就不是画龙点睛的问题，而是为龙的腾云驾雾而题款了。如《高祖本纪》和《吕太后本纪》的"太史公曰"：

……周秦之间，可谓文敝矣。秦政不改，反酷刑法，岂不缪乎？故汉兴，承敝易变，使人不倦，得天统矣。

孝惠皇帝、高后之时，黎民得离战国之苦，君臣俱欲休息乎无为，故惠帝垂拱，高后女主称制，政不出房户，天下晏然。刑罚罕用，罪人是希。民务稼穑，衣食滋殖。

这里所论，并不是就刘邦、吕后等为人行事方面发表评论，而是针对他们执政时的政治和时代特点提出了看法。这就是在通过历史人物说明历史的基础上提出来的史评。作者对刘邦、吕后等人是有具体评论的，叙事中有寓论断的内容，如《高祖本纪》中实有刘邦于楚汉战争时善于用人，擅长斗智，称帝之后猜忌功臣，加强集权等的评论；《吕太后本纪》中实有吕后为人阴狠，拼凑吕氏集团，破坏刘邦所定封诸侯王之法的看法，但这都不足以概评刘邦、吕后为政的作用，更没有提到借人以评史的高度。而通过两个"太史公曰"，就把刘邦、吕后从政及其时代，放在周秦至汉武的历史长河中考察，窥探出了汉初的"无为"政治与秦朝暴政、汉武"多事"有所区别，汉初"天下晏然"与秦末大乱、汉武之世"盗贼滋起"迥然不同，从而就刘邦、吕后的为政和时代的特点提出评论，这就不是似是而非地片面地论历史人物，而是颇有点朴素的历史辩证法的史评。《萧相国世家》末尾论："何谨守管籥，因民之疾秦法，顺流与之更始"；《曹相国世家》记："参为汉相国，……百姓歌之曰：'萧何为法，顜若画一；曹参代之，守而勿失。载其清净，民以宁一。'"又论："参为汉相国，清净极言合道。然百姓离秦之酷后，参与休息无为，故天下俱称其美矣。"这些对萧何、曹参的评语，从精神实质上看，是与对刘邦、吕后的评论一样的，都是评汉初以因循为用的"无为"政治。评论历史人物不离开历史特点，这个办法是有意义的。

《陈涉世家》写陈胜、吴广起义的英雄行为，有称许之意，写陈胜失败的原因，是明显的批评，但这都不是对陈胜起义的历史作用和影响的评语。篇末论道：

> 陈胜虽已死，其所置遣侯王将相竟亡秦，由涉首事也。

《太史公自序》中写道：

> 桀纣失其道而汤武作，周失其道而春秋作。秦失其政，而陈涉发迹，诸侯作难，风起云蒸，卒亡秦族。天下之端，自涉发难。

这些才是作者对陈涉起义的历史作用的真正评语，也才是作者写历史人物达到的最高境界。

章学诚说过,"传人适如其人"(《文史通义》内篇二《古文十弊》)。古代史家能做到这点的不多,而司马迁则是能基本上达到这点的一个。上面所讲几点,就是司马迁"传人"能够"适如其人"的基本笔法。但这里只是举其要点,并不可以偏概全。同时,应该指出,说司马迁写历史人物栩栩如生也好,评司马迁论历史人物允当得体也好,首先要明确司马迁是写历史,写史的文笔很强;历史为主,文学为辅,文学以历史为依据,是历史的文学。

总之,司马迁写历史人物,坚持"实录"精神,从历史出发,遵循历史,说明历史,这就是司马迁写历史人物出色的关键所在。

《史记》传记文学的特点

——以传汉初三杰为例

《史记》是中国传记文学的始祖，崇高的丰碑，其传写西汉初年萧何、张良、韩信"三杰"，具有一定的代表性。故本文就其《萧相国世家》《留侯世家》《淮阴侯列传》等传记浅谈一二，以免东拼西凑之嫌。本文认为，《史记》传记文学具有传如其人、传神写照、不虚不隐、善序事理、寓意其中的特点。这是其传人无与伦比的奥秘所在，也是传统的纪传史学和传记文学的理论依据。

一 传如其人

传如其人，是《史记》最主要的、基本的特点。班固评论《史记》"实录"时，说它"其文直，其事核，不虚美，不隐恶"。[①] 自此以后，文学评论家与史学评论家刘勰、刘知几、章学诚等都接受了这个理论观点，并加以发扬。

所谓"文直事核"，就是记事真实，行文确切。力求文质相称，即内容与形式一致。尤其要真实地传写人物一生为人行事的主要方面。

萧何、张良、韩信等汉初"三杰"，对于灭楚兴汉是有大功的。汉高祖刘邦在称帝之后于雒阳庆功会上曾公开承认，[②] 司马迁于《史记·太史公自序》中也予以充分肯定，并在三人传记中进行了说明。

《史记》传写人物，不同于履历表和记功簿，故表功只是一般而言，并不斤斤计较。他着意于三杰其人如何，建功特点，其历史地位和影响如何；

---

① 《汉书·司马迁传》。
② 《汉书·高帝纪上》。

这有赖于传记的传神写照。

其写萧何,是个谨慎之人。萧何始为小吏,秦末为泗水郡卒史,办事第一,秦朝欲征用之,"何固请,得毋行"。① 他坚决不愿入朝高升,可能是忧虑时局不稳定之故。刘邦初起事时,萧何和曹参支持之,不敢自为首领,"恐事不就,后秦种族其家,尽让刘季"。② 这是谨慎者畏难、疑虑的表现。汉王刘邦东与楚王项羽相争,奔走于关东,以萧何为丞相,留守关中。刘邦多次遣使来慰劳,鲍生对萧何说,汉王"有疑君之心",萧何马上听鲍生之言,遣子弟昆弟"能胜兵者悉诣军所",于是汉王"大说"。这也是后来刘邦念念不忘的"今萧何举宗数十人皆随我,功不可忘"的基本因素。汉十一年陈豨反时,以萧何"为相国,益封五千户,令卒五百人一都尉为相国卫"。召平提醒萧何:这是"以今淮阴侯新反于中,疑君心矣。"萧何立即听召平之言,"让封不受,悉以家私财佐军"。于是"高帝乃大喜"。汉十二年秋,黥布反时,高帝刘邦自将击之,"数使使问相国萧何"。客对萧何言:帝有"畏君倾动关中"之心,可以自己"多买田地,贱贳贷"自涂污点,减轻威望。萧何从之,"上乃大说"。正因如此,萧何一生始终险而不惊,危而能安。

其写张良,是个善谋之士。张良出身于韩国贵族,有一定的学术文化修养。他在楚义军向秦两路进兵时,投向刘邦。刘邦军本来不如项羽军的实力和战功,只因张良从刘邦南路进军,为其智取峣关,"因其解击之",③于是大胜而入关中,争取到灭秦的先声。刘邦于彭城惨败,下马踞鞍向张良请教军事韬略,张良及时向刘邦建议:"九江王黥布,楚枭将,与项王有郄;彭越与齐王田荣反梁地:此两人可急使。而汉王之将独韩信可属大事,当一面。"刘邦采纳之,立即拉拢来黥布,挖了楚王的墙脚;笼络了彭越,骚扰楚后方,使其不安;重用了韩信,使其开辟北方战场,于是汉在两三年间就由弱转强,由败而胜,形成胜过楚方的优势。加之张良和陈平为刘邦谋计,许封韩信为楚王、彭越为梁王,调动此两人积极性,终于取得垓下决战的胜利而灭楚兴汉。另外,张良劝高祖刘邦封雍齿以安军心,都关中以为国基,"出奇计马邑下,及立萧何相国"等,也都有一定作用。正因如此,张良实是"图难于易,为大于细"的谋士。

---

① 《史记·萧相国世家》。
② 《史记·高祖本纪》。
③ 《史记·留侯世家》。

其写韩信,是个常胜将军。韩信出身"布衣",在楚汉之际军事斗争中颇有才干。因不被项羽重用,便投靠汉王刘邦。当刘邦用他为大将时,他向刘邦论述了刘项长短,并建议进击"三秦"。于是"出陈仓,定三秦"。①再向关东,协助汉王取得彭城。彭城之役后,与汉王会兵于荥阳,"复击破楚京、索之间",使楚"不能西"。接着,开辟北方战场,过黄河,下安邑,取魏,破代。井陉之战,破赵军,斩陈余,擒赵歇。继又降燕,攻齐。潍水之战,杀龙且,虏楚卒,平定齐。这一系列军事斗争,韩信常胜不败。至于垓下决胜,韩信中军先退,两翼侧击,终获大胜。如今研究者,或以为其先退后进乃用兵之妙,如同井陉、潍水之战例,退非真败;或以为其退即败,只是小败,终于大胜。若如后说,韩信戎马一生,也只是一次小败而已。

二　传神写照

生动传神,是《史记》传如其人的突出处。就是说,传写人物如同绘画人物一样,传神写照,非常生动。主要是巧妙地传写人物的神态、口语及为人处世的特点。

写萧何,三次有人告其刘邦猜疑,三次设计脱身免祸,刘邦三次高兴,都很生动。而写被高帝刘邦疑忌关进了监牢,经王卫尉说明情由,才得以获释,更是生动。出狱后,"相国年老,素恭谨,入,徒跣谢。"官高年老,无故蒙冤,不仅不怨恨刘邦,反而亲自入宫,光着脚板去向他谢罪,表示感恩不尽,可谓"恭谨"之至。这就是传神之笔。

写张良,有圯桥拾履一节:"良尝闲从容步游下邳圯上,有一老父,衣褐,至良所,直堕其履圯下,顾谓良曰:'孺子,下取履!'良鄂然,欲殴之,为其老,强忍,下取履。父曰:'履我!'良业为取履,因长跪履之。父以足受,笑而去。良殊大惊,随目之。"老父的行为奇特,神态非凡,语言生动;张良的一一表现,心态曲折,随目有神:都面面如生,形神兼备。另写老父予书、借箸筹策等节,也都生动传神。在张良借箸筹策之后,"汉王辍食吐哺,曰:'竖儒,几败而公事!'"此写刘邦嘴脸,也是形象生动的。

写韩信,从亭长寄食一节:"始为布衣时,贫无行,不得推择为吏,又不能治生商贾,常从人寄食饮,人多厌之者。常数从其下乡南昌亭长寄食,

---

① 《史记·淮阴侯列传》。

数月，亭长妻患之，乃晨炊蓐食。食时信往，不为具食。信亦知其意，怒，竟绝去。"此所写韩信贫无行而遭冷遇，是很逼真的。受辱袴下一节："淮阴屠中少年有侮信者，曰：'若虽长大，好带刀剑，中情怯耳。'众辱之曰：'信能死，刺我，不能死，出我袴下。'于是信孰视之，俯出袴下，蒲伏。一市人皆笑信，以为怯。"所写屠中少年横行霸道，市人笑韩信胆怯，韩信的眼神和行为，都真实而宛肖。

顾恺之自谓绘画人物"传神写照"，以其词评论《史记》传写人物也是恰当的。

三 不虚不隐

所谓不虚不隐，就是美恶皆书，不饰不匿。这也是传记文学的特点。传记文学绝不同于虚构的小说，是来不得半点虚夸和隐匿的。务必心态平正地传写人物真实的人品、行为。

《史记》传写萧何，对他和刘邦的私交和情分也写了出来。如：刘邦为布衣时，萧何"数以吏事护之"。刘邦为亭长，萧何"常左右之"。刘邦因徭役事去咸阳，其他吏送奉钱三，萧何"独以五"。他比别人多送了约一倍的礼金。他谦逊俭朴，"置田宅必居穷处，为家不治垣屋。曰：'后世贤，师吾俭；不贤，毋为势家所夺。'"这也是实情，而无甚虚饰。《史记》对这些事既不隐瞒，也不是虚构。萧何确是谨慎之人。

关于张良，写老父予书一节有点神秘性，但必是真实的。秦朝酷法："诽谤者族，偶语者弃市。"试想，张良曾有博浪沙欲椎击秦始皇的举动，激起风波，秦朝"大索天下"，乃隐匿于下邳，待机而动；老父既藏有兵书，又在物色有为人物，必非等闲之辈。他俩圯上相遇，有了来往，老父有意，张良认真，然必须谨慎，秘密行事。相约会面，清晨不大妥当，鸡鸣时又嫌晚，夜半才算隐秘，如此一而再，再而三的黑夜行动，是探测，是密谋。犹今所谓地下秘密活动。似乎神秘，其实非常真实。张良于刘邦欲易太子时，曾建议吕后召用"四皓"。司马光《通鉴考异》用推理法，断定"非事实"。此考差矣。刘邦爱幸戚姬，喜欢她所生的小子如意，欲以如意代刘盈为太子。这是有违嫡长制的不正常举措。故引起汉廷大臣反对，内部产生矛盾而不和谐。张良深知刘邦其人，为他留面子，不当场表态，而暗地里为吕后出招，加强盈太子势力，促使刘邦逐渐认识到难以逆转，便主动转弯子，不易太子；而安抚戚姬，以如意为赵王。这是张良善谋之一。惜温公不知，而在做捕风捉影的考证文章。张良实是善谋之士。

关于韩信，突出地写他用兵谋略。井陉之战，着意写他设计的背水阵，活用了"陷之死地而后生，置之亡地而后存"的兵法，是韩信得意之作。潍水之战，用心写他"囊沙壅水"的办法出人意料，是韩信此役取胜的关键一着。垓下之役，有韩信先退后胜之笔。先退，暂避项羽勇于冲锋之锐，以孔熙、陈贺两将军为左右翼，于项军锐气已过时两侧出击，终于取得大胜。这些都是从实而书，毫无虚饰。就是韩信不顾郦生而急伐齐之功，讨封齐王而触汉王之怒，与高帝论"将兵""将将"之能，也都是实而不虚，显而不隐的。韩信无疑是大将之才。

《史记》或避时忌，有时隐晦其旨，使用微词。例如：《史记·匈奴列传》赞曰："孔氏著《春秋》，隐桓之间则章，至定哀之际则微，为其切当世之文而罔褒，忌讳之辞也。"其评汉武帝伐匈奴之策和行动，就有微词。但"不虚美，不隐恶"还是很突出的。

四　善序事理

善序事理，也是《史记》的特点之一。班彪称道《史记》"然善述序事理，辩而不华，质而不野，文质相称"。① 班固也说《史记》"善序事理，辨而不华，质而不俚"。②

"善序事理"云云，是说《史记》善于表达人情物理，明辨是非，质而不粗；并有简要、集中，揭示本质的意思。

所写萧何为人为政十分谨慎。他随从刘邦初入关中，到了秦都咸阳，"诸将皆争走金帛财物之府分之，何独先入收秦丞相御史律令图书藏之"。这真是有心人，不贪财宝，而为长远事业考虑。《史记》有识于此，特浓墨一笔："汉王所以具知天下厄塞，户口多少，强弱之处，民所疾苦者，以何具得秦图书也。"此岂非善序事理乎？萧何守关中，《史记》有"何谨守管籥"之评。何以见得？《萧相国世家》记述："汉王引兵东定三秦，何以丞相留收巴蜀，填抚谕告，使给军食。汉二年，汉王与诸侯击楚，何守关中，侍太子，治栎阳。为法令约束，立宗庙社稷宫室县邑，辄奏上，可，许以从事；即不及奏上，辄以便宜施行，上来以闻。关中事计户口转漕给军，

---

① 《后汉书·班彪传》。
② 《汉书·司马迁传》。

汉王数失军遁去，何常兴关中卒，辄补缺。上以此专属任何关中事。"这就实事求是地表述了事理，也证明所评"何守管籥"有理有据。

所写张良足智善谋，主要是在刘邦紧急或危难时刻，其计起到了图难于易、转危为安的关键作用。张良送汉王刘邦去往汉中，对他说："王何不烧绝所过栈道，示天下无还心，以固项王意。"刘邦采纳之。这一着，果然使项羽对刘邦失去戒心，未作必要的戒备，甚至汉军还定三秦，项羽起初还蒙在鼓里。刘邦之所以能在一年多时间内由汉中打到彭城，张良之计是起到麻痹敌方作用的。彭城之役，汉军惨败，刘邦丧师失魂，因有张良建议用黥布、彭越、韩信三人的建议，才有了主意，安定了神，才有了新的起色。正因如此，《留侯世家》赞曰："高祖离困者数矣，而留侯常有功力焉，岂可谓非天乎？上曰：'夫运筹策帷帐之中，决胜千里外，吾不如子房。'"这是符合事理的结论。

所写韩信善于用兵，在井陉之战、潍水之战、垓下之战等战役中的军事谋略和辉煌战绩，已表现无遗。故汉初萧何推荐其为大将，张良建议以其独当一面，刘邦也曾承认"连百万之军，战必胜，攻必取，吾不如韩信"。但刘邦口服心不服，尤其是在称帝之后。他晚年与韩信论将时，曾有这样的对话："上问曰：'如我能将几何？'信：'陛下不过能将十万。'上曰：'于君何如？'曰：'臣多多而益善耳。'上笑曰：'多多益善，何为为我禽？'信曰：'陛下不能将兵，而善将将，此乃信之所以为陛下禽也。且陛下所谓天授，非人力也。'"这是韩信被刘邦设法从楚王降为淮阴侯而无权势之时，君臣二人的问答，非常合乎两人的身份、个性、本能乃至心理、人情。刘邦高高在上，欲驾驭一切，压倒众人；韩信恃才傲物，敢于说真话，自谓"多多益善"，又不得不礼让，以"天授"之说来敷衍之。这是符合人情物理的。

班氏父子评司马迁《史记》"善序事理"，真是高明。

五 寓意其中

寓意其中，是《史记》特有的手笔。顾炎武说《史记》"于序事中寓论断"，① 白寿彝先生写有《司马迁于序事中寓论断》，② 说明《史记》传人寓

---

① 《日知录》卷二十六《史记寓论断于序事》。
② 白寿彝：《中国史学史论集》，中华书局，1999。

意,早为古今学者所注意和研究。但其寓意如何,还是可以深入探讨的。

《萧相国世家》的点睛之笔是"依日月之末光"。全篇写了萧何与刘邦的主从关系,前者依从、忠顺于后者,画好了龙形,然后用点睛之笔——"依日月之末光",于是寓意突现。"日月"者谓刘邦,"依光"者是萧何,这种主从君臣关系,始终如一。太史公评萧何"位冠群臣,声施后世,与闳夭、散宜生争烈矣",而不是论其与吕尚、周公争烈,显然有轻视之意。为什么?弦外之音可能是指萧何依从而不自主,忠顺而无谏诤,唯唯诺诺,逆来顺受,无大臣之体吧!

《留侯世家》简要、集中地写了张良在楚汉相争和汉初政坛上几则出谋划策的内容,而在其前,写有老父予书时言"读此则为王者师矣";在其后,写有张良自谓"今以三寸舌为帝者师"云云。这是点睛之笔。寓意在于,老父期许张良"为王者师",张良做到了;张良自谓"为帝者师",说明自己没有辜负老父的期望。他既然是帝王之师,故很自尊,只有刘邦向他请教;也很自重,从来不乞讨恩赏,不希图富贵。张良功成欲逍遥时自称:"家世相韩,及韩灭,不爱万金之资,为韩报仇强秦,天下振动。今以三寸舌为帝者师,封万户,位列侯,此布衣之极,于良足矣。愿弃人间事,欲从赤松子游耳。"太史公评语中有"状貌如妇人好女"句,这是明许张良是英俊的美男子,是否还隐喻其高尚的心灵美呢?不大好推断。但《史记》传写张良为一世俊杰是可以肯定的。

《淮阴侯列传》写了韩信谋略用兵,战功卓著,为齐王而不听武涉和蒯通三足鼎立之言;因降封而牢骚满腹,蓄意谋反,有人告变,被吕后所杀;刘邦闻韩信死,"且喜且怜之"。情节颇曲折,笔底有波澜。太史公评曰:"韩信虽为布衣时,其志与众异。……假令韩信学道谦让,不伐己功,不矜其能,则庶几哉,于汉家勋可以比周、召、太公之徒,后世血食矣。不务出此,而天下已集,乃谋畔逆,夷灭宗族,不亦宜乎!"这些话,似讥似刺,或似怜似惜,其实寓意隐晦而无穷。其中最紧要的是:韩信谋反事有没有,被族诛宜不宜。这也是本篇寓意究竟何在的根本问题。历来学者对此问题意见不一。指责韩信咎由自取者颇有其人。班固讥韩信"见疑强大,怀不自安,事穷势迫,卒谋叛逆,终于灭亡"。[①] 刘知几责其"满盈速祸,躬为逆上,名隶恶徒"。[②] 司马光认为,刘邦虽有过在先,但韩信"亦有以

---

① 《汉书·韩彭英卢吴传》。
② 《史通·浮词》。

取之",并指责韩信"以市井之志利其身,而以士君子之心望于人"。① 为其鸣冤者大有人在,清代学者尤甚,梁玉绳可为代表。他说:"信之死冤矣;前贤皆辨其无反状,大抵出于告变者之诬词及吕后与相国文致之耳。史公依汉廷狱案叙入传中,而其冤自见:一饭千金,弗忘漂母;解衣推食,宁负高皇?不听涉、通于拥兵王齐之日,亦不妄动于淮阴家居之时,不思结连布、越大国之王,必不轻约边远无能之将。宾客多,与称病之人何涉?左右辟,则挈手之语谁闻?上谒入贺,谋逆者未必坦率如斯;家臣徒奴,善将者亦复部署有几。是知高祖畏恶其能,非一朝一夕。胎祸于蹑足附耳,露疑于夺符袭军,故禽缚不已,族诛始快。从豨军来,见信死,且喜且怜,亦谅其无辜受戮,为可悯也。"② 这以为韩信谋反乃被诬,为其族诛鸣冤。以上谋反被诛、被诬冤死两种意见,各执其词,都不无一定的道理,难断其是非。实际上,《淮阴侯列传》所写,韩信谋反,可信可不信,本是疑案;族诛韩信,似宜似不宜,实是悬案。作者意在千秋功过,由众评说乎?《报任安书》所谓"述往事,思来者"是也。

微词与寓意,良史为之,颇令人深思,有参考价值;秽史书之,颠倒黑白,心怀鬼胎,当嗤之以鼻。《史记》这个特点,后人用之较少,后史很少有之,为之者也多拙劣。

六 有关理论研究问题

有关《史记》传记文学的理论研究,至今尚未深入,更无认真讨论。但这个问题十分重要。本人二十年前曾提到,班固的《史记》"实录"论之中的"善序事理,其文直,其事核,不虚美,不隐恶"的观点,就是有关《史记》传人记事的"基本理论",③ 值得重视和深入研究。

记得司马迁传写屈原时曾评曰:"其文约,其词微,其志洁,其行廉,其称文小而其旨极大,举类迩而义远。"④ 这里面就有了对于屈原及其《离骚》的理论性批评。如果我们将司马迁的理论观点,班固对司马迁及其《史记》的理论性批评,加之本文所言《史记》传记文学的几个特点,结合起来,作综合分析,则可以得到简要的结论:《史记》传记文学的理论要点

---

① 《资治通鉴》卷十二。
② 《史记志疑》卷三十二。
③ 施丁:《中国史学的传统与维新》,《中国社会科学》1989年第5期。
④ 《史记·屈原贾生列传》。

是：真实、确切、生动、明理。

《史记》既是中国传记文学的始祖，又有杰出的成就和深远的影响，故本人浅见：《史记》传记文学的四大要点，也就是中国传记文学的基本理论问题。

《资治通鉴》写战争

《资治通鉴》中写战争的部分，是我国古代史学宝库中一颗光彩夺目的瑰宝，值得我们重视、鉴赏。因此，本文试对《资治通鉴》写战争的问题略作探讨。

一 关于写战略方针

《资治通鉴》写一些较大规模的战争，不是简单地铺叙战争的一般过程，而是着意地写出交战者的战略方针。试举《资治通鉴》写楚汉战争为例。

公元前3世纪末叶，继秦末农民大起义之后，发生了历时5年的楚汉战争。刘邦通过这一战争，打垮了项羽，奠定了西汉统一的基础。楚汉战争中，刘邦用兵有一定的战略方针，而且随着战争形势的发展，随时对战略方针进行调整。因为其战略方针较为符合客观形势，终于取得了胜利。

关于《资治通鉴》写刘邦在楚汉战争中的战略方针（见卷九至卷十一），可以注意三点：

（一）刘邦准备发动战争之时，前206年，刘邦、项羽等领导的起义军的两支队伍，相继打进关中，推翻了秦王朝。按起义军入关前所订"先入关中者王之"之约，刘邦应在关中为王。但是，掌握四十万大军的项羽武断地主持分封，自立为西楚霸王，"王梁、楚地九郡"；排挤刘邦，立其为汉王，"王巴、蜀、汉中"；三分关中，以秦降将章邯、司马欣、董翳等三人王之，"以距塞汉路"，防刘邦东进。刘邦对此很不满，"怒，欲攻项羽"，周勃、灌婴、樊哙等"皆劝之"。但是，刘邦只有十万人，攻项羽如何下手才妥善呢？《资治通鉴》于此处记述了萧何谏刘邦的一番对话："何曰：'今众弗如,百战百败;……臣愿大王王汉中,养其民以致贤人,收用巴、蜀,还定三秦,天下可图也。'汉王曰:'善。'"这个记述十分重要,因为萧何所谏的内容,正是刘邦在楚汉战争开始时的战略方针。正是在这个战略方针指导下,刘邦不在关中轻举妄动,而是"乃遂就国",到了汉中,以萧何为丞相,经管国事;从张良之谏,烧绝所过栈道,"以备诸侯盗兵,且示项羽无东意",迷惑项羽;重用"国士无双"的韩信,拜其为大将,虚心倾听其言,即所谓"以致贤人","留萧何收巴、蜀租,给军粮食",即所谓"收用巴、蜀";经过几个月的准备,"遂听信计,部署诸将所击",从故道出,打败章邯,逼降司马欣、董翳,即所谓"还定三秦";这就打开了东进道路,矛头直指项羽及其楚军,即所谓"天下可图也"。

(二)刘邦彭城惨败后的紧急关头。刘邦夺取关中后迅速东进,一举攻下彭城。但被项羽打得大败。刘邦于彭城之役丧失十余万人,惨败而逃,"诸侯皆背汉,复与楚"。这是前205年四月间的事。《资治通鉴》于此处记述了张良对刘邦所献之策:"张良曰:'九江王布,楚枭将,与项王有隙;彭越与齐反梁地;此两人可急使。而汉王之将,独韩信可属大事,当一面。……则楚可破也。'"张良的话,是在楚胜汉败的新形势下为刘邦谋划的新的战略方针,在此战略方针指导下,刘邦除了有萧何留守后方,可以不断地得到人力物力的补充而外;积极地开展争取黥布,联合彭越,信用韩信开辟北方战场的工作。本来,黥布为楚将,素骁勇,"常冠军",故项羽分封时立其为九江王。刘邦派随何前往说布,晓以利害,使黥布杀楚使者,因起兵攻楚,连战数月,而后归汉。这样就削弱了楚军实力,使汉军有了喘息和振作的机会。彭越是在刘邦进军彭城时,"将其兵三万余人归汉"的。彭城之役以后,刘邦使刘贾、卢绾将卒二万人,数百骑,渡白马津入楚地,协助彭越,"烧楚积聚",以扰乱楚的后方,使项羽军粮供给不足,疲于奔命,产生后顾之忧。刘邦又以韩信为左丞相,带领灌婴、曹参等开辟北方战场。韩信独当一面,充分发挥其军事才能,下魏,破代,取赵,定齐,并于前203年十一月击溃了项羽所命龙且救齐的二十万楚军,从宽阔的北方战线向楚军包围过来,使项羽受到严重威胁,并保证了汉军正面战场危而复安。这样,自前205年夏至前203年夏的两年多的时间,由于汉军在正确的战略方针指导下积极作战,楚强汉弱的形势发生了变化,张良"则楚可破也"的话,已有可能实现。

(三)楚汉以鸿沟为界之后。前203年秋,楚汉定约以鸿沟为界,双方息兵。项羽放回了太公、吕后,"引兵解而东归"。刘邦"欲西归"。《资治通鉴》于此处记述:"张良、陈平说曰:'汉有天下太半,而诸侯皆附;楚兵疲食尽,此天亡之时也。今释弗击,此所谓养虎自遗患也。'汉王从之。"刘邦从张良、陈平之说,决定速击楚军,这是在新形势下的又一战略方针。但是,前202年冬十月,刘邦追项羽至固陵,与韩信、彭越等约期会师击楚,"信、越不至",致使汉军被楚军击破。《资治通鉴》于是处又记述了张良的献策:"(张良)对曰:'……今能取睢阳以北至谷城皆以王彭越,从陈以东傅海与齐王信。信家在楚,其意欲复得故邑。能出捐此地以许两人,使各自为战,则楚易破也。'汉王从之。"这是于鸿沟为界后,汉军为了速击楚军,在战略方针上所做的一次重要的补充。韩信称齐王后,倾向于汉,击楚,而心"不自坚"。彭越本定梁地,为汉立功不小,未曾获得大的封赏,心愿未能得到满足。所以,两人没有遵从刘邦"期会击楚"的要求。张良根据当时的形势,考虑到韩、彭两人居于举足轻重的地位,如果不设法笼络,则难以调动其积极性;于是想出了许封的办法,这是个进一步联合韩、彭两股势力以便迅速击垮楚军的战略方针。刘邦确定此战略方针之后,"于是韩信、彭越皆引兵来"。这样,刘邦领导的联合战线,立即发挥了威力,经垓下一战,终于获得了灭楚的重大胜利。

又如,《资治通鉴》写赤壁之战(见卷六十五),记述东吴如何确定孙刘联合以抗曹的战略方针,用了一千七八百字的笔墨;而写赤壁交战的过程只有近三百字的文字,从文字的多寡上亦可见作者的重点所在。

战略方针在战争中起着指导作用。写战争把握住这个问题,就抓住了写战争的纲领。

二 关于写将谋

我国古代军事史上,有许多杰出的军事家讲究用兵之计,因而有不少历史家写战争宣传将领用兵之妙。

《资治通鉴》中写了许许多多军事家用兵之妙的历史情节,其中以写官渡之战中曹、袁两方将谋方面的优劣较为突出。

公元2世纪末叶,一些封建割据势力为了扩张势力范围,多次进行战争。当时,袁绍是河北一大割据势力,挥师十万,由北而南,妄图争取中原。曹操"挟天子以令诸侯",立足中原,企图统一。于是袁、曹两军在官渡发生战争。本来,从军事力量上看,袁强曹弱,较为悬殊。然而,袁绍骄而无谋,忌贤拒谏;曹操足智多谋,纳谏如流,经过较量,曹军战胜袁军,从而奠定了曹操统一北方的基础。

《资治通鉴》写官渡之战(见卷六十三、卷六十四)始末,几乎全力用在写曹、袁双方的将谋问题上。试依其所写次序,把握其中要点:

(一)写袁绍骄而无谋——袁绍自从打败了公孙瓒,"心益骄"。约199年夏,袁绍简精兵十万,骑万匹,"欲以攻许"。这时,袁绍军内部有分歧意见:沮授的意见是,如今"百姓疲敝,仓库无积","宜务农息民";做好准备,师出有名,计取曹操。郭图、审配则阿谀袁绍"神明",并以为引河朔之众,以伐寡弱的曹操,颇为容易。这两种截然相反的意见相持不下,反复辩论。沮授又认为:"夫救乱诛暴,谓之义兵;恃众凭强,谓之骄兵;义者无敌,骄者先灭。"今伐"奉天子以令天下"的曹操,违背了义,而且曹操"士卒精练",不可轻举妄动。郭图、审配等则认为,师出有名,强兵可用,机不可失。袁绍对这种分歧意见不加深思,乃纳郭图之言,而且削减了沮授的兵权,"分授所统为三都督,使授及郭图、淳于琼各典一军",以便其军事计划的执行。

(二)写曹操对袁绍的分析了解——曹军诸将听说袁绍将要率领大军攻许,"皆惧"。曹操说:"吾知绍之为人,志大而智小,色厉而胆薄,忌克而少威,兵多而分画不明,将骄而政令不一,土地虽广,粮食虽丰,适足以为吾奉也。"曹操断定袁绍骄而无谋,不足为忧。当然,曹军内部不是一时可以统一认识的。孔融就曾对荀彧言,谈到战胜袁军颇有疑问。然而,经荀彧分析袁军内部情况,断定其内部有矛盾,"势不相容,必生内变"。这对袁军的分析,又进了一步。曹操在分析了敌方之后,作了应敌的军事部署。

(三)写曹、袁争取群雄,及群雄对曹、袁的依违态度——先是张绣违袁依曹。袁绍曾派人争取张绣,张绣想要许之,贾诩劝他不如投顺曹操。张绣乃率众降于曹操。曹操与张绣握手言好,并结成儿女亲家。再是关中诸雄服从曹操。起初,关中诸将以曹、袁方争,未卜胜负孰在,"皆中立顾望"。凉州牧韦端派杨阜"诣许"了解情况,杨还,对关中诸将说:"袁公宽而不断,谋好而少决;不断则无威,少决则后事,今虽强,终不能成大业。曹公有雄才远略,决机无疑,法一而兵精,能用度外之人,所任各尽其力,必能济大事者也。"曹操于此时派了卫觊镇抚关中。卫觊以官牛供给归民,注意农业生产,监卖食盐,安定社会。关中由是服从于曹操。最后是刘表中立。袁绍曾使人求助于刘表,刘表"许之而竟不至,亦不援曹操"。韩嵩等人劝刘表附曹操乃"万全之策",刘表"狐疑不断",仍然中立。刘表拒袁而取中立态度,对曹操还是有利的。只有刘备从曹操手下跑到小沛,"遣使与袁绍连兵",对曹操是个威胁。

(四)写曹操亲自讨伐刘备成功——曹操曾遣刘岱等人击刘备,"不克"。曹操欲自讨刘备,扫除东线之患。诸将顾虑袁绍乘机来击。郭嘉认为:"绍性迟而多疑,来必不速。备新起,众心未附,急击之,必败。"于是,曹操率师东击刘备。田丰劝袁绍乘机袭击曹操,"可一往而定"。袁绍不走这步棋,"辞以子疾,未得行"。结果,曹操击破刘备,"获其妻子;进拔下邳,禽关羽"。刘备亡命投奔袁绍。这样,曹操消灭了东线之患,剪除了袁绍的一支盟军。

(五)写曹操一再计胜袁军——当曹操打败刘备、还军官渡时,袁绍"乃议攻许"。田丰认为,此时"许下非复空虚",未可轻举,不如作持久之计,待机进兵。袁绍"不从"。当袁绍遣其将颜良攻东郡太守刘延于白马之时,曹操采荀攸之策,阳至延津,吸引袁绍"西应之",而引兵"兼行趣白马",杀了颜良,"遂解白马之围"。接着,袁绍拒沮授"今宜留屯延津,分兵官渡"之谏,引军至延津南。曹操施"饵敌"之计,诱引袁军骑将文丑与刘备将五六千骑前后到来,乃纵兵奋击,大破之,斩了文丑。此时幽州为袁绍所统,而曹操笼络了幽州的阎柔、鲜于辅等人。同时,曹操又安抚各郡县,放宽户调,以收买民心。

(六)曹操暗袭乌巢,终于大胜——粮草是军事的重要的物质基础。当时兵荒马乱,严重缺粮,袁军要比曹军的粮食稍稍多些,曹操为了打败袁绍,就在粮食问题上做文章。200年八九月间,袁绍同曹操于官渡对阵,"东西数十里"。曹操出兵不利,袁绍攻击也不得手。此时,"操众少粮尽,士卒疲乏,百姓困于征赋,多叛归绍者"。曹操为此发愁,与荀彧书,"议欲还许"。荀彧报书,为其分析,此时"先退则势屈",正是"用奇"取胜之时。同时,曹操纳荀攸之言,遗徐晃击破袁军督护运粮之将韩猛,"烧其辎重"。冬,十月,袁绍复遣车运谷,使淳于琼将万余人护之,宿绍营北四十里。沮授向绍建议,另派蒋奇别为支军于外,"以绝曹操之钞"。袁绍"不从"。许攸向绍建议,乘许空弱,分遣轻军去"掩袭"。袁绍也"不从"。适值许攸家犯法,家属被系,许攸怒而投奔曹操,向曹操透露了"袁氏辎重万余乘,在故市、乌巢,屯军无严备"的重要消息,并献"轻兵袭之""燔其积聚"之计。曹操当即留曹洪、荀攸守营,亲自将步骑五千人,暗袭乌巢,放火烧其粮仓,并攻淳于琼之营。袁绍听到此消息,不听张郃先救淳于琼之言,"但遣轻骑救琼",而以重兵攻曹营,未能下。当袁骑至乌巢时,曹军已破斩淳于琼等,"尽燔其粮谷"。张郃此时到曹营投降。于是，"绍军惊扰，大溃"。曹军乘胜追击，"前后所杀七万余人"。袁绍与八百骑狼狈而逃。

（七）官渡之战的尾声——曹操与被俘的沮授谈话，沮授说，袁绍"失策"，以致失败。曹操说，袁绍"无谋"，"不相用计"。曹操还说，"向使绍用其别驾（田丰）计，尚未可知也。"末尾又写，袁绍"性矜愎自高，短于从善，故至于败"。这都是从将谋方面总结袁绍失败原因的。同时，也说明曹操获胜乃是由于足智多谋、任贤从谏之故。

三 关于写战场与细节

《资治通鉴》写战争，有大场面的铺叙，有细节的描写，无论其中的故事情节或历史人物，都写得有声有色，引人入胜。

《资治通鉴》写战场，能把握节奏，描写出声势。如写赤壁之战（见卷六十五）的交战情景，自"初一交战，操军不利，引次江北"，至"时操军兼以饥疫，死者太半"一大段，写得有层次，有节奏，既生动，又真实。写初一交战，操军"不利"而引退。用词谨严，很有分寸。接着写黄盖以诈降之计，周瑜用火攻之法，应天时，得地利，神速取胜。写得夸张而在情理之中，真实而有形容之妙。再写周瑜率轻锐继续进攻，逼得曹操从华容道狼狈而逃。写胜者如风雷滚动，败者如秋风落叶，末写周瑜、刘备之军水陆俱进，追操至南郡。这里不再着形容之墨，然史实已介绍清楚。看此战的交战双方，孙刘联军，由诈降，火攻，而轻锐继进，而水陆俱进；曹操之军，初战"不利"，而"人马烧溺死者甚众"，而"北军大坏"，而"死者甚众"，而"死者太半"。头绪清楚，十分真实。这种史笔，提供给小说、戏剧以丰富的题材，使其乐于汲取；而又不是冲呀杀呀、大胜特胜等空洞抽象的词句，使读者生腻。

然而，《资治通鉴》写战争，并不以写大场面见长，而是以细节描写最为精彩出色。这里试举数例。

其一，《资治通鉴》写蒲阪津之役（见卷六十六）中的两个旋律：一是写曹操于蒲阪津渡河，"马超将步骑万余人攻之，矢下如雨，操犹据胡床不动"一段。曹操为了征服关西马超、韩遂等诸雄，面对雄关、大河、强敌，无所畏惧，而在蒲阪津渡河之时，突然遭到袭击，形势十分险恶，气氛十分紧张。文字描写的气氛，正是此战之中紧张场面的如实反映。二是写曹操与韩遂相见："交马语移时，不及军事，但说京都旧故，拊手欢笑。时秦、胡观者,前后重沓,操笑谓之曰:'尔欲观曹公邪?亦犹人也,非有四目两口,但多智耳!'"曹操想要征服关西诸雄,一时很难得手,于是想出了离间之计,使马超与韩遂之间发生猜疑,出现矛盾,以便攻破对方,曹操与韩遂阵前叙旧,谈笑风生,只宜于轻松的描述。《资治通鉴》所谱蒲阪津之役中的两个旋律,紧张中有舒坦,如"操犹据胡床不动";轻松而不含糊,如"交马语移时,不及军事",这是一般音乐语言所难以表达的。

其二,《资治通鉴》写淝水之战(见卷一五〇)中两个主角苻坚与谢安的精神面貌。先写秦主苻坚:于发动战争之初,凭着自己掌握百万大军,口出"投鞭断流"的大言,透露此人始则刚愎自用(不听忠谏),骄气十足。又记苻坚当秦军已受挫折之后,见晋兵部阵严整,由骄而疑"八公山上草木,皆以为晋兵","怃然始有惧色"。反映此人的神色已变。再写苻坚大败之后,羞愧不已,对着曾劝阻勿伐东晋的张夫人说出"吾今复何面目治天下乎"的心里活,且一把鼻涕一把泪,"潸然流涕",描尽此人的窘态。还写苻坚回到长安,想到苻融曾有忠谏及其被晋兵所杀,以及秦兵惨败,痛"哭"不已,后悔莫及。说明此人可悲可笑。由苻坚由骄而惧,而流涕,而大哭,这一系列神色的变化,不仅生动地反映此人的精神面貌,而且也可想见秦之大军在淝水之战中的严重失败。后写晋相谢安:起初,当苻坚率大军南来之时,谢安作了应敌部署;然而"都下震恐",谢玄生"惧"。但是,统筹全局的晋相谢安,"夷然"处之,保持一如既往的风度,游山下棋。然而,他又不是安然无事。在"既而寂然"的字里纸背,透露出他尽管没有惊惶失常,然而内心有所盘算。这样看来,谢安于淝水之战准备阶段的神态,不是真正的无动于衷,而是表现为若无其事。当战争胜利的捷报传来,谢安依然照常下棋,"了无喜色,围棋如故",当客问及,徐徐而答"小儿辈遂已破贼",似乎他认为此事不值得大惊小怪。可是,在他下完棋、进户内、过户限之时,竟然"不觉屐齿之折"。《资治通鉴》这样写,充分揭示出谢安这位闲雅之士再是如何若无其事,也难控制住自己的兴奋之情。戏剧艺术可以出色地塑造角色的喜怒哀乐的神态变化,也能表现角色的闲雅风度;但是,要成功地再现谢安"过户限,不觉屐齿之折"的内心世界,以此叩动观众的心弦,那是很难的。

其三,《资治通鉴》写沙苑之战(见卷一五七)和邙山之战(见卷一五八)的两个情节:一是写达奚武觇军:"武从三骑,皆效欢将士衣服,日暮,去营数百步下马,潜听得其军号,因上马历营,若警夜者,有不如法,往往挞之,具知敌之情状而还。"这是写537年沙苑之战中西魏宇文泰派遣达奚武侦察东魏高欢军营的情形。它以朴实的文字,写真实的故事,不加一点渲染,而却十分生动。二是写高欢责备彭乐:"……欢虽喜其胜而怒其失泰,令伏诸地,亲捽其头,连顿之,并数以沙苑之败,举刃将下者三,嚌龂良久。乐曰:'乞五千骑,复为王取之。'欢曰:'汝纵之何意,而言复取邪?'命取绢三千匹压乐背,因以赐之。"这是写543年邙山之役中有关彭乐的一段故事。东魏高欢同西魏宇文泰两军于邙山相遇,彭乐初战得胜。高欢使彭乐追捉宇文泰,彭乐竟然于阵前放跑了宇文泰,使得高欢喜之不足,而怒之有余,因而如此相待彭乐。这段故事,不仅写得具体生动,而且也合情理。高欢既责打又赏赐彭乐,初看起来似乎不合理,认真分析:高欢一心想雪沙苑之役败于宇文泰之耻,企图战胜和活捉宇文泰,而彭乐却在初战告捷后又放跑了宇文泰,使得企图落空,加之彭乐昔日有错,今又面欺,自然"喜其胜而怒其失泰",亲自责打,欲杀未杀,咬牙切齿,怒不可遏,即使赏赐之,也要厚责之。《资治通鉴》所写如此具体生动真实的历史情节,并不像历史小说那样塑造人物和夸张史事,然而所写历史人物逼真有神,所写史事饶有趣味。

其四,《资治通鉴》写李愬雪夜袭蔡州(见卷二四〇)中的一个画面:"(李愬)复夜引兵出门,……时大风雪,旌旗裂,人马冻死者相望。天阴黑,自张柴村以东道路,皆官军所未尝行,人人自以为必死;然畏愬,莫敢违。夜半,雪愈甚。行七十里,至州城;近城有鹅鸭池,愬令击之以混军声。"这是写817年冬李愬为了暗袭蔡州而雪夜行军的情景。所写自然景色:夜晚,大风雪,旌旗裂,夜半,雪愈甚,非常真实;所写军队情态:士卒担惊受怕,颇近情理;所写李愬之谋:命令惊近城池中的鹅鸭以混军声,更是奇特。画家能画出雪夜行军图,却难以画出惊鹅鸭以混军声的绝妙意境。

可见《资治通鉴》写战争的细节,比之其他文学艺术作品,有一定的特点,其特点就在于力求在反映史实的前提下,真实生动,朴实自然;总之,不离一个"实"字。

四 关于写战争胜负的原因

《资治通鉴》写战争胜负,有时从政治成败方面指明原因,以提供政治上的借鉴。

战争胜负的原因十分复杂,史书对此记述颇为不易。《资治通鉴》写战争胜负,一般来说,只是把握情节,很少刻意分析;但在写情节方面有所选择,特别是注意到政治对军事的严重影响。如写隋灭陈的战争,在这方面就显得较为突出。

《资治通鉴》写隋灭陈之战(见卷一七六至卷一七七),开头用了八九百字写陈的君主(陈叔宝)昏庸,奸佞掌权,政治腐败,上下荒淫,文不治政,武不善兵,"聚敛无厌,士民嗟怨"等内容,揭示陈的政治腐朽影响到军事不振,以至必然失败的历史原因,而且用了"由是文武解体,以至覆灭"十个字,作为导白的小结。

在叙述陈政治腐败、军事不振以至面临失败的过程中,《资治通鉴》安排了两个颇有用意的情节:一个是政治上被排挤而深知内情的傅縡于狱中上书,向陈主直言揭露矛盾:"……后宫曳绮绣,厩马余菽粟,百姓流离,僵尸蔽野,货赂公行,帑藏损耗,神怒民怨,众叛亲离,臣恐东南王气自斯而尽。"然傅縡因直言而被"赐死狱中"。另一个是因"素无伐阅"而被排诋、政治上"郁郁不得志"的章华,也向陈主上书报谏,其谏言内容,除了与傅縡上书相同的内容之外,还有"今疆场日蹙,隋军压境"等语,说明陈在政治腐败的情况下,军事上也岌岌可危了。章华因谏陈主"改弦易张"而被斩首。

同时,《资治通鉴》在叙述隋对陈用兵的过程中,记述三个值得注意的情节:一是写隋主(杨坚)用高颎"废其农时"、烧陈储积之策,使得陈"财力俱尽",这是从经济上摧垮陈军事上的物质基础,因而"陈人始困"。隋继北方多年战乱之后,经济上颇有困难,故在财力方面并不比陈优越;而通过高颎之策,才在这方面取得相对有利的条件,造成胜陈的一个重要原因。二是在隋作了对陈总攻击的军事准备之后,皇甫绩(一作"续")对隋主言陈有"三可灭":"大吞小,一也;以有道伐无道,二也;纳叛臣萧岩,于我有词,三也。"这里的"一",说明此时隋在军事力量上已超过了陈;而"二",是指政治上隋胜过陈的腐朽,这是隋之君臣很有信心的反映,也是隋灭陈很重要的一个原因;至于"三",则是借口之词。三是在隋全面发动攻陈战争,动员了五十余万大军,诸路出师之际,记了高颎与薛道衡的对话,高问薛曰:"今兹大举,江东必可克乎?"薛毫不迟疑地说:"克之。"并列了四点理由,其中第四点曰:"我有道而大,彼无德而小,量其甲士不过十万,西自巫峡,东至沧海,分之则势悬而力弱,聚之则守此而失彼。"其意思是说,隋此次对陈用兵,无论在政治上和道义上,还是在军事力量与形势上,都占了绝对优势。所以薛最后说,"席卷之势,事在不疑。"高颎忻然曰，"得君言成败之理，令人豁然"。隋果然灭陈的事实，证明薛道衡言成败之顺理。

在隋已灭陈、陈叔宝当了俘虏之后，《资治通鉴》还记了如下一个有趣的情节："陈叔宝从帝登邙山，侍饮，赋诗曰：'日月光天德，山河壮帝居；太平无以报，愿上东封书。'并表请封禅。帝优诏答之。他日，复侍宴，及出，帝目之曰：'此败岂不由酒！以作诗之功，何不思安时事！当贺若弼度京口，彼人密启告急，叔宝饮酒，遂不之省。高颎至日，犹见启在床下，未开封。此诚可笑，盖天亡之也。……'"（见《资治通鉴》卷一七八）所记故事很有意味。陈叔宝当了俘虏，恬不知耻，侍酒赋诗，表请封禅。隋主说他能饮酒赋诗，阿谀献媚，而不能"思安时事"，喝起酒来甚至告急文书也不启看。即是指出他不能励精图治，生活上荒淫腐化，政治上腐败不堪，以至于临危末日，仍然耽于酒色，而不问军情政事。"盖天亡之也"，这不是说天使陈亡，而是说陈必然亡。

由此可见，《资治通鉴》写隋之灭陈，自始至终，反复记述胜负原因；在写胜负原因时，不仅注意军事上的优劣，而且着重指出政治上的清浊，说明政治长短影响军事胜负。而且《资治通鉴》叙述战争胜负的原因，是由叙事中透露出来，而不是把论点外加在史实之上，更不是以议论代替史事叙述，这是个很大的长处。

另外，《资治通鉴》有时还述及战争胜负与士卒情绪、人心向背等的密切关系。可惜，总的来说，这种笔墨不多，而且思想上有很大局限。

章学诚的历史文学理论

章学诚（1738～1801）是我国古代一位杰出的史学理论家。所著《文史通义》是我国古代一部集史学理论之大成的著作。其人其书的丰富而重要的史学理论，值得我们认真深入地探讨和总结。本文只是就其有关历史文学（指著述历史的文笔）的理论，略予探索，谈点看法。

一　"清真"（文质相称之要求）

章氏在著作中多次提到他自己所持文律及论文之要乃"清真"二字。"清真"，实是章氏为史文所立的一个原则。

"清真"何解？章氏在《信摭》[①]中对此作了简要的说明："清之为言，不杂也；真之为言，实有所得而著于言生。清则就文而论；真则未论文，而先言学问也。"可见，"清"主要是对文的形式而言；"真"主要是对文的内容而言。二者可分可合，要求表里一致。

"清"而"不杂"，就是要求遣字造句做到"洁""纯"。他说："未有不洁而可以言史文者。文如何而为洁？选辞欲其纯而不杂也。"[②]具体来说，是要求文字与表述的历史内容相称。如纪事文字要求分寸合度，诗赋辞藻可以华丽夸饰，二者区别，不可混淆，"不可纪事之文杂入诗赋藻饰之绮语"。又如时代变迁，文字也有变化，事有今古之变，行文当"援随时变通之义"，记近世之史文，不可泥古而害义。[③]

---

① 见《章氏遗书》外篇。
② 《章氏遗书》卷十四，《与石首王明府论志例》。
③ 《章氏遗书》卷十四，《与石首王明府论志例》。

"真"而"学有所得",就是要求"中有所见"和"言之有物"。章氏说:"真而不求于文,求于为文之旨,所谓言之有物,非苟为文是也。"① 这与《文理》篇"闳中肆外,言以声其心之所得"是一致的。意思都是说,"真"是史文宗旨,在于通过叙事表达作者的识见和深意。可见"清真"的含义,是说史文既要纯洁而不芜杂,又要意深而不浅陋;就是艺术形式上完美,思想内容上深邃。

章氏提出"清真",是对以往刘知几、顾炎武等历史文学理论的继承和发展。刘知几在《史通·叙事》中提到"文而不丽,质而非野"。在刘知几之前,东汉班彪评《史记》就曾提到过"文质相称"。② 但至于刘知几,仍然只是一提,并没有展开论说。刘知几说得较多的是叙事之体有"简要""用晦"、尚文戒饰等三方面的内容。所谓"简要",是对"烦富"而言的。司马迁提到过孔子修《春秋》"约其辞文,去其烦重",③ 似有肯定简约之意。晋代干宝说《左传》字约而事多,乃"立言之高标,著作之良模",显然是以简约为要。而晋人张世伟撰《班马优劣论》,则以《史记》五十万字写三千年事,与《汉书》八十万字写二百四十年事相比,断言"班不如马",这就完全是以文字烦简而定史书的优劣。刘知几的《史通·烦省》,也谈文字烦省问题。但他不是简单地以烦简而定史书优劣,而是在《叙事》篇中提出"叙事之工者,以简要为主"。他认为,"若烦则尽取,省则多捐",并不适当;而是要"文约而事丰",务使"华逝而实存,滓去而沉在"。是后,宋人洪迈提出:"文贵于达而已矣,烦与省各有当也。"④ 顾炎武也说:"辞主乎达,不论其烦与简也。"⑤ 他们都不论文字烦简,而强调贵在一个"达"字,这比刘知几"简要"的提法更进了一步。所谓"用晦",是与"显"相对而言的。刘知几在《叙事》篇中提到文章有显有晦,所谓"显",就是"繁词缛说,理尽于篇中";所谓"晦",就是"省字约文,事溢于句外"。他说:"夫略小存大,举重明轻,一言而巨细咸该,片语而洪纤靡漏,此皆用晦之道也。"又说:"盖作者言虽简略,理皆要害,故能疏而不遗,俭而无阙。"还说《史记》《汉书》时有此道,"至若高祖亡萧何,如失左右手;汉兵败绩,睢水为之不流;董生乘马,三年不知牝牡;翟公

---

① 《章氏遗书》外编《乙卯杂记》。
② 《史记略论》,见《后汉书·班彪传》。
③ 《史记·十二诸侯年表》序。
④ 《容斋随笔》卷一《文烦简有当》条。
⑤ 《日知录》卷十九《文章烦简》条。

之门，可张雀罗，则其例也。"可见他所说的"用晦"，既要文字简要，又要含有深意，大致是言简意赅的意思。顾炎武提出"《史记》于序事中寓论断"的看法，① 是对"用晦"之道明确的说明。但顾炎武所举之例，仅是《史记》于篇末借一人之语作正面的评论。白寿彝先生《司马迁寓论断于序事》② 指出，司马迁"寓论断于序事"，除了顾炎武所举之例，还有联系典型事例进行评论、在历史叙述中表述论点、将历史问题两相对照以见作者意指、通过细节描写对历史人物和事件表示看法等几种表现手法。这是对顾炎武之说的补充，也是对刘知几"用晦"之说的发展。所谓尚文戒饰，是言既要尚文又要戒饰。刘知几在《叙事》篇中指出："史之为务，必借于文。"是说史亦尚文。但他又说："或虚加练饰，轻事雕彩；或体兼赋颂，词类俳优，文非文，史非史，譬如乌孙造室，杂以汉仪，而刻鹄不成，反类于鹜者也。"这是说妄饰之文，不伦不类，并非史文，所以强调尚文而戒饰。

章学诚对刘知几、顾炎武等人的历史文学理论是心领神会而予以继承的。在《文史通义》中，虽未见论"用晦""于序事中寓论断"这样的词句，但谈言简意赅、尚文戒饰的内容还是很多的，如：其言"清""洁""繁简"③ "烦复"与"文省"④ "辞达之义"；⑤ 其言"真""言之有物""闳中肆外，言以声其心之所得"；其言"但须据事直书，不可无故妄加雕饰"，⑥ 等等，显然受到刘、顾等论的影响。

而且，章学诚在前人历史文学理论的基础上有所发展，提出了"清真"论。此论包括言简意赅、尚质戒饰等内容，对艺术形式与思想内容作了集中而概括的原则性的规定，比以往的一切历史文学理论都前进了一步。

二 "文生于质"（文质的性质与规范）

章学诚不仅提出了"清真"这个原则性看法，而且还提出"文生于质"的基本观点。

---

① 《日知录》卷二十六，《史记于序事中寓论断》条。
② 白寿彝：《司马迁寓论断于序事》，《北京师范大学学报》1961年第4期。
③ 《礼教》。
④ 《乙卯杂记》。
⑤ 《章氏遗书》卷二十三《朱先生五十初度屏风题辞》。
⑥ 《古文十弊》。

刘知几虽然有"文而不丽，质而非野"的看法，但是没有论述文与质的关系，也没有说明史文的基本规律。而章学诚对文质关系及史文规律等问题，却发表了重要的意见。他说："夫文，生于质也。""文生于质，视其质之如何而施吾文焉"，①"质去而文不能独存"。②"有璞而后施雕，有质而后运斤，先后轻重之间，其数易明也。"③"无质言文，史事所难言也。"④"无质不可以言文。"⑤"与其文而失实，何如质以传真也。"⑥ 这些话的意思是，文生于质，质是主要的，为本，文是次要的，为末；无质不可言文，文必然如其质。这就说出了质为第一性、文为第二性的辩证关系，颇有朴素的唯物辩证法的味道。

基于"文生于质"的观点，章氏对历史文学发表了不少具体的意见。

首先，提出了"因质而施文"的看法。他说："文生于质，视其质之如何而施吾文焉。"又说，"因其人之质而施以文"，"文因乎事，事万变而文亦万变"。⑦ 意思是说，因为文生于质，那就要求根据质的具体情况而行文，写人是如此，写事是如此，写一切事物都应如此。质是随时间、地点、条件等种种情况而变化的，人与事是随历史条件变化而层出不穷的，这就要求写人写事的文章根据具体情况而有所变化。

其次，提出了"文必如其质"的看法。章氏说："夫传人者文如其人，述事者文如其事，足矣；其或有关考征，要必本质所具，即或闲情逸出，正如阿堵传神。"⑧ 就是说，既然文生于质，那就要求文必如其质，传人之文必如其人，述事之文必如其事，反映本质，传神写照。为了传神写照，就要求："辞则必称其体，语则必肖其人；质野不可用文语，而猥鄙须删；急遽不可为宛辞，而曲折仍见。"⑨ 就是说，行文必得其体，口语必肖其人，写质野之人不可用文质彬彬的口语，而猥鄙之语尚须删去；写急遽之事不可为郁结之辞，而曲折情景仍然可见。但如何把握传人者文如其人、述事者文如其事呢？章氏说："记述贵如宛肖"就是要求写得逼真。而若要宛

---

① 《砭俗》。
② 《黠陋》。
③ 《答客问》。
④ 《州县请立志科议》。
⑤ 《家书》七。
⑥ 《古文十弊》。
⑦ 《砭俗》。
⑧ 《古文十弊》。
⑨ 《与陈观民工部论史学》，见《章氏遗书》卷十四。

肖，就得"传人适如其人，述事适如其事"。所谓"宛肖""适如"，就是要做到恰如其分。如写事，"史文屈曲而适如其事，则必因事命篇，不为常例所拘，而后起讫自如，无一言之或遗而或溢也。"① 即根据事的具体情况落墨，做到适如其事；假如"溢"，即写过了头，则是夸张，假如"遗"，即写不到火候，则是不足，这皆未恰到好处。如记人之言，"期于适如其人之言"，若是乡曲委巷之人，"文则难期于儒雅"，若是卒伍出身的名将或奋于阎闾的义侠，则"言辞不必经生"。② 与叙事之文的要求不同，攻辩之文则要求畅达。章氏说："大抵攻辩之文，义蕴惟恐有所不畅。有蕴不畅，便留后人反诘之端；而措辞又不欲其过火，过火亦开后人反诘，所谓太过反致不及也。"③ 这是说，攻辩文字当义蕴畅足，不畅当然不行，过火也不妥当。

再次，提到了"贵得其意"。章氏说，记事之法，"有损无增"，少记一些是可以的，而增多一点则是"伪造"。往往有极意敷张，"其事弗显"；而刊落浓辞，微文旁缀，则"情状跃然"，此中奥妙就在于"贵得其意"。记言之法，"增损无常"，可以损一点，也可以增一点，"必推言者当日意中之所有"才能增；"而推言者当日意中所本无"④ 就不可妄增。

最后，提到了"文以情至"。章氏以为"文生于情，又能生情"。所以说："文以情至"；文情未至，所写"其理其事之情亦未至"。他举例说明：譬如调笑者，同样说一句话，有的说出来，"闻者索然"；有的说出来，"闻者笑不能止"，此"得其情也"。譬如诉悲苦者，同样诉一件事，有的诉苦，"闻者漠然"，有的诉苦，"闻者涕洟不能自休"，此"得其情也"。⑤ 意思是说，写情不及，事理之情就表达不出来，读者自然难得其情；而写情已至，读者已得其情，则说明写史者对于所写之事理已"得其情"。

以上四点，互为联系，可分可合。前两点颇有朴素的辩证法和唯物论味道。后两点提出来也是很有意思的，它要求写史者进入历史角色，得其意，入其情，推断历史之意，传染历史之情。这是对史文很高的要求。假如是以文生于质、文如其质为必要的前提和条件，又能实事求是地得其意、文情至，则此史文必然是情意盎然，实属上品。如果失去正确的前提和条

---

① 《书教》下。
② 《古文十弊》。
③ 《与胡雏君论文》。
④ 《章氏遗书》卷十四《与陈观民工部论史学》。
⑤ 《杂说》。

件，又加以随心所欲地猜度，则此史文乃为主观臆造，当列下乘。但照章氏所论，后两点是前两点的从属与发挥，因而是可取的。正是这四点，才构成了"文生于质"的基本内容。

三 救弊（反对文不达质之文风）

章学诚说："立言与功德相准，盖必有所需而后从而之，有所郁而后从而宣之，有所弊而后从而救之，而非徒夸声音采色以为一己之名也。"① 确如其所言，他立"清真""文生于质"说，并非徒夸声色以为名，而是意在救弊纠偏的。

首先，反对"意为出入"。乾嘉之世文有市风，好为夸饰，"但探贵人意指所向，附会文饰以博其欢"；②"过情之誉，矫饰之辞，求者必如是而始饫于心，与者必如是而方慰其意"；③"盖见于史者有褒有贬，而方志或于本史之传则录褒而去贬，至于史不立传之人，方志任情无例，诔墓颂嘏失实之辞，酬应泛滥文墨之笔，漫无决择"，④ 如此等等。章氏指出，以"名利相市，或多夸饰"之文，"无以为质"；⑤"比如丹青不求肖貌，而惟魁梧硕美以求适于观，岂有其人之不朽欤！"⑥"经生决科之策括，不敢抒一独得之见，标一法外之意，而奄然媚世为乡愿，至于古人著书之义旨，不可得闻也。"⑦ 文为媚世而妄饰，自然随意出入而不能准确地反映事实。

其次，反对"无实而文"。没有事实，仅缀虚文。笔下杜撰的，"孝皆曾、闵，义必夷、齐，治尽龚、黄，文咸班、马。"章氏既指出"千人一律"的文字"难为写生"；又强调无事可征，称不得"信史"。⑧ 有写贞节孝义之传，无视其人本无学问、处于委巷、身为奴婢等实情，而述其言辞，满口文雅，俨如才士，可谓"文"矣。章氏指出，如此文字，自是文人"胸有成竹"，所以使得"闺修皆如板印"。于是他强调："与其文而失实，

---

① 《原道》下。
② 《论文示贻选》，《章氏遗书》卷二十九。
③ 《与周次列举人论刻先集》，《章氏遗书》卷二十二。
④ 《湖北通志检存稿·序传》，《章氏遗书》卷二十五。
⑤ 《湖北通志检存稿·序传》，《章氏遗书》卷二十五。
⑥ 《与周次列举人论刻先集》，《章氏遗书》卷二十二。
⑦ 《答客问》中。
⑧ 《湖北通志检存稿·新收入名别录叙录》，《章氏遗书》卷二十四。

何如质而传实也！"①

再次，反对"临文摹古"。当日有模拟古文的风气。章氏指出，不问事之如何，一意仿古，这是"削足适屦"之弊。②《文理》篇说："文之所以不能彼此互易，各自成家者也。今舍己之所求而摩古人之形似，是杞梁之妻善哭其夫，而西家偕老之妇亦学其悲号；屈子自沉汨罗，而同心一德之朝，其臣亦宜作楚怨也，不亦慎乎！"但章氏并不反对学习古文，《驳补何碑解》说："凡为古文辞必则古昔，得其意而已矣。"他要求的是"得其意"，而不是求"形似"。

还特别反对"时文积习"。明代以来，时文盛行，评论传记，套以程式。如塾师讲授《四书》文义，讲究什么"法度"，往往取譬以示蒙学，"拟于房室，则有所谓间架结构；拟于身体，则有所谓眉目筋节；拟于绘画，则有所谓点睛添毫；拟于形家，则有所谓来龙结穴；随时取譬，习陋成风。"章氏讽刺此习："惟时文结习，深锢肠腑，进窥一切古书古文，皆此时文见解，动操塾师启蒙议论，则如用象棋枰布围棋子，必不合矣。"他强调行文不能有"定格"，说："传人适如其人，述事适如其事，无定之中有一定焉。知其意者，旦暮遇之；不知其意，袭其形貌，神弗肖也。"③ 又说："读书作文，求为可知而已，揣摩而欲其必得，无是理也。"④ 于此可见章氏讨厌时文之意。

章氏本着"清真"和"文生于质"的观点，反对这四种不良文风和错误倾向，具有进步意义。

在中国史学史上，早就出现过反对不良文风和错误倾向的斗争。刘知几就曾反对过浮丽、泥古和凭虚等不良文风。他指出：萧齐以来，"对语俪辞，盛行于俗"；"史之载言，亦同于此"。不论历史人物的具体情况，"莫不拘以文禁，一概而书"。⑤ 他反对"妄益文彩，虚加风物"；⑥ 而强调"翦裁浮词，撮其机要"。⑦ "夫叙事之文也，当辨而不华，质而不俚，其文直，其事核，若斯而已可也。"⑧ 他指出，近人撰文拟古，或"翦裁今文，模拟

① 《古今十弊》。
② 《古文十弊》。
③ 《古文十弊》。
④ 《与定武书院诸及门书》，《章氏遗书》卷二十二。
⑤ 《史通·杂说下》。
⑥ 《史通·言语》。
⑦ 《史通·浮辞》。
⑧ 《史通·鉴识》。

古法",名曰写史,实际上"悦夫似史而憎夫真史"。他讽刺其为"叶公好龙","理涉守株";① 而强调史文记事记言,当"因俗""随时",②"因地而变,随时而革"。③ 他指出:魏晋而后,史书所载之文,有"虚设""厚颜""假手""自戾""一概"等五方面失实情况,"以寻文义,虽事皆形似,而言必凭虚。"他讽刺此风:"夫镂冰为璧,不可得而用也;画地为饼,不可得而食也。是以行之于世,则上下相蒙;传之于后,则示人不信。"④ 这些是刘知几针对魏晋至隋唐之际史坛上的崇尚浮丽、泥古不伦、凭虚行文等不良文风进行的批评,在唐代前期是有进步作用的,对后世也有积极的影响。

章学诚针对宋元至明清之际史坛上的时文积习、临文摹古、意为出入、无实而文种种不良文风进行批评,当然最为重要的关键是由于现实斗争的课题和需要,但也不可否认受到刘知几反对不良文风的启发和影响。对照一下章与刘两人批评和论证的内容,可以发现许多惊人的相似之处,如反对夸饰、泥古、虚文,论证尚质、戒饰及学古从实等,这都明显地存在先后的紧密联系。当然二者并不等同,不仅章学诚反对八股时文积习及受理学影响无实之文,在刘知几《史通》中找不到影子;就是反对夸饰和泥古,论证尚质和学习古文,也有程度深浅之不同,毕竟后来居上,章比刘已前进了一步。

四 "文德"(掌握历史主义的问题)

章学诚在《文史通义》中写有一篇《文德》,专论"文德"问题。他认为,这是前人没有明确地提出过,而实为"学者所宜深省"的一个重要问题。实际上,早在章氏之前一千余年,北魏杨遵彦已写有《文德论》,⑤然史书只是偶尔提及此论,并不明其具体内容。

何谓"文德"? 章氏的解说是:"凡为古文辞者,必敬以恕。临文必敬,非修德之谓也,论古必恕,非宽容之谓也。敬非修德之谓者,气摄而不纵,纵必不能中节也;恕非宽容之谓者,能为古人设身而处地也。"照他所说,

---

① 《史通·模拟》。
② 《史通·因习》。
③ 《史通·杂说中》。
④ 《史通·载文》。
⑤ 见《魏书·文苑传》。

"文德"就是"临文主敬"和"论古必恕"。

所谓"论古必恕",就是议论史文"能为古人设身而处地",要了解古人"身之所处,固有荣辱、隐显、屈伸、忧乐之不齐,而言之有所为而言"。章氏举出陈寿、习凿齿、司马光、朱熹等人的史文为例,说:"昔者陈寿《三国志》纪魏而传吴蜀,习凿齿为《汉晋春秋》正其统矣;司马《通鉴》仍陈氏之说,朱子《纲目》又起而正之。……而古今之讥《国志》与《通鉴》者,殆于肆口而骂詈,则不知起古人于九原,肯吾心服否邪!陈氏生于西晋,司马生于北宋,苟黜曹魏之禅让,将置君父于何地?而习与朱子,则固江东南渡之人也,惟恐中原之争天统也(原注:此说前人已言);诸贤易地而皆然,未必识逊今之学究也。"就是说,陈寿与司马光以曹魏为正统,习凿齿与朱熹以蜀汉为正统,都是由于所处之时代和地位之不同而决定的。所以,他说:"是则不知古人之世,不可妄论古人文辞也;知其世矣,不知古人之身处,亦不可以遽论其文也。"① 又说:"学者能读前人之书,不能设身处境而论前人之得失,则其说未易得当也。"② 论前人著述之得失,而不了解前人之身世处境,自然不能深入,所说也难允当。章氏提出"论古必恕"的看法,实际上是要求学者评析史文,要客观,要深入历史。

所谓"临文主敬",就是写史宜慎,"气摄而不纵"。章氏说:"然文繁而不可杀,语变而各有当,要其大旨,则临文主敬,一言以蔽之矣。主敬则心平气有所摄,自能变化从容以合度也。"又说:"夫史有三长,才、学、识也。古文辞而不由史出,是饮食不本于稼穑也。夫识,生于心也;才,出于气也;学也者,凝心以养气,炼识而成其才者也。心虚难恃,气浮易弛,主敬者随时检摄于心气之间,而谨防其一往不收也。"这是说,"临文主敬"的关键就在于"养气"。只要"心平而气有所摄","随时检摄于心气之间,而谨防其一往不收",自然"语变而各有当","能变化从容以合度"。③

关于"养气",章氏说:"读书广识,乃使义理广积于中,久之又久,使其胸次自有伦类,则心有主;心有主,则笔之于书,乃如火然泉达之不可已。此古人之所以为养气也。"④ 又说:"养气之功,在于集义。读书服

---

① 以上均见《文德》。
② 《刘忠介公年谱叙》,《章氏遗书》卷二十一。
③ 以上均见《文德》。
④ 《徐尚之古文跋》,《章氏遗书》卷二十四。

古，时有会心，方臆测而未及为文，即札记所见，以存于录，日有积焉，月有汇焉，久之又久，充满流动，然后发为文辞，浩乎沛焉，将有不自识其所以者矣：此则文章家之所谓集义而养气也。"① 这都是说的"养气"，可见其含义是，积饱满之学问，蓄成熟之识理。只有中实理蓄，才能焕然于外。这与韩愈所说的"闵中肆外"是一致的。②

"合度"就是言合于"法度"。章氏说：纪传叙述文字俱有"法度"，"如其事之起讫，而不以我意增损其言"。"文士为文，不知事之起讫，而以私意雕琢其间，往往文虽可观，而事则全非；或事本可观，而文乃不称其事。"③ 又说："文士囿于习气，各矜所尚，争强于无形之平奇浓淡，此为人心不同，面目各异，何可争，亦何必争哉！惟法度义例不知斟酌，不惟辞不雅驯，难以行远，抑且害于事理，失其所以为言。"④ 可见所谓"法度"，指的是文欲如其事，而不可随意弄文的要求。这个"法度"，并不是时文之"格"。对于时文之格，章氏是嗤之以鼻的。⑤

在我国文学史上，文德之论早就出现，东汉王充提到过"文德之操为文"，⑥ 北魏杨遵彦《文德论》言"彬彬有德素"，⑦ 但仅指作者之道德修养，理论尚未深入，更不是论史文。章氏所谓"文德"，指的是史学思想修养，是要求史家端正史学思想，深入了解历史，认真反映历史。

但应该指出，章氏"文德"论，在言史学思想修养之中，含有一定程度的封建思想观念。其言"论古必恕"，是将儒家恕道哲学运用到历史文学批评上的反映。其所举陈寿、司马光等史文的正统观念为例，固然是史学上的客观史实，是史学之是非，但要求人们设身而处地，谅解陈寿、司马光等人的处境和用心，再不必论其是否符合历史是非，这显然是以封建正统思想为指导。其言"临文主敬"，本来多是讲史学修养，但其中不是纯言学术，还有政治思想的要求。如章氏说："夫立言于不朽之三，苟大义不在君父，推阐不为世教，则虽斐如贝锦，绚若朝霞，亦何取乎？……故读书之崇功令，文字当依制科，则文境醇而心术正。……夫不由规矩绳尺即无

---

① 《跋香泉读书记》，《章氏遗书》卷二十九。
② 《昌黎文集》卷二十二《进学解》有"闵其中而肆其外"一语，意谓蕴蓄宏富而用笔畅达。
③ 《庚辛之间亡友列传》，《章氏遗书》卷十九。
④ 《与石首王明府论志例》，《章氏遗书》卷十四。
⑤ 参见《文格举隅序》，《章氏遗书》卷二十九。
⑥ 《论衡·佚文》。
⑦ 《魏书·文苑传》。

以为大匠。至于神而明之，则固存乎其人，学者慎毋私智穿凿，妄谓别有名山著述在庙堂律令之外也。"① 这里的"规矩绳尺"，显然受"功令""制科""庙堂律令"所制约。这是不可讳言的。因为章氏生活于封建时代，又属于地主阶级成员，不能不受历史的局限。

结　论

我国古代无论为文为史，皆奉"言之无文，行而不远"② 为信条，不仅有琳琅满目的文学佳作，而且有不少生动传神的上乘史文。但是，历来论文学者（指文学理论）较多，而论史文者（指历史文学理论）则较少。刘知几曾论及史文，然言之较略，也不突出。只有章学诚详论文史，对历史文学深入地进行了理论探讨。章氏继承和发展了我国古代的历史文学理论，提出了"清真""文生于质""文德"等很重要的观点，将历史文学理论推至高峰。他的历史文学理论如同整个史学理论一样，具有集古代史学理论之大成的特点。虽然我们不能讳言也应该指出章氏理论有一定的历史局限，但不能不承认和重视其杰出的理论贡献。

章学诚的历史文学理论是我国史学宝库中稀有的珍品，足资后世参考，值得批判地继承。

---

① 《与邵二云论文》。
② 《左传》襄公二十五年。

六

司马迁生卒年

司马迁生于汉景帝中五年

中国古代伟大的历史家司马迁，享誉古今中外。但他的生年，史籍没有明确的记载；历来学者多有考证和推测，众说不一，迄今尚无定论。本人认为，司马迁生于汉景帝中五年（前145），今年应当纪念他诞生2150年。

关于司马迁的生年，他本人在《史记·太史公自序》中没有记述，班固写《汉书·司马迁传》又缺乏记载，实在令人惋惜。唐代学者司马贞写《史记索隐》、张守节写《史记正义》时，都注意到了这个问题。司马贞于《索隐·自序》"卒三岁而迁为太史令"句下，注引《博物志》："太史令，茂陵显武里大夫司马囗（按，夺一字），年二十八，三年六月乙卯除六百石也。"《自序》"卒三岁"之"三岁"，是汉武帝元封三年（前108）。假如《博物志》"司马"下所夺的是"迁"字，而其下的"三年"又是元封三年的话，则可据此推断司马迁生于建元六年（前135）。然而，张守节于《正义·自序》"五年而当太初元年"句下，注曰："案迁年四十二岁。"按太初元年（前104）司马迁年四十二岁来推算，则司马迁生于汉景帝中五年。但此与《索隐》所注，相差十岁。

王国维所著《太史公行年考》注意到了司马贞与张守节的两条注，谈了自己的看法。他说："《正义》所云亦当本《博物志》，疑今本《索隐》所引《博物志》'年二十八'，张守节所见本作'年三十八'。三讹为二，乃事之常；三讹为四，则于理为远。以此观之，则史公生年，当为孝景中五年，而非孝武建元六年矣。"日本学者桑原骘藏于《史学研究》（日本）第一卷第一号（1929）发表《关于司马迁生年的一个新说》一文（收入《桑原骘藏全集》第二卷，1968），提出司马迁生于建元六年说。他申明："这个新说的基础也是建立在上述《博物志》所载元封三年司马迁二十八岁这一点上。"并指出："把最可信据的史料所记的'年二十八'窜改为'年三十八',这是王国维说的一个弱点。"但桑原氏也坦率地承认:"我这个新说的弱点在于和张守节《史记正义》所说的冲突。"故他"为了使张守节说和自说一致,不得不把张守节的'卌'解说为'卅'之误"。由此看来,王氏、桑原氏之说都是有"弱点"的;然两人最大的弱点是没有看清司马贞真正的错误。不过,他俩都认为,《博物志》的材料,"当本先汉记录,非魏晋人语"。其他学者对此也无异议。郭沫若在《历史研究》1955年第6期发表《〈太史公行年考〉有问题》一文,引证了《居延汉简》十条材料以证《博物志》之可信。

自从有关司马迁生年的两说提出之后,几十年间很多学者参与了这个问题的讨论,或各自表明看法,发表文章数以百计。对于王氏、桑原氏两说,或是此而非彼,或是彼而非此,各持己见,互不信服。故司马迁生年问题,迄今仍是个悬案。

现在考订司马迁的生年,还得再认真推敲上文提及的《索隐》和《正义》的两条注。对于《正义》"年四十二岁"是指太初元年司马迁的岁数,本人深信不疑。因有据可证。《正义》于《秦始皇本纪》秦王政九年四月"己酉,王冠,带剑"句下,注曰:"案年二十一也。"这是指秦王政九年冠时的岁数,与其于《自序》"五年而当太初元年"句下注曰"案迁年四十二岁"对照,注例相同,毫无歧异。对此大可不必生出种种疑虑。

对于《索隐》引《博物志》注于《自序》"卒三岁而迁为太史令"之下,以往有人(如张惟骧、王重九等)疑其有误,本人也持此看法。现在指出两点:

(一)《博物志》的"三年",是哪时的三年?它只是说"三年",而没有年号,未标明元封三年。司马贞把它定于元封三年,只是个推测。据《汉书·武帝纪》记载,"元封"这个年号,在元封元年四月诏书上已定了下来。自此时起,凡是提到元封年号内的纪年,都是要书"元封"的。查阅《居延汉简》《居延新简》等所集的西汉文书或记录,有数十例都清楚地记了"大始"(按,即太始)、"始元""五凤"等年号。这里仅举两例:

"候陈横大始二年二月庚寅除。"(劳榦:《居延汉简释文》,中研院史语所,1960,第4页)

"居延甲渠第卅七燧长赵辅进

始元五年八月辛酉除"。(甘肃省文物考古研究所等编《居延新简》,中华书局,1994,第246页)

由此可见，既有年号，文书必记而不省略。故本人认为，《博物志》的"三年"本来就没有年号，司马贞将它引注于《自序》"卒三岁而迁为太史令"之下，乃主观臆断，是错误的。

（二）《博物志》的"司马"之下夺了一字，此字是否"迁"字？有关《索隐》早期的版本，如南宋庆元黄善夫刊集解索隐正义合刻本、淳熙耿秉刊集解索隐合刻本、元中统二年刊集解索隐正义合刻本、至元二十五年彭寅翁刊三注合刻本，以至清乾隆四年武英殿刊本，都是"司马□"，可见《索隐》所引《博物志》原来就是如此。如今有些《史记》三家注本刊为"司马迁"，不知有何根据，可能是盲从于司马贞。为太史令者，不只是司马迁一人，还有司马谈。《集解》在《自序》"谈为太史公"下，引瓒曰："《百官表》无太史公。《茂陵中书》司马谈以太史丞为太史令。"《索隐》也说："案《茂陵书》，谈以太史丞为太史令。"既然司马谈也曾为太史令，则《博物志》"司马"下的夺字未必是"迁"字；司马贞将"司马□"置于"卒三岁而迁为太史令"之下，显然又是主观臆断，也欠妥当。

《博物志》的"三年"，既不是《索隐》臆断的元封三年，该是哪个三年呢？我认为是汉武帝三年（即建元三年，前138）。汉武帝登位初期，纪年如同以往诸帝纪年一样，以一、二、三、四为序，并无年号。到了元鼎年间，"有司言'元'宜以天瑞命，不宜以一二数"。于是确定了元鼎年号，并对以往的纪年，追加了"建元""元光""元朔"等年号（参见《史记·封禅书》）。故对于《博物志》的"三年"，应当推定为武帝三年。并应由此推断《博物志》"司马□"所夺之字为"谈"。但这里尚需解释三点：（1）司马谈于武帝三年是否除官为太史令？据《自序》"太史公（按：司马迁对其父之尊称）仕于建元元封之间"，以及《茂陵中书》"司马谈以太史丞为太史令"等记载，可以确定司马谈于武帝三年已为太史令。（2）司马谈此年是否已由夏阳迁至茂陵？据《汉书·武帝纪》，武帝二年"初置茂陵邑"，三年春"赐徙茂陵者户钱二十万，田二顷"。司马谈既已是太史丞的朝官，必定响应皇命而邀赏赐。由他老家夏阳至新邑茂陵，仅数百里之遥，道路较平坦，迁徙并不难。还很可能由于司马谈响应皇命的态度积极，得以于三年六月提升为太史令。（3）汉武帝三年六月有无"乙卯"？据历学家研究，是年六月是己卯朔（参考陈久金、陈美东《临沂出土汉初古历初探》，《文物》1974年第3期），无"乙卯"。疑《博物志》"乙卯"之"乙"，乃"己"之误。"乙"与"己"形象较似，在书写上是容易笔误的。

总之,《博物志》"太史令"条,写的是汉武帝三年(即建元三年)除司马谈为太史令之事,只是"己卯"误为"乙卯"而已。弄出麻烦来的,是司马贞张冠李戴,将此条引注于《自序》"卒三岁而迁为太史令"之下。王国维发现《索隐》此注与张守节《正义·自序》之注有矛盾,因而怀疑《索隐》有问题。但他随意猜测"年二十八"之"二"乃"三"之讹,而不怀疑《索隐》注非其处,这是智者之失。我推定《博物志》"太史令"条,写的是汉武帝三年除司马谈为太史令之事,以免人们再盲从司马贞,再犯《索隐》之错;又可由此推知司马谈的生卒年(汉文帝十五年至汉武帝元封元年,即前165~前110),还可确定《正义》太初元年"迁年四十二岁"之注本来无误,从而断定司马迁生于汉景帝中五年(前145)。

司马迁卒年考

司马迁的卒年，班固的《汉书·司马迁传》未曾说清，汉唐间注释《史记》《汉书》诸家也未说明，成了个悬而难决的问题。对司马迁这样一位我国古代伟大历史家的卒年，特别是他的去世，又关系到他的战斗精神、《史记》文字的真伪、《报任安书》的写作时间等，很有必要通过考证予以解决。以往学者虽曾进行过考证，取得了一定的成绩，但并没有解决这个问题，所以还须重新考辨。

本文从两个方面来谈：先是与以往诸说商榷，再是考辨司马迁卒于太始元年。考证司马迁卒年，与《报任安书》的写作年代及司马迁《史记》终讫年代大有关系；因本人已考定《报任安书》写于太始元年。司马迁《史记》终讫于太初而偶及天汉（这两个问题，另文详考），故此文凡涉及此两问题者皆略提而不细谈，免得文冗而多占篇幅。

一 以往诸说之商榷

关于司马迁的卒年，以往提出了几种说法：有说卒于武帝以后，有说卒于武帝末年，有说卒于征和二年至征和三年间，有说卒于太始四年。我认为，以往诸说皆值得商榷。

（一）司马迁卒于武帝以后说之商榷

司马迁卒于武帝以后说，可以说是个传统的看法。近几百年来不少学者持此一说。① 虽然他们所说细节上略有出入，但大致上相同。

他们立说的论据主要是四条，现在依次与其商榷。

（1）褚少孙在《史记·建元以来侯者年表》中曾写："太史公记事尽于孝武之事。"持司马迁卒于武帝以后说者认为，既然褚少孙说司马迁记事"尽于孝武之事"，则司马迁当可活到武帝之后（参见张鹏一：《太史公年谱》）。

其实，褚少孙的这个话不可信。司马迁记事，基本上讫于太初，偶及天汉。褚少孙所言主要是指《建元以来侯者年表》，而此表也是讫于太初，所谓"尽于孝武之事"是不存在的。

（2）《史记》许多篇章中，有称汉武帝刘彻为"今上""今皇帝"的，也有称"武帝""孝武皇帝"的。持迁卒于武帝以后说者以为，称谥号"武帝"，说明司马迁死于武帝以后（参见吴汝纶点勘《史记·外戚世家》及程金造《司马迁生卒年月四考》）。

其实，《史记》讫太初，不可能写汉武帝刘彻的谥号。今本《史记》中，书"今上""今皇帝"，是司马迁的手笔，书"武帝""孝武皇帝"，必是后人窜改或妄补。裴骃注《史记·孝武本纪》云："《太史公自序》曰'作《今上本纪》'，又其述事皆云'今上''今天子'；或有言'孝武帝'者，悉后人所定也。"这话是对的。所以，不能以今本《史记》中有"武帝"字样，而推断司马迁卒于武帝之后。

（3）《玉海》于西汉职官下，历举任职之人，而太史令一官，只列了司马谈、司马迁、张寿王、尹咸、虞恭等五人。且《玉海》引《汉旧仪》谓迁死后，宣帝以其官为令。持迁卒于武帝以后说者以为，既然次于司马迁的张寿王官于元凤三年，那么，就可断定"史公必卒于昭帝之末"（参见吴廷锡与张鹏一书，载于《太史公年谱》）。

我认为，据《汉书·律历志》"元凤三年，太史令张寿王上书言"云云，反映张寿王于元凤三年已官为太史令。但不能以此证明司马迁必定卒于昭帝之末。《汉书·律历志》提到太史令张寿王，并不是特记张寿王于元凤三年始为太史令，而是书西汉改历中几件大事，因太史令张寿王参与其间，才提到

---

① 王若虚《滹南遗老集》卷十七云：司马迁之卒，"在昭、宣之间"。王鸣盛《十七史商榷》卷六《裴注引卫宏非是》条云："其卒在昭帝初。"吴汝纶点勘《史记·外戚世家》云："《史记》诸篇，有作于武帝时者，则称'今上'；有作于昭帝时者，则称'武帝'。"吴廷锡与张鹏一书云："史公必卒在昭帝之末。"（载《太史公年谱》）张鹏一《太史公年谱》叙述司马迁行年至于昭帝元平元年。程金造《司马迁生卒年月四考》云："司马迁死在武帝之后。"（载《司马迁与史记》，中华书局，1957）

了张寿王于元凤三年上书。其实,张寿王始为太史令,肯定在元凤三年之前,而不可能恰好就在他上书这一年。而且,张寿王之前的太史令,是否就是司马迁,也是个疑问。《汉书》曾有几个年表叙列西汉的勋贵名臣,但无一个表详细叙列像太史令这种位在下大夫的官员;后代学者虽然能在《史记》《汉书》的字里行间考出几个太史令其人,但又有谁能将所有官为太史令者,全考个水落石出呢?所以,对于太史令其人,"孟坚不举其它,伯厚亦不能考出其它",这并不足怪,实不可笼统地断言"盖亦实别无其人矣。"(参见吴廷锡与张鹏一书,载《太史公年谱》)更不可凭此断言司马迁必卒在昭帝之末。至于《玉海》引《汉旧仪》谓司马迁死后宣帝以其官为令云云,这例可以推断司马迁死于宣帝之前,但却不能以此推断"史公必卒在昭帝之末"。

(4) 有说司马迁"征和二年"写《报任安书》的时候,《史记》还"没有完成",之后,"必更有删订改削之功"(赵翼:《廿二史札记》卷一《司马迁作史年岁》);而征和二年"距武帝死只四年的时间",这也是司马迁卒于武帝以后的一个"证据"(程金造:《司马迁生卒年月四考》)。

此说有两点可以商榷:一是《报任安书》的写作年代,一是司马迁写《报任安书》时是否已完成《史记》。其实,《报任安书》不是写于征和二年,而是写于太始元年。据《报任安书》"仆诚已著此书,藏之名山,传之其人通邑大都,则仆偿前辱之责,虽万被戮,岂有悔哉"云云,足见司马迁写《报任安书》时已基本上完成《史记》,只是没有像在《太史公自序》中那样具体地写出《史记》全书字数来而已;而在这封倾诉怨愤、一气呵成的《报任安书》之中又是不容许历数《史记》字数的。所以,说者列举此条以证司马迁卒于武帝以后,是站不住的。

可见,司马迁卒于武帝以后说的种种证据并不准确,此说难以成立。

(二) 司马迁卒于武帝末年说之商榷

司马迁卒于武帝末年之说,是王国维所首创。王氏在《太史公行年考》(《观堂集林》卷十一)中,既说"史公卒年,绝不可考",又说"要之史公卒年虽未可遽知,然视为与武帝相终始,当无大误也。"看来,王氏对司马迁卒年,实无把握,只是大致上定在武帝末年。是后,不少学者从王氏之说,或者也持司马迁卒于武帝末年的看法。[①]

[①] 参见梁启超《要籍解题及其读法》;张惟骧《太史公疑年考》;郑鹤声《司马迁年谱》及《史汉研究》;朱东润《史记考索》;季镇淮《司马迁》;等等。诸人议论略有不同,但意见大致一样。

王国维确定司马迁卒于武帝之末，提出两点证据；我认为其两点证据很值得商榷。

王氏第一个证据是，依据《汉书·宣帝纪》及《丙吉传》记载后元二年"内谒者令郭穰"云云，对"内谒者令"进行考释，进而断言："《宣帝纪》与《丙吉传》之内谒者令，疑本作中谒者令，隋人讳忠，改中为内，亦固其所，此说果中，则武帝后元二年郭穰已为中谒者令，时史公必已去官或前卒矣。"

我觉得，王氏考释内谒者令即中谒者令，亦即中书令，可以成立。其言后元二年"史公必已去官或前卒"，也是对的。问题是，既然后元二年已有内谒者令郭穰，司马迁"必已去官或前卒"还怎能以此证明司马迁卒于武帝末年呢？郭穰始官内谒者令于何时，司马迁去官或死亡于何时，《宣帝纪》与《丙吉传》都未记载；总不会是内谒者令郭穰后元二年奉命"夜至郡邸狱"之时，即其始官之日，也恰恰是司马迁去官或逝世之日吧？①

王氏第二个例证是《匈奴列传》李广利降匈奴事的记载。他说《史记》中最晚之记事，可信为出自史公手笔者，"唯《匈奴列传》之李广利降匈奴事（征和三年），馀皆出后人续补也。"他说得如此肯定，但没有举出任何理由。

其实，李广利降匈奴事，发生于征和三年，而今本《匈奴列传》竟置于天汉四年；司马迁怎能糊涂至此，必是后人妄续。张守节《正义》早已指出李广利降匈奴，"非天汉四年事，似错误，人所知。"梁玉绳《史记志疑》又指出："贰师（李广利）降匈奴，其家以巫蛊族灭，俱征和间事，而此误书于天汉四年。何足信哉！"张守节早已指出的错误，梁玉绳曾明言不足凭信，不知王国维何以当真而轻信。我想，王氏也许是要将司马迁著述同后元二年内谒者令郭穰的出现这两件事衔接起来，不使其间有太大的时间距离；所以，他宁可说得马虎一点，从而以假当真。这是聪明反被聪明误。

张惟骧《太史公疑年考》认为司马迁"卒于后元元年"，是从另一个角度提出来的。他认为，《太史公自序》"卒三岁而迁为太史令"语下，《索隐》引《博物志》"年二十八"，不是指元封三年司马迁的年岁，而是指太

---

① 据《汉书·刘屈氂传》，郭穰于征和三年春夏间向武帝告发刘屈氂与李广利私谋时，官为内者令。当时武帝准其所告，严厉处治刘屈氂等人。郭穰大约因此有"功"，而由内者令迁为内谒者令（即中书令）。

初三年司马迁的年岁；又认为，《太史公自序》"五年而当太初元年"语下，《正义》"按：迁年四十二岁"，不是指司马迁太初元年的年岁，而是说司马迁"寿止四十二"。张氏由此推测出，司马迁生于元光元年，卒于后元元年。

张氏立论显然错误。《索隐》"年二十八"，是注"卒三岁而迁为太史令"的。"卒三岁"，司马谈卒三岁也。据《太史公自序》所写，司马谈卒于元封元年。司马谈卒三岁，当是元封三年。所谓"年二十八"，明明是指元封三年司马迁的年岁。《索隐》的"年二十八"，是"年三十八"之讹，但在这里可以不辨。要指出的是，无论以"年二十八"计，或以"年三十八"计，自元封三年逆推，都只能是建元六年或景帝中五年，不可能推算出司马迁生于元光元年来。《正义》"迁年四十二"是注"五年而当太初元年"的。"五年"，自元封三年数至太初元年也。所谓"迁年四十二"，只能是指太初元年司马迁的年岁，而不可能是指司马迁寿止四十二（即一生的年岁）（参考拙作《司马迁生年考》）。

可见，王国维、张惟骧等立说，缺乏确凿的根据。司马迁卒于武帝末年之说，实是空中楼阁。

（三）司马迁卒于征和二年至征和三年间说之商榷

司马迁卒于征和二年或三年之说，早已出现。清人成瓘说：征和二年任安坐戾太子事下狱死，"而太史竟坐是以死，死固在武帝前"（《箸园日札》卷五《史记为两汉人所乱非由褚先生》条）。成氏虽未确指司马迁卒的具体年代，但可以说大致是指征和二年至征和三年间。今人也有说司马迁卒于征和三年者。[①]

持此说者大约列举出三方面的证据，我认为都值得商榷。

（1）成瓘说："任安坐戾太子事下狱死，在武帝征和二年。计此时迁史已成，死无所恨，遂大声鸣其不平。卫宏言其'有怨言'者，定指此书，而太史竟坐是以死"（《箸园日札》卷五《史记为两汉人所乱非由褚先生》条）。今人言司马迁卒于征和二年至征和三年间也都以"有怨言"的《报任安书》写于征和二年为立说的重要依据。

其实，《报任安书》并不是写于征和二年，而是写于太始元年。所以，

---

① 参见朱似愚《从〈史记〉的整理说到司马迁的卒年》，载《新建设》1957年第10期；李伯勋《司马迁生卒年考辨》，载《兰州大学学报》（哲学社会科学版）1980年第1期。

以《报任安书》证明司马迁卒于征和二年至征和三年间，是不行的。

（2）有人列举今本《史记》记及巫蛊狱、戾太子案及李广利降匈奴事等为证，说司马迁记载了征和元年至三年之事，可以证明司马迁活到征和三年。又举今本《史记》中《建元以来侯者年表》所记当涂侯、蒲侯、辽阳侯、富民侯等四个侯，列在"右太史公本表"一语之后，而这四个侯是在征和三年九月及征和四年所封，于是肯定地说，此足证司马迁"不及知"四侯之封，"没有活到征和三年冬天"。

其实，司马迁不仅不及知四侯之封，就是对巫蛊狱、戾太子案及李广利降匈奴事，也不及知，更未曾记述。《史记》讫太初，偶及天汉；天汉以后之事，皆后人妄续，不足以证司马迁之卒年。

（3）有说"司马迁去官是在征和二年十一月到征和三年夏天一段时期之内"，"内者令郭穰，亦即司马迁之继任者"。"郭穰之为中书令，是司马迁'去官'的可靠证据。"（朱似愚：《从〈史记〉整理说到司马迁的卒年》）

此说有误。《汉书·刘屈氂传》写到的"内者令"，不同于内谒者令，当然也不等于中书令。汉代有中书谒者令，又有内者令。① 中书谒者令"掌凡选署及奏下尚书文书众事"，内者令"掌中布张诸衣物"（《续汉书·百官志》）；前者掌内朝机要，后者掌内廷杂务，不可等同。王国维《太史公行年考》只是考证了《汉书·宣帝纪》及《丙吉传》写到的内谒者令，即中书谒者令，亦即中书令，并没有说内者令亦即中书令。既然内者令不等于中书令，而司马迁原是中书令，郭穰时为内者令；那么，"内者令郭穰，亦即司马迁之继任者"之说，就站不住脚了。即使假设《刘屈氂传》所写"内者令"夺一"谒"字，也难说郭穰就是中书令司马迁的继任者。因为《刘屈氂传》本是传写刘屈氂，之所以写及内者令郭穰，是因他告发了刘屈氂私谋，而不是专写郭穰其人，所以丝毫未写郭穰何时始官，更没有提到他继任于司马迁。郭穰继任于何人，因无确凿的证据，是不好随便猜测的。再说，假如郭穰确是继任司马迁，则司马迁之去官也不一定是在"征和二年十一月到征和三年夏天一段时间之内"。司马迁的《报任安书》不是写于征和二年十一月，所以以此作为司马迁去官"一段时间"的上限，显然是不对的；《刘屈氂传》记载刘屈氂与李广利密谋于征和三年三月，"是时"内者令郭穰告发其事，六月刘屈氂被处死。可见内者令郭穰告发刘屈氂三

---

① 《汉书·百官公卿表》记少府属官："又中书谒者、黄门、钩盾、尚方、御府、永巷、内者、宦者八官令丞。"由此可知，既有中书谒者令，又有内者令，两者不可混同。

月私谋，必在三月或其后不久，以"征和三年夏天"作为司马迁去官"一段时间"的下限，也未免晚了些。

可见，司马迁卒于征和二年至征和三年间之说。也因缺乏确凿的证据，而难以确立起来。

（四）司马迁卒于太始四年说之商榷

司马迁卒于太始四年之说，近几十年来较为流行。郭沫若说："司马迁的《报任安书》作于太始四年（前93）十一月，以后的事迹即无可考见。司马迁可能即死于太始四年尾，那他只活了四十二岁。"（《〈太史公行年考〉有问题》，载《历史研究》1955年第6期）还有一些学者持此看法。[1]

说者列举的主要论据，我认为都靠不住。

（1）说者认为，在《太史公自序》"五年而当太初元年"语下，《正义》"按：迁年四十二岁"，不是指太初元年司马迁的岁数，而是指司马迁一生的年寿。按照他们所主张的司马迁生于建元六年（前135）推算，司马迁一生只活了四十二岁，当死于太始四年。

其实，此说存在两个漏洞：一是司马迁不是生于建元六年，当是生于景帝中五年（前145）；二是《正义》"迁年四十二"不是指司马迁一生的年寿，而是指太初元年司马迁的岁数。所以，不能以此论证出司马迁卒于太始四年。

（2）王国维说《报任安书》写于太始四年十一月，最主要的理由是，据《汉书·武帝纪》记载太始四年"春三月，行幸太山"，"夏四月，幸不其"，"五月，还幸建章宫"，而断言此为"《书》所云'会从上东来'者也"。

其实，《报任安书》"会东从上来"，并不是指侍从武帝从东边来，而是指侍从武帝（由西）往东来。王氏所理解的，正好与原意相反，显然错误。《报任安书》的写作年代，肯定不是太始四年，而是太始元年。所以，《报任安书》既不是写于太始四年，更不能以它"有怨言"而推断司马迁死于太始四年尾。

可见，司马迁卒于太始四年之说，实在破绽难缝。

---

[1] 李长之于20世纪40年代已主张司马迁生于建元六年，一生活了42岁。见其所作《司马迁生年为建元六年辨》，原载《中国文学》第一卷第二期（1944年5月）及《国文月刊》四十七期（1946年9月），又载于《历史研究》1955年第6期。持此说者还有，王达津：《读郭沫若先生〈太史公行年考有问题〉后》，载《历史研究》1956年第3期；陈尽忠：《对司马迁生卒年的一些看法》，载《厦门大学学报》（文学专号）1982年增刊。

以往诸说既不可信，那么，司马迁究竟卒于何年呢？

二　司马迁卒于太始元年考

关于司马迁的卒年，我个人的看法同以往诸说不同。我认为司马迁卒于太始元年末。现在考辨于下。

（一）卫宏所说之重要启示

卫宏《汉书旧仪注》曰："司马迁作《景帝本纪》，极言其短及武帝过，武帝怒而削去之。后坐举李陵，陵降匈奴，故下迁蚕室；有怨言，下狱死。"（见《史记·太史公自序》裴骃《集解》引）

对卫宏这几句话，历来学者有不同看法。有的学者疑而不信（参见王鸣盛《十七史商榷》卷六《裴注引卫宏非是》条；程金造《司马迁生卒年月四考》）。但他们列举的理由，我认为值得商榷。

（1）有说，今本《景帝本纪》对于景帝及武帝，"绝不言其短"。此条理由实不能成立。班固说：《史记》"十篇缺，有录无书"；张晏说，《景帝本纪》是所缺十篇之一。今本《景帝本纪》虽不能以为全是后人妄补，但也难以信为全是司马迁手笔。如今本《景帝本纪》有"立皇子彻为胶东王"之语，"彻"是汉武帝之名，司马迁写"今上"之名何以不讳？想是后人所为。又如今本《景帝本纪》在"立胶东王为太子"语下，有"名彻"这一笔，这也不可能是司马迁所写，可能是后人之注，又讹为大字当作正文。所以，以今本《景帝本纪》而论"绝不言其短"，并不妥当。

（2）有说，《史记》是司马迁私撰，宣帝时杨恽才宣布出来；武帝对《史记》既不可能看到，更不可能"削去之"。此条理由也有问题。虽然卫宏"削去"之说，至今没有旁证，但是也没有充足的理由来驳倒它。若说武帝不可能"削去之"，首先要回答这么个问题：为何十篇有录无书？为何十篇中恰好包括《景帝本纪》和《今上本纪》？现在对这个问题是很难说清楚的，而卫宏"削去"之说倒是可备一说。

（3）有说，史无司马迁荐举李陵之事，而李陵曾任建章宫监，又是名将李广之后，何待司马迁推荐，故不可能有"坐举李陵"之事。此说有对，有不对。说其对，因为历史上确无司马迁荐举李陵之事。说其不对，因为司马迁曾为李陵坐罪，只不过不是"坐举"而已。"坐举李陵"的"举"字有问题，卫宏当初写的不一定是"坐举李陵"，而是"坐誉李陵"，这里面有"誉"讹为"举"之误。"举"与"誉"很相似,若是行书,几乎一样,所以易于讹误。说司马迁"坐誉李陵,陵降匈奴,故下迁蚕室",是与史相符的。司马迁在《报任安书》中所言:"……以为李陵素与士大夫绝甘分少,能得人之死力,虽古名将不过也。……明主不深晓,以为仆沮贰师,而为李陵游说,遂下于理。……李陵既生降,隤其家声,而仆又茸以蚕室,重为天下观笑。"就是写的这样的大意。"后坐誉李陵"中的"后"字,可能原在"有怨言"之前,大概是后人传抄串了行,而置于"坐誉李陵"之前了。试想,"后"字在"有怨言"之前,成了"后有怨言",不是与史实完全相符了吗?司马迁受了腐刑之后,才写了"有怨言"的《报任安书》,这是人所皆知的,卫宏当年当是明白的。所以,说司马迁没有"坐举李陵"之事,是未曾发现"誉"讹为"举"之误,而过早下了断言;实际上,历史上确有司马迁"誉"李陵而下蚕室之事。

(4)还说,《汉书·司马迁传》有"迁既被刑之后,为中书令,尊宠任职"的记载,不可能有司马迁"有怨言,下狱死"之事。此说有问题。《司马迁传》所记确是事实,但不能由此推论出必无司马迁"有怨言,下狱死"之事。人所皆知,"下蚕室"是有的,司马迁确实受了腐刑;"有怨言"是存在的,《报任安书》即充满了怨言。"下狱死"之事至今不明,正待考辨;但卫宏之言确是一条重要的根据,不可轻易弃而不取。我认为,班固所说"为中书令,尊宠任职"一语,前半句说的是事实,后半句是他本人想当然之言;而他所想的"尊宠任职",并不大对。还是看司马迁"为中书令"之后,在《报任安书》中的所想所说:"若仆大质已亏缺,……终不可以为荣,适足以发笑而自点耳。""今已亏形为扫除之隶,在阘茸之中,乃欲卬首信眉,论列是非,不亦轻朝廷,羞当世之士耶!嗟乎!嗟乎!如仆,尚何言哉!尚何言哉!""身直为闺阁之臣,宁得自引深藏于岩穴耶!故且从俗浮沉,与时俯仰,以通其狂惑。"由此看来,司马迁本人对"为中书令"一事并不觉得"尊宠",反而感到屈辱。既然如此,有何"尊宠任职"可言!又何能以班固想当然的"尊宠任职"之言而断言不存在"有怨言,下狱死"之事!

信卫宏之说者,古今并不乏人。① 成瓘《箸园日札》说:"卫宏言其'有怨言'者,定指此书(引者按:指《报任安书》),而太史竟坐是以

---

① 裴骃《集解》"案"引卫宏之言,就是相信其说。司马贞《索隐》、张守节《正义》对此未曾置词,想是默认。三家注问世以来,还有信卫宏之言者,参见《汉书艺文志·考证》引吕祖谦语;成瓘《箸园日札》卷五《史记为两汉人所乱非由褚先生》条;郭沫若《关于司马迁之死》(载《历史研究》1956年第4期),等等。

死。……宏又言'司马迁作《景帝本纪》，极言其短，及武帝过，武帝怒而削去之'，然则两《纪》（引者按：指《景帝本纪》及《今上本纪》）之不行，自是特削去者，与怨言之狱当相连也。"此说《报任安书》是"有怨言"之作，司马迁"竟坐是以死"，两《纪》之亡与怨言之狱"当相连"，都是很有见地、很有参考价值的议论。

我觉得，卫宏之言对我们有重要启示：司马迁遭李陵之祸后，"有怨言"，以致"下狱死"，是很可能的。卫宏与班固是同时人，上距司马迁仅百年，对著名人物司马迁之"下狱死"，必有耳闻和其他依据，不可能随便妄言，更不可能造谣惑众。何况班固写《司马迁传》，在录了《报任安书》之后，紧接着就是"迁既死"一语；传赞还有"明哲保身""难矣哉"的话，更说明司马迁"有怨言，下狱死"，是完全有可能的。

（二）《史记》"今"字之特别意义

司马迁在《史记》中所写的"今"字，有其特别的意义。我这么说，是指它透露了司马迁绝笔与去世的"天机"。

《史记》"今"字的直接意义就在于：对于所写对象而言，是当时活着的人或正在进行着的事；对于写作者本人而言，是亲身正在经历或耳闻目睹。如《太史公自序》作"今上本纪"之"今上"，说明司马迁所写的对象"今上"（汉武帝）活在世上。而自身在作《今上本纪》时乃"今上"的臣下。

谁都不否认《史记》有被后人修补之处，但书中何者为真，何者为伪，众说纷纭，难以得出统一的看法。简直使人有山重水复疑无路之感。但柳暗花明又一村，这个村，就在《史记》"今"字上可以发现。后人对《史记》可以改，可以补，甚至可以改"今上"为"武帝"，可以改"今"为"昔"；但后人谁也不会改"武帝"为"今上"，或改"昔"为"今"，更不会补几个"今"字。如果说《史记》中的"今"字，必是司马迁的手笔，绝非后人所改或所补，这是谁都会同意的；若有不同意者，恐怕也难说出什么理由来。既然如此，我们可以查《史记》中的"今"，从而发掘出深藏其中的秘密。

我觉得《史记·建元已来王子侯者年表》中的"今侯"，特别引人注目，值得十分重视。所以本文先将此表中的"今侯"开列出来，并与《汉书·王子侯表》进行对照，作为表3。从此表可知，在此表所写二十五个"今侯"之中，据《汉书·王子侯表》，难以查明卒年者十二个侯，可以查知卒年者十三个侯；而这十三个侯之中，卒于宣帝之世（本始、地节、元康、五凤、甘露年间）者五，卒于昭帝之世（始元、元凤年间）者三，卒于武帝后期（太始、征和年间）者五。其卒于武帝后期者，特别是卒于太始二年者两侯，司马迁也不知其事，这就值得特别注意。

同时，又可以从《建元已来王子侯者年表》觉察到，司马迁对卒、免于天汉年间的侯者，并不称"今侯"，而是称"侯"，如写：广望侯，元朔元年，"侯刘安中元年"；邵侯，元朔三年，"侯刘慎元年"；山侯，元朔四年，"侯刘国元年"；扶淲侯，元狩元年，"侯刘昆吾元年"。而据《汉书·王子侯表》可知，广望侯刘忠（《史记》为刘安中），卒于天汉三年；邵侯刘顺（《史记》为刘慎），免于天汉元年；山侯刘国，卒于天汉二年，挟术侯刘昆景（《史记》为扶淲侯刘昆吾），卒于天汉元年；司马迁对卒或免于天汉年间的侯者称"侯"而不称"今侯"，显然得知这些侯者已死而不活于人间。

表3　《史记》中"今侯"与《汉书》中记载的比较

侯者	《史记·建元已来王子侯者年表》	《汉书·王子侯表》	说明
安成侯	元鼎元年，"今侯自当元年"	元鼎元年，节侯自当嗣。侯寿光嗣	自当卒年不明
湖孰侯	元鼎五年，"今侯圣元年"	元鼎五年侯圣嗣，坐知人脱亡名数，以为保，杀人免	圣卒年不明
张梁侯	元鼎三年，"今侯顺元年"	元鼎三年，侯顺嗣，二十三年，征和三年，为奴所杀	顺卒于征和三年
平望侯	元狩三年，"今侯楚人元年"	元狩三年，原侯楚人嗣，二十六年薨	楚人卒于太始三年
壤　侯	元鼎元年，"今侯延元年"	（元狩五年）胡侯延年嗣。节侯胜时嗣	延（延年）卒年不明
封斯侯	太初三年，"今侯如意元年"	太初三年，原侯如意嗣，五十二年薨	如意卒于甘露三年
朝　侯	元鼎三年，"今侯禄元年"	元鼎三年，戴侯禄嗣。侯固城嗣	禄卒年不明

续表

侯者	《史记·建元已来王子侯者年表》	《汉书·王子侯表》	说明
蒌侯	元封元年,"今侯婴元年"	元封元年,厘侯婴嗣,二十二年薨	婴卒于征和四年
阿武侯	太初三年,"今侯宽元年"	太初三年,敬侯宣嗣,二十二年薨	宽(宣)卒于始元二年
州乡侯	元封六年,"今侯惠元年"	元封六年,宪侯惠嗣,厘侯商嗣	惠卒年不明
易侯	元封五年,"今侯种元年"	元封五年,康侯种嗣。侯德嗣	种卒年不明
安众侯	元封六年,"今侯山拊元年"	元封六年,节侯山拊嗣,三十八年薨	山拊卒于地节二年
钓丘侯	元狩四年,"今侯执德元年"	元狩四年,原侯报德嗣。侯母害嗣	执德(报德)卒年不明
临乐侯	元封六年,"今侯建元年"	元封六年,宪侯建嗣。列侯固嗣	建卒年不明
披阳侯	元鼎五年,"今侯隅元年"	元鼎五年,糠侯偃嗣,二十八年薨	隅(偃)卒于始元元年
定侯	元鼎四年,"今侯德元年"	元鼎四年,思侯德嗣,五十一年薨	德卒于元康三年
稻侯	元鼎三年,"今侯都阳元年"	简侯阳都嗣。本始二年,戴侯咸嗣	都阳(阳都)卒于本始二年
繁安侯	太初四年,"今侯寿元年"	节侯寿汉嗣。元凤五年,顷侯嘉嗣	寿(寿汉)卒于元凤五年
柳侯	元封五年,"今侯自为元年"	于侯自为嗣。安侯携嗣	自为卒年不明
云侯	元鼎六年,"今侯岁发元年"	元鼎六年,侯茂岁嗣。太始二年,康侯遂嗣	岁发(茂发)卒于太始二年

续表

侯者	《史记·建元已来王子侯者年表》	《汉书·王子侯表》	说明
牟平侯	元狩三年,"今侯奴元年"	元狩三年,节侯奴嗣,(三)〔二〕十五年薨。太始二年,敬侯更生嗣	奴卒于太始二年
桑丘侯	元鼎四年,"今侯德元年"	元鼎四年,戴侯德嗣。侯外人嗣	德卒年不明
夫夷侯	元鼎五年,"今侯禹元年"	元鼎五年,节侯禹嗣,五十八年薨。五凤三年,顷侯奉宗嗣	禹卒于五凤三年
都梁侯	元鼎元年,"今侯系元年"	元鼎元年,顷侯傒嗣。节侯弘嗣	系(傒)卒年不明
皋虞侯	(元鼎)元年五月丙午,侯刘建元年。四年,今侯处元年	元封元年五月丙午封(建),九年薨。太初四年,糠侯定嗣,十四年薨。本始二年,节侯哀嗣	因《史记》《汉书》记载不一,故难定处(定)的卒年

根据以上两方面的情况,可以断定:司马迁只知天汉年间死去之侯,却不知太始元年以后死去之侯;《史记》之"今",包括天汉及太始元年,而不包括太始二年及其后的时间。再以《史记》讫太初而偶及天汉,《报任安书》写于太始元年十一月等情况作为参考,就可推断司马迁必卒于太始元年末。试想,如果司马迁卒于太始元年之后(如有些学者所说卒于太始四年,或征和年间,或武帝之末),怎能不知太始二年至太始三年间与征和三年至征和四年间死去之侯而仍书为"今侯"呢?其书太始二年死去之侯曰"今侯",反映作者必定绝笔于太始二年之前的太始元年,也反映作者卒于太始元年末。

也许有人会说,司马迁于《太史公自序》言"至太初而讫",则《史记》中的"今"只能包括太初,而不能包括太初以后的天汉;而且可以举出一个例子,即《建元以来侯者年表》写长平侯,有"太初元年,今侯伉元年"一语,据《汉书·外戚恩泽侯表》可知,卫伉于天汉元年"阑入宫,完为城旦"，失侯，以此证明"今侯伉"之"今"只限至于太初，而不包括天汉。

我认为，如果仅用"今侯伉"一例来说明《史记》所有之"今"不包括天汉，那是有欠缺的。即使再以《建元以来侯者年表》为例，还是可以觉察到，司马迁写那些卒于天汉年间的侯者并不都称"今侯"；恰恰相反，除"今侯伉"以外，都是称"侯"。如写：牧丘侯，太初元年，"侯德元年"；昌武侯，"侯充国薨，亡后，国除"；涵清侯，元封三年，"侯……参元年"；执讆侯，"……侯胜元年"。而据《汉书·外戚恩泽侯表》及《景武昭宣元成功臣表》可知，牧丘侯石德，"天汉三年，坐为太常失法罔上，祠不如令，完为城旦"；昌武侯赵充国，"太初元年"嗣，"四年薨"，当卒于天汉元年（按：《建元以来侯者年表》写赵充国卒于"太初元年"，乃误，当是"天汉元年"）；涵清侯参，"天汉二年，坐匿朝鲜亡虏，下狱病死"；瓵讆侯胜，"天汉二年薨"。可见，司马迁写天汉年间卒、免之侯，多称"侯"，而不称"今侯"，说明《史记》之"今"确实包括天汉；而其写免侯于天汉元年的卫伉曰："今侯伉"是个例外，这个特殊现象的出现，大约是因司马迁早在太初之时已草成《建元以来侯者年表》，至天汉年间修定之时没有削去"今侯伉"的"今"字之故。所以，现在不能以"今侯伉"这种个别现象为例，来否定《史记》"今"包括天汉这个基本事实。

还有一点是，《建元以来侯者年表》写常乐侯稠广汉，太初三年，"今侯广汉元年"；而据《汉书·景武昭宣元成功臣表》常乐侯"太初三年"侯广汉嗣，六年，"太始元年薨，亡后"的记载，知稠广汉卒于太始元年，于是产生了这样一个问题：既说司马迁绝笔于太始元年、卒于太始元年末，为什么他不知常乐侯稠广汉之死于当年而书为"今侯"呢？其实，这不足怪。其书"今侯"，可能由于这样的原因：或者如同"今侯伉"一样，草成于太初，至天汉年间修定之时未曾削去；或者司马迁还未得知稠广汉之死，其不知的原因：（1）有可能稠广汉死于太始元年冬，约与司马迁下狱死是同时；（2）有可能稠广汉死于封地常乐，常乐在"济南"（见《汉书·景武昭宣元成功臣表》），距长安较远，其死讯传至长安，再为司马迁获知，在时间上一定要晚些，故司马迁未知当年稠广汉之死。由此可见，司马迁不知稠广汉死于太始元年，是可以理解的。

（三）后人妄续也可佐证

司马迁卒于太始元年，其著述，只能至于太初和天汉，不可能书及天汉以后的武帝晚期，更不可能写及武帝以后。然今本《史记》却有部分内容述及天汉以后，这是后人补与续的问题。后人补续《史记》的情况较为复杂，本文不作全面探讨："褚先生曰"既是公开表明补《史记》，自然可以不谈；十篇残缺及后从补缺，既是早已存在的公案，也可暂且不谈；个别篇章写有武帝以后的内容，显然是后人续写，当也置而不问。这里主要揭露几则后人妄续武帝后期之事，说明它们必非司马迁手笔，同时供以佐证司马迁卒于太始元年。

（1）今本《史记·高祖功臣侯者年表》既有"建元至元封六年三十六，太初元年尽后元二十八"一栏，为何不记征和二年曹宗失侯[①]之事？不记此事，说明此栏目"太初元年尽后元二十八"等字为后人妄增；也说明司马迁卒于征和二年之前而不及知曹宗失侯之事。

（2）今本《史记·惠景间侯者年表》遒侯项，于"孝景"栏记明"不得隆强嗣"；而于"太初已后"栏又写："后元年四月甲辰，侯则坐使巫齐少君祠祝诅，大逆无道，国除。"既说不得嗣，又写后嗣事，显然前后矛盾。可见，"太初已后"栏所写必是后人妄增；并证明司马迁不知侯则之事而卒于其前。

（3）今本《史记·张丞相列传》"太史公曰"之后，有"孝武时丞相多甚"云云一大段文字，记自征和以下的丞相车千秋、韦贤、魏相、邴吉、黄霸、匡衡等，末又有"太史公曰"发论。其妄在于：在"太史公曰"作结之后，何以又有传文？自武帝晚年之相车千秋至于元帝时代之相匡衡，司马迁怎能及知？既已有一个"太史公曰"作结，为何又有一个"太史公曰"发论？可见，此必后人妄续；而此妄续，适可佐证司马迁必卒于车千秋为相之前。

（4）今本《史记·田叔列传》写田仁，有"数岁，为二千石丞相长吏"云云一段文字，也有谬误：丞相长史"秩千石"（见《汉书·百官公卿表》），哪是"二千石"？既言田仁坐纵太子诛死，复言"仁发兵，长陵令车千秋上变仁，仁族死"，岂不矛盾？可见，此必后人妄续；而此妄续，适可佐证司马迁卒于田仁受诛之前。

（5）今本《史记·卫将军骠骑列传》附记太始、征和年间之事，文字粗疏，与史实抵牾甚多，必是后人妄续。如记赵破奴"居匈奴中十岁，复与其太子安国亡入汉。后坐巫蛊，族"。其实，赵破奴自太初二年没匈奴，

[①] 《汉书·高惠高后文功臣表》记载：曹宗，"征和二年，坐与中人奸，阑入宫掖门，入财赎完为城旦。"可见，曹宗于征和二年失侯。《史记·曹相国世家》记述："征和二年中，宗坐太子死，国除。"此将曹宗"完为城旦"书为"死"，误，当是后人妄增。

至天汉元年归于汉（见《汉书·匈奴传》），首尾仅四年，如是司马迁写此事，怎能妄书"居匈奴中十岁"？"居匈奴中十岁"既非司马迁所写，则其下"后坐巫蛊，族"的文字，定非其手笔。如此妄续，又可佐证司马迁卒于巫蛊事件之前。

可见，后人妄续，造成鱼目混珠；然而考其真伪，可以佐证司马迁之卒年。

另外，于《史记》无文字处，也可思考司马迁大致卒于何时。如，《史记·酷吏列传》很注意写酷吏的下场，如写：张汤，"遂自杀"；赵禹，"以寿卒于家"；义纵，"弃市"；王温舒，"罪至族，自杀"；尹齐，"以淮阳都尉病死"；减宣，"下吏诋罪，以为大逆，当族，自杀"。唯独写杜周迁为御史大夫，而未写其卒。查史籍可知，司马迁写明其卒者，其卒皆在太始元年之前，[①] 未写其卒者，其卒在太始元年之后，杜周就是卒于太始二年（参考《汉书·武帝纪》及《百官公卿表》）。可见，司马迁不及知杜周之死；此可佐证司马迁卒于太始二年之前。

从以上几个方面来看，可以确定司马迁卒于太始元年末。

余 言

司马迁之卒年，因班固未曾写明，给后人探索这个问题带来很大麻烦。但后世学者对此共同探索，逐渐使得司马迁卒年的问题豁然开朗，定在太始元年，为纪念司马迁提供了较明确的卒年，又为整理《史记》提供了较可靠的根据，也算是一件幸事。

司马迁之死，是个历史之谜，有说是凶死，有说是善终。我个人相信卫宏"有怨言，下狱死"之言。写于太始元年十一月的《报任安书》是"舒愤懑"之作，当然是"怨言"，不仅埋怨，而且愤恨。这样的怨愤流露出来，为专制君主汉武帝所知，自然是要处死的。而当任安"抱不测之罪"可能下吏问罪之时，司马迁送上足有上百支竹简的复书，[②] 自然易于走漏消

---

① 据《汉书·百官公卿表》所写内容，可以推断出一些酷吏的卒年。如：义纵，元狩四年"为右内史，二年下狱弃市"，当死于元狩六年；张汤，元狩三年"为御史大夫，六年，有罪自杀"，当死于元鼎二年；王温舒，元封六年"行中尉事，二年狱族"，当死于太初二年；咸宣（即减宣），太初元年"为右扶风，三年下狱自杀"，当死于太初四年。据《史记·酷吏列传》云，王温舒死，"后数岁，尹齐亦以淮阳都尉病死"。按于温舒死于太初二年，则死于其后数岁的尹齐，当死于天汉年间。

② 《报任安书》有二千三百余字。以每支竹简约写二十至三十个字计算（今出土汉简，每支一般是写二三十个字），则大约要用近百支竹简。

息，又易为人告发，更会为人媒孽其短，这就难免下狱以死。而且可以推断，司马迁从写《报任安书》至下狱死的时间一定短促，不可能度过太始元年末。

《报任安书》的流布，与其说是司马迁的不幸，不如说是他心愿的兑现。他写《报任安书》，不只是一般地诉冤泄愤，而是公开地向汉武帝挑战，宣布自己无罪而汉武帝有过；也是他已完成"名山"事业，想到不能再屈辱生活，更不愿当中书令这个御用工具，而宁可昂首挺直一死。既然如此，他复书于任安，绝不是暗地里活动，而是公开地进行。小人的告密作恶，君主的专制无情，他是嗤之以鼻而不畏惧的。他一生学孔子修《春秋》的精神，敢作敢为，战斗不止。他以宝贵的生命，同封建专制主义对抗而死，死如泰山之重。他的早死，使《史记》未能将"今上"（汉武帝）其人其事书写完整，以致发生后人妄续等事，未免缺憾；但这不能苛责于司马迁，而应谴责封建专制主义。

司马迁生于景帝中五年（前145），卒于太始元年（前96），享年五十岁，中年而亡。他的死亡，犹如夜空一颗明星陨落，使得许多人同情、默哀，诱引不少学者向往、神思；他发愤写成的《史记》，成为中国文化学术史上的一座丰碑，也是人类文明史上的一件瑰宝；他的人格及史学风格，熏陶了千百年来我国许多学者和史家。这就使我们不禁忆起他评李广所引的一句谚语："桃李不言，下自成蹊。"（《史记·李将军列传》赞）

班固写《司马迁传》，照例该写司马迁卒年的，但他在记录了《报任安书》之后，欲吐又吞，话头一转，就是"迁既死后，其书稍出"，而要收笔了。班固写史，本来博赡而明畅，如《汉书》在《司马迁传》一前一后的《张骞李广利传》与《武五子传》，写张骞、李广利及汉武帝五子的卒年多较清楚；而写司马迁之死为何含糊不明呢？恐怕不是疏略，而有其他原因。他这个历史学者，出身名门贵戚之家，深受儒家思想熏陶，又得到过东汉皇朝的恩宠，也曾领教过封建专制的棒喝，因而思想较为保守，对于司马迁这种反专制主义倾向的行为，或许因犯上忌讳而从略，或许因思想抵触而勿言，或许既同情又反感，都是有可能的。像班固这样的名家，对司马迁之死尚且不能写明，更何待他为司马迁的反抗精神传神写照呢？由此想到，历史家的思想态度是何等重要。我们真该从班固写司马迁之死的态度上总结出一点经验教训：提倡实录，实事求是；为后世着想，不给后人添麻烦。

著述目次

主要著作目次

《司马迁研究新论》（施丁、陈可青编著），河南人民出版社，1982。
《中国史学简史》，中州古籍出版社，1987。
《资治通鉴译注》，吉林人民出版社，1987。
《汉书新注》（主编），三秦出版社，1994。
《资治通鉴大辞典》（主编），吉林人民出版社，1994。
《司马迁行年新考》，陕西人民教育出版社，1995。
《史家之绝唱——〈史记〉》，中国文联出版公司，1998。
《资治通鉴选注》，中国少年儿童出版社，2001。
《〈资治通鉴〉选评》，上海古籍出版社，2003。
《汉书选注》，中国少年儿童出版社，2004。
《秦汉之际一霸王》，中国文史出版社，2008。
《司马迁的〈史记〉及20世纪〈史记〉研究》（主编），中国大百科全书出版社，2009。
《司马迁为人学》，中国社会科学出版社，2013。

主要论文目次

《史评的先河——读〈文心雕龙·史传篇〉》，《文汇报》1962年10月21日。
《司马迁笔下的项羽和刘邦》，《辽宁日报》1963年3月18～19日。
《司马迁写当代史》，《历史研究》1979年第7期。
《司马迁写历史人物》，《史学史资料》1979年第4期。
《司马迁"究天人之际"》，《北方论丛》1980年第6期。
《论司马迁"通古今之变"》，《历史研究》1980年第2期。
《论古代史学传统》，《学术月刊》1980年第10期。
《董仲舒于元光元年对策辨》，《社会科学辑刊》1980年第3期。

《章学诚的史学》，《史学史研究》1981年第3期。
《论赤壁之战的几个问题》，《史学月刊》1981年第6期。
《〈史〉〈汉〉写历史人物之异同》，《中国历史文献研究集刊》第2辑，1981。
《司马迁与董仲舒政治思想通论》，《中国史研究》1981年第2期。
《司马迁的政治观》，《东岳论丛》1981年第4期。
《〈通鉴〉写战争》，《文史哲》1981年第6期。
《马班异同三论》，载《司马迁研究新论》，河南人民出版社，1982。
《司马迁运用档案撰写历史》，《学习与探索》1982年第2期。
《秦汉郡守职掌军事略说》，《文史》第十三辑，1982。
《赵翼的史学》，《江海学刊》1982年第2期。
《读洪迈〈容斋随笔〉》，《史学史研究》1982年第2期。
《司马迁父子的〈六家要旨〉》，《文史知识》1982年第11期。
《汉隋之际的史学》，《中华文史论丛》1982年第2辑。
《读钱大昕的〈廿二史考异〉》，《史学史研究》1984年第1期。
《司马迁写战争》，《中国历史文献研究集刊》第4辑，1984。
《司马迁受刑之年略考》，《辽宁大学学报》1984年第3期。
《章学诚的历史文学理论》，《学术月刊》1984年第5期。
《司马迁生年考》，《杭州大学学报》1984年第3期。
《试读〈史记·将相表〉之倒书》，《古籍整理论文集》，甘肃人民出版社，1984。
《两司马史学异同管窥》，载《资治通鉴丛论》，河南人民出版社，1985。
《〈报任安书〉写作年代考》，《西南师范学院学报》1985年第4期。
《钱大昕以金石裨史学》，载《古籍论丛》第2辑，福建人民出版社，1985。
《章学诚的"史德"论》，《中国史研究》1986年第2期。
《司马光史论的特点》，《史学史研究》1986年第3期。
《论司马光主编〈资治通鉴〉》，《历史研究》1986年第4期。
《司马迁卒年考》，载《中国历史文献研究（一）》，华中师范大学出版社，1986。
《应当重视修史》，《光明日报》1987年2月18日。
《司马迁游历考》，载《司马迁和史记》，北京出版社，1987。
《王夫之对司马光史论的批评》，《史学史研究》1987年第2期。
《司马迁史学思想的几个问题》，《史学理论》1988年第4期。
《谈谈范晔的史论》，《学术月刊》1988年第8期。
《司马迁写〈史记〉终讫考》，《汉中师院学报》1988年第3期。
《论司马光的史学思想》，《文史哲》1988年第6期。
《说"通"》，《史学史研究》1989年第2期。
《中国史学的传统与维新》，《中国社会科学》1989年第5期。
《从中国史学传统来看郭沫若史学》，载《郭沫若史学研究》，成都出版社，1990。

《中国史学经世思想的传统》,《史学史研究》1991 年第 4 期;《光明日报》1993 年 4 月 13 日摘要。

《论班固对司马迁的批评》,《中国社会科学院研究生院学报》1992 年第 2 期。

《论班固与〈汉书〉的史学思想》,《历史研究》1992 年第 4 期。

《论郭沫若的通识》,《史学史研究》1992 年第 4 期;《郭沫若学丛·增刊》,1993 年 3 月。

《顾炎武谈学者与学风》,载《白寿彝先生纪念论文集》,1994 年 8 月。

《汉代轮台屯田的上限问题》,《中国史研究》1997 年第 4 期;《报刊文摘 K21》1994 年第 2 期。

《司马迁〈史记〉终讫再考》,《汉中师院学报》1995 年第 1 期。

《谈司马迁的"成一家之言"》,《中国史研究》1996 年第 1 期。

《吴兢与〈贞观政要〉》,《贵州文史丛刊》1996 年第 1 期。

《〈索隐〉注"太史公"有问题》,《中国社会科学院研究生院学报》1996 年第 2 期。

《洪迈容斋随笔的旨趣》,载《洪迈马端临论文集》,中国青年出版社,1997。

《钱大昕的学者风度》,《社会科学辑刊》1998 年第 2 期。

《陈下之战与垓下之战》,《中国社会科学院研究生院学报》1998 年第 2 期。

《历史的经验教训值得总结》,载《郭沫若研究》,文化艺术出版社,1998;《甲申三百年祭风雨六十年》,人民出版社,2005。

《〈史记〉与秦汉豪富》,《史学史研究》1999 年第 3 期。

《秦汉豪族的呼声》,《学术月刊》1999 年第 11 期。

《桑弘羊的骄狂悲剧——读〈汉书〉〈盐铁论〉》,《历史文献研究》总第 18 期 1999 年 9 月。

《再说陈下之战》,《中国社会科学院研究生院学报》2000 年第 6 期。

《司马迁写西汉官场风度》,《史学史研究》2001 年第 1 期。

《史家之绝唱——〈史记〉》,载《光明日报》2001 年 5 月 15 日 B3 版。

《钱大昕"实事求是"史学》,《求是学刊》2001 年第 3~4 期。

《"实事求是"的硕果》,《光明日报》2001 年 12 月 18 日 B3 版。

《刘知几史要论》,载《史学理论与史学史学刊》2002 年卷。

《刘知几"实录"论》,《史学理论研究》2003 年第 4 期。

《陈下之战、垓下之战是两事》,《中国史研究》2003 年第 1 期。

《司马迁经济思想四题》,《中国社会科学院研究生院学报》2003 年第 2 期。

《再谈章学诚的"史德"论》,载《章学诚国际学术讨论会论文集》,北京图书馆出版社,2004。

《司马迁生于汉景帝中五年》,《史学史研究》2005 年第 3 期;《光明日报》2005 年 10 月 18 日第 7 版。

《评班彪的〈前史略论〉》,《史学史研究》2006 年第 4 期。

《班固之"实录"论》,《中国社会科学院研究生院学报》2007年第3期。

《扬雄评司马迁之意义》,《求是学刊》2007年第4期。

《司马迁的为人之学》,载《史学理论与史学史学刊》2007年卷,社会科学文献出版社。

《章学诚的"史意"论》,载《纪念尹达先生论文集》,云南人民出版社,2007。

《王充与〈论衡〉的史学批评》,《廊坊师范学院学报》2008年第6期。

《〈项羽不死于乌江考〉等文几点商榷》,载《乌江论坛》,陕西人民教育出版社,2009。

《垓下问题》,《光明日报》2010年9月7日第12版。

《〈百家讲坛〉讲史今议》,《中国社会科学报》2010年12月23日;《史学史研究》2011年第1期。

《〈史记〉传记文学的特点》,《荆楚理工学院学报》2011年第3期。

《丹阳齐梁石刻方位问题——评〈六朝陵墓调查报告〉》,载《历史文献研究》总第30期,华东师大出版社,2011。

《汉初保易太子之争》,《中国社会科学院研究生院学报》2012年第4期。

《贾谊新的民族观》,《中国社会科学院研究生院学报》2013年第4期。

《贾谊的"民本"思想》,《中国史学史》2013年第3期。

后　记

本人从事史学工作数十年，先前十多年课堂教学、下乡改造，后来二十多年科学研究，生活不顺，断断续续写成120多篇史学论文，不随风，不轻取，较为随心乐意，凭兴趣下笔，耻空谈，尚实学。但愿拙文能如石投水，激起一点波纹；如同岩画，能引人注目。今已年过八十，能出本论文集，为时不晚，也未能赶早，幸哉乐也！有幸得到本院老干部局的经费资助，社会科学文献出版社总编辑杨群先生和编辑马续辉、周志宽鼎力相助，以及周用宜女士大力推动和积极协力，本人铭感谢之。

施　丁
2014年8月20日

图书在版编目(CIP)数据

中国史学之精华与传统/施丁著.—北京：社会科学文献出版社，2014.12
（中国社会科学院老年学者文库）
ISBN 978-7-5097-6686-6

Ⅰ.①中… Ⅱ.①施… Ⅲ.①史学史-研究-中国 Ⅳ.①K092

中国版本图书馆CIP数据核字（2014）第247828号

·中国社会科学院老年学者文库·

中国史学之精华与传统

著　者／施　丁

出 版 人／谢寿光
项目统筹／宋月华　杨春花
责任编辑／马续辉　周志宽

出　版／社会科学文献出版社·人文分社（010）59367215
　　　　　地址：北京市北三环中路甲29号院华龙大厦　邮编：100029
　　　　　网址：www.ssap.com.cn
发　行／市场营销中心（010）59367081　59367090
　　　　　读者服务中心（010）59367028
印　装／三河市尚艺印装有限公司

规　格／开　本：787mm×1092mm　1/16
　　　　　印　张：30.5　字　数：518千字
版　次／2014年12月第1版　2014年12月第1次印刷
书　号／ISBN 978-7-5097-6686-6
定　价／148.00元

本书如有破损、缺页、装订错误，请与本社读者服务中心联系更换

▲ 版权所有 翻印必究